ଓଡ଼ିଶାର ଗର୍ବ ଓ ଗୌରବ: ମହୀୟାନ ମଧୁବାବୁ

(ମଧୁସୂଦନ ଦାସଙ୍କ ଜୀବନୀ)

ଓଡ଼ିଶାର ଗର୍ବ ଓ ଗୌରବ: ମହୀୟାନ ମଧୁବାବୁ

(ମଧୁସୂଦନ ଦାସଙ୍କ ଜୀବନୀ)

ଲେଖକ
ପ୍ରଫେସର ଡ. ପ୍ରେମାନନ୍ଦ ମହାପାତ୍ର, ପିଏଚ୍.ଡି., ଡି.ଲିଟ୍., ଓ.ଇ.ଏସ୍.(୧)
ପ୍ରାକ୍ତନ ବିଭାଗମୁଖ୍ୟ, ସ୍ନାତକୋତ୍ତର ଓଡ଼ିଆ ବିଭାଗ
ରେଭେନ୍ସା ବିଶ୍ୱବିଦ୍ୟାଳୟ, କଟକ - ୩

ବ୍ଲାକ୍ ଇଗଲ୍ ବୁକ୍ସ
ଭୁବନେଶ୍ୱର, ଓଡ଼ିଶା

BLACK EAGLE BOOKS
Dublin, USA

ଓଡ଼ିଶାର ଗର୍ବ ଓ ଗୌରବ: ମହୀୟାନ ମଧୁବାବୁ (ମଧୁସୂଦନ ଦାସଙ୍କ ଜୀବନୀ)

ଲେଖକ: ପ୍ରଫେସର ଡ. ପ୍ରେମାନନ୍ଦ ମହାପାତ୍ର

ବ୍ଲାକ୍ ଇଗଲ୍ ବୁକ୍ସ : ଭୁବନେଶ୍ୱର, ଓଡ଼ିଶା • ଡବ୍‌ଲିନ୍, ଯୁକ୍ତରାଷ୍ଟ୍ର ଆମେରିକା

BLACK EAGLE BOOKS

USA address:
7464 Wisdom Lane
Dublin, OH 43016

India address:
E/312, Trident Galaxy, Kalinga Nagar,
Bhubaneswar-751003, Odisha, India

E-mail: info@blackeaglebooks.org
Website: www.blackeaglebooks.org

First International Edition Published by
BLACK EAGLE BOOKS, 2024

ODISHARA GARBA O GAURAB MAHIYAN MADHUBABU
(THE LIFE STORY OF MADHUBABU)
by **Prof. Dr. Premananda Mohapatra, Ph.D., D.Litt.(O.E.S.(1)**

Copyright © Prof. Dr. Premananda Mohapatra

All rights reserved. No part of this publication may be reproduced, stored in a retrieval system, or transmitted, in any form or by any means, electronic, mechanical, photocopying, recording or otherwise without the prior permission of the publisher.

Cover & Interior Design: Ezy's Publication

ISBN- 978-1-64560-548-5 (Paperback)

Printed in the United States of America

ସମର୍ପଣ

ମୋର ପୂଜ୍ୟ ନନା
ଶ୍ରୀଯୁକ୍ତ ତ୍ରିନାଥ ମହାପାତ୍ର
ଏବଂ ସ୍ୱର୍ଗବାସିନୀ ବୋଉ
ଶ୍ରୀମତୀ ସୁଶୀଳା କୁମାରୀ ମହାପାତ୍ରଙ୍କୁ
ସମର୍ପିତ...

ମୁଖବନ୍ଧ

ଉତ୍କଳଗୌରବ ମଧୁସୂଦନ ଦାସ ଓରଫ୍ ମଧୁବାବୁ ଓଡ଼ିଆ ଜାତିର ଚିର ନମସ୍ୟ । ପ୍ରତିଟି ଓଡ଼ିଆର ମାନସ ପଟରେ ସେ ହେଉଛନ୍ତି ଅନ୍ୟତମ ସ୍ମରଣୀୟ ବ୍ୟକ୍ତିତ୍ୱ । ଓଡ଼ିଶାର ସ୍ୱାଭିମାନକୁ ପ୍ରତିଷ୍ଠା କରିବା କ୍ଷେତ୍ରରେ ତାଙ୍କର ଯେଉଁ ଜୀବନବ୍ୟାପୀ ସାଧନା ଚାଲୁ ରହିଥିଲା, ତା'ର ପଟାନ୍ତର ନାହିଁ । ଊନବିଂଶ ଶତାବ୍ଦୀ ହେଉଛି ଓଡ଼ିଶାରେ ନବଜାଗରଣର ସମୟ । ଏହି ଶତାବ୍ଦୀରେ ଓଡ଼ିଶାରେ ବହୁ ମହାମନୀଷୀ ଜନ୍ମଗ୍ରହଣ କରି ଉତ୍କଳମାତାଙ୍କର ମୁଖଶ୍ରୀକୁ ଉଜ୍ଜ୍ୱଳ କରିଥିଲେ । ମଧୁବାବୁ ସେହି କୃତବିଦ୍ୟ ମନୀଷୀମାନଙ୍କ ମଧ୍ୟରେ ଅନ୍ୟତମ । ସୁପ୍ତ ପ୍ରାୟ ଓଡ଼ିଆ ଜାତିକୁ ନୂତନ ପ୍ରାଣ ସ୍ପନ୍ଦନରେ ଚଳଚଞ୍ଚଳ କରିବାରେ ମଧୁବାବୁଙ୍କର ପ୍ରଯତ୍ନ ପ୍ରୟାସ ବେଶ୍ ପ୍ରଣିଧାନଯୋଗ୍ୟ । ମଧୁବାବୁଙ୍କ ଜୀବନ ଓଡ଼ିଶାର ରାଜନୈତିକ ଇତିହାସର ଇତିବୃତ୍ତି କହିଲେ ଅତ୍ୟୁକ୍ତି ହେବନାହିଁ । ଓଡ଼ିଶା ପାଇଁ ସେ ନିରନ୍ତର ଚିନ୍ତା କରୁଥିଲେ । ଭାଷାଭିତ୍ତିକ ସ୍ୱତନ୍ତ୍ର ଉତ୍କଳ ପ୍ରଦେଶ ଗଠନ ଦିଗରେ ତାଙ୍କର ଭୂମିକା ଥିଲା ଅତୁଳନୀୟ । ଓଡ଼ିଶାର ସ୍ୱାଭିମାନ ଏବଂ ଅସ୍ମିତାକୁ ଅକ୍ଷୁଣ୍ଣ ରଖିବା ପାଇଁ ସେ ଆଜୀବନ ଥିଲେ ସଂକଳ୍ପବଦ୍ଧ । ଓଡ଼ିଶା ପାଇଁ, ଓଡ଼ିଆ ଜାତି ପାଇଁ ସେ ଥିଲେ ସମର୍ପିତ ପୁରୁଷ । ଏହି ମହୀୟାନ୍ ପୁରୁଷ ହେଉଛନ୍ତି ମଧୁବାବୁ, ବାରିଷ୍ଟର ମଧୁସୂଦନ ଦାସ ।

ଊନବିଂଶ ଶତାବ୍ଦୀ ଓଡ଼ିଶା ପାଇଁ ଥିଲା ଅଭ୍ୟୁଦୟର ସମୟ । ଏହି କାଳରେ ଓଡ଼ିଶାର ଚିନ୍ତାନାୟକମାନେ ରାଜ୍ୟପାଇଁ, ଦେଶପାଇଁ, ଭାଷାପାଇଁ, ଅସ୍ମିତା ପାଇଁ ଚିନ୍ତା କରୁଥିଲେ । ତଦନୁସାରେ ମଧ୍ୟ କାର୍ଯ୍ୟ କରୁଥିଲେ । ଓଡ଼ିଶାର ସଂକଟ ମୁହୂର୍ତ୍ତରେ ଯୋଗଜନ୍ମା ମଧୁବାବୁ ଆବିର୍ଭାବ ହୋଇ ଉତ୍କଳ ମାତାଙ୍କର ମୁଖଶ୍ରୀକୁ ସମୁଜ୍ଜ୍ୱଳ କରିଥିଲେ । ଏହି ପରିପ୍ରେକ୍ଷୀରେ ଉତ୍କଳମଣି ପଣ୍ଡିତ ଗୋପବନ୍ଧୁ ଦାସଙ୍କର କାଳଜୟୀ ପଂକ୍ତିଟି ମନକୁ ଆସେ । ତାହା ହେଉଛି –

"ପରହିତ ଲାଗି ମରେ ଯେ ମହୀରେ ସେହି ଏକା ସୁପୁରୁଷ ।"

ସୁତରାଂ ମଧୁବାବୁ ଯଥାର୍ଥରେ ଥିଲେ ସୁପୁରୁଷ । ଓଡ଼ିଶା ପାଇଁ, ଓଡ଼ିଶାର ସ୍ୱାଭିମାନ ପାଇଁ ମଧୁବାବୁ ସର୍ବସ୍ୱ ତ୍ୟାଗ କରିଥିଲେ । ପରିଶେଷରେ ସେ ନିଜକୁ 'ଦେବାଳିଆ' ବୋଲି ଘୋଷିତ କରିଥିଲେ । ତ୍ୟାଗୀ ମଧୁବାବୁ ଭାଙ୍ଗିପଡ଼ି ନଥିଲେ । ନିଜର ଗଭୀର ଆତ୍ମବଳ ଯୋଗୁଁ ସେ ଆପଣାର ନାୟକତ୍ୱକୁ ବଜାୟ ରଖି ପାରିଥିଲେ । ମଧୁବାବୁ ଏକ ଉତ୍ତୁଙ୍ଗ ବ୍ୟକ୍ତିତ୍ୱ (Towering Personality) । ତାଙ୍କ ବ୍ୟକ୍ତିତ୍ୱ ଓଡ଼ିଆ ଜାତିର ଆଲୋକସ୍ତମ୍ଭ । ମଧୁବାବୁ ପ୍ରତ୍ୟେକ ଓଡ଼ିଆର ପ୍ରିୟ ବ୍ୟକ୍ତିତ୍ୱ । ମଧୁବାବୁଙ୍କ ନାମ ଉଚ୍ଚାରଣ କଲାମାତ୍ରେ ମନରେ ଅପୂର୍ବ ଶିହରଣ ସୃଷ୍ଟି ହୁଏ । ସେହି କାଳଜୟୀ ପୁରୁଷ, ମହୀୟାନ୍ ମଧୁବାବୁଙ୍କର ଜୀବନୀ ଲେଖିବାରେ ମୁଁ ନିଜକୁ ଧନ୍ୟ ମନେକରୁଛି ।

ମଧୁବାବୁ ମୋର ଆଦର୍ଶ ପୁରୁଷ, ମୋର ଆଦର୍ଶ ନାୟକ । ମୁଁ ତୃତୀୟ ଶ୍ରେଣୀରେ ଅଧ୍ୟୟନ କରୁଥିବା ସମୟରେ 'ତୁମ ପରି ଛୋଟ ପିଲାଟିଏ' କବିତାଟି ପଢ଼ି ମଧୁବାବୁଙ୍କ ପ୍ରତି ଆକର୍ଷିତ ହୋଇଥିଲି । କବିତାର କିୟଦଂଶ ଥିଲା ଏହିପରି –

"ତୁମ ପରି ଛୋଟ ପିଲାଟିଏ
　　ଗାଁ ଚାହାଳିର ଚାଟ ସିଏ
ଚେହେରାଟି ତା'ର ଡଉଲ ଡାଉଲ
　　ବୁଦ୍ଧିରେ ତାହାର ସରିକିଏ ? xxx
ହେଲା ଦଶହରା ଛୁଟିବେଳ
　　ସାଥୀ ପିଲାଙ୍କୁ ସେ କଲା ମେଳ
ବାଲି ଗୋଡ଼ି ମାଟି ପକାଇ ସଭିଏଁ
　　ଗାଁ ଦାଣ୍ଡ କଲେ ସମତୁଲ ।
ଲୋକମାନେ ଦେଖି ହେଲେ କାବା
　　ଡକାଇଲେ ଗୁରୁ ଚାଟ ସଭା
କହିଲେ ଏପରି ଭଲ କାମ କଲେ
　　ନିଶ୍ଚେ ଆମେ ଦିନେ ବଡ଼ ହେବା ।
ବଡ଼ ହେଲା ଦିନେ ସେହି ପିଲା
　　ମଧୁ ବାରିଷ୍ଟର ବୋଲାଇଲା

ଦେଶପାଇଁ କେତେ କାମ କରି ସିଏ

କାଳ କାଳ ଯଶ ରଖିଗଲା ।"

କୁହାଯାଇଛି ଯେ, 'କୀର୍ତ୍ତି ଯସ୍ୟ ସଃ ଜୀବତି ।' ମଧୁବାବୁ ଅକ୍ଷୟ କୀର୍ତ୍ତି ରଖିଯାଇଛନ୍ତି । ପଣ୍ଡିତ ନୀଳକଣ୍ଠଙ୍କ ଭାଷାରେ – 'ମଣିଷ ମରିଯାଏ, କୀର୍ତ୍ତି ରହିଯାଏ ।' ମଧୁବାବୁ ଆଜି ନାହାନ୍ତି । କିନ୍ତୁ ସେ ଯେଉଁ ଅଲିଭା କୀର୍ତ୍ତି ଅଙ୍କନ କରିଯାଇଛନ୍ତି, ତାହା ଯୁଗପତ୍, ଓଡ଼ିଶାବାସୀଙ୍କୁ ପ୍ରେରଣା ଯୋଗାଇ ଆସୁଥିବ ।

ଏହି କୀର୍ତ୍ତିମାନ ମହାମନୀଷୀଙ୍କର ଜୀବନୀ ଲେଖିବାକୁ ଏ ଅକିଞ୍ଚନ ମନ ବଳାଇଛି। କଟକ ରେଭେନ୍ସା କଲେଜରେ ବି.ଏ. ଶ୍ରେଣୀରେ ଅଧ୍ୟୟନ କରୁଥିବା ସମୟରେ ରେଭେନ୍ସା କଲେଜର ଆର୍ଟସ୍ ବ୍ଲକ (Arts Block) ସମ୍ମୁଖସ୍ଥ ଦୁଇପାର୍ଶ୍ୱରେ ଦୁଇଜଣ ମହାମନୀଷୀଙ୍କର ଆବକ୍ଷ ପ୍ରତିମୂର୍ତ୍ତି ଥିଲା – ଜଣେ ହେଉଛନ୍ତି ପଣ୍ଡିତ ଗୋପବନ୍ଧୁ ଦାସ ଏବଂ ଅନ୍ୟଜଣକ ହେଉଛନ୍ତି ଉତ୍କଳଗୌରବ ମଧୁସୂଦନ ଦାସ । ତାହା ମୁଁ ଦେଖିଥିଲି ଏବଂ ସେହି ମହାପୁରୁଷ ଦ୍ୱୟ ମୋ ହୃଦୟ ସିଂହାସନରେ ଅମୃତ ଆସନ ପାତି ବସିଛନ୍ତି ।

ମୁଁ ମଧୁବାବୁଙ୍କ ଜନ୍ମସ୍ଥାନ ସତ୍ୟଭାମାପୁର ଗ୍ରାମକୁ ତିନି/ଚାରି ଥର ଯାଇଛି । ମଧୁବାବୁଙ୍କ ଜନ୍ମପୀଠକୁ ବହୁବାର ଦେଖିଛି । ମଧୁବାବୁଙ୍କ ଜୀବନୀ ଲେଖିଥିବାରୁ ମୁଁ ନିଜକୁ ଗୌରବାନ୍ୱିତ ମନେକରୁଛି । ଆଜକୁ ୧୭୫ ବର୍ଷ ତଳେ ମଧୁବାବୁ ଜନ୍ମଗ୍ରହଣ କରିଥିଲେ । ମଧୁବାବୁଙ୍କ ଜନ୍ମଦିବସକୁ ଓଡ଼ିଶା ସରକାର 'Lawyers' Day' ଭାବେ ପାଳନ କରୁଛନ୍ତି ।

ପରିଶେଷରେ ମୋର ଶୁଭାକାଂକ୍ଷୀ ଓଡ଼ିଶାର ପ୍ରଖ୍ୟାତ ଆଇନଜୀବୀ ଶ୍ରୀଯୁକ୍ତ ଦେବୀ ପ୍ରସାଦ ଧଳ (ଓଡ଼ିଶା ହାଇକୋର୍ଟ, କଟକ) ଶ୍ରୀଯୁକ୍ତ ଉମାକାନ୍ତ ସାହୁ (ଓଡ଼ିଶା ହାଇକୋର୍ଟ, କଟକ), ଶ୍ରୀଯୁକ୍ତ ରାମଚନ୍ଦ୍ର ଜେନା, (ଓଡ଼ିଶା ହାଇକୋର୍ଟ, କଟକ), ଶ୍ରୀଯୁକ୍ତ ନିତ୍ୟାନନ୍ଦ ସ୍ୱାଇଁ (ନୟାଗଡ଼ ବାର୍ ଆସୋସିଏସନ୍), ଶ୍ରୀଯୁକ୍ତ ଶରତ ଚନ୍ଦ୍ର ବେହେରା (ଦଶପଲ୍ଲା ବାର ଆସୋସିଏସନ୍), ଶ୍ରୀଯୁକ୍ତ ରବୀନ୍ଦ୍ରନାଥ ମିଶ୍ର (ଫୁଲବାଣୀ ବାର ଆସୋସିଏସନ୍) ମୋର ଅନୁଜ ଶ୍ରୀ ପ୍ରମୋଦ କୁମାର ମହାପାତ୍ର (ନୟାଗଡ଼ ବାର ଆସୋସିଏସନ୍), ଶ୍ରୀଯୁକ୍ତ ଚନ୍ଦ୍ରବିଜୟୀ ମିଶ୍ର (ନୟାଗଡ଼ ବାର ଆସୋସିଏସନ୍) ଙ୍କୁ ମୋର କୃତଜ୍ଞତା ଜ୍ଞାପନ କରୁଛି । ନୟାଗଡ଼ର ଦିବଂଗତ ଓକିଲ ଅକ୍ରୁର ମହାପାତ୍ର, ଚତୁର୍ଭୁଜ ଜେନା, ମାଧବ ଚୌଧୁରୀଙ୍କୁ ଏହି ଅବସରରେ ସ୍ମରଣ କରୁଛି । ଏହି ପୁସ୍ତକଟିକୁ ଲୋକଲୋଚନକୁ ଆଣିବା ପାଇଁ ବ୍ଲାକ୍ ଇଗଲ ବୁକସ୍‌ର ସ୍ୱତାଧିକାରୀ ଶ୍ରୀଯୁକ୍ତ ସତ୍ୟ

ପଟ୍ଟନାୟକଙ୍କୁ ସାଧୁବାଦ ଜଣାଉଛି । ଏହି ପୁସ୍ତକଟିର ପ୍ରକାଶନ ପାଇଁ ଡି.ଟି.ପି. ଦାୟିତ୍ୱ ବହନ କରିଥିବା ଶ୍ରୀଯୁକ୍ତ ଅଶୋକ କୁମାର ସାହୁ (ଭୁବନେଶ୍ୱର), ଶ୍ରୀଯୁକ୍ତ ପ୍ରସନ୍ନ କୁମାର କର (ଭୁବନେଶ୍ୱର)ଙ୍କୁ ସାଧୁବାଦ ଜଣାଉଛି ।

ଏହି ଗ୍ରନ୍ଥଟିରେ ଯଦି କିଛି ତ୍ରୁଟି ଥାଏ, ଅବଗତ କରାଇଲେ ପରବର୍ତ୍ତୀ ସଂସ୍କରଣରେ ତ୍ରୁଟିରେ ସୁଧାର ଅଣାଯିବ ।

ଏହି ଅବସରରେ ମୋର ପୂଜ୍ୟ ନନା, ନୟାଗଡ଼ ଜିଲ୍ଲାର ଶିକ୍ଷକ କୁଳର ଗୌରବ ଶ୍ରୀଯୁକ୍ତ ତ୍ରିନାଥ ମହାପାତ୍ରଙ୍କୁ ମୋର ଭକ୍ତିପୂତ ପ୍ରଣାମ ଜଣାଉଛି ।

ବନ୍ଦେ ଉତ୍କଳ ଜନନୀ

ଭୁବନେଶ୍ୱର

ତାରିଖ : ୦୪.୦୨.୨୦୨୪ **ବିନୀତ**

ପ୍ରେମାନନ୍ଦ ମହାପାତ୍ର

ଉତ୍କଳଗୌରବ ମଧୁସୂଦନ ଦାସଙ୍କ ଜୀବନ ପଞ୍ଜିକା

୧୮୪୮ - ଅପ୍ରେଲ୍ ମାସ ୨୮ ତାରିଖ - ଜନ୍ମ

୧୮୬୪ - କଟକ ହାଇସ୍କୁଲ୍‌ରୁ ଏଣ୍ଟ୍ରାନ୍ସ ପାସ୍

୧୮୬୬ - କଲିକତା ଯାତ୍ରା

୧୮୬୮ - ଏଫ୍.ଏ. ପାଶ୍, ଖ୍ରୀଷ୍ଟଧର୍ମ ଗ୍ରହଣ

୧୮୭୦ - ବି.ଏ. ପାଶ୍

୧୮୭୩ - ଏମ୍.ଏ. ପାଶ୍, ଅଧ୍ୟାପନା, ବିବାହ

୧୮୭୮ - ବି.ଏଲ୍. ପାଶ୍, କଲିକତାରେ ଓକିଲାତି, ପତ୍ନୀ ସୌଦାମିନୀଙ୍କର ବିୟୋଗ

୧୮୮୧ - କଟକ ପ୍ରତ୍ୟାବର୍ତ୍ତନ ଓ ଓକିଲାତି

୧୮୮୨ - ଉତ୍କଳସଭା ଗଠନ

୧୮୮୩-୧୮୯୦- ରେଭେନ୍ସା କଲେଜରେ ଆଇନ୍ ବିଭାଗରେ ପାର୍ଟ ଟାଇମ୍ (Part time) ଅଧ୍ୟାପନା

୧୮୮୬ - ଦ୍ୱିତୀୟ ଜାତୀୟ କଂଗ୍ରେସ ଅଧିବେଶନରେ ଅଂଶଗ୍ରହଣ

୧୮୮୭ - କଲିକତା ହାଇକୋର୍ଟରେ ଆଡ୍‌ଭୋକେଟ୍, ଐତିହାସିକ ପୁରୀ ମନ୍ଦିର ମୋକଦ୍ଦମା ପରିଚାଳନା, ଜିଲ୍ଲା ବୋର୍ଡ ଭାଇସ୍ ଚେୟାରମ୍ୟାନ୍, ନୂତନ ସ୍କୁଲ୍ ପ୍ରତିଷ୍ଠା, କଟକରେ ପ୍ରଥମ ରଙ୍ଗମଞ୍ଚ ସ୍ଥାପନ

୧୮୮୮ - ବଡ଼ଲାଟ୍‌ଙ୍କ ପାଖରେ ଦେଶ ମିଶ୍ରଣର ଦାବୀ

୧୮୯୫ - ସମ୍ବଲପୁରରୁ ଓଡ଼ିଆ ଭାଷାର ଉଚ୍ଛେଦ ଓ ଏହାର ପ୍ରତିବାଦରେ ଆନ୍ଦୋଳନ

୧୮୯୬ - ବଙ୍ଗଳା ଲେଜିସ୍‌ଲେଟିଭ୍ କାଉନ୍‌ସିଲ୍‌ର ସଦସ୍ୟ

୧୮୯୭ - ପ୍ରଥମ ବିଲାତ ଯାତ୍ରା । ଲଣ୍ଡନଠାରେ ଓଡ଼ିଶାର ସ୍ୱଦେଶୀ ଶିଳ୍ପ ପ୍ରଦର୍ଶନ । ବିଲାତରୁ ପ୍ରତ୍ୟାବର୍ତ୍ତନ, ତାରକସି କାରଖାନା ସ୍ଥାପନ ।

୧୮୯୭ - 'ଉତ୍କଳଗୌରବ' ଉପାଧି ପ୍ରାପ୍ତି

୧୯୦୦ - ଲର୍ଡ କର୍ଜନଙ୍କର ଭୁବନେଶ୍ୱର, ପୁରୀ, ଓ କୋଣାର୍କ ମନ୍ଦିର ପରିଦର୍ଶନ, ଲର୍ଡ କର୍ଜନଙ୍କ ସହ ସାକ୍ଷାତ, ମଧୁବାବୁଙ୍କ ପରାମର୍ଶ କ୍ରମେ ଏହିସବୁ ପ୍ରାଚୀନ ମନ୍ଦିରର ସଂରକ୍ଷଣ, ଭାରତୀୟ ପ୍ରତ୍ନତତ୍ତ୍ୱ ବିଭାଗର ପୁର୍ନଗଠନ

୧୯୦୧ - ସମ୍ବଲପୁର ଅଞ୍ଚଳରେ ଓଡ଼ିଆ ଭାଷାର ପୁନଃ ପ୍ରଚଳନ ଉଦ୍ଦେଶ୍ୟରେ ବଡ଼ଲାଟ୍‌ଙ୍କୁ ଟେଲିଗ୍ରାମ୍ ପ୍ରେରଣ, ରମ୍ଭା ରାଜପ୍ରାସାଦରେ ଦେଶ ମିଶ୍ରଣ ସଭା ।

୧୯୦୨ - ମାନସିଂହ ପାଟଣା ମୋକଦ୍ଦମା

୧୯୦୩ - ଉତ୍କଳ ସମ୍ମିଳନୀ ପ୍ରତିଷ୍ଠା

୧୯୦୪ - ଓଡ଼ିଶା ସ୍ପୋର୍ଟସ୍ ଆସୋସିଏସନ୍‌ର ପ୍ରତିଷ୍ଠା, ସାଲେପୁରଠାରେ ତାଳଗୁଡ ସଂଘର ପ୍ରତିଷ୍ଠା ।

୧୯୦୪ - ମଧୁବାବୁଙ୍କର ସି.ଆଇ.ଇ (C.I.E) ଉପାଧିପ୍ରାପ୍ତି ।

୧୯୦୫ - ଉତ୍କଳ ଟ୍ୟାନେରୀ ଜୋତା କାରଖାନା ପ୍ରତିଷ୍ଠା ।

୧୯୦୭ - ଦ୍ୱିତୀୟଥର ବିଲାତ ଯାତ୍ରା, ଭାରତ ଶାସନ ସଚିବଙ୍କ ନିକଟରେ ଦେଶ ମିଶ୍ରଣ ପାଇଁ ଦାବୀ । ଲଣ୍ଡନରେ ସାମ୍ବାଦିକ ସମ୍ମିଳନୀ ।

୧୯୧୩ - (କ) ଉତ୍କଳ ସମ୍ମିଳନୀ ଅଧିବେଶନରେ ସଭାପତିତ୍ୱ ।
(ଖ) ବିହାର-ଓଡ଼ିଶା ବ୍ୟବସ୍ଥାପକ ସଭା ତରଫରୁ ଇମ୍ପିରିଆଲ୍ ଲେଜିସ୍‌ଲେଟିଭ୍ କାଉନ୍‌ସିଲ୍‌କୁ ସଭ୍ୟ ରୂପେ ନିର୍ବାଚିତ ।

୧୯୧୪ - ପାଟଣା ବିଶ୍ୱବିଦ୍ୟାଳୟ କମିଟିର ସଭ୍ୟ ।

୧୯୧୬ - ପାଟଣା ହାଇକୋର୍ଟର ଆଡ୍‌ଭୋକେଟ୍ ।

୧୯୧୭ - ମଣ୍ଟେଗୁ-ଚେମସ୍‌ଫୋର୍ଡ କମିଟିରେ ସାକ୍ଷ୍ୟ ପ୍ରଦାନ ।

୧୯୧୭ - ‘The Oriya’ ପତ୍ରିକାର ପ୍ରକାଶନ ।

୧୯୧୮ - ଉତ୍କଳ ସମ୍ମିଳନୀର ବିଶେଷ ଅଧିବେଶନରେ ସଭାପତିତ୍ୱ ।

୧୯୧୯-୨୦- ନିଖିଳ ଉତ୍କଳ ଛାତ୍ର ସମ୍ମିଳନୀର ସଭାପତି

୧୯୨୧ - ବିହାର-ଓଡ଼ିଶାର ମନ୍ତ୍ରୀତ୍ୱ ଗ୍ରହଣ ।
(କ) ବିହାର-ଓଡ଼ିଶା ପ୍ରଦେଶ ସ୍ୱାୟତ୍ତଶାସନ ବିଭାଗର ମନ୍ତ୍ରୀତ୍ୱ ।
(ଖ) ପାଟଣାରେ ‘ଶ୍ରମ ମର୍ଯ୍ୟାଦା’ ନାମକ ପ୍ରସିଦ୍ଧ ବକ୍ତୃତା ପ୍ରଦାନ

୧୯୨୩ - ମାର୍ଚ୍ଚ ୮ ମନ୍ତ୍ରୀତ୍ୱ ପଦ ତ୍ୟାଗ ।

୧୯୨୪ - ଫିଲିପ୍-ଡଫ୍ କମିଟିରେ ସାକ୍ଷ୍ୟ ପ୍ରଦାନ । ଜାତୀୟ କଂଗ୍ରେସରେ ଯୋଗଦାନ ।

୧୯୨୫ - ଗାନ୍ଧିଜୀଙ୍କୁ ନିଜ କୋଠିରେ ଆତିଥ୍ୟ ପ୍ରଦାନ ।

୧୯୨୭ - ଦେବାଳିଆ ଘୋଷଣା

୧୯୩୦ - ‘ଛିନ୍ନମସ୍ତା ଦିବସ’ ପାଳନ ଉପଲକ୍ଷେ ବିରାଟ ଜନସଭାରେ ସଭାପତି ।

୧୯୩୧ - ସୀମା ନିର୍ଦ୍ଦେଶକ କମିଟି ଲାଗି କାର୍ଯ୍ୟ ।

୧୯୩୩ - କଟକରେ ନେତୃ ସମ୍ମିଳନୀରେ ବକ୍ତୃତା ପ୍ରଦାନ ।

୧୯୩୩ - ଓଡ଼ିଶା ଆଡ୍‌ମିନିଷ୍ଟ୍ରେଟିଭ୍ କମିଟିର ସଭ୍ୟ ।

୧୯୩୪ - ଫେବୃୟାରୀ ୪ ତାରିଖ - ମହାପ୍ରୟାଣ ।

ଉତ୍କଳଗୌରବ ମଧୁସୂଦନ ଦାସ
ଆବିର୍ଭାବ : ୨୮।୦୪।୧୮୪୮ ମସିହା
ତିରୋଧାନ : ୦୪।୦୨।୧୯୩୪ ମସିହା

ସୂଚିପତ୍ର

ବିଷୟ	ପୃଷ୍ଠା
ମହୀୟାନ୍ ମଧୁବାବୁ	୧୯
ମଧୁସୂଦନଙ୍କ ଜନ୍ମ, ଶୈଶବ ଓ ବିଦ୍ୟାଶିକ୍ଷା	୨୮
କଲିକତା ଯାତ୍ରା, କଲେଜ ଶିକ୍ଷା ଓ ଖ୍ରୀଷ୍ଟଧର୍ମ ଗ୍ରହଣ	୩୭
ଜୀବନ ସଙ୍ଗିନୀ ସୌଦାମିନୀ	୪୩
ପ୍ରିୟଭୂମି କଟକକୁ ପ୍ରତ୍ୟାବର୍ତ୍ତନ	୪୯
ଓଡ଼ିଶା ଗ୍ରାଜୁଏଟ୍ ଅଣ୍ଡର ଗ୍ରାଜୁଏଟ୍ ସମିତି ଗଠନ	୫୪
ଫଏଜ୍ ଆମ୍ ସଭା	୫୫
ରଙ୍ଗମଞ୍ଚର ପ୍ରତିଷ୍ଠା ଏବଂ ନାଟକାଭିନୟର ଶୁଭାରମ୍ଭ	୫୬
ମଧୁବାବୁ ଓ ଯଶସ୍ବିନୀ କନ୍ୟା ଶୈଳବାଳା	୫୭
କଟକରେ ଓକିଲାତି ଜୀବନ ଓ ଆଇନ୍ ବ୍ୟବସାୟ	୬୦
ମଧୁବାବୁଙ୍କ ପ୍ରଥମ ବିଲାତ ଯାତ୍ରା	୭୧
ବଡ଼ଲାଟ୍ ଲର୍ଡ କର୍ଜନ, ମଧୁବାବୁ ଏବଂ ମଧୁବାବୁଙ୍କ ଓଡ଼ିଶା ଚିନ୍ତା	୭୬
ଉତ୍କଳ ସମ୍ମିଳନୀ ଓ ମନସ୍ବୀ ମଧୁସୂଦନ	୮୦
ପ୍ରଥମ ଉତ୍କଳ ସମ୍ମିଳନୀ ସମ୍ବନ୍ଧରେ ପଣ୍ଡିତ ନୀଳକଣ୍ଠ ଦାସଙ୍କ ସ୍ମୃତିଚାରଣ	୮୫
ଉତ୍କଳ ସମ୍ମିଳନୀର ନବମ ଅଧିବେଶନ	୮୭
୧୯୧୮ମସିହା ଉତ୍କଳ ସମ୍ମିଳନୀର ସ୍ବତନ୍ତ୍ର ଅଧିବେଶନ ଓ ମଧୁବାବୁ	୯୦
ଉତ୍କଳ ସମ୍ମିଳନୀର କେତେକ ବିଶେଷ ଅଧିବେଶନ	୯୨
ନିଖିଳ ଭାରତ ଖ୍ରୀଷ୍ଟିଆନ୍ ସମ୍ମିଳନୀ ଓ ମଧୁବାବୁ	୯୯
ଉତ୍କଳ ସମ୍ମିଳନୀର ଚକ୍ରଧରପୁର ଅଧିବେଶନ	୧୦୩
ମଧୁବାବୁଙ୍କ ପୁରୀ ଆଗମନ ଓ ସ୍ବଦେଶୀ ପ୍ରଚାର ସଭା	୧୦୫
ସ୍ବଦେଶୀ ଶିଳ୍ପର ପ୍ରବକ୍ତା : ମଧୁବାବୁ	୧୦୮
ମଧୁବାବୁଙ୍କ ସି.ଆଇ.ଇ (C.I.E) ଉପାଧି ପ୍ରାପ୍ତି	୧୧୯
ମଧୁବାବୁଙ୍କ ଦ୍ବିତୀୟଥର ବିଲାତ ଯାତ୍ରା	୧୨୨
ମଧୁବାବୁଙ୍କ ମନ୍ତ୍ରୀତ୍ୱ ପଦ ଲାଭ	୧୨୭

'The Oriya' ପତ୍ରିକାର ପ୍ରକାଶନ ଓ ମଧୁବାବୁ	୧୩୦
ବ୍ୟବସ୍ଥାପକ ମଧୁସୂଦନ	୧୩୬
ଭାରତୀୟ ଜାତୀୟ କଂଗ୍ରେସ ଓ ଦେଶପ୍ରେମୀ ମଧୁସୂଦନ	୧୪୧
ସତ୍ୟବାଦୀ ବନବିଦ୍ୟାଳୟ ଓ ମଧୁବାବୁ	୧୪୪
ମହାମହୋପାଧ୍ୟାୟ ସାମନ୍ତ ଚନ୍ଦ୍ରଶେଖର ଓ ମଧୁବାବୁ	୧୪୮
ଭଞ୍ଜଭୂମି ଗଞ୍ଜାମ ଓ ସଂଗଠକ ମଧୁସୂଦନ	୧୫୦
ମଧୁବାବୁଙ୍କର ଅନ୍ୟାନ୍ୟ ବିବିଧ କାର୍ଯ୍ୟାବଳୀର ରୂପରେଖ	୧୫୪
ମହିଳା ଓକିଲମାନଙ୍କର ଲାଇସେନ୍ ପାଇଁ ଅନୁମତି ପ୍ରସଙ୍ଗ ଓ ମଧୁବାବୁ	୧୫୭
ସୀମା ନିର୍ଦ୍ଧାରଣ ଓଡୋନେଲ୍ କମିଟି ଓ ମଧୁବାବୁ	୧୬୧
ମଧୁସୂଦନଙ୍କ ସାରସ୍ୱତ ପ୍ରତିଭା	୧୬୪
ଜୀବନର ଚଲାପଥେ : ଏକେଲା ନାୟକ	୧୭୧
ହବାକ୍ କମିଟି ଓ ମଧୁବାବୁ	୧୭୮
ସେ ଥିଲେ ଜାତି ନନ୍ଦିଘୋଷର ସମର୍ଥ ସାରଥୀ	୧୮୦
ସୂର୍ଯ୍ୟ ଅସ୍ତମିତ	୧୮୭
ଯଥାର୍ଥରେ ସେ ଥିଲେ 'କୁଳବୃକ୍ଷ'	୧୯୫
ସ୍ୱତନ୍ତ୍ର ଉତ୍କଳପ୍ରଦେଶ ଗଠନ	୨୦୩
ପୁଣ୍ୟତୀର୍ଥ - ମଧୁସମାଧି ଓ ସ୍ମୃତିଚାରଣ	୨୦୫
ମଧୁବାବୁଙ୍କ ରଚିତ କବିତାମାଳା	୨୦୯
ମଧୁବାବୁଙ୍କ ଭାଷଣ – ଇଂରାଜୀ	୨୧୭
ମଧୁବାବୁଙ୍କ ଭାଷଣ – ଓଡ଼ିଆ	୨୨୭
ମଧୁବାବୁଙ୍କ ଦ୍ୱାରା ଲିଖିତ ଜାତୀୟ ଜୀବନ ପ୍ରବନ୍ଧର ମୂଳପାଠ	୨୮୧
ମଧୁବାବୁଙ୍କ ସମ୍ପର୍କରେ ବିଭିନ୍ନ ମନୀଷୀଙ୍କ ମତାମତ	୨୮୫
ପୃଷ୍ଠ ଟୀକା	୨୮୬
ସହାୟକ ଗ୍ରନ୍ଥସୂଚୀ	୨୮୮

ଓଡ଼ିଶାର ଗର୍ବ ଓ ଗୌରବ: ମହୀୟାନ ମଧୁବାବୁ

(ମଧୁସୂଦନ ଦାସଙ୍କ ଜୀବନୀ)

ମହୀୟାନ୍ ମଧୁବାବୁ

"Biography, especially of the great and good, who have risen by their own exertions to eminence and usefulness, is an inspiring and ennobling study - Its direct tendency is to reproduce the excellence it records."

- Heinrich Mann, *German Writers*

ମହାମନୀଷୀ ମଧୁସୂଦନ ଦାସ ନବ ଉତ୍କଳର ନିର୍ମାତା ଭାବରେ ପ୍ରତ୍ୟେକ ଓଡ଼ିଆ ନିକଟରେ ଜଣେ ପ୍ରିୟଭାଜନ ବ୍ୟକ୍ତିତ୍ୱ ଅଟନ୍ତି। ସ୍ୱତନ୍ତ୍ର ଉତ୍କଳ ପ୍ରଦେଶ ଗଠନ କ୍ଷେତ୍ରରେ ତାଙ୍କର ଯେଉଁ ଅବଦାନ ରହିଛି, ତାହା ଓଡ଼ିଶା ଇତିହାସରେ ଏକ ଗୌରବୋଜ୍ୱଳ ଅଧ୍ୟାୟ। ସେହି ଉଜ୍ୱଳ ପୁରୁଷ, ଶତାବ୍ଦୀର ସୂର୍ଯ୍ୟ, ମହୀୟାନ ମଧୁସୂଦନ ଦାସ ଆମ୍ଭମାନଙ୍କର ପ୍ରିୟ 'ମଧୁବାବୁ' । ଓଡ଼ିଶାର ଜନମାନସରେ ସେ ବାରିଷ୍ଟର ମଧୁସୂଦନ ଦାସ ନାମରେ ସୁପରିଚିତ। ମାନ୍ୟଗଣ୍ୟ ବ୍ୟକ୍ତିମାନେ ତାଙ୍କୁ 'ମିଷ୍ଟର ଦାସ' ଭାବରେ ସମ୍ବୋଧନ କରୁଥିଲେ । ଓଡ଼ିଆ ଜାତୀୟତାବାଦ (Odia Nationalism)କୁ ସମୃଦ୍ଧ କରିବାରେ ମଧୁବାବୁଙ୍କର ପ୍ରଭୂତ ଅବଦାନ ରହିଛି। ତାଙ୍କର ଉଗ୍ର ଜାତୀୟତାବୋଧ, ଉତ୍କଳ ପ୍ରୀତି, ଓଡ଼ିଆ ଭାଷାପ୍ରତି ଗଭୀର ମମତ୍ୱବୋଧର ପଟାନ୍ତର ନାହିଁ। ସେ ଥିଲେ ଭାଷାପ୍ରାଣ, ଜାତିପ୍ରାଣ ମଧୁସୂଦନ। ବାରିଷ୍ଟର ମଧୁସୂଦନ ଦାସ ହେଉଛନ୍ତି ନବୀନ ଉତ୍କଳର ବରେଣ୍ୟ ଦିଗପାଳ । ଆଧୁନିକ ଓଡ଼ିଶାର ଅନ୍ୟତମ ନିର୍ମାତା ।

ସାର୍ବଜନୀନ ଭାବରେ ମଧୁବାବୁ 'ଉତ୍କଳଗୌରବ'(Glory of Odisha) 'କୁଳବୃଦ୍ଧ' (Grand Oldman) ଏବଂ 'ଓଡ଼ିଶାର ଜନକ' (Father of Odisha) ଭାବରେ ଅତ୍ୟନ୍ତ ଲୋକପ୍ରିୟ। ମଧୁବାବୁ ଓଡ଼ିଶାର ଲୋକମାନସକୁ ଏତେ ଗଭୀର ଭାବରେ ଛୁଇଁ ପାରିଛନ୍ତି ଯେ, ଓଡ଼ିଶାର ଜାତୀୟତାବାଦ ପ୍ରସଙ୍ଗ ଉତ୍‌ଥାପିତ ହେଲେ ପ୍ରଥମେ ସେହି ପ୍ରାତଃ ସ୍ମରଣୀୟ ପୁରୁଷ ମଧୁବାବୁ ହିଁ ମନେପଡ଼ନ୍ତି। ସେ ଥିଲେ ଓଡ଼ିଶାର

ଉତ୍ତୁଙ୍ଗ ବ୍ୟକ୍ତିତ୍ୱ । ଏ ପର୍ଯ୍ୟନ୍ତ କୌଣସି ଓଡ଼ିଆ ମଧୁବାବୁଙ୍କ ବ୍ୟକ୍ତିତ୍ୱର ସମକକ୍ଷ ହୋଇପାରି ନାହାନ୍ତି । ଏକଦା ଓଡ଼ିଶାର ପୁରପଲ୍ଲୀରେ ପିଲାମାନେ ଗୀତ ଗାଉଥିଲେ -

"ମନଦେଇ ପାଠ ପଢ଼ିବି
କାଳିଆ ଘୋଡ଼ାରେ ଚଢ଼ିବି
ମଧୁବାବୁ ସଙ୍ଗେ ଲଢ଼ିବି ।"

କିନ୍ତୁ ମଧୁସୂଦନ ଦାସଙ୍କର କେହି ସମକକ୍ଷ ହୋଇପାରିଲେ ନାହିଁ । ମଧୁବାବୁ ଓଡ଼ିଶା ଏବଂ ଓଡ଼ିଆ ଜାତିର ନୂତନ ସ୍ଥପତି ଓ ନିର୍ମାତା । ଓଡ଼ିଶା ତଥା ଓଡ଼ିଆ ଜାତିକୁ ମଧୁବାବୁ ସ୍ୱତନ୍ତ୍ର ଗୌରବ ଓ ମର୍ଯ୍ୟାଦା ପ୍ରଦାନ କରିଯାଇଛନ୍ତି । ଓଡ଼ିଆ ଜାତିର ସ୍ୱାଭିମାନ ଓ ସମ୍ମାନବୋଧ ପ୍ରତିଷ୍ଠା ଦିଗରେ ସେ ହେଉଛନ୍ତି ଅନ୍ୟତମ ସଫଳ ବ୍ୟକ୍ତି ।

ମଧୁବାବୁଙ୍କ ମାନସ ସନ୍ତାନ ହେଉଛି 'ଉତ୍କଳ ସମ୍ମିଳନୀ' । ଏହି ଅନୁଷ୍ଠାନଟି ଥିଲା ତାଙ୍କର ବହୁଦିନର ସ୍ୱପ୍ନ । ୧୯୦୩ ମସିହା ଜାନୁୟାରି ୬ ତାରିଖ ଶୁଭ ତିଥିରେ ମଧୁବାବୁଙ୍କ ବାସଭବନରେ ଉତ୍କଳ ସମ୍ମିଳନୀର ଭିତ୍ତି ତାଙ୍କରି ଉଦ୍ୟମରେ ହିଁ ସ୍ଥାପିତ ହୋଇଥିଲା । ଯାହା ଫଳରେ କି ୧୯୦୩ ମସିହା ଡିସେମ୍ବର ମାସରେ ଏହା କାର୍ଯ୍ୟକାରୀ ହେଲା । ଏହି ଉତ୍କଳ ସମ୍ମିଳନୀ ସମ୍ପର୍କରେ ଐତିହାସିକ ଲେଖିଛନ୍ତି - "The Utkal Union Conference founded by Madhusudan Das in December 1903 was the leading socio-political organisation through which Oriya Nationalism found proper forum for expression." ସୁତରାଂ 'ଉତ୍କଳ ସମ୍ମିଳନୀ'ର ପଟ୍ଟପୁରୋଧା ଭାବରେ ମଧୁବାବୁ ଓଡ଼ିଶା ଇତିହାସ ପୃଷ୍ଠାରେ ଚିର ଅମର ହୋଇ ରହିବେ । ସେତେବେଳର ଓଡ଼ିଶା ଥିଲା କଟକ, ପୁରୀ, ବାଲେଶ୍ୱର ଓ ଅନୁଗୁଳ, ଯାହାକୁ କି ଓଡ଼ିଶା ଡିଭିଜନ୍ କୁହାଯାଉଥିଲା । ଓଡ଼ିଶାର କେତେକ ଅଂଶ ମାନ୍ଦ୍ରାଜ, ମଧ୍ୟପ୍ରଦେଶ ଓ ବେଙ୍ଗଲ ପ୍ରେସିଡେନ୍ସିରେ ରହିଥିଲା । ଛିନ୍ନ ବିଚ୍ଛିନ୍ନ ଓଡ଼ିଶାକୁ ଏକତ୍ରୀକରଣ କରି ଭାଷାଭିତ୍ତିକ ଓଡ଼ିଶା ପ୍ରଦେଶ ଗଠନ କରିବାର ସ୍ୱପ୍ନ ଦେଖିଥିଲେ ମଧୁବାବୁ । ଉତ୍କଳ ଜାତୀୟତାର ସେ ଥିଲେ ମାନ୍ତ୍ରିକ । ଜାତିପ୍ରେମ ବହ୍ନି ପ୍ରଜ୍ୱଳିତ କରିବା ପାଇଁ ସେ ଦେଇଥିଲେ ଆଶାନ୍ୱିତ ଆହ୍ୱାନ । ତାଙ୍କର ଦୀପ୍ତ ଓ ଶାଶ୍ୱତ ବାଣୀ ଏବେ ମଧ ପ୍ରତ୍ୟେକ ଓଡ଼ିଆ ପ୍ରାଣରେ ଜାତୀୟତାର ଭାବଫଲ୍‌ଗୁ ସୃଷ୍ଟିକରେ -

(କ) "ଜାତିପ୍ରେମ ବହ୍ନି ପ୍ରଜ୍ୱଳିତ କର ସ୍ୱାର୍ଥକୁ ଦିଅ ଆହୁତି
'ସ୍ୱାର୍ଥମେଧ ଯଜ୍ଞ' ଚାରିଆଡ଼େ ନାଚ ଛାତିକୁ ମିଶାଇ ଛାତି ।"

(ଖ) "ଜାତି ନନ୍ଦିଘୋଷ ଚଳିବକି ଭାଇ ସ୍ୱାର୍ଥକୁ ସାରଥି କଲେ
ଟାଣେ କିରେ ଗାଡ଼ି ଦାନାର ତୋବଡ଼ା ଘୋଡ଼ାମୁଖେ ବନ୍ଧା ଥିଲେ ।"

(ଗ) "ଉଠରେ ଉଠରେ ଉତ୍କଳ ସନ୍ତାନ ଉଠିବୁ ତୁ କେତେଦିନେ
ପୂରୁବ ଗୌରବ ପୂରୁବ ମହିମା ପଡ଼ିବ କି ତୋର ମନେ।"

(ଘ) "ଏହି ସମ୍ମିଳନୀ ଜାତିପ୍ରାଣ ସିନ୍ଧୁ କୋଟି ପ୍ରାଣବିନ୍ଦୁ ଧରେ
ତୋର ପ୍ରାଣ ବିନ୍ଦୁ ମିଶାଇ ଦେ' ଭାଇ ଡେଇଁପଡ଼ି ସିନ୍ଧୁ ନୀରେ।"

ମଧୁସୂଦନଙ୍କର ଜାତୀୟତାବାଦୀର ପଟାନ୍ତର ନାହିଁ। ସେ କେବଳ ଓଡ଼ିଶାର ନବଜାଗରଣ ବା ରିନେସାଁର ପଥପ୍ରଦର୍ଶକ ନୁହଁନ୍ତି, ଭାରତୀୟ ଜାତୀୟ ଜାଗରଣ ଏବଂ ରାଜନୈତିକ ଚିନ୍ତନ ଜଗତକୁ ମଧୁବାବୁଙ୍କ ଅବଦାନ ଗୁରୁତ୍ୱପୂର୍ଣ୍ଣ। ମଧୁବାବୁ ଥିଲେ ବୃତ୍ତିରେ ବାରିଷ୍ଟର। କିନ୍ତୁ ତାଙ୍କର ପ୍ରଧାନ ଆଗ୍ରହ ଶିଳ୍ପ ଏବଂ ଉଦ୍ୟୋଗରେ ହିଁ ନିହିତ ଥିଲା। କାରଣ ସେ ଅନୁଭବ କରିଥିଲେ ଯେ ଶିଳ୍ପୋଦ୍ୟୋଗ ମାଧ୍ୟମରେ ଓଡ଼ିଶାର ଭାଗ୍ୟ ନିର୍ଦ୍ଧାରିତ ହୋଇପାରିବ - ପୁନର୍ଜ୍ଜୀବନ ଲାଭ କରିପାରିବ। ତେଣୁ ସେ କଟକଠାରେ ରୌପ୍ୟ ତାରକସି ଶିଳ୍ପ, ଶିଙ୍ଗ କର୍ମଶାଳା ଏବଂ ଟ୍ୟାନିଂ ଶିଳ୍ପ ପ୍ରତିଷ୍ଠା କରିଥିଲେ, ଯେଉଁଠାରେ କି ଓଡ଼ିଶାର ଯୁବକମାନଙ୍କ ପାଇଁ ପ୍ରଶିକ୍ଷଣ ଏବଂ କର୍ମନିଯୁକ୍ତି ବ୍ୟବସ୍ଥାର ଅପୂର୍ବ ସୁଯୋଗ ସୃଷ୍ଟି ହୋଇଥିଲା।

ମଧୁସୂଦନ ଦାସ ଉତ୍କଳ ଜନନୀଙ୍କର ସୁଯୋଗ୍ୟ ଓ କୃତୀ ସନ୍ତାନ। ମଧୁବାବୁ ବାସ୍ତବରେ ଆଧୁନିକ ଯୁଗରେ ବହୁକ୍ଷେତ୍ରରେ ପ୍ରଥମ ଓ ପ୍ରସିଦ୍ଧତମ ଓଡ଼ିଆ। ସେ ହେଉଛନ୍ତି ପ୍ରଥମ ଓଡ଼ିଆ ଗ୍ରାଜୁଏଟ୍, ପ୍ରଥମ ଆଇନ୍ ଗ୍ରାଜୁଏଟ୍, ପ୍ରଥମ ଏମ୍.ଏ., ବିଲାତ ଯାତ୍ରା କରିବାରେ ପ୍ରଥମ ଓଡ଼ିଆ ଏବଂ ମନ୍ତ୍ରୀତ୍ୱ ପଦ ଲାଭ କରିବାରେ ମଧ୍ୟ ପ୍ରଥମ ଓଡ଼ିଆ।

ମଧୁସୂଦନ ଦାସ କାୟମନୋବାକ୍ୟରେ ଥିଲେ ଆଦର୍ଶବାଦୀ। ସେ ଥିଲେ ନିଜ ସ୍ୱପ୍ନ ରାଇଜର ସୌଦାଗର। ତାଙ୍କର ଆଦର୍ଶ ଓ ସ୍ୱପ୍ନ ଥିଲା ଭାଷାଭିତ୍ତିରେ ସ୍ୱତନ୍ତ୍ର ଉତ୍କଳ ପ୍ରଦେଶ ଗଠନ। ୧୯୨୧ ମସିହାରେ ଉତ୍କଳ ବଙ୍ଗଳାଠାରୁ ପୃଥକ୍ ହେବା ଘଟଣା ଥିଲା ମଧୁବାବୁଙ୍କ ମହାନ୍ ଲକ୍ଷ୍ୟର ଆଂଶିକ ଫଳଶ୍ରୁତି। ଭାଷାଭିତ୍ତିରେ ସ୍ୱତନ୍ତ୍ର ଉତ୍କଳ ପ୍ରଦେଶ ଗଠନ ପାଇଁ ମଧୁବାବୁଙ୍କ ଦ୍ୱାରା ପ୍ରତିଷ୍ଠିତ 'ଉତ୍କଳ ସମ୍ମିଳନୀ' ଏ କ୍ଷେତ୍ରରେ ନିରନ୍ତର କାର୍ଯ୍ୟ କରିଅଛି। ଫଳତଃ ୧୯୩୬ ମସିହା ଅପ୍ରେଲ ପହିଲାରେ ଓଡ଼ିଆ ଜାତିର ସ୍ୱାଭିମାନ ଓ ମର୍ଯ୍ୟାଦାର ପ୍ରଶ୍ନ ରଖିଥିବା 'ସ୍ୱତନ୍ତ୍ର ଉତ୍କଳ ପ୍ରଦେଶ ଗଠନ'ର ସ୍ୱପ୍ନ ସାକାର ହେଲା। ସୁତରାଂ 'ଉତ୍କଳ ସମ୍ମିଳନୀ'ର ଭୂମିକା ସବୁଦୃଷ୍ଟିରୁ ଗୁରୁତ୍ୱପୂର୍ଣ୍ଣ ଥିଲା।

ମଧୁବାବୁ ଦୁଇ ଦୁଇ ଥର ବିଲାତ ଯାତ୍ରା କରିଛନ୍ତି। ବିଲାତ ଯାତ୍ରା କରିବାରେ ସେ ହିଁ ପ୍ରଥମ ଓଡ଼ିଆ। ୧୮୯୭ ମସିହାରେ ସେ ପ୍ରଥମ ଥର ବିଲାତ ଯାତ୍ରା କରିଥିଲେ। ମଧୁବାବୁ ଆଠ ମାସ କାଳ ବିଲାତରେ ରହି ଓଡ଼ିଶାର ତାରକସି କାମ, ହାତୀଦାନ୍ତ, ଶିଙ୍ଗକାମ, ହାତକଟା ସୂତାର ସୂକ୍ଷ୍ମ ବସ୍ତ୍ର ପ୍ରଭୃତିର ପ୍ରଦର୍ଶନୀ କରିଥିଲେ। ଏହା ବ୍ୟତୀତ

କୋଣାର୍କ ଏବଂ ଭୁବନେଶ୍ୱରର ମନ୍ଦିରମାନଙ୍କର ସୂକ୍ଷ୍ମ କାରୁକାର୍ଯ୍ୟପୂର୍ଣ୍ଣ ଅନୁକୃତିମାନଙ୍କର ମଧ୍ୟ ପ୍ରଦର୍ଶନୀ କରାଇ ବିଲାତର ଲୋକମାନଙ୍କର ଦୃଷ୍ଟି ଆକର୍ଷଣ କରିଥିଲେ। ଓଡ଼ିଶାର କାରିଗରମାନେ ସୂକ୍ଷ୍ମ ତାରକସି କାମରେ କେତେ ସୁଦକ୍ଷ, ମଧୁବାବୁ ତାହା ବିଲାତରେ ପ୍ରଚାର ଓ ପ୍ରସାର କରିଥିଲେ।

ମଧୁବାବୁ ହେଉଛନ୍ତି ଓଡ଼ିଶାର ପ୍ରଥମ ପଶ୍ଚିମ ପଥିକ । ମଧୁବାବୁ ତାଙ୍କର ପ୍ରଥମ ବିଲାତ ରହଣି କାଳରେ ଓଡ଼ିଶାର ପୂର୍ବତନ କମିଶନର T.E. Ravenshaw ସାହେବଙ୍କୁ ସାକ୍ଷାତ କରିବାରେ ସୌଭାଗ୍ୟ ଲାଭ କରିଥିଲେ। ବିଲାତରେ ରହିଥିବା ସମୟରେ ମଧୁବାବୁ T.E. Ravenshaw ସାହେବଙ୍କୁ ସାକ୍ଷାତ ନିମିତ୍ତ ନିର୍ଦ୍ଦିଷ୍ଟ ଦିନ ଓ ସମୟ ଜଣାଇବା ପାଇଁ ଚିଠି ଲେଖିଥିଲେ। ସେହି ସମୟରେ ରେଭେନ୍‌ସା ସାହେବ ସସେକସ୍ (Sussex) ଠାରେ ଅବସ୍ଥାନ କରୁଥିଲେ। ରେଭେନ୍‌ସା ସାହେବ ଭେଟିବା ପାଇଁ ନିର୍ଦ୍ଦିଷ୍ଟ ଦିନ ଓ ସମୟ ଜଣାଇବା ପରେ ମଧୁବାବୁ ତାଙ୍କୁ ସାକ୍ଷାତ କରିବା ପାଇଁ ବାହାରିଲେ। T.E. Ravenshaw ସାହେବ ଏବଂ ବାରିଷ୍ଟର ମଧୁସୂଦନ ଦାସଙ୍କର ସାକ୍ଷାତକାର ଯେପରି ଥିଲା ଐତିହାସିକ ଘଟଣା, ସେହିପରି ମଧ୍ୟ ଗୁରୁତ୍ୱପୂର୍ଣ୍ଣ ଥିଲା। ଏହି ସାକ୍ଷାତକାରର ସବିଶେଷ ବର୍ଣ୍ଣନା ଶ୍ରୀଯୁକ୍ତ ସୁରେନ୍ଦ୍ର ମହାନ୍ତି "ଶତାବ୍ଦୀର ସୂର୍ଯ୍ୟ" ପୁସ୍ତକରେ ଅତ୍ୟନ୍ତ ମଞ୍ଜୁଳ ଭାବରେ ବର୍ଣ୍ଣନା କରିଛନ୍ତି। ଶ୍ରୀଯୁକ୍ତ ସୁରେନ୍ଦ୍ର ମହାନ୍ତି ଲେଖିଛନ୍ତି – "କିନ୍ତୁ ପଗଡ଼ି ସତ୍ତ୍ୱେ ଟି.ଇ.ରେଭେନ୍‌ସା ମଧୁସୂଦନଙ୍କୁ ଓଡ଼ିଆ ବୋଲି ପ୍ରଥମେ ବିଶ୍ୱାସ କରିପାରି ନ ଥିଲେ। ମଧୁସୂଦନ ଭାରତ ଛାଡ଼ିବା ପୂର୍ବରୁ ରେଭେନ୍‌ସାଙ୍କ ନିକଟକୁ ମଧ୍ୟ ପତ୍ର ଲେଖିଥିଲେ। ରେଭେନ୍‌ସା ଓଡ଼ିଶାରେ କମିଶନର ଥିବାବେଳେ, ତାଙ୍କ ସହିତ ମଧୁସୂଦନଙ୍କର ସାକ୍ଷାତ ପରିଚୟ ଘଟି ନଥିଲା। ରେଭେନ୍‌ସା ଓଡ଼ିଶାରୁ ବିଦାୟ ନେବାପରେ ମଧୁସୂଦନ ଓଡ଼ିଶା ଆସିଥିଲେ। ପ୍ରଥମ ସାକ୍ଷାତରେ ତେଣୁ ସେ ମଧୁସୂଦନଙ୍କୁ ଚିହ୍ନି ପାରିବାର କୌଣସି ସମ୍ଭାବନା ନ ଥିଲା। ସେଥିପାଇଁ ସସେକ୍‌ସରେ ରେଭେନ୍‌ସାଙ୍କ ବାସଭବନକୁ ଯାଇ ସେଠାରେ ତାଙ୍କ ସହିତ ସାକ୍ଷାତ ଉଦ୍ଦେଶ୍ୟରେ ବାହାରିଥିଲେ ମଧୁସୂଦନ। କିନ୍ତୁ ସସେକ୍‌ସରେ ଟ୍ରେନ୍‌ରୁ ଓହ୍ଲାଇବା ମାତ୍ରେ, ଜଣେ ଶ୍ମଶ୍ରୁଳ, ଖର୍ବକାୟ ବୃଦ୍ଧ ଇଂରେଜ ପଗଡ଼ିଧାରୀ ମଧୁସୂଦନଙ୍କୁ ଦେଖି ସନ୍ଦିଗ୍ଧ କଣ୍ଠରେ ପଚାରିଲେ – "Mr. Das" !

ତା'ପରେ ମଧୁସୂଦନଙ୍କ ସହିତ କରମର୍ଦ୍ଦନ କଲେ; ଦୁହେଁ ଯେପରି ବହୁଦିନର ପରିଚିତ ବନ୍ଧୁ।

ସେହି ବୃଦ୍ଧ ଇଂରେଜ୍ ଜଣକ ଥିଲେ ରେଭେନ୍‌ସା ସାହେବ ।

ରେଭେନ୍‌ସାଙ୍କ ସହିତ ପ୍ରଥମ ସାକ୍ଷାତକାରର ବିବରଣୀ ମଧୁସୂଦନ ଏହିପରି ଲିପିବଦ୍ଧ କରିଛନ୍ତି –

"ମୁଁ କହିଲି, ରାଭେନ୍‌ସା ସାହେବ, ମୁଁ ଅତ୍ୟନ୍ତ ଦୁଃଖିତ ଯେ ଆପଣ ଅଯଥା ଏତେ ପରିଶ୍ରମ କରି ଆସିଲେ। ଆପଣଙ୍କ ଘର ଖୋଜି ବାହାର କରିବା ମୋ ପକ୍ଷରେ ଆଦୌ କଷ୍ଟକର ହୋଇ ନ ଥାନ୍ତା।" ସେ ଉତ୍ତର ଦେଲେ - "କିନ୍ତୁ ମୁଁ ଭାବିଲି ଏଠାକୁ ଆସି ଆପଣଙ୍କୁ ପାଛୋଟି ନେବା ମୋର କର୍ତ୍ତବ୍ୟ।" xxx କିଛି ସମୟ ପରେ ରାଭେନ୍‌ସା ପଚାରିଲେ 'ଏ ପ୍ରଶ୍ନ ପଚାରୁଛି ବୋଲି ମନରେ କିଛି ଭାବିବେ ନାହିଁ। କିନ୍ତୁ ଆପଣ କ'ଣ ପ୍ରକୃତରେ ଓଡ଼ିଆ ?' ମୁଁ କହିଲି - "ମୋ ଦେହରେ ପ୍ରତ୍ୟେକ ବିନ୍ଦୁ ରକ୍ତ ଓଡ଼ିଆର।" ରାଭେନ୍‌ସା କହିଲେ - "ଓଡ଼ିଆ ଜାତିକୁ ମୁଁ ଖୁବ୍ ଶ୍ରଦ୍ଧା କରେ। ଜଣେ ଓଡ଼ିଆ ସହିତ ମୁଁ ଯେପରି ଅକୁଣ୍ଠିତ ଭାବରେ କଥାବାର୍ତ୍ତା କରିପାରେ, ଅନ୍ୟ କାହାରି ସହିତ ସେପରି ପାରେ ନାହିଁ।"

ସୁରେନ୍ଦ୍ର ମହାନ୍ତି ଲେଖିଛନ୍ତି - "ରାଭେନ୍‌ସା ଓଡ଼ିଆରେ କଥୋପକଥନ କରୁଥିଲେ। ଲଣ୍ଡନ ସହରରେ ଜଣେ ଖାଣ୍ଟି ଇଂରେଜ ମୁହଁରେ ଓଡ଼ିଆ କଥା ଶୁଣି ମଧୁସୂଦନଙ୍କର ଆହ୍ଲାଦର ଯେପରି ସୀମା ନ ଥିଲା । ରେଭରେଣ୍ଡ ଆଷ୍ଟନଙ୍କର ସେହିପରି ବିସ୍ମୟର ମଧ୍ୟ ଅନ୍ତ ନ ଥିଲା। ରେଭେନ୍‌ସା ଖଣ୍ଡେ ଚୁରୁଟ୍ ମଧୁସୂଦନଙ୍କ ଆଡ଼େ ବଢ଼ାଇ ଧରି ତନ୍ନ ତନ୍ନ କରି ପଚାରିଲେ କେନ୍ଦୁଝର ଓ ନୟାଗଡ଼ ମେଳି କଥା। କର୍ମକ୍ଷେତ୍ରରୁ ଅବସର ନେବାପରେ ସୁଦ୍ଧା ଓଡ଼ିଶା ପ୍ରତି ରାଭେନ୍‌ସାଙ୍କ ମମତା ଅତୁଟ ରହିଥିଲା। ମଧୁସୂଦନ ତାଙ୍କୁ ତାରକସିର ଗୋଟିଏ ଡିଆସିଲି ଖୋଳର ଉପହାର ପଠାଇ ଦେଇଥିଲେ ଓଡ଼ିଶାର ସ୍ମୃତି ଚିହ୍ନ ରୂପେ।"

ମଧୁବାବୁ ଅନୁଭବ କଲେ, ରେଭେନ୍ସା ସାହେବଙ୍କର ଏକମାତ୍ର ଚିନ୍ତା ଥିଲା ଓଡ଼ିଶାରେ ଉଚ୍ଚଶିକ୍ଷାର ପ୍ରସାର । ତେବେ ଲଣ୍ଡନରେ ରହୁଥିବା ଓଡ଼ିଶାର ଅନ୍ୟତମ ବନ୍ଧୁ ସାର୍ ଚାର୍ଲସ୍ ଆଲଫ୍ରେଡ୍ ଏଲିୟଟ୍‌ଙ୍କ ସହିତ ମଧୁବାବୁଙ୍କର ସାକ୍ଷାତ ହୋଇପାରିଲା ନାହିଁ । କାରଣ କୌଣସି କାର୍ଯ୍ୟ ଉପଲକ୍ଷେ ସେ ଲଣ୍ଡନ ବାହାରିଥିଲେ ।

ଏହିପରି ଭାବରେ ମଧୁବାବୁଙ୍କର ପ୍ରଥମ ବିଲାତଗସ୍ତ ଥିଲା ଏକ ଐତିହାସିକ ଘଟଣା।

୧୯୦୭ ମସିହାରେ ମଧୁବାବୁ ଦ୍ୱିତୀୟ ଥର ବିଲାତ ଯାତ୍ରା କରିଥିଲେ। ମଧୁବାବୁ ବିଲାତରେ ତତ୍କାଳୀନ ଭାରତ - ସଚିବ ଲର୍ଡମର୍ଲେଙ୍କୁ ସାକ୍ଷାତ କରି ଓଡ଼ିଶାର ବିଭିନ୍ନ ପ୍ରମୁଖ ସମସ୍ୟା ସମ୍ପର୍କରେ ଅବଗତ କରାଇଥିଲେ। ଓଡ଼ିଆ ଜାତିର ହିତ ଦୃଷ୍ଟିରୁ ଓଡ଼ିଶା ଦେଶ ମିଶ୍ରଣ ଜରୁରୀ ବୋଲି ମଧୁବାବୁ ଲର୍ଡ ମର୍ଲେଙ୍କୁ କହିଥିଲେ। ମାନ୍ଦ୍ରାଜ୍ ଡିଭିଜନ୍ ଅଧୀନରେ ରହିଥିବା ଓଡ଼ିଆ ଭାଷାଭାଷୀ ଅଞ୍ଚଳକୁ ଓଡ଼ିଶା ଡିଭିଜନ୍ ସହିତ ମିଶାଇବା ପାଇଁ ପ୍ରସ୍ତାବ ଦେଇଥିଲେ। ଲଣ୍ଡନ ଟାଉନ୍‌ହଲ୍‌ଠାରେ ଇଷ୍ଟଇଣ୍ଡିଆନ୍

ଆସୋସିଏସନ୍ ଆନୁକୂଲ୍ୟରେ ଲଣ୍ଡନର ତତ୍କାଳୀନ ମେୟରଙ୍କ ସଭାପତିତ୍ୱରେ ଏକ ସଭାର ଆୟୋଜନ କରାଯାଇଥିଲା । ଏହି ସଭାରେ ମଧୁବାବୁ "British influence on Indian Industry" (ଅର୍ଥାତ୍ ଭାରତୀୟ ଶିଳ୍ପ ଉପରେ ବ୍ରିଟିଶ୍‌ର ପ୍ରଭାବ) ଶୀର୍ଷକ ଏକ ପ୍ରବନ୍ଧ ପାଠ କରିଥିଲେ । ଶଂସିତ ପ୍ରବନ୍ଧଟି ସାମ୍ବାଦିକମାନଙ୍କ ଦ୍ୱାରା ବେଶ୍ ପ୍ରଶଂସିତ ହୋଇଥିଲା ।

ମଧୁବାବୁ ବିଲାତରେ ଥିବା ସମୟରେ ଓଡ଼ିଶାରେ ମହାନଦୀ, ବ୍ରାହ୍ମଣୀ ଓ ବୈତରଣୀ ନଦୀଗୁଡ଼ିକରେ ପ୍ରବଳ ବନ୍ୟା ଆସି ବ୍ୟାପକ କ୍ଷୟକ୍ଷତି ଘଟାଇଥିଲା । ବିଶେଷକରି କଟକ ଓ ବାଲେଶ୍ୱର ଜିଲ୍ଲାରେ ପ୍ରଭୂତ କ୍ଷତି ଘଟିଥିଲା ଏବଂ ବନ୍ୟା ପରେ ପରେ ଏହି ଅଞ୍ଚଳରେ ଭୟଙ୍କର ଦୁର୍ଭିକ୍ଷ ଦେଖାଦେଲା । ମଧୁବାବୁ ବିଲାତର ପାର୍ଲିଆମେଣ୍ଟ ସଦସ୍ୟ MR.Rutherford ଏବଂ ଇଂରାଜୀ ସମ୍ବାଦପତ୍ର Glasgow Heraldର ସାମ୍ବାଦିକ Mr. Nevinsonଙ୍କୁ ଓଡ଼ିଶାକୁ ଆସି ସ୍ୱଚକ୍ଷୁରେ ଏହି ଦୁରବସ୍ଥା ଦେଖିବାକୁ ଅନୁରୋଧ କରିଥିଲେ । ସତକୁସତ ମଧୁବାବୁଙ୍କ ଅନୁରୋଧ ରକ୍ଷା କରି ଏହି ଦୁଇଜଣ ମନୀଷୀ ଓଡ଼ିଶା ଆସିଥିଲେ ।

ସୁତରାଂ ମଧୁବାବୁଙ୍କର ଦୁଇଥରଯାକ ବିଲାତଯାତ୍ରା ବେଶ୍ ଫଳପ୍ରଦ ହୋଇଥିଲା । ଇଂଲଣ୍ଡ ଓ ଓଡ଼ିଶା ମଧ୍ୟରେ ମଧୁବାବୁ ହିଁ ହେଉଛନ୍ତି ପ୍ରଥମ ସଂଯୋଗ ସେତୁ । ଓଡ଼ିଶାକୁ ବିଲାତରେ ପରିଚିତ କରାଇବାରେ ମଧୁବାବୁଙ୍କର ଯେଉଁ ଭୂମିକା ରହିଛି, ତାହା ଓଡ଼ିଶା ଇତିହାସରେ ଏକ ସ୍ୱର୍ଣ୍ଣିମ ଅଧ୍ୟାୟର ସଂଯୋଗ କହିଲେ ଠିକ୍ ହେବ ।

ମଧୁବାବୁ ଦୁଇଥର ଉତ୍କଳ ସମ୍ମିଳନୀର ସଭାପତି ପଦ ମଣ୍ଡନ କରିଛନ୍ତି । ୧୯୧୩ ମସିହାରେ ଉତ୍କଳ ସମ୍ମିଳନୀର ନବମ ଅଧିବେଶନ ପୁରୀଠାରେ ଅନୁଷ୍ଠିତ ହୋଇଥିଲା । ମଧୁବାବୁ ଏଥିରେ ସଭାପତିତ୍ୱ କରିଥିଲେ । ୧୯୧୮ ମସିହା ସେପ୍ଟେମ୍ବର ମାସ ୨୧ ତାରିଖ (ଶନିବାର) ଓ ୨୨ ତାରିଖ (ରବିବାର) ଦିନ କଟକର କଚେରି ହତା ମଧ୍ୟରେ ଥିଏଟର ପେଣ୍ଡାଲରେ ଉତ୍କଳ ସମ୍ମିଳନୀର ବିଶେଷ ଅଧିବେଶନ ଅନୁଷ୍ଠିତ ହୋଇଥିଲା । ମଧୁବାବୁ ଏହି ଅଧିବେଶନରେ ଅଧ୍ୟକ୍ଷତା କରିଥିଲେ ।

ମଧୁବାବୁ ଥିଲେ ଉଚ୍ଚକୋଟୀର ଆଇନଜ୍ଞ (A Lawyer par excellence) । ସେ ଆଇନ୍ ବ୍ୟବସାୟରେ ଖୁବ୍ ଭଲ କରିଥିଲେ । ପୁରୀ ଶ୍ରୀମନ୍ଦିର ମୋକଦ୍ଦମା ଓ ଖଣ୍ଡପଡା ରାଜା ନଟବର ସିଂହଙ୍କର ମୋକଦ୍ଦମାର ସେ ଓକିଲ ଥିଲେ । ଉଭୟ ମୋକଦ୍ଦମାରେ ସେ ଏହି ଦୁଇପକ୍ଷଙ୍କୁ ଜିତାପଟ କରାଇଥିଲେ । ଶିଳ୍ପର ବିକାଶ ପ୍ରତି ମଧୁବାବୁ ବିଶେଷ ଧ୍ୟାନ ରଖିଥିଲେ । ଉତ୍କଳ ଟ୍ୟାନେରୀ ଏବଂ ଓଡ଼ିଶା ଅଳଙ୍କାର କାରଖାନା ଏହି ଦିଗରେ ତାଙ୍କର ଉଲ୍ଲେଖନୀୟ ପଦକ୍ଷେପ । ରୁପାର ତାରକସିକାମ, ଚମଡ଼ା

କଷେଇବା, ଶିଙ୍ଗକାମ - ଏହି କ୍ଷେତ୍ରରେ ସେ ନୂତନତା ପ୍ରୟୋଗ କରି ମଧୁବାବୁ ସଫଳତା ଲାଭ କରିଥିଲେ।

ମଧୁବାବୁଙ୍କ ଜୀବନର ବଡ଼ ସଫଳତା ହେଉଛି ଓଡ଼ିଆ ଭାଷାଭାଷୀ ଲୋକଙ୍କୁ ଏକତ୍ର ସହାବସ୍ଥାନ କରାଇବା। ଉତ୍କଳ ସମ୍ମିଳନୀ ମାଧ୍ୟମରେ ସ୍ୱତନ୍ତ୍ର ଉତ୍କଳପ୍ରଦେଶ ଗଠନ ପାଇଁ ମଧୁବାବୁ ଅକ୍ଲାନ୍ତ ଉଦ୍ୟମ କରିଥିଲେ ଏବଂ ଏଥିନିମିତ୍ତ ବହୁ ଅର୍ଥ ବ୍ୟୟ କରିଥିଲେ। ମଧୁବାବୁ ଥିଲେ ନବ ଉତ୍କଳପ୍ରଦେଶ ଗଠନର ଅନ୍ୟତମ ପୁରୋଧା। ମଧୁବାବୁଙ୍କର ଦୃଷ୍ଟିଭଙ୍ଗୀ (vision) ଥିଲା ସୁଦୂରପ୍ରସାରୀ। ସମସ୍ତ ସଂକୀର୍ଣ୍ଣତା ସ୍ୱାର୍ଥକୈନ୍ଦ୍ରିକ ଚିନ୍ତାଧାରାଠାରୁ ତାଙ୍କର ବିଚାରଧାରା ଥିଲା ବହୁ ଊର୍ଦ୍ଧ୍ୱରେ। ମଧୁବାବୁ ଥିଲେ ଉଚ୍ଚକୋଟୀର ଆଇନଜ୍ଞ। ସେ ଥିଲେ ବିଚକ୍ଷଣ ଓକିଲ। ମଧୁବାବୁ ଥିଲେ ଲୋକପ୍ରିୟ ଆଇନଜୀବୀ - ଲୋକମାନଙ୍କ ଭାଷାରେ "ମଧୁବାରିଷ୍ଟର"। ଏହି ମହାନ୍ ପୁରୁଷ ମଧୁବାବୁଙ୍କ ସମ୍ପର୍କରେ ଫକୀର ମୋହନ ସେନାପତି ତାଙ୍କର "ଉତ୍କଳ ଭ୍ରମଣ"ରେ ଲେଖିଛନ୍ତି।

"ଭଲବେଳେ କରିଅଛ ଓକିଲାତିପାଶ୍
ସାବାସ୍ ସାବାସ୍ ଭାଇ ସାବାସ୍ ସାବାସ୍
କେତେଥର ଭାଇ ଶୁଣି ଅଛି ତୁମ ପ୍ଲିଡ୍
କରିପାର ବଡ଼ ବଡ଼ ବାରିଷ୍ଟର ଡିଫିଟ୍
ଆରେ ଭାଇ ଏମ.ଏସ.ରଖି ଯା' ଯଶ
ଦୁଇଚାରି ଓଡ଼ିଆଙ୍କୁ କରି ଯା' ମଣିଷ।"

ମଧୁବାବୁ ବିଭିନ୍ନ କାର୍ଯ୍ୟରେ ହାତ ଦେଇଛନ୍ତି। ସେ ସାଲେପୁର କାରିଗରମାନଙ୍କୁ ନେଇ ଗୋଟିଏ ତାଳଗୁଡ଼ ସଂସ୍ଥା ପ୍ରତିଷ୍ଠା କରିଥିଲେ। କଟକର ଇଞ୍ଜିନିୟରିଂ ସ୍କୁଲର ସ୍ଥାନ ନିରୂପଣରେ ସେ ସାହାଯ୍ୟ କରିଥିଲେ। ଉତ୍କଳ ସାହିତ୍ୟ ସମାଜ ଗୃହର ଭିତ୍ତିସ୍ଥାପନ କାର୍ଯ୍ୟକ୍ରମ ସହିତ ସେ ସାମିଲ ହୋଇଥିଲେ। ସେ ପାଟଣା ବିଶ୍ୱବିଦ୍ୟାଳୟ କମିଟିର ସଭ୍ୟ ଥିଲେ। ମଧୁବାବୁ ବିଭିନ୍ନ ସଂସ୍ଥା ସହିତ ସମ୍ପୃକ୍ତ ଥିଲେ।

ମଧୁବାବୁ ୧୯୨୧ ମସିହାରେ ମନ୍ତ୍ରୀପଦ ପାଇଥିଲେ। ସେ ସ୍ୱାସ୍ଥ୍ୟ ଓ ସ୍ୱାୟତ୍ତଶାସନ ବିଭାଗର ମନ୍ତ୍ରୀପଦ ଲାଭ କରିଥିଲେ। କିନ୍ତୁ ୧୯୨୩ ମସିହାରେ ମାନ୍ୟବର ମନ୍ତ୍ରୀ ମଧୁସୂଦନ ଦାସ ମନ୍ତ୍ରୀପଦରୁ ଇସ୍ତଫା ଦେଇଥିଲେ। ମାନ୍ୟବର ମନ୍ତ୍ରୀ ମଧୁସୂଦନ ଦାସ ଲାଟସାହେବ ହ୍ୱିଲର (Sir Henry Wheeler)ଙ୍କ ନିକଟକୁ ଗୋଟିଏ ଆବେଦନ ପତ୍ର ଲେଖିଥିଲେ ଯେ ସେ ବିନାବେତନରେ ମନ୍ତ୍ରୀରୂପେ କାର୍ଯ୍ୟ କରିବାକୁ ଚାହାନ୍ତି। ସେହି ସମୟରେ ମାସିକ ଟ୫୦୦ର ଦରମାକୁ ମାନ୍ୟବର ମନ୍ତ୍ରୀ ମଧୁସୂଦନ ଦାସ ଏଡ଼ାଇ ଏକ ଉଦାହରଣ ସୃଷ୍ଟି କରିଥିଲେ। ମନ୍ତ୍ରୀ କାର୍ଯ୍ୟ ତୁଲାଇବା ସହିତ ଓକିଲାତି କରି

ଜୀବିକା ନିର୍ବାହ କରିବାକୁ ମଧୁବାବୁ ହ୍ୱିଲର ସାହେବଙ୍କୁ ଜଣାଇଥିଲେ । ମାତ୍ର ହ୍ୱିଲର ସାହେବ ଏହା ଅଗ୍ରାହ୍ୟ କରିବାରୁ ମାନ୍ୟବର ମନ୍ତ୍ରୀ ମଧୁସୂଦନ ଦାସ ମନ୍ତ୍ରୀପଦରୁ ଇସ୍ତଫା ଦେଇଥିଲେ । ମନ୍ତ୍ରୀ ପଦରେ ଥିଲାବେଳେ ମଧୁବାବୁ ବରାବର କହୁଥିଲେ ଯେ ମନ୍ତ୍ରୀ ଜନତାର ସେବକ । ଜନସେବା ପାଇଁ ଦରମା ନେବା ଅନୁଚିତ ।

ମଧୁବାବୁ କେବଳ ରାଜ୍ୟସ୍ତରୀୟ ନେତା ନ ଥିଲେ, ସେ ଥିଲେ ଜାତୀୟ ସ୍ତରର ନେତା । କଂଗ୍ରେସରେ ଯୋଗଦାନ ପରେ ମଧୁବାବୁ ଭାରତୀୟ ଜାତୀୟ କଂଗ୍ରେସର ବିଭିନ୍ନ ଅଧିବେଶନରେ ଯୋଗଦାନ କରିଥିଲେ । ୧୮୮୫ ମସିହା ଡିସେମ୍ବର ମାସରେ ଭାରତୀୟ ଜାତୀୟ କଂଗ୍ରେସ ଗଠନ କରାଗଲା । ଏହାର ପ୍ରଥମ ଅଧିବେଶନ ବମ୍ବେଠାରେ ଅନୁଷ୍ଠିତ ହୋଇଥିଲା । ଏଣେ କଟକଠାରେ ମଧୁବାବୁ ଉତ୍କଳ ଦୀପିକା କାର୍ଯ୍ୟାଳୟଠାରେ ଗୋଟିଏ ସାଧାରଣ ସଭାର ଆୟୋଜନ କରିଥିଲେ । ମଧୁବାବୁ ଏହି ସଭାରେ ସଭାପତିତ୍ୱ କରିଥିଲେ । ବମ୍ବେ ଅଧିବେଶନରେ ଗୃହୀତ ପ୍ରସ୍ତାବଗୁଡ଼ିକୁ ଏହି ସଭାରେ ଆଲୋଚନା କରି କାର୍ଯ୍ୟକାରୀ କରିବା ପାଇଁ ସିଦ୍ଧାନ୍ତ ନେଇଥିଲେ । ଏହାପରେ ମଧୁବାବୁ ଜାତୀୟ କଂଗ୍ରେସର ବିଭିନ୍ନ ଅଧିବେଶନରେ ଅଂଶଗ୍ରହଣ କରିଥିଲେ । ମଧୁବାବୁ ପର୍ଯ୍ୟାୟକ୍ରମେ ୧୮୮୬ ମସିହା କଲିକତା ଅଧିବେଶନ, ୧୮୮୭ ମସିହା ମାନ୍ଦ୍ରାଜ ଅଧିବେଶନ, ୧୮୮୮ ମସିହା ଆଲାହାବାଦ ଅଧିବେଶନ, ୧୮୮୯ ମସିହା ବମ୍ବେ ଅଧିବେଶନ, ୧୮୯୦ କଲିକତା ଅଧିବେଶନ, ୧୮୯୧ ମସିହା ନାଗପୁର ଅଧିବେଶନ, ୧୮୯୪ ମସିହା ମାନ୍ଦ୍ରାଜ ଅଧିବେଶନ, ୧୮୯୫ ମସିହା ପୁନା ଅଧିବେଶନ, ୧୮୯୫ ମସିହା ବନାରସ ଅଧିବେଶନ, ୧୮୯୬ ମସିହା କଲିକତା ଅଧିବେଶନ, ୧୮୯୭ ମସିହା ଅମରୌତି ଅଧିବେଶନ, ୧୮୯୮ ମସିହା ମାନ୍ଦ୍ରାଜ ଅଧିବେଶନ, ୧୮୯୯ ମସିହା ଲକ୍ଷ୍ନୌ ଅଧିବେଶନ, ୧୯୦୧ ମସିହା କଲିକତା ଅଧିବେଶନ, ୧୯୧୦ ମସିହା ଆଲାହାବାଦ୍ ଅଧିବେଶନ, ୧୯୧୨ ମସିହା ପାଟନା ଅଧିବେଶନ ପ୍ରଭୃତିରେ ଯୋଗଦାନ କରି ଓଡ଼ିଶା ସମସ୍ୟା, ସ୍ୱତନ୍ତ୍ର ଉତ୍କଳ ପ୍ରଦେଶ ଗଠନର ଦାବୀ ଉପସ୍ଥାପନ କରିଥିଲେ ।

ମଧୁବାବୁ ଥିଲେ ନିର୍ଲୋଭ, ନିରଳସ, ନିର୍ବିକାର, ନିରାସକ୍ତ ମଣିଷ । ସେ ଥିଲେ ଦୁର୍ଲ୍ଲଭ ବ୍ୟକ୍ତିତ୍ୱର ଅଧିକାରୀ । ସମାଜ ପାଇଁ, ଦେଶ ପାଇଁ, ଜାତି ପାଇଁ ସର୍ବୋପରି ଓଡ଼ିଶା ପାଇଁ ସେ ନିଜକୁ ସମର୍ପିତ କରିଛନ୍ତି । ଓଡ଼ିଶାର ଲୋକମାନଙ୍କୁ ଦେଶ ପ୍ରେମରେ ଉଦ୍‌ବୁଦ୍ଧ କରିବା ପାଇଁ ମଧୁବାବୁ ଯେଉଁ ଉଦ୍‌ବୋଧନ ମୂଳକ ଗୀତିକାଗୁଡ଼ିକ ରଚନା କରିଥିଲେ, ତାହା ଜାତୀୟତାବାଦର ତୂର୍ଯ୍ୟନାଦ ପରି ମନେ ହୁଏ । ମଧୁବାବୁ ଓଡ଼ିଶାର ଆକାଶରେ ଥିଲେ ଦୀପ୍ତିମାନ ସୂର୍ଯ୍ୟ ତୁଲ୍ୟ । ସେହି ଦୃଷ୍ଟିରୁ ତାଙ୍କୁ ବିଶିଷ୍ଟ କଥାକାର ସୁରେନ୍ଦ୍ର ମହାନ୍ତି 'ଶତାବ୍ଦୀର ସୂର୍ଯ୍ୟ' ନାମରେ ଅଭିହିତ କରିଛନ୍ତି । ଏହା ଯଥାର୍ଥ । ଦୀପ୍ତିମାନ

ସୂର୍ଯ୍ୟପରି ମଧୁବାବୁ ଓଡ଼ିଆ ଜାତିକୁ ଆଲୋକ ଓ ଉଷ୍ମତା ଦେଇଛନ୍ତି। ମହୀୟାନ୍ ମଧୁବାବୁ କାଳକାଳ ପାଇଁ ଉତ୍କଳମାତାଙ୍କର ମୁଖଶ୍ରୀକୁ ଉଜ୍ଜ୍ୱଳ କରି କାଳଜୟୀ ବ୍ୟକ୍ତିତ୍ୱରେ ପରିଣତ ହୋଇଛନ୍ତି।

ସେହି ମହାନ୍ ପୁରୁଷ, ପ୍ରାତଃ ସ୍ମରଣୀୟ ମଧୁବାବୁଙ୍କୁ ଲକ୍ଷ୍ୟ କରି ଫକୀର ମୋହନ ଯଥାର୍ଥତଃ ଲେଖିଛନ୍ତି -

"ଆସ Mr.M.S. କରେ Shakehand
ଉଜ୍ଜ୍ୱଳ ହୋଇଛି ତୁମ୍ଭ ଯୋଗେ Motherland."

ମଧୁବାବୁ ଉତ୍କଳ ଜନନୀଙ୍କର ଯୋଗ୍ୟତମ ସନ୍ତାନ। ସେ କାଳଜୟୀ ବ୍ୟକ୍ତିତ୍ୱ। ତାଙ୍କ ପରି ଯୋଗଜନ୍ମା ପୁରୁଷ ଧରାପୃଷ୍ଠକୁ କ୍ୱଚିତ ଆସିଥାନ୍ତି। ସେ କେବଳ ଶତାବ୍ଦୀର ସୂର୍ଯ୍ୟ ନଥିଲେ, ସେ ଥିଲେ ଶତାବ୍ଦୀର ବିସ୍ମୟ। ଓଡ଼ିଆ ଜାତିର ବରେଣ୍ୟ ଦିଗପାଳ, ପ୍ରାତଃ ସ୍ମରଣୀୟ ବ୍ୟକ୍ତିତ୍ୱ, ମହୀୟାନ୍ ମଧୁବାବୁ।

■

ମଧୁସୂଦନଙ୍କ ଜନ୍ମ, ଶୈଶବ ଓ ବିଦ୍ୟାଶିକ୍ଷା

ମଧୁସୂଦନଙ୍କ ଜନ୍ମସ୍ଥାନ ହେଉଛି ସତ୍ୟଭାମାପୁର ଗ୍ରାମ। ଏହି ଗ୍ରାମଟି କଟକ ଜିଲ୍ଲା ପଦ୍ମପୁର ପ୍ରଗଣା, ସାଲେପୁର ଥାନା ଅନ୍ତର୍ଗତ ଥିଲା। ସତ୍ୟଭାମାପୁର ଏକ ଐତିହାସିକ ଗ୍ରାମ। ଏହି ଗ୍ରାମର ଇତିହାସ ଅନୁଧ୍ୟାନ କଲେ ଜଣାଯାଏ ଯେ ସୂର୍ଯ୍ୟବଂଶୀ ସମ୍ରାଟ ପୁରୁଷୋତ୍ତମ ଦେବ (ଖ୍ରୀ. ୧୪୭୯-୧୫୦୪)ଙ୍କ ରାଣୀ ସତ୍ୟଭାମା ଦେଈଙ୍କ ନାମାନୁସାରେ ସତ୍ୟଭାମାପୁର ଶାସନ ସ୍ଥାପିତ ହୋଇଥିଲା। "ଶ୍ରୀ ସତ୍ୟଭାମା ଦେଈ ପ୍ରଥମେ ଦଧିବାମନ ଦେବତା ବିଜେ କରାଇ ପୂର୍ବକୁ ବାଇଶ ଭାଗ କରି ଶାସନ ବସାଇ ବ୍ରାହ୍ମଣଙ୍କୁ ଦତ୍ତ ଦେଲେ। ଶାସନ ପୂର୍ବରେ ପୁଷ୍କରିଣୀ ଖୋଳାଇଲେ। ଶାସନ ନାମ ଆପଣା ନାଏଁ ସତ୍ୟଭାମାପୁର ବୋଲି ଦେଲେ।"

ଏହି ସତ୍ୟଭାମାପୁରରେ ମଧୁସୂଦନ ଜନ୍ମଗ୍ରହଣ କରିଥିଲେ। ତାଙ୍କର ପିଲାଦିନର ନାମ ଥିଲା ଗୋବିନ୍ଦ ବଲ୍ଲଭ। ମଧୁସୂଦନ ୧୮୪୮ ଖ୍ରୀଷ୍ଟାବ୍ଦ ଅପ୍ରେଲ ମାସ ୨୮ ତାରିଖ ଦିନ ଜନ୍ମଗ୍ରହଣ କରିଥିଲେ। ତାଙ୍କର ପିତାଙ୍କ ନାମ ଚୌଧୁରୀ ରଘୁନାଥ ଦାସ ଓ ମାତାଙ୍କ ନାମ ପାର୍ବତୀ ଦେଈ। ସେ ଥିଲେ ତାଙ୍କ ପିତାମାତାଙ୍କର ଦ୍ୱିତୀୟ ସନ୍ତାନ। ମଧୁସୂଦନଙ୍କ ଜ୍ୟେଷ୍ଠା ଭଗ୍ନୀ ଥିଲେ କୁମୁଦ ଦେଈ। ସେ ପାଏନ୍ଦା ପ୍ରଗଣାର ବାଲିସୁକୁରୀ ଗ୍ରାମରେ ବିବାହ କରିଥିଲେ। ମଧୁସୂଦନଙ୍କ କନିଷ୍ଠା ଭଗ୍ନୀ ଥିଲେ ଦୁର୍ଗାଦେଈ। ଭଗିନୀ ଦୁର୍ଗାଦେଈ କୋକାଖଣ୍ଡ ପ୍ରଗଣାର ବିରୋଳ ଗ୍ରାମରେ ବାସୁ ମହାନ୍ତିଙ୍କର ପୁତ୍ରବଧୂ ହୋଇଥିଲେ। ଦୁର୍ଗାଦେଈଙ୍କ ସାନଭାଇ ଥିଲେ ଗୋପାଳ ବଲ୍ଲଭ। ତେଣୁ ଗୋପାଳ ବଲ୍ଲଭ ଥିଲେ ଚୌଧୁରୀ ରଘୁନାଥ ଦାସଙ୍କର କନିଷ୍ଠ ସନ୍ତାନ ଓ ମଧୁସୂଦନଙ୍କ ଅନୁଜ। ଗୋପାଳ ବଲ୍ଲଭ ଅଗ୍ରଜ ମଧସୂଦନ ଓରଫ ଗୋବିନ୍ଦ ବଲ୍ଲଭଙ୍କଠାରୁ ବୟସରେ ବାରବର୍ଷ କନିଷ୍ଠ ଥିଲେ। ପରବର୍ତ୍ତୀ କାଳରେ ଗୋପାଳ ବଲ୍ଲଭ ନିଜକୁ 'ଭୀମାଭୂୟାଁ' ଉପନ୍ୟାସର ଲେଖକ, କବି ଓ ସମାଲୋଚକ ଭାବରେ ପ୍ରତିଷ୍ଠିତ କରାଇଥିଲେ। ଗୋପାଳ ବଲ୍ଲଭ

ହେଉଛନ୍ତି କଟକ ରେଭେନ୍‌ସା କଲେଜର ପ୍ରଥମ ପୋଷ୍ଟଗ୍ରାଜୁଏଟ୍।

ସତ୍ୟଭାମାପୁରଗ୍ରାମରେ ଚୌଧୁରୀ ପରିବାର ଥିଲା ଗୋଟିଏ ପ୍ରସିଦ୍ଧ ପରିବାର। ଏହି ପରିବାରର ଇତିହାସ କହେ ଯେ ପାଇକ ସଂସ୍କୃତିର ସ୍ୱାକ୍ଷର ବହନ କରୁଥିବା ଖୋର୍ଦ୍ଧାରୁ ସପ୍ତଦଶ ଶତାବ୍ଦୀର ପ୍ରାରମ୍ଭରେ ମଣିମଲ୍ଲ ନାମକ ଜନୈକ ଖଣ୍ଡାୟତ ଏହି ସତ୍ୟଭାମାପୁରରେ ବସତି ସ୍ଥାପନ କଲେ। ତାଙ୍କର ଘର ଥିଲା ଜମିଦାର ଘର। ଘରର ସାମ୍ନାଭାଗରେ ଗୋଟିଏ ସୁନ୍ଦର ପୁଷ୍କରିଣୀ ଖନନ କରାଯାଇଥିଲା। ଏହି ପୁଷ୍କରିଣୀର ନାମ ରସକୁଣ୍ଡ ରଖାଯାଇଥିଲା। ଏବେ ମଧ୍ୟ ଏହି ରସକୁଣ୍ଡ ପୁଷ୍କରିଣୀ ବିଦ୍ୟମାନ ରହିଛି। ମଣିମଲ୍ଲଙ୍କ ପରବର୍ତ୍ତୀ ଦାୟାଦ ତଥା ସପ୍ତମ ପୁରୁଷ ଚୌଧୁରୀ ରଘୁନାଥ ଦାସ ହେଉଛନ୍ତି ମଧୁସୂଦନଙ୍କ ପିତା। ମଧୁସୂଦନଙ୍କର ବଂଶାବଳୀ ଏଠାରେ ଉଲ୍ଲେଖ କରାଯାଇଛି -

ମଧୁସୂଦନଙ୍କ ବଂଶାବଳୀ

ମଧୁସୂଦନଙ୍କ ପିତୃପ୍ରଦତ୍ତ ନାମ ଥିଲା ଗୋବିନ୍ଦବଲ୍ଲଭ ଦାସ। ମଧୁସୂଦନଙ୍କ ପ୍ରପିତାମହୀ ଅର୍ଥାତ୍ ସୁଦର୍ଶନ ଦାସଙ୍କ ସ୍ତ୍ରୀ କୃଷ୍ଣାଦେଈ ଆତ୍ମାହୁତି ଦେଇ ସତୀ ହୋଇଥିଲେ। ସ୍ୱାମୀ ସୁଦର୍ଶନଙ୍କ ଚିତାନଳରେ ସ୍ତ୍ରୀ କୃଷ୍ଣାଦେଈଙ୍କ ଆତ୍ମାହୁତି ଘଟଣାଟି ବାଳକ

ଗୋବିନ୍ଦବଲ୍ଲଭଙ୍କ ମନରେ ପ୍ରଭାବ ପକାଇଥିଲା । ପ୍ରପିତାମହୀଙ୍କର ସତୀହେବା ଘଟଣାଟି ଗୋବିନ୍ଦବଲ୍ଲଭ ପିତାମହୀଙ୍କଠାରୁ ଅନ୍ତତଃ ପଚାଶ ଥର ଶୁଣିଥିଲେ । ଗୋବିନ୍ଦ ବଲ୍ଲଭ ଲେଖିଛନ୍ତି :-

"ପିତାମହୀ ମୋତେ ଅନ୍ତତଃ ପଚାଶଥର ଏହି ଘଟଣା ଶୈଶବରେ ଶୁଣାଇଥିବେ । ଏହି ଘଟଣାର କେତେକ ଅଂଶ ବର୍ଣ୍ଣନା କଲାବେଳେ, ସେ ମୋତେ ଛାତିରେ କୁଣ୍ଢାଇ ଧରୁଥିଲେ । ସେତେବେଳେ ତାଙ୍କର ଚକ୍ଷୁ ଲୋତକାପ୍ଲୁତ ହୋଇ ଉଠୁଥିଲା । ମାତ୍ର ତାହା ଥିଲା ଆନନ୍ଦର ଅଶ୍ରୁ । ସେ ତାଙ୍କ ଶାଶୁଙ୍କୁ ଘେନି ଅତ୍ୟନ୍ତ ଗରବିନୀ ଥିଲେ ।" (୨)

ଏହି ଘଟଣାଟି ଗୋବିନ୍ଦବଲ୍ଲଭଙ୍କୁ ଏତେ ପରିମାଣରେ ପ୍ରଭାବିତ କରିଥିଲା ଯେ ତାହା ତାଙ୍କର ଜୀବନାଦର୍ଶକୁ ଗଢ଼ିତୋଳିଥିଲା । ସତୀ କୃଷ୍ଣାଦେଈଙ୍କର ଲେଲିହାନ ଚିତାନଳର ତାପ ସତେ ଯେପରି ତାଙ୍କର ରକ୍ତରେ ଉଷ୍ଣତା ଭରି ଦେଇଥିଲା । ଗୋଟିଏ କୋମଳ ବାଳକର ନିଷ୍ପାପ ମନକୁ ଏହା ଗଭୀର ଭାବରେ ଅନୁପ୍ରେରିତ କରିଥିଲା । ପ୍ରପିତାମହୀଙ୍କର ଏହି ସ୍ମୃତି ଗୋବିନ୍ଦବଲ୍ଲଭଙ୍କୁ ସଙ୍କଟ ସମୟରେ ମାର୍ଗଦର୍ଶନ କରୁଥିଲା । ସ୍ୱୟଂ ମଧୁବାବୁ ଲେଖିଛନ୍ତି -

"ଏହି ବର୍ଣ୍ଣନା ଶୁଣିବାବେଳେ ମୋର କଳ୍ପନା ନେତ୍ରରେ ମଧ୍ୟ ସେହି ଅଗ୍ନି ଶିଖା ଯେପରି ଦେଦୀପ୍ୟମାନ ହୋଇ ଉଠୁଥିଲା । ତାହାର ସମ୍ବେଦନ ମୋର ଶିଶୁ ହୃଦୟରେ ଉଦ୍‌ବେଳିତ ହୋଇ ଯେପରି ପ୍ରତ୍ୟେକ ଶିରାପ୍ରଶିରା ଦେଇ ମୋର ସର୍ବାଙ୍ଗକୁ ପ୍ଲାବିତ କରି ଦେଉଥିଲା । ସତୀରକ୍ତ ମୋର ଧମନୀରେ ଯେ ପ୍ରବାହିତ, ଏ ଧାରଣା ମୋ ହୃଦୟରେ ଦୃଢ଼ୀଭୂତ ହେଉଥିଲା ।"(୩)

ଏହି ସତୀ ରକ୍ତରେ କସ୍ମିନକାଳେ କଳଙ୍କ ନ ଲାଗୁ - ଏହି ଆଦର୍ଶକୁ ମଧୁବାବୁ ଜୀବନସାରା ପାଳନ କରିଛନ୍ତି । ଏହି ସତୀରକ୍ତର ଆହ୍ୱାନ ସତେ ଯେପରି ମଧୁବାବୁଙ୍କୁ ବିବେକର ପରାମର୍ଶ ପରି କାର୍ଯ୍ୟ କରିଥିଲା । ତେଣୁ ମଧୁବାବୁଙ୍କର ସ୍ୱୀକାରୋକ୍ତି- "ମୋର ପରିଣତ ବୟସରେ ସୁଦ୍ଧା କୌଣସି ପ୍ରକାର ବ୍ୟକ୍ତିଗତ କ୍ଷତି ଅଥବା ବିପଦର ଆଶଙ୍କାରେ କର୍ତ୍ତବ୍ୟପଥରୁ ବିଚ୍ୟୁତ ହୋଇ ସତୀରକ୍ତର ସେହି ଐତିହ୍ୟ କଳଙ୍କିତ ନ କରିବା ପାଇଁ ମୁଁ ଏକ ପବିତ୍ର କର୍ତ୍ତବ୍ୟ ରୂପେ ବିବେଚନା କରୁଥିଲି । ଏହି ସତୀରକ୍ତର ଉଦ୍‌ବୋଧନ ମୋତେ ସ୍ୱାଭିମାନୀ କରିଥିଲା । ଏହି ସତୀସ୍ମୃତି ହେତୁ ମୋର ଜନ୍ମଗ୍ରାମ ମୋ ନିକଟରେ ପବିତ୍ରତମ ତୀର୍ଥଭୂମି ହୋଇଥିଲା । ମୁଁ ଏହି ସତୀରକ୍ତରେ ଗଢ଼ା ହୋଇଛି । ସବୁ ସଙ୍କଟ ମଧ୍ୟରେ ପୁଣି ମୁଁ ଶୁଣିଛି ସତୀରକ୍ତର ଏହି ଉଦ୍‌ବୋଧନ !" (୪)

ଏହିପରି ମଧୁବାବୁଙ୍କ ହୃଦୟ ସତୀ ଘଟଣାରେ କେବଳ ବିଗଳିତ ହୋଇ ନ ଥିଲା, ସତୀସ୍ମୃତି ତାଙ୍କ ଜୀବନଧାରାକୁ ଆଦର୍ଶ ଓ ନୀତିମୟ କରି ଗଢ଼ିତୋଳିଥିଲା ।

ଆତ୍ମୋତ୍ସର୍ଗରେ ଯେ ଜୀବନର ଦିପ୍ତୀ ଆଭାସିତ ହୁଏ, ଏହା ମର୍ମେ ମର୍ମେ ଉପଲବ୍ଧି କରିଥିଲେ ମଧୁବାବୁ । ପରବର୍ତ୍ତୀ କାଳରେ ୧୯୧୮ ମସିହାରେ ପୁରୀଠାରେ ଅନୁଷ୍ଠିତ 'ଉତ୍କଳ ସମ୍ମିଳନୀ'ର ଅଧିବେଶନରେ ମଧୁବାବୁ ଭାଷଣ ପ୍ରସଙ୍ଗରେ ଉପସ୍ଥିତ ଶ୍ରୋତାଙ୍କୁ ସତୀସ୍ମୃତିର ସେହି ମହାନ୍ ଭାବନାରେ ଉଦ୍‌ବୁଦ୍ଧ ହେବାପାଇଁ ଉଲ୍ଲେଖ କରିଥିଲେ -

"ମୋ ପ୍ରପିତାମହୀ ସତୀ ଥିଲେ । ସେ କିପରି ବଢ଼ିଥିଲେ, ସେ କଥା ମୋତେ ମୋର ପିତାମହୀ ଅନେକ ସମୟରେ କହୁଥିଲେ । କୌଣସି କୌଣସି ଲୋକ ମୋତେ ସମୟ ସମୟରେ କହନ୍ତି, କାହିଁକି ଏ କାମ କରୁଛ ? ଅମୁକ ଚିଡ଼ିବେ ଯେ ! ସେତେବେଳେ ମୋର ମନେହୁଏ ମୋର ପ୍ରପିତାମହୀଙ୍କ ରକ୍ତ ମୋର ଦେହରେ ବହୁଛି । ମୁଁ ସେ ରକ୍ତ କଳୁଷିତ କରିବି ନାହିଁ । ସେହିପରି ସମସ୍ତେ ଚିନ୍ତାକରି ପୂର୍ବପୁରୁଷଙ୍କ ରକ୍ତ କଳୁଷିତ କରିବ ନାହିଁ ।" **(୫)**

ଗୋବିନ୍ଦ ବଲ୍ଲଭ ଓରଫ ମଧୁସୂଦନଙ୍କର ପ୍ରାଥମିକ ଶିକ୍ଷା ସତ୍ୟଭାମାପୁରର ଚାଟଶାଳୀରେ ସମ୍ପନ୍ନ ହୋଇଥିଲା । ମଧୁସୂଦନଙ୍କ ବାଲ୍ୟଶିକ୍ଷକଙ୍କ ନାମ ଥିଲା ମାଗୁଣି ନାୟକ । ସେ ଥିଲେ ମାଟିବଂଶ ଅବଧାନ । ଚାଟଶାଳୀରେ ଗୋଟିଏ ହେଁସ ଉପରେ ନଡ଼ିଆପତରର ଚଟେଇଟିଏ ପଡ଼ିଥାଏ । ତାରି ଉପରେ ଅବଧାନେ ବସି ଚାଟମାନଙ୍କୁ ପାଠ ପଢ଼ାନ୍ତି । ପ୍ରଥମତଃ, ପିଲାମାନେ ଚଟାଣ ଉପରେ ମାଟି ଖଡ଼ି ଧରି ଅକ୍ଷର ଶିକ୍ଷା କରୁଥିଲେ । ପରେ ସେମାନଙ୍କୁ ଲୌହ ଲେଖନୀ ଧରି ତାଳପତ୍ର ଉପରେ ଲେଖା ଅଭ୍ୟାସ କରିବାକୁ ପଡୁଥିଲା ।

ମଧୁସୂଦନଙ୍କ ମାତା ପାର୍ବତୀଦେବୀ ଜଣେ ଧର୍ମପରାୟଣା ମହୀୟସୀ ମହିଳା ଥିଲେ । ପୁତ୍ର ମଧୁସୂଦନଙ୍କର ଉତ୍ତମ ଚରିତ୍ର ଗଠନ ଓ ନୈତିକ ଜୀବନାଦର୍ଶ ପାଇଁ ସେ ସଦା ତତ୍ପର ଥିଲେ । ମାତା ପାର୍ବତୀ ଦେବୀ ମଧୁସୂଦନଙ୍କୁ ବରାବର କହି ଆସୁଥିଲେ - "ଆଲୋ ସଖି, ଆପଣା ମହତ ଆପେ ରଖି ।" ମାତାଙ୍କର ଏହି ବାଣୀଟି ମଧୁସୂଦନଙ୍କର ମାନସପଟରେ ଆଙ୍କି ହୋଇ ରହିଥିଲା । ଏହି ଉକ୍ତିଟି ତାଙ୍କର ଆଗାମୀ ଜୀବନର ଜଟିଳ ପରିସ୍ଥିତିରେ ମାର୍ଗଦର୍ଶନରେ ସହାୟକ ହୋଇଥିଲା ।

ଚାଟଶାଳୀ ପାଠପଢ଼ା ସମାପ୍ତ କରି ବାଳକ ମଧୁସୂଦନ ସତ୍ୟଭାମାପୁର ନିକଟବର୍ତ୍ତୀ ମହାସିଙ୍ଗପୁର ମିଡଲ୍ ଭର୍ଣ୍ଣାକୁଲର ସ୍କୁଲରେ ଅଧ୍ୟୟନ କଲେ । ଏହା ପରେ ହାଇସ୍କୁଲରେ ଶିକ୍ଷାଲାଭ କରିବା ପାଇଁ ମଧୁସୂଦନ ଓଡ଼ିଶାର ପ୍ରାଣକେନ୍ଦ୍ର କଟକ ଯାତ୍ରା କଲେ । ସେତେବେଳ କଟକରେ ଏକମାତ୍ର ହାଇସ୍କୁଲ ରହିଥିଲା । କଟକର ଏହି ଏକମାତ୍ର ହାଇସ୍କୁଲରେ ମଧୁସୂଦନ ନାମ ଲେଖାଇଥିଲେ । ଏହି ହାଇସ୍କୁଲଟି ପରବର୍ତ୍ତୀ ସମୟରେ ରେଭେନ୍‌ସା କଲେଜିଏଟ୍ ସ୍କୁଲ ନାମରେ ନାମିତ ହୋଇଥିଲା । ସୂଚନାଯୋଗ୍ୟ ଏହି

ହାଇସ୍କୁଲରେ ନାମ ଲେଖାଇବାବେଳେ ପିତା ଚୌଧୁରୀ ରଘୁନାଥ ଦାସ ପୁତ୍ରଙ୍କର ଜାତକରେ ରହିଥିବା ଗୋବିନ୍ଦବଲ୍ଲଭ ଦାସ ପରିବର୍ତ୍ତେ ମଧୁସୂଦନ ଦାସ ରଖିଥିଲେ। ଏହିଠାରୁ ସେ ସହପାଠୀ ଓ ଶିକ୍ଷକଙ୍କ ନିକଟରେ 'ମଧୁସୂଦନ' ନାମରେ ପରିଚିତ ହେଲେ । କଟକ ହାଇସ୍କୁଲ୍‌ରେ ସେଦିନ ମଧୁସୂଦନଙ୍କ ମୁଣ୍ଡର ଚୁଟି ଓ ଶରୀରରେ ତନ୍ତୀବୁଣା ଖଦୀକନାର ମିରିଜାଇ ପୋଷାକ ଦେଖି ଅନ୍ୟାନ୍ୟ ଛାତ୍ରମାନେ ତାଙ୍କୁ ପରିହାସ କରିଥିଲେ।

ଏହି ହାଇସ୍କୁଲର ପ୍ରଧାନ ଶିକ୍ଷକ ଥିଲେ ଜଣେ ଆଗନ୍ତୁକ ବଙ୍ଗୀୟ ବ୍ୟକ୍ତି। ସେହିପରି ଅଧିକାଂଶ ଛାତ୍ର ମଧ ଥିଲେ ବଙ୍ଗୀୟ। ଓଡ଼ିଆ ଛାତ୍ରଙ୍କ ସଂଖ୍ୟା ଥିଲା ମୁଷ୍ଟିମେୟ। ତେଣୁ ବଙ୍ଗୀୟ ଛାତ୍ରମାନେ ମଧୁସୂଦନଙ୍କର ମୁଣ୍ଡର ଚୁଟି, ଦେହର ତନ୍ତୀବୁଣା ଖଦୀ ମିରିଜାଇ ଓ ପାଦର ମରହଟ୍ଟୀ ପାଣ୍ଡୋଇ – ଏସବୁ ଦେଖି ତାଙ୍କୁ ଥଟ୍ଟା ପରିହାସ କରୁଥିଲେ। ଫଳତଃ ଏହା ବାଳକ ମଧୁସୂଦନଙ୍କୁ ଆଘାତ ଦେଇଥିଲା । ମଧୁସୂଦନ ଉଲ୍ଲେଖ କରିଛନ୍ତି – "ମୋର ବଙ୍ଗାଳୀ ସହପାଠୀମାନେ ମୋତେ ସବୁବେଳେ ଥଟ୍ଟା ପରିହାସ କରୁଥିଲେ । ମୁଁ ସେତେବେଳେ ପିନ୍ଧୁଥିଲି ଗାଁ ତନ୍ତୀଙ୍କ ବୁଣା ଲୁଗା। ସେତେବେଳ ପର୍ଯ୍ୟନ୍ତ ଓଡ଼ିଶାକୁ ଇଂରେଜୀ ସାର୍ଟ ଆସି ନ ଥିଲା। ମୁଁ ଯେଉଁ ଜାମା ପିନ୍ଧୁଥିଲି ତାହାକୁ କୁହାଯାଉଥିଲା ମିରିଜାଇ। କିନ୍ତୁ ପ୍ରତ୍ୟହ ସ୍କୁଲରେ ମୋ ପ୍ରତି ଯେଉଁ ସବୁ ଲାଞ୍ଛନା ପରିହାସ ହେଉଥିଲା, ତାହା ମୋ ଭିତରେ କ୍ରମେ କ୍ଷମାଭାବର ସଞ୍ଚାର କରିଥିଲା। ବଙ୍ଗାଳୀ ସହପାଠୀମାନେ ମୋ ବିଷୟରେ କ'ଣ ଭାବୁଥିଲେ ବା ଭାବୁ ନ ଥିଲେ ସେଥିପ୍ରତି ମୁଁ ସମ୍ପୂର୍ଣ୍ଣ ଉଦାସୀନ ହୋଇପଡ଼ିଥିଲି। ମୋ ମୁଣ୍ଡରେ ଗୋଟିଏ ଲମ୍ବା ଚୁଟି ଥିଲା। ଏ ଚୁଟିରେ ଗଣ୍ଠି ପଡୁଥିଲା। ସେମାନେ ଭାବୁଥିଲେ ଏହା ବାଳିକାର ଲକ୍ଷଣ, ବାଳକର ନୁହେଁ। ବଙ୍ଗଳାରେ ସେତେବେଳକୁ ପିଲାଏ ମୁଣ୍ଡବାଳ ସାନ ସାନ କରି ରଖୁଥିଲେ। ତେଣୁ ମୁଣ୍ଡବାଳ ଛୋଟ କରି କାଟିବା ଫେସନରେ ପରିଣତ ହୋଇ ସାରିଥିଲା। ଦିନେ ଜଣେ ମୋର ବଙ୍ଗାଳୀ ସହପାଠୀ କଇଁଚିରେ ମୋର ସେ ଚୁଟିଟିକୁ କାଟିଦେଲା।" (୬)

କଟକ ହାଇସ୍କୁଲରେ ମଧୁସୂଦନ ଅନେକ ଦୁର୍ଦ୍ଦଶାର ସମ୍ମୁଖୀନ ହୋଇଥିଲେ। ସେଥି ମଧରୁ ନିମ୍ନୋକ୍ତ ଘଟଣାଟି ଥିଲା ଅତ୍ୟନ୍ତ ମର୍ମସ୍ପର୍ଶୀ। ବଙ୍ଗୀୟ ପ୍ରଧାନ ଶିକ୍ଷକଙ୍କ ବିଷ ଦୃଷ୍ଟିରେ ସେ କିପରି ପଡ଼ିଥିଲେ, ଏହା ତା'ର ଜ୍ୱଳନ୍ତ ଦୃଷ୍ଟାନ୍ତ। ମଧୁବାବୁ ଉଲ୍ଲେଖ କରିଛନ୍ତି – ଯେ ଏଣ୍ଟ୍ରାନ୍‌ସ ପରୀକ୍ଷା ପାଇଁ ଇଂରାଜୀରେ ଯେଉଁ ସବୁ ବିଷୟ ଥିଲା, ତାହା ଜଣେ ଆଗନ୍ତୁକ ବଙ୍ଗାଳୀ ହେଡମାଷ୍ଟର ପଢ଼ାଉଥିଲେ। ଦିନେ ଶ୍ରେଣୀ କକ୍ଷରେ ଇଂରାଜୀ ପଢ଼ାଇବା ସମୟରେ ସେ ଗୋଟିଏ ଅନୁଚ୍ଛେଦର ଅର୍ଥକୁ ଯେପରି ବୁଝାଇଲେ, ତାହା ଛାତ୍ର ମଧୁସୂଦନଙ୍କୁ ଭୁଲ ବୋଲି ପ୍ରତ୍ୟୟ ହେଲା। ତେଣୁ ସେ ଶ୍ରେଣୀକକ୍ଷରେ ପ୍ରଧାନଶିକ୍ଷକଙ୍କୁ ଏହା ଇଂରାଜୀ ଅନୁଚ୍ଛେଦଟିର ଭୁଲ ଅର୍ଥ ବୋଲି ଜଣାଇଥିଲେ। ମାତ୍ର

ଏହା ତାଙ୍କ ପାଇଁ କାଳ ହେଲା । ଶ୍ରେଣୀ କକ୍ଷରେ ଏତେଗୁଡ଼ାଏ ପିଲାଙ୍କ ସାମନାରେ ଅପଦସ୍ତ ହୋଇଥିବାରୁ ବଙ୍ଗୀୟ ପ୍ରଧାନ ଶିକ୍ଷକ ମଧୁସୂଦନଙ୍କୁ ଅବାଧ୍ୟତା ପ୍ରଦର୍ଶନ କରିଥିବା ଅଭିଯୋଗରେ ସ୍କୁଲରୁ ନାମ କାଟିଦେଲେ । ଫଳରେ ସେ ଘୋର ମାନସିକ ଅଶାନ୍ତିରେ କାଳାତିପାତ କଲେ । ତାଙ୍କର ଓଡ଼ିଆ ସହପାଠୀ କେତେଜଣ ପ୍ରଧାନଶିକ୍ଷକଙ୍କୁ କ୍ଷମାମାଗିବା ପାଇଁ ପରାମର୍ଶ ଦେଲେ । ମାତ୍ର ମଧୁସୂଦନଙ୍କ ବିବେକ ଏହାକୁ ବାଧା ଦେଲା ଏବଂ ସେ ଦୃଢ଼ମନା ହୋଇ ରହିଲେ ।

ଅନନ୍ତର ମଧୁସୂଦନ ସ୍କୁଲର ମୁଖ୍ୟ କର୍ମକର୍ତ୍ତା ମିଷ୍ଟର ହେଲିଙ୍କ ବଙ୍ଗଳାକୁ ଯାଇ ଏହି ସବୁ କଥା ଅବଗତ କରାଇବା ପାଇଁ ଚିନ୍ତାକଲେ । ତେଣୁ ପରଦିନ ବଡ଼ିସକାଳୁ ଯାଇ ମିଷ୍ଟର ହେଲିଙ୍କର ବଙ୍ଗଳାଠାରେ ଯାଇ ଉପସ୍ଥିତ ହେଲେ । ସେ ନିର୍ଭୀକତାର ସହିତ ମିଷ୍ଟର ହେଲିଙ୍କୁ ଭେଟିଥିଲେ ଏବଂ ପୂର୍ବ ବର୍ଣ୍ଣିତ ସମସ୍ତ ଘଟଣା ତାଙ୍କୁ ଜଣାଇଥିଲେ । ଇଂରାଜୀ ବହିର ଯେଉଁ ଅନୁଚ୍ଛେଦଟିକୁ ପ୍ରଧାନ ଶିକ୍ଷକ ବୁଝାଇଥିଲେ, ସେ ଅନୁଚ୍ଛେଦଟିକୁ ମଧ୍ୟ ତାଙ୍କୁ ଦେଖାଇଥିଲେ । ମିଷ୍ଟର ହେଲି ମୃଦୁହାସ୍ୟରେ ବାଳକ ମଧୁସୂଦନଙ୍କୁ ଚାହିଁଲେ ଏବଂ ପରଦିନ ଏଗାରଟା ବେଳକୁ ସ୍କୁଲରେ ଉପସ୍ଥିତ ରହିବାକୁ ନିର୍ଦ୍ଦେଶ ଦେଲେ । ମଧୁସୂଦନ ତାହାହିଁ କଲେ । ପରଦିନ ସ୍କୁଲ ଫାଟକ ନିକଟରେ ସେ ଉପସ୍ଥିତ ରହିଲେ । ଏହି ସମୟରେ ମି.ହେଲି ତାଙ୍କ ବଗିରେ ବସି ଫାଟକ ଅତିକ୍ରମ କଲାବେଳେ ବାଳକ ମଧୁସୂଦନ ତାଙ୍କୁ ପ୍ରଣାମ ଜଣାଇଥିଲେ । ମି. ହେଲି କିଛି ସମୟ ବିଦ୍ୟାଳୟର ପ୍ରଧାନଶିକ୍ଷକଙ୍କ ନିକଟରେ ଆଳାପ ଆଲୋଚନା କରି ଫେରିଗଲେ । ଏହାପରେ ପ୍ରଧାନ ଶିକ୍ଷକ ମଧୁସୂଦନଙ୍କୁ ତାଙ୍କ କୋଠରୀକୁ ଡକାଇ ଜଣାଇଦେଲେ ଯେ ସେ ତାଙ୍କୁ କ୍ଷମା କରିଛନ୍ତି ଏବଂ ସ୍କୁଲରେ ପୁନଃ ଗ୍ରହଣ କରିବାକୁ ସ୍ଥିର କରିଛନ୍ତି । ଫଳରେ ମଧୁସୂଦନଙ୍କର ନିରାଶ ମନ ଘୋର ଆଶାବାଦରେ ଭରିଗଲା । ଶୁଷ୍କ, ନୀରସ ମରୁଯାତ୍ରାରେ ସେ ଆଶନ୍ୱିତ ମରୁଦ୍ୟାନର ସନ୍ଧାନ ପାଇଲେ । ମି.ହେଲିଙ୍କର ଉଦାରତା ଓ ମହନୀୟତା ଯୋଗୁଁ ମଧୁସୂଦନଙ୍କର ଏଣ୍ଟ୍ରାସ୍ ପାଶ୍ କରିବାର ଆଶା ଫଳବତୀ ହେଲା । ୧୮୬୪ ମସିହାରେ ଷୋଳବର୍ଷ ବୟସରେ କଟକ ହାଇସ୍କୁଲରୁ ମଧୁସୂଦନ ଦ୍ୱିତୀୟ ଶ୍ରେଣୀରେ ଏଣ୍ଟ୍ରାନସ୍ ପରୀକ୍ଷାରେ କୃତକାର୍ଯ୍ୟ ହୋଇଥିଲେ । ସେହିବର୍ଷ କଟକ ସ୍କୁଲରୁ ପାଞ୍ଚଜଣ ଛାତ୍ର ଉତ୍ତୀର୍ଣ୍ଣ ହୋଇଥିଲେ । ସେମାନେ ହେଲେ ଇ.ଜେ.ଚାଟେଲିୟାର, ହରୀଶ ଚନ୍ଦ୍ର ମୁଖାର୍ଜୀ, ମଧୁସୂଦନ ଦାସ (Sl no. 317), ମଧୁସୂଦନ ମହାପାତ୍ର (Sl no. 318) ଏବଂ ଶ୍ୟାମଚରଣ ବାନାର୍ଜୀ (Sl no. 480) । ଏମାନେ ସମସ୍ତେ ଦ୍ୱିତୀୟ ଶ୍ରେଣୀରେ ଉତ୍ତୀର୍ଣ୍ଣ ହୋଇଥିଲେ ଏବଂ ଏହି ଫଳାଫଳ କାଲକାଟା ଗେଜେଟିୟର (ଜାନୁୟାରୀ - ଜୁନ୍ ୧୮୬୫) ସାଲରେ ପ୍ରକାଶିତ ହୋଇଥିଲା ।

ଏହି ବର୍ଷ ବାଲେଶ୍ୱର ଜିଲ୍ଲା ସ୍କୁଲରୁ ରାଧାନାଥ ରାୟ ମଧ୍ୟ ଏଣ୍ଟ୍ରାନସ୍ ପାଶ୍ କରିଥିଲେ। ସେହିପରି ପୁରୀ ସ୍କୁଲରୁ ରାହାସ ବିହାରୀ ନାୟକ ପାଶ୍ କରିଥିଲେ। ସେ ପରବର୍ତ୍ତୀ କାଳରେ ଡେପୁଟି କଲେକ୍ଟର ପଦବୀରେ ଅଧିଷ୍ଠିତ ହୋଇଥିଲେ।

ଏଣ୍ଟ୍ରାନସ୍ ପାଶ୍ କରିବା ପରେ ମଧୁସୂଦନ ସତ୍ୟଭାମାପୁର ଗ୍ରାମରେ କିଛିଦିନ ରହିଥିଲେ। ଭବିଷ୍ୟତ ପାଇଁ ସ୍ୱପ୍ନ ଦେଖୁଥିଲେ। ଏଫ.ଏ.ଶ୍ରେଣୀରେ ଅଧ୍ୟୟନ କରିବା ପାଇଁ ଆଶା ବାନ୍ଧୁଥିଲେ। ମାତ୍ର ଏହି ସମୟରେ ଘରର ଆର୍ଥିକ ଅବସ୍ଥା ସ୍ୱଚ୍ଛଳ ନ ଥିଲା। ପିତା ରଘୁନାଥଙ୍କ ଇଚ୍ଛା ଥିଲା ପୁଅ ତ ଏଣ୍ଟ୍ରାନସ୍ ଶ୍ରେଣୀ ପାସ୍ କଲାଣି। ଏଣିକି ଅର୍ଥ ରୋଜଗାର ପାଇଁ ଚାକିରି ଅନ୍ୱେଷଣ କରୁ। ତେଣୁ ପିତା ଚୌଧୁରୀ ରଘୁନାଥ ମଧୁସୂଦନଙ୍କୁ ପରାମର୍ଶ ଦେଲେ - "କମିଶନରଙ୍କ ସିରସ୍ତାଦାର ବିଚିତ୍ରାନନ୍ଦ ବାବୁଙ୍କ ସଙ୍ଗରେ ମୁଁ କଥାବାର୍ତ୍ତା କରିଛି। କିଲଟରୀ ଅଫିସ୍‌ରେ ସେ ତୋତେ ଢୁକାଇ ଦେବେ। ଏଣ୍ଟ୍ରାନସ୍ ପାଶ୍ କଲୁ। ହାତ ବାନ୍ଧି ଘରେ ଆଉ କେତେଦିନ ବସି ରହିବୁ? (୭)

ପିତାଙ୍କର ପରାମର୍ଶ ଉଚ୍ଚାକାଙ୍‌କ୍ଷୀ ମଧୁସୂଦନଙ୍କୁ ପ୍ରଭାବିତ କରିପାରି ନ ଥିଲା। ଉଚ୍ଚ ଆଶାର ସ୍ୱପ୍ନରେ ବିଭୋର ଥିଲେ ମଧୁସୂଦନ। ଏହି ସମୟ ବେଳକୁ ଓଡ଼ିଶାରେ କେହି ଗ୍ରାଜୁଏଟ୍ ନ ଥିଲେ। ମଧୁସୂଦନ ମନରେ ବିରାଟ ଆଶା ବାନ୍ଧିଥିଲେ ଯେ ସେ ଯେପରି ହେଲେ ଏଫ୍.ଏ ପରେ ବି.ଏ. ପଢ଼ି ଓଡ଼ିଶାର ପ୍ରଥମ ଗ୍ରାଜୁଏଟ୍ ବୋଲାଇବେ। ନିମ୍ନଗାମୀ ଜଳ ଓ ସ୍ଥିର ନିଶ୍ଚିତ ମନକୁ କେହି ଅଟକାଇ ପାରେନାହିଁ । ମଧୁସୂଦନ ଜାଣିଥିଲେ ଯେ ସେ ସମୟରେ ଓଡ଼ିଶାରେ କୌଣସି କଲେଜ ନ ଥିଲା। ପୁନଶ୍ଚ ଉଚ୍ଚଶିକ୍ଷା ପାଇଁ ସେକାଳରେ ସୁଦୂର କଲିକତାକୁ ହିଁ ଯିବାକୁ ପଡୁଥିଲା। କଲିକତାକୁ ଯିବାକୁ ହେଲେ ଶଗଡ଼ଗାଡ଼ିରେ ବସି ବିପଦ ସଙ୍କୁଳ ଅରଣ୍ୟପଥରେ ଦୀର୍ଘ ତିନିଶହ ମାଇଲ ଅତିକ୍ରମ କରିବାକୁ ପଡୁଥିଲା। ତଥାପି ଏହି ସବୁ ପ୍ରତିକୂଳ ଅବସ୍ଥା ସତ୍ତ୍ୱେ ଯୁବକ ମଧୁସୂଦନଙ୍କ ମନ କଲିକତା ଉଡ଼ିଗଲା। ଦୃଢ଼ମନା ମଧୁସୂଦନ ସେଦିନ ପିତାଙ୍କୁ ନମ୍ର ଭାବରେ ଉତ୍ତର ଦେଇଥିଲେ -

"ମୋର ଇଚ୍ଛା ଏଫ୍.ଏ. ପଢ଼ିବି। ତା'ପରେ ବି.ଏ.। ମୁଁ ହେବି ଓଡ଼ିଶାର ପ୍ରଥମ ଗ୍ରାଜୁଏଟ୍।"

ମଧୁସୂଦନଙ୍କର ଏଭଳି ଉଚ୍ଚାକାଂକ୍ଷା ବିଷୟକ ଦୃଢ଼ୋକ୍ତି ପିତା ରଘୁନାଥ ଦାସଙ୍କୁ ଅବାଧ୍ୟତା ପରି ଲାଗିଲା। ତାଙ୍କର କ୍ରୋଧର ସୀମା ରହିଲା ନାହିଁ। ତେଣୁ ସେ ଦୃଢ଼ କଣ୍ଠରେ ମଧୁସୂଦନଙ୍କୁ କହିଥିଲେ - "କାଲି ସକାଳେ କଟକ ଯାଇ ବିଚିତ୍ରାନନ୍ଦ ବାବୁଙ୍କ ସହିତ ଦେଖାକର। ଯିବାବେଳେ ବିଚିତ୍ରାନନ୍ଦ ବାବୁଙ୍କ ପାଖକୁ ମୋର ଖଣ୍ଡେ ଚିଠି ନେଇଯିବ। ଢେର ପାଠପଢ଼ା ହୋଇଗଲା। ତା' ନହେଲେ ଚୌଧୁରୀ ରଘୁନାଥ ଦାସର

ମୁହଁ ଉପରେ କଥା କହି ପାରନ୍ତ କିପରି ? ଆଉ ପାଠର ଦରକାର ନାହିଁ। ଓଡ଼ିଆ ପିଲା ଗ୍ରାଜୁଏଟ୍ ହେବାଟା ସହଜ କଥା ପଡ଼ିଛି ?' (୮)

ପରଦିନ ମଧୁସୂଦନ ଅନନ୍ୟୋପାୟ ହୋଇ ଗାଁ ଛାଡ଼ିଲେ। ଗାଁ ଛାଡ଼ିଲା ବେଳକୁ ତାଙ୍କର ମନ ବ୍ୟାକୁଳ ହେଉଥାଏ। ଗାଁର ସ୍ମୃତି, ଗାଁର ଆମ୍ବତୋଟା, ବିଲମାଳ, ନଦନଦୀ, ଗ୍ରାମପଥ ସମସ୍ତଙ୍କୁ ବିଦାୟ ଜଣାଇ ପହଞ୍ଚିଥିଲେ ପ୍ରପିତାମହୀ କୃଷ୍ଣାଦେବୀଙ୍କ ସତୀଚଉରା ନିକଟରେ। ନୟନରେ ଅଶ୍ରୁ। ଗର୍ଭଣା ବୃକ୍ଷମୂଳେ ପ୍ରପିତାମହୀଙ୍କର ସମାଧିକୁ ପ୍ରଣାମ ଜଣାଉଥିବାବେଳେ ତାଙ୍କର ଶରୀର ରୋମାଞ୍ଚିତ ହେଲା। ମନ ପୁଲକିତ ହେଲା। ସତୀ, ସାଧ୍ୱୀ ପତିପ୍ରାଣା ପ୍ରପିତାମହୀଙ୍କର ଚିତାନଳରେ ଶରୀରକୁ ଝାସଦେବାର ସ୍ମୃତି ତାଙ୍କ ମନୋବଳକୁ ବଢ଼ାଇ ଦେଲା। ଏହି ସତୀଙ୍କର ସତୀତୀର୍ଥରୁ ପ୍ରେରଣା ଓ ଉଦ୍ଦୀପନା ଲାଭ କରି ସତ୍ୟଭାମାପୁରର ଏହି ସଙ୍କଳ୍ପବଦ୍ଧ ଯୁବକ ଗାଁରୁ ଗୋଡ଼ କାଢ଼ିଲେ।

ପିତ୍ରାଦେଶ ମାନି ମଧୁସୂଦନ କଟକ ତୁଳସୀପୁରଠାରେ ବିଚିତ୍ରାନନ୍ଦ ଦାସଙ୍କ ବାସଭବନରେ ପହଞ୍ଚିଲେ। ମାତ୍ର ବିଚିତ୍ରାନନ୍ଦ ଦାସ ଥିଲେ ନିଆରା ବ୍ୟକ୍ତିତ୍ୱ। ସେ ମଧୁସୂଦନଙ୍କ ଉଚ୍ଚାକାଂକ୍ଷା ଜାଣିଲା ପରେ କହିଥିଲେ - "ମୁଁ ଯଦି ନିଜ ଗୋଡ଼ରେ ଠିଆ ହୋଇ ପାରିଲି, ତୁ କାହିଁକି ପାରିବୁ ନାହିଁ? ପାରିବୁ, ନିଶ୍ଚୟ ପାରିବୁ। ଅସଲ ହେଲା ଇଚ୍ଛା ଶକ୍ତି।'(୯)

ବିଚିତ୍ରାନନ୍ଦଙ୍କ ବାସଭବନରେ ସେଦିନ ମଧୁସୂଦନଙ୍କର ମନରେ ବାରମ୍ବାର ଏହି ଉକ୍ତିଟି ସଂଜୀବିତ ହୋଇଥିଲା - "Where there is a will, there is a way." ସେଠାରୁ ପ୍ରାଣପ୍ରାଚୁର୍ଯ୍ୟଭରା ହୃଦୟରେ ସେ ଫେରି ଆସିଲେ। ଏଣେ କଟକରେ ଥାଇ ସମ୍ବାଦ ପାଇଲେ ଯେ ବାଲେଶ୍ୱର ହାଇସ୍କୁଲରେ ଗୋଟିଏ ଶିକ୍ଷକ ପଦବୀ ଖାଲି ଅଛି। ତେଣୁ ଶିକ୍ଷକତା କରିବା ପାଇଁ ସେ ବାଲେଶ୍ୱରରେ ଯାଇ ପହଞ୍ଚିଲେ। ସେଠାରେ ସେ ତୃତୀୟ ଶିକ୍ଷକ ଭାବରେ ଯୋଗଦାନ କରିଥିଲେ। ସେତେବେଳେ ବାଲେଶ୍ୱର ବାଣିଜ୍ୟ ବ୍ୟବସାୟର ଏକ ପେଣ୍ଠସ୍ଥଳୀ ଥିଲା। ଏଠାରେ ଶିକ୍ଷକତା କରିବା ସମୟରେ ମଧୁସୂଦନଙ୍କର ଫକୀରମୋହନ ଓ ରାଧାନାଥଙ୍କ ସହିତ ସଖ୍ୟଭାବ ଗଢ଼ି ଉଠିଥିଲା। ଓଡ଼ିଶା ପାଇଁ ଏବଂ ଓଡ଼ିଆ ଭାଷା ପାଇଁ ଏମାନେ ନିରନ୍ତର ଚିନ୍ତା କରୁଥିଲେ। ଫକୀର ମୋହନ ତାଙ୍କ ପରିଣତ ବୟସରେ ରଚିତ "ଆତ୍ମଚରିତ" (୧୯୧୫)ରେ ମଧୁସ୍ମୃତି ସମ୍ପର୍କରେ ଯାହା ଲେଖିଛନ୍ତି, ତାହା ପ୍ରଣିଧାନଯୋଗ୍ୟ। ସେ ଲେଖିଛନ୍ତି -

"ବାବୁ ମଧୁସୂଦନ ଦାସ ସେ ସମୟରେ ଗବର୍ଣ୍ଣମେଣ୍ଟ ସ୍କୁଲରେ ଥାର୍ଡ ମାଷ୍ଟର ଥିଲେ। ତାଙ୍କର ବସା ଗଡ଼ଗଡ଼ିଆ ସମୀପରେ ଥିବାରୁ ସେ ପ୍ରାୟ ପ୍ରତ୍ୟହ ଆସି ଆମ୍ଭମାନଙ୍କ ଦଳରେ ମିଶୁଥିଲେ। ଆଜି ଅର୍ଦ୍ଧଶତାବ୍ଦୀ କାଳ ଅତୀତ ପ୍ରାୟ। ତଥାପି ମୋର ବେଶ୍

ମନେଅଛି, ସେହି ତରୁଣ ବୟସରେ ମଧ୍ୟ ତାଙ୍କର ଉଚ୍ଚଭାବର କଥା ଓ ଉଚ୍ଚାକାଂକ୍ଷା ବିଷୟ ଶୁଣି ଆମ୍ଭେମାନେ ସ୍ତମ୍ଭିତ ହୋଇଯାଉଥିଲୁଁ। ଆଉ ଉଚ୍ଚଧରଣର ବ୍ୟୟ ହେତୁରୁ ସ୍ୱଳ୍ପ ବେତନ ତାଙ୍କୁ ସଙ୍କୁଳାନ ହେଉ ନଥିଲା। ସେଥିପାଇଁ ସେ କର୍ମତ୍ୟାଗ କରି କଲିକତା ଚାଲି ଯାଇଥିଲେ। **(୧୦)**

■

କଲିକତା ଯାତ୍ରା, କଲେଜ ଶିକ୍ଷା ଓ ଖ୍ରୀଷ୍ଟଧର୍ମ ଗ୍ରହଣ

ପ୍ରାକ୍ ସ୍ୱାଧୀନତା କାଳରେ ଭାରତର ପ୍ରମୁଖ ନଗରୀ ମଧ୍ୟରେ କଲିକତା ଥିଲା ଅନ୍ୟତମ ସମୃଦ୍ଧଶାଳୀ ମହାନଗର। ଏହା ଥିଲା ଭାରତର ଶିକ୍ଷା, ସଂସ୍କୃତି ଓ ସଭ୍ୟତାର ପ୍ରାଣକେନ୍ଦ୍ର। କୁହାଯାଉଥିଲା - 'କଲିକତାରେ ରାତି ନାହିଁ' । ସେହି ସମୟରେ ଉଚ୍ଚାକାଂକ୍ଷୀ ଓଡ଼ିଆମାନେ କଲିକତା ଯାତ୍ରା କରୁଥିଲେ।

ସତକୁ ସତ ଶିକ୍ଷକ ଭାବରେ ମଧୁସୂଦନ ବାଲେଶ୍ୱରରେ ବେଶିଦିନ ରହି ନ ଥିଲେ। ତାଙ୍କର ଏକମାତ୍ର ଅଭିଳାଷକୁ ସାକାର କରିବା ପାଇଁ ସେ କଲିକତା ଯିବାର ସ୍ୱପ୍ନ ଦେଖୁଥିଲେ। ୧୮୬୬ ମସିହା। ଓଡ଼ିଶାରେ ନ'ଅଙ୍କ ଦୁର୍ଭିକ୍ଷର କରାଳ ଛାୟା। ଏହି ସମୟରେ ମଧୁସୂଦନ 'ଦି ସ୍ୱାନ' (The swan) ଷ୍ଟିମରରେ ଚାନ୍ଦବାଲି ବନ୍ଦରରୁ କଲିକତା ଅଭିମୁଖେ ଯାତ୍ରାକଲେ ଏବଂ ଦିନକପରେ କଲିକତାରେ ପହଞ୍ଚିଲେ। କଲିକତା ଯାତ୍ରା ଦିନ ଷ୍ଟିମରର ଡେକ୍ ଉପରେ ମଧୁସୂଦନଙ୍କର ପରିଚୟ ହୋଇଥିଲା ହେନ୍‌ରୀ ଗ୍ରୀଫିନସ୍ ନାମ ଧାରୀ ଜଣେ ପାଦ୍ରୀଙ୍କ ସହିତ । ପ୍ରଥମ ସାକ୍ଷାତରେ ହେନ୍‌ରୀ ଗ୍ରୀଫିନସ୍‌ଙ୍କର ଅବବୋଧ ହେଲା ଯେ ମଧୁସୂଦନ ଉଚ୍ଚ ଶିକ୍ଷା ପାଇଁ କଲିକତା ଯାତ୍ରା କରୁଛନ୍ତି। ପରସ୍ପର କଥୋପକଥନ ପରେ ପାଦ୍ରୀ ଗ୍ରୀଫିନ୍‌ସ୍ ମଧୁସୂଦନଙ୍କୁ ନିଜର ଖଣ୍ଡିଏ ଭିଜିଟିଙ୍ଗ୍ କାର୍ଡ ଦେଇ ଦରକାର ପଡ଼ିଲେ ସାକ୍ଷାତ କରିବା ପାଇଁ ପରାମର୍ଶ ଦେଇଥିଲେ। ମଧୁସୂଦନ କାର୍ଡଟିକୁ ପକେଟରେ ରଖିଥିଲେ। ସେଥିରେ ଲେଖାଥିଲା -

Rev.H.Griffins
7, Middleton Row
Calcutta.

ଦୀର୍ଘ ଜଳପଥ ଅତିକ୍ରମ କରି ଦି ସ୍ୱାନ ଷ୍ଟିମର ପରଦିନ କଲିକତାର ଡେଲ୍‌ହାଉସୀ ସ୍କୋୟାର ନିକଟବର୍ତ୍ତୀ କୟଲାଘାଟ ଜେଟିରେ ପହଞ୍ଚିଲା । ମଧୁସୂଦନଙ୍କର ମନରେ ନାନା ଶଙ୍କା ଓ ସନ୍ଦେହ ଭରିଯାଇଥିଲା । ପାଖରେ ଅର୍ଥ ନାହିଁ । କପର୍ଦ୍ଦକ ଶୂନ୍ୟ । ତଥାପି ଅଭିଳଷିତ ଲକ୍ଷ୍ୟ ପୂରଣର ଆଶାନେଇ ଦମ୍ଭ ସଞ୍ଚୟ କରି ସେ ଷ୍ଟିମରର ଡେକ୍ ଉପରେ ଭବିଷ୍ୟତ ଚିନ୍ତାରେ ଅଶାନ୍ତ ଭାବରେ ପଦଚାରଣ କରୁଥିଲେ । କେବଳ J.B.S Haldaneଙ୍କ ଉକ୍ତି "Life without adventures is just like beaf without mustard" ମଧୁସୁଦନଙ୍କୁ ସତେଯେପରି ଆଶ୍ୱସନା ଦେଉଥିଲା । ସେହିପରି ପ୍ରସିଦ୍ଧ କବି John Dryden ଙ୍କର ପ୍ରେରଣାଦୀପ୍ତ ବାଣୀ ମଧୁବାବୁଙ୍କର ମନେ ପଡ଼ିଲା

"None but the brave, None but the brave
None but the brave deserves the fair."

ସତରେ ସାହସୀ ଓ ଧୈର୍ଯ୍ୟବାନ ବ୍ୟକ୍ତିମାନେ ପ୍ରତିକୂଳ ପରିସ୍ଥିତିରେ ମୁକାବିଲା କରି ଜୀବନରେ ସଫଳତା ଲାଭ କରିଛନ୍ତି । ଏଇ ଭାବନାକୁନେଇ ମଧୁସୂଦନ କଲିକତା ମାଟିରେ ପାଦଦେଲେ । ଏପରି ଏକ ଅପରିଚିତ ମହାନଗରୀରେ ମଧୁସୂଦନଙ୍କର କେହି ଚିହ୍ନାବ୍ୟକ୍ତି ନ ଥିଲେ । ଯେ କେହି ଦୁର୍ଭିକ୍ଷ ଦାଉରେ କଲିକତା ପଳାଇ ଆସିଥିଲେ, ସେମାନେ ବାଗାନ୍‌ର ମାଳୀ ଭାବରେ କିମ୍ବା ସମ୍ଭ୍ରାନ୍ତ ବଙ୍ଗୀୟମାନଙ୍କର ଶିବିକା ବାହକ କିମ୍ବା ମୋଟ ବୁହାଳି ମଜୁରିଆ ଭାବରେ ଜୀବିକାର୍ଜନ କରୁଥିଲେ । କଲିକତାରେ ପହଞ୍ଚିବା ପରେ ମଧୁସୂଦନ ପ୍ରଥମେ କିଛିଦିନ ଏଇମାନଙ୍କ ନିକଟରେ ଆଶ୍ରୟ ନେଇଥିଲେ । ଏହିଠାରେ ହିଁ ମଧୁସୂଦନ ଅନୁଭବ କରିଥିଲେ ଯେ ପ୍ରବାସୀ ଓଡ଼ିଆମାନଙ୍କର ଏ ଲାଞ୍ଛନା ଓ ଗ୍ଲାନି ମଧ୍ୟରେ ସତେଯେପରି ଓଡ଼ିଆ ଜାତିର ଆତ୍ମମର୍ଯ୍ୟାଦା ହଜିଯାଇଛି ।

ଓଡ଼ିଶାରୁ ଉଚ୍ଚଶିକ୍ଷା ପାଇଁ କେବଳ ଯେ ମଧୁସୂଦନ କଲିକତାରେ ପ୍ରଥମ ଓଡ଼ିଆ ଏହା ଠିକ୍ ନୁହେଁ । ତାଙ୍କ ପୂର୍ବରୁ ଗୌରୀଶଙ୍କର ରାୟ ବହୁ ପଥଶ୍ରମ କରି କଲିକତାରେ ଏଫ୍.ଏ. ପଢ଼ିବା ପାଇଁ ଆସିଥିଲେ । ସରକାରୀ ବୃତ୍ତି ପାଇ ଗୌରୀଶଙ୍କର ୧୮୫୬ ମସିହାରେ ଜୁନ୍ ମାସରେ କଲିକତା ଅଭିମୁଖେ ଯାତ୍ରା କରିଥିଲେ । ସେତେବେଳେ ବଳଦ ଗାଡ଼ି ଛଡ଼ା ଆଉ କୌଣସି ପ୍ରକାର ଯାନର ସୁବିଧା ନ ଥିଲା । ବଳଦଗାଡ଼ିରେ ଗୌରୀଶଙ୍କର ବିଭିନ୍ନ ବାଧାବିଘ୍ନର ସମ୍ମୁଖୀନ ହୋଇ ବାର ଦିନରେ ବଲେଶ୍ୱରଠାରେ ପହଞ୍ଚିଲେ । ଏହାପରେ ବଳଦଗାଡ଼ି ଯିବାର ସୁବିଧା ନ ହେବାରୁ ସେ ପଦବ୍ରଜରେ ଦଶଦିନରେ ଯାଇ ହୁଗୁଳିଠାରେ ପହଞ୍ଚିଲେ । ସେଠାରେ ସେ ଛାତ୍ରବୃତ୍ତି ପାଇ ଅଧ୍ୟୟନ କରୁଥିଲେ । ମାତ୍ର ପିତାଙ୍କ ଆହ୍ୱାନକ୍ରମେ ସେ କଲିକତାରେ ଶିକ୍ଷା ଅସମାପ୍ତ ରଖି ଓଡ଼ିଶାକୁ ଫେରି ଆସିଲେ । ଏହାପରେ ରାଧାନାଥ ରାୟ ଏଫ୍.ଏ. ପଢିବାକୁ କଲିକତା ଯାଇଥିଲେ ।

ଏକେତ ରାଧାନାଥ ରାୟ ଥିଲେ ଚିର ରୁଗ୍ଣ। ଏହା ତାଙ୍କ ପାଇଁ ବାଧକ ଥିଲା। କିନ୍ତୁ ଫକୀରମୋହନ ତାଙ୍କର 'ଆତ୍ମଚରିତ'ରେ ଲେଖିଛନ୍ତି –

"ରାଧାନାଥ ଓ ତାଙ୍କ ଖୁଡ଼ୁତା ଜାହ୍ନବୀ ବାବୁ ସନ୍ଧ୍ୟା ସମୟରେ କଲିକତାରେ ପହଞ୍ଚି ଗୋଟାଏ ବସା କରି ରହିଲେ। ତହିଁ ଆରଦିନ ସକାଳେ ବିଛଣାରୁ ଉଠି ଦୁଇଜଣ ଯୋଡ଼ାଏ ଲୋଟା ଧରି ଗୋଟାଏ ପଡ଼ିଆ ଜାଗା ସନ୍ଧାନରେ ବାହାରିଲେ। ଅନେକ ବେଳଯାଏଁ ଚାରିଆଡ଼େ ବୁଲିବୁଲି ଗୋଟାଏ ଜାଗା ନ ପାଇବାରୁ କଲିକତା ଉପରେ ଭାରି ଖପା ହୋଇ କହିଲେ 'ଏଟା ଭାରି ବେଜାୟ ସହର'। ତେବେ ରାଧାନାଥ ରାୟ କିଛି ଦିନ ଏଫ୍.ଏ. ଶ୍ରେଣୀରେ ଅଧ୍ୟୟନ କରିଥିଲେ। ମାତ୍ର ପ୍ରତିକୂଳ ପରିସ୍ଥିତି ଉପୁଜିବାରୁ ସେ ଅଧାରେ ପାଠ ଛାଡ଼ି ବାଲେଶ୍ୱର ପ୍ରତ୍ୟାବର୍ତ୍ତନ କଲେ। ପରେ ସେ ଘରୋଇ ଭାବରେ ଏଫ୍.ଏ. ପାଶ୍ କରିଥିଲେ।**(୧୧)**

କଲିକତା ପରି ଏକ ଅପରିଚିତ ନଗରୀର ଗଳିକନ୍ଦିରେ ବୁଲି ମଧୁସୂଦନ ଚିହ୍ନାମୁହଁର ସନ୍ଧାନ କରୁଥିଲେ। ଏଣେ ପାଖରୁ ପଇସା ସରି ଆସିଲାଣି। କେତେଦିନ ତାଙ୍କୁ ମଧ୍ୟ ମୁଢ଼ି ଖାଇ, ପାଣି ପିଇ ଜୀବନ ବିତାଇବାକୁ ପଡ଼ିଥିଲା। ଏପରି ପରିସ୍ଥିତିରେ ତାଙ୍କର ପାଦ୍ରୀ ଗ୍ରୀଫିନ୍‌ଙ୍କ କଥା ମନେ ପଡ଼ିଲା ଓ କଲିକତାର ସାତନମ୍ବର ମିଡଲଟନ୍ ରୋ ରେ ଅର୍ଦ୍ଧପାଗଳ ଗ୍ରୀଫନ୍‌ଙ୍କୁ ସାକ୍ଷାତ କଲେ। ଗ୍ରୀଫିନ୍ ମଧୁସୂଦନଙ୍କୁ ଚିଠିଟିଏ ଧରାଇ ଦେଲେ ଏବଂ କହିଲେ "ଏ ଚିଠି ପାଇବେ କିଏ ଜାଣିଛ? ରେଭରେଣ୍ଡ ଜେ.ପି.ଆଷ୍ଟନ। ଏଲ୍.ଏମ୍.ଏସ୍. (L.M.S) କଲେଜର ପ୍ରିନ୍‌ସିପାଲ୍। ଏଲ୍.ଏମ୍.ଏସ୍. କଲେଜ ଭବାନୀପୁର।" ପୁଣି କହିଲେ – "ରେଭରେଣ୍ଡ ଜେ.ପି.ଆଷ୍ଟନ ମୋର ବିଶିଷ୍ଟ ବନ୍ଧୁ ଓ ସହକର୍ମୀ। ବିନା ମାସୁଲରେ ସେ ତୁମନାମ କଲେଜରେ ଲେଖାଇ ଦେବେ ଓ ତାହା ସହିତ ତୁମ ଶିକ୍ଷାର ବ୍ୟବସ୍ଥା ମଧ୍ୟ ହୋଇଯିବ।"

ମଧୁସୂଦନ ତାହାହିଁ ଚାହୁଁଥିଲେ। ଫ୍ରି ଷ୍ଟୁଡେଣ୍ଟ ହିସାବରେ ସେ କଲେଜରେ ପଢ଼ିବା ପାଇଁ ଚାହୁଁଥିଲେ। ଅଗତ୍ୟା ସେହି ସୁଯୋଗ ମିଳିଲା। ସୁତରାଂ ଭବାନୀପୁରସ୍ଥିତ ଲଣ୍ଡନ ମିସନ୍ ସୋସାଇଟି କଲେଜ (London Mission Society College) ର ପ୍ରିନ୍‌ସିପାଲ ରେଭରେଣ୍ଡ ଜେ.ପି.ଆଷ୍ଟନଙ୍କୁ ସାକ୍ଷାତ କଲେ। ମଧୁସୂଦନ ଏହି କଲେଜର ଏଫ୍.ଏ.ଶ୍ରେଣୀର ଛାତ୍ର ହେଲେ ଏବଂ ପ୍ରିନ୍‌ସିପାଲ ତାଙ୍କ ପାଇଁ ମାସିକ ଟ.୭/– ହିସାବରେ ଷ୍ଟାଇପେଣ୍ଡ୍ ପାଇବାର ବନ୍ଦୋବସ୍ତ କରିଦେଲେ। ମଧୁସୂଦନଙ୍କ ପରି ଆଉ କେତେଜଣ ଅବୈତନିକ ଛାତ୍ରଭାବରେ ଏହି କଲେଜରେ ନାମ ଲେଖାଇଥିଲେ। ସେମାନଙ୍କ ମଧ୍ୟରେ ଥିଲେ ଅମ୍ବିକା ଚରଣ ହାଜରା, ଦୁର୍ଗାଚରଣ ବୋଷ, ହାରାଣ ଚନ୍ଦ୍ର ରାହା ଏବଂ ଶଶିଭୂଷଣ ବାନାର୍ଜୀ। ଅମ୍ବିକା ଚରଣଙ୍କ ସହିତ ମଧୁସୂଦନଙ୍କର ସଖ୍ୟଭାବ ସ୍ଥାପିତ ହୋଇଥିଲା

ଏଲ.ଏମ୍.ଏ.ସ୍ କଲେଜରେ। ଅଳ୍ପଦିନ ମଧ୍ୟରେ ଏଲ୍.ଏମ୍.ଏସ୍. କଲେଜରେ ମଧୁସୂଦନଙ୍କର ପରିଚୟ ହୋଇଥିଲା – 'ମଧୁ ଓଡ଼ିଆ'। ମଧୁସୂଦନଙ୍କ ସମ୍ପର୍କରେ ସେ ସମୟରେ କଲିକତାର ଜନୈକ ଭଦ୍ରବ୍ୟକ୍ତି ଡକ୍ଟର ସାର୍ ଦେବ ପ୍ରସାଦ ସର୍ବାଧିକାରୀ ଲେଖିଥିଲେ – "Madhu Oriya in the London Missionary Institute in Calcutta was a welknown and well beloved figure among Bengali students."

ଏହି ସମୟରେ ମଧୁସୂଦନଙ୍କ ସହପାଠୀ ଅମ୍ବିକା ଚରଣ ହାଜରା ଗୁଜୁରାଣ ମେଣ୍ଟାଇବା ପାଇଁ ଗରିଆହାଟା ଅଞ୍ଚଳରେ ଗୋଟିଏ ଟ୍ୟୁସନ୍ କରୁଥିଲେ। ତାଙ୍କ ପାଖରୁ ଆଉ ଗୋଟିଏ ଟ୍ୟୁସନର ସନ୍ଧାନ ପାଇଁ କଲିକତାର ଆର୍ମହର୍ଷ୍ଟ ଷ୍ଟ୍ରୀଟ୍ ନେବୁତଳା ଯାଇଥିଲେ ମଧୁସୂଦନ। ମାତ୍ର ସେଠାରୁ ଫେରି ବ୍ୟର୍ଥ ମନୋରଥ ହୋଇ ଫେରିବା ବାଟରେ ଦୈବାତ୍ ତାଙ୍କର ସାକ୍ଷାତ ହୋଇଥିଲା ପାଷ୍ଟର ଯଦୁନାଥ ଚାଟାର୍ଜୀଙ୍କ ସହିତ। ଯଦୁନାଥ ଚାଟାର୍ଜୀଙ୍କର ଦୁଇକନ୍ୟା ଥିଲେ – ସୌଦାମିନୀ (ଜ୍ୟେଷ୍ଠା କନ୍ୟା) ଓ ସୁରଙ୍ଗିଣୀ (କନିଷ୍ଠା କନ୍ୟା)। ସୌଦାମିନୀଙ୍କର ଗୃହଶିକ୍ଷକ ଭାବରେ ମଧୁସୂଦନଙ୍କୁ ସୁଯୋଗ ମିଳିଲା। ପାଷ୍ଟର ଯଦୁନାଥଙ୍କ ଘରେ ଟ୍ୟୁସନ ଶିକ୍ଷକ ଭାବରେ ନିଯୁକ୍ତି ପାଇବା ପରେ ମଧୁସୂଦନ ଆର୍ଥିକ ଦିଗରୁ ଚିନ୍ତାମୁକ୍ତ ହୋଇଥିଲେ। ୧୮୬୬ ମସିହାରେ ମଧୁସୂଦନ ଏଫ୍.ଏ. ଶ୍ରେଣୀରେ ନାମ ଲେଖାଇଥିଲେ। ୧୮୬୮ ମସିହାରେ ଏଫ୍.ଏ. ପରୀକ୍ଷା ଦେବା ପାଇଁ ମଧୁସୂଦନଙ୍କର ସେତେବେଳେ ଟଙ୍କାର ପ୍ରୟୋଜନ ଥିଲା। ମାତ୍ର ଟଙ୍କା ପଠାଯାଇ ନ ପାରିବାରୁ ମା' ପାର୍ବତୀ ଦେଈ ଏଣେ ମନମାରି ରହୁଥିଲେ। ଏପରି ଆର୍ଥିକ ସଙ୍କଟ ସତ୍ତ୍ୱେ ମଧୁସୂଦନ ୧୮୬୮ ମସିହାରେ ଏଲ୍.ଏମ୍.ଏସ୍. କଲେଜ, ଭବାନୀପୁରରୁ ଏଫ୍.ଏ. ଶ୍ରେଣୀ ପାଶ୍ କଲେ।

ଏହାପରେ ମଧୁସୂଦନ ବେଥୁନ୍ କଲେଜରେ ବି.ଏ. ଶ୍ରେଣୀରେ ଅଧ୍ୟୟନ କଲେ। ଏହି ସମୟରେ ତାଙ୍କୁ କେତେକ ଆହ୍ୱାନର ସମ୍ମୁଖୀନ ହେବାକୁ ପଡ଼ିଥିଲା। କଲିକତାରେ ୟଙ୍ଗ୍ ବେଙ୍ଗଲ ଗୋଷ୍ଠୀ ସେତେବେଳେ ଖ୍ରୀଷ୍ଟଧର୍ମ ପ୍ରତି ବିଶେଷ ଭାବରେ ଆକୃଷ୍ଟ ହେଉଥିଲେ। ତାତ୍କାଳୀନ ହିନ୍ଦୁ ସମାଜର କଠୋର ଅନୁଶାସନରେ ରୁଦ୍ଧଶ୍ୱାସ ହୋଇ ଶିକ୍ଷିତ ଯୁବଗୋଷ୍ଠୀ ଖ୍ରୀଷ୍ଟଧର୍ମ ଗ୍ରହଣ କରୁଥିଲେ ଏବଂ କରାଉଥିଲେ। ଇତି ମଧ୍ୟରେ ମଧୁସୂଦନଙ୍କ ଅନ୍ତରଙ୍ଗ ବନ୍ଧୁ ଅମ୍ବିକା ଚରଣ ହାଜରା ମଧ୍ୟ ଖ୍ରୀଷ୍ଟଧର୍ମ ଗ୍ରହଣ କରିସାରିଥିଲେ। ତେଣୁ ପ୍ରଗତି ମନୋଭାବ ସମ୍ପନ୍ନ ଯୁବକ ମଧୁସୂଦନ ଖ୍ରୀଷ୍ଟିଆନ ଧର୍ମ ଗ୍ରହଣ କରିବା ପାଇଁ ସ୍ଥିର କଲେ ଏବଂ ବାଇବେଲ୍ କ୍ଲାସରେ ଯୋଗଦେବା ପାଇଁ ରେଭରେଣ୍ଡ ଆଷ୍ଟନ୍‌ଙ୍କ ଅନୁମତି ଚାହିଁଥିଲେ। ମାତ୍ର ଧର୍ମ ପରିବର୍ତ୍ତନ ପାଇଁ ପିତାଙ୍କର ଅନୁମତି ଆଣିବା

ବାଧ୍ୟତାମୂଳକ ବୋଲି ସେ ରେଭରେଣ୍ଡ ଆଷ୍ଟନ୍‌ଙ୍କଠାରୁ ଅବଗତ ହେଲେ। ଅନନ୍ତର ମଧୁସୂଦନ ପିତାଙ୍କ ନିକଟକୁ ପତ୍ର ଲେଖିଥିଲେ। କିନ୍ତୁ ଏହି ପତ୍ରର ସମ୍ବାଦ ପିତା ଚୌଧୁରୀ ରଘୁନାଥ ଦାସଙ୍କୁ ଉଭୟ ହର୍ଷ ଓ ବିଷାଦରେ ଭରି ଦେଇଥିଲା। ସେଥିରେ ପ୍ରଥମେ ଲେଖାଥିଲା ଯେ ମଧୁସୂଦନ ଏଲ୍.ଏମ୍.ଏସ୍. କଲେଜରୁ ଏଫ୍.ଏ. ପାଶ୍ କରି ବି.ଏ. କ୍ଲାସରେ ନାମ ଲେଖାଇବାର ସମ୍ବାଦ। ଦ୍ୱିତୀୟଟି ହେଉଛି ମଧୁସୂଦନ ଲେଖିଛନ୍ତି - "ମୁଁ ଖ୍ରୀଷ୍ଟିଆନ ହେବା ପାଇଁ ସ୍ଥିର କରିଅଛି। କିନ୍ତୁ ଆପଣଙ୍କ ଅନୁମତି ବିନା ଏହା ହୋଇପାରିବ ନାହିଁ ବୋଲି ପ୍ରିନ୍‌ସିପାଲ ରେଭେରେଣ୍ଡ ଜେ.ପି.ଆଷ୍ଟନ୍ କହିବାରୁ ମୁଁ ଆପଣଙ୍କୁ ପତ୍ର ଲେଖି ତାହା ଜଣାଇ ଦେଉଅଛି।"

ପୁଅର ଏହିପରି ଧର୍ମ ପରିବର୍ତ୍ତନର ଅଭିଳାଷ ପିତା ରଘୁନାଥଙ୍କର ସ୍ୱପ୍ନାତୀତ ଥିଲା। ସତେ ଅବା ତାଙ୍କ ମୁଣ୍ଡ ଉପରେ ବଜ୍ର ପଡ଼ିଲା। ପୁଅକୁ ଏହି ପ୍ରଚେଷ୍ଟାରୁ ଏଡ଼ାଇବା ପାଇଁ ରଘୁନାଥ ଦାସ କଲିକତା ଯାଇ ହଷ୍ଟେଲର କୋଠରୀରେ ମଧୁସୂଦନଙ୍କୁ ଭେଟିଥିଲେ ଏବଂ ଖ୍ରୀଷ୍ଟିଆନ ନ ହେବା ପାଇଁ ପ୍ରବର୍ତ୍ତାଇଥିଲେ। ମାତ୍ର ମଧୁସୂଦନ ନିଜ ଜିଦ୍‌ରେ ଥିଲେ ଅଟଳ। ଏହାପରେ ରଘୁନାଥ ଦାସ କ୍ରୋଧର ଚରମ ସୀମାରେ ପହଞ୍ଚି ମଧୁସୂଦନଙ୍କୁ କହିଥିଲେ -

"ତୋତେ ମୁଁ ଆଜିଠାରୁ ତ୍ୟଜ୍ୟପୁତ୍ର କଲି।" ଏହିପରି ରାଗ ତମ ତମ ହୋଇ ଅବୁଝା ପୁତ୍ର ନିକଟରୁ ପିତା ଶୂନ୍ୟ ହୃଦୟରେ ଫେରି ଆସିଲେ।

ବି.ଏ. ପରୀକ୍ଷା ଦେବା ଅବସରରେ ମଧୁସୂଦନ ଆଉ ଗୋଟିଏ ସଙ୍କଟର ସମ୍ମୁଖୀନ ହୋଇଥିଲେ। ତାହା ହେଉଛି ସଂସ୍କୃତ ପେପରକୁ ନେଇ। ବିଶ୍ୱବିଦ୍ୟାଳୟର ନିୟମ ଅନୁଯାୟୀ ସଂସ୍କୃତ ପ୍ରଶ୍ନର ଉତ୍ତର ସେତେବେଳେ ଦେବନାଗରୀ ଲିପି କିମ୍ବା ନିଜ ମାତୃଭାଷାରେ ଦେବାର ବିଧି ଥିଲା। କିନ୍ତୁ କଲିକତା ବିଶ୍ୱିଦ୍ୟାଳୟର ତତ୍କାଳୀନ ସଂସ୍କୃତ ପରୀକ୍ଷକ କୃଷ୍ଣମୋହନ ବାନାର୍ଜୀ ସଂସ୍କୃତ ବିଷୟ ରଖିଥିବା ଛାତ୍ରମାନଙ୍କୁ ଦେବନାଗରୀ କିମ୍ବା ବଙ୍ଗଳା ଭାଷାରେ ପରୀକ୍ଷା ଦେବାକୁ ଅନୁମତି ଦେଉଥିଲେ। ମଧୁସୂଦନ ଏହା ବିରୋଧରେ ଲଢ଼ିଥିଲେ। ମଧୁସୂଦନ ଲେଖିଛନ୍ତି - "ସଂସ୍କୃତ ମୋର ସେକେଣ୍ଡ ଲାଙ୍ଗୁଏଜ୍ ଥିଲା। କିନ୍ତୁ ଓଡ଼ିଆ ଲିପିରେ ସଂସ୍କୃତ ପରୀକ୍ଷା ଦେବା ପାଇଁ ବିଶ୍ୱବିଦ୍ୟାଳୟର କର୍ତ୍ତୃପକ୍ଷଙ୍କ ସହିତ ମୋତେ ରୀତିମତ ଲଢ଼ାଇ କରିବାକୁ ପଡ଼ିଥିଲା।" ବିଶ୍ୱ ବିଦ୍ୟାଳୟର କର୍ତ୍ତୃପକ୍ଷଙ୍କ ନିକଟକୁ ସ୍ମାରକପତ୍ର ଲେଖି ନିରାଶ ହୋଇ ମଧୁସୂଦନ ବଙ୍ଗ -ବିହାର - ଓଡ଼ିଶାର ଲେଫ୍‌ଟନାଣ୍ଟ ଗଭର୍ଣ୍ଣର ସାର୍ ଉଇଲିୟମ ଗ୍ରେଙ୍କ ନିକଟକୁ ସ୍ମାରକପତ୍ର ଲେଖିଲେ। ଶେଷରେ ଲେଫ୍ଟନାଣ୍ଟ ଗଭର୍ଣ୍ଣରଙ୍କ ହସ୍ତକ୍ଷେପ ଫଳରେ ମଧୁସୂଦନଙ୍କୁ ଓଡ଼ିଆ ଲିପିରେ ସଂସ୍କୃତ ପରୀକ୍ଷାରେ ଉତ୍ତର ଦେବା ପାଇଁ ଅନୁମତି ମିଳିଥିଲା। କାରଣ ୧୮୫୭ ସାଲ୍

ଜାନୁୟାରୀ ୨୪ ତାରିଖରେ କଲିକତା ବିଶ୍ୱବିଦ୍ୟାଳୟର ପ୍ରତିଷ୍ଠା ସମ୍ପର୍କରେ ଯେଉଁ Act ଗୃହୀତ ହୋଇଥିଲା, ତାହାର ଉପୋଦ୍‌ଘାତରେ ବିଶ୍ୱବିଦ୍ୟାଳୟର ଆଭିମୁଖ୍ୟ ଉଲ୍ଲେଖ ଥିଲା - "Better encouragement of Her Majesty's Subjects of all classes and denomination, in the pursuit of a regular and liberal course of education."

୧୮୭୦ ମସିହାରେ ମଧୁସୂଦନ କଲିକତା ବିଶ୍ୱବିଦ୍ୟାଳୟରୁ ବି.ଏ. ପରୀକ୍ଷାରେ ଉତ୍ତୀର୍ଣ୍ଣ ହୋଇଥିଲେ । ସେ ହେଲେ ଓଡ଼ିଶାର ପ୍ରଥମ ଗ୍ରାଜୁଏଟ୍। ଦୃଢ ମନୋବଳ ଏବଂ ଐକାନ୍ତିକ ଇଚ୍ଛା କିପରି ମନୁଷ୍ୟକୁ ଲକ୍ଷ୍ୟସ୍ଥଳରେ ପହଞ୍ଚାଇଥାଏ, ମଧୁବାବୁ ତାହାର ସଫଳ ଦୃଷ୍ଟାନ୍ତ। ତାଙ୍କର ଚିର ବାଞ୍ଛିତ ସ୍ୱପ୍ନ ସତ୍ୟରେ ପରିଣତ ହେଲା। ମଧୁସୂଦନ ବି.ଏ. ପାଶ୍ କରିଥିବାର ସମ୍ବାଦ କଟକରେ ପ୍ରଚାରିତ ହେଲା। ବିଚିତ୍ରାନନ୍ଦ ବାବୁ କଟକରୁ ତାଙ୍କ ନିକଟକୁ ଚିଠି ଲେଖିଲେ ଯେ ସେ କଟକ ଫେରି ଆସିଲେ ତାଙ୍କୁ ଡେପୁଟୀ ମାଜିଷ୍ଟ୍ରେଟ୍ ଚାକିରି ମିଳିଯିବ। କିନ୍ତୁ ମଧୁସୂଦନ ଥିଲେ ଉଚ୍ଚାକାଂକ୍ଷୀ। ତାଙ୍କର ଅଭିଳାଷ କେବଳ ଓଡ଼ିଶାର ପ୍ରଥମ ଗ୍ରାଜୁଏଟ୍ ନୁହେଁ, ଅଭିଳାଷ ଥିଲା ସେ ହେବେ ଓଡ଼ିଶାର ପ୍ରଥମ ଏମ୍.ଏ.। କିନ୍ତୁ ସେହି ବର୍ଷ ଭାଗ୍ୟ ତାଙ୍କ ପ୍ରତି ଅନୁକୂଳ ନ ଥିଲା। ପରବର୍ଷ ଅର୍ଥାତ୍ ୧୮୭୧ ସାଲରେ ଇଂରାଜୀ ଏମ୍.ଏ. ଶ୍ରେଣୀରେ ନାମ ଲେଖାଇଲେ। ତାଙ୍କର ଅବସୋସ ରହିଗଲା ଯେ ସେ ଗଣିତରେ ଏମ୍.ଏ. ଡିଗ୍ରୀଧାରୀ ହୋଇପାରିଲେ ନାହିଁ। ୧୮୭୩ ସାଲରେ ମଧୁସୂଦନ ଫ୍ରି-ଚର୍ଚ୍ଚ-ଇନ୍‌ଷ୍ଟିଚ୍ୟୁଟ୍ କଲେଜରୁ ଏମ୍.ଏ. ଶ୍ରେଣୀରେ ଉତ୍ତୀର୍ଣ୍ଣ ହେଲେ। ଓଡ଼ିଶାର ପ୍ରଥମ ଏମ୍.ଏ. ରୂପେ ସେ ଗୌରବାନ୍ୱିତ ହେଲେ।

୧୮୭୦ ସାଲରେ ମଧୁସୂଦନ ବି.ଏ. ପରୀକ୍ଷାରେ ଉତ୍ତୀର୍ଣ୍ଣ ହେଲେ। ଏହାପରେ ସେ ଖ୍ରୀଷ୍ଟିୟାନ ମିଶନାରୀ ସୋସାଇଟି ହାଇସ୍କୁଲର ପ୍ରଧାନ ଶିକ୍ଷକ ରୂପେ ନିଯୁକ୍ତ ହେଲେ। ପରେ ପରେ ୧୮୭୬ ସାଲରେ ଗାର୍ଡନରିଚ୍ ଉଚ୍ଚ ଇଂରାଜୀ ବିଦ୍ୟାଳୟର ପ୍ରଧାନ ଶିକ୍ଷକ ପଦରେ ଅବସ୍ଥାପିତ ହେଲେ। ଏହି ସମୟରେ ମଧୁବାବୁ କଲିକତା ହାଇକୋର୍ଟରେ ଓଡ଼ିଆ ଟ୍ରାନସଲେଟର ଭାବରେ କାର୍ଯ୍ୟ କରୁଥିଲେ। ସେତେବେଳେ ମଧୁବାବୁ ମାସିକ ବେତନ ଟ.୮୦/- ପାଉଥିଲେ। ତେବେ କଲିକତାରେ ଅବସ୍ଥାନ କରୁଥିବା ଓଡ଼ିଆ ଲୋକମାନଙ୍କ ଅବସ୍ଥାରେ ସୁଧାର ଆଣିବା ପାଇଁ ମଧୁବାବୁ ସେଠାରେ ଗୋଟିଏ ନୈଶ୍ୟ ବିଦ୍ୟାଳୟ ସ୍ଥାପନ କଲେ। ଏଥିପାଇଁ ତାଙ୍କୁ ମାସକୁ ୨୦ ଟଙ୍କା ଖର୍ଚ୍ଚ କରିବାକୁ ପଡୁଥିଲା। ନିଜର ଭରଣାକୁ ମେଣ୍ଟାଇବା ପାଇଁ ମଧୁବାବୁ ଘରୋଇ ଶିକ୍ଷକ ଭାବରେ କାର୍ଯ୍ୟକରି ଆଉ କିଛି ଅର୍ଥ ଉପାର୍ଜନ କରୁଥିଲେ।

ଜୀବନସଙ୍ଗିନୀ ସୌଦାମିନୀ

୧୮୭୩ ମସିହାରେ ମଧୁବାବୁ ତାଙ୍କର କଲିକତା ରହଣି କାଳରେ ଇଂରାଜୀରେ ଏମ.ଏ. ପରୀକ୍ଷା ଦେଇ ଉତ୍ତୀର୍ଣ୍ଣ ହୋଇଥିଲେ। ଏହି ବର୍ଷ ମଧୁବାବୁ ଜଣେ ବଙ୍ଗୀୟ ଖ୍ରୀଷ୍ଟିଆନ ଯୁବତୀଙ୍କୁ ବିବାହ କରିଥିଲେ। ତାଙ୍କର ନାମ ଥିଲା ସୌଦାମିନୀ ଚଟ୍ଟୋପାଧ୍ୟାୟ। ସୌଦାମିନୀ ଉଚ୍ଚ ଶିକ୍ଷିତା ଥିଲେ। ସୌଦାମିନୀ ମଧୁବାବୁଙ୍କଠାରୁ ଏକ ବର୍ଷ ବଡ଼ ଥିଲେ। ମଧୁବାବୁ ଯେତେବେଳେ କଲେଜରେ ଛାତ୍ର ଥିଲେ, ସେତେବେଳେ ସେ ସୌଦାମିନୀଙ୍କୁ ଭଲ ପାଇ ବସିଥିଲେ। ସୌଦାମିନୀ ଚଟ୍ଟୋପାଧ୍ୟାୟ ଥିଲେ ତାଙ୍କର ସହପାଠିନୀ। ସେ ବଙ୍ଗୀୟ ଖ୍ରୀଷ୍ଟିଆନ୍ ଯଦୁନାଥ ଚାଟାର୍ଜୀଙ୍କ କନ୍ୟା ଥିଲେ। ମଧୁବାବୁ ଏବଂ ସୌଦାମିନୀ ଗୋଟିଏ କଲେଜରେ ବି.ଏ. ପଢୁଥିଲେ। ଦୁହେଁ ପରସ୍ପରକୁ ଭଲ ଭାବରେ ଜାଣିଥିଲେ। ଦୁହିଁଙ୍କ ମଧ୍ୟରେ ପ୍ରେମ ସମ୍ପର୍କ ଗଢ଼ି ଉଠିଥିଲା। ବିବାହ ବେଳକୁ ମଧୁବାବୁଙ୍କର ବୟସ ଥିଲା ୨୫ ବର୍ଷ ଏବଂ ସୌଦାମିନୀଙ୍କୁ ବୟସ ଥିଲା ୨୬ ବର୍ଷ। ତାଙ୍କର ବିବାହ କାର୍ଯ୍ୟ ଅତ୍ୟନ୍ତ ସାଧାସିଧା ଭାବରେ ସମ୍ପନ୍ନ ହୋଇଥିଲା। ମଧୁବାବୁ ସ୍କୁଲରୁ ଫେରିଆସି ନିଜର ସ୍କୁଲ ପୋଷାକ ନ ବଦଳାଇ ସେହି ପୋଷାକ ପିନ୍ଧି ବିବାହ କରିବାକୁ ଗୀର୍ଜାକୁ ଯାଇଥିଲେ।

ମଧୁବାବୁ ଅନୁଭବ କରିଥିଲେ ଯେ ତତ୍କାଳୀନ ସମୟରେ ବିଦ୍ୟାର୍ଥୀମାନଙ୍କ ପାଇଁ ଭଲ ଇଂରାଜୀ ବ୍ୟାକରଣ ବହି ଲେଖାଯାଇ ନ ଥିଲା। ତେଣୁ ବିଦ୍ୟାର୍ଥୀମାନଙ୍କର ଏହି ଅସୁବିଧାକୁ ଏଡାଇବା ପାଇଁ ମଧୁବାବୁ ଇଂରାଜୀରେ ଗୋଟିଏ ବ୍ୟାକରଣ ବହି ରଚନା କରିଥିଲେ। ଏହି ବ୍ୟାକରଣ ବହିଟି ପ୍ରଶ୍ନୋତ୍ତରଭିତ୍ତିକ ଥିଲା। ବହିଟିର ନାମ ଥିଲା 'Model Questions and Answers'। ଏହି ବହିଟି ମଧୁବାବୁଙ୍କ ଦ୍ୱାରା ୧୮୭୫ ମସିହାରେ ପ୍ରକାଶ ପାଇଥିଲା। ପୁନଶ୍ଚ ଏହି ବହିଟିର ଦ୍ୱିତୀୟ ସଂସ୍କରଣ ୧୮୮୪ ମସିହାରେ ସମ୍ପାଦିତ ହୋଇଥିଲା। ଉକ୍ତ ବହିଟି ତତ୍କାଳୀନ ବିଶ୍ୱବିଦ୍ୟାଳୟର ଏଣ୍ଟ୍ରାନ୍ସ ପରୀକ୍ଷାରେ ବିଦ୍ୟାର୍ଥୀମାନଙ୍କ ଦ୍ୱାରା ବେଶ୍ ଦରକାରରେ ଆସୁଥିଲା।

ଉଲ୍ଲେଖଯୋଗ୍ୟ ଯେ ନେତାଜୀ ସୁଭାଷ ବୋଷଙ୍କ ପିତା ରାୟବାହାଦୂର ଜାନକୀନାଥ ବୋଷ ସେହି ବହିରୁ ଇଂରାଜୀ ଶିକ୍ଷା ଲାଭ କରିଥିଲେ ବୋଲି ମଧୁସୂଦନଙ୍କର ଦେହାନ୍ତ ପରେ କଟକ କୋର୍ଟର ଓକିଲଖାନାରେ ମଧୁସୂଦନଙ୍କ ସ୍ମୃତିଚାରଣ ଅବସରରେ ପ୍ରକାଶ କରିଥିଲେ । ସେତେବେଳେ କଲିକତାରେ ସମସ୍ତେ ଏହି ବହିକୁ 'ମଧୁ ଉଡେର' ବୋଲି କହୁଥିଲେ । ଏକଦା ସାର୍ ଆଶୁତୋଷ ମୁଖାର୍ଜୀ ଉଚ୍ଚକୋଟୀର ଇଂରାଜୀ ବକ୍ତୃତା ପ୍ରଦାନ କରିଥିଲେ । ସେ ମହାଶୟଙ୍କୁ ପଚରାଗଲା ଯେ ସେ କାହାଠାରୁ ଇଂରାଜୀ ଶିକ୍ଷାଲାଭ କରିଥିଲେ । ଏହାର ଉତ୍ତରରେ ସାର୍ ଆଶୁତୋଷ ମୁଖାର୍ଜୀ ଉତ୍ତର ଦେଇଥିଲେ ଯେ ମଧୁସୂଦନ ଦାସଙ୍କଠାରୁ ସେ ଇଂରାଜୀ ଶିକ୍ଷାଲାଭ କରିଥିଲେ ।

ମଧୁବାବୁ କଲିକତାର ଗାର୍ଡନରିଚ ସ୍କୁଲରେ ପ୍ରଧାନ ଶିକ୍ଷକ ଥିବା ସମୟରେ ଯେଉଁ କେତେଜଣ ଭଲ ଛାତ୍ର ଲାଭ କରିଥିଲେ, ସେମାନଙ୍କ ମଧ୍ୟରେ ଆଶୁତୋଷ ମୁଖାର୍ଜୀ ଥିଲେ ଅନ୍ୟତମ । ଆଶୁତୋଷ ମୁଖାର୍ଜୀ ଡାକ୍ତର ଗଙ୍ଗାପ୍ରସାଦ ମୁଖାର୍ଜୀଙ୍କ ପୁତ୍ର ଥିଲେ । ତେବେ ୧୮୭୭ ମସିହାରୁ ୧୮୭୯ ମସିହା ପର୍ଯ୍ୟନ୍ତ ଏହି ଦୁଇବର୍ଷ ଆଶୁତୋଷ ମୁଖାର୍ଜୀ ମଧୁବାବୁଙ୍କର ପ୍ରଧାନ ଶିଷ୍ୟ ଥିଲେ । ମଧୁବାବୁ ଥିଲେ ଡାକ୍ତର ଗଙ୍ଗାଧର ମୁଖାର୍ଜୀଙ୍କର ପରମ ବନ୍ଧୁ । ତେଣୁ ମଧୁବାବୁ ତାଙ୍କର ପୁତ୍ର ଆଶୁତୋଷଙ୍କ ଉପରେ ତୀକ୍ଷ୍ଣ ଦୃଷ୍ଟି ରଖିଥିଲେ । ମଧୁବାବୁଙ୍କର ବ୍ୟକ୍ତିତ୍ୱ ଆଶୁତୋଷଙ୍କୁ ବେଶ୍ ପ୍ରଭାବିତ କରିଥିଲା । ଏକଦା ପାଟଣାରୁ ସାର୍ ଆଶୁତୋଷ ମୁଖାର୍ଜୀ ସରଓ୍ୱାର୍ଦ୍ଦିଙ୍କ ପାଖକୁ ମଧୁବାବୁଙ୍କର ଉତ୍କଳ ଟ୍ୟାନେରୀ ପ୍ରସଙ୍ଗରେ ଯେଉଁ ପତ୍ର ଲେଖିଥିଲେ ସେଥିରେ ମଧୁବାବୁଙ୍କ ସମ୍ପର୍କରେ ଉଲ୍ଲେଖ କରିଥିଲେ - "ସେ ମୋର ଗୁରୁ ।" (He is my Guru)

୧୮୭୮ ମସିହାରେ ଦିନେ ଗୋଟିଏ ରାତ୍ରିରେ ମଧୁବାବୁ ତାଙ୍କର ପତ୍ନୀ ସୌଦାମିନୀଙ୍କୁ ପାଣି ଗିଲାସେ ଆଣିବା ପାଇଁ କହିଥିଲେ । ସୌଦାମିନୀ ପାଖ ଘରକୁ ଯାଇ ପାଣି ମାଠିଆରୁ ପାଣି ଆଣିଲାବେଳେ ହଠାତ୍ ତାଙ୍କର କଲିଜା ଫାଟିଗଲା । ଏହା ଥିଲା ଏକ ଆକସ୍ମିକ ଘଟଣା । ତେବେ ପାଣି ଆଣିବାରେ ବିଳମ୍ବ ହେବାରୁ ମଧୁବାବୁ ପାଖଘରକୁ ଯାଇ ଦେଖିଲେ ଯେ ତାଙ୍କର ପତ୍ନୀ ସୌଦାମିନୀ ଭୂଇଁରେ ପଡ଼ି ରହିଛନ୍ତି । ସେହିଠାରେ ହିଁ ତାଙ୍କର ପ୍ରାଣବାୟୁ ଉଡ଼ିଯାଇଥିଲା । ରାତ୍ରିକାଳରେ ମଧୁବାବୁ ଡାକ୍ତର ଗଙ୍ଗାପ୍ରସାଦ ମୁଖାର୍ଜୀଙ୍କୁ ଡକାଇଥିଲେ । ରାତି ଅଧରେ ଡାକ୍ତର ଆସିଲେ । କିନ୍ତୁ ସୌଦାମିନୀଙ୍କର ପିଣ୍ଡରୁ ପ୍ରାଣ ଛାଡ଼ି ଚାଲିଯାଇଥିଲା । ଏହି ଦୁଃଖଦ ଘଟଣା ଥିଲା ମଧୁବାବୁଙ୍କ ଜୀବନରେ ବିନାମେଘେ ବଜ୍ରପାତ । ଏକାଠି ବସା ବାନ୍ଧିଥିବା କୁରରୀ ପକ୍ଷୀ ସବୁଦିନ ପାଇଁ ବସାଭାଙ୍ଗି ଚାଲିଗଲା ପରା !

ସେ ରାତ୍ରି ଥିଲା ନିଷ୍ଠୁର କାଳରାତ୍ରି । ରାତ୍ରିର ନିର୍ଜନତାକୁ ଭଙ୍ଗ କରି ଆକାଶରୁ

ଝରଝର ବୃଷ୍ଟିପାତ ହେଉଥାଏ। ସେହି ବର୍ଷଣମୁଖର ରାତ୍ରିରେ ସୌଦାମିନୀଙ୍କର କଫିନ୍ ଗାଡ଼ିକୁ ପାଷ୍ଟର ଯଦୁନାଥ ଚାଟାର୍ଜୀ ଏବଂ କେତେଜଣ ସମ୍ପର୍କୀୟ ଗାର୍ଡନରିଚ ସିମେଟ୍ରି ଅଭିମୁଖେ ଏହି ଅହ୍ୟରାଣୀଙ୍କୁ ନେଇ ଯାଉଥିଲେ। କଫିନ ପଛେ ପଛେ ଭାରାକ୍ରାନ୍ତ ମନ ଓ ଶୂନ୍ୟ ହୃଦୟକୁ ନେଇ ମଧୁସୂଦନ ଶବଯାତ୍ରାରେ ସାମିଲ ଥିଲେ। ଆହା ! ସାଥୀ ପକ୍ଷୀଟି ଉଡ଼ିଗଲା ! ମଦୁସୂଦନଙ୍କ ହୃଦୟ ସେଦିନ ଫାଟି ପଡୁଥିଲା ପରା !

କଫିନ୍ ଯାଇ କବରଖାନାରେ ପହଞ୍ଚିଲା। କବର ଖୋଳାଗଲା। କବର ଭିତରେ କଫିନ୍ ଉପରକୁ ପ୍ରଥମ ମାଟି ଆଞ୍ଜୁଳି ଫିଙ୍ଗିଲା ବେଳକୁ ମଦୁସୂଦନଙ୍କର ହୃଦୟ ଫାଟି ପଡୁଥାଏ। ଶୂନ୍ୟ ହୃଦୟରେ ସେ ସେହି ଶୂନ୍ୟଗାମିନୀଙ୍କୁ ଚିର ବିଦାୟ ଦେଉଥିଲେ। ଏଡ଼େବଡ଼ ଦୁନିଆଁରେ ସୌଦାମିନୀ ତାଙ୍କୁ ଏକୁଟିଆ କରି ଛାଡ଼ି ଚାଲିଗଲେ।

କବର ଭିତରେ କଫିନ୍ ଲୁଚିଗଲା। ମଧୁସୂଦନ ବ୍ୟଥାତୁର ହୋଇ ଭାବୁଥିଲେ - ଓଃ ଗଡ୍। ସୌଦାମିନୀଙ୍କର ଗୋଟିଏ ସୁଦ୍ଧା ଫଟୋ ରଖି ପାରିଲି ନାହିଁ। ତେବେ ମଧୁସୂଦନ ପରେ ସୌଦାମିନୀଙ୍କ କବରର ଗୋଟିଏ ଫଟୋଗ୍ରାଫ୍ ଉଠାଇ ତାହାକୁ ପାଖେ ପାଖେ ଜୀବନର ଏକ ସମ୍ବଳ କରି ରଖିଥିଲେ। ଏହା ହିଁ ହେଉଛି ଜଣେ ଆଦର୍ଶ ପୁରୁଷଙ୍କର ଆଦର୍ଶ ପତ୍ନୀପ୍ରେମ। ମଧୁବାବୁଙ୍କର ପତ୍ନୀ ସୌଦାମିନୀ ୧୮୪୭ ମସିହାରେ ଜନ୍ମ ଗ୍ରହଣ କରିଥିଲେ। ମୃତ୍ୟୁବରଣ କଲାବେଳକୁ ତାଙ୍କର ବୟସ ଥିଲା ୩୧ ବର୍ଷ। ତାଙ୍କର କୌଣସି ସନ୍ତାନ ସନ୍ତତି ନ ଥିଲେ। ମଧୁବାବୁ ଓ ସୌଦାମିନୀ ମାତ୍ର ପାଞ୍ଚ ବର୍ଷ ବୈବାହିକ ଜୀବନ ଅତିବାହିତ କରିଥିଲେ। ପତ୍ନୀ ସୌଦାମିନୀଙ୍କ ମୃତ୍ୟୁ ପରେ ମଧୁବାବୁ ଦ୍ୱିତୀୟ ଥର ପାଇଁ ବିବାହ କରି ନ ଥିଲେ। ମଧୁବାବୁଙ୍କୁ ଅବଶ୍ୟ ସେହି ସମୟରେ ବହୁ ହିନ୍ଦୁ ଓ ଖ୍ରୀଷ୍ଟିୟାନ ପରିବାର କନ୍ୟାଦାନ ସହିତ ପଚାଶ ହଜାର ଟଙ୍କା ଯୌତୁକ ଆକାରରେ ଦେବା ପାଇଁ ଆଗେଇ ଆସିଥିଲେ। ଏପରିକି ମାଷ୍ଟର ଯଦୁନାଥ ଚାଟାର୍ଜୀ ତାଙ୍କ କନିଷ୍ଠା କନ୍ୟା ସୁରଙ୍ଗିଣୀଙ୍କୁ ମଧୁବାବୁଙ୍କୁ ବିବାହ ଦେବା ପାଇଁ କେତେଥର ପ୍ରସ୍ତାବ ରଖିଥିଲେ। ସୁରଙ୍ଗିଣୀ ସେହି ସମୟ ବେଳକୁ ଦୁଇ ଥର ଏଣ୍ଟ୍ରାନ୍‌ସ ପରୀକ୍ଷାରେ ଫେଲ୍ ହୋଇ ଘରେ ରହିଥିଲେ। କିନ୍ତୁ ଦୃଢ଼ମନା ମଧୁସୂଦନ ଆଉ ଦ୍ୱିତୀୟଥର ପାଇଁ ଦାରା ଗ୍ରହଣ କଲେ ନାହିଁ। କଷ୍ଟ ହେଉ ପଛେ, ସୌଦାମିନୀଙ୍କର ସ୍ମୃତିକୁ ସମ୍ବଳ କରି ଦିନ କାଟିବା ପାଇଁ ସେ ବଦ୍ଧପରିକର ଥିଲେ। ତେବେ ସୌଦାମିନୀଙ୍କ ବିନା କଲିକତା ନଗରୀ ତାଙ୍କୁ ଶୂନ୍ୟ ବୋଧହେଲା। ତେଣୁ ୧୮୮୦ ମସିହାରେ ମଧୁବାବୁ କଲିକତା ଛାଡ଼ି ପ୍ରିୟ କଟକକୁ ପ୍ରତ୍ୟାବର୍ତ୍ତନ କଲେ। ତେବେ କଲିକତାରେ ମଧୁବାବୁଙ୍କର କାର୍ଯ୍ୟପ୍ରଣାଳୀ ଥିଲା ବହୁମୁଖୀ।

ଓଡ଼ିଶାର ସର୍ବପ୍ରଥମ ଗ୍ରାଜୁଏଟ୍ ଓ ସର୍ବ ପ୍ରଥମ ଏମ୍.ଏ. ହେବା ପାଇଁ ମଧୁସୂଦନଙ୍କର ଯେଉଁ ଲକ୍ଷ୍ୟ ଥିଲା, ସେହି ଲକ୍ଷ୍ୟ ପୂରଣ ହୋଇଥିଲା। ସେ ପ୍ରମାଣ

କରିଦେଲେ ଯେ ଦୃଢ଼ ମନୋବଳ ହିଁ ମନୁଷ୍ୟକୁ ବିଭିନ୍ନ ବାଧା ପ୍ରତିବନ୍ଧକକୁ ଏଡ଼ାଇ ସଫଳତାର ଶୀର୍ଷରେ ପହଞ୍ଚାଇ ଦିଏ। ମଧୁସୂଦନ ତାଙ୍କର କଲିକତାରେ ଦୀର୍ଘ ରହଣି ଭିତରେ ଶିକ୍ଷିତ ସମ୍ପ୍ରଦାୟ ମଧ୍ୟରେ ବେଶ୍ ଜଣାଶୁଣା ହୋଇଥିଲେ। ପ୍ରଥମେ କଲିକତାର ମୀର୍ଜାପୁର ଷ୍ଟ୍ରୀଟ୍‌ରେ ଥିବା ମିସନାରୀ ସୋସାଇଟିର ଏକ ହାଇସ୍କୁଲରେ ପ୍ରଧାନ ଶିକ୍ଷକ ଚାକିରି ତାଙ୍କୁ ମିଳିଲା। କିଛି ଦିନ ସେଠାରେ ଚାକିରି କଲାପରେ ରେଭରେଣ୍ଡ ଆଷ୍ଟନ୍‌ଙ୍କ ସହିତ ତାଙ୍କର ମନାନ୍ତର ହେବାରୁ ସେ ପ୍ରଧାନ ଶିକ୍ଷକ ପଦରୁ ଇସ୍ତଫା ଦେଲେ। ଏହି ସମୟରେ ଶ୍ରୀରାମପୁର ମିସ୍‌ନାରୀ କଲେଜରେ ଗୋଟିଏ ଅଧ୍ୟାପକ ଚାକିରି ଖାଲି ଥିବାର ବିଜ୍ଞାପନ ଦେଖି ମଧୁସୂଦନ ପ୍ରିନ୍‌ସପାଲଙ୍କୁ ସାକ୍ଷାତକାରରେ ଭେଟିଥିଲେ। ମାତ୍ର ଦରମା ସ୍ୱଳ୍ପ ଥିବାର ଶୁଣି ସେ ଅଧ୍ୟାପକ ଚାକିରିରେ ଯୋଗ ଦେଲେନାହିଁ। ଏହାପରେ ଦୈବାତ୍ ସେ ଗାର୍ଡେନରିଚ୍ ହାଇସ୍କୁଲର ପ୍ରଧାନ ଶିକ୍ଷକ ରୂପେ ନିଯୁକ୍ତି ପାଇଲେ।

ଏହି ସମୟରେ ସୁରେନ୍ଦ୍ର ନାଥ ବାନାର୍ଜୀ ଆଇ..ସି.ଏସ୍. ଚାକିରିରୁ ବିତାଡ଼ିତ ହୋଇ କଲିକତାରେ 'Indian Association' ନାମରେ ଏକ ନୂତନ ଅନୁଷ୍ଠାନ ଗଠନ କଲେ। କଲିକତାର ଶିକ୍ଷିତ ଗୋଷ୍ଠୀ, ଯୁବ ଗୋଷ୍ଠୀ ଏହି ଅନୁଷ୍ଠାନ ସହିତ ଜଡ଼ିତ ଥିଲେ। ମଧୁସୂଦନ ମଧ୍ୟ ଏହି ଅନୁଷ୍ଠାନ ସହିତ ସମ୍ପର୍କ ରଖିଥିଲେ। 'ଇଣ୍ଡିଆନ ଆସୋସିଏସନ୍'ର ସମସ୍ତ ଅଧିବେଶନ ସେତେବେଳେ ଆଲବର୍ଟ ହଲରେ ବସୁଥିଲା। ମନମୋହନ ଘୋଷ, ଲାଲମୋହନ ଘୋଷ ଓ ଆନନ୍ଦ ମୋହନ ବସୁ ପ୍ରଭୃତି ବ୍ୟକ୍ତିମାନେ ଏବଂ ଇଣ୍ଡିଆନ ଆସୋସିଏସନ୍‌ର କର୍ମକର୍ତ୍ତାଗଣ ବାରିଷ୍ଟର ଥିଲେ। ଏହି ଆସୋସିଏସନ୍ ସହିତ ସଂଶ୍ଳିଷ୍ଟ ହେବାପରେ ଜୀବନରେ ବାରିଷ୍ଟର ହେବା ପାଇଁ ମଧୁସୂଦନଙ୍କର ଦୁର୍ବାର ଆକାଂକ୍ଷା ଜାତ ହେଲା। ତେଣୁ ଗାର୍ଡେନରିଚ୍ ହାଇସ୍କୁଲରେ ପ୍ରଧାନ ଶିକ୍ଷକ ରହିଥିବା ସମୟରେ ମଧୁସୂଦନ କଲିକତା ବିଶ୍ୱବିଦ୍ୟାଳୟର ଆଇନ୍ କଲେଜରେ ନାମ ଲେଖାଇଲେ।

ଏହି ସମୟରେ କଲିକତାର ପ୍ରସିଦ୍ଧ ଡାକ୍ତର ଗଙ୍ଗାପ୍ରସାଦ ମୁଖାର୍ଜୀଙ୍କ ସହିତ ମଧୁସୂଦନଙ୍କର ପରିଚୟ ଘଟିଲା। ଦୈବାତ୍ ଗଙ୍ଗାପ୍ରସାଦଙ୍କର ପୁତ୍ର ଆଶୁତୋଷଙ୍କର ସେ ହେଲେ ଗୃହଶିକ୍ଷକ। ପରବର୍ତ୍ତୀ ସମୟରେ ଏହି ଆଶୁତୋଷ ହୋଇଥିଲେ ସାର୍ ଆଶୁତୋଷ ମୁଖାର୍ଜୀ। ସେ ଥିଲେ ବଙ୍ଗଳା ହାଇକୋର୍ଟର ବିଚାରପତି ଏବଂ କଲିକତା ବିଶ୍ୱବିଦ୍ୟାଳୟର ଭାଇସ୍‌ଚାନ୍‌ସେଲର। ମଧୁସୂଦନ ଆଶୁତୋଷଙ୍କୁ ଇଂରାଜୀ ପାଠ ପଢ଼ାଉଥିଲେ। ଆଶୁତୋଷ ଜୀବନରେ ବରାବର ମଧୁସୂଦନଙ୍କୁ ନିଜର ଗୁରୁବୋଲି ସ୍ୱୀକାର ଓ ସମ୍ମାନ ପ୍ରଦର୍ଶନ କରୁଥିଲେ। ୧୯୨୪ ସାଲ୍‌ରେ ମଧୁସୂଦନଙ୍କ ଉତ୍କଳ ଟ୍ୟାନେରୀର ଦୁରବସ୍ଥାରୁ ଏହାକୁ ବଞ୍ଚାଇ ରଖିବା ପାଇଁ ସାର୍ ଆଶୁତୋଷ ମୁଖାର୍ଜୀ ମେଜର H.Sarawadi I.M.S ଙ୍କ ନିକଟକୁ ଏକ ପତ୍ରରେ ମଧୁସୂଦନଙ୍କୁ 'ଗୁରୁ' ବୋଲି ଉଲ୍ଲେଖ କରିଥିଲେ -

"May I introduce you Mr.M.S.Das C.I.E. of whom you have no doubt heard. He is my Guru..."

୧୮୭୭ ସାଲରୁ ୧୮୭୯ ପର୍ଯ୍ୟନ୍ତ ଦୁଇ ବର୍ଷ ମଧୁସୂଦନ ଆଶୁତୋଷଙ୍କ ଗୃହଶିକ୍ଷକ ରହିଥିଲେ । ମଧୁସୂଦନ କେବଳ ଇଂରାଜୀ ବିଷୟ ପଢ଼ାଉ ନ ଥିଲେ । ସେ ମଧ୍ୟ ଆଶୁତୋଷଙ୍କୁ ଚରିତ୍ରଗଠନ ଏବଂଭାରତର ସ୍ୱାଧୀନତାର ଅନୁଶୀଳନ ପାଇଁ ଯଥେଷ୍ଟ ଅନୁପ୍ରେରିତ କରିଥିଲେ ।

୧୮୭୮ ମସିହାରେ ମଧୁସୂଦନ ବି.ଏଲ୍. ପରୀକ୍ଷାରେ ଉତ୍ତୀର୍ଣ୍ଣ ହେଲେ ଏବଂ ଏହା ପରଠାରୁ ଆଲୀପୁରର ନିମ୍ନ ଅଦାଲତରେ ଓକିଲାତି ଆରମ୍ଭ କଲେ । ମାତ୍ର ତଳ କୋର୍ଟର କ୍ଷେତ୍ର ତାଙ୍କ ପାଇଁ ସୀମିତ ପରିସର ଥିଲା । ତେଣୁ ସେ କଲିକତା ଉଚ୍ଚ ନ୍ୟାୟାଳୟରେ ଓକିଲାତି କରିବା ଅଭିପ୍ରାୟରେ ବିଶିଷ୍ଟ ଇଂରେଜ ବାରିଷ୍ଟର ଜେ.ଟି.ଉଡ୍‌ରଫଙ୍କ ସିରସ୍ତାରେ ଜୁନିୟର ଭାବରେ କାର୍ଯ୍ୟ କରୁଥିଲେ । ସେ ସମୟରେ କଲିକତା ଭାରତର ରାଜନୈତିକ, ସାଂସ୍କୃତିକ ଜାଗରଣର କେନ୍ଦ୍ର ଥିଲା । ମଧୁସୂଦନ ନିଜର ନିଷ୍ଠା, ସାଧନା ଏବଂ ପ୍ରତ୍ୟୁତ୍ପନ୍ନମତିତା ଯୋଗୁଁ ସର୍ବତ୍ର ଆଦୃତ ହେଲେ ।

ଏହି ସମୟରେ କଲିକତାରେ ବିଭିନ୍ନ ସାଂସ୍କୃତିକ ସଂଘ, ଶ୍ରମିକ ସଂଗଠନ ଗଢ଼ି ଉଠିଥିଲା । ଦେଶର ବିଭିନ୍ନ ଅଞ୍ଚଳରୁ ଶ୍ରମିକ ଭାବରେ ଜୀବିକାର୍ଜନ କରିବା ପାଇଁ ବହୁଲୋକ ଆସୁଥିଲେ । ମାତ୍ର ଏଠାରେ ସେମାନେ ମାଲିକମାନଙ୍କ ଦ୍ୱାରା ଅତ୍ୟାଚାରିତ ହେଉଥିଲେ । ସେମାନେ ଅତ୍ୟନ୍ତ ଦୟନୀୟ ଭାବରେ ଦିନ ବିତାଉଥିଲେ । ସେମାନଙ୍କର ଦୁଃଖ କହିଲେ ନ ସରେ । ଶ୍ରମିକମାନଙ୍କର ମଙ୍ଗଳ ପାଇଁ ଶଶିପଦ ବାନାର୍ଜୀ ପ୍ରଥମେ ୧୮୭୦ ମସିହାରେ ଏକ ଶ୍ରମିକ ସଂଗଠନ କରିଥିଲେ । ୧୮୭୫ ମସିହାରେ ମଧୁସୂଦନ ମାଟିଆବୁରୁଜ ଅଞ୍ଚଳରେ ରହୁଥିବା ଓଡ଼ିଆ ତଥା ଅନ୍ୟାନ୍ୟ ଶ୍ରମିକମାନଙ୍କୁ ନେଇ ଲେବର ୟୁନିୟନ୍ ଗଠନ କଲେ । ଏହି ଲେବର ୟୁନିୟନ୍ (Labour Union) ହେଉଛି କଲିକତାର ଦ୍ୱିତୀୟ ଶ୍ରମିକ ସଂଗଠନ ।

୧୮୭୮ ମସିହାରେ ମଧୁସୂଦନଙ୍କର ପତ୍ନୀ ସୌଦାମିନୀଙ୍କର ଅକାଳ ବିୟୋଗ ଘଟିସାରିଥିଲା । ଏହି ମର୍ମନ୍ତୁଦ ଘଟଣା ମଧୁସୂଦନଙ୍କୁ ଦାରୁଣ ଦୁଃଖ ଦେଲା । ସୌଦାମିନୀଙ୍କର ଆକସ୍ମିକ ମୃତ୍ୟୁ ପରଠାରୁ ମଧୁବାବୁ ନିଜକୁ ଏକାନ୍ତ ଅସହାୟ, ଶୂନ୍ୟ ଓ ନିଃସଙ୍ଗ ମଣୁଥିଲେ । ଏହି ସମୟ ବେଳକୁ ମଧୁବାବୁଙ୍କୁ ତିରିଶି ବର୍ଷ ହୋଇଥିଲା । ପତ୍ନୀ ସୌଦାମିନୀଙ୍କର ଏକତିରିଶ ବର୍ଷ ବୟସରେ ମୃତ୍ୟୁ ଘଟିଲା । ସୌଦାମିନୀଙ୍କ ପ୍ରତି ତାଙ୍କର ଥିଲା ଅତୁଟ ପ୍ରେମ । ସେହି ପ୍ରେମର ମାଧୁରୀମା ଏହିପରି ହୋଇପାରେ, ଯାହାକି ପ୍ରଣୟର କବି ମାନସିଂହଙ୍କ ଲେଖନୀରେ ପ୍ରତିପାଦିତ । ମାନସିଂହ ଲେଖିଛନ୍ତି-

> "ଯା ପାଇଁ ମୋର ହୃଦୟ ରକ୍ତ
>   ବହିଲା ହୋଇ ନୟନଲୁହ
> ତାହାରେ ଆଉ ଭୁଲିବି ଏହି
>   ଜୀବନ ପରେ କେସନେ କୁହ ?
> ସକଳ ତମେ, ପ୍ରଧାନ ତମେ
>   ପ୍ରିୟା ଗୋ ତମେ ଚିରନ୍ତନୀ
> ଜୀବନ ପଥ - ଅନ୍ଧକାରେ
>   ତମେ ଗୋ ମୋର କାନ୍ତମଣି।" **(୧୨)**

ଯୁବକ ମଧୁସୂଦନ ଥିଲେ ଏକନିଷ୍ଠ ପ୍ରେମର ପୂଜାରୀ। ସୌଦାମିନୀ ଥିଲେ ତାଙ୍କର ଚିରନ୍ତନୀ ପ୍ରଣୟିନୀ। ସେହି ସୌଦାମିନୀଙ୍କର ସ୍ମୃତି ନେଇ ମଧୁସୂଦନ ଜୀବନତରୀକୁ ଆଗେଇ ନେଇଛନ୍ତି। ପ୍ରତିଟି ନିଃଶ୍ୱାସ ତାଙ୍କର ସତେ ଯେପରି 'ସୌଦାମିନୀ' 'ସୌଦାମିନୀ' ଉଚ୍ଚାରଣ କରିଛି। ଏହିପରି ଅନୁରୂପ ଭାବନାଟିର ସଫଳ ପରିପ୍ରକାଶ ଦେଖିବାକୁ ମିଳେ, କବି ମାନସିଂହଙ୍କ କବିତାରେ। କବି ଡକ୍ଟର ମାନସିଂହ ଲେଖିଛନ୍ତି-

> "ଲୁହ ଦେଇ ପ୍ରିୟା   ଲୁହ ବୁହାଇଛି
>   ନୟନୁ ମୋର
> ପ୍ରେମଦେଇ ମତେ   କରି ପକାଇଛି
>   ପ୍ରଣୟ-ଭୋର।
> ଆଜି ତେଣୁ ସବୁ   ଦୂର ଓ ନିକଟ
>   ଭୁଲି ମୋ ହିୟା
> ପ୍ରତି ନିଃଶ୍ୱାସେ   ଉଚ୍ଚାରି ଉଠେ
>   ପ୍ରିୟା ଗୋ ପ୍ରିୟା।" **(୧୩)**

ପ୍ରିୟଭୂମି କଟକକୁ ପ୍ରତ୍ୟାବର୍ତ୍ତନ

ଏଣେ ନିଃସଙ୍ଗ ମଧୁସୂଦନଙ୍କର କଲିକତା ନଗରୀ ପ୍ରତି ମୋହ କ୍ରମେ କ୍ରମେ ତୁଟି ଆସୁଥିଲା। ପୁନଶ୍ଚ କଟକରୁ ନନ୍ଦକିଶୋର ଦାସ ତାଙ୍କ ନିକଟକୁ ଚିଠି ଲେଖି ଜଣାଇଲେ ଯେ କଟକରେ ଓକିଲାତି ବ୍ୟବସାୟ କ୍ଷେତ୍ରରେ କୌଣସି ବିଧିବଦ୍ଧ ଓଡ଼ିଆ ଓକିଲ ନାହାନ୍ତି। ଯେଉଁ ଆଗନ୍ତୁକ ଓକିଲ ଅଛନ୍ତି, ସେମାନଙ୍କର ପ୍ରଭାବରେ ଲୋକମାନେ ଅତିଷ୍ଠ ହେଲେଣି। ଓଡ଼ିଶା ବର୍ତ୍ତମାନ ସମୟରେ ମଧୁସୂଦନଙ୍କୁ ପ୍ରତୀକ୍ଷା କରୁଥିଲା। ଅନନ୍ତର ମଧୁସୂଦନ କଲିକତାରେ ଦୀର୍ଘ ୧୬ ବର୍ଷର ରହଣି ପରେ କଟକ ପ୍ରତ୍ୟାବର୍ତ୍ତନ କଲେ।

ସୁରେନ୍ଦ୍ର ମହାନ୍ତି ଲେଖିଛନ୍ତି - "ଏହାପରେ ଦିନେ ଷୋଳବର୍ଷ ତଳର ସେହି କୟଲାଘାଟରୁ ଚାନ୍ଦବାଲି ଆସୁଥିବା ଗୋଟିଏ ଷ୍ଟୀମରରେ ମଧୁସୂଦନ ଉଠିଲେ । ସେଦିନ ତାଙ୍କୁ ବିଦାୟ ଦେବାପାଇଁ ଜାହାଜ ଜେଟୀରେ ଉପସ୍ଥିତ ଥିଲେ ଅମ୍ବିକାଚରଣ, ପ୍ରସନ୍ନମୟୀ, ପାଷ୍ଟର ଯଦୁନାଥ ଚାଟାର୍ଜୀ ଓ ଆଉ କେତେଜଣ ପରିଚିତ ବ୍ୟକ୍ତି, ଯେଉଁମାନେ ଥିଲେ ମଧୁସୂଦନଙ୍କ ସହକର୍ମୀ, ବନ୍ଧୁ ଅଥବା ଶିକ୍ଷକ ।

ଷ୍ଟୀମର କୟଲାଘାଟ ଜେଟୀ ଛାଡ଼ିଲା । ସାଇରେନ୍‌ର ଚିତ୍କାରରେ ବିଦାୟର ବିସର୍ଜନୀ । ଗୋଟାଏ ମୋଡ ବାଙ୍କରେ କୟଲାଘାଟ ଜେଟୀ କ୍ରମେ ଅଦୃଶ୍ୟ ହୋଇଆସିଲା । ପଛରେ ରହିଗଲା କଲିକତା ଓ ତାହାର ପଥେ ପଥେ, ଦୀର୍ଘ ଷୋଳବର୍ଷ ବ୍ୟାପୀ ଜୀବନକାଳର ବହୁ ଅତୃପ୍ତି, ବହୁ ସଂଗ୍ରାମ, ବହୁ ସଫଳତା ଓ ବହୁ ବ୍ୟର୍ଥତାର ଇତିହାସ । ସେହି ସବୁର ଅଶାନ୍ତ ମନ୍ଥନ ପରି ଗୋଟାଏ ନିଃସଙ୍ଗ ଗଲ୍ ପକ୍ଷୀ ଷ୍ଟୀମରର ଡେକ୍ ଚାରିପଟେ ଓ ପଛେପଛେ ଉଡ଼ି ଷ୍ଟୀମର ସହିତ ଯେପରି ଗୋଟାଏ ପ୍ରତିଯୋଗିତା ଆରମ୍ଭ କରିଦେଇଥିଲା।"

୧୮୮୧ ମସିହା ସେପ୍ଟେମ୍ବର ମାସରେ ମଧୁସୂଦନ କଟକରେ ପହଞ୍ଚିଲେ।

ସୁରେନ୍ଦ୍ର ମହାନ୍ତି ଲେଖିଛନ୍ତି - 'ଷ୍ଟୀମରରୁ ଓହ୍ଲାଇ ଗଲେ କେତେଜଣ ଇଂରେଜୀ,

ଜଣ କେତେ ବଙ୍ଗାଳୀ କର୍ମଚାରୀ ଓ ଜଣେ ଦୁଇଜଣ ପଛିମା ବ୍ୟବସାୟୀ । ମଧୁସୂଦନ ସମସ୍ତ ପଛରେ ଷ୍ଟୀମର ଭିତରୁ ଜେଟୀ ଉପରକୁ ଆସି ବର୍ଷାସ୍ଫୀତ ମହାନଦୀ ଓ ନଦୀଗର୍ଭର ପଠାରେ କାଶ ଜଙ୍ଗଲ ଆଡ଼େ ଅନ୍ୟ ମନସ୍କ ଭାବରେ ଚାହିଁଲେ । ଦୀର୍ଘ ଷୋଳବର୍ଷ ପରେ କଟକର ମାଟି, ଆକାଶ, ନଦୀ ଓ କାଶଫୁଲ ସବୁ ତାଙ୍କୁ ନୂଆପରି ଲାଗୁଥିଲା ।

ମଧୁସୂଦନଙ୍କୁ ହଠାତ୍ ଚିହ୍ନିପାରିବାର ଉପାୟ ନଥିଲା । ତାଙ୍କର ପରିଧାନରେ ସାହେବୀ କାୟଦାର ପାଣ୍ଟଲନ୍ ୱେଷ୍ଟକୋର୍ଟ, ଜ୍ୟାକେଟ୍, ବୋ-ଟାଇ, ମୁଣ୍ଡରେ ଡ୍ରେନ୍ ପାଇପ୍ ହାଟ୍, ହାତରେ ଛଡ଼ି ଓ ଚାଲିଚଳଣରେ ଏକ ଆତ୍ମପ୍ରତ୍ୟୟ ସମ୍ପନ୍ନ ଉନ୍ନାସିକତା । ମଧୁସୂଦନ ଘାଟ ଉପରକୁ ଆସିବା ମାତ୍ରେ ନନ୍ଦକିଶୋର ଲୋକଗହଳି ଭିତରୁ ବାହାରି ଆସି ତାଙ୍କ କରମର୍ଦ୍ଦନ କରି କହିଲେ -

"So the prodigal returns !"

ସେମାନଙ୍କଠାରୁ ଅଳ୍ପ ଦୂରରେ ସଙ୍କୋଚନ ଦୃଷ୍ଟିରେ ଚାହିଁ ଠିଆ ହୋଇଥିଲେ ଗୋପାଳବଲ୍ଲଭ ଓ ରାମଶଙ୍କର । ଗୋପାଳ ବଲ୍ଲଭଙ୍କୁ ନନ୍ଦକିଶୋର ଚିହ୍ନାଇ ଦେଇ କହିଲେ - "ଇଏ ଗୋପାଳ । ଏଫ୍.ଏ. କ୍ଲାସ୍‌ରେ ପଢୁଛି ।"

ସୁରେନ୍ଦ୍ର ମହାନ୍ତି ଲେଖିଛନ୍ତି - "କନିଷ୍ଠ ଭ୍ରାତା ଗୋପାଳ ବଲ୍ଲଭଙ୍କୁ ଏପର୍ଯ୍ୟନ୍ତ ମଧୁସୂଦନ ଦେଖି ନଥିଲେ । ଗୋପାଳ ପିଠିରେ ହାତ ରଖି ଏହି ପ୍ରଥମ ମିଳନ ମୁହୂର୍ତ୍ତରେ ମଧୁସୂଦନ ତାଙ୍କୁ କ'ଣ କହି କିପରି ସମ୍ଭୋଳିବେ, ଠିକ୍ କରିପାରିଲେ ନାହିଁ । ରାମ-ଶଙ୍କରଙ୍କ ଆଡ଼େ ଚାହିଁ ମଧୁସୂଦନ ପଚାରିଲେ - 'ଆଉ ଇଏ କିଏ ?' ନନ୍ଦକିଶୋର ତାଙ୍କୁ ଚିହ୍ନାଦେଇ କହିଲେ - 'ସିଏ ରାମଶଙ୍କର । କାଞ୍ଚିକାବେରୀ ନାଟକର ଲେଖକ ।' ମଧୁସୂଦନ ତାଙ୍କୁ କୁଣ୍ଢାଇ ପକାଇ କହିଲେ - 'ଓଃ, ତୁମେ ରାମଶଙ୍କର ! ଆୱାର ଲୋକାଲ୍ ସେକସ୍‌ପିଅର ! ମାଷ୍ଟରଦା କିପରି ଅଛନ୍ତି ?'

ସୂଚନାଯୋଗ୍ୟ ମାଷ୍ଟଦା ହେଉଛନ୍ତି ରାମଶଙ୍କରଙ୍କ ଜ୍ୟେଷ୍ଠ ଭ୍ରାତା ଗୌରୀଶଙ୍କର ରାୟ ।

ଏହି ସମ୍ବାଦଟି ଉତ୍କଳଦୀପିକା, ୨୪ ସେପ୍ଟେମ୍ବର, ୧୮୮୧ରେ ପ୍ରକାଶିତ ହୋଇଥିଲା- "ବିଧିବଦ୍ଧ ଭାବରେ ଓକିଲାତି ପାଶ୍ କରିଥିବା ଜଣେ ଓଡ଼ିଆ ଓକିଲ କଟକ ଫେରି ଆସିଛନ୍ତି। ଏଠା ଅଦାଲତମାନଙ୍କରେ ସେ ଓକିଲାତି କରିବେ। ଇତି ପୂର୍ବରୁ ଚବିଶ ପ୍ରଗଣାର ଆଲିପୁର କୋର୍ଟରେ ସେ ଓକିଲାତି କରୁଥିଲେ ଓ କଲିକତା ହାଇକୋର୍ଟରେ ଟ୍ରାନ୍‌ସଲେଟର ମଧ ଥିଲେ। ସେ ହେଲେ ବାବୁ ମଧୁସୂଦନ ଦାସ, ଚୌଧୁରୀ ରଘୁନାଥ ଦାସଙ୍କ ପୁତ୍ର।"

ମଧୁବାବୁ କଟକର ଚାନ୍ଦିନୀଚୌକରେ ବିହାରୀ ଲାଲ ପଣ୍ଡିତଙ୍କ ଦ୍ୱିତଳ

କୋଠାଟିରେ ଅବସ୍ଥାନ କଲେ। ମଧୁସୂଦନ କଲିକତାରୁ ଗୋଟିଏ ନେମ୍‌ପ୍ଲେଟ୍ ଧରି ଆସିଥିଲେ। ବିହାରୀବାଗ ଫାଟକରେ ସେହି ନେମ୍‌ପ୍ଲେଟ୍‌ଟି ଯୋଡ଼ା ହୋଇଗଲା। ...

M.S.Das, Esq. Advocate

ମଧୁବାବୁ ହେଉଛନ୍ତି ଓଡ଼ିଶାର ପ୍ରଥମ ବି.ଏ., ପ୍ରଥମ ଏମ୍.ଏ. ଓ ପ୍ରଥମ ଆଡଭୋକେଟ୍।

ବିହାରୀବାଗର ଦୋ' ମହଲାରେ ମଧୁବାବୁଙ୍କର ଶୟନକକ୍ଷ ଓ ଲାଇବ୍ରେରୀ ରହିଲା। ତଳ ମହଲାରେ ଅଫିସ୍, ସିରସ୍ତା ଓ ଡାଇନିଂ ହଲ୍। ବିରାଟ ହତା ମଧ୍ୟରେ ସୁବୃହତ୍ ଦିମହଲା କୋଠାଟି ଅବସ୍ଥିତ ଥିଲା। ହତା ଭିତରେ ଆମ୍ରକୁଞ୍ଜ, ପଶ୍ଚିମପାର୍ଶ୍ୱରେ ମନୋରମ ପୁଷ୍କରିଣୀ ଏବଂ ପୁଷ୍କରିଣୀ ଚାରିପଟେ ପୁଷ୍ପୋଦ୍ୟାନ। ଏହିଠାରେ ମଧୁବାବୁ ଅବସ୍ଥାନ କରିବାକୁ ଲାଗିଲେ।

ଏହି ସମୟରେ କର୍ମଯୋଗୀ ଗୌରୀଶଙ୍କର ରାୟ ସାରା ଓଡ଼ିଶାରେ ଜଣେ ସ୍ୱନାମଧନ୍ୟ ବ୍ୟକ୍ତି ଥିଲେ। ସେ ଜଣେ ସରକାରୀ କର୍ମଚାରୀ ଥିଲେ। ସରକାରୀ କର୍ମଚାରୀ ଥିଲେ ହେଁ ସେ ଥିଲେ ଓଡ଼ିଆ ଜାତିର ବରେଣ୍ୟ ଚିନ୍ତାନାୟକ। ତାଙ୍କରି ବ୍ୟକ୍ତିଗତ ପ୍ରଚେଷ୍ଟା ଓ ସୁସମ୍ପାଦନାରେ ୧୮୬୬ ମସିହାରେ କଟକରୁ 'ଉତ୍କଳଦୀପିକା' ସପ୍ତାହିକ ପତ୍ରିକା ଓଡ଼ିଆ ଭାଷାରେ ପ୍ରକାଶିତ ହେଲା।

ଜଗମୋହନ ଲାଲଙ୍କ ସହଯୋଗରେ ବିଚିତ୍ରାନନ୍ଦ ଦାସ କଟକରେ ୧୮୬୬ ମସିହାରେ 'କଟକ ପ୍ରିଣ୍ଟିଂ କମ୍ପାନୀ' ନାମରେ ଯେଉଁ ଅନୁଷ୍ଠାନଟି ଗଢ଼ିଥିଲେ ସେହିଠାରୁ ଏହି ପତ୍ରିକା ପ୍ରକାଶ ପାଇଲା। ମଧୁସୂଦନ କଟକ ହାଇସ୍କୁଲରେ ପାଠ ପଢ଼ିବାବେଳେ ଗୌରୀଶଙ୍କର ଅଳ୍ପଦିନ ପାଇଁ ତାଙ୍କର ଗୃହଶିକ୍ଷକ ଥିଲେ। ମଧୁବାବୁ ବାରିଷ୍ଟର ହୋଇ କଟକ ଫେରିବା ପରେ ଗୌରୀଶଙ୍କର ତାଙ୍କ ସହିତ ଦୀର୍ଘ ୩୦ ବର୍ଷ କାଳ ସହଯୋଗୀ କର୍ମଚାରୀ ଭାବରେ କାର୍ଯ୍ୟ କରିଥିଲେ। ତେଣୁ ଘର ପୁଅ ଘରକୁ ଫେରିବା ଅବକାଶରେ ଗୌରୀଶଙ୍କର ମଧୁବାବୁଙ୍କୁ ସମ୍ବର୍ଦ୍ଧନା ଦେବା ପାଇଁ ଆୟୋଜନ କରିଥିଲେ । ତାଙ୍କର କନିଷ୍ଠ ଭ୍ରାତା ରାମଶଙ୍କର ରାୟଙ୍କୁ ଏହି ଦାୟିତ୍ୱ ଦିଆଗଲା। 'କଟକ ପ୍ରିଣ୍ଟିଂ କମ୍ପାନୀ' କୋଠାରେ ସଭାର ଆୟୋଜନ କରାଯିବା ପାଇଁ ସ୍ଥିର ହେଲା। ଏ ସମ୍ପର୍କରେ ରାମଶଙ୍କର 'ଉତ୍କଳ ଦୀପକା' ତା. ୨୪.୯.୧୮୮୧ରେ ନିମ୍ନ ବିଜ୍ଞାପନଟି ପ୍ରକାଶ କଲେ -

NOTICE

It is hereby given that Babu Madhu sudan Das, M.A.B.L. will deliver a lecture in English on Monday the 26th instant at the premises of the Cuttack Printing Company on

"Unification of Indian Alphbets." Gentlemen interested in the matter are respectfully requested to be punctual in attendance to secure proper seats.

Cuttack

24.9.81 **Ram Sankar Ray** (୧୪)

ଘର ପୁଅ ଘରକୁ ଫେରିଲେ । ତେବେ ମଧୁବାବୁଙ୍କର କଟକ ପ୍ରତ୍ୟାବର୍ତ୍ତନ ପ୍ରସଙ୍ଗରେ ବିଶିଷ୍ଟ ଲେଖକ ଜଗନ୍ନାଥ ପ୍ରସାଦ ଦାସ ଲେଖିଛନ୍ତି - "ପନ୍ଦର ବର୍ଷ ତଳେ ମଧୁସୂଦନ ହଠାତ୍ ଯେମିତି ଦିନେ ବାଲେଶ୍ୱରରରୁ ଉଭାନ୍ ହୋଇ ଯାଇଥିଲେ, ଦି ମାସ ତଳେ ସେମିତି ସେ ହଠାତ୍ ଆସି ପହଞ୍ଚି ଥିଲେ କଟକରେ। ତେବେ ଏତେବେଳକୁ ତାଙ୍କର ଅନେକ ପରିବର୍ତ୍ତନ ହୋଇଯାଇଥିଲା। କଲିକତାରେ ଥିବାବେଳେ ସେ ଖ୍ରୀଷ୍ଟିଆନ ହୋଇ ଯାଇଥିଲେ । ୧୮୭୩ରେ ଏମ୍.ଏ. ପାଶ୍ କରି ସେ ସେହି ବର୍ଷ ବେଥୁନ୍ କଲେଜରେ ତାଙ୍କ ସହିତ ପଢୁଥିବା ତାଙ୍କଠାରୁ ବୟସରେ ବର୍ଷେ ବଡ଼ ବଙ୍ଗୀୟ ଖ୍ରୀଷ୍ଟିଆନ୍ ସୌଦାମିନୀ ଚଟ୍ଟୋପାଧ୍ୟାୟଙ୍କୁ ବିବାହ କରିଥିଲେ। କଲିକତାରେ ସେ ବିଭିନ୍ନ ଚାକିରି କରିଥିଲେ, ଯଥା - ଶ୍ରୀରାମ ଖ୍ରୀଷ୍ଟିଆନ୍ କଲେଜରେ ଅଧ୍ୟାପକ, ହାଇକୋର୍ଟ ଅନୁବାଦକ, ଗାର୍ଡନରିଚ ସ୍କୁଲର ପ୍ରଧାନ ଶିକ୍ଷକ, ଆଶୁତୋଷ ମୁଖାର୍ଜୀଙ୍କ ଘରୋଇ ଶିକ୍ଷକ ଇତ୍ୟାଦି। ୧୮୭୮ରେ ସେ ଓକିଲାତି ପାଶ୍ କରି ଆଲିପୁର କୋର୍ଟରେ ଓକିଲାତି ଆରମ୍ଭ କଲେ ଏବଂ ସେହି ବର୍ଷ ତାଙ୍କର ସ୍ତ୍ରୀଙ୍କର ମୃତ୍ୟୁ ହେଲା। ବର୍ତ୍ତମାନ ସେ କଟକକୁ ଫେରି ଡଗରପଡ଼ାରେ ରହୁଥିଲେ ଏବଂ ବିହାରୀବାଗ୍‌ରେ ଗୋଟିଏ କୋଠା ଭଡ଼ା ନେଇ ଓକିଲାତି ଆରମ୍ଭ କରିଥିଲେ। ଓକିଲାତି ସହିତ ସେ କଟକର ସଭା ସମିତିରେ ମଧ୍ୟ ସକ୍ରିୟ ଭାଗ ନେଉଥିଲେ ଏବଂ ପ୍ରଥମ ଓଡ଼ିଆ ଏମ୍.ଏ. ଏବଂ ଓକିଲ ହୋଇଥିବାରୁ ମାତ୍ର ତେତିଶ ବର୍ଷ ବୟସରେ ଓଡ଼ିଶାର ଜଣେ ପ୍ରସିଦ୍ଧ ବ୍ୟକ୍ତି ଭାବରେ ଗଣା ହେଉଥିଲେ। 'ମଧୁବାବୁ' କହିଲେ ଲୋକେ ତାଙ୍କୁ ହିଁ ବୁଝୁଥିଲେ।"

ମଧୁବାବୁଙ୍କ ଜୀବନର ଆଉ ଗୋଟିଏ ଘଟଣା ହେଲା ଯେ କଟକର ଗୌରୀଶଙ୍କର ତାଙ୍କ ସହିତ ସଖ୍ୟଭାବ ସ୍ଥାପନ । ଏହା ବ୍ୟତୀତ ମଧୁବାବୁ ମହିମା ଗୋସାଇଁଙ୍କ ଦର୍ଶନ ଲାଭ କରିଥିଲେ । ଜଗନ୍ନାଥ ପ୍ରସାଦ ଦାସ ଲେଖିଛନ୍ତି - "ଗୌରୀଶଙ୍କର ମଧୁବାବୁଙ୍କଠାରୁ ବୟସରେ ଦଶବର୍ଷ ବଡ଼ ହୋଇଥିଲେ ମଧ୍ୟ ଦୁହିଁଙ୍କ ମଧ୍ୟରେ ସୌହାର୍ଦ୍ଦ ଥିଲା ଏବଂ କିଛି ଦିନ ଅନ୍ତରରେ ଉଭୟ ନିଶ୍ଚୟ ପରସ୍ପରକୁ ସାକ୍ଷାତ କରୁଥିଲେ। ଓଡ଼ିଶା ଫେରିବା ପରେ ମଧୁବାବୁଙ୍କର ଗୋଟିଏ ବଡ଼ ପରିବର୍ତ୍ତନ ହୋଇଥିଲା ଯେ ସେ କେବଳ ବଙ୍ଗଳାରେ କଥାବାର୍ତ୍ତା କରୁଥିଲେ। ଏହା ଅବଶ୍ୟ ଓଡ଼ିଶାରେ କିଛି ନୂଆ କଥା ନ ଥିଲା, କାରଣ

ଶିକ୍ଷିତ ଓଡ଼ିଆ ଲୋକ, ବିଶେଷରେ ବ୍ରାହ୍ମଣଧର୍ମାବଲମ୍ବୀମାନେ ବଙ୍ଗଳାରେ କଥାବାର୍ତ୍ତା କରିବା ଓ ପରସ୍ପରକୁ ଚିଠି ଲେଖିବା ଆରମ୍ଭ କରିଥିଲେ। ଏପରିକି ଫକୀର ମୋହନ ସେନାପତି ଓ ମଧୁସୂଦନ ରାଓ ପ୍ରମୁଖ ମଧ୍ୟ ଏଥିରୁ ବାଦ୍‌ଯାଇ ନ ଥିଲେ"।

ବିଚ୍ଛନ୍ଦ ପଟ୍ଟନାୟକଙ୍କ ସହିତ କଥାବାର୍ତ୍ତାର କିଛି ଦିନ ପରେ ଗୌରୀଶଙ୍କରଙ୍କର ଭେଟ ହେଲା ମଧୁବାବୁଙ୍କ ସାଙ୍ଗରେ। ସେ ସେତେବେଳେ ଦୀପିକାରେ ପ୍ରକାଶିତ କୁମ୍ଭୀପଟୁଆ ବିଷୟକ ରିଜଲ୍ୟୁଶନଟି ପଢ଼ିଥିଲେ। ଗୌରୀଶଙ୍କର ଯେତେବେଳେ ତାଙ୍କର ବିଚ୍ଛନ୍ଦଙ୍କ ସହିତ କଥାବାର୍ତ୍ତା ବିଷୟରେ କହିଲେ, ମଧୁବାବୁ କହିଲେ, ଆପଣମାନେ କେହି ମହିମାଙ୍କ ବିଷୟରେ ଜାଣିବା ଆଗରୁ ମୁଁ ସେ ବାବାଜୀଙ୍କ ବିଷୟରେ ଜାଣିଥିଲି ଏବଂ ତାଙ୍କୁ ଦେଖିଥିଲି।

ମଧୁବାବୁଙ୍କ ବାପା ଚୌଧୁରୀ ରଘୁନାଥ ଦାସ ପଟିଆ ରାଜାଙ୍କର ଓକିଲ ଥିଲେ ଓ ମଝିରେ ମଝିରେ ପଟିଆ ଯାଉଥିଲେ। ଏଣ୍ଟ୍ରାନ୍ସ ପାସ୍ କରି ୧୮୬୪ରେ ମଧୁସୂଦନ ଥରେ ବାପାଙ୍କ ସାଙ୍ଗରେ ପଟିଆ ଯାଇଥିବାବେଳେ ସେଠାରେ ମହିମା ଗୋସାଇଁଙ୍କୁ ଦେଖିଥିଲେ। ଦୋଳପୂର୍ଣ୍ଣିମା ଦିନ ମହିମା ଗୋସାଇଁ ପଟିଆକୁ ଆସି ତାଙ୍କର ପ୍ରବଚନ କରିଥିଲେ। ମଧୁସୂଦନ ଏହା ଆଗ୍ରହରେ ଶୁଣିଥିଲେ ଏବଂ ମହିମା ଗୋସାଇଁଙ୍କ ଆଚାର ବ୍ୟବହାର, ଧାର୍ମିକ ଚିନ୍ତା ଇତ୍ୟାଦି ଦେଖି ଅତ୍ୟନ୍ତ ମୁଗ୍ଧ ହୋଇଥିଲେ।

ଗୌରୀଶଙ୍କର ଯେତେବେଳେ ରାଜଦ୍ରୋହ ଇତ୍ୟାଦି କଥା ଉଠାଇଲେ, ମଧୁବାବୁ କହିଲେ, ମହିମା ଗୋସାଇଁ ଯଦି ମହାରାଷ୍ଟ୍ର, ପଞ୍ଜାବ କି ବଙ୍ଗଳାରେ ଜନ୍ମଗ୍ରହଣ କରିଥାନ୍ତେ, ତା'ହେଲେ ସେ ଦୟାନନ୍ଦ ସରସ୍ୱତୀ, ରାମମୋହନ ରାୟଙ୍କ ଭଳି ଖ୍ୟାତି ଓ ସମ୍ମାନ ଲାଭ କରିଥାନ୍ତେ। ଦୁର୍ଭାଗ୍ୟର ବିଷୟ ସେ ଓଡ଼ିଶାରେ ଜନ୍ମି ଥିଲେ।" (୧୫)

ଓଡ଼ିଶା ଗ୍ରାଜୁଏଟ୍ ଅଣ୍ଡର ଗ୍ରାଜୁଏଟ୍ ସମିତି ଗଠନ

ମଧୁବାବୁ ଥିଲେ ଦୂରଦୃଷ୍ଟି ସମ୍ପନ୍ନ ବ୍ୟକ୍ତି। ସେ କଟକଠାରେ ଓଡ଼ିଶା ଗ୍ରାଜୁଏଟ୍ ଅଣ୍ଡର ଗ୍ରାଜୁଏଟ୍ ସମିତି ଗଠନ କରି ସ୍ମରଣୀୟ ହୋଇଛନ୍ତି। ମଧୁବାବୁ ଥିଲେ ଏହି ସମିତିର ପ୍ରାଣ ପ୍ରତିଷ୍ଠାତା। ୧୮୮୮ ସାଲ ମାର୍ଚ୍ଚ ମାସ ୧୭ ତାରିଖରେ ଏକ ସାଧାରଣ ସଭା କଟକଠାରେ ଅନୁଷ୍ଠିତ ହୋଇଥିଲା। ଏହି ସଭାରେ ଗୋଟିଏ ଉଲ୍ଲେଖନୀୟ ଘଟଣା ଘଟିଥିଲା। ତାହା ହେଉଛି ଏହି ସଭାରେ ମଧୁବାବୁଙ୍କ ପ୍ରସ୍ତାବକ୍ରମେ ଓଡ଼ିଶା ଗ୍ରାଜୁଏଟ୍ ଅଣ୍ଡର ଗ୍ରାଜୁଏଟ୍ ସମିତି (Orissa Graduates and Under-Graduates Association) ଗଠନ କରାଯାଇଥିଲା। ସମସ୍ତଙ୍କର ସହମତିକ୍ରମେ ଏହା ଗଠନ କରାଯାଇଥିଲା। ଏହି ସମିତିର ଦୁଇଗୋଟି ଆଭିମୁଖ୍ୟ ଥିଲା –

୧) ପ୍ରଥମଟି ହେଉଛି – ସମଗ୍ର ଓଡ଼ିଶାରେ ଶିକ୍ଷାର ପ୍ରସାର

୨) ଦ୍ୱିତୀୟଟି ହେଉଛି – ରାଜନୈତିକ, ସାମାଜିକ ଓ ସାହିତ୍ୟିକ ବିଷୟ ଚର୍ଚ୍ଚା।

୧୮୮୯ ମସିହା ଜାନୁଆରୀ ମାସରେ ଏହି ସମିତିର ଏକ ବିଶେଷ ଅଧିବେଶନରେ ମଧୁବାବୁ ଓଡ଼ିଶାର ଶିକ୍ଷିତ ଯୁବକମାନଙ୍କର ଲକ୍ଷ୍ୟ ସମ୍ପର୍କରେ ଛାତ୍ରଛାତ୍ରୀଙ୍କୁ ଉଦ୍‌ବୋଧନ ଦେଇଥିଲେ। ବିଶେଷ କରି ଶିକ୍ଷିତ ଛାତ୍ରମାନେ କିପରି ଜନସେବାରେ ବ୍ରତୀ ହେବେ, ସେ ସମ୍ପର୍କରେ ମଧୁବାବୁ ଉପସ୍ଥିତ ଶିକ୍ଷିତ ଯୁବକମାନଙ୍କୁ ପ୍ରବର୍ତ୍ତାଇ ଥିଲେ।

ଫଏଜ୍ ଆମ୍ ସଭା

୧୮୮୮ ମସିହା ମାର୍ଚ୍ଚ ମାସ ୨୪ ତାରିଖରେ କଟକସ୍ଥିତ କଦମ୍‌ରସୁଲଠାରେ ଏକ ସାଧାରଣ ସଭା ଆୟୋଜିତ ହୋଇଥିଲା। ଅନ୍ୟାନ୍ୟ ସଭାସମିତି ପରି ମଧୁବାବୁ ଏହି ସଭାରେ ସଭାମୁଖ୍ୟ ଥିଲେ। ମଧୁବାବୁଙ୍କ ପ୍ରସ୍ତାବକ୍ରମେ ଏବଂ ସର୍ବସମ୍ମତିକ୍ରମେ ଏଠାରେ 'ଫଏଜ୍ ଆମ୍ ସଭା' ଗଠନ କରାଗଲା। ହିନ୍ଦୁ-ମୁସଲମାନଙ୍କ ମଧ୍ୟରେ ସଦ୍‌ଭାବ ପ୍ରତିଷ୍ଠା ପାଇଁ ମଧୁବାବୁ ଏହି ସଭାରେ ବକ୍ତବ୍ୟ ରଖିଲେ। ରାଜ୍ୟ ତଥା ରାଷ୍ଟ୍ରର ବିକାଶ ମୂଳରେ ସାମ୍ପ୍ରଦାୟିକ ସଦ୍‌ଭାବ ସର୍ବାଦୌ ଆବଶ୍ୟକ ବୋଲି ଜନନାୟକ ମଧୁବାବୁ ଜନସାଧାରଣଙ୍କୁ ଅବଗତ କରାଇଥିଲେ। ମଧୁବାବୁଙ୍କର ଏହି ପରାମର୍ଶକୁ କଟକର ହିନ୍ଦୁ ଓ ମୁସଲମାନ ସମ୍ପ୍ରଦାୟ ଆନ୍ତରିକତାର ସହିତ ପାଳନ କରିଥିଲେ। ମଧୁବାବୁଙ୍କର ଏହି ପରାମର୍ଶ ଥିଲା ସୁଦୂରପ୍ରସାରୀ।

ରଙ୍ଗମଞ୍ଚର ପ୍ରତିଷ୍ଠା ଏବଂ ନାଟକାଭିନୟର ଶୁଭାରମ୍ଭ

ସମୟ ଗଡ଼ିଚାଲେ। କାଳଯାଏ, କିନ୍ତୁ କଥା ରହିଯାଏ। ମଧୁବାବୁ ଥିଲେ କଳାପ୍ରିୟ। ତେଣୁ କଟକଠାରେ ନାଟକ ଅଭିନୟ ପାଇଁ ତାଙ୍କ ମନକୁ ଆସିଲା। ସେହି ସମୟରେ ଓଡ଼ିଶାରେ ରଙ୍ଗମଞ୍ଚର ବିକାଶ ଘଟି ନଥିଲା। ଓଡ଼ିଶାରେ ଯାହାକିଛି ରଙ୍ଗମଞ୍ଚ ଥିଲା, ସେସବୁକୁ ଗଡଜାତ ଅଞ୍ଚଳର ରାଜାମାନେ ପୃଷ୍ଠପୋଷକତା କରୁଥିଲେ। ତେଣୁ କଟକରେ ନାଟକାଭିନୟ ପାଇଁ ମଧୁବାବୁ ତାଙ୍କ ବାସଭବନଠାରେ ଅସ୍ଥାୟୀ ରଙ୍ଗମଞ୍ଚଟିଏ ପ୍ରତିଷ୍ଠା କଲେ। ଏହି ରଙ୍ଗମଞ୍ଚରେ ସାମୟିକ ଭାବରେ ନାଟକ ଅଭିନୀତ ହେଉଥିଲା। କିନ୍ତୁ ମଧୁବାବୁ ତାଙ୍କ ସାନଭାଇ ଗୋପାଳବଲ୍ଲଭଙ୍କର ବିବାହ ସମୟରେ ଗୋଟିଏ ଆକର୍ଷଣୀୟ ରଙ୍ଗମଞ୍ଚ ନିର୍ମାଣ କରାଇଥିଲେ। ଏହି ରଙ୍ଗମଞ୍ଚରେ ରାମଶଙ୍କର ରାୟଙ୍କର 'ଯୁଗଧର୍ମ' ନାଟକ ପ୍ରଥମେ ଅଭିନୀତ ହୋଇଥିଲା। ମଫସଲ ଅଞ୍ଚଳରୁ ମଧ୍ୟ ନାଟ୍ୟଦଳ ଆସି ଏହି ରଙ୍ଗମଞ୍ଚରେ ନାଟକାଭିନୟ କରୁଥିଲେ। କଟକ ଜିଲ୍ଲା ଦୀକ୍ଷିତପଡ଼ା ନାଟ୍ୟଦଳ ଆସି ଏହି ରଙ୍ଗମଞ୍ଚରେ ଅଭିନୟ କରିଥିଲେ। ୧୮୮୮ ମସିହା ମେ ମାସରେ ଏହି ରଙ୍ଗମଞ୍ଚରେ 'କୀରାତାର୍ଜ୍ଜୁନୀୟ' ନାଟକ ଅଭିନୀତ ହୋଇଥିଲା। ଏହା ପରେପରେ 'ବିବାହ ବିଭ୍ରାଟ' ପ୍ରହସନ ମଧ୍ୟ ଏଠାରେ ଅଭିନୀତ ହୋଇଥିଲା। ୧୮୮୮ ମସିହା ନଭେମ୍ବର ମାସରେ କଟକର 'ଜଗନ୍ନାଥ ଥିଏଟର' ନାଟ୍ୟସଂସ୍ଥା ଏଠାରେ 'ଆଦର୍ଶ ସତୀ' ନାଟକ ଅଭିନୀତ କରାଇଥିଲେ। ସେମାନେ ମଧ୍ୟ 'ଭଣ୍ଡ ଦଳପତି' ନାମକ ପ୍ରହସନ ମଞ୍ଚସ୍ଥ କରାଇଥିଲେ।

ଏହି ରଙ୍ଗମଞ୍ଚ ପ୍ରତିଷ୍ଠା ପାଇଁ ମଧୁବାବୁ ବହୁ ଅର୍ଥ ବ୍ୟୟ କରିଥିଲେ।

ମହୀୟାନ୍ ମଧୁବାବୁ ଓ ଯଶସ୍ୱିନୀ କନ୍ୟା ଶୈଳବାଳା

ମଧୁବାବୁ କୁମାରୀ ଶୈଳାବାଳାଙ୍କୁ ପୋଷ୍ୟ କନ୍ୟା ରୂପେ ଗ୍ରହଣ କରିଥିଲେ । ଶୈଳବାଳା ଥିଲେ ମଧୁବାବୁଙ୍କ ପାଳିତା କନ୍ୟା । ମଧୁସୂଦନ ଯେତେବେଳେ କଲିକତାରେ ବି.ଏ ଶ୍ରେଣୀରେ ଅଧ୍ୟୟନ କରୁଥିଲେ ସେହି ସମୟରେ ତାଙ୍କର ସହପାଠୀ ଥିଲେ ଅମ୍ବିକା ଚରଣ ହାଜରା । ଅମ୍ବିକା ଚରଣ ଉଚ୍ଚଶିକ୍ଷା ଲାଭ କରିବା ପାଇଁ ମେଦିନୀପୁରରୁ କଲିକତା ଆସିଥିଲେ । ମଧୁସୂଦନ ଓ ଅମ୍ବିକା ଚରଣ ଛାତ୍ରାବାସର ଗୋଟିଏ କୋଠରୀରେ ଅବସ୍ଥାନ କରୁଥିଲେ । ଉଭୟ ଥିଲେ ବି.ଏ. ଶ୍ରେଣୀର ଅଧ୍ୟାୟୀ । ଉଭୟେ କଲିକତାସ୍ଥିତ ଗୋଟିଏ ଗୀର୍ଜାରେ ଖ୍ରୀଷ୍ଟଧର୍ମରେ ଦୀକ୍ଷିତ ହୋଇଥିଲେ । ବି.ଏ. ପାଶ୍ କଲାପରେ ଅମ୍ବିକା ଚରଣ ଗୋଟିଏ ସରକାରୀ ଚାକିରି ପାଇ ସେଥିରେ ଯୋଗଦାନ କରିଥିଲେ । ସେ ପ୍ରସନ୍ନମୟୀଙ୍କୁ ବିବାହ କରିଥିଲେ । ଧର୍ମାନ୍ତର ଗ୍ରହଣ କରିଥିବାରୁ ଅମ୍ବିକା ଚରଣ ମେଦିନୀପୁରରେ ରହୁଥିବା ତାଙ୍କ ପରିବାରଠାରୁ ବିଚ୍ଛିନ୍ନ ହେଲେ । ଏପରିକି ଘଟଣାଚକ୍ରରେ ତାଙ୍କ ଶ୍ୱଶୁର ଘର ମଧ୍ୟ ତାଙ୍କୁ ବାରଣ କରିଥିଲେ ।

ଅଗତ୍ୟା ଅମ୍ବିକାଚରଣ ଓ ପ୍ରସନ୍ନମୟୀ କଲିକତାରେ ଅବସ୍ଥାନ କରୁଥିଲେ । ପ୍ରସନ୍ନମୟୀ ଇତ୍ୟବସରରେ ଅନ୍ତଃସତ୍ତ୍ୱା ହେଲେ । ଏହି ସମୟରେ ଅମ୍ବିକା ଚରଣଙ୍କର ସିମଳା ବଦଳି ହେଲା । ତେଣୁ ଅମ୍ବିକାଚରଣ ପତ୍ନୀ ପ୍ରସନ୍ନମୟୀଙ୍କୁ ସାଥିରେ ଧରି ଦିନେ ହଠାତ୍ ମଧୁବାବୁଙ୍କର କଲିକତାସ୍ଥିତ ଭବାନିପୁର ଅଞ୍ଚଳର ଚକରବାରି ରୋଡ୍‌ରେ ରହିଥିବା ଭଡ଼ାଘରେ ପହଞ୍ଚିଲେ । ମଧୁବାବୁଙ୍କୁ ତାଙ୍କର ସିମଳାକୁ ବଦଳି ହୋଇଥିବା ଖବର ଶୁଣାଇଲେ । ପ୍ରସନ୍ନମୟୀଙ୍କୁ ଏହିଠାରେ ରହିବା ପାଇଁ ଅମ୍ବିକାଚରଣ ମଧୁବାବୁଙ୍କୁ କହିଥିଲେ । ମଧୁବାବୁ ବନ୍ଧୁଙ୍କ ଅନୁରୋଧ ରକ୍ଷା କଲେ । ଅଗତ୍ୟା ପ୍ରସନ୍ନମୟୀ ମଧୁବାବୁଙ୍କ ବାସଗୃହରେ

ଅବସ୍ଥାନ କଲେ। ଅମ୍ବିକା ଚରଣ ତାଙ୍କର ନୁତନ କର୍ମକ୍ଷେତ୍ର ସିମଳା ଚାଲିଗଲେ। ପ୍ରସନ୍ନମୟୀ ମଧୁବାବୁଙ୍କ ପତ୍ନୀ ସୌଦାମିନୀଙ୍କ ଠାରୁ ବୟସରେ ସାନ ଥିଲେ। ପ୍ରସନ୍ନମୟୀଙ୍କ ସ୍ୱାସ୍ଥ୍ୟାବସ୍ଥା ଅବଶ୍ୟ ଭଲ ରହୁ ନଥିଲା। ମଧୁବାବୁଙ୍କ ଭଡ଼ା ଘରେ ଅବସ୍ଥାନ କରୁଥିବା ସମୟରେ ୧୮୭୫ ମସିହାରେ ପ୍ରସନ୍ନମୟୀ ଗୋଟିଏ କନ୍ୟାସନ୍ତତି ଜନ୍ମ ଦେଲେ। ଏହି କନ୍ୟାଟିର ନାମ ରଖାଯାଇଥିଲା ଶୈଳବାଳା। ମଧୁବାବୁଙ୍କ ପତ୍ନୀ ସୌଦାମିନୀ ଶୈଳବାଳାଙ୍କୁ ସ୍ନେହ କରୁଥିଲେ। ତାଙ୍କର ମାତୃହୃଦୟର ସ୍ନେହ ଶୈଳବାଳା ଉପରେ ଢ଼ାଳିଦେଉଥିଲେ।

ଏହାପରେ ଅମ୍ବିକା ଚରଣ ନିଜ ପତ୍ନୀ ଓ କନ୍ୟାକୁ ଧରି ସିମଳା ଚାଲିଗଲେ। ଶୈଳବାଳା ପିତାଙ୍କ ସହିତ ସିମଳା ଚାଲିଯାଇଥିଲେ। ଅମ୍ବିକା ଚରଣଙ୍କ ପରିବାର ବଢ଼ିବାକୁ ଲାଗିଲା। କ୍ରମେ ସେ ତିନିଗୋଟି ପୁତ୍ର ଓ ଦୁଇଗୋଟି କନ୍ୟାର ଜନକ ହେଲେ। କନ୍ୟାଦ୍ୱୟ ହେଉଛନ୍ତି - ଶୈଳବାଳା ଓ ସୁଧାଂଶୁବାଳା। ୧୮୮୮ ମସିହାରେ ଅମ୍ବିକା ଚରଣ ସପରିବାର କଲିକତା ପ୍ରତ୍ୟାବର୍ତ୍ତନ କଲେ। ବନ୍ଧୁତ୍ୱର ମୋହରେ ମଧୁବାବୁ ତାଙ୍କୁ ଦେଖିବାକୁ କଲିକତା ଯାଇଥିଲେ। ଯେଉଁ ଶିଶୁ କନ୍ୟା ଶୈଳବାଳାକୁ ସେ ଲାଳନପାଳନ କରିଥିଲେ ସେ ବର୍ତ୍ତମାନ ତେର ବର୍ଷରେ ପଦାର୍ପଣ କରିଥିଲେ। ମଧୁବାବୁ ଶୈଳକୁ ଦେଖି ବେଶ୍ ଆନନ୍ଦିତ ହୋଇଥିଲେ। ଇତିମଧ୍ୟରେ ୧୮୭୮ ମସିହାରେ ଏକ ଅଶୁଭ ଲଗ୍ନରେ ମଧୁବାବୁଙ୍କର ପତ୍ନୀ ସୌଦାମିନୀ ପରଲୋକ ଗମନ କରିଥିଲେ। ସୁତରାଂ ମଧୁବାବୁ ନିଃସଙ୍ଗ ଓ ନିସହାୟ ଜୀବନ ଯାପନ କରୁଥିଲେ। ଶୈଳବାଳାଙ୍କୁ ଦେଖି ତାଙ୍କର ପିତୃହୃଦୟ ତରଳିଗଲା। ସେ ଶୈଳବାଳାଙ୍କୁ ପାଳିତା କନ୍ୟା କରିବା ପାଇଁ ହାଜରା ଦମ୍ପତିଙ୍କ ନିକଟରେ ଇଚ୍ଛା ପ୍ରକଟ କଲେ। କିନ୍ତୁ ଶୈଳବାଳାଙ୍କ ମାତା ପ୍ରସନ୍ନମୟୀ ଏଥିରେ ଅନିଚ୍ଛା ପ୍ରକାଶ କରିଥିଲେ।

ଏହାପରେ ମଧୁବାବୁ ଅମ୍ବିକାଚରଣଙ୍କୁ ସପରିବାରେ କଟକରେ ଆସି କେତେଦିନ କଟାଇବା ପାଇଁ ଜଣାଇଲେ। ମଧୁବାବୁଙ୍କ ଅନୁରୋଧକ୍ରମେ ଅମ୍ବିକାଚରଣ ୧୮୮୯ ମସିହାରେ ଛୁଟି ନେଇ କଟକ ଚାଲି ଆସିଲେ ଓ ମଧୁବାବୁଙ୍କ କୋଠିରେ ରହିଲେ। ଶୈଳବାଳାଙ୍କୁ କଲିକତାରେ ସ୍କୁଲଛାତ୍ରୀ ନିବାସରେ ରଖି ପାଠ ପଢ଼ାଇବା ପାଇଁ ମଧୁବାବୁ ପ୍ରସ୍ତାବଟିଏ ଦେଲେ। ଅମ୍ବିକା ଚରଣ ଏଥିରେ ସମ୍ମତି ପ୍ରଦାନ କଲେ। ଛାତ୍ରୀ ଶୈଳବାଳାଙ୍କର କଲିକତାରେ ରହଣି ଓ ପାଠପଢ଼ା ଖର୍ଚ୍ଚ ପିତୃପ୍ରତିମ ମଧୁବାବୁ ବହନ କରିଥିଲେ। କଟକରେ କିଛି ଦିନ ଅବସ୍ଥାନ କଲା ପରେ ହାଜରା ପରିବାର କଲିକତା ପ୍ରତ୍ୟାବର୍ତ୍ତନ କଲେ। ୧୮୯୨ ମସିହାରେ ଶୈବାଳାଙ୍କର ମାତା ପ୍ରସନ୍ନମୟୀ ମୃତ୍ୟୁମୁଖରେ ପଡ଼ିଲେ। ଅମ୍ବିକା ଚରଣ ହେଲେ ବିପତ୍ନୀକ। କିନ୍ତୁ ଅମ୍ବିକା ଚରଣ ଦ୍ୱିତୀୟ ଥର ବିବାହ କଲେ। ବନ୍ଧୁ ମଧୁସୂଦନ ଏହାର ଥିଲେ ଠିକ୍ ବିପରୀତ। ଯୁବକ ଅବସ୍ଥାରେ ମଧୁବାବୁ

ପତ୍ନୀଙ୍କୁ ହରାଇଥିଲେ ମଧ୍ୟ ଆଉ ଦ୍ୱିତୀୟବାର ବିବାହ କରି ନ ଥିଲେ। ଏକପତ୍ନୀ ବ୍ରତକୁ ଜୀବନର ଆଦର୍ଶ ରୂପେ ପାଳନ କରି ମଧୁବାବୁ ଏ ମାଟିର ଯଶସ୍ୱୀ କବି ଉପେନ୍ଦ୍ରଭଞ୍ଜଙ୍କର କାବ୍ୟାଦର୍ଶରେ ଅନୁପ୍ରାଣିତ ହୋଇଥିଲେ ବୋଲି କୁହାଯାଇପାରେ। ଏହାପରେ ଦ୍ୱିତୀୟା ପତ୍ନୀଙ୍କୁ ସାଥିରେ ଧରି ଅମ୍ବିକାଚରଣ ସିମଳାରେ ଅବସ୍ଥାନ କରିବାକୁ ଚାଲିଗଲେ। ତେଣୁ ଅମ୍ବିକାରଚଣଙ୍କ ପିଲାମାନେ କଟକ ଚାଲିଆସି ମଧୁବାବୁଙ୍କ ଘରେ ଅବସ୍ଥାନ କଲେ। ସେମାନଙ୍କର ଯାବତୀୟ ଖର୍ଚ୍ଚ ମଧୁବାବୁ ବିନାଦ୍ୱିଧାରେ ବହନ କରିଥିଲେ।

ମଧୁବାବୁ ଶୈଳବାଳାଙ୍କୁ କଲିକତାରେ ଆଇ.ଏ. ପଢ଼ାଇବା ପାଇଁ ସ୍ଥିର କଲେ। ଏହି ସମୟରେ ମଧୁବାବୁ ଶୈଳବାଳାଙ୍କୁ ପାଳିତା କନ୍ୟା ରୂପେ ଘୋଷଣା କଲେ। ଫଳରେ ଶୈଳବାଳା ନିଜର ପୈତୃକ ସଂଜ୍ଞା 'ହାଜରା' ପରିବର୍ତ୍ତେ ମଧୁବାବୁଙ୍କ 'ଦାସ' ସଂଜ୍ଞାକୁ ଗ୍ରହଣ କଲେ। ତେଣୁ 'ଶୈଳବାଳା ହାଜରା' ଅଗତ୍ୟା 'ଶୈଳବାଳା ଦାସ' ନାମରେ ପରିଚିତ ହେଲେ। ମଧୁବାବୁ ଶୈଳବାଳା ଦାସଙ୍କୁ କଲିକତାର ଡିଭିଟନ୍ କଲେଜରେ ଆଇ.ଏ. ପଢ଼ାଇଲେ। ଡିଭଟନ୍ କଲେଜରୁ ଆଇ.ଏ ପରୀକ୍ଷାରେ କୃତିତ୍ୱର ସହ ପାଶ୍ କରି ଶୈଳବାଳା ଦାସ ପ୍ରତ୍ୟାବର୍ତ୍ତନ କଲେ।

୧୮୯୭ ମସିହାରେ ମଧୁସୂଦନ ଦାସ ବିଲାତ ଯାତ୍ରା କଲେ। ଶୈଳବାଳା କଟକରେ ରହୁଥିଲେ। ଶୈଳବାଳାଙ୍କ ଖର୍ଚ୍ଚ ପାଇଁ ମଧୁବାବୁ ଯଥେଷ୍ଟ ଟଙ୍କା ଶୈଳବାଳାଙ୍କୁ ଦେଇଥିଲେ। ମଧୁବାବୁ ବିଲାତରେ ପହଞ୍ଚିଲେ। ଏଣେ ଶୈଳବାଳା କଟକ ରେଭେନ୍ସା କଲେଜରେ ବି.ଏ. ଶ୍ରେଣୀରେ ନାମ ଲେଖାଇଲେ। ଶୈଳବାଳାଙ୍କ ସଙ୍ଗିନୀ ଇସାବେଲା ମଧ୍ୟ ରେଭେନ୍ସାରେ ବି.ଏ. ଶ୍ରେଣୀରେ ନାମ ଲେଖାଇଥିଲେ। ଉଭୟ ବନ୍ଧୁ ରେଭେନ୍ସା କଲେଜକୁ ଯାଇ ଅଧ୍ୟୟନ କରୁଥିଲେ। ମଧୁବାବୁ ବିଲାତରୁ ଫେରିଲାପରେ ଶୈଳବାଳା ବି.ଏ. ଶ୍ରେଣୀରେ ଅଧ୍ୟୟନ କରୁଥିବାରୁ ଆନନ୍ଦିତ ହେଲେ।

କଟକରେ ଓକିଲାତି ଜୀବନ ଓ ଆଇନ ବ୍ୟବସାୟ

"No poet ever interpreted nature as freely as a lawyer interprets the Truth.

Jean Giraudoux
(La Guerre de-Troie n'aura pas lieu (1935)

ଏହା ସତ୍ୟ । ସମାଜର ସମ୍ଭ୍ରାନ୍ତବର୍ଗଙ୍କ ମଧ୍ୟରେ ଓକିଲମାନେ ହେଲେ ଅଗ୍ରଗଣ୍ୟ । ସୁତରାଂ ମଧୁବାବୁ ନିଜକୁ ଓକିଲ ଭାବରେ ପ୍ରତିଷ୍ଠା କରିଥିଲେ । ପ୍ରାକ୍ ସ୍ୱାଧୀନତା କାଳରେ ବୁଦ୍ଧିମାନ, ମେଧାବୀ ଛାତ୍ରମାନେ ଓକିଲାତି ପଢୁଥିଲେ, ଓକିଲ ହେଉଥିଲେ । ପ୍ରଥମ ଓଡ଼ିଆ ଓକିଲ ଭାବରେ ମଧୁବାବୁ କଟକରେ ଓକିଲାତି ଆରମ୍ଭ କଲେ । ସେହି ସମୟରେ କଟକ ଅଦାଲତରେ ବଙ୍ଗାଳୀ ଓକିଲଙ୍କର ଯଥେଷ୍ଟ ପ୍ରଭାବ ରହିଥିଲା । ଏପରିକି ବଙ୍ଗାଳୀ ଓକିଲମାନେ ତାଙ୍କୁ ଓକିଲଖାନାରେ ବସିବାକୁ ସ୍ଥାନ ଦେଲେନାହିଁ । ସେମାନେ ମଧୁବାବୁଙ୍କୁ ଭିନ୍ନ ଦୃଷ୍ଟିରେ ଦେଖୁଥିଲେ । କିନ୍ତୁ ମଧୁବାବୁ ନିଜର ବ୍ୟକ୍ତିତ୍ୱ, ଧୈର୍ଯ୍ୟ, ସହିଷ୍ଣୁତା ଓ ବିଚକ୍ଷଣତା ଯୋଗୁଁ ସର୍ବତ୍ର ପରିଚିତ ହେବାକୁ ଲାଗିଲେ । ମଧୁବାବୁଙ୍କର ବିଚକ୍ଷଣ ଓକିଲାତିରେ ହାକିମମାନେ ମୁଗ୍ଧ ହେଲେ । ଓକିଲଖାନାରେ ବସିବାକୁ ସ୍ଥାନ ନ ପାଇବା ପ୍ରସଙ୍ଗଟି ଜଜ୍‌ସାହେବ ଅବଗତ ହେଲେ । ତେଣୁ ସେ କଚେରୀର ଗୋଟିଏ କୋଠରୀ ମଧୁବାବୁଙ୍କ ପାଇଁ ବ୍ୟବସ୍ଥା କରିଦେଲେ । ସୂଚନାଯୋଗ୍ୟ ଯେ ବର୍ତ୍ତମାନ ଗୌରୀଶଙ୍କର ପାର୍କ ନିକଟରେ ଯେଉଁଠାରେ ଓଡ଼ିଶା ସରକାରଙ୍କ କାର୍ଯ୍ୟାଳୟ ହୋଇଛି, ସେଠାରେ ଦେୱାନୀ ଅଦାଲତ ଓ ଜଜ୍ ଅଦାଲତ ବସୁଥିଲା । ସେହି କୋଠାର ପଶ୍ଚିମ ପାର୍ଶ୍ୱରେ ମଧୁବାବୁଙ୍କ ଖାସ୍‌କାମରା ଥିଲା ।

୧୮୮୩ ମସିହା ଠାରୁ ୧୮୯୦ ମସିହା ପର୍ଯ୍ୟନ୍ତ ମଧୁସୂଦନ ରେଭେନ୍‌ସା କଲେଜରେ ଆଇନ ଅଧ୍ୟାପକ ଭାବରେ ଦାୟିତ୍ୱ ସମ୍ପାଦନ କରୁଥିଲେ । କଟକରେ ଆଇନ୍ ଅଧ୍ୟାପକ ଭାବରେ ସେ ମଧ ପ୍ରସିଦ୍ଧି ଅର୍ଜନ କରିଥିଲେ । ତାଙ୍କର ନିଷ୍ଠା, ଆଗ୍ରହ ଓ ଅଧ୍ୟାପନା ଯୋଗୁଁ ଅନେକ ଛାତ୍ର ଆଇନ ପରୀକ୍ଷାରେ ଭଲ ଫଳ ପ୍ରଦର୍ଶନ କଲେ । ଏଣେ ଅଧ୍ୟାପନା ଓ ଓକିଲାତି - ଏହି ଦୁଇଗୋଟି କାର୍ଯ୍ୟ ସମ୍ପାଦନ କରିବା ପାଇଁ ମଧୁବାବୁଙ୍କୁ ପରିଶ୍ରମ କରିବାକୁ ପଡୁଥିଲା । କଟକ ଅଦାଲତରେ ବଙ୍ଗାଳୀ ଓକିଲମାନଙ୍କ ସଂଖ୍ୟା ପ୍ରାୟ ବାର କି ଚଉଦ ଥିଲା । ଓଡ଼ିଆ ଓକିଲ ଥିଲେ କେବଳ ମଧୁବାବୁ । ତେଣୁ ବଙ୍ଗାଳୀ ଓକିଲମାନଙ୍କୁ ଅତିକ୍ରମ କରିବାକୁ ମଧୁବାବୁଙ୍କୁ ଉଭୟ ବୁଦ୍ଧିମତ୍ତା (Wit) ଏବଂ ଅଧ୍ୟବସାୟ କରିବାକୁ ପଡ଼ିଥିଲା । ଗୋଟିଏ ଗୁରୁତ୍ୱପୂର୍ଣ୍ଣ ମୋକଦ୍ଦମାରେ ଜୟଲାଭ କରି ମଧୁବାବୁ ତାଙ୍କର କୃତିତ୍ୱ ହାସଲ କଲେ । ତାହା ଥିଲା ପୁରୀର ଜଣେ ମହନ୍ତଙ୍କର ମୋକଦ୍ଦମା । ସେହି ସମୟରେ ପୁରୀର ବଡ଼ ବଡ଼ ମକଦ୍ଦମା ଗୁଡ଼ିକ କଟକରେ ବିଚାର ହେଉଥିଲା । ପୁରୀର ଜଣେ ମହନ୍ତ ଜଣେ ସାଧାରଣ ଚାଷୀ ନାମରେ ମୋକଦ୍ଦମା ଦାୟର କଲେ । ସେ ଚାଲାକ୍ କରି ତାଙ୍କର ଓକିଲାତି ନାମା ଓ ଅର୍ଜିରେ (Plaint) ରେ ସବୁ ବଙ୍ଗାଳୀ ଓକିଲଙ୍କଠାରୁ ଦସ୍ତଖତ କରାଇନେଇ ନିଜର ପକ୍ଷଭୁକ୍ତ କରିଥିଲେ । ଉଦ୍ଦେଶ୍ୟ ଥିଲା - ସେହି ଚାଷୀ ପକ୍ଷରୁ ଯେପରି କୌଣସି ଓକିଲ ନ ଲଢ଼ନ୍ତୁ । ଏହାପରେ ସେ ମଧୁବାବୁଙ୍କ ଦସ୍ତଖତ ନେବା ପାଇଁ ଆସିଲେ । ମାତ୍ର ମଧୁବାବୁ ନୀତିବାନ୍ ଓକିଲ ଥିବାରୁ ତାର ମନ୍ଦ ଅଭିଳାଷ ଜାଣି ପାରିଥିଲେ । ତେଣୁ ମହନ୍ତଙ୍କର ସମସ୍ତ ଅନୁରୋଧ ସତ୍ତ୍ୱେ ମଧୁବାବୁ ସେହି ଅର୍ଜିରେ ଦସ୍ତଖତ ଦେଲେ ନାହିଁ । ମଧୁବାବୁ ଗରିବ ଚାଷୀଟିର ଓକିଲ ହେଲେ ଓ ଏହି ମୋକଦ୍ଦମାରେ ବିଜୟୀ ହେଲେ । ଫଳରେ ଜଣେ ଓଡ଼ିଆ ଓକିଲ ଭାବରେ ମଧୁବାବୁଙ୍କ ପ୍ରତିଷ୍ଠା ବଢ଼ିଲା । ଏହାପରେ ମଧୁବାବୁଙ୍କ ନିକଟକୁ ବହୁତ ମୋକଦ୍ଦମା ଆସିଥିଲା । ମଧୁବାବୁଙ୍କ ଜୀବନରେ ଆସିଥିବା କେତେଗୋଟି ପ୍ରଧାନ ମୋକଦ୍ଦମା ହେଉଛି - (୧) ପୁରୀ ମନ୍ଦିର ମୋକଦ୍ଦମା, (୨) ମାନସିଂହ ପାଟଣା ଡକାୟତି ମୋକଦ୍ଦମା, (୩) ଖଣ୍ଡପଡ଼ା ରାଜାଙ୍କ ମୋକଦ୍ଦମା, (୪) କେନ୍ଦୁଝର ମେଳି ମୋକଦ୍ଦମା ।

ପୁରୀ ମନ୍ଦିର ମୋକଦ୍ଦମା :

ପୁରୀ ମନ୍ଦିର ମୋକଦ୍ଦମାଟି ମଧୁବାବୁଙ୍କ ପାଇଁ ଆଣିଥିଲା ଅନେକ ଗୌରବ । ୧୮୮୫ ସାଲରେ ସରକାର ଦ୍ୱୀପାନ୍ତରିତ ରାଜା ଦିବ୍ୟସିଂହ ଦେବଙ୍କ ନାମରେ ୧୮୮୫ ସାଲର ୧୪ ଆଇନ୍ ଅନୁଯାୟୀ ମୋକଦ୍ଦମା ଦାୟର୍ କଲେ । ପୁରୀ ମନ୍ଦିର ଦଖଲ କଲେ । ଉକ୍ତ ମୋକଦ୍ଦମାରେ ରାଜା ଦିବ୍ୟସିଂହ ଦେବଙ୍କ ମାତା ଏବଂ ନାବାଳକ ଥିବା ମୁକୁନ୍ଦଦେବଙ୍କ ପିତାମହୀ ମହାରାଣୀ ସ୍ୱର୍ଣ୍ଣମୟୀ ମୁକୁନ୍ଦଦେବଙ୍କର ମହାଫିଜ ସ୍ୱରୂପ

ରହିଥିଲେ। ଏହି ସମୟରେ କଟକ ଜିଲ୍ଲା ଅନ୍ତର୍ଗତ କୋଦିଣ୍ଡା ପ୍ରଗଣାର ନିମାଇକ୍ଷପୁର ନିବାସୀ ଦାମୋଦର ମହାନ୍ତି ହାଇକୋର୍ଟର ମୁକ୍ତାର ଥିଲେ। ସେତେବେଳେ ଅପିଲ ମୋକଦ୍ଦମାଗୁଡ଼ିକ ମକେଲମାନେ ଦାମୋଦର ବାବୁଙ୍କ ନିକଟକୁ ପଠାଉଥିଲେ। ଦାମୋଦରବାବୁ ପକ୍ଷମାନଙ୍କ ଏଜେଣ୍ଟ ରୂପେ କାର୍ଯ୍ୟକରି ହାଇକୋର୍ଟରେ ଓକିଲ ନିଯୁକ୍ତି କରୁଥିଲେ। ପୁରୀ ରାଜପିତାମହୀ ସରକାରଙ୍କ ସହିତ ମୋକଦ୍ଦମା ଲଢ଼ିବା ପାଇଁ ପରାମର୍ଶ କରିବାକୁ ଦାମ ବାବୁଙ୍କ ନିକଟକୁ ଲୋକ ପଠାଇଲେ। ଦାମବାବୁଙ୍କ ସୁପାରିଶ କ୍ରମେ ପୁରୀ ରାଣୀଙ୍କ ପକ୍ଷରୁ ମଧୁବାବୁ କଟକରେ ମକଦ୍ଦମା ଚଳାଇବା ପାଇଁ ଓକିଲ ରୂପେ ସ୍ଥିର କରାଗଲା। ଫଳରେ ମଧୁବାବୁ କଟକରେ ମୋକଦ୍ଦମା କାର୍ଯ୍ୟ ଆରମ୍ଭ କଲେ। ସରକାରଙ୍କ ଦାବୀ କଟକର ସବଜଜ୍‌କୋର୍ଟରେ ଡିଗ୍ରୀ ହେଲା।

ଅଗତ୍ୟା ମଧୁବାବୁ କଲିକତା ଯାଇ ସେଠାରେ ତିନିଜଣ ପ୍ରମୁଖ ବାରିଷ୍ଟର, ଯଥା – ସାର୍ ଗୁରୁଦାସ ବନ୍ଦୋପାଧ୍ୟାୟ, ମିଷ୍ଟର ଉଡ୍‌ରଫ୍ ଓ ମିଷ୍ଟର ଇଭାନସ୍‌ଙ୍କ ସହିତ ପରାମର୍ଶ କଲେ। ଅବଶ୍ୟ ଏହି ତିନିଜଣ ବାରିଷ୍ଟର ପରବର୍ତ୍ତୀ କାଳରେ କଲିକତା ହାଇକୋର୍ଟର ବିଚାରପତି ପଦବୀରେ ଅଧିଷ୍ଠିତ ହୋଇଥିଲେ। ଶ୍ରୀମନ୍ଦିରର ଆୟ ବ୍ୟୟ ହିସାବ ବୁଝାଇବାକୁ କଟକର ସବ୍‌ଜଜ୍‌ଙ୍କ ଆଦେଶ ଅନୁସାରେ ଜଣେ କର୍ମଚାରୀ ନିଯୁକ୍ତ ହୋଇଥିଲେ। ସରକାରଙ୍କ ପକ୍ଷରୁ ରିସିଭରଙ୍କ ନିଯୁକ୍ତି ଓ ଦଖଲ ପୁରୀ ରାଜାଙ୍କର ସ୍ୱତ୍ୱ ଓ ସମ୍ମାନ ପ୍ରତି କ୍ଷତିକାରକ ଥିଲା। ପୁରୀ ଗଜପତିଙ୍କ ଦାବୀ ସଂକ୍ରାନ୍ତୀୟ ମଧୁବାବୁଙ୍କର ମତ ହେଉଛି – "ଦେଉଳର ସମସ୍ତ ସମ୍ପତ୍ତି ପୁରୀ ରାଜାଙ୍କ ବ୍ୟକ୍ତିଗତ ସମ୍ପତ୍ତି।" ସାଧାରଣ ଲୋକମାନେ କେବଳ ଜଗନ୍ନାଥ ମନ୍ଦିରକୁ ଯାଇ ଶ୍ରୀଜୀଉଙ୍କୁ ଦର୍ଶନ ଓ ପୂଜା କରିବାର ଅଧିକାର ପାଇଛନ୍ତି। ଉକ୍ତ ପୂଜା ଓ ଦର୍ଶନ ଅଧିକାର ପୁରୀ ଶ୍ରୀମନ୍ଦିରରେ ସର୍ବସାଧାରଣଙ୍କର ଗୋଟିଏ ଦଖଲି ସ୍ୱତ୍ୱ ମାତ୍ର। ମଧୁବାବୁ କଲିକତାଠାରେ ବଡ଼ବଡ଼ ଓକିଲଙ୍କଠାରୁ ଅନୁକୂଳ ମତ ପାଇଲେ ନାହିଁ। ସୁତରାଂ ମଧୁବାବୁ ନିଜେ ମୋକଦ୍ଦମା ସପକ୍ଷରେ ନିଜର ସମସ୍ତ ଯୁକ୍ତି ପ୍ରସ୍ତୁତ କଲେ। ସେଗୁଡ଼ିକୁ ଛାପି ବାରିଷ୍ଟରମାନଙ୍କୁ ନିଜ ହାତରୁ ଦର୍ଶନୀ ଦେଇ ତାହା ଦେଖିବାକୁ ଦେଲେ। ସେହି ବାରିଷ୍ଟରମାନେ ମଧୁବାବୁଙ୍କର ପ୍ରସ୍ତୁତ ଚିଠାକୁ ପାଠ କରି ଅପିଲରେ ରାଣୀ ଜୟଯୁକ୍ତ ହେବେ ବୋଲି ମତ ଦେଲେ। ହାଇକୋର୍ଟରେ ତାହାହିଁ ହେଲା। ହାଇକୋର୍ଟରେ ରାଣୀଙ୍କର ଜୟ ହେଲା। ହାଇକୋର୍ଟ ଟେଲିଗ୍ରାମ ଦ୍ୱାରା ସରକାରଙ୍କ ପକ୍ଷରୁ ରିସିଭରଙ୍କ ଦଖଲ ପୁରୀ ଶ୍ରୀମନ୍ଦିରରୁ ଉଚ୍ଛେଦ କରିବା ପାଇଁ ସ୍ଥାନୀୟ ହାକିମଙ୍କ ନିକଟକୁ ନିର୍ଦ୍ଦେଶନାମା ପଠାଇଲେ। ଏହି ଅପିଲ ମୋକଦ୍ଦମା ସେତେବେଳ ସମଗ୍ର ଭାରତରେ ବେଶ୍ ଚାଞ୍ଚଲ୍ୟ ସୃଷ୍ଟି କରିଥିଲା। ଅପିଲ ଶୁଣାଣି ଦିନ କଲିକତା ହାଇକୋର୍ଟ ଲୋକାରଣ୍ୟ ହୋଇଥିଲା। ହାଇକୋର୍ଟ ବାହାରେ ରାସ୍ତାରେ ବହୁ ସଂଖ୍ୟାରେ ଯାନବାହନ

ପୂରି ରହିଥିଲା। ହାଇକୋର୍ଟର ବିଚାରପତିମାନେ ମୋକଦ୍ଦମାର ସମସ୍ତ ନଥି ଦେଖି ଅପିଲ ଶୁଣାଣି ପାଇଁ ଦୁଇ ତିନି ଦିନ ନିର୍ଦ୍ଦିଷ୍ଟ କରିଥିଲେ। ରାଣୀଙ୍କ ପକ୍ଷରୁ ବାରିଷ୍ଟରମାନେ ମାତ୍ର ତିନି ଘଣ୍ଟାରେ ଜବାବ ସୁଆଲ ସମାପ୍ତ କରିଥିଲେ।

ଅଳ୍ପ ସମୟ ମଧ୍ୟରେ ଜବାବ ସୁଆଲ ଶେଷ କରିଥିବା ଯୋଗୁଁ ବିଚାରପତିମାନେ ରାଣୀଙ୍କ ବାରିଷ୍ଟରଙ୍କୁ ଧନ୍ୟବାଦ ଜଣାଇଲେ। କିନ୍ତୁ ବାରିଷ୍ଟର ଜଜ୍‌ମାନଙ୍କୁ କହିଥିଲେ - "ଏ ଧନ୍ୟବାଦ ଆମ୍ଭର ପ୍ରାପ୍ୟ ନୁହେଁ। କଟକରୁ ଆସିଥିବା ଏହି ଯୁବ ଆଇନଜୀବୀ (ମଧୁବାବୁଙ୍କ ଆଡକୁ ହାତଠାରି) ତାଙ୍କର ପ୍ରସ୍ତୁତ ନୋଟ୍ ଓ ସୂଚନା ଅନୁସାରେ ଆମେ ଜବାବ ସୁଆଲ କରିଅଛୁ। ସୁତରାଂ ଏ ଧନ୍ୟବାଦ ତାଙ୍କର ହିଁ ପ୍ରାପ୍ୟ ଅଟେ। (୧୬)

ଏହା ଶୁଣି ହାଇକୋର୍ଟର ଜଜ୍‌ମାନେ ମଧୁବାବୁଙ୍କର ନାମ ଓ ଠିକଣା ଇତ୍ୟାଦି ବୁଝି ବେଶ୍ ସନ୍ତୋଷ ଲାଭ କଲେ। ସେଦିନ ସନ୍ଧ୍ୟାରେ ସେମାନେ ଗୋଟିଏ ସମ୍ମିଳନୀ ଆହୂତ କରି ମଧୁବାବୁଙ୍କୁ ନିମନ୍ତ୍ରଣ କଲେ। ସେହି ସାନ୍ଧ୍ୟ ସଭାରେ ହାଇକୋର୍ଟ ଜଜ୍‌ମାନେ କଲିକତାର ବିଶିଷ୍ଟ ମାନ୍ୟଗଣ୍ୟ ବ୍ୟକ୍ତିମାନଙ୍କ ସହିତ ମଧୁବାବୁଙ୍କୁ ପରିଚିତ କରାଇଦେଲେ। ଉକ୍ତ ଅପିଲର ରାୟ ପରେ ବଙ୍ଗଳାର ତତ୍କାଳୀନ ଲାଟସାହେବ ପୁରୀ ଗଜପତିଙ୍କ ସହିତ ରଫା କରିବା ପାଇଁ ତାଙ୍କ ଓକିଲ ମଧୁବାବୁଙ୍କୁ କୋଠିକୁ ଡକାଇଥିଲେ। ସରକାର ଓ ପୁରୀ ରାଜାଙ୍କ ମଧ୍ୟରେ ୧୮୮୮ ସାଲରେ ଗୋଟିଏ ଚୁକ୍ତିପତ୍ର ସ୍ୱାକ୍ଷରିତ ହେଲା। ପୁରୀ ରାଜା ବଂଶାନୁକ୍ରମେ ଶ୍ରୀମନ୍ଦିରର ପରିଚାଳକ ରହିବେ ବୋଲି ସରକାର ସ୍ୱୀକାର କଲେ ଏବଂ ମୁକୁନ୍ଦଦେବଙ୍କ ନାବାଳକ ଲାଗିଥିବା ପର୍ଯ୍ୟନ୍ତ ପିତାମହୀ ସ୍ୱର୍ଣ୍ଣମୟୀ ତାଙ୍କର ମହାଫିଜ ରୂପେ ମନ୍ଦିର ପରିଚାଳନା କରିବେ। ଏହା ବ୍ୟତୀତ ଜଣେ ଉପଯୁକ୍ତ ମ୍ୟାନେଜର ନିଯୁକ୍ତ ରହିବେ ବୋଲି ସ୍ଥିରୀକୃତ ହେଲା। ସର୍ବୋପରି ସରକାର ଏପରି ମୋକଦ୍ଦମା ଆଗାମୀ ଦିନରେ ରୁଜୁ କରିବେ ନାହିଁ ବୋଲି ମଧ୍ୟ ସ୍ଥିରୀକୃତ ହୋଇଥିଲା।

ଅନନ୍ତର ଗଜପତି ଦିବ୍ୟସିଂହଦେବଙ୍କର ବୃଦ୍ଧାମାତା ସ୍ୱର୍ଣ୍ଣମୟୀ ଦେବୀ ମଧୁବାବୁଙ୍କୁ ଅତ୍ୟନ୍ତ ଶ୍ରଦ୍ଧା ପ୍ରଦର୍ଶନ କରିଥିଲେ। ସେ ମଧୁବାବୁଙ୍କୁ ଶ୍ରୀନଅରକୁ ଯିବା ପାଇଁ ନିମନ୍ତ୍ରଣ ଜଣାଇଥିଲେ। ମଧୁବାବୁ ରାଜମାତାଙ୍କ ଅନୁରୋଧ ରକ୍ଷା କରି ଶ୍ରୀନଅରକୁ ଯାଇଥିଲେ । ସେହିଦିନ ମଧୁବାବୁଙ୍କ ସମ୍ମୁଖରେ ରାଜମାତା ଦୃଢ଼ୋକ୍ତି ଭାବରେ କହିଥିଲେ ଯେ ଯଦି ସେ ଖଡ୍‌ଗ ଧାରଣ କରିଥାନ୍ତେ, ତେବେ ସେ ଦେଖାଇ ଦେଇଥାନ୍ତେ ଯେ ପୁରୀ ଗଜପତି ବଂଶର ମର୍ଯ୍ୟାଦା କେତେ ! ଅନନ୍ତର ମଧୁବାବୁ ରାଜମାତାଙ୍କର ଏହି ଦମ୍ଭୋକ୍ତି ଭାବଶୁଣି ଅତ୍ୟନ୍ତ ଆଶ୍ଚର୍ଯ୍ୟଚକିତ ହୋଇଥିଲେ।

ପୁରୀ ମନ୍ଦିରର ମୋକଦ୍ଦମାରେ ବିଜୟ ଲାଭ କଲାପରେ ବାରିଷ୍ଟର ମଧୁବାବୁଙ୍କର ଖ୍ୟାତି ସମଗ୍ର ଦେଶରେ ପ୍ରଚାରିତ ହେଲା। ଜଣାଯାଏ ବାରିଷ୍ଟର ମଦୁସୂଦନ ଏହି

ମୋକଦ୍ଦମାରୁ ପାରିଶ୍ରମିକ ସ୍ୱରୂପ ଏକଲକ୍ଷ ଟଙ୍କା ପ୍ରାପ୍ତ ହୋଇଥିଲେ। ବୋଧହୁଏ ସେହିଦିନଠାରୁ ସମଗ୍ର ଓଡ଼ିଶାରେ ସେ "ମଧୁବାରିଷ୍ଟର" ନାମରେ ପ୍ରତିଷ୍ଠା ଲାଭ କଲେ। ତେବେ ମଧୁବାବୁଙ୍କର ସ୍ୱୀକାରୋକ୍ତି ଏହି ଯେ ପୁରୀ ମନ୍ଦିରର ଏହି ମୋକଦ୍ଦମାରେ ଜୟଲାଭ କଲାପରେ ତାଙ୍କର ଓକିଲାତି ଜୀବନର ସୁଖ୍ୟାତି ପ୍ରସାରିତ ହୋଇଥିଲା।

ପୁରୀ ଶ୍ରୀମନ୍ଦିରର ମୋକଦ୍ଦମା ରାୟପାଇବାର କିଛି ଦିନ ବିତିଯାଇଛି। ଏହାପରେ ମଧୁବାବୁଙ୍କର ମାତା ପାର୍ବତୀଦେବୀ ଏକଦା ମହାପ୍ରଭୁଙ୍କ ଦର୍ଶନ ପାଇଁ ଶ୍ରୀମନ୍ଦିରକୁ ଯାଇଥିଲେ। ମଧୁବାବୁଙ୍କ ମାତାଙ୍କ ସମ୍ମାନାର୍ଥେ ରାଣୀ ଆଦେଶ ପ୍ରଦାନ କରିଥିଲେ ଯେ ତାଙ୍କ ପାଇଁ ଶ୍ରୀମନ୍ଦିର "ଦେଉଳଶୋଧ" ବ୍ୟବସ୍ଥା କରାଯାଉ। ତାହାହିଁ ହେଲା। ମଧୁବାବୁଙ୍କ ମାତା ପାର୍ବତୀ ଦେବୀ ଶ୍ରୀଜଗନ୍ନାଥଙ୍କୁ ଦର୍ଶନ କରିବା ଅବସରରେ ବେଢ଼ା ଭିତରେ କେବଳ ସେବକମାନେ ରହିଥିଲେ। ଅନ୍ୟାନ୍ୟ ସମସ୍ତ ଭକ୍ତମାନଙ୍କୁ ସେହି ସମୟରେ ଶ୍ରୀମନ୍ଦିର ଭିତରକୁ ପ୍ରବେଶ ନିଷେଧ ଥିଲା। ବାସ୍ତବିକ୍ ଏହା କେବଳ ପାର୍ବତୀ ଦେବୀଙ୍କ ଗୌରବ ନୁହେଁ। ଏହି ସମସ୍ତ ଗୌରବର ଅଧିକାରୀ ଥିଲେ ବାରିଷ୍ଟର ମଧୁସୂଦନ ଦାସ।

ଖଣ୍ଡପଡ଼ା ରାଜାଙ୍କ ମୋକଦ୍ଦମା:

ଓଡ଼ିଶାର ଏକ ପ୍ରାଚୀନତମ ଗଡ଼ଜାତ ହେଉଛି ଖଣ୍ଡପଡ଼ା। ବଘେଲବଂଶୀୟ ରାଜାମାନେ ଏହି ରାଜ୍ୟରେ ଶାସନ କରୁଥିଲେ। ଏକଦା ଖଣ୍ଡପଡ଼ାର ରାଜା ଥିଲେ ନଟବରସିଂହ ମର୍ଦ୍ଦରାଜ। ଏହି ରାଜା ଭାରତର ଗର୍ବ ଓ ଗୌରବ ପଠାଣିସାମନ୍ତଙ୍କ ସମକାଳୀନ। ତେବେ ଖଣ୍ଡପଡ଼ା ରାଜାଙ୍କ ମୋକଦ୍ଦମା ପରିଚାଳନା କରି ଜୟଲାଭ କରିବା ହେଉଛି ବାରିଷ୍ଟର ମଧୁସୂଦନ ଦାସଙ୍କର ଓକିଲାତି ଜୀବନର ଏକ ମାଇଲଖୁଣ୍ଟ। ଘଟଣାଟି ହେଉଛି ଖଣ୍ଡପଡ଼ାର ରାଜା ନଟବରସିଂହ ମର୍ଦ୍ଦରାଜ ନୂଆପଡ଼ା ମେଳିର ସାତଜଣ ବ୍ୟକ୍ତିଙ୍କୁ ପ୍ରାଣଦଣ୍ଡ ଆଦେଶ ଦେଇଥିଲେ। ଖଣ୍ଡପଡ଼ା ଗଡ଼ରେ ଏହି ସମସ୍ତ କାଣ୍ଡ ସୃଷ୍ଟି କରି ରାଜା ନଟବର ସିଂହ କଟକକୁ ଆସି ମଧୁବାବୁଙ୍କୁ ଭେଟିଥିଲେ ଏବଂ ତାଙ୍କ ସହିତ ସଙ୍ଗାତ ବସିଥିଲେ। ରାଜା ନଟବରସିଂହ ମଧୁବାବୁଙ୍କୁ ଅତ୍ୟନ୍ତ କାକୁତିମିନତି ହୋଇ କହିଥିଲେ- "ମୁଁ ଆପଣଙ୍କ ପାଖରେ ଶରଣ ଗଲି। ଏ ଜୀବନଟା ତୁମର। ଖଣ୍ଡପଡ଼ା ରାଜ୍ୟକୁ ରକ୍ଷା କର।" ରାଜାଙ୍କର ଏହି ଅନୁରୋଧକୁ ଶୁଣିସାରି ମଧୁବାବୁ ତାଙ୍କୁ ସହୃଦୟତା ପ୍ରଦର୍ଶନ କରିଥିଲେ। ରାଜା ନଟବରଙ୍କୁ ସେ ତାଙ୍କ କୋଠିରେ ରଖିଥିଲେ। ଏହାପରେ ମଧୁବାବୁ ତତ୍କାଳୀନ କମିଶନର ସାହେବଙ୍କ ସହିତ ଖଣ୍ଡପଡ଼ା ରାଜାଙ୍କୁ ଦେଖା କରାଇଥିଲେ। ରାଜାଙ୍କ ପାଇଁ ମଧୁବାବୁ ଲଢ଼ିଲେ, କିନ୍ତୁ କଟକରେ ରାଜା ନଟବର ଦୋଷୀବୋଲି ପ୍ରମାଣିତ ହେଲେ। ଅନନ୍ତର ମଧୁବାବୁ ରାଜାଙ୍କ ତରଫରୁ କଲିକତା ଯାତ୍ରା କରି କଲିକତା ହାଇକୋର୍ଟରେ ଅପିଲ୍ ଦାୟର କଲେ ଏବଂ ଅପିଲ୍‌ରେ

ରାଜାଙ୍କୁ ନିର୍ଦ୍ଦୋଷରେ ଖଲାସ କଲେ । ଏହି ମୋକଦ୍ଦମା ମଧୁବାବୁଙ୍କ ପାଇଁ ଥିଲା ଏକ ସୁବର୍ଣ୍ଣସୁଯୋଗ । କାରଣ ଏହି ମୋକଦ୍ଦମା ଲଢ଼ି ମଧୁବାବୁ ଗୋଟିଏ ଦିନରେ ବହୁ ଅର୍ଥ ରୋଜଗାର କରିଥିଲେ । ଖଣ୍ଡପଡ଼ା ରାଜାଙ୍କଠାରୁ ସେ ପ୍ରାୟ ଏକଲକ୍ଷ ଟଙ୍କା, ବହୁ ମଣିମାଣିକ୍ୟ ଏବଂ ସୁନା ଅଳଙ୍କାର ଉପହାର ସ୍ୱରୂପ ପ୍ରାପ୍ତ ହେଲେ । ମଧୁବାବୁଙ୍କ ସହିତ ଖଣ୍ଡପଡ଼ା ରାଜାଙ୍କର ସମ୍ପର୍କ ଆହୁରି ଦୃଢ଼ୀଭୂତ ହୋଇଥିଲା । ତେଣୁ ମଧୁବାବୁ ତାଙ୍କର 'ଉତ୍କଳଟ୍ୟାନେରୀ' ପରିଚାଳନା ପାଇଁ ଆବଶ୍ୟକୀୟ ପରିମାଣ ଚମଡ଼ା ଖଣ୍ଡପଡା ଅଞ୍ଚଳରୁ ସଂଗ୍ରହ କରିବାର ସୁବିଧା ଓ ସୁଯୋଗ ଲାଭ କରିଥିଲେ ।

ମାନସିଂହପାଟଣା ଡକାୟତି ମୋକଦ୍ଦମା:

୧୯୦୨ ମସିହାର ମାନସିଂହ ପାଟଣା ଡକାୟତି ମକଦ୍ଦମାରେ ଜୟଲାଭ ମଧୁବାବୁଙ୍କର ଓକିଲାତି ଜୀବନର ଆଉ ଏକ ବିରାଟ ସଫଳତା । ସେହି ସମୟରେ କଟକ ମାନସିଂ ପାଟଣାରେ ଏକ ବଡ଼ଧରଣର ଡକାୟତି ହୋଇଥିଲା । ଡକାୟତମାନେ ବହୁ ସୁନା, ରୁପା ଚୋରିକରି ନେଇଥିଲେ । ପୋଲିସ ଅନୁସନ୍ଧାନ ଚଳାଇଲା । ମାନସିଂହପାଟଣାର ଦାନୀ ଏବଂ ରଙ୍ଗାଙ୍କୁ ପୋଲିସ ଡକାୟତ ବୋଲି ଚାଲାଣ କଲା । ପୋଲିସର ପ୍ରମାଣପତ୍ରକୁ ଆଧାରକରି ଜଜ୍‌ସାହେବ ଏହି ନିରୀହ ବ୍ୟକ୍ତି ଦୁଇଜଣଙ୍କୁ ଅଭିଯୁକ୍ତ ବୋଲି ସାବ୍ୟସ୍ତ କରି ଦ୍ୱୀପାନ୍ତର ଦଣ୍ଡରେ ଦଣ୍ଡିତ କଲେ । ସେହି ସମୟରେ ଅନଙ୍ଗମୋହନ ଚକ୍ରବର୍ତ୍ତୀ କଟକରେ ପୋଲିସ ଦାରୋଗା ଥିଲେ । ମିଷ୍ଟର ସୂରସାହେବ କଟକ ଜିଲ୍ଲାର ପୋଲିସ ସୁପରିନ୍‌ଟେଣ୍ଡେଣ୍ଟ ଥିଲେ । ମିଷ୍ଟର କେ.ଜି.ଗୁପ୍ତ ଓଡ଼ିଶାର କମିଶନର ଏବଂ ଫିସର ସାହେବ କଟକର ମାଜିଷ୍ଟ୍ରେଟ୍ ଥିଲେ । ସେମାନେ ଦାନୀ ଏବଂ ରଙ୍ଗାଙ୍କୁ କେବଳ ଆସାମୀ ଭାବରେ ପ୍ରମାଣିତ କରିଥିଲେ ତାହା ନୁହେଁ, ଏହା ବ୍ୟତୀତ ୧୯୦୩ ମସିହାରେ ସରକାରଙ୍କୁ ଗୋପନୀୟ ସମ୍ବାଦ ଦେଇଥିଲେ ଯେ ଚୋରି ଯାଇଥିବା ସମସ୍ତ ସୁନାରୁପା ମଧୁବାବୁଙ୍କ ନିକଟରେ ଅଛି । ଏହି ସମୟବେଳକୁ ମଧୁବାବୁଙ୍କର ଓଡ଼ିଶା ସୂକ୍ଷ୍ମକଳା ବ୍ୟବସାୟର କାରଖାନା ପ୍ରତିଷ୍ଠା ହୋଇ ସାରିଥିଲା । ସୁତରାଂ ପୋଲିସ ବିଭାଗର ପୂରା ବିଶ୍ୱାସ ହୋଇଥିଲା ଯେ ମଧୁବାବୁଙ୍କ କାରଖାନାରେ ଚୋରା ସୁନାରୁପା ସବୁ ଆଉଟା ହେଉଛି ।

ଏହାପରେ ଏହି ମକଦ୍ଦମା ଦାୟର ହେବାର କିଛି ଦିନ ପରେ ମିଷ୍ଟର କାର୍ଲାଇଲ ନାମକ ଜଣେ ବଙ୍ଗପ୍ରଦେଶର ଗୁପ୍ତଚର ବିଭାଗର ପୋଲିସ ଅଫିସର ପ୍ରମାଣିତ କଲେ ଯେ ମାନସିଂହପାଟଣାର ଡକାୟତି କଲିକତାର ଗୋଟିଏ ଡକାୟତ ଦଳଙ୍କ ଦ୍ୱାରା ହୋଇଥିଲା । ସେମାନେ ଆଉ ଗୋଟିଏ ମୋକଦ୍ଦମାରେ ଧରା ପଡ଼ିଥିଲେ । ମଧୁବାବୁ ଏହି ସମ୍ବାଦ ଲାଭ ଦରି ବଙ୍ଗଳାର ଗଭର୍ଣ୍ଣର ସାର ଆଣ୍ଡ୍ରୁ ଫ୍ରେଜରଙ୍କୁ ମାନସିଂହପାଟଣାର

ଏହି ମୋକଦ୍ଦମାର ସମସ୍ତ ତଥ୍ୟ ଲେଖିଲେ । ଫଳରେ ଦାନୀ ଓ ରଙ୍ଗା ନିରପରାଧ ବୋଲି ସାବ୍ୟସ୍ତ ହେଲେ । ସେମାନଙ୍କୁ ଦ୍ୱୀପାନ୍ତରରୁ ଫେରାଇ ଅଣାଗଲା । ଏହା ବ୍ୟତୀତ ସମ୍ପୃକ୍ତ ପୋଲିସ କର୍ମଚାରୀଙ୍କୁ କାର୍ଯ୍ୟରୁ ଅନ୍ତର କରିବାର ନିର୍ଦ୍ଦେଶନାମା ଜାରି ହେଲା । ଫଳରେ ସରକାରୀ ମହଲରେ ବଡ଼ ଚହଳ ସୃଷ୍ଟି ହେଲା । ମଧୁବାବୁ ଯେ ସୁନାରୁପା ଚୋରାମାଲଗୁଡ଼ିକୁ ରଖିଥିଲେ, ତାହା ମିଥ୍ୟାବୋଲି ପ୍ରମାଣିତ ହେଲା । ମଧୁବାବୁଙ୍କର ବ୍ୟକ୍ତିତ୍ୱ ଆହୁରି ଉଜ୍ଜ୍ୱଳି ଉଠିଲା ।

୧୯୦୪ ମସିହାରେ ବ୍ରିଟିଶ ସରକାର ବାରିଷ୍ଟର ମଧୁସୂଦନଙ୍କୁ ସି.ଆଇ.ଇ. (C.I.E.) ଉପାଧିରେ ଭୂଷିତ କଲେ । ଏହିପରି ଭାବରେ ବ୍ରିଟିଶ୍ ସାମ୍ରାଜ୍ୟର ସହଚର ରୂପେ ମଧୁବାବୁ ସରକାରଙ୍କ ଦ୍ୱାରା ବିଶେଷ ଭାବରେ ସମ୍ମାନିତ ହୋଇଥିଲେ ।

କେନ୍ଦୁଝର ମେଳି ମୋକଦ୍ଦମା:

୧୮୯୧ ସାଲ ଘଟଣା । କେନ୍ଦୁଝରର ତତ୍କାଳୀନ ରାଜା ଥିଲେ ଧନଞ୍ଜୟ ଭଞ୍ଜ । ଏହି ସମୟରେ କେନ୍ଦୁଝରରେ ରାଜାଙ୍କ ବିରୁଦ୍ଧରେ ଏକ ବିରାଟ ମେଳି ସଂଘଟିତ ହୋଇଥିଲା । ଓକିଲ ଭାବରେ ମଧୁବାବୁ କେନ୍ଦୁଝର ରାଜାଙ୍କୁ ବେଶ୍ ସାହାଯ୍ୟ ସହାନୁଭୂତି ପ୍ରଦର୍ଶନ କରିଥିଲେ । ଏହି ସମୟରେ କେନ୍ଦୁଝର ରାଜାଙ୍କର ମ୍ୟାନେଜର ଥିଲେ ସ୍ୱୟଂ ଫକୀରମୋହନ ସେନାପତି । ସେ ତାଙ୍କର ଆତ୍ମଜୀବନୀ ଗ୍ରନ୍ଥରେ ଏହି ପ୍ରସଙ୍ଗକୁ ମଧ ଉଲ୍ଲେଖ କରିଥିଲେ । ମଧୁବାବୁ ଧନଞ୍ଜୟ ଭଞ୍ଜଙ୍କୁ ଏହି ମେଳି ସମୟରେ ତାଙ୍କ କଟକସ୍ଥିତ କୋଠିରେ ରଖାଇ ସରକାରଙ୍କ ପାଖରେ କେଶ୍ ଲଢ଼ି ରାଜାଙ୍କୁ ତାଙ୍କ ରାଜ୍ୟ ଫେରି ପାଇବାର ବ୍ୟବସ୍ଥା କରାଇଥିଲେ । କେନ୍ଦୁଝରଗଡ଼ରେ ହୋଇଥିବା ମେଳିକୁ ତର୍ଜମା କରି ସରକାର କେନ୍ଦୁଝର ରାଜାଙ୍କୁ ଦୋଷୀ ବୋଲି ଘୋଷଣା କଲେ । କେନ୍ଦୁଝରଗଡ଼ର ଶାସନଭାର ସରକାର ନିଜ ହାତକୁ ନେଲେ । ଅଗତ୍ୟା ରାଜା ଧନଞ୍ଜୟ ଭଞ୍ଜ ଉପାୟ ନ ପାଇ କଟକ ପଳାଇ ଆସିଲେ ଏବଂ ମଧୁବାବୁଙ୍କୁ ଭେଟିବା ପାଇଁ ଇଚ୍ଛାକଲେ । କଟକରେ ଦିନେ ମଧୁବାବୁ ତାଙ୍କ କୋଠିରେ ବସିଛନ୍ତି । ସେ ଦେଖିଲେ ଜଣେ ବ୍ୟକ୍ତି ଖଣ୍ଡିଏ ଲୁଗା ପିନ୍ଧି ଏବଂ ଶରୀରକୁ ଖଣ୍ଡିଏ ଗାମୁଛାରେ ଆବୃତ କରି ମଧୁବାବୁଙ୍କ ସମ୍ମୁଖରେ ହାଜର ହେଲେ । ତାଙ୍କ ଦୃଷ୍ଟି ଆକର୍ଷଣ କରି କହିଲେ - "ଆଜ୍ଞା ! ମୁଁ ହେଉଛି କେନ୍ଦୁଝରର ରାଜା ଧନଞ୍ଜୟ ନାରାୟଣ ଭଞ୍ଜ । ମୁଁ ଆପଣଙ୍କ ନାମଡାକ ଶୁଣି କଟକ ଆସିଛି । କେନ୍ଦୁଝର ଗଡ଼ରେ ପ୍ରଜାମାନେ ମେଳି କରିଛନ୍ତି । କେତେକ ଦୁଷ୍ଟ ଲୋକ ମୁଁ ଜଣେ ପ୍ରଜାପୀଡ଼କ ଏବଂ ଅତ୍ୟାଚାରୀ ରାଜା ବୋଲି ଅପପ୍ରଚାର କରିଛନ୍ତି, ଯାହା ଫଳରେ କେନ୍ଦୁଝରରେ ଏହି ମେଳି ସଂଘଟିତ ହୋଇଛି । ଏହି ଦୁଷ୍ଟଲୋକମାନେ କମିଶନର ସାହେବଙ୍କୁ ଏହିପରି ମିଥ୍ୟା ସମ୍ବାଦ ଦେବାରୁ କମିଶନର ସାହେବ ଜଣେ ଗୋରା ଲୋକଙ୍କୁ କେନ୍ଦୁଝରର ଶାସନ

ଦାୟିତ୍ୱ ଅର୍ପଣ କରି ମୋତେ ବେଦଖଲ କରିଛନ୍ତି। ମୁଁ ଆଜ୍ଞା ସମ୍ପୂର୍ଣ୍ଣ ନିର୍ଦ୍ଦୋଷ। ମୁଁ ଆପଣଙ୍କର ଆଶ୍ରୟ ନେଲି। ମୁଁ ରାଜ୍ୟରୁ ଏହିପରି ଏକମାତ୍ର ବସ୍ତ୍ରପିନ୍ଧି ଏବଂ କପର୍ଦ୍ଦକଶୂନ୍ୟ ହୋଇ ଆପଣଙ୍କ ନିକଟକୁ ପଳାଇ ଆସିଛି। ଆପଣଙ୍କର ଶରଣାଗତ ହେଲି। ଆପଣ ମୋତେ ବଞ୍ଚାନ୍ତୁ।"

କେନ୍ଦୁଝରେ ରାଜାଙ୍କର ଏହିପରି ଦୁରବସ୍ଥା ଘଟଣା ଶୁଣି ମଧୁବାବୁଙ୍କର ହୃଦୟ ବିଗଳିତ ହୋଇଗଲା। ସେ ତତ୍‌କ୍ଷଣାତ ଶତାଧିକ ଟଙ୍କା ନିଜ ତରଫରୁ ଖର୍ଚ୍ଚ କରି ରାଜାଙ୍କ ନିମିତ୍ତ ଲୁଗାପଟା, ନିତ୍ୟବ୍ୟବହାର୍ଯ୍ୟ ବସ୍ତୁ ପ୍ରଭୃତି ବନ୍ଦୋବସ୍ତ କରାଇଲେ। ରାଜାଙ୍କର ଥଇଥାନ ପାଇଁ ସେ କଟକରେ ଗୋଟିଏ ବସାର ମଧ୍ୟ ଆୟୋଜନ କରିଦେଲେ। ଏହାପରେ ମଧୁବାବୁ ଗଡ଼ଜାତ ମହଲର ସୁପରିନ୍‌ଟେଣ୍ଡେଣ୍ଟ ଟୟନ୍‌ବୀ ସାହେବଙ୍କୁ ସାକ୍ଷାତ କରିବାକୁ ପତ୍ର ଲେଖିଲେ। ରାଜା ମଧ୍ୟ ଟୟନ୍‌ବୀ ସାହେବଙ୍କୁ ଦରଖାସ୍ତ କଲେ। ଟୟନ୍‌ବୀ ସାହେବ ରାଜାଙ୍କ ବିଷୟରେ କେନ୍ଦୁଝରର ମ୍ୟାନେଜରଙ୍କଠାରୁ ଏକତରଫା ରିପୋର୍ଟ ପାଇ ରାଜାଙ୍କ ଉପରେ ଅତ୍ୟନ୍ତ ବିରକ୍ତି ପୋଷଣ କରିଥିଲେ। ତେଣୁ ସେ ମଧୁବାବୁଙ୍କଠାରୁ କେନ୍ଦୁଝର ରାଜାଙ୍କ ସମ୍ପର୍କରେ କୌଣସି କଥା ଶୁଣିବେ ନାହିଁ ବୋଲି ରୋକଠୋକ୍ ମନା କରିଦେଲେ। ଏହାପରେ ମଧୁବାବୁ ଛୋଟଲାଟଙ୍କ ପାଖକୁ ଟେଲିଫୋନ୍‌ରେ ଯୋଗାଯୋଗ କଲେ। ସେ ଛୋଟଲାଟଙ୍କ ନିକଟରେ ରାଜାଙ୍କ ତରଫରୁ ଅପିଲ କରିବା ପାଇଁ ମନସ୍ଥ କଲେ। ଇତି ମଧ୍ୟରେ ସୁପରିନ୍‌ଟେଣ୍ଡେଣ୍ଟ ଟୟନ୍‌ବୀ ସାହେବ ରାଜାଙ୍କ ବିରୁଦ୍ଧରେ କେତେକ ମନଗଢ଼ା ଅଭିଯୋଗର ଫର୍ଦ୍ଦ ଲେଖି ଛୋଟଲାଟଙ୍କ ନିକଟକୁ ପଠାଇ ସାରିଥିଲେ । ଏହାପରେ ଛୋଟଲାଟଙ୍କ ଆଦେଶକ୍ରମେ ମଧୁବାବୁ ରାଜାଙ୍କ ଓକିଲ ରୂପେ ନଥିପତ୍ର ପ୍ରଭୃତି ଦେଖିବା କଥାରୁ ଟୟନବୀ ସାହେବ ଆଶଙ୍କା କଲେ ଯେ ମଧୁବାବୁ ନିଶ୍ଚିତ ରୂପେ ଛୋଟଲାଟଙ୍କଠାରେ ଅପିଲ କରିବେ।

ଏହାପରେ ମଧୁବାବୁ ରାଜାଙ୍କ ଆବେଦନପତ୍ର ଇତ୍ୟାଦିକୁ ଟାଇପ୍ କରି ଏବଂ କାଗଜପତ୍ର ପ୍ରସ୍ତୁତ କରି କଲିକତା ଗଲେ। ଛୋଟଲାଟ୍ ସାର୍ ଆସଲିଇଡେନ୍‌ଙ୍କ ନିକଟରେ ଆବେଦନପତ୍ର ଦାଖଲ କଲେ। ଏହା ପୂର୍ବରୁ ଛୋଟଲାଟ ସାହେବ ଟୟନବୀଙ୍କଠାରୁ ରିପୋର୍ଟ ପାଇ ଘଟଣାଟିର ଏକତରଫା ବିଚାର କରିଥିଲେ। ତେଣୁ ଛୋଟଲାଟ ସାହେବ ମଧୁବାବୁଙ୍କ କଥା ଶୁଣାଣି କଲେ ନାହିଁ। ବରଂ କେନ୍ଦୁଝର ରାଜା ଦୋଷୀ ବୋଲି ସେ କହିଥିଲେ। ମଧୁବାବୁ ଏହା ଶୁଣି ହତବାକ୍ ହେଲେ। କିନ୍ତୁ ବୁଦ୍ଧି ପ୍ରୟୋଗ କରି କହିଲେ ଯେ ମୁଦାଲାଙ୍କଠାରୁ କିଛି ନଶୁଣି ଛୋଟଲାଟ ଏକ ତରଫା ଭାବରେ ରାୟ ଦେବା ନିହାତି ଅଯୌକ୍ତିକ। ଏହାପରେ ମଧୁବାବୁ ବିରକ୍ତି ପ୍ରକାଶ କରି ଛୋଟଲାଟଙ୍କ ପ୍ରକୋଷ୍ଠରୁ ବାହାରି ଆସିବା ସମୟରେ ଛୋଟଲାଟ ତାଙ୍କୁ ପଛରୁ ଡାକି ପୁନର୍ବାର କେଶ୍ ଶୁଣାଣି

କଲେ। ମଧୁବାବୁ ଆବଶ୍ୟକୀୟ ପ୍ରମାଣପତ୍ର ଉପସ୍ଥାପନ କଲେ। ଛୋଟଲାଟଙ୍କର ହୃଦ୍‌ବୋଧ ହେଲା ଯେ ରାଜା ନିର୍ଦ୍ଦୋଷ। ଏହାପରେ ଛୋଟଲାଟ୍ ମଧୁବାବୁଙ୍କୁ ପରାମର୍ଶ ଦେଲେ ଯେ ରାଜାଯାଇ ଟୟନବୀ ସାହେବଙ୍କୁ ସାକ୍ଷାତ କରନ୍ତୁ। ରାଜା ସାହେବ ପୁନର୍ବାର ରାଜ୍ୟକୁ ଫେରିଯିବା ପାଇଁ ସାହେବ ଆଦେଶ ଦେବେ। ଏହାପରେ ଛୋଟ ଲାଟ୍ ମଧ କହିଥିଲେ ଯେ ସେ ଟୟନବୀ ସାହେବଙ୍କ ନିକଟକୁ ଏହି ମର୍ମରେ ଚିଠି ଲେଖିବେ। ଏହାପରେ କେନ୍ଦୁଝର ରାଜା ତାଙ୍କ ଗଡ଼କୁ ପ୍ରତ୍ୟାବର୍ତ୍ତନ କଲେ ଓ ରାଜ୍ୟଭାର ଗ୍ରହଣ କଲେ।

ମଧୁବାବୁ ଥିଲେ ବିଚକ୍ଷଣ ଓକିଲ (A lawyer par excellence) John Martimer କହିଛନ୍ତି – "No brilliance is needed in the law, Nothing but Commonsense, and relatively clean fingernails." ତେବେ ଗୋଟିଏ ନରହତ୍ୟା ମାମଲାରୁ ମଧୁବାବୁଙ୍କ ବିଚକ୍ଷଣତା ବାରି ହୋଇପଡ଼େ। ଥରେ କଟକ ସେସନ୍‌ସ କୋର୍ଟରେ ଗୋଟିଏ ନରହତ୍ୟା ମାମଲା ବିଚାରାଧୀନ ଥିଲା। ମୁଦେଇ ଥିଲେ ଜଣେ ଗାଁ ମୁଖିଆ ଏବଂ ମୁଦାଲା ଥିଲେ ତ୍ରିନାଥ ନାୟକ ନାମକ ଗରିବ ଚାଷୀ ଲୋକଟିଏ। ତ୍ରିନାଥ କହିବା ଅନୁସାରେ ଥରେ ଗାଁରେ ଭୀଷଣ ଗଣ୍ଡଗୋଳ ଚାଲିଥିଲା। ତ୍ରିନାଥ ସେହି ବାଟଦେଇ ଫେରୁଥିଲା। ହାତରେ ତା'ର ଟାଙ୍ଗିଆଟିଏ ଥିଲା। ଗାଁର ଗଣ୍ଡଗୋଳ ଭିତରେ କେହି ଜଣେ ତ୍ରିନାଥକୁ ଦୁଇଚାରି ଧକ୍କା ମାରିଥିଲା। ତେଣୁ ତ୍ରିନାଥ ଟାଙ୍ଗିଆ ବେଣ୍ଟରେ ପାହାରେ ପକାଇଦେଲା। ସନ୍ଧ୍ୟା ସମୟ। କିନ୍ତୁ ସେ କାହାକୁ ପାହାରେ ପିଟିଲା ଜାଣେ ନାହିଁ। ଏହି ସମୟରେ 'ମରିଗଲା', 'ମରିଗଲା' ବୋଲି ପାଟି ଶୁଭିଲା। ଦେଖାଗଲା ଗାଁର ନରି ଛାଟିଆ ମରିପଡିଛି। ଏହାପରେ ଗାଁର ମୁଖିଆର ଲୋକମାନେ ତ୍ରିନାଥ ନାୟକକୁ ବାନ୍ଧି ପକାଇଲେ।

ପୋଲିସ କେସ୍ ହେଲା। ତ୍ରିନାଥ ନାୟକ ଜେଲ୍ ଗଲା। ସରକାରଙ୍କ ପକ୍ଷରୁ ଓକିଲ ଥିଲେ ହରିବଲ୍ଲଭ ବାବୁ ଏବଂ ଦେବାର୍ଚ୍ଚନ ଗାଙ୍ଗୁଲୀ। ମଧୁବାବୁ ତ୍ରିନାଥ ନାୟକ ପକ୍ଷର ଓକିଲ ନିଯୁକ୍ତ ହେଲେ। ତାଙ୍କର ଜୁନିୟର ଭାବରେ କାମ କରୁଥିଲେ ଗୋକୁଳାନନ୍ଦ ଚୌଧୁରୀ।

ମଧୁବାବୁ ଜେଲ୍‌କୁ ଯାଇ ମୁଦାଲା ତ୍ରିନାଥ ନାୟକକୁ ଭେଟିଲେ। ମୁଦାଲା କହିଥିଲା – "ମୁଁ କୁରାଢ଼ୀ ଧରିଥିଲି ସତ, କିନ୍ତୁ ମୋ କୁରାଢ଼ୀ ଆଘାତରେ ନରି ଛାଟିଆ ମରିନାହିଁ। ସେ ଅନ୍ୟ କୌଣସି ବ୍ୟକ୍ତି ଦ୍ୱାରା ଆଘାତ ପାଇ ମୃତ୍ୟୁବରଣ କରିଛି।" ତ୍ରିନାଥ ନାୟକ ମଧୁବାବୁଙ୍କୁ ଅତ୍ୟନ୍ତ ଦୃଢ଼ତାର ସହକାରେ କହିଥିଲା ଯେ ସେ ସମ୍ପୂର୍ଣ୍ଣ ନିର୍ଦ୍ଦୋଷ। ଏହି ନରହତ୍ୟା ପାଇଁ ସେ ଦାୟୀ ନୁହେଁ। ମୁଦାଲାର ସ୍ୱୀକାରୋକ୍ତି ମଧୁବାବୁଙ୍କ ମନକୁ ପାଇଲା।

ସେ ମନେମନେ ଠିକ୍ କରିନେଲେ ସତ୍ୟର କେବେ ପରାଜୟ ହୁଏନା। 'ସତ୍ୟମେବ ଜୟତେ'ରେ ମଧୁବାବୁ ବିଶ୍ୱାସୀ ଥିଲେ। ସେ ଭାବୁଥିଲେ - "Let the Truth prevail."

ଏହାପରେ ମଧୁବାବୁ କଚେରିକୁ ଯାଇ ଡାକ୍ତରଙ୍କ ରିପୋର୍ଟର ନକଲ ଆଣିଲେ। ଆଘାତର ରେଖା କେଉଁ କେଉଁ ହାଡ଼ ଦେଇ ଡାକ୍ତର ଟାଣିଛନ୍ତି, ତାକୁ ସେ ଅଧ୍ୟୟନ କଲେ। ହାଡ଼ମାନଙ୍କର ବୈଜ୍ଞାନିକ ନାମ ଦିଆଯାଇ ଲେଖାଯାଇଥାଏ । ଏହା ମଧୁବାବୁ ଅବଗତ ହେଲେ ।

ମାମଲାଟି ଯେଉଁଦିନ ବିଚାର ପାଇଁ ତାରିଖ ଧାର୍ଯ୍ୟ କରାଗଲା, ତା' ପୂର୍ବଦିନ ମଧୁବାବୁ ଦିନସାରା ଆଇନ ବହି ଖେଳାଉଥାନ୍ତି। ଦ୍ୱିପ୍ରହର ସମୟରେ ରେଭନ୍ସା କଲେଜ ଲାଇବ୍ରେରୀରୁ "The Human Scull; A General Overview" ବହିଟି ମଗାଇ ଆଣିଥିଲେ। ଦୈବାତ୍ ଏହି ସମୟରେ ତାଙ୍କ ନିକଟକୁ ଗୋଟିଏ ନୂଆ ପତ୍ରିକା ଆସିଥିଲା। ପତ୍ରିକାଟିର ନାମ ଥିଲା 'ଉତ୍କଳ ଚିକିତ୍ସକ'। ଏହାର ସମ୍ପାଦକ ଥିଲେ ରାମକୃଷ୍ଣ ସାହୁ। ନୟାଗଡ଼ର ରାଜା ରଘୁନାଥ ସିଂହମାନଧାତାଙ୍କ ପୃଷ୍ଠପୋଷକତାରେ ଏହି ପତ୍ରିକାଟି କଟକ ରାୟ ପ୍ରେସ୍‌ରୁ ଛାପା ହୋଇଥିଲା। ଏଥିରେ ଗୋଟିଏ ଲେଖା ବାହାରିଥିଲା - 'ମଣିଷର ଖପୁରି'। ଏହି ପ୍ରବନ୍ଧଟି ପଢ଼ି ମଧୁବାବୁ ଖୁସି ହୋଇଗଲେ। ମଣିଷର ଖପୁରିରେ ଯେ ୨୨ ଖଣ୍ଡ ହାଡ଼ ରହିଛି, ଏହା ପଢ଼ି ସେ ବେଶ୍ ଆନନ୍ଦିତ ହେଲେ। ତାଙ୍କୁ ଖୋରାକ ମିଳିଗଲା। ଏଥି ସହିତ ମଧୁବାବୁ ଗୋଟିଏ ମଣିଷର ଖପୁରି ଯୋଗାଡ଼ କଲେ।

ଏହାପରେ ମଧୁବାବୁ 'Human Scull' ପୁସ୍ତକଟି ପଢ଼ି ଖପୁରିର ହାଡ଼ମାନଙ୍କ ସହିତ ମିଳାଇ ଦେଖିଲେ ଯେ ଆଘାତର ଚିହ୍ନ ଯେଉଁ ଯେଉଁ ହାଡ଼ ଦେଇ ଯାଇଥିବା ଡାକ୍ତର ଲେଖିଛନ୍ତି, ସେହି ସେହି ହାଡ଼ ଦେଇ ରେଖା କାଟିଲେ ତାହା ସିଧା ହେଉନାହିଁ। ତାହା ଗୋଟିଏ ଚାରି ବାଙ୍କିଆ ରେଖା ପରି ହେଉଛି। ଯେପରି - (M)। ଏହି ପ୍ରମାଣଟି ମଧୁବାବୁଙ୍କୁ ଆହୁରି ଆତ୍ମପ୍ରତ୍ୟୟ ସୃଷ୍ଟି କଲା ଯେ ମୁଦାଲା ସମ୍ପୂର୍ଣ୍ଣ ରୂପେ ନିର୍ଦ୍ଦୋଷ। ମଧୁବାବୁ କୁରୁଳି ଉଠି କହିଥିଲେ - "ସତ୍ୟମେବ ଜୟତେ।" "Let the Truth prevail."

ତା' ପର ଦିନ ସେସନ୍ସ କୋର୍ଟରେ ବିଚାର ଚାଲିଲା। ସରକାରଙ୍କ ପକ୍ଷରୁ ସାତଜଣ ସାକ୍ଷୀ ଜମାନବନ୍ଦୀ ଦେଲେ। ଗୋରା ଡାକ୍ତର ସାହେବ ସାକ୍ଷୀଅଡ଼ାରେ ଠିଆ ହୋଇ ସାକ୍ଷ୍ୟ ପ୍ରଦାନ କଲେ।

ଏହାପରେ ମୁଦାଲା ପକ୍ଷରୁ ମଧୁବାବୁ ଜେରା କଲେ। ମଧୁବାବୁ ତାଙ୍କ ବହି ବ୍ୟାଗ୍ ଭିତରୁ ଖପୁରୀଟି କାଢ଼ି ହାକିମଙ୍କ ଟେବୁଲ୍ ଉପରେ ରଖିଲେ। ଡାକ୍ତର ଏହା

ଦେଖୁଥାନ୍ତି । ମଧୁବାବୁ 'Human Scull' ବହିଟି ଖୋଲି ଏବଂ ଖପୁରୀ ଉପରେ ପେନ୍‌ସିଲ୍ ଗାର ଟାଣି ହାକିମଙ୍କ ଆଗରେ ଉପସ୍ଥାପନ କଲେ ଯେ ଡାକ୍ତରଙ୍କ ରିପୋର୍ଟ ଭ୍ରମାତ୍ମକ ଅଟେ । କାରଣ ଡାକ୍ତରଙ୍କ ପ୍ରଦତ୍ତ ତଥ୍ୟ ଅନୁସାରେ ଖପୁରୀରେ ଗାର ଟାଣିଲେ ତାହା କୁରାଢ଼ି ଆଘାତର ଚିହ୍ନ ପରି ଦେଖାଯାଉନାହିଁ । ଫଳରେ ମଧୁବାବୁଙ୍କ ଯୁକ୍ତି କାଏମ୍ ରହିଲା । ନିରୀହ ମୁଦାଲା ତ୍ରିନାଥ ନାୟକ ଦୋଷୀ ଅପରାଧମୁକ୍ତ ହେଲା ।

ବାସ୍ତବରେ ମଧୁବାବୁ ଥିଲେ ଉଚ୍ଚକୋଟୀର ଆଇନ ବ୍ୟବସାୟୀ । ଆଇନ୍ ବ୍ୟବସାୟକୁ ମଧୁବାବୁ ବେଶ୍ ମର୍ଯ୍ୟାଦାବନ୍ତ କରିଥିଲେ । ସମାଜଦୃଷ୍ଟିରେ ଓକିଲମାନଙ୍କର ସ୍ଥାନ କେତେ ଉର୍ଦ୍ଧ୍ୱରେ, ତାହାର ଜ୍ୱଳନ୍ତ ପ୍ରମାଣ ହେଉଛନ୍ତି ବାରିଷ୍ଟର ମଧୁସୂଦନ ଦାସ ।

ମଧୁବାବୁଙ୍କ ପ୍ରଥମ ବିଲାତ ଯାତ୍ରା

୧୮୯୭ ମସିହାରେ ମଧୁବାବୁ ବିଲାତ ଯାତ୍ରା କରିଥିଲେ । ମଧୁବାବୁଙ୍କର ଅକ୍ଳାନ୍ତ ପରିଶ୍ରମ ଯୋଗୁଁ ତାଙ୍କର ସ୍ୱାସ୍ଥ୍ୟହାନି ଘଟିଲା। ତେଣୁ ଡାକ୍ତରମାନଙ୍କ ପରାମର୍ଶକ୍ରମେ ଏହି ଯଶସ୍ୱୀ ଓଡ଼ିଆ ମଧୁସୂଦନ ଦାସ ବିଲାତ ଯିବା ପାଇଁ ଠିକ୍ କଲେ। ପୁନଶ୍ଚ ସେ ସମୟରେ ବିଲାତ ଯିବା ଏକ ସମ୍ମାନଜନକ ବିଷୟ ଥିଲା। ମଧୁବାବୁ ଥିଲେ ନିର୍ଭୀକ ଓ ସାହସୀ। ତେଣୁ ବିଲାତ ଭ୍ରମଣରେ ସେ ସ୍ଥିର ନିଶ୍ଚିତ ହେଲେ। ବିଲାତ ଭ୍ରମଣ ପୂର୍ବରୁ ମଧୁବାବୁଙ୍କୁ କେତେକ ପ୍ରାକ୍ ପ୍ରସ୍ତୁତି ସମ୍ପନ୍ନ କରିବାକୁ ପଡ଼ିଥିଲା। ପ୍ରଥମେ ମଧୁବାବୁ ବିଲାତ ଯାତ୍ରା ପୂର୍ବରୁ ତାଙ୍କ କଟକସ୍ଥିତ ଘରେ ତାଙ୍କର ଜଣେ ପରିଚିତ ବ୍ୟକ୍ତି ଅନାମଚନ୍ଦ୍ର ଦାସ ଏବଂ ତାଙ୍କ ପରିବାରକୁ ଆଣି ରଖାଇଥିଲେ । ଅନାମଚନ୍ଦ୍ର ଦାସ ମଧୁବାବୁଙ୍କ ଘରବାଡ଼ି ବୁଝାସୁଝା କଲେ। ଏହି ସମୟରେ ଶୈଳବାଳା କଲିକତାରେ ଅଧ୍ୟୟନ କରୁଥିଲେ। ତେଣୁ ବିଲାତ ଯିବା ପୂର୍ବରୁ ମଧୁବାବୁ ଶୈଳାବାଳାଙ୍କୁ କଟକ ଘରେ ଆଣି ରଖାଇଲେ ଏବଂ ଅନାମ ଚନ୍ଦ୍ର ଦାସଙ୍କ ତତ୍ତ୍ୱାବଧାନରେ ଛାଡ଼ିଲେ।

କଟକ ମାଟିରୁ ଏହି ଓଡ଼ିଆ ପୁଅ ବିଲାତ ଅଭିମୁଖେ ଯାତ୍ରା କଲେ। ଏ ଯାତ୍ରା ଥିଲା ଏକ ଐତିହାସିକ ଯାତ୍ରା। ଏହା ପୂର୍ବରୁ କୌଣସି ଓଡ଼ିଆଙ୍କ ଭାଗ୍ୟରେ ବିଲାତ ଯାତ୍ରାର ସୁଯୋଗ ଘଟି ନ ଥିଲା। ସେଦିନ ବିଲାତ ଯାତ୍ରୀ ମିଷ୍ଟର ଏମ.ଏସ.ଦାସଙ୍କୁ ବିଦାୟ ସମ୍ବର୍ଦ୍ଧନା ଜଣାଇବା ପାଇଁ କଟକର ବହୁ ନାଗରିକଙ୍କ ସହିତ ଶୈଳବାଳା ଉପସ୍ଥିତ ଥିଲେ। ମଧୁବାବୁଙ୍କର ଗୁଡାଏ ବାକ୍ସ ଥିଲା। ଶୈଳାବାଳା ସେସବୁକୁ ଧରି ମଧୁବାବୁଙ୍କ ସହିତ କଟକର ଯୋବ୍ରାଘାଟକୁ ଆସିଥିଲେ। ପ୍ରତ୍ୟେକ ବାକ୍ସ ଉପରେ ଛପାର ଲେବଲ ଥିଲା – "Honourable Mr.M.S.Das, London." ମଧୁବାବୁଙ୍କ ବିଭିନ୍ନ ବାକ୍ସ ମଧ୍ୟରେ ଗୋଟିଏ ତାରକସି ଜିନିଷ ପରିପୂର୍ଣ୍ଣ ବାକ୍ସଟିଏ ଥିଲା। ମଧୁବାବୁଙ୍କର ଲକ୍ଷ୍ୟ ଥିଲା କୋଣାର୍କ, ଭୁବନେଶ୍ୱର କାରୁକାର୍ଯ୍ୟ ପରି ଏହି ତାରକସି କାମ ଯାହାକି ଓଡ଼ିଆ

କାରିଗରର ହାତର କମାଲ – ତାହାକୁ ବିଦେଶରେ ଓଡ଼ିଆ ଜାତିର ଏହି କାରୁକାର୍ଯ୍ୟକୁ ଜଣାଇବା । ଏହା ବ୍ୟତୀତ ମଧୁବାବୁ ଓଡ଼ିଶାର ବିଭିନ୍ନ ପ୍ରଶାସନିକ ତଥା ରାଜନୈତିକ ସମସ୍ୟାସମୂହ ପ୍ରଦର୍ଶିତ ହୋଇଥିବା ପାମ୍ପଲେଟ୍‌ଗୁଡ଼ିଏ ସାଥିରେ ନେଇଥିଲେ । ବିଲାତରେ ପାର୍ଲିଆମେଣ୍ଟ ସଦସ୍ୟଙ୍କ ମଧ୍ୟରେ ବାଣ୍ଟିବା ପାଇଁ ମଧୁବାବୁ ଏହି ସବୁ ପାମ୍ପଲେଟ୍ ପ୍ୟାକେଟ ଧରିଥିଲେ । ଏହାପରେ ଷ୍ଟିମର ଯୋବ୍ରାଘାଟ ଛାଡ଼ିଥିଲା । ସେ ହେଲେ ବିଲାତ ପଥର ଯାତ୍ରୀ ।

ଭାରତରୁ ଜାହାଜ ଯୋଗେ ମଧୁବାବୁ ଇଂଲଣ୍ଡରେ ପହଞ୍ଚିଲା ବେଳକୁ ଦୁଇ ମାସ ସମୟ ଅତିକ୍ରାନ୍ତ ହୋଇଥିଲା । ମଧୁବାବୁ ଇଂଲଣ୍ଡ ଭୂମିରେ ପାଦଦେଲେ । ଇଂଲଣ୍ଡର ରହଣି କାଳ ମଧ୍ୟରେ ମଧୁବାବୁ ସେଠାକାର ବହୁ ବିଶିଷ୍ଟ ବ୍ୟକ୍ତିଙ୍କ ସହିତ ଚିହ୍ନା ପରିଚୟ ହେଲେ । ଓଡ଼ିଶାର ଦୁଃଖ, ଦୁର୍ଦ୍ଦଶାକୁ ବ୍ରିଟିଶ ପାର୍ଲିଆମେଣ୍ଟର ମାନ୍ୟବର ସଭ୍ୟମାନଙ୍କୁ ଅବଗତ କରାଇବା ପାଇଁ ମଧୁବାବୁ ସାଧ୍ୟମତେ ଉଦ୍ୟମ କରିଥିଲେ । ମଧୁବାବୁ ସସେକ୍‌ସ (Sussex)ଯାଇ ସେଠାରେ ଓଡ଼ିଶାର ପୂର୍ବତନ କମିଶନର ସାହେବ T.E.Ravenshawଙ୍କୁ ଭେଟିଥିଲେ । ଏହି ସାକ୍ଷାତକାର ସୌଜନ୍ୟମୂଳକ ଥିଲା ।

ମଧୁବାବୁ ତାଙ୍କର ବିଲାତ ରହଣି କାଳରେ ଓଡ଼ିଶାର ତାରକସି କାମ ଏବଂ ଲୋକକଳାକୁ ନେଇ ଗୋଟିଏ ପ୍ରଦର୍ଶନୀର ଆୟୋଜନ କରିଥିଲେ । କଟକର ତାରକସି କାମ, ହାତୀଦାନ୍ତ କାମ, ଶିଙ୍ଗ କାମ, ହାତକଟା ସୂତାନିର୍ମିତ ବସ୍ତ୍ର, କୋଣାର୍କ ଓ ଲିଙ୍ଗରାଜ ମନ୍ଦିରର ସୂକ୍ଷ୍ମ କାରୁକାର୍ଯ୍ୟର ଅନୁକୃତିକୁ ନେଇ ଗୋଟିଏ ପ୍ରଦର୍ଶନୀର ଆୟୋଜନ କରିଥିଲେ । ଫଳରେ ଓଡ଼ିଶାର କଳାକାରିଗରୀ ସମ୍ପର୍କରେ ବିଲାତବାସୀ ପ୍ରତ୍ୟକ୍ଷ ଜ୍ଞାନ ଆହରଣ କରିଥିଲେ ।

ମଧୁବାବୁ ବିଲାତରେ ଆଠମାସ ଅବସ୍ଥାନ କରିଥିଲେ । ଏହାପରେ ସେ ହେଲେ ଘରବାହୁଡ଼ା । ୧୮୯୭ ମସିହା ସେପ୍ଟେମ୍ବର ୧୦ ତାରିଖଦିନ ମଧୁବାବୁ ଇଂଲଣ୍ଡ ଛାଡ଼ିଲେ । ସ୍ୱଦେଶ ପ୍ରତ୍ୟାବର୍ତ୍ତନ ସମୟରେ ମଧୁବାବୁ ସୁଏଜ୍ କେନାଲ ଦେଖିଥିଲେ । ଇଜିପ୍ଟ ଦେଶ ଯାଇ ସେଠାରେ ଫାରାଓମାନଙ୍କର ପିରାମିଡ୍ ଦେଖିଥିଲେ । ନଭେମ୍ବର ମାସରେ ମଧୁବାବୁ ତାଙ୍କର ପ୍ରିୟଭୂମି କଟକ ପ୍ରତ୍ୟାବର୍ତ୍ତନ କଲେ ।

କଟକରେ ବିଲାତଫେରନ୍ତା ମଧୁବାବୁଙ୍କ ସମ୍ମାନ ଆହୁରି ବଢ଼ିଗଲା । ବିଲାତଫେରନ୍ତା ମଧୁବାବୁଙ୍କୁ ସାକ୍ଷାତ କରିବା ପାଇଁ ତାଙ୍କ କଟକସ୍ଥିତ ବାସଭବନରେ କଟକ ସହରର ବୁଦ୍ଧିଜୀବୀମାନଙ୍କର ଭିଡ଼ ଲାଗିଥିଲା ।

'ଉତ୍କଳ ଦୀପିକା' ସର୍ବପ୍ରଥମେ ମଧୁବାବୁଙ୍କୁ ଅଭିନନ୍ଦନ ଜଣାଇଥିଲା । **ବିଲାତ ଭୂଖଣ୍ଡରେ ଓଡ଼ିଶାର ଗୌରବକୁ ଏହି କୃତବିଦ୍ୟ ଓଡ଼ିଆ ପ୍ରଚାରିତ ଓ ପ୍ରସାରିତ**

କରିଥିବାରୁ 'ଉତ୍କଳ ଦୀପିକା' ମଧୁବାବୁଙ୍କୁ 'ଉତ୍କଳଗୌରବ' ନାମରେ ଅଭିହିତ କରିଥିଲେ । ସେହିଦିନଠାରୁ ସେ ହେଲେ କୋଟି କୋଟି ଓଡ଼ିଆଙ୍କ ହୃଦୟସିଂହାସନର 'ଉତ୍କଳଗୌରବ ମଧୁସୂଦନ ଦାସ' । ବିଲାତରୁ ପ୍ରତ୍ୟାବର୍ତ୍ତନ କଲାପରେ ଲୋକମାନଙ୍କ ମୁଖରେ ସେ 'ମଧୁ ବାରିଷ୍ଟର' ନାମରେ କଥିତ ହେଲେ ।

ଲେଖକ ଜଗନ୍ନାଥ ପ୍ରସାଦ ଦାସ "ଦେଶ କାଳ ପାତ୍ର" ପୁସ୍ତକରେ ମଧୁବାବୁଙ୍କର ବିଲାତ ଯାତ୍ରା, ଟି.ଇ.ରେଭେନ୍‌ସାଙ୍କ ସହିତ ସାକ୍ଷାତ ଏବଂ ଅନ୍ୟାନ୍ୟ ପ୍ରସଙ୍ଗ ବିଷୟରେ ଲେଖିଛନ୍ତି - "୧୮୯୭ ଏପ୍ରିଲ ମାସରେ ଯେତେବେଳେ ମଧୁବାବୁ ଆପେଣ୍ଡିସାଇଟିସ୍ ଚିକିତ୍ସା ପାଇଁ ବିଲାତ ଯିବାକୁ ବାହାରିଲେ, ଗୌରୀଶଙ୍କର ବାବୁ ତାଙ୍କୁ ବାରମ୍ବାର କହିଥିଲେ ଯେ ସେଠାରେ ଯାଇ ଯେପରି ହେଲେ ରେଭେନ୍‌ଶାଙ୍କ ସାଙ୍ଗରେ ଦେଖା କରିବେ । ରେଭେନ୍‌ଶା ଓଡ଼ିଶାରେ ଥିଲାବେଳେ ଯେତିକି ଜନପ୍ରିୟ ଥିଲେ, ତାଠାରୁ ବେଶି ଜନପ୍ରିୟ ହୋଇ ଯାଇଥିଲେ ଓଡ଼ିଶା ଛାଡ଼ିବା ପରେ । ତାଙ୍କ ପରବର୍ତ୍ତୀ କମିଶନରମାନଙ୍କ ଭିତରୁ କେହି ଏତେ ବେଶି ଦିନ ଓଡ଼ିଶାରେ ରହି ନଥିଲେ ତଥା ଓଡ଼ିଶାର ଲୋକମାନଙ୍କ ସହିତ ମିଶିବା ପାଇଁ ଚେଷ୍ଟା କରି ନଥିଲେ । ତା' ବ୍ୟତୀତ ନଅଙ୍କ ଦୁର୍ଭିକ୍ଷ ପରେ ଯେତେ ଭଲ କାମ ଓଡ଼ିଶାରେ ହୋଇଥିଲା, ଯଥା - କଲେଜ, ବାଳିକା ବିଦ୍ୟାଳୟ, ସର୍ଭେସ୍କୁଲ, ମେଡିକାଲ ସ୍କୁଲ, ଚାନ୍ଦବାଲି ବନ୍ଦର - ଓଡ଼ିଶାର ଲୋକ ଭାବୁଥିଲେ ଯେ ସେ ସମସ୍ତ ରେଭେନ୍‌ଶାଙ୍କର କୀର୍ତ୍ତି । ତେବେ ଗୌରୀଶଙ୍କର ରେଭେନ୍‌ଶାଙ୍କ ବିଷୟରେ ଏତେ ଆଗ୍ରହ ପ୍ରକାଶ କରିବାର ଅନ୍ୟ ଏକ କାରଣ ଥିଲା ତାଙ୍କର ଦୋଷୀ ମନୋଭାବ: ସେ ଥରେ ନୁହେଁ ଦୁଇଥର ରେଭେନ୍‌ଶାଙ୍କ ମୃତ୍ୟୁସମ୍ବାଦ ଦୀପିକାରେ ପ୍ରକାଶ କରିଥିଲେ । ବର୍ଦ୍ଧମାନ କମିଶନର ଭାବରେ ବଦଳି ହୋଇ ରେଭେନ୍‌ଶା କଟକ ଛାଡ଼ିଥିଲେ ଏପ୍ରିଲ ୧୮୭୮ରେ । ଏହାର ପ୍ରାୟ ଛ' ମାସ ପରେ କଲିକତାର ଇଣ୍ଡିଆନ ମିରରରେ ଖବର ବାହାରିଲା ଯେ ରେଭେନ୍‌ଶାଙ୍କର ପରଲୋକ ହୋଇଯାଇଛି । ଦୀପିକା ଏ ସମ୍ବାଦ ପ୍ରକାଶ କଲା, କିନ୍ତୁ କଲିକତାର ଅନ୍ୟ କେତେ ଖବରକାଗଜରେ ଟି.ଇ.ବଦଳରେ ଏଚ.ଇ. ରେଭେନ୍‌ଶା ଏବଂ ଭୂତପୂର୍ବ କର୍ମଚାରୀ ଲେଖାଥିବାରୁ, ସନ୍ଦେହ ପ୍ରକାଶ କଲା ଯେ ମୃତ ରେଭେନ୍‌ଶା ଅନ୍ୟ କେହି ହୋଇଥାଇ ପାରନ୍ତି ।

୧୮୮୯ ଅଗଷ୍ଟ ୩୧ ତାରିଖ ଦୀପିକାରେ କିନ୍ତୁ କଳାଧଡ଼ି ଦେଇ ପୂରା ଗୋଟିଏ ସ୍ତମ୍ଭରେ ରେଭେନ୍‌ଶାଙ୍କର ମରିବା ଖବର ପ୍ରକାଶ ପାଇଥିଲା । ଏଥିରେ ଆମ୍ଭମାନଙ୍କର ପରମ ବନ୍ଧୁ ମହାତ୍ମା ରେଭେନ୍‌ଶା ସାହେବଙ୍କ କୀର୍ତ୍ତିକଳାପର ବିବରଣୀ ଦେଇ ଶେଷରେ ପ୍ରାର୍ଥନା କରାଯାଇଥିଲା ଯେ ପରମେଶ୍ୱର ତାହାଙ୍କ ଆତ୍ମାର ମଙ୍ଗଳ ବିଧାନ କରନ୍ତୁ । ଏ ସମ୍ବାଦ ପ୍ରକାଶ ପାଇବା ପରେ କଲିକତାରେ ଥିବା ରେଭେନ୍‌ଶାଙ୍କ ଝିଅଙ୍କ ପାଖରୁ

ଖବର ମିଳିଲା ଯେ ରେଭେନ୍‌ଶା ଜୀବିତ ଅଛନ୍ତି । ଭୁଲ ସମ୍ବାଦ ପରିବେଷଣ କରିଥିବାରୁ କ୍ଷମା ମାଗି ଗୌରୀଶଙ୍କର ଲେଖିଥିଲେ - "ଜୀବିତ ବ୍ୟକ୍ତିର ମୃତ୍ୟୁ ଘୋଷଣା ହେଲେ ତାହାର ପରମାୟୁ ବୃଦ୍ଧି ହୁଏ ବୋଲି ସମସ୍ତେ କହନ୍ତି । ଆମ୍ଭେମାନେ ଏକାନ୍ତ ପ୍ରାର୍ଥନା କରୁଅଛୁ କି ଏହି କଥା ସାହେବ ମହୋଦୟଙ୍କ ପାଖରେ ସାର୍ଥକ ହେବ ।"

ଏହାପରେ ଶ୍ରୀଯୁକ୍ତ ଦାସ ଲେଖିଛନ୍ତି - "ମଧୁବାବୁ ଆଗରୁ ରେଭେନ୍‌ଶାଙ୍କୁ ଜାଣି ନ ଥିଲେ ମଧ ଗୌରୀଶଙ୍କର ପ୍ରଭୃତିଙ୍କ ଆଗ୍ରହରେ ବିଲାତରେ ଥିଲାବେଳେ ତାଙ୍କୁ ଭେଟିବାକୁ ଗଲେ । ରେଭେନ୍‌ଶା ସେତେବେଳକୁ ସସେକ୍ସରେ ରହୁଥିଲେ । ମଧୁବାବୁ ଥ୍ରୀ ବ୍ରିଜେସ୍ ଷ୍ଟେସନରେ ଓହ୍ଲାଇବା ବେଳକୁ ରେଭେନ୍‌ଶା ସେଠାରେ ତାଙ୍କ ପାଇଁ ଅପେକ୍ଷା କରୁଥିଲେ । ମଧୁବାବୁ ଏକମାତ୍ର କଳା ଲୋକ ଥିବାରୁ ରେଭେନ୍‌ଶା ସିଧା ତାଙ୍କ ପାଖକୁ ଯାଇ ନିଜର ପରିଚୟ ଦେଲେ ଏବଂ ସାଙ୍ଗରେ ଆଣିଥିବା ଘୋଡ଼ାଗାଡ଼ିରେ ବସାଇ ତାଙ୍କୁ ନିଜ ଘରକୁ ନେଇଥିଲେ । ବୁଢ଼ା ବୟସରେ ରେଭେନ୍‌ଶା ଆଉ ଥରେ ଓଡ଼ିଶା ଦେଖିବାକୁ ଚାହୁଁଥିଲେ, କିନ୍ତୁ ତାହା ସମ୍ଭବ ହୋଇ ନଥିଲା । ମଧୁବାବୁ ତାଙ୍କୁ ଛାଡ଼ି ଆସିଲାବେଳେ ରେଭେନ୍‌ଶା ତାଙ୍କୁ ଅନୁରୋଧ କଲେ ତାଙ୍କର ସବୁ ପୁରୁଣା ବନ୍ଧୁଙ୍କୁ ସଲାମ ଜଣାଇ ଦେବାକୁ ।

ରେଭେନ୍‌ଶାଙ୍କ ସହିତ ତାଙ୍କର ମଧୁର ସାକ୍ଷାତ କଥା ମଧୁବାବୁ ଉତ୍କଳ ଦୀପିକାରେ ପତ୍ରାକାରରେ ଛପାଇବା ପରେ ଦୀପିକା ଓଡ଼ିଶାର ରାଜା ଜମିଦାରଙ୍କୁ ଅନୁରୋଧ କଲା ଯେ ସେମାନେ ଦେଢ଼ / ଦୁଇ ହଜାର ଖର୍ଚ୍ଚ କରି ରେଭେନ୍‌ଶାଙ୍କୁ ଓଡ଼ିଶାକୁ ଅଣାଇବାର ଚେଷ୍ଟା କଲେ ଉତ୍ତମ ହୁଅନ୍ତା । ଏ ଖବର ପଢ଼ି ବାଲେଶ୍ୱରର ବାବୁ ରାଧାଚରଣ ଦାସ ଦୀପିକାକୁ ଟେଲିଗ୍ରାମ ପଠାଇଲେ ଯେ ଏଥିପାଇଁ ଏକ ପାଣ୍ଠି ଆରମ୍ଭ କରାଯାଉ ଏବଂ ସେଥିପାଇଁ ସେ କିଛି ଚାନ୍ଦା ଦେବାକୁ ପ୍ରସ୍ତୁତ ଅଛନ୍ତି । କେନ୍ଦୁଝରର ରାଜା ଏଥିପାଇଁ ଚାରିଶହ ଟଙ୍କା ଦେବେ ବୋଲି ଜଣାଇଲେ । ତାଙ୍କ ଦେଖାଦେଖି ମୟୂରଭଞ୍ଜ ରାଜା କହିଲେ ଯେ ସେ ପାଞ୍ଚ ଶହ ଟଙ୍କା ଦେବେ । କିନ୍ତୁ କଟକରେ ପୂର୍ବରୁ ହୋଇଥିବା ଅନ୍ୟାନ୍ୟ ଅନେକ ପାଣ୍ଠି ଭଳି ଏ ପାଣ୍ଠିର ମଧ ଆଉ କୌଣସି ପ୍ରଗତି ହେଲା ନାହିଁ ଏବଂ ରେଭେନ୍‌ଶାଙ୍କୁ ଓଡ଼ିଶା ନିମନ୍ତ୍ରଣ କରିବା କଥା କଥାରେ ରହିଗଲା ।

ନଭେମ୍ବର ମାସରେ ମଧୁବାବୁ ଓଡ଼ିଶା ଫେରିଲେ ଏବଂ ତାଙ୍କ ପାଇଁ ଅଭ୍ୟର୍ଥନା ସଭାମାନ ହେଲା । ପ୍ରଥମ ବିଲାତ ଫେରନ୍ତା ଓଡ଼ିଆ ହୋଇଥିବାରୁ ମଧୁବାବୁଙ୍କର ଅନେକ ପ୍ରସିଦ୍ଧି ହୋଇଗଲା ଓଡ଼ିଶାରେ । ଯଦିଓ ସେ ଚିକିତ୍ସା ପାଇଁ ବିଲାତ ଯାଇଥିଲେ, ଓକିଲାତି ପଢ଼ିବାକୁ ନୁହେଁ, ଲୋକମାନେ ବର୍ତ୍ତମାନ ତାଙ୍କୁ ଡାକିବାକୁ ଆରମ୍ଭ କଲେ **'ମଧୁ ବାରିଷ୍ଟର'** । **(୧୭)**

ଏହପାରେ କଟକର ବିଭିନ୍ନ ସଂସ୍ଥା ତରଫରୁ ମଧୁବାବୁଙ୍କୁ ସମ୍ବର୍ଦ୍ଧନା ଦିଆଯାଇଥିଲା । ନଭେମ୍ବର ମାସ ୨୪ ତାରିଖରେ କଟକ ପ୍ରିଣ୍ଟିଂ କମ୍ପାନୀ ଗୃହରେ ଏକ ବୃହତ୍ ସଭାର ଆୟୋଜନ କରାଯାଇଥିଲା । ହରିବଲ୍ଲଭ ବସୁ ଏହି ସଭାରେ ସଭାପତିତ୍ୱ କରିଥିଲେ । ବହୁ ସଂଖ୍ୟାରେ ଭଦ୍ରବ୍ୟକ୍ତି ଏଠାରେ ଉପସ୍ଥିତ ଥିଲେ । ଏହାପରେ ୧୮୯୭ ମସିହା ଡିସେମ୍ବର ୪ ତାରିଖରେ କଟକଠାରେ ଆଉ ଗୋଟିଏ ସଭାର ଆୟୋଜନ କରାଯାଇଥିଲା ଏବଂ ମଧୁବାବୁଙ୍କୁ ଭବ୍ୟ ସମ୍ବର୍ଦ୍ଧନା ପ୍ରଦାନ କରାଯାଇଥିଲା ।

■

ବଡ଼ଲାଟ ଲର୍ଡ କର୍ଜନ, ମଧୁବାବୁ ଏବଂ ମଧୁବାବୁଙ୍କର ଓଡ଼ିଶା ଚିନ୍ତା

୧୮୯୫ ମସିହାରେ ମଧ୍ୟପ୍ରଦେଶର ଚିଫ୍ କମିଶନର ସାର୍ ଜନ୍ ଉଡ୍‌ବର୍ଣ୍ଣ ସମ୍ବଲପୁରରେ ହିନ୍ଦୀଭାଷାକୁ ସରକାରୀ ଭାଷାରୂପେ ପ୍ରଚଳନ କରିବାର ଆଦେଶ ଦେଲେ । ସମ୍ବଲପୁରର ତତ୍କାଳୀନ ଡେପୁଟୀ କମିଶନର R.A.B. ଚେପ୍‌ମେନ୍ ସମ୍ବଲପୁରର କୋର୍ଟ କଚେରୀରେ ହିନ୍ଦୀଭାଷା ପ୍ରଚଳନର ପକ୍ଷପାତୀ ଥିଲେ । ସୁତରାଂ ୧୮୯୫ ମସିହା ଜାନୁଆରୀ ୧୯ ତାରିଖରେ ସମ୍ବଲପୁରରୁ ଓଡ଼ିଆ ଭାଷା ଉଠାଇଦେଇ ହିନ୍ଦୀଭାଷା ପ୍ରଚଳନର ପ୍ରସ୍ତାବ କାର୍ଯ୍ୟକାରୀ ହେଲା । ସମ୍ବଲପୁର ଅଞ୍ଚଳରେ ଓଡ଼ିଆ ଭାଷାର ଏହି ଦୁର୍ଦ୍ଦିନ କାଳରେ ପଶ୍ଚିମାଞ୍ଚଳର ଜାଗ୍ରତ ପ୍ରହରୀ ଭାଷାପ୍ରାଣ ଗଙ୍ଗାଧର ମେହେର ଯେଉଁ 'ଭାରତୀ ରୋଦନ' କବିତା ଲେଖିଥିଲେ, ତାହା କେବଳ କବି ଗଙ୍ଗାଧରଙ୍କର ନୁହେଁ, ପରନ୍ତୁ ତତ୍କାଳୀନ ସମ୍ବଲପୁର ଅଞ୍ଚଳର ଜନଗଣଙ୍କର ମାନସିକ ପ୍ରତିକ୍ରିୟାର ସାର୍ଥକ ପ୍ରତିଫଳନ କହିଲେ ଅତ୍ୟୁକ୍ତି ହେବ ନାହିଁ । ଗଙ୍ଗାଧର ମେହେରଙ୍କ ପ୍ରତିକ୍ରିୟା ଏହିପରି ଥିଲା -

(କ) "ହିନ୍ଦୀ ସରସ୍ୱତୀ ମୋ ଛାତିରେ ବସି
କରିବ ପରା ରାଜତ୍ୱ
ମୋ ଆଶା କାନନ ଭସ୍ମରାଶି ହେବ
ତା' ନବ ଉଦ୍ୟାନେ ଖତ ।" (୧୮)

(ଖ) "ନିଜ ଘରେ ବସି ନିର୍ବାସନ ଦୁଃଖ ଆମ୍ଭ କି ଲାଲଟ ଲିଖନ
ମାତୃଭାଷା ମନା, ଭାଇସଙ୍ଗ ବିନା ବିକଳ ହେଉଛି ଜୀବନ ।
ଗୁହାରିଲେ ଦୁଃଖ ନୃପତି ଆଗରେ

ତଡ଼ି ହେଉଛନ୍ତି ଛାମୁରୁ ରାଗରେ
ନୁହେଁ ତାଙ୍କ ଦୋଷ ବୁଝନ୍ତି ନାହିଁ ସେ ଆମ୍ଭର କଥିତ ବଚନ।" (୧୯)

"ପରଦେଶୁ ଆସି, ପର ଦେଶବାସୀ
ଦେଉଛନ୍ତି ଆମ୍ଭ ଅନ୍ନ ଜଳ ଗ୍ରାସି
ଭକୁଆ ପରାଏ ଭକଭକ ଚାହିଁ
ରହିଅଛୁ ତାଙ୍କ ବଦନ।" (୨୦)

(ଗ) ପୁନଶ୍ଚ କବି ଲେଖିଛନ୍ତି -

"ଯା, ଭାଷା ଦୁର୍ବଳା ସେ ନିଶ୍ଚେ ଅଧମ
କାହିଁ ହେବ ଆନେ ପ୍ରତିଯୋଗେ କ୍ଷମ।
ଯା' ଭାଷା ଦୁର୍ବଳା କାହିଁ ତା'ର ଜ୍ଞାନ
କାହିଁ ତା'ର ରାଜ ଦୁଆରେ ସମ୍ମାନ।
ଉଚ୍ଚ ହେବା ପାଇଁ କର ଯେବେ ଆଶା
ଉଚ୍ଚ କର ଆଗେ ନିଜ ମାତୃଭାଷା।" (୨୧)

ସମ୍ବଲପୁରରୁ ଓଡ଼ିଆ ଭାଷା ଉଚ୍ଛେଦ ଘଟଣାଟି ଓଡ଼ିଶାର ବହୁ ଚିନ୍ତାଶୀଳ ବ୍ୟକ୍ତିମାନଙ୍କୁ ମର୍ମାହତ କରିଥିଲା। ଓଡ଼ିଆ ଭାଷାର ଏହି ଉଚ୍ଛେଦ ପ୍ରତିବାଦରେ ଲର୍ଡ ଏଲ୍‌ଗିନ୍‌ଙ୍କ ନିକଟକୁ ଉତ୍କଳସଭା ପକ୍ଷରୁ ଏକ ପ୍ରତିବାଦ ଆଧାରିତ ଲେଖା ପ୍ରେରିତ ହୋଇଥିଲା। ସୂଚନାଯୋଗ୍ୟ ୧୮୮୨ ମସିହାରେ ମଧୁସୂଦନ ଦାସ ଏବଂ 'ଉତ୍କଳଦୀପିକା'ର ସମ୍ପାଦକ ଗୌରୀଶଙ୍କର ରାୟଙ୍କ ମିଳିତ ଉଦ୍ୟମରେ 'ଉତ୍କଳ ସଭା' ବା 'ଓଡ଼ିଶା ଆସୋସିଏସନ୍' ଗଠନ କରାଯାଇଥିଲା। ତେବେ ଏହି ପ୍ରତିବାଦ ଲେଖାରେ ଉଲ୍ଲେଖ ଥିଲା -

"Denial to the people of the use of their mothertongue is the worst form of ragging and is yet unknown even in the most despotic form of government."

ତେଣୁ ସରକାରଙ୍କୁ ଏଥିରେ ତୀବ୍ର ନିନ୍ଦା କରାଯାଇଥିଲା। ୧୯୦୧ ମସିହା ଜୁଲାଇ ମାସରେ ସମ୍ବଲପୁରରୁ ତତ୍କାଳୀନ ଚାରିଜଣ ନେତୃସ୍ଥାନୀୟ ବ୍ୟକ୍ତି ବଳଭଦ୍ର ସୁଆର, ମହନ୍ତ ବିହାରୀ ଦାସ, ମଦନ ମୋହନ ମିଶ୍ର ଓ ବ୍ରଜମୋହନ ପଟ୍ଟନାୟକ ନାଗପୁରଠାରେ ସେଣ୍ଟ୍ରାଲ ପ୍ରୋଭିନ୍‌ସର ଚିଫ୍ କମିଶନର ସାର୍ ଏଣ୍ଡ୍ରୁ ଫ୍ରେଜରଙ୍କୁ ସାକ୍ଷାତ କଲେ। ସେମାନେ ନାଗପୁରରୁ ଫେରି ଏହି ସାକ୍ଷାତକାର ବିଷୟ ଉତ୍କଳଗୌରବ

ମଧୁବାବୁଙ୍କୁ ଜଣାଇ ତାଙ୍କୁ ସିମଳା ଯିବାକୁ ଅନୁରୋଧ କଲେ । ମଧୁବାବୁ ଏହି ଚିଠି ପାଇ ଭାରତର ଭାଇସ୍‌ରାୟ ଲର୍ଡ କର୍ଜନଙ୍କ ନିକଟକୁ ଟେଲିଫୋନ୍ ଯୋଗେ ଆପତ୍ତି ଜଣାଇଥିଲେ । ୧୯୦୧ ମସିହା ସେପ୍ଟେମ୍ବର ମାସରେ ଏହି ଚାରିଜଣଙ୍କ ସହିତ ଶ୍ରୀପତି ମିଶ୍ର ମିଶିକରି ଐତିହାସିକ ସିମଳା ଯାତ୍ରା କରିଥିଲେ । ଏଣେ ମଧୁବାବୁ ମଧ୍ୟ ସିମଳା ଯାଇ ପାରିଲେ ନାହିଁ । ତେଣୁ ଏହି ଦଳ ବଡ଼ଲାଟ୍‌ଙ୍କୁ ସାକ୍ଷାତ କରି ନ ପାରି ପ୍ରତ୍ୟାବର୍ତ୍ତନ କଲେ । ଏହାପରେ ସେଣ୍ଟ୍ରାଲ୍ ପ୍ରୋଭିନ୍‌ସର ଚିଫ୍ କମିଶନର ଫ୍ରେଜର ସାହେବ ସମ୍ବଲପୁରରେ ପହଞ୍ଚି ଲୋକଙ୍କର ମତ ଲୋଡ଼ିଲେ । ସେହି ଅଞ୍ଚଳରେ ଓଡ଼ିଆ ଭାଷା ପୁନଃ ପ୍ରଚଳନ ପାଇଁ ଜନମତ ପାଇବା ପରେ ଫ୍ରେଜର ସାହେବ ଏ ବିଷୟରେ ଭାରତ ସରକାରଙ୍କୁ ଅବଗତ କରାଇବେ ବୋଲି ପ୍ରତିଶ୍ରୁତି ଦେଲେ ।

ସମ୍ବଲପୁର ଅଞ୍ଚଳରେ ଓଡ଼ିଆ ଭାଷାର ଏହି ଦୁରବସ୍ଥା ସମ୍ପର୍କରେ ପ୍ରଫେସର ପ୍ରସନ୍ନ କୁମାର ମିଶ୍ର ଲେଖିଛନ୍ତି - "During 1896 to 1900 when Oriya ceased to be the official language, the people of Sambalpur suffered enormous hardships. The imposition of Hindi had an injurious effect upon the mental faculties of the Oriya Children and the number of Hindi employees began to increase. With situation going beyond the limits of tolerance the Oriya leaders of Sambalpur again decided to knock at the doors of the government for justice.An Oriya delegation consisting of Madanmohan Mishra, Brajamohan Pattanik., Mahant Beheri Das, Shripati Mishra and Balabhadra Supakar waited upon the Chief Commission (Andrew Fraser) at Nagapur in july 1901 and pleaded either for early restoration of Oriya as the Offical Language or for the transfer of Sambalpur to Orissa Division as a measure of expediency."(୨୨)

ପ୍ରଫେସର ପ୍ରସନ୍ନ କୁମାର ମିଶ୍ର ଲେଖିଛନ୍ତି - "The Language problem of Sambalpur was brought to the notice of Lord Curzon in 1900. At his hebest Andrew Fraser made an enquiry on the spot Study and was convienced that the change of language was arbitrary and unjust. At first he was in favour of giving both Oriya and Hindi the status of official Language. But subsequently in October 1901 he recommended "

"Waht I am convienced of is this, that Oriya and not Hindi ought to be the court Language of Sambalpur and in that case, Sambalpur ought to be joined with Orissa to which it really belongs."(23)

ଫଳରେ ସମ୍ବଲପୁରରେ ଓଡ଼ିଆ ଭାଷା ପୁନଃ ପ୍ରଚଳନ ହେଲା । ପ୍ରଫେସର ମିଶ୍ର ଲେଖିଛନ୍ତି - "Oriya was restored as the offical language of Sambalpur with effect form 1 January, 1902". ପରିଶେଷରେ ୧୯୦୫ ମସିହା ଅକ୍ଟୋବର ୧୬ ତାରିଖରେ ସମ୍ବଲପୁର ଏବଂ ଅନ୍ୟାନ୍ୟ ଅଞ୍ଚଳ ଓଡ଼ିଶା ସହିତ ସାମିଲ ହେଲା । ପ୍ରଫେସର ପ୍ରସନ୍ନ କୁମାର ମିଶ୍ର ଲେଖିଛନ୍ତି - "Finally on 16 October 1905,Sambalpur and the adjoining five feudatory states of the Central Provinces and Bonai and Gangpur of the Chhotanagapur division were transferred and amalgamated with Orissa. This marked the end of the successful Oriya movement that proved a shot in the arm for Oriya nationalism in the struggle which followed."(୨୪)

ଏହି ସମୟରେ ଲର୍ଡ କର୍ଜନ ଓଡ଼ିଶା ପରିଦର୍ଶନରେ ଆସିଲେ । ସେ ପୁରୀ, ଭୁବନେଶ୍ୱର ଓ କଟକ ପରିଦର୍ଶନ କଲେ । ଲର୍ଡ କର୍ଜନ ଭୁବନେଶ୍ୱରର କାରୁକାର୍ଯ୍ୟପୂର୍ଣ୍ଣ ରାଜରାଣୀ ମନ୍ଦିର, ମୁକ୍ତେଶ୍ୱର ମନ୍ଦିର ଦେଖି ବେଶ୍ ଆନନ୍ଦିତ ହୋଇଥିଲେ । ଲିଙ୍ଗରାଜ ମନ୍ଦିରର ପରିଚାଳନା କମିଟି ଆନୁକୂଲ୍ୟରେ ମେଘନାଦ ପାଚେରୀର ଉତ୍ତର ଦ୍ୱାର ନିକଟରେ ଗୋଟିଏ ମଞ୍ଚ ନିର୍ମାଣ କରାଯାଇଥିଲା । ଲର୍ଡ କର୍ଜନ ସେହି ମଞ୍ଚରୁ ଲିଙ୍ଗରାଜ ମନ୍ଦିରର କାରୁକାର୍ଯ୍ୟ ଅବଲୋକନ କରିଥିଲେ । ମଧୁବାବୁ ଲର୍ଡକର୍ଜନଙ୍କୁ ମନ୍ଦିରର ବିଭିନ୍ନ ଅଂଶରେ ରହିଥିବା କାରୁକାର୍ଯ୍ୟକୁ ଦେଖାଇ ସେଗୁଡ଼ିକର ତାତ୍ପର୍ଯ୍ୟ ବୁଝାଇଥିଲେ । ଭୁବନେଶ୍ୱରରର ଏହି ସବୁ ମନ୍ଦିର ଦେଖିସାରିବା ପରେ ବଡ଼ଲାଟ ଲର୍ଡ କର୍ଜନଙ୍କର ଓଡ଼ିଶା ପ୍ରତି ସ୍ୱତନ୍ତ୍ର ଆଗ୍ରହ ସୃଷ୍ଟି ହେଲା । ସେ ପ୍ରାଚୀନ କୀର୍ତ୍ତିଆଇନ୍ ବଳରେ ଏହି କାରୁକାର୍ଯ୍ୟ ପୂର୍ଣ୍ଣ ପ୍ରାଚୀନ ମନ୍ଦିରଗୁଡ଼ିକର ଉଦ୍ଧାର ଓ ସୁରକ୍ଷା ପାଇଁ ସରକାରଙ୍କ ପକ୍ଷରୁ ପଦକ୍ଷେପ ନିଆଯିବ ବୋଲି ଆଦେଶ ଦେଇଥିଲେ ।

ପୁରୀ ଓ ଭୁବଶ୍ୱେରରେ ବଡ଼ଲାଟ ଲର୍ଡ କର୍ଜନଙ୍କୁ ଓଡ଼ିଶା ପ୍ରଦେଶ ତରଫରୁ ବିପୁଳ ସମ୍ବର୍ଦ୍ଧନା ପ୍ରଦାନ କରାଗଲା । ନିଜେ ମଧୁବାବୁ ଏହି ସବୁ କାର୍ଯ୍ୟକ୍ରମରେ ମୁଖ୍ୟାଂଶ ଗ୍ରହଣ କରିଥିଲେ ।

■

ଉତ୍କଳ ସମ୍ମିଳନୀ ଓ ମନସ୍ୱୀ ମଧୁସୂଦନ

ବିଂଶ ଶତାବ୍ଦୀର ପ୍ରଥମାର୍ଦ୍ଧ ଥିଲା ଭାରତବର୍ଷରେ ନବଜାଗରଣ ସମୟ । ଏହି ସମୟରେ ଭାରତୀୟ ଜନମାନସରେ ଏକ ନୂତନ ଚେତନା ସୃଷ୍ଟି ହୋଇଥିଲା । ପ୍ରଚଳିତ ସାମାଜିକ, ସାଂସ୍କୃତିକ, ଅର୍ଥନୈତିକ, ଶୈକ୍ଷିକ ପ୍ରେକ୍ଷାପଟରେ ବହୁ ପରିବର୍ତ୍ତନ ଆସିଥିଲା । ବିଂଶ ଶତାବ୍ଦୀର ପ୍ରଥମ ପାଦରେ ବଙ୍ଗଳାର ରାଜନୀତିଜ୍ଞ ସାର୍ ସୁରେନ୍ଦ୍ର ନାଥ ବନ୍ଦୋପାଧ୍ୟାୟ ଗୋଟିଏ ବଙ୍ଗଳା ପ୍ରାଦେଶିକ କଂଗ୍ରେସ କମିଟି ଗଠନ କରିଥିଲେ । ସେ ମହାଶୟ ଓଡ଼ିଶାକୁ ସେହି ଅନୁଷ୍ଠାନର ଅନ୍ତର୍ଭୁକ୍ତ କରିବା ପାଇଁ ମଧୁବାବୁଙ୍କୁ ପ୍ରସ୍ତାବ ଦେଇଥିଲେ । ସୁରେନ୍ଦ୍ର ନାଥ ବନ୍ଦୋପାଧ୍ୟାୟ କଟକରେ ଏହି ବଙ୍ଗଳା ପ୍ରାଦେଶିକ କଂଗ୍ରେସ କମିଟିର ଗୋଟିଏ ଅଧିବେଶନ ଅନୁଷ୍ଠିତ କରିବାକୁ ମଧୁବାବୁଙ୍କୁ ପ୍ରସ୍ତାବ ଦେଇଥିଲେ । କିନ୍ତୁ ଉତ୍କଳପ୍ରାଣ ମଧୁବାବୁ ଏହାର ପ୍ରତିବାଦ କରିଥିଲେ । ସର୍ବୋପରି ସେ ସୁରେନ୍ଦ୍ର ନାଥ ବନ୍ଦୋପାଧ୍ୟାୟଙ୍କର ପ୍ରସ୍ତାବଗୁଡ଼ିକୁ ପ୍ରତ୍ୟାଖ୍ୟାନ କରିଥିଲେ ।

୧୯୦୨ ମସିହାର କଥା । ଏହି ସମୟରେ କଲିକତା ବିଶ୍ୱବିଦ୍ୟାଳୟରେ ଓଡ଼ିଆ ଏକ ସ୍ୱତନ୍ତ୍ର ଭାଷା ରୂପେ ଗୃହୀତ ହୋଇଥିଲା । ଅବଶ୍ୟ ଏହି ସମୟରେ ବଙ୍ଗାଳୀମାନେ ବିଭିନ୍ନ ଆପତ୍ତି ଅଭିଯୋଗ ଆଣିଥିଲେ; କିନ୍ତୁ ସେଗୁଡ଼ିକ କାଟ୍ ଖାଇଯାଇଥିଲା । ଫଳରେ ଉତ୍କଳ ଓ ବଙ୍ଗ ପ୍ରଦେଶ ମଧ୍ୟରେ ଦୂରତା ସୃଷ୍ଟି ହୋଇଥିଲା । ଓଡ଼ିଶାର ସ୍ୱାତନ୍ତ୍ର୍ୟକୁ ପ୍ରତିଷ୍ଠା କରିବା ପାଇଁ ତତ୍କାଳୀନ ଶିକ୍ଷିତ ଓଡ଼ିଆମାନେ ପ୍ରଚେଷ୍ଟା ଜାରି ରଖିଥିଲେ । ଅନନ୍ତର ମଧୁବାବୁ ସୁରେନ୍ଦ୍ରନାଥଙ୍କର ପରିକଳ୍ପିତ ବଙ୍ଗଳା ପ୍ରାଦେଶିକ କଂଗ୍ରେସ କମିଟିକୁ ଆଖି ଆଗରେ ରଖି ଏକ ସ୍ୱତନ୍ତ୍ର ସମ୍ମିଳନୀ ଓଡ଼ିଶାରେ ସ୍ଥାପନ କରିବା ପାଇଁ ନିଷ୍ପତ୍ତି ନେଲେ ।

୧୯୦୩ ମସିହାରେ ଗଞ୍ଜାମ ଅଞ୍ଚଳର ସଚେତନ ଓଡ଼ିଆମାନେ ଇଷ୍ଟର ଛୁଟିରେ "ଗଞ୍ଜାମ ଜାତୀୟ ସମିତି" ଶୀର୍ଷକ ଗୋଟିଏ ସଭାର ଆୟୋଜନ କରିଥିଲେ । ଏଥିରେ ମଧୁବାବୁ ଯୋଗଦାନ କରିଥିଲେ । ସେଠାରେ ତାଙ୍କ ମନରେ ନୂତନ ଭାବନା ଉଦ୍ରେକ

ହେଲା । ମଧୁବାବୁ ଚିନ୍ତାକଲେ ଉତ୍କଳରେ ଏହିପରି ଗୋଟିଏ ଜାତୀୟ ସମ୍ମିଳନୀ ଗଢ଼ିବା ଯୁଗୋଚିତ ଆବଶ୍ୟକତା ।

୧୯୦୩ ମସିହା ଅକ୍ଟୋବର ମାସ ୨୫ ତାରିଖ ଦିନ କଟକ କନିକା ରାଜବାଟୀରେ ଗୋଟିଏ ସଭାର ଆୟୋଜନ କରାଯାଇଥିଲା । ଏହାର ନାମ ଥିଲା "ପ୍ରାରମ୍ଭିକ ସାଧାରଣ ପ୍ରକାଶ୍ୟ ସଭାର ଅଧିବେଶନ" । ଏହି ସଭାରେ ମଧୁବାବୁ ତାଙ୍କର ବକ୍ତବ୍ୟରେ କହିଥିଲେ - "ୟୁରୋପରେ ନେଶନ୍ ଅର୍ଥାତ୍ ଜାତି ଶବ୍ଦ ଗୋଟିଏ ରାଷ୍ଟ୍ର ବା ଦେଶର ଲୋକସମୂହକୁ ବୁଝାଏ । ୟୁରୋପୀୟ ଜାତିସମୂହ ପରସ୍ପରଠାରୁ ଯେଉଁ ପରିମାଣରେ ବିଭିନ୍ନ, ଭାରତ ବର୍ଷର ପ୍ରାଦେଶିକ ଲୋକସମୂହ ସେହିପରି ନାନା ବିଷୟରେ ପରସ୍ପରଠାରୁ ବିଭିନ୍ନ । ଏହି ହେତୁରୁ ଭାରତ ବର୍ଷରେ ଜାତୀୟତା ଶବ୍ଦଟି ଗୋଟିଏ ବିଶେଷ ଅର୍ଥରେ ବ୍ୟବହୃତ ହେବାର ଦେଖାଯାଏ । ଅତଏବ ଦୁଇ ଜାତି ବା ସମାଜ ମଧ୍ୟରେ ମିତ୍ରତା ବର୍ଦ୍ଧନ କରିବା ପାଇଁ ଦୃଢ଼ ନିର୍ବନ୍ଧ ସହିତ କୌଣସି ଜାତୀୟ ଅନୁଷ୍ଠାନ ଗଢ଼ିବା ଏକାନ୍ତ ଆବଶ୍ୟକ । ଅତଏବ ଏକ ଜାତିର ଉନ୍ନତି ନିମିତ୍ତ ଅପର ଜାତିର ସହଯୋଗ ଆବଶ୍ୟକ ଏବଂ ପ୍ରସ୍ତାବିତ ଉତ୍କଳୀୟ ସାର୍ବଜନୀନ ସଭା ସେହି ନୀତି ଅନୁସାରେ ପ୍ରତିଷ୍ଠିତ ହେବା ଉଚିତ । ଉକ୍ତ ମହାସଭାରେ ଓଡ଼ିଆ ଜାତି ଓ ସେଥିସଙ୍ଗେ ଏକୀଭୂତ ଉତ୍କଳୀୟମାନେ ଉଦ୍ୟୋକ୍ତା ରୂପେ ନିମନ୍ତ୍ରଣକାରୀ ତଥା ଶିକ୍ଷାର୍ଥୀଭାବେ ମଧ୍ୟ ସ୍ଥଳାଭିଷିକ୍ତ ହେବେ । ବର୍ତ୍ତମାନ ଅବସ୍ଥାରେ ଦୋଷାଦୋଷ ବିଚାର ଅପେକ୍ଷା ଆତ୍ମନିର୍ଭରଶୀଳତା ସହ ଉଦ୍‌ଯୋଗ ଅଧିକ ଶ୍ରେୟସ୍କର ।"

୧୯୦୩ ମସିହାରେ ଉତ୍କଳ ସମ୍ମିଳନୀ ଜନ୍ମ ନେଲା । ଉତ୍କଳ ସମ୍ମିଳନୀର କାର୍ଯ୍ୟନିର୍ବାହିକା କମିଟିର ପ୍ରଥମ ଅଧିବେଶନ ୧୯୦୩ ମସିହା ଅକ୍ଟୋବର ୨୫ ତାରିଖ ଦିନ ଅନୁଷ୍ଠିତ ହୋଇଥିଲା । ଏହାର ସ୍ଥାୟୀ ସମିତିରେ ଥିଲେ ୬୧ ଜଣ ସଭ୍ୟ ଏବଂ ୧୦ଜଣ ସମ୍ପାଦକ । ତନ୍ମଧ୍ୟରେ ଗୌରୀଶଙ୍କର ରାୟ ଥିଲେ ଅନ୍ୟତମ । ଅଧିବେଶନ ଖର୍ଚ୍ଚ ପାଇଁ ସେ ପ୍ରଥମେ ଶହେଟଙ୍କା ଦାନ କରିଥିଲେ । ଉତ୍କଳ ସମ୍ମିଳନୀ ଥିଲା ଓଡ଼ିଆଭାଷୀ ଅଞ୍ଚଳରେ ପ୍ରଥମ ଓ ପ୍ରଧାନ ଜାତୀୟ ପୀଠ । ଉତ୍କଳ ସମ୍ମିଳନୀର ମୁଖ୍ୟତଃ ଚାରିଗୋଟି ଲକ୍ଷ୍ୟ ଥିଲା । ତାହା ହେଉଛି -

୧) ପ୍ରାକୃତିକ ଉତ୍କଳର ଏକତା ସ୍ଥାପନ

୨) ଉତ୍କଳର ସର୍ବାଙ୍ଗୀନ ଉନ୍ନତି ସାଧନ

୩) ଓଡ଼ିଆ ଭାଷୀ ଅଞ୍ଚଳମାନଙ୍କୁ ଶାସନସୂତ୍ରରେ ଏକତ୍ରୀକରଣ, ଏବଂ

୪) ପ୍ରବାସୀ ଓ ପରିତ୍ୟକ୍ତ ଅଞ୍ଚଳରେ ଥିବା ଓଡ଼ିଆମାନଙ୍କ ସ୍ୱାର୍ଥ ସଂରକ୍ଷଣ ।

୧୯୦୩ ମସିହା ଡିସେମ୍ବର ମାସରେ କଟକ ଇଦ୍‌ଗା ପଡ଼ିଆଠାରେ ଉତ୍କଳ

ସମ୍ମିଳନୀର ପ୍ରଥମ ବୈଠକ ଶ୍ରୀରାମଚନ୍ଦ୍ର ଭଞ୍ଜଦେଓଙ୍କ ସଭାପତିତ୍ୱରେ ଅନୁଷ୍ଠିତ ହୋଇଥିଲା।

କେନ୍ଦୁଝରର ମହାରାଜା ପ୍ରସ୍ତାବ ଦେଲେ ଯେ, ମୟୂରଭଞ୍ଜ ମହାରାଜା ଶ୍ରୀରାମଚନ୍ଦ୍ର ଭଞ୍ଜଦେଓ ଏହି ପ୍ରଥମ ଅଧିବେଶନରେ ସଭାପତିତ୍ୱ କରନ୍ତୁ । ଢେଙ୍କାନାଳର ରାଜା ଏହି ପ୍ରସ୍ତାବକୁ ସମର୍ଥନ ଜଣାଇଲେ। ସୁତରାଂ ସର୍ବସମ୍ମତି କ୍ରମେ ମୟୂରଭଞ୍ଜ ମହାରାଜା ଶ୍ରୀରାମଚନ୍ଦ୍ର ଭଞ୍ଜଦେଓ ସଭାପତି ଆସନ ଅଳଂକୃତ କରିଥିଲେ ।

ଏହି ଶୁଭ ଉଦ୍‌ଘାଟନ ପର୍ବରେ ନିମ୍ନ ଓଡ଼ିଆ, ବଙ୍ଗଳା, ସଂସ୍କୃତ ଓ ଉର୍ଦ୍ଦୁ ସଂଗୀତମାନ ଗାନ କରାଯାଇଥିଲା –

(କ) ଓଡ଼ିଆ :

ଘୋଷୁ ଜନନୀଗୋ, ଭୁବନ ତବ ମହିମା
ଅୟୁତ ରସନା, ଆଜି ମା' ଉତ୍କଳ ରଟଇ ତବ ଗରିମା । ଘୋଷା।
ଏତେକାଳ ସତେ ପରତେ ହେଉଛି ବିହି ଘଟାଇଲା ଆଣି
ନିରାଶା କୁହରେ ମୃତ ସଂଜୀବନୀ ଆଶାବୀଣା ଜିଣା ବାଣୀ
ଗିରିବନକୁଞ୍ଜ ଲତାଏ ଉଷତ ଜଡ଼ତା ଗଲା କି ଭାଜି
ମାତୃପଦ ଯୁଗେ ବରଷନ୍ତି ଭକ୍ତି ପ୍ରୀତି ପୁଷ୍ପମାଳା ରାଜି ।
ଉତ୍କଳର ବିଷ୍ଣୁପଦୀ ମହାନଦୀ ଉର୍ଦ୍ଧ୍ୱେତୋଳି ଊର୍ମିଶିଖା
ଉତ୍କଳ ତନୁଜେ ଜନ୍ମଭୂମି ପ୍ରେମ ମହାମନ୍ତ୍ର ଦିଏ ଦୀକ୍ଷା ।
ଉତ୍କଳ ଜନନୀ ବିଷାଦ ଗଞ୍ଜନେ ଉନ୍ମୁଖ ଆଜି ଗଞ୍ଜାମ
ସମାଗତ ହର୍ଷେ ସଙ୍ଗେଘେନି ସର୍ବ ସମ୍ବଲପୁର ଲଲାମ ।
ବାଞ୍ଛିତ କେବଳ ଏତିକି ହୃଦୟ ମନଦାନ ପ୍ରତିଦାନ
ସମକାଳେ ବାଜୁ ଉତ୍କଳର କୋଟି ହୃଦ ହୋଇ ଏକତାନ ।
ଲଲାଟ, ଅନଙ୍ଗଭୀମ, ଉପଇନ୍ଦ୍ର, ଦୀନକୃଷ୍ଣ ଲୀଳା ସ୍ଥଳ
ଉତ୍କଳର ଭାଗ୍ୟ ଲତିକା ଦେଇଛି, ଦୁଃଖହନ୍ତା ବଳଦଳ ।
ପାହି ଆସିଲାଣି ବିଷାଦ ରଜନୀ, ଭାଗ୍ୟ ଦିବାକର ଉଦେ
ଫୁଟିବ ଉତ୍କଳ ହୃଦୟ ସରସେ ମାନସ କମଳ ମୁଦେ ।
ବାଞ୍ଛା କଳ୍ପତଳରୁ ବ୍ରହ୍ମାଣ୍ଡ ଈଶ୍ୱର ପଦେ ପଶିଲୁଁ ଶରଣ
ରଖ ଉତ୍କଳକୁ, ଏତିକି ମାଗୁଣି ପ୍ରଭୁ ଅରକ୍ଷ ରକ୍ଷଣ ।

(ଖ) ବଙ୍ଗଳା :

ଜନନୀ ଦୁଃଖିନୀ କେନ ମଲିନ ବଦନ ?

ଅଶ୍ରୁନୀରେ ଭାସେ କେନ କମଲ ନୟନ ?
ବିଶ୍ୱ ବିମୋହନ କତ ରତନ ଭୂଷନ
ବଙ୍କିମ, କେଶବ, ମଧୁ, ଶ୍ରୀକୃଷ୍ଣମୋହନ
ସାହିତ୍ୟ ଧରମ, ଗୀତି ନାନା ଦରଶନ
ଜଗତେ ଅକ୍ଷୟଯଶ କରିତେ ଅର୍ଜନ ।
ଅମର ଭବନେ ତାରା, ଅଭାଗା ଆମରା
ମାୟେର ନୟନ ନୀର, ଦେଖିବକି ମୋରା ?
ଭବିଷ୍ୟତ ଭାବିକରି ଅତୀତ ସ୍ମରନ
ପ୍ରଣମି ବିଭୁରେ କରି ଏକତା ବନ୍ଧନ ।
ଉଠ, ଜାଗ ଭାତୃଗନ, ଜନନୀର ତରେ
କରିତେ କି ପାରିସବେ ଦେଖାବ ଧରାରେ ।
ଜନନୀର କାଯେ ସାଜ, ଧର୍ମେ କରି ପଣ
ସଂପଦ, ଜନନୀ, ପଦେ, ଧନ ପ୍ରାଣ ମନ ।

(ଗ) ସଂସ୍କୃତ :

ସର୍ବେଷାଂ ନୋ ଜନନୀ ଭାରତ ଧରଣୀ କଳ୍ପଲତେୟମ୍
ଜନନୀ ବତ୍ସଳ ତନୟ ଗଣୈସ୍ତତ ସମ୍ୟକ -ଶର୍ମ୍ମବିଧେୟମ୍ ।
ହିମଗିରି-ସୀମନ୍ତିତ ମସ୍ତକମିଦ ମମ୍ବୁଧି ପରିଗତ ପାର୍ଶ୍ୱମ୍
ଅସ୍ମଜ୍ଜନ୍ମଦମନ୍ଦମନିଶଂ ବିଶ୍ୱୋତ୍‌କର୍ଷ ନିଦାନମ୍ ।
ଭାରତଶର୍ମ୍ମଣି କୃତ ମସ୍ମାଭି ର୍ନବମିଦମୈକ୍ୟ ବିଧାନମ୍
ଉତ୍କଳଗୌଡାନ୍ଧ୍ରୀୟାଃ ସଂସଦିଯେ ବୟମତ୍ର ସମେତାଃ ।
ଏତେଚାପରଜନପଦଜାଃନନ୍ନୁ, ଭାରତ-ବିହିତ-ନିକେତାଃ
ଭାରତହିତ ସମ୍ପାଦନମେବହିକାର୍ଯ୍ୟମିଷ୍ଟମବିପାକମ୍
ଭାରତ ବର୍ଜ୍ଜଂ କିମପିନ କାର୍ଯ୍ୟଂ ନିଶ୍ଚିତ ମିତ୍ୟସ୍ମାକମ୍
ଭାରତ ପଙ୍କଜ ଦଳମିଦ ମୁତ୍କଳ ମଣ୍ଡଳମିତି ବିଦିତଂଯତ୍
ତସ୍ୟକୃତେ ବୟମତ୍ର ସମେତା ବିହିତାତ୍ରୋତ୍କଳ ସଂସତ୍
ଭାରତମେକା ଗତିରସ୍ମାକଂ ନାପରାସ୍ତି ଭୁବିନାମ
ସର୍ବୋଦୌ ପରିଷତ୍ କର୍ମଣିତତ୍ ଭାରତମେବ ନମାମଃ ।

ଏହାବ୍ୟତୀତ ଗୋଟିଏ ଉର୍ଦ୍ଦୁ ସଂଗୀତ ମଧ୍ୟ ଗାନ କରାଯାଇଥିଲା । ବାସ୍ତବିକ ଏହା ଥିଲା ଓଡ଼ିଶା ଇତିହାସରେ ଏକ ଅଭୂତପୂର୍ବ ଘଟଣା ।

ମଧୁବାବୁ ଏହି ସମ୍ମିଳନୀରେ ସମବେତ ଜନତାଙ୍କୁ ଉଦ୍‌ବୋଧିତ କରିଥିଲେ। ସେ ଗାଇଥିଲେ -

"ଏହି ସମ୍ମିଳନୀ ଜାତିପ୍ରାଣ ସିନ୍ଧୁ କୋଟି ପ୍ରାଣବିନ୍ଦୁ ଧରେ,
ତୋର ପ୍ରାଣବିନ୍ଦୁ ମିଶାଇ ଦେ ଭାଇ ଡେଇଁପଡ଼ି ସିନ୍ଧୁ ନୀରେ।"

ପୁନଶ୍ଚ ମଧୁବାବୁ ସମବେତ ଜନତାଙ୍କୁ ଉଦ୍‌ବୋଧିତ କରି ଗାଇଥିଲେ -

"ଜାତିପ୍ରେମ ବହ୍ନି ପ୍ରଜ୍ୱଳିତ କର ସ୍ୱାର୍ଥକୁ ଦିଅ ଆହୁତି
ସ୍ୱାର୍ଥମେଧ ଯଜ୍ଞ ଚାରିଆଡ଼େ ନାଚ ଛାତିକୁ ମିଶାଇ ଛାତି।"

ଉତ୍କଳ ସମ୍ମିଳନୀର ପ୍ରଥମ ବୈଠକ ବିବରଣୀରେ ଉକ୍ତ ସମ୍ମିଳନୀର ଆଦର୍ଶ ଓ ଲକ୍ଷ୍ୟ ସମ୍ପର୍କରେ ଉଲ୍ଲେଖ ରହିଛି - "ଏହି ସମ୍ମିଳନୀର ନାମ ଉତ୍କଳ ସମ୍ମିଳନୀ। ଏଥିରେ ସମସ୍ତ ଉତ୍କଳଭାଷୀ ଅଞ୍ଚଳର ମଙ୍ଗଳଜନକ ପ୍ରସ୍ତାବମାନ ପ୍ରସ୍ତାବିତ ହୋଇ କାର୍ଯ୍ୟରେ ପରିଣତ ହେବ। ବର୍ତ୍ତମାନ ସରକାର ବାହାଦୂରଙ୍କ ରାଜତ୍ୱରେ ଓଡ଼ିଶାର ସୀମା ଢେର୍ କମିଯାଇଅଛି। ଫଳରେ ଦେଖାଯାଉଅଛି ଯେ ସମ୍ବଲପୁର, ଛୋଟନାଗପୁର, ମେଦିନୀପୁର, ଗଞ୍ଜାମ ଇତ୍ୟାଦି ସ୍ଥାନମାନ ଓଡ଼ିଶାର ବାହାରେ ଥାଇ ସୁଦ୍ଧା ସେ ଅଞ୍ଚଳରେ ଓଡ଼ିଆଙ୍କ ସଂଖ୍ୟା ବହୁତ, ସେଥିପାଇଁ ସମଗ୍ର ଉତ୍କଳଭାଷୀ ଅଞ୍ଚଳକୁ "ଉତ୍କଳ" ବୋଲି ନାମ ଦିଆ ହୋଇଅଛି ଏବଂ ଏହି ସମ୍ମିଳନୀର ନାମ ଉତ୍କଳ ସମ୍ମିଳନୀ ହୋଇଅଛି।"

ଉତ୍କଳପ୍ରାଣ ମଧୁସୂଦନ ଯଥାର୍ଥରେ ଉତ୍କଳ ସମ୍ମିଳନୀର ଜନ୍ମଦାତା ଏବଂ ମନ୍ତ୍ରଦାତା। ମଧୁବାବୁ ଏହି ସମ୍ମିଳନୀର ସମ୍ପାଦକ ଥିଲେ। ପରବର୍ତ୍ତୀ କାଳରେ ଅର୍ଥାତ୍ ୧୯୧୩ ଓ ୧୯୧୮ ମସିହାରେ ମଧୁବାବୁ ଏହାର ସଭାପତି ପଦବୀ ମଣ୍ଡନ କରିଥିଲେ।

ପ୍ରଥମ ଉତ୍କଳ ସମ୍ମିଳନୀ ସମ୍ବନ୍ଧରେ ପଣ୍ଡିତ ନୀଳକଣ୍ଠ ଦାସଙ୍କ ସ୍ମୃତିଚାରଣ

ଉତ୍କଳ ସମ୍ମିଳନୀର ପ୍ରଥମ ଅଧିବେଶନ ଥିଲା ଏକ ଐତିହାସିକ ଘଟଣା। ଓଡ଼ିଶା ଇତିହାସରେ ଏହା ଏକ ସ୍ମରଣୀୟ ପର୍ବ ହୋଇ ରହିବ ନିଶ୍ଚୟ। ଏହି ସମ୍ମିଳନୀର ପ୍ରଥମ ଅଧିବେଶନର ପ୍ରତ୍ୟକ୍ଷ ଦ୍ରଷ୍ଟା ଭାବରେ ପଣ୍ଡିତ ନୀଳକଣ୍ଠ ଦାସ ଲେଖିଛନ୍ତି - "ସେ ଯାହା ହେଉ ୧୯୦୩ର ଡିସେମ୍ବର ମାସରେ ମଧୁବାବୁ ନିଜେ ସମସ୍ତ କଳ୍ପନା ଯୋଜନା କରି ବୋଧହୁଏ ସମସ୍ତ ଖର୍ଚ୍ଚାଦିର ଭାର ନିଜେ ନେଇ କଟକକୁ ଉତ୍କଳ ସମ୍ମିଳନୀର ପ୍ରଥମ ଅଧିବେଶନ ଡାକିଲେ। ଅନ୍ୟାନ୍ୟ ଦେଶୋନ୍ନତିର ଯୋଜନା ସଙ୍ଗେ ଏଇ ଅନୁଷ୍ଠାନର ମୁଖ୍ୟ କର୍ତ୍ତବ୍ୟ ହେଲା ଓଡ଼ିଆ ଦେଶ ମିଶ୍ରଣ। ସେ କାଳେ ଯେ କୌଣସି ରାଜନୈତିକ ଅନୁଷ୍ଠାନରେ ସରକାରଙ୍କୁ ଆବେଦନ ନିବେଦନ ଛଡ଼ା ଆଉ କିଛି ବେଶି କରାଯାଉ ନଥିଲା। ସେପରି ରାଜନୀତି ପାଇଁ ମଧ ସରକାର ବିଶେଷ ଆପତ୍ତି କରୁ ନ ଥିଲେ। ବିଶେଷରେ ପୁଣି ମଧୁବାବୁ ବୁଝିପାରିଥିଲେ ବଙ୍ଗାଳୀ ନେତାମାନେ ଓଡ଼ିଶା ଦେଶ ମିଶ୍ରଣ କରାଇଦେବାରେ ଯଥାସାଧ ବାଧାଦେବେ। ମାନ୍ଦ୍ରାଜ, ମଧ୍ୟପ୍ରଦେଶ ପ୍ରଭୃତିଙ୍କର ସେଇପରି ସ୍ୱାର୍ଥ ଥିବାରୁ ସେମାନେ ଊଣା ଅଧିକେ ବଙ୍ଗାଳୀଙ୍କ ସଙ୍ଗେ ଯୋଗଦେବେ। ଏ ପରିସ୍ଥିତିରେ ଉଦ୍ଦେଶ୍ୟ ହେଲା ସରକାରଙ୍କୁ ଧରି ଓଡ଼ିଆ ଦେଶ ମିଶ୍ରଣ କରାଇନେବା। ମୋ ମନେ ଅଛି, ବର୍ଷକୁ ବର୍ଷ ବହୁକାଳ ଯାଏଁ ସମ୍ମିଳନୀରେ ପ୍ରଥମରୁ ପ୍ରବଳ ପ୍ରତାପ ସପ୍ତମ ଏଡଓ୍ୱାର୍ଡ ଓ ପଞ୍ଚମ ଜର୍ଜଙ୍କଠାରୁ ସବ୍‌ଡିଭିଜନାଲ ମାଜିଷ୍ଟ୍ରେଟ୍‌ଙ୍କ ପର୍ଯ୍ୟନ୍ତ ସମସ୍ତଙ୍କୁ ଜଣ ଜଣ କରି ଅଭିବାଦନ ଓ ଆନୁଗତ୍ୟ ଜଣାଇ ପ୍ରସ୍ତାବମାନ କରିବାକୁ ହୁଏ। ତା'ପରେ ଓଡ଼ିଆ ଦେଶ ମିଶ୍ରଣ ଓ ଓଡ଼ିଆ ଦେଶର ଅନ୍ୟାନ୍ୟ କଲ୍ୟାଣ ସବୁ କଳ୍ପନା ଯୋଜନା କରି ପ୍ରସ୍ତାବମାନ ହୁଏ। ଗଡ଼ଜାତର ଲୋକେ ଓ ରାଜାମାନେ ସମ୍ମିଳନୀରେ ଖୁବ୍ ଯୋଗ ଦେଉଥାନ୍ତି।

ପ୍ରଥମ ସମ୍ମିଳନୀରେ ସଭାପତି ହୋଇଥିଲେ ମୟୂରଭଞ୍ଜର ସ୍ୱନାମଧନ୍ୟ ମହାରାଜା ରାମଚନ୍ଦ୍ର ଭଞ୍ଜ। ମୁଁ ଥିଲି ସେ ସମ୍ମିଳନୀରେ ମାତ୍ରକ ଜଣେ ଦର୍ଶକ। ମହାରାଜା ସଭାପତି ରୂପେ ନିଜର ଭାଷଣ ପଢ଼ିବା ମୋର ଏବେ ମନେ ପଡ଼ିଯାଉଛି। ସମସ୍ତେ ମଧୁବାବୁଙ୍କ କଳ୍ପିତ ଗୋଲାପୀ କନା ଓଡ଼ିଆ ପଗଡ଼ି ମୁଣ୍ଡରେ ଦେଇ ବସିଥାନ୍ତି। ମଞ୍ଚ ଉପରେ ସମ୍ବଲପୁରର ରାମନାରାୟଣ ମିଶ୍ର, ଏମ.ଏ., ବି.ଏଲ୍., ସିଂହଭୂମର ଯୁଗଳକିଶୋର ତ୍ରିପାଠୀ, ଏମ.ଏ., ବାଲେଶ୍ୱରର ଫକୀରମୋହନ ସେନାପତି, କଟକର ଗୌରୀଶଙ୍କର ରାୟ, କନିକାରାଜା ରାଜେନ୍ଦ୍ର ନାରାୟଣ ଭଞ୍ଜଦେଓ, ଗଞ୍ଜାମର କେତେକ ଜମିଦାରଙ୍କ ସଙ୍ଗେ ସ୍ୱର୍ଗତ ହରିହର ପଣ୍ଡା ପ୍ରଭୃତିଙ୍କୁ ଦେଖିବାର ଚିତ୍ର ଆଦି ମଧ ଆଖି ଆଗରେ ନାଚିଯାଉଛି। ତାରି ଭିତରେ ମଧୁବାବୁଙ୍କର ଚଞ୍ଚଳ ଗମନାଗମନ ଓ ଟେବୁଲ୍ ପାଖେ ରାମଚନ୍ଦ୍ର ଭଞ୍ଜଙ୍କ ସୌମ୍ୟ ବପୁ ଓ ମାର୍ଜିତ ସୁଗମ୍ଭୀର ଓ ସୁଲଳିତ କଣ୍ଠଧ୍ୱନି, ସେ କିଶୋର ବୟସରେ ମୋତେ କିପରି ଭାବାନ୍ୱିତ କରିଥିଲା ତା' କହିପାରିବି ନାଇଁ। ଅନୁଭବର ସେ ସ୍ମୃତିକୁ ଆଜି କାହାରି ଅନୁମାନରେ ଜାଗ୍ରତ କରିବା ମୋ ପକ୍ଷରେ ସମ୍ଭବ ନୁହେଁ। ଏଣେ ଘରଭିତରେ ବାଲୁଙ୍କେଶ୍ୱର ମିଶ୍ରଙ୍କୁ ସଙ୍ଗେ ଧରି ନବଯୁବକ ଗୋପବନ୍ଧୁଙ୍କର ଉତ୍ସାହଦୀପ୍ତ ନବଶ୍ମଶ୍ରୁ ବିମଣ୍ଡିତ ସେ ସାଧୁସୁରମ୍ୟ ପ୍ରଭାବକ ମୁଖମଣ୍ଡଳ ମଧ ମୋର ଆଜି ଜୀବନ୍ତ ସ୍ମୃତିପରି ଆଗରେ ଭାସି ଯାଉଛି। ସେତେବେଳେ କଟକରେ କି ଉତ୍ସାହ, କି ଚଞ୍ଚଳତା! ଜାତୀୟ ଜୀବନର ସେ ନବୋନ୍ମେଷ ଆଜି ମୋର ମନରେ ପ୍ରାଚୀନ ହେଲେ ମଧ ଜୀର୍ଣ୍ଣ ହୋଇନାଇଁ। ଜୀବନରେ ତାହାହିଁ ଯେପରିକି ମୋର ଏକ ପ୍ରଥମ ଦୀକ୍ଷା।" (୨୫)

■

ଉତ୍କଳ ସମ୍ମିଳନୀରେ ନବମ ଅଧିବେଶନ

୧୯୧୩ ମସିହା ଡିସେମ୍ବର ମାସରେ ପୁରୀଠାରେ ଉତ୍କଳ ସମ୍ମିଳନୀର ନବମ ଅଧିବେଶନ ଅନୁଷ୍ଠିତ ହୋଇଥିଲା। ଏହି ଅଧିବେଶନରେ ମଧୁବାବୁ ସଭାପତିତ୍ୱ କରିଥିଲେ। ଏହି ସମୟ ବେଳକୁ ମଧୁବାବୁଙ୍କୁ ୬୫ ବର୍ଷ। ଉତ୍କଳ ସମ୍ମିଳନୀର ନବମ ଅଧିବେଶନର ସଭାପତି ଅଭିଭାଷଣରେ ମଧୁବାବୁ କହିଥିଲେ - "ପ୍ରେମଭାଜନ, ଶ୍ରଦ୍ଧାଭାଜନ ଭାଇ ଉତ୍କଳର ସନ୍ତାନସନ୍ତତିବର୍ଗ ! ସଭାପତିଙ୍କର ପୂର୍ବ ପ୍ରଥାନୁସାରେ ବକ୍ତୃତା କରିବା ଆବଶ୍ୟକ ଏବଂ ପୂର୍ବ ପ୍ରଥାନୁସାରେ ସେ ବକ୍ତୃତା ଛପାହୁଏ। ମୋହର ବକ୍ତୃତା ଲେଖିବାର କ୍ଷମତା ବା ଅଭ୍ୟାସ ନାହିଁ। xxx ମୁଁ କି କାରଣରୁ ସଭାପତି ଦାୟିତ୍ୱ ଗ୍ରହଣ କରିଅଛି, ତତ୍‌ସମ୍ବନ୍ଧେ ପ୍ରଥମେ ଗୋଟିଏ ଦୁଇଟି କଥା କହିବା ଆବଶ୍ୟକ । ସମ୍ମିଳନୀର ପ୍ରଥମ ଅଧିବେଶନରେ ମୟୂରଭଞ୍ଜ ମହାରାଜା ସଭାପତି ହୋଇଥିଲେ। ସେ ବର୍ତ୍ତମାନ ସ୍ୱର୍ଗରେ ଅଛନ୍ତି। ଅଳ୍ପ ବୟସରେ ମୟୂରଭଞ୍ଜ ମହାରାଜା ଯେ ପ୍ରକାର ମାନ ସମ୍ଭ୍ରମ ଓ ପୂଜ୍ୟପଦ ପ୍ରାପ୍ତ ହୋଇଥିଲେ ସେ ପ୍ରକାର ଖ୍ୟାତି ଓଡ଼ିଶାର ଅନ୍ୟ କେହି ରାଜା ପାଇଥିବାର ମୁଁ ଜାଣେ ନାହିଁ। xxx ଉତ୍କଳ ସମ୍ମିଳନୀର ଉଦ୍ଦେଶ୍ୟ ସମସ୍ତ ଉତ୍କଳବାସୀଙ୍କର ମଙ୍ଗଳ ସାଧନ। ସମଗ୍ର ଉତ୍କଳବାସୀ କହିଲେ ଏକ ଜାତି ବୁଝାଏ। ଜାତି ଶବ୍ଦ ସାଧାରଣତଃ ବ୍ରାହ୍ମଣାଦି ବର୍ଣ୍ଣକୁ ବୁଝାଇଥାଏ। କିନ୍ତୁ ସେ ଅର୍ଥରେ ମୁଁ ଜାତିଶବ୍ଦ ବ୍ୟବହାର କରୁନାହିଁ। ଯେଉଁ ଅର୍ଥରେ ଇଂରେଜ ଜାତି, ଜାପାନି ଜାତି, ବଙ୍ଗାଳି ଜାତି ଏହି ଶବ୍ଦମାନ ଆମ୍ଭେମାନେ ବ୍ୟବହାର କରିଥାଉଁ, ସେହି ଅର୍ଥରେ ମୁଁ ଜାତି ଶବ୍ଦ ବ୍ୟବହାର କରୁଅଛି।

ଉତ୍କଳଜାତିର ଅର୍ଥ ଯେଉଁମାନେ ଆପଣାକୁ ଉତ୍କଳସନ୍ତାନ ବୋଲି ମନେ କରନ୍ତି ଏବଂ ଉତ୍କଳର ଅତୀତ ଗୌରବରେ ଯେଉଁମାନେ ଆପଣାକୁ ଗୌରବାନ୍ୱିତ ମନେ କରନ୍ତି ଏବଂ ଭାବଗୌରବକୁ ଆକାଂକ୍ଷା କରନ୍ତି ସେମାନଙ୍କୁ ମୁଁ ଉତ୍କଳ ଜାତି ବୋଲି ଜ୍ଞାନ କରେ। xxx ପ୍ରତ୍ୟେକ ବ୍ୟକ୍ତିର ଦୁଇ ଗୋଟି ଜୀବନ ଅଛି। ଗୋଟିଏ ହେଉଛି

ବ୍ୟକ୍ତିଗତ ଜୀବନ; ଅନ୍ୟଟି ହେଉଛି ଜାତୀୟ ଜୀବନ। ମୋତେ ଯେବେ କୁବାକ୍ୟ ଦ୍ୱାରା କେହି ସମ୍ବୋଧନ କରେ ମୋହର ତହିଁରେ ବିରକ୍ତି ଜାତ ହେବ। କିନ୍ତୁ ଯଦି କେହି ଓଡ଼ିଆ ଜାତି ପ୍ରତି କୁବାକ୍ୟ ପ୍ରୟୋଗ କରି ମୋତେ ସମ୍ବୋଧନ କରେ ତାହାହେଲେ ତଦ୍ଦ୍ୱାରା ମୋହର ବିରକ୍ତି ହେବ ଏବଂ ଆପଣମାନଙ୍କ ମଧ୍ୟରୁ ସମସ୍ତଙ୍କ ମନରେ ବିରକ୍ତି ଜାତ ହେବ। ପ୍ରଥମ ଦୃଷ୍ଟାନ୍ତରେ ବ୍ୟକ୍ତିଗତ ଜୀବନରେ ଆଘାତ ଲାଗିଲା। ଦ୍ୱିତୀୟ ଦୃଷ୍ଟାନ୍ତରେ ଜାତୀୟ ଜୀବନରେ ଆଘାତ ଲାଗିଲା। XXX ସମ୍ମିଳନୀ ଜାତିର ସମ୍ମିଳନ ନିମନ୍ତେ ସମସ୍ତ ଉତ୍କଳବାସୀଙ୍କ ହୃଦୟରେ ଜାତୀୟ ଜୀବନ ସଂଚାର କରିବା ନିମନ୍ତେ ସ୍ଥାପିତ ହୋଇଅଛି। ଏ ସମ୍ମିଳନୀ କୌଣସି ଏକ ସମ୍ପ୍ରଦାୟସ୍ଥ ବ୍ୟକ୍ତିମାନଙ୍କର ଉନ୍ନତି ସାଧନ ନିମନ୍ତେ ହୋଇଅଛି। ଯାହାଦ୍ୱାରା ସମସ୍ତ ଉତ୍କଳବାସୀଙ୍କ ଉନ୍ନତି ହେବ ସେହି ପ୍ରକାର ବିଷୟସବୁ ଆଲୋଚନା କରିବା ନିମନ୍ତେ ସମ୍ମିଳନୀର ସୃଷ୍ଟି। XXX ଏହି ଉତ୍କଳ ଭୂମିରେ ଉତ୍କଳ ସନ୍ତାନମାନେ ବହୁକାଳପୂର୍ବେ ଏକତାର ମୂଲ୍ୟ ଓ ଆବଶ୍ୟକତା ଯେ ବୁଝିଥିଲେ ତହିଁର ପ୍ରମାଣ ଜଗନ୍ନାଥଙ୍କ ମନ୍ଦିର। ଏଠାରେ ଜାତିମାନ ନାହିଁ। ରାଜାଙ୍କୁ ମଧ୍ୟ ଏ ପ୍ରକାର କାର୍ଯ୍ୟ କରିବାକୁ ହୁଏ। ଯାହା ସ୍ଥାନାନ୍ତରେ ନିକୃଷ୍ଟ ବ୍ୟକ୍ତି କରିଥାଏ। ଜଗନ୍ନାଥଙ୍କର ମନ୍ଦିର ପ୍ରତି ଦୃଷ୍ଟିକର, ସେଠାରେ ଏକତାର ଉଦାହରଣ ପାଇବ। ଏହିଠାରେ ସ୍ୱର୍ଗଦ୍ୱାର ଅଛି। ମନୁଷ୍ୟ ଏହି ସ୍ୱର୍ଗଦ୍ୱାର ବାଟେ ଉନ୍ନତି ଓ ସୁଖର ସ୍ଥାନକୁ ଲାଭ କରିପାରେ। XXX ଜାତିର ଉନ୍ନତି, ଜାତିର ଗୌରବ ବିଷୟ, ଯେତେବେଳେ ଅବକାଶ ପାଅ, ଚିନ୍ତାକର। ରୋଜ ୧୦ ମିନିଟ୍ ମାତ୍ର ଚିନ୍ତାକଲେ ଦେଖିବ ସେ ଚିନ୍ତାରୁ ମନରେ ସୁଖଲାଭ ହେବ ଏବଂ ସେ ସୁଖଲାଭ ହେତୁ ୧୦ ମିନିଟ୍‌କୁ ୨୦ ମିନିଟ୍ କରିବାକୁ ଇଚ୍ଛା ହେବ। ଜାତୀୟ ବିଷୟ ଚିନ୍ତା କରିବା ଦ୍ୱାରା କ୍ରମେ ଜାତୀୟ ଜୀବନ ହୃଦୟରେ ଜାଗ୍ରତ ହେବ, ଶେଷରେ ସେହି ଜୀବନ ତୁମ୍ଭର ହୃଦୟସ୍ଥଳରୁ ଆରମ୍ଭ କରି ସମୟରେ ରକ୍ତମାଂସ ଏବଂ ସମସ୍ତ ଶରୀରକୁ ଜାତୀୟ ଜୀବନରେ ଉତ୍ତେଜିତ କରିବ। ଏହି ଭାବ ସମସ୍ତ ଉତ୍କଳବାସୀଙ୍କ ମନରେ ଜନ୍ମାଇବାର ପ୍ରଥମେ ଚେଷ୍ଟାକର। XXX ଯେଉଁ ପ୍ରଦେଶରୁ ଉପେନ୍ଦ୍ର ଭଞ୍ଜଙ୍କର କଣ୍ଠଧ୍ୱନି ଉଠି ଏକ ସମୟରେ ଉତ୍କଳ ଜାତିର ହୃଦୟକୁ ଆହ୍ଲାଦରେ ନଚାଉଥିଲା ସେ ପ୍ରଦେଶ ବର୍ତ୍ତମାନ ଉତ୍କଳ ଜନନୀଙ୍କର ଶରୀରରୁ ବିଚ୍ଛିନ୍ନ। କିଏ ଏପରି ଉତ୍କଳ ସନ୍ତାନ ଅଛି ଯେ ଏହାର ମିଳନ ଆକାଂକ୍ଷା ନ କରେ? କିନ୍ତୁ ଦୁଃଖର ସହିତ ସ୍ୱୀକାର କରିବାକୁ ହେବ ଯେ ଆମ୍ଭମାନଙ୍କ ନିଜ ଦୋଷରୁ କିୟଦଂଶରେ ଆମ୍ଭେମାନେ ବର୍ତ୍ତମାନ ହୀନାବସ୍ଥା ଲାଭ କରିଅଛୁଁ। XXX ଜାତୀୟ ଜୀବନ ଦ୍ୱାରା ଆଶ୍ଚର୍ଯ୍ୟ କାର୍ଯ୍ୟମାନ ହୋଇପାରେ, ତାହା ଜାପାନ ଦେଶର ଇତିହାସରୁ ଶିକ୍ଷାକର। ଜାତୀୟ ଜୀବନକୁ ପ୍ରବଳ କରିବାକୁ ସର୍ବଦା ଚେଷ୍ଟାକର। XXX ଭାଇମାନେ,

ଆପଣମାନଙ୍କ ଅନୁଗ୍ରହରୁ ମୁଁ ଏଠାରେ ବର୍ତ୍ତମାନ ସଭାପତି ସ୍ୱରୂପ ଆପଣମାନଙ୍କ ପାଖରେ ଦଣ୍ଡାୟମାନ। କିନ୍ତୁ ବର୍ତ୍ତମାନ ମୋହର ବୃଦ୍ଧାବସ୍ଥା ! ଗୋଟିଏ ଗୋଡ଼ ଶ୍ମଶାନରେ ଏବଂ ଅନ୍ୟ ଗୋଡ଼ ଜନସମାଜରେ। ଏ ବୟସରେ ମୃତ୍ୟୁ ଶଯ୍ୟା ମାନସିକ ଚିତ୍ରପଟରେ, ଆତ୍ମାର ଚକ୍ଷୁର ସମ୍ମୁଖରେ ସର୍ବଦା ଦୃଶ୍ୟମାନ। ମୁଁ ଓଡ଼ିଶାରେ ଜନ୍ମଗ୍ରହଣ କରିଅଛି ଏବଂ ଜାତି ପ୍ରତି ମୋହର କର୍ତ୍ତବ୍ୟ କର୍ମ ଈଶ୍ୱରଙ୍କ ଦ୍ୱାରା ନିର୍ଦ୍ଦିଷ୍ଟ ହୋଇଅଛି। ଯେତେବେଳେ ମୃତ୍ୟୁ ଶଯ୍ୟାରେ ସଂସାର ସହିତ ମୋହର ସମ୍ପର୍କ ଛିନ୍ନ ହେବ ଏବଂ ମୋହର ଆତ୍ମାକୁ ଈଶ୍ୱର ପଚାରିବେ - "ତୁ ତୋହର ଜାତିପ୍ରତି କର୍ତ୍ତବ୍ୟକର୍ମ କି ପ୍ରକାର କରିଅଛୁ ?" ତେତେବେଳେ ମୋହର ଆତ୍ମା ଯଦି କହିପାରେ, ଯଥାସାଧ୍ୟ ମୁଁ ମୋହର ଜାତିର ସେବା କରିବାକୁ ଚେଷ୍ଟା କରିଅଛି, ତା' ହେଲେ ଜୀବ ଦରିଦ୍ର ଅବସ୍ଥାରେ ଏବଂ ଜନଶୂନ୍ୟ ସ୍ଥାନରେ ମୋହର ଶଯ୍ୟା ଥିଲେ ମଧ୍ୟ ମୁଁ ଆପଣାକୁ ସୁଖୀଜ୍ଞାନ କରିବି। ଜଣେ ପାରସ୍ୟ କବି କହିଅଛନ୍ତି କି "ଯେତେବେଳେ କର୍ତ୍ତବ୍ୟ ପରାୟଣ ଆତ୍ମା ଏ ସଂସାର ତ୍ୟାଗ କରିବାକୁ ପ୍ରସ୍ତୁତ ହୁଏ, ତେତେବେଳେ ତାହା ପକ୍ଷରେ ମୃତ୍ୟୁଶଯ୍ୟା ରାଜସିଂହାସନ ହେଉ ଅବା ପାଉଁଶଗଦା ହେଉ - ଏ ଦୁଇରେ କିଛି ପ୍ରଭେଦ ନାହିଁ।" (୨୬)

■

୧୯୧୮ ମସିହା ଉତ୍କଳ ସମ୍ମିଳନୀର ସ୍ୱତନ୍ତ୍ର ଅଧିବେଶନ ଓ ଉତ୍କଳଗୌରବ ମଧୁସୂଦନ

୧୯୧୮ ମସିହା ସେପ୍ଟେମ୍ବର ୨୧ ଓ ୨୨ ତାରିଖ (ଶନିବାର ଓ ରବିବାର) ଉତ୍କଳ ସମ୍ମିଳନୀର ଏକ ସ୍ୱତନ୍ତ୍ର ଅଧିବଶେନ ହୋଇଥିଲା। ଏହି ଅଧିବେଶନରେ ମଧୁବାବୁ ସଭାପତିତ୍ୱ କରିଥିଲେ। ଏହା ଥିଲା ତ୍ରୟୋଦଶ ଅଧିବେଶନ। ମଧୁବାବୁ ଉତ୍କଳମାତାଙ୍କୁ ଆବାହନ କରି କହିଥିଲେ - "ସଭାପତି ମହାଶୟ,ଭାଇ ଓ ଭଉଣୀମାନେ ! ମୋତେ ସଭାପତି ମହାଶୟ ମା'ଙ୍କ ଆବାହନର କାର୍ଯ୍ୟ ଦେଇଅଛନ୍ତି। ଏ ମଣ୍ଡପ ମାତୃପୂଜାର ମଣ୍ଡପ। ଅନ୍ୟାନ୍ୟ ସ୍ଥାନମାନଙ୍କରେ ଯେପରି conference (ସମ୍ମିଳନୀ) ହୁଏ - ସେଠାରେ ମାତୃପୂଜା ହୁଏ ନାହିଁ - ସେସବୁ ଭାଇମାନେ, ଏକତ୍ର ମିଳିତ ହୋଇ ପରସ୍ପର ମନର ଭାବ ପ୍ରକାଶ କରିବାକୁ। ଏ ଉତ୍କଳବାସୀଙ୍କ conference (ସମ୍ମିଳନୀ) - ଜନନୀ ଜନ୍ମଭୂମିଙ୍କ ପୂଜା ମଣ୍ଡପ। ପୂଜା କାର୍ଯ୍ୟ ଆରମ୍ଭ ପୂର୍ବରୁ ମାତାଙ୍କର ଆବାହନ ଆବଶ୍ୟକ। ଆବାହନ ବ୍ୟତିରେକେ ପୂଜା ଆରମ୍ଭ ହୋଇ ନପାରେ। ବର୍ତ୍ତମାନ ଏଠାରେ ଯେତେ ଭାଇଭଉଣୀ ଉପସ୍ଥିତ ସମସ୍ତ ହୃଦୟରେ ଜନନୀ ଜନ୍ମଭୂମିଙ୍କ ପ୍ରତିମୂର୍ତ୍ତି ବା ପିତୁଳା ସ୍ଥାପନ କରିବା ଉଚିତ।" (୨୭)

ତ୍ରୟୋଦଶ ଅଧିବେଶନର ଦ୍ୱିତୀୟ ଦିବସର ପ୍ରାରମ୍ଭରେ ମଧୁସୂଦନ ଦାସ ବକ୍ତବ୍ୟ ରଖିଥିଲେ:

"ସଭାପତି ମହୋଦୟ, ଭ୍ରାତା ଓ ଭଗ୍ନିଗଣ ! କାଲି ସଭାଶେଷରେ ଶୁଣିଲି ଯେ, କେତେଜଣ ଭ୍ରାତା ଏ ସଭାମଣ୍ଡପରୁ ଧୂଳି ନେଇ ମୁଣ୍ଡରେ ବୋଳିଛନ୍ତି ଓ ଲୁଗାରେ ବାନ୍ଧି ଘରକୁ ନେଇଛନ୍ତି। ସେ ପ୍ରକାର ଭ୍ରାତା କିଏ, ତାଙ୍କର ପରିଚୟ ପାଇବା ନିମନ୍ତେ ବହୁତ ଚେଷ୍ଟା କଲି। କିନ୍ତୁ ନ ପାଇବାରୁ ମୁଁ ମଧ ଏଥିରୁ ଧୂଳିବାନ୍ଧି ନେଇ ରଖିଅଛି। କାରଣ,

ସେ ପ୍ରକୃତରେ ମାତାର ପରିଚୟ ପାଇଛନ୍ତି। ଏ ସଭାମଣ୍ଡପରେ ଉତ୍କଳ ଜନନୀ ତାଙ୍କୁ ହିଁ ଦେଖା ଦେଇଛନ୍ତି। ଯେଉଁ ଭ୍ରାତାମାନେ ତାଙ୍କର ପରିଚୟ ପାଇଛନ୍ତି, ସେ ପାଣ କି କଣ୍ଡରା ହେଲେ ମଧ ସେ ମୋର ଅଗ୍ରଜ ଏବଂ ପୂଜ୍ୟ। ତେଣୁ ତାଙ୍କ ପଦଧୂଳି ଓ ଧୂଳିରେ ନିଶ୍ଚୟ ଥିବା ଭାବି ମୁଁ ଧୂଳି ନେଇ ରଖିଛି। XXX ଉତ୍କଳ ସମ୍ମିଳନୀର ଉଦ୍ଦେଶ୍ୟ, ଓଡ଼ିଆ ଜାତିକୁ ଉଠାଇବା। ଓଡ଼ିଆ ଜାତିରେ କୃଷକମାନଙ୍କ ସଂଖ୍ୟା ବେଶି। ତେଣୁ ସେମାନଙ୍କର ଉନ୍ନତି ନ ହେଲେ ଦେଶର ଆଉ କି ଉନ୍ନତି ? ସେମାନେ ଭୂମି କର୍ଷଣ କରି ଆମ୍ଭମାନଙ୍କୁ ଧାନଚାଉଳ ଦେଉଅଛନ୍ତି। ସେମାନେ ହିଁ ଉତ୍କଳ ମାତାଙ୍କର ପ୍ରଧାନ ସେବକ। ସେମାନଙ୍କୁ ଉତ୍କଳଜନନୀ ସ୍ତନ୍ୟପାନ କରାନ୍ତି। XXX ଆମ ଦେଶରେ ଧନ କମ୍ ଅଛି। ଲୋକେ କହନ୍ତି ଓଡ଼ିଶା ଗରିବ। ମୁଁ କହେ, କଦାଚ ନୁହେଁ। ବର୍ତ୍ତମାନ କଲିକତା, ନାଗପୁର ଇତ୍ୟାଦି ସ୍ଥାନର କଳକାରଖାନାମାନଙ୍କରେ ଲକ୍ଷ ଲକ୍ଷ ଓଡ଼ିଆ କାମ କରୁଛନ୍ତି। ଏହାର ଅର୍ଥ - ଓଡ଼ିଆ ହାତର ମୂଲ୍ୟ ଅଛି। ସେଠାରେ ସେ ଦୈନିକ ଟଙ୍କାଏ ଆଦାୟ କରିବ, ଏଠାକୁ ଆସିଲେ ୧୦ ପଇସା ମାତ୍ର ପାଇବ। ଆମେ କ'ଣ ତାଙ୍କୁ କାର୍ଯ୍ୟ ଦେଖାଇ ପାରିବା ? ସୂତା କାରଖାନା କଲେ ସେମାନେ ଆସିବେ। ଯେଉଁ ହାତରେ କୋଣାର୍କ, ଭୁବନେଶ୍ୱର ମନ୍ଦିରମାନ ତୟାର ହୋଇଅଛି, ସେହି ହାତର ଲାଭ ବିଦେଶୀମାନେ ଖାଇ ଯାଉଅଛନ୍ତି। ଧିକ୍ ଆମ୍ଭମାନଙ୍କୁ।" (୨୮)

ଉତ୍କଳ ସମ୍ମିଳନୀର କେତେକ ବିଶେଷ ଅଧିବେଶନ

(୧) **୧୯୦୩ ମସିହା :** ଉତ୍କଳ ସମ୍ମିଳନୀର ପ୍ରଥମ ଅଧିବେଶନ କଟକଠାରେ ଅନୁଷ୍ଠିତ ହୋଇଥିଲା। ସଭାପତି - ମୟୂରଭଞ୍ଜର ମହାରାଜା ଶ୍ରୀ ଶ୍ରୀରାମଚନ୍ଦ୍ର ଭଞ୍ଜଦେଓ।

(୨) **୧୯୦୪** - ଦ୍ୱିତୀୟ ଅଧିବେଶନ କଟକଠାରେ ଅନୁଷ୍ଠିତ ହୋଇଥିଲା। ସଭାପତିତ୍ୱ କରିଥିଲେ ଧରାକୋଟର ରାଜା ମଦନମୋହନ ସିଂହଦେବ।

(୩) **୧୯୦୬** - ତୃତୀୟ ଅଧିବେଶନ ବାଲେଶ୍ୱରଠାରେ ଅନୁଷ୍ଠିତ। ସଭାପତି - ତାଳଚେର ରାଜା କିଶୋର ଚନ୍ଦ୍ର ସିଂହଦେଓ।

(୪) **୧୯୦୬** - ଚତୁର୍ଥ ଅଧିବେଶନ ବ୍ରହ୍ମପୁରଠାରେ ଅନୁଷ୍ଠିତ। ସଭାପତି- କନିକା ରାଜା ରାଜେନ୍ଦ୍ର ନାରାୟଣ ଭଞ୍ଜଦେବ।

(୫) **୧୯୦୮** - ପଞ୍ଚମ ଅଧିବେଶନ ପୁରୀଠାରେ ଅନୁଷ୍ଠିତ। ସଭାପତି - ସୁରଙ୍ଗୀର ରାଜା ଚନ୍ଦ୍ରଚୂଡ଼ମଣି ଜଗଦ୍ଦେବ।

(୬) **୧୯୦୮** - ଷଷ୍ଠ ଅଧିବେଶନ-କଟକଠାରେ ଅନୁଷ୍ଠିତ। ସଭାପତି - ଆଠଗଡ଼ର ରାଜା ରାଧାନାଥ ବର୍ମା।

(୭) **୧୯୧୦** - ସପ୍ତମ ଅଧିବେଶନ-କଟକଠାରେ ଅନୁଷ୍ଠିତ। ସଭାପତି - ବଲେଶ୍ୱରର ରାଜା ବୈକୁଣ୍ଠ ନାଥ ଦେ। ସମ୍ପାଦକ ଥିଲେ ଗୋକୁଳାନନ୍ଦ ଚୌଧୁରୀ।

(୮) **୧୯୧୨ (ଡିସେମ୍ବର)** - ଅଷ୍ଟମ ଅଧିବେଶନ-ବ୍ରହ୍ମପୁରଠାରେ ଅନୁଷ୍ଠିତ । ସଭାପତି - ସୁରଙ୍ଗୀର ରାଜା ଚନ୍ଦ୍ରଚୂଡ଼ମଣି ଜଗଦ୍ଦେବ।

(୯) **୧୯୧୩ (ଡିସେମ୍ବର)** - ନବମ ଅଧିବେଶନ-ପୁରୀଠାରେ ଅନୁଷ୍ଠିତ। ସଭାପତି - ମଧୁସୂଦନ ଦାସ।

(୧୦) **୧୯୧୪ (ଡିସେମ୍ବର)** - ଦଶମ ଅଧିବେଶନ-ପାରଳାଖେମୁଣ୍ଡିଠାରେ ଅନୁଷ୍ଠିତ। ସଭାପତି - ସାର୍ ବିକ୍ରମ ଦେବ ବର୍ମା।

(୧୧) **୧୯୧୫ (ଡିସେମ୍ବର)** - ଏକାଦଶ ଅଧିବେଶନ-ସମ୍ବଲପୁରଠାରେ ଅନୁଷ୍ଠିତ। ସଭାପତି - କେରାର ରାଜା ଲକ୍ଷ୍ମୀ ନାରାୟଣ ସିଂହ।

(୧୨) **୧୯୧୬ (ଡିସେମ୍ବର)** - ଦ୍ୱାଦଶ ଅଧିବେଶନ-ବାଲେଶ୍ୱରଠାରେ ଅନୁଷ୍ଠିତ। ସଭାପତି - ମଞ୍ଜୁଷାର ରାଜା ଶ୍ରୀନିବାସ ରାଜମଣି ରାଜଦେବ।

(୧୩) **୧୯୧୮ (ମାର୍ଚ୍ଚ)** - ତ୍ରୟୋଦଶ ଅଧିବେଶନ-ସଭାପତି - ଫକୀରମୋହନ ସେନାପତି। ସ୍ୱତନ୍ତ୍ର ଅଧିବେଶନ - ସଭାପତି - ମଧୁସୂଦନ ଦାସ।

(୧୪) **୧୯୧୯** - ଚତୁର୍ଦ୍ଦଶ ଅଧିବେଶନ - କଟକଠାରେ ଅନୁଷ୍ଠିତ। ସଭାପତି - ଶ୍ରୀ ପଣ୍ଡିତ ଗୋପବନ୍ଧୁ ଦାସ ।

(୧୫) **୧୯୧୯** - ପଞ୍ଚଦଶ ଅଧିବେଶନ - ପୁରୀଠାରେ ଅନୁଷ୍ଠିତ। ସଭାପତି - ଶ୍ରୀ ଚନ୍ଦ୍ରଶେଖର ବେହେରା, ସମ୍ବଲପୁର ।

(୧୬) **୧୯୨୦** - ଷୋଡ଼ଶ ଅଧିବେଶନ - ଚକ୍ରଧରପୁରଠାରେ ଅନୁଷ୍ଠିତ। ସଭାପତି - ଜଗବନ୍ଧୁ ସିଂହ।

(୧୭) **୧୯୨୩** - ସପ୍ତଦଶ ଅଧିବେଶନ-ବ୍ରହ୍ମପୁରଠାରେ ଅନୁଷ୍ଠିତ। ସଭାପତି - କଳ୍ପତରୁ ଦାସ।

(୧୮) **୧୯୨୪** - ଅଷ୍ଟାଦଶ ଅଧିବେଶନ-ବ୍ରହ୍ମପୁରଠାରେ ଅନୁଷ୍ଠିତ। ସଭାପତି - ଚନ୍ଦ୍ରଶେଖର ବେହେରା।

(୧୯) **୧୯୨୫** - ଊନବିଂଶ ଅଧିବେଶନ-କଟକଠାରେ ଅନୁଷ୍ଠିତ। ସଭାପତି - ଭୁବନାନନ୍ଦ ଦାସ।

(୨୦) **୧୯୨୯** - ବିଂଶ ଅଧିବେଶନ-ବ୍ରହ୍ମପୁରଠାରେ ଅନୁଷ୍ଠିତ। ସଭାପତି - ଲକ୍ଷ୍ମୀଧର ମହାନ୍ତି।

(୨୧) **୧୯୩୦** - ଏକବିଂଶ ଅଧିବେଶନ-ବ୍ରହ୍ମପୁରଠାରେ ଅନୁଷ୍ଠିତ। ସଭାପତି - ଲୋକନାଥ ମିଶ୍ର।

(୨୨) **୧୯୩୧** - ଦ୍ୱାବିଂଶ ଅଧିବେଶନ - ଜଳନ୍ତରଠାରେ ଅନୁଷ୍ଠିତ। ସଭାପତି - ଦାମୋଦର ସାହୁ।

(୨୩) **୧୯୩୩** – ତ୍ରୟୋବିଂଶ ଅଧିବେଶନ – ବ୍ରହ୍ମପୁରଠାରେ ଅନୁଷ୍ଠିତ । ସଭାପତି – କୃଷ୍ଣଚନ୍ଦ୍ର ଗଜପତି ନାରାୟଣ ଦେବ ।

(୨୪) **୧୯୩୪** – ଚତୁର୍ବିଂଶ ଅଧିବେଶନ – ବ୍ରହ୍ମପୁରଠାରେ ଅନୁଷ୍ଠିତ । ସଭାପତି – ମଧୁସୂଦନ ପାଣିଗ୍ରାହୀ ।

(୨୫) **୧୯୩୮** – ପଞ୍ଚବିଂଶ ଅଧିବେଶନ – ମଞ୍ଜୁଷାଠାରେ ଅନୁଷ୍ଠିତ । ସଭାପତି – ପଣ୍ଡିତ କୃଷ୍ଣଚନ୍ଦ୍ର ଆଚାର୍ଯ୍ୟ ।

(୨୬) **୧୯୪୦** – ଷଡ଼ବିଂଶ ଅଧିବେଶନ – ପୁରୀଠାରେ ଅନୁଷ୍ଠିତ । ସଭାପତି – ପଣ୍ଡିତ ନୀଳକଣ୍ଠ ଦାସ ।

(୨୭) **୧୯୪୪** – ସପ୍ତବିଂଶ ଅଧିବେଶନ – ବ୍ରହ୍ମପୁରଠାରେ ଅନୁଷ୍ଠିତ । ସଭାପତି – ଭାଗବତ ଚନ୍ଦ୍ର ଦାସ ।

(୨୮) **୧୯୪୪** – ଅଷ୍ଟବିଂଶ ଅଧିବେଶନ – ବ୍ରହ୍ମପୁରଠାରେ ଅନୁଷ୍ଠିତ । ସଭାପତି – ଲକ୍ଷ୍ମୀନାରାୟଣ ସାହୁ ।

(୨୯) **୧୯୪୫** – ଊନତ୍ରିଂଶ ଅଧିବେଶନ – ବ୍ରହ୍ମପୁରଠାରେ ଅନୁଷ୍ଠିତ । ସଭାପତି – ହରିହର ମିଶ୍ର ।

(୩୦) **୧୯୪୬** – ତ୍ରିଂଶ ଅଧିବେଶନ – ପୁରୀଠାରେ ଅନୁଷ୍ଠିତ । ସଭାପତି ଜଗନ୍ନାଥ ରାଜମଣି ରାଜଦେଓ ।

(୩୧) **୧୯୪୬** – ଏକତ୍ରିଂଶ ଅଧିବେଶନ – ଜୟପୁରଠାରେ ଅନୁଷ୍ଠିତ । ସଭାପତି – ରାଧାନାଥ ରଥ ।

(୩୨) **୧୯୪୭** – ଦ୍ୱାତ୍ରିଂଶ ଅଧିବେଶନ – ବ୍ରହ୍ମପୁରଠାରେ ଅନୁଷ୍ଠିତ । ସଭାପତି – ବିଶ୍ୱନାଥ ଦାସ ।

ଏଠାରେ ଉଲ୍ଲେଖଯୋଗ୍ୟ ଯେ ଉତ୍କଳ ସମ୍ମିଳନୀର ଦଶମ ଅଧିବେଶନ ପାରଳାଠାରେ ୧୯୧୪ ମସିହା ଡିସେମ୍ବର ମାସରେ ଅନୁଷ୍ଠିତ ହୋଇଥିଲା । କୃଷ୍ଣଚନ୍ଦ୍ର ଗଜପତି ମହାରାଜା ପଦରେ ଅଧିଷ୍ଠିତ ହେବାର ପରବର୍ଷ ହିଁ ପାରଳାରେ ଉତ୍କଳ ସମ୍ମିଳନୀ ଅନୁଷ୍ଠିତ ହେଲା । ଏହି ଅଧିବେଶନରେ କୃଷ୍ଣଚନ୍ଦ୍ର ଗଜପତିଙ୍କ ମାମୁ ସାହିତ୍ୟସମ୍ରାଟ, ରାଜର୍ଷି ସାର୍ ବିକ୍ରମଦେବ ବର୍ମା ଅଧକ୍ଷତା କରିଥିଲେ । ଉଲ୍ଲେଖଯୋଗ୍ୟ ଯେ ନିଜ ଅନୁଜ ଗୋପାଳ ବଲ୍ଲଭଙ୍କ ମୃତ୍ୟୁର ତୃତୀୟ ଦିନ ହୋଇଥିଲେ ମଧ ଜ୍ୟେଷ୍ଠଭ୍ରାତା ମଧୁବାବୁ ପାରଳା ଅଧିବେଶନରେ ଯୋଗଦାନ କରି ବିକ୍ରମଦେବ ଓ କୃଷ୍ଣଚନ୍ଦ୍ର ଗଜପତିଙ୍କ ସହିତ ସ୍ୱର ମିଶାଇ ଭାଷା ସୂତ୍ରରେ ସ୍ୱତନ୍ତ୍ର ଉତ୍କଳ ଗଠନ ପାଇଁ ଦାବୀ ଉପସ୍ଥାପନ କରିଥିଲେ । ୧୯୧୪ ମସିହା ଡିସେମ୍ବର ୨୩ ତାରିଖ ଦିନ ଗୋପାଳ ବଲ୍ଲଭ ଦାସ ପରଲୋକ ଗମନ କରିଥିଲେ ।

୧୯୦୮ ମସିହାର କଥା। ଏହି ସମୟରେ ମଧୁବାବୁ ଇଂଲଣ୍ଡରେ ଓଡ଼ିଆ ଆନ୍ଦୋଳନର ସୂତ୍ରପାତ କରିଥିଲେ। ସେ ଇଂଲଣ୍ଡ ଯାଇ ସେଠାରେ "Discontented India" ଅର୍ଥାତ୍ (ଅସନ୍ତୁଷ୍ଟ ଭାରତ) ନାମକ ଏକ ପୁସ୍ତିକା ପ୍ରକାଶ କରିଥିଲେ। ସର୍ବୋପରି ଓଡ଼ିଆ ଅସ୍ମିତାର ବାର୍ତ୍ତାବହ ମଧୁବାବୁ ସେଠାରେ ପାର୍ଲିଆମେଣ୍ଟର ସଦସ୍ୟମାନଙ୍କ ଆଗରେ ଓଡ଼ିଆ ଆନ୍ଦୋଳନ ସମ୍ପର୍କରେ ନିଜର ବକ୍ତବ୍ୟ ରଖିଥିଲେ। ଯାହା ଫଳରେ ବିଲାତର ସାମ୍ବାଦିକମାନଙ୍କର ଦୃଷ୍ଟି ମଧୁବାବୁଙ୍କ ପ୍ରସ୍ତାବିତ ସମସ୍ୟା ପ୍ରତି ଆକର୍ଷିତ ହୋଇଥିଲା।

୧୯୧୬ ମସିହାରେ ବାଲେଶ୍ୱରଠାରେ ଆୟୋଜିତ ହୋଇଥିବା ଉତ୍କଳ ସମ୍ମିଳନୀରେ ଗୋଟିଏ କମିଟି ଗଠନ ପାଇଁ ପ୍ରସ୍ତାବ ଆସିଥିଲା। ଏହି କମିଟିର ନାମ ଥିଲା "ଉତ୍କଳ ଇଉନିୟନ କମିଟି"। ଏହି କମିଟିରେ ସଦସ୍ୟ ଭାବରେ ରହିଥିଲେ ମଧୁବାବୁ, କନିକାର ତତ୍କାଳୀନ ରାଜା ରାଜେନ୍ଦ୍ର ନାରାୟଣ ଭଞ୍ଜଦେଓ, ବ୍ରଜସୁନ୍ଦର ଦାସ, ସୁଦାମ ଚରଣ ନାୟକ ଏବଂ ଶେରଗଡର ତତ୍କାଳୀନ ରାଜା।

୧୯୧୭ ମସିହା ଡିସେମ୍ବର ମାସ ୧୧ ତାରିଖରେ ଏହି କମିଟି ମଣ୍ଟେଗୁ ଚେମସ୍‌ଫୋର୍ଡ କମିଟିର ମାନ୍ୟବର ସଦସ୍ୟଙ୍କୁ କଲିକତାଠାରେ ଭେଟିଥିଲେ। ନିଜେ ମଧୁବାବୁ ଏବଂ କନିକାର ରାଜା ରାଜେନ୍ଦ୍ର ନାରାୟଣ ଭଞ୍ଜଦେଓ ବିଲାତରୁ ଆସିଥିବା ପ୍ରମୁଖ ବ୍ୟକ୍ତିମାନଙ୍କୁ ସାକ୍ଷାତ କରି ଓଡ଼ିଆ ଆନ୍ଦୋଳନର ଦାବୀ ଜଣାଇଥିଲେ। ଏହି ସମୟରେ କଲିକତାର ପ୍ରବାସୀ ଓଡ଼ିଆମାନେ ଏହି ଦାବୀକୁ ସମର୍ଥନ କରି ଏକ ବିରାଟ ସଭାର ଆୟୋଜନ କରିଥିଲେ। ମଧୁବାବୁ ଏହି ସଭାରେ ଭାଷଣ ଦେଇଥିଲେ। ୧୯୧୭ ମସିହାରେ ମଧୁବାବୁଙ୍କ ସମ୍ପାଦନାରେ "The Oriya" ନାମକ ଇଂରାଜୀ ସପ୍ତାହିକ ପତ୍ରିକା ପ୍ରକାଶ ପାଇଥିଲା।

ଉତ୍କଳ ସମ୍ମିଳନୀ ଗୋଟିଏ ବଡ଼ ନୀତି ଗ୍ରହଣ କରିଥିଲା ତାହା ହେଉଛି ଧର୍ମ ସହିତ ରାଷ୍ଟ୍ରନୀତିକୁ ଯୁକ୍ତ ନ କରାଇବା। ତେଣୁ ଧର୍ମ ସମ୍ପର୍କୀୟ ଆଲୋଚନାକୁ ଉତ୍କଳ ସମ୍ମିଳନୀ ବାଦ ଦେଇଥିଲା।

ମଧୁବାବୁ ଓଡ଼ିଆ ଆନ୍ଦୋଳନର ମୁଖ୍ୟ ପ୍ରବକ୍ତା କହିଲେ ଅତ୍ୟୁକ୍ତି ହେବନାହିଁ। ଉତ୍କଳ ସମ୍ମିଳନୀ ମାଧ୍ୟମରେ ମଧୁବାବୁ ଓଡ଼ିଆ ଭାଷାଭାଷୀ ଅଞ୍ଚଳକୁ ନେଇ ଏକ ସ୍ୱତନ୍ତ୍ର ଭାଷାଭିତ୍ତିକ ପ୍ରଦେଶ ଗଠନ କରିବାର ସ୍ୱପ୍ନ ଦେଖିଥିଲେ। ଓଡ଼ିଆ ଭାଷାଭାଷୀ ଅଞ୍ଚଳର ଏକତ୍ରୀକରଣ କରିବା ପାଇଁ ଓଡ଼ିଶାରେ ଯେଉଁ ବ୍ୟାପକ ଆନ୍ଦୋଳନ ସୃଷ୍ଟି ହୋଇଥିଲା, ସେହି ଆନ୍ଦୋଳନ ହେଉଛି "ଓଡ଼ିଆ ଆନ୍ଦୋଳନ" (The Oriya Movement)। ମଧୁବାବୁ ମତପୋଷଣ କରୁଥିଲେ ଯେ ପ୍ରାକୃତିକ ଉତ୍କଳ ଏବଂ ରାଜନୀତିକ ଉତ୍କଳ ସମାନ ନୁହେଁ। ଓଡ଼ିଆ ଭାଷାଭାଷୀ ଅଞ୍ଚଳ ବିଚ୍ଛିନ୍ନ ଅବସ୍ଥାରେ ରହିଥିଲା। ଓଡ଼ିଶାର

ଦେଶୀୟ ରାଜ୍ୟଗୁଡ଼ିକ (Princely States) ଓଡ଼ିଶାଠାରୁ ସ୍ୱତନ୍ତ୍ର ଥିଲେ। ଓଡ଼ିଶାର କିଛି ଅଂଶ ବଙ୍ଗଳା ପ୍ରେସିଡେନ୍‌ସି, କିଛି ଅଂଶ ମାନ୍ଦ୍ରାଜ ପ୍ରେସିଡେନ୍ସି ଏବଂ କିଛି ଅଂଶ ମଧ୍ୟପ୍ରଦେଶ ବିହାର ପ୍ରଭୃତି ଅଞ୍ଚଳରେ ଖଣ୍ଡବିଖଣ୍ଡିତ ହୋଇ ରହିଥିଲା। ଯାହାକୁ କୁହାଯାଉଥିଲା - ତିନି ଥେଣ୍ଟିଆ କାକୁଡ଼ିବାଡ଼ି ।

ମଧୁବାବୁ ଓଡ଼ିଶାର ଜାତୀୟ ଜୀବନର ନେତୃତ୍ୱ ନେଲାବେଳକୁ ଓଡ଼ିଆ ଭାଷାଭାଷୀ ଅଞ୍ଚଳଗୁଡ଼ିକ ବିଭିନ୍ନ ପ୍ରଦେଶରେ ମିଶି ରହିଥିଲା। ଏହି ସମୟରେ ଅନେକ ଅଞ୍ଚଳ ଓଡ଼ିଶା ବାହାରେ ରହିଥିଲା। ତାହାର ବିବରଣୀ ଏଠାରେ ପ୍ରଦତ୍ତ ହେଲା -

୧) ବିହାର - ଓଡ଼ିଶା - (*i*) ସିଂହଭୂମି ଜିଲ୍ଲା, (*ii*) ଓଡ଼ିଶା ଡିଭିଜନ, (*iii*) ଦକ୍ଷିଣ ମାନଭୂମିର ବାରାଭୂମ, ମାନବଜାର ଏବଂ ଚାନ୍ଦିଲର ରେଭିନ୍ୟୁ ଥାନା ସମୂହ

୨) ମାନ୍ଦ୍ରାଜ - (*i*) ଗୁଡେମ ତାଲୁକ ବ୍ୟତୀତ ଜୟପୁର ଜମିଦାରୀ ସହିତ ଭାଇଜାଗାପଟ୍ଟନମ୍ ଏଜେନ୍ସି, (*ii*) ଚିକାକୋଲ ଏବଂ ନରସିଂମେଟା ତାଲୁକ ବ୍ୟତୀତ ଗଞ୍ଜାମର ମାଳଭୂମି ଓ ସମତଳ ଭୂମି ଅଞ୍ଚଳ।

୩) ମଧ୍ୟପ୍ରଦେଶ - (*i*) ଖଡ଼ିଆଳ, (*ii*) ଫୁଲଝର, (*iii*)ପଦ୍ମପୁର ଓ ଚନ୍ଦ୍ରପୁର (*iv*) ସମ୍ବଲପୁର, (*v*) ମାଲଖୁରଦା ଜମିଦାରୀ, (*vi*) ନାଗପୁର ଜିଲ୍ଲା ଅନ୍ତର୍ଗତ ନଅଗୋଟି ଯୋଗିନୀ ଗ୍ରାମ, (*vii*) ରାୟପୁର ଜିଲ୍ଲାର ବିନ୍ଦ୍ରାନୟାଗଡ଼।

୪) ବଙ୍ଗଳା - (*i*) ଖଡ଼ଗପୁର, (*ii*)ଦନ୍ତୁନ, (*iii*) ମୋହନପୁର, (*iv*) କେସିଆଡ଼ି, (*v*) ନାରାୟଣଗଡ଼ା ଥାନା ସମୂହ, (*vi*)ଝାଡ଼ଗ୍ରାମ ଓ କଣ୍ଟାଇ ସବ୍‌ଡିଭିଜନ ଦ୍ୱୟ, (*vii*) ଦକ୍ଷିଣ ବାଙ୍କୁଡ଼ାର ଶିମିଳିପାଳ, ଶାତଡ଼ା ଏବଂରାୟପୁର ରେଭିନ୍ୟୁ ଥାନା ସମୂହ।

୫) ଓଡ଼ିଶାର ଦେଶୀୟ ରାଜ୍ୟ ସମୂହ - (୧) ଆଠମଲ୍ଲିକ, (୨) ଆଠଗଡ଼, (୩) ବଡ଼ମ୍ବା, (୪) ନରସିଂହପୁର, (୫) ହିନ୍ଦୋଳ, (୬) ତିଗିରିଆ, (୭) ରେଢ଼ାଖୋଲ, (୮) ବୌଦ, (୯) ସୋନପୁର, (୧୦) ପାଟଣା, (୧୧) କଳାହାଣ୍ଡି, (୧୨) ନୟାଗଡ଼, (୧୩) ଖଣ୍ଡପଡ଼ା, (୧୪) ଦଶପଲ୍ଲା, (୧୫) ରଣପୁର, (୧୬) ବାମଣ୍ଡା, (୧୭) ଗାଙ୍ଗପୁର, (୧୮) ବଣାଇ, (୧୯) ଢେଙ୍କାନାଳ, (୨୦) କେନ୍ଦୁଝର, (୨୧) ଖରସୁଆଁ, (୨୨) ନୀଳଗିରି, (୨୩) ତାଳଚେର, (୨୪) ମୟୂରଭଞ୍ଜ, (୨୫) ପାଲଲହଡ଼ା, (୨୬) ଷଢ଼େଇକଳା, (୨୭) ଝାସପୁର, (୨୮) ରାୟଗଡ଼, (୨୯) ସାରଙ୍ଗଗଡ଼, (୩୦) ଉଦୟପୁର, (୩୧) ବସ୍ତର।

ସେହି ସମୟରେ ଉପର୍ଯ୍ୟୁକ୍ତ ଗଡ଼ଜାତଗୁଡ଼ିକ ଓଡ଼ିଶା ଡିଭିଜନ୍‌ର ବାହାରେ

ଥିଲା । ଏହି ସବୁ ଅଞ୍ଚଳଗୁଡ଼ିକୁ ଓଡ଼ିଶା ଡିଭିଜନ୍ ସହିତ ମିଶାଇ ଗୋଟିଏ ଶାସନାଧିନ କରିବା ନିମିତ୍ତ ଏକ ପ୍ରବଳ ଆନ୍ଦୋଳନ ଜାରି ରହିଥିଲା । ଏହି ଓଡ଼ିଆ ଆନ୍ଦୋଳନ ସହିତ ମଧୁବାବୁ ପ୍ରତ୍ୟକ୍ଷଭାବରେ ଜଡ଼ିତ ଥିଲେ । ଓଡ଼ିଆ ଆନ୍ଦୋଳନ ଓଡ଼ିଶାର ରାଜନୈତିକ ଭାଗ୍ୟାକାଶରେ ଏକ ଗୁରୁତ୍ୱପୂର୍ଣ୍ଣ ପ୍ରସଙ୍ଗ ଭାବରେ ଗୃହୀତ । ଏହି ଓଡ଼ିଆ ଆନ୍ଦୋଳନକୁ ମଧୁବାବୁଙ୍କର ଗୁରୁତ୍ୱପୂର୍ଣ୍ଣ ଅବଦାନ ରହିଥିଲା । କାରଣ ତାଙ୍କର ସ୍ୱପ୍ନ ଥିଲା ଭାଷାଭିତ୍ତିକ ଅଖଣ୍ଡ ଏବଂ ସ୍ୱତନ୍ତ୍ର ଓଡ଼ିଶା ପ୍ରଦେଶ ଗଠନ । ଏହି ଓଡ଼ିଆ ଆନ୍ଦୋଳନକୁ ମଧୁବାବୁଙ୍କର ଅବଦାନ ଅବିସ୍ମରଣୀୟ । ୧୮୬୬ ସାଲରେ ଭାରତ ସରକାରଙ୍କର ସେକ୍ରେଟାରୀ ଏଚ.ରିଜଲି ବଙ୍ଗଳା ସରକାରଙ୍କ ପ୍ରମୁଖ ସେକ୍ରେଟାରୀଙ୍କୁ ଗୋଟିଏ ପତ୍ର ଲେଖିଥିଲେ । ସେହି ପତ୍ରର ମର୍ମ ଥିଲା ବଙ୍ଗଳାରୁ ଓଡ଼ିଶାକୁ ବିଛିନ୍ନ କରିବା । କିନ୍ତୁ ବଙ୍ଗର କ୍ଷମତାଶାଳୀ ନେତୃବୃନ୍ଦ ଏହି ପ୍ରସ୍ତାବକୁ ବିରୋଧ କରୁଥିଲେ । ତେବେ ୧୮୭୬ ସାଲରେ ବୈକୁଣ୍ଠନାଥ ଦେ ଏବଂ ବିଚିତ୍ରାନନ୍ଦ ପଟ୍ଟନାୟକ ଓଡ଼ିଆ ଭାଷାଭାଷୀ ଅଞ୍ଚଳର ଏକତ୍ରୀକରଣ ପାଇଁ ଭାରତ ସରକାରଙ୍କ ନିକଟରେ ଆବେଦନ କରିଥିଲେ । ୧୯୦୩ ମସିହାରେ ଇଷ୍ଟର ଛୁଟିରେ ଗଞ୍ଜାମ ଜାତୀୟ ସମିତି ବ୍ରହ୍ମପୁରରେ ଅନୁଷ୍ଠିତ ହୋଇଥିଲା । ଏହି ଗଞ୍ଜାମ ଜାତୀୟ ସମିତି ସଭାରେ ଓଡ଼ିଶାର ବହୁ ମାନ୍ୟଗଣ୍ୟ ବ୍ୟକ୍ତି ଉପସ୍ଥିତ ଥିଲେ । ୧୯୦୩ ମସିହା ଡିସେମ୍ବର ମାସରେ କଟକଠାରେ ଉତ୍କଳ ସମ୍ମିଳନୀ କାର୍ଯ୍ୟକାରୀ ହେଲା । ଉତ୍କଳ ସମ୍ମିଳନୀ ମାଧ୍ୟମରେ ଓଡ଼ିଆ ଆନ୍ଦୋଳନକୁ ଏକ ଜାତୀୟ ଆନ୍ଦୋଳନରେ ପରିଣତ କରାଯାଇଥିଲା । ୧୮୯୫ ମସିହାରେ ସାର୍ ଜନ୍ ଉଡବର୍ଣ୍ଣ ସମ୍ବଲପୁର ଅଞ୍ଚଳରୁ ଓଡ଼ିଆ ଭାଷା ଉଠାଇଦେଇ ହିନ୍ଦୀ ଭାଷା ପ୍ରଚଳନ କରିବା ପାଇଁ ଆଦେଶ ଦେଇଥିଲେ । ମଧୁବାବୁ ଏହାର ବିରୋଧ କରି ଭାରତର ତତ୍କାଳୀନ Secretary of States for India ଙ୍କୁ ପ୍ରତିବାଦ କରିଥିଲେ । ମଧୁବାବୁଙ୍କର ପ୍ରତିବାଦ ଫଳବତୀ ହୋଇଥିଲା । ତେଣୁ ୧୯୦୪ ମସିହାରେ ସମ୍ବଲପୁର ଅଞ୍ଚଳରେ ପୁନଶ୍ଚ ଓଡ଼ିଆ ଭାଷା ପ୍ରଚଳନ କରାଗଲା । ସର୍ବୋପରି ଉତ୍କଳ ସମ୍ମିଳନୀ ଓ ଓଡ଼ିଆ ଆନ୍ଦୋଳନର ପ୍ରୟାସ ଯୋଗୁଁ ୧୯୦୪ ମସିହାରେ ସମ୍ବଲପୁର ମଧ୍ୟପ୍ରଦେଶରୁ ଆସି ଓଡ଼ିଶା ଡିଭିଜନ୍ ସହିତ ସାମିଲ ହେଲା ।

୧୯୦୩ ମସିହା ଡିସେମ୍ବର ମାସରେ ଲର୍ଡ କର୍ଜନ ବଙ୍ଗଦେଶକୁ ଦୁଇଭାଗରେ ବିଭକ୍ତ କଲେ । ଓଡ଼ିଶାର ଗଡ଼ଜାତ ଏବଂ ମୋଗଲବନ୍ଦୀ ତଥା ପାର୍ବତ୍ୟ ଅଞ୍ଚଳ ସହ ଉପକୂଳ ଅଞ୍ଚଳକୁ ମିଶାଇ ଏକ ପ୍ରଦେଶ ଗଠନ କରିବା ପାଇଁ ସୁପାରିଶ କରିଥିଲେ । ଭାରତ ସରକାରଙ୍କ ଘରୋଇ ସେକ୍ରେଟାରୀ ଏଚ.ଏଚ୍.ରିଜଲି ଏହି ଚିଠିର ନକଲଗୁଡ଼ିକୁ ସମ୍ପୃକ୍ତ ପ୍ରାଦେଶିକ ସରକାରଙ୍କ ନିକଟକୁ ପଠାଇଥିଲେ । ଉତ୍କଳ ସମ୍ମିଳନୀରେ ମଧ୍ୟ ଏହି

ପ୍ରସ୍ତାବ ସପକ୍ଷରେ ଲୋକମତ ପ୍ରକାଶ ପାଇଥିଲା । ଭାରତୀୟ ଜାତୀୟ କଂଗ୍ରେସର ଊନିବଂଶତମ ଅଧିବେଶନରେ ଲର୍ଡ କର୍ଜନଙ୍କ ବିରୁଦ୍ଧରେ ପ୍ରସ୍ତାବ ଗୃହୀତ ହୋଇଥିଲା । ଉତ୍କଳ ସମ୍ମିଳନୀ ମାଧ୍ୟମରେ ମାନ୍ଦ୍ରାଜ ପ୍ରେସିଡେନ୍‌ସିରୁ ଗଞ୍ଜାମ ଅଞ୍ଚଳ ଓଡ଼ିଶାକୁ ଆସୁ ବୋଲି ଏହି ଜାତୀୟ କଂଗ୍ରେସ ସମ୍ମିଳନୀରେ ସହମତି ପ୍ରକାଶ ପାଇଥିଲା ।

■

ନିଖିଳ ଭାରତ ଖ୍ରୀଷ୍ଟିଆନ ସମ୍ମିଳନୀ ଓ ମଧୁବାବୁ

ନିଖିଳ ଭାରତ ଖ୍ରୀଷ୍ଟିଆନ ସମ୍ମିଳନୀର ଦ୍ୱିତୀୟ ଅଧିବେଶନ ୧୯୧୫ ମସିହାରେ ଆଲାହାବାଦଠାରେ ଅନୁଷ୍ଠିତ ହୋଇଥିଲା । ମଧୁସୂଦନ ଦାସ ଏହି ଅଧିବେଶନରେ କାର୍ଯ୍ୟକାରୀ ସଭାପତି ଭାବରେ ଦାୟିତ୍ୱ ସମ୍ପାଦନ କରିଥିଲେ । ସଭାପତି ରାଜା ସାର୍ ହରନାମ ସିଂହଙ୍କ ଅଧ୍ୟକ୍ଷତାରେ ସଭାକାର୍ଯ୍ୟ ଆରମ୍ଭ ହେଲା । ମାତ୍ର ଜରୁରୀ କାର୍ଯ୍ୟରେ ତାଙ୍କୁ ଅନ୍ୟତ୍ର ଯିବା ପାଇଁ ପଡ଼ିଥିଲା । ତେଣୁ ସଭାପତି ହରନାମ ସିଂହ ତାଙ୍କର ଅଭିଭାଷଣ ପ୍ରଦାନ କରି ଚାଲିଗଲେ । ସଭାକାର୍ଯ୍ୟର ସୁପରିଚାଳନା ପାଇଁ ମଧୁବାବୁଙ୍କୁ ସଭାପତି ରୂପେ ମନୋନୟନ କରାଯାଇଥିଲା । ମଧୁବାବୁ ଅତ୍ୟନ୍ତ ସଫଳତାର ସହିତ ସଭାକାର୍ଯ୍ୟ ପରିଚାଳନା କରିଥିବାରୁ ସମସ୍ତଙ୍କର ପ୍ରଶଂସାଭାଜନ ହୋଇଥିଲେ ।

ସେଦିନ ଏହି ନିଖିଳ ଭାରତ ଖ୍ରୀଷ୍ଟିଆନ ସମ୍ମିଳନୀରେ ମଧୁସୂଦନ ଦାସଙ୍କ ବକ୍ତୃତା ଉପସ୍ଥିତ ଜନତାର ହୃଦୟତନ୍ତ୍ରୀକୁ ଆନ୍ଦୋଳିତ କରିଦେଇଥିଲା । ଗୋଟିଏ ଗୋଷ୍ଠୀ ବା ସମ୍ପ୍ରଦାୟର ବୃତ୍ତ ଭିତରୁ ଊର୍ଦ୍ଧ୍ୱକୁ ଉଠି ଉଚ୍ଚତର ମାନବିକ ଚିନ୍ତା ଓ ଚେତନାରେ ମିଶିଯିବା ପାଇଁ ମଧୁବାବୁଙ୍କ ପ୍ରଦତ୍ତ ଭାଷଣ ସମସ୍ତଙ୍କର ଚେତନା ରାଜ୍ୟରେ ନୂତନ ଭାବତରଙ୍ଗ ସୃଷ୍ଟି କରିଥିଲା । ଖ୍ରୀଷ୍ଟଧର୍ମର ମାନବିକ ଆବେଦନ ଦିଗଟିକୁ ଉନ୍ମୋଚନ କରି ମଧୁବାବୁ କହିଥିଲେ –

"ଖ୍ରୀଷ୍ଟିଆନ କହିଲେ ଖ୍ରୀଷ୍ଟଙ୍କଠାରେ ଯେଉଁ ବ୍ୟକ୍ତି ନିଜ ଜୀବନର ଆଦର୍ଶ ଦେଖିଥାଏ, ତାହାକୁ ଏହି ପଦଟି ବୁଝାଏ । ମୁଁ ଜଣେ ସମ୍ପ୍ରଦାୟହୀନ ସାଧାରଣ ଲୋକଟିଏ ପରି କହୁଛି । ମୁଁ ମଧ୍ୟ ସେହିପରି ଜଣେ ଲୋକ । ଖ୍ରୀଷ୍ଟଙ୍କ ଜୀବନରେ ସର୍ବାପେକ୍ଷା ବିଶିଷ୍ଟ ଘଟଣା କ'ଣ ? ମୁଁ ହିନ୍ଦୁ ଥିଲାବେଳେ ମୋତେ ଯେଉଁ ବିଷୟଟି ବିଶେଷ ଭାବରେ

ପ୍ରଭାବିତ କରି ଖ୍ରୀଷ୍ଟଧର୍ମ ଗ୍ରହଣ କିରବାକୁ ପ୍ରବର୍ତ୍ତାଇଥିଲା, ତାହା ହେଉଛି ଏହି ପ୍ରାର୍ଥନାଟି - "ପିତା ଏମାନଙ୍କୁ କ୍ଷମାକର; କାରଣ ସେମାନେ କ'ଣ କରୁଛନ୍ତି ତାହା ବୁଝି ପାରୁନାହାନ୍ତି । (Father forgive them for they know not what they do) । ମୋ ମନରେ ଏହି ଧାରଣା ହୋଇଥିଲା, ଏହାଠାରୁ ବେଶି ଉଚ୍ଚକୁ ମାନବ ପ୍ରକୃତି ଉଠି ନ ପାରେ । ମୁଁ ଏହାଠାରୁ ବଳି ଅନ୍ୟ କୌଣସି ଭଲ ଆଦର୍ଶ ପାଇଲି ନାହିଁ । ଏହି ପଦଗୁଡ଼ିକ କେତେବେଳେ କୁହାଯାଇଥିଲା, ତାହା ଆମ୍ଭେମାନେ ଜାଣୁ । ଏ ପଦଗୁଡ଼ିକର ଅର୍ଥ କ'ଣ ? ମୋତେ ଏହି ଶବ୍ଦଗୁଡିକ ଗୋଟିଏ ଭେରୀର ନିନାଦ ପରି ଜଣାଯାଉଛି । ଏହି ଭେରୀ ପୃଥିବୀରେ ଘୋଷଣା କରୁଛି, ମନୁଷ୍ୟର ଶାରୀରିକ ପ୍ରବୃତ୍ତି ଉପରେ ତାହାର ଆଧ୍ୟାତ୍ମିକ ପ୍ରକୃତି ସମ୍ପୂର୍ଣ୍ଣରୂପେ ଅଧିକାର ବିସ୍ତାର କରିଛି । ମୋ ପରି ଭାବୁଥିବା ଅନ୍ୟମାନେ ମଧ୍ୟ ଏହିପରି ଅନୁଭବ କରୁଥିବେ ।" (୨୯)

ମଧୁବାବୁଙ୍କର ବ୍ୟକ୍ତିତ୍ୱ, ଦୃଷ୍ଟିଭଙ୍ଗୀ ଏବଂ ସାଙ୍ଗଠନିକ ଦକ୍ଷତାରେ ସମବେତ ଜନତା ମୁଗ୍ଧ ହୋଇଯାଇଥିଲେ । ସର୍ବଭାରତୀୟ ଖ୍ରୀଷ୍ଟିଆନ ସମାଜରେ ମଧୁବାବୁ ଚର୍ଚ୍ଚାର କେନ୍ଦ୍ର ବିନ୍ଦୁ ଥିଲେ । ତେଣୁ ପରବର୍ତ୍ତୀ ନିଖିଳ ଭାରତ ଖ୍ରୀଷ୍ଟିଆନ ସମ୍ମିଳନୀ ମାନ୍ଦ୍ରାଜ ଅଧିବେଶନର ସଭାପତି ଭାବରେ ମଧୁବାବୁ ନିର୍ବିବାଦରେ ନିର୍ବାଚିତ ହୋଇଥିଲେ । ନିଖିଳଭାରତ ଖ୍ରୀଷ୍ଟିଆନ୍ ସମ୍ମିଳନୀର ଏହି ମାନ୍ଦ୍ରାଜ ଅଧିବେଶନ ୧୯୧୬ ମସିହାରେ ଅନୁଷ୍ଠିତ ହୋଇଥିଲା । ନିଖିଳ ଭାରତ ଖ୍ରୀଷ୍ଟିଆନ ସମ୍ମିଳନୀର ଏହି ଐତିହାସିକ ଅଧିବେଶନରେ ମଧୁବାବୁ ଅଧ୍ୟକ୍ଷତା କରି ଓଡ଼ିଆ ଜାତିର ଗୌରବକୁ ଆହୁରି ପରିବର୍ଦ୍ଧିତ କରିଥିଲେ । ମଧୁବାବୁ ଥିଲେ ଜଣେ ଉଚ୍ଚକୋଟୀର ରାଷ୍ଟ୍ରନୀତିଜ୍ଞ । ସୁତରାଂ ଏହି ସମ୍ମିଳନୀର ସଭାପତି ଅଭିଭାଷଣରେ ମଧୁବାବୁ ଯେଉଁ ବକ୍ତବ୍ୟ ରଖିଥିଲେ, ତହିଁରେ ରାଷ୍ଟ୍ରୀୟ ଏକତା ଓ ଜାତୀୟ ସଂହତିର ସଂକେତ ସ୍ୱତଃ ବାରି ହୋଇ ପଡୁଥିଲା । ସଭାପତି ଅଭିଭାଷଣରେ ମଧୁବାବୁ କହିଥିଲେ -

"ଆମ୍ଭେମାନେ ଭାରତୀୟ । ଭାରତୀୟ ରକ୍ତ ଆମ୍ଭମାନଙ୍କର ଧମନୀରେ ପ୍ରବାହିତ ହେଉଛି । ଭାରତୀୟ ଇତିହାସ, ଭାରତୀୟ ପରମ୍ପରା ରୂପକ ନିର୍ଝରରୁ ଆମ୍ଭେମାନେ ଆମର ପ୍ରେରଣା ପାଉଛୁ । ଆମର ଭାରତର ଭବିଷ୍ୟତ ଗୌରବର ଆଶା - ସୌଧ ପ୍ରାଚୀନ ଭାରତର ଗୌରବ ଉପରେ ନିର୍ମିତ । ସଂକୀର୍ଣ୍ଣ ମନୋଭାବ ଜାତୀୟ କାପୁରୁଷତାର ଏକ ରୂପମାତ୍ର । ପୂର୍ବପରି ଆମ୍ଭେମାନେ କାର୍ଯ୍ୟ କରିଯିବା । ଦଳିତ ଜାତିର ଲୋକଙ୍କୁ ଆମ ଶ୍ରେଣୀ ଭିତରେ ଗ୍ରହଣ କରି ଆମର ସଂଖ୍ୟାକୁ ବୃଦ୍ଧି କରିବା । ଏହା ଦ୍ୱାରା ଆମର ସମାଜ ବୃଦ୍ଧି ପାଇବ । ଏହା ଦ୍ୱାରା ଆମେ ଜାତୀୟ ଜୀବନର ଭିତ୍ତିରେ ଏକ ସାମାଜିକ ଗଣ୍ଡି ନିର୍ମାଣ କରିପାରିବା ।" (୩୦) ଏହିପରି ଭାବରେ ମଧୁବାବୁଙ୍କର ସ୍ୱପ୍ନ ଥିଲା ଏକ ଗୌରବପୂର୍ଣ୍ଣ ଭାରତବର୍ଷ ଗଠନ କରିବା ।

ମଧୁସୂଦନ ଦାସ ଥିଲେ ତତ୍କାଳୀନ ଓଡ଼ିଶା ତଥା ଭାରତବର୍ଷର ଅନ୍ୟତମ ଚିନ୍ତାଶୀଳ, ଦୂରଦୃଷ୍ଟିସମ୍ପନ୍ନ, ସମାଜହିତୈଷୀ ବରେଣ୍ୟ ଦିଗପାଳ। ତାଙ୍କର ଉଚ୍ଚାଙ୍ଗ ବ୍ୟକ୍ତିତ୍ୱ, ମନସ୍ୱିନୀ ଭାଷଣ ସମସ୍ତଙ୍କୁ ଆକୃଷ୍ଟ କରି ପାରୁଥିଲା। ମଧୁବାବୁ ଥିଲେ ଅସରନ୍ତି କର୍ମ ପ୍ରବଣତା, ନିରବଚ୍ଛିନ୍ନ ପ୍ରେରଣାର ଉତ୍ସ। ଖ୍ରୀଷ୍ଟଆନ୍ ମହାସଭାର ଦ୍ୱିତୀୟ ଅଧିବେଶନରେ ଚିନ୍ତାଗର୍ଭକ ଓ ସାରଗର୍ଭକ ଅଭିଭାଷଣ ପ୍ରଦାନ କରି ମଧୁବାବୁ ସମସ୍ତଙ୍କର ହୃଦୟକୁ କିଣି ନେଇଥିଲେ। ବିରାଟ ବଟବୃକ୍ଷ ତଳେ ଯେପରି ଆଉ କୌଣସି ବୃକ୍ଷ ଉଧେଇ ପାରେ ନାହିଁ, ସେହିପରି ଖ୍ରୀଷ୍ଟିଆନ୍ ମହାସଭାର ତୃତୀୟ ଅଧିବେଶନ ପାଇଁ ଭାରତର ଆଉ ଅନ୍ୟ କୌଣସି ବ୍ୟକ୍ତି ସଭାପତି ପଦ ପାଇଁ ଯୋଗ୍ୟ ବିବେଚିତ ହୋଇପାରିଲେ ନାହିଁ। ସୁତରାଂ ତୃତୀୟଥର ପାଇଁ ୧୯୧୭ ମସିହା ନାଗପୁରଠାରେ ଅନୁଷ୍ଠିତ ହୋଇଥିବା ନିଖିଳ ଭାରତ ଖ୍ରୀଷ୍ଟିଆନ୍ ସମ୍ମିଳନୀର ସଭାପତି ପଦ ପାଇଁ ମାନନୀୟ ମଧୁବାବୁ ନିର୍ଦ୍ୱନ୍ଦ୍ୱରେ ନିର୍ବାଚିତ ହୋଇଥିଲେ। ନାଗପୁର ଅଧିବେଶନର ଏହି ମଞ୍ଚରେ ସଭାପତି ଆସନରେ ଥାଇ ମନସ୍ୱୀ ମଧୁବାବୁ ଯେଉଁ ଅଭିଭାଷଣ ପ୍ରଦାନ କରିଥିଲେ, ତାହା ଦର୍ଶକମଣ୍ଡଳୀକୁ ଗଭୀର ଭାବରେ ସ୍ପର୍ଶ କରିଥିଲା।

ସଭାପତି ମଧୁବାବୁଙ୍କ ବକ୍ତବ୍ୟର କିୟଦଂଶ ଏଠାରେ ଉଦ୍ଧାରଯୋଗ୍ୟ। ସେ କହିଥିଲେ – "ପ୍ରତ୍ୟେକ ମନୁଷ୍ୟର ନିଜ ଭିତରେ ଏକାଧିକ ଜୀବନ ଅଛି। ତାହାର ବ୍ୟକ୍ତିଗତ ଜୀବନ ତ ଅଛି, ଏହା ବ୍ୟତୀତ ଅନ୍ୟ ଏକ ଜୀବନ ଅଛି – ଏହାକୁ ଆପଣମାନେ ସାମାଜିକ ବା ଜାତୀୟ ଜୀବନ ବୋଲି କହିପାରନ୍ତି । ମନୁଷ୍ୟ ପରପାଇଁ ସୃଷ୍ଟି ହୋଇଛି ସିନା ସ୍ୱାର୍ଥପର ଜୀବନ ଯାପନ କରିବାକୁ ନୁହେଁ ।ସ୍ୱାର୍ଥପର ବୋଲି କୁହାଯାଉଥିଲେ ମଧ୍ୟ ଜଣେ ଲୋଭୀର ଜୀବନ ନିଶ୍ଚିତ ଭାବେ ଅନାସକ୍ତ। ଲୋଭୀ ମାନବ ସୁଖସମ୍ଭୋଗରୁ ନିଜକୁ ବଂଚିତ କରେ। ଏପରି କରିବା ଦ୍ୱାରା ସେ ନିଶ୍ଚୟ ଅନାସକ୍ତି ବା ସ୍ୱାର୍ଥତ୍ୟାଗକୁ ବରଣ କରିଛି, କାରଣ ଏହା ଦ୍ୱାରା ତା'ର ସଞ୍ଚିତ ଧନ ପରହସ୍ତକୁ, ସେ ଭାର୍ଯ୍ୟାହେଉ, କି ପୁତ୍ର ହେଉ, କି ଦୁହିତା ହେଉ, ଯାଉଛି। ମାନବଜୀବନ ତ୍ୟାଗରୁ ଜନ୍ମ ହୋଇଛି। ମୋର ମାତାର ଅନାସକ୍ତ ହିଁ ମୋର ଜୀବନର ମୂଳ। xxx ଜଣେ ମାତାଙ୍କର ଅନାସକ୍ତି ଯୋଗୁଁ ମୁଁ ସଂସାରରେ ଅବତୀର୍ଣ୍ଣ ହେଲି ଏବଂ ଏହି ସଂସାରରୁ ମୋତେ ଯେତେବେଳେ ଚାଲିଯିବାକୁ ଆଦେଶ ହେବ, ସେତେବେଳେ ମୋ ତ୍ରାଣକର୍ତ୍ତାଙ୍କ ସ୍ୱାର୍ଥତ୍ୟାଗ ମୋତେ ସ୍ୱର୍ଗକୁ ନେବ। ଅନାସକ୍ତି ଓ ସ୍ୱାର୍ଥତ୍ୟାଗ ମାନବ ଜୀବନର ସାଧାରଣ ଅବସ୍ଥା ମାତ୍ର।" **(୩୧)**

ମଧୁବାବୁ ନିଖିଳ ଭାରତୀୟ ଖ୍ରୀଷ୍ଟଆନ୍ ଆସୋସିଏସନର ତିନିଗୋଟି ଅଧିବେଶନରେ ସଭାପତି ପଦବୀ ଅଳଙ୍କୃତ କରି ସର୍ବଭାରତୀୟ ସ୍ତରରେ ସ୍ୱତନ୍ତ୍ର ପରିଚିତି

ସୃଷ୍ଟି କରିଥିଲେ । ତତ୍କାଳୀନ ଭାରତବର୍ଷର ବହୁ ବିଶିଷ୍ଟ ମନୀଷୀ ମଧୁବାବୁଙ୍କର ପରିଚୟ ପାଇଥିଲେ । ବିଶେଷତଃ ଏହି ଖ୍ରୀଷ୍ଟଆନ ସମ୍ମିଳନୀ ସହିତ ଭାରବର୍ଷର ବହୁ ବିଶିଷ୍ଟ ବ୍ୟକ୍ତି ସମ୍ପୃକ୍ତ ଥିଲେ । ସେମାନଙ୍କ ସହିତ ମଧୁବାବୁଙ୍କର ଯୋଗସୂତ୍ର ସ୍ଥାପିତ ହୋଇପାରିଥିଲା । ଉଲ୍ଲେଖଯୋଗ୍ୟ କେତେକ ବିଶିଷ୍ଟ ବ୍ୟକ୍ତି ହେଉଛନ୍ତି – ଏ.ସି.ବାନାର୍ଜୀ, ଶ୍ରୀକୋଟିଲିଙ୍ଗମ୍, ସାର୍ କେ.ଟି.ପାଲ୍ ପ୍ରମୁଖ । ଏମାନେ ଥିଲେ ତତ୍କାଳୀନ ଭାରତବର୍ଷର ବିଶିଷ୍ଟ ନେତୃବୃନ୍ଦ । ମଧୁବାବୁ ଥିଲେ ଦୂରଦ୍ରଷ୍ଟାସମ୍ପନ୍ନ ବ୍ୟକ୍ତି । ଏହି ନେତୃବୃନ୍ଦଙ୍କୁ ଓଡ଼ିଶାର ପ୍ରକୃତ ଚିତ୍ର ଅବଗତ କରାଇବା ଉଦ୍ଦେଶ୍ୟରେ ଉତ୍କଳପ୍ରାଣ ମଧୁବାବୁ ଓଡ଼ିଶାର ଉତ୍ତମାଙ୍ଗ କଟକଠାରେ ନିଖିଳ ଭାରତୀୟ ଖ୍ରୀଷ୍ଟିଆନ ଆସୋସିଏସନ୍‌ର ଷଷ୍ଠ ବାର୍ଷିକ ଅଧିବେଶନ ଆୟୋଜନ କରିବାକୁ ସ୍ଥିର କଲେ । ତାହାହିଁ ହେଲା । ୧୯୧୯ ମସିହା ଡିସେମ୍ବର ମାସ ୨୯, ୩୦ ଏବଂ ୩୧ ତାରିଖରେ ତିନିଦିନ ଧରି ଏହି ସମ୍ମିଳନୀର ଷଷ୍ଠ ବାର୍ଷିକ ଅଧିବେଶନ କଟକଠାରେ ଅନୁଷ୍ଠିତ ହେଲା । ରାୟବାହାଦୂର ଶ୍ରୀ କୋଟିଲିଙ୍ଗମ୍ ସୁଦୂର ମାନ୍ଦ୍ରାଜରୁ ଆସି ଏଥିରେ ସଭାପତିତ୍ୱ କରିଥିଲେ । ଭାରତର ଅନ୍ୟାନ୍ୟ ପ୍ରଦେଶରୁ ବହୁ ପ୍ରତିନିଧି ଏଥିରେ ଯୋଗଦାନ କରିଥିଲେ । ଏହି ଐତିହାସିକ ସମ୍ମିଳନୀକୁ ସରସ, ସୁନ୍ଦର ଓ ସଫଳ କରିବା ପାଇଁ ମଧୁବାବୁ ଏବଂ ଶୈଳବାଳା ଆପ୍ରାଣ ଉଦ୍ୟମ କରିଥିଲେ । ସର୍ବୋପରି ଅନ୍ୟାନ୍ୟ ପ୍ରଦେଶରୁ ଆସିଥିବା ଖ୍ରୀଷ୍ଟିଆନ୍ ପ୍ରତିନିଧିମାନଙ୍କୁ ମଧୁବାବୁ ଓଡ଼ିଶାର ଦୁର୍ଦ୍ଦଶା ଏବଂ ଓଡ଼ିଶାର ଦେଶମିଶ୍ରଣ ପ୍ରସଙ୍ଗ ଅବଗତ କରାଇଥିଲେ । ମଧୁବାବୁଙ୍କର ଏହି ସମସ୍ତ ପ୍ରଚେଷ୍ଟାକୁ ସଭାପତି ଶ୍ରୀ କୋଟିଲିଙ୍ଗମ୍ ଶତମୁଖରେ ପ୍ରଶଂସା କରିଥିଲେ । ଏହି ବ୍ୟୟବହୁଳ ଅଧିବେଶନକୁ ସାକାର କରିବା ପାଇଁ ମଧୁବାବୁଙ୍କୁ ଋଣଂକୃତ୍ୱା ନୀତିରେ ଅର୍ଥ ସଂଗ୍ରହ କରିବାକୁ ପଡ଼ିଥିଲା । ମହାନ୍ କାର୍ଯ୍ୟ ପାଇଁ ଅର୍ଥ ଯେ ବାଧକ ସାଜେ ନାହିଁ, ମଧୁବାବୁ ତାହା ପ୍ରମାଣ କରିଦେଲେ ।

■

ଉତ୍କଳ ସମ୍ମିଳନୀର ଚକ୍ରଧରପୁର ଅଧିବେଶନ

୧୯୨୦ ମସିହା ଡିସେମ୍ବର ମାସ ପ୍ରଥମ ସପ୍ତାହରେ ସିଂହଭୂମି ଜିଲ୍ଲାର ଚକ୍ରଧରପୁରଠାରେ ଉତ୍କଳ ସମ୍ମିଳନୀର ଷୋଡ଼ଶ ଅଧିବେଶନ ଅନୁଷ୍ଠିତ ହେବା ପାଇଁ ସ୍ଥିର ହୋଇଥିଲା। ଉତ୍କଳ ସମ୍ମିଳନୀର ଚକ୍ରଧରପୁର ଅଧିବେଶନରେ ମଧୁବାବୁ ସଭାପତିତ୍ୱ କରିବା ପାଇଁ ନିର୍ଦ୍ଧାରିତ ହୋଇଥିଲା ଏବଂ ମଧୁବାବୁ ଏଥି ନିମନ୍ତେ ସମ୍ମତି ପ୍ରଦାନ କରିଥିଲେ। କିନ୍ତୁ ଅଧିବେଶନର ଅବ୍ୟବହିତ ପୂର୍ବରୁ ଅଭ୍ୟର୍ଥନା ସଭାର ସମ୍ପାଦକ କାହ୍ନୁଚରଣ ପାଣି ସମ୍ବାଦ ଦେଲେ ଯେ ଏହି ଅଧିବେଶନ ଡିସେମ୍ବର ମାସ ଶେଷ ସପ୍ତାହକୁ ଘୁଞ୍ଚିଗଲା। ଅଧିବେଶନରେ ସମୟ ପରିବର୍ତ୍ତନ ହୋଇଯିବାରୁ ମଧୁବାବୁ ସଭାପତିତ୍ୱ କରିବା ପାଇଁ ଅନିଚ୍ଛା ପ୍ରକାଶ କଲେ। ଅଧିବେଶନର ସମୟ ଘୁଞ୍ଚିବାର କାରଣ ଏୟା ଥିଲା ଯେ ଡିସେମ୍ବର ମାସ ଶେଷ ସପ୍ତାହରେ ନାଗପୁରଠାରେ ଜାତୀୟ କଂଗ୍ରେସର ଅଧିବେଶନ ବସିବାକୁ ଯାଉଛି। ଓଡ଼ିଶାରୁ ଗୋପବନ୍ଧୁ ଦାସଙ୍କ ସହିତ ଅନେକ ପ୍ରତିନିଧି ସେଥିରେ ଯୋଗଦେବାର କାର୍ଯ୍ୟକ୍ରମ ଥିଲା। ଗୋପବନ୍ଧୁ ଦାସ ଇଚ୍ଛାପ୍ରକଟ କରିଥିଲେ ଯେ ଏହି ପ୍ରତିନିଧିମାନେ ଜାତୀୟ କଂଗ୍ରେସର ଅଧିବେଶନରେ ଯୋଗଦାନ କରି ଫେରିବା ବାଟରେ ଚକ୍ରଧରପୁର ଉତ୍କଳ ସମ୍ମିଳନୀ ଅଧିବେଶନରେ ଯୋଗଦେବାର ସୌଭାଗ୍ୟ ଅର୍ଜନ କରିବେ। ଅଗତ୍ୟା ମଧୁବାବୁ ଚକ୍ରଧରପୁର ଅଧିବେଶନରେ ଯୋଗଦେବା ପାଇଁ ମନା କରିଥିଲେ। ତେଣୁ ଆବାହକ କାହ୍ନୁଚରଣ ପାଣି ମଧୁବାବୁଙ୍କୁ ସହମତିରେ ବ୍ରଜସୁନ୍ଦର ଦାସଙ୍କୁ ନେବା ପାଇଁ ଅନୁରୋଧ କଲେ। ୧୯୨୦ ମସିହା ଡିସେମ୍ବର ମାସର ୩୦ ଓ ୩୧ ତାରିଖ ଏବଂ ୧୯୨୧ ମସିହା ଜାନୁୟାରୀ ୧ ତାରିଖ – ଏହି ତିନିଦିନ ଧରି ସିଂହଭୂମି ଜିଲ୍ଲାର ଚକ୍ରଧରପୁରଠାରେ ଉତ୍କଳ ସମ୍ମିଳନୀର ଷୋଡ଼ଶ ଅଧିବେଶନ ଅନୁଷ୍ଠିତ ହେଲା। ଏଥିରେ ସଭାପତିତ୍ୱ କରିଥିଲେ ପଣ୍ଡିତ ଗୋପବନ୍ଧୁ ଦାସଙ୍କ ବନ୍ଧୁ ଜଗବନ୍ଧୁ ସିଂହ।

ଏହି ଅଧିବେଶନରେ କେତେଗୁଡ଼ିଏ ପ୍ରସ୍ତାବ ନିରୂପିତ ହେଲା। ପ୍ରସ୍ତାବ ଆଗତ

କରିଥିଲେ ପଣ୍ଡିତ ଗୋପବନ୍ଧୁ ଦାସ । ପ୍ରସ୍ତାବଟି ଥିଲା - "ସମ୍ମିଳନୀର ବର୍ତ୍ତମାନ ଯେଉଁ ଉଦ୍ଦେଶ୍ୟ ନିରୂପିତ ହୋଇଅଛି, ତାହା ସ୍ଥିର ରଖି ଭାରତ ଜାତୀୟ ମହାସମିତି (କଂଗ୍ରେସ)ର ଯେଉଁ ଉଦ୍ଦେଶ୍ୟ ଓ ଆକାଂକ୍ଷା, ତାହା ଏହି ସମ୍ମିଳନୀର ଉଦ୍ଦେଶ୍ୟ ଓ ଆକାଂକ୍ଷା ରୂପେ ଗୃହୀତ ହେଉ ।"

ଏହି ସଭାରେ ମଧୁବାବୁଙ୍କ ତରଫରୁ ବ୍ରଜସୁନ୍ଦର ଦାସ ଉପସ୍ଥିତ ଥିଲେ । ସେ ଏହି ପ୍ରସ୍ତାବକୁ ବିରୋଧ କରିଥିଲେ । ଏହାପରେ ପ୍ରସ୍ତାବର ସପକ୍ଷରେ ଓ ବିପକ୍ଷରେ ମତ ନିଆଗଲା । ଦେଖାଗଲା ପ୍ରସ୍ତାବ ସପକ୍ଷରେ ଶତାଧିକ ଭୋଟ । ଫଳରେ ଉତ୍କଳ ସମ୍ମିଳନୀ ଭାରତୀୟ ଜାତୀୟ କଂଗ୍ରେସର ଭାବଧାରାରେ ସାମିଲ ହେଲା । ଉତ୍କଳ ସମ୍ମିଳନୀ ମଣ୍ଡପରେ ବାରମ୍ବାର ଧ୍ୱନି ଶୁଣାଗଲା - 'ମହାତ୍ମାଗାନ୍ଧୀକି ଜୟ', 'ଗୋପବନ୍ଧୁ ବାବୁକୀ ଜୟ' ।

ଏହି ଅଧିବେଶନରୁ ଉତ୍କଳ ସମ୍ମିଳନୀର ନିରୂତା ଉତ୍କଳୀୟତା ହଜିଗଲା । ମଧୁବାବୁ ଏ ପର୍ଯ୍ୟନ୍ତ, ଅର୍ଥାତ୍ ୧୯୨୦ ମସିହା ପର୍ଯ୍ୟନ୍ତ ଥିଲେ ଓଡ଼ିଶାର ଅଦ୍ୱିତୀୟ, ସର୍ବମାନ୍ୟ ଜନନାୟକ । ଏହାପରଠାରୁ କୁଳବୃଦ୍ଧ ମଧୁବାବୁ କ୍ରମେକ୍ରମେ ଉତ୍କଳ ସମ୍ମିଳନୀରୁ ଓହରି ଆସିଲେ ।

ଉତ୍କଳ ସମ୍ମିଳନୀର ଚକ୍ରଧରପୁର ଅଧିବେଶନ ଏହିପରି ଭାବରେ ମଧୁବାବୁଙ୍କ ଜୀବନରେ ନିର୍ଣ୍ଣାୟକ ଗୋଡ଼ ଆଣିଥିଲା । ପ୍ରଫେସର ପ୍ରସନ୍ନ କୁମାର ମିଶ୍ର ଲେଖିଛନ୍ତି - "Madhusudan's leadership and hold over the Utkal Union Conference during 1903 to 1920 was highly beneficial to the cause of the Oriya - speaking people. The Conference drew closer likeminded persons devoted to the cause of political unification xxx. A new generation of young political activists like Gopabandhu Das and Jagabandhu Singh emerged in Orissa xxx At the Chakradharpur Session in 1920 they snatched away the leadership from Madhusudan and plunged Utkal Sammelani in the National mainstream of Congress Movement. Madhusudan withdrew himself from active work in favour of the new generation who enthusiastically followed Mahatma Gandhi in this historic Sturggle for freedom from foreign rule. The search for an indentity by the Oriya - Speaking people would hereafter follow an austere path of constitutional struggle for a decade until the goal was acchieved in the early 1930s." (୩୨)

ମଧୁବାବୁଙ୍କ ପୁରୀ ଆଗମନ ଓ ସ୍ୱଦେଶୀ ପ୍ରଚାର ସଭା

୧୯୦୩ ମସିହାରେ ଉତ୍କଳ ସମ୍ମିଳନୀ କଟକଠାରେ ଆରମ୍ଭ ହେଲା । ଏହା ପରଠାରୁ ମଧୁବାବୁ ଉତ୍କଳ ସମ୍ମିଳନୀର ପ୍ରଚାର ଆରମ୍ଭ କଲେ। ୧୯୦୪ ମସିହାରେ ମଧୁବାବୁ ପୁରୀଠାରେ ପ୍ରଚାର ଆରମ୍ଭ କରିଥିଲେ । ଏଥିପାଇଁ ପୁରୀର ଜଗନ୍ନାଥ ବଲ୍ଲଭ ମଠ ଠାରେ ବିରାଟ ସଭାର ଆୟୋଜନ କରାଯାଇଥିଲା । ଏହି ସଭାରେ ମଧୁବାବୁ ସ୍ୱଦେଶୀ ଦ୍ରବ୍ୟର ବ୍ୟବହାର ଉପରେ ବକ୍ତବ୍ୟ ରଖିଥିଲେ। ମଧୁବାବୁଙ୍କର ମର୍ମସ୍ପର୍ଶୀ ଭାଷଣ ସମସ୍ତଙ୍କୁ ବଶୀଭୂତ କରିଥିଲା । ଏ ସମ୍ପର୍କରେ ପ୍ରତ୍ୟକ୍ଷ ଦ୍ରଷ୍ଟା ଭାବରେ ପଣ୍ଡିତ ନୀଳକଣ୍ଠ ଦାସ ତାଙ୍କର ସ୍ମୃତିଚାରଣ କରି ଯେପରି ଭାବରେ ବର୍ଣ୍ଣନା କରିଛନ୍ତି, ତାହା ମନରେ ଅପୂର୍ବ ଶିହରଣ ସୃଷ୍ଟି କରିଥାଏ । ପଣ୍ଡିତ ନୀଳକଣ୍ଠ ଲେଖିଛନ୍ତି - "୧୯୦୩ ଶେଷକୁ ଉତ୍କଳ ସମ୍ମିଳନୀ କଟକରେ ଆରମ୍ଭ ହୋଇଥିଲା । ତା'ରି ପରେ ୧୯୦୪ ଖ୍ରୀ.ଅ.ରେ ମଧୁସୂଦନ ଦାସ ପ୍ରଥମେ ସମ୍ମିଳନୀ ପ୍ରଚାର ଆରମ୍ଭ କଲେ। ସେଥିରେ କୃଷି ଓ ବାଣିଜ୍ୟ ଶିକ୍ଷା ଦେବା ପ୍ରଧାନ କଥା ଥିଲା; କିନ୍ତୁ ଏ ଦୁଇଟି ଭିତରେ ପ୍ରଧାନ କଥା ଥିଲା ସ୍ୱଦେଶୀ । ଏହା ବଙ୍ଗଳାର ସ୍ୱଦେଶୀ ଆନ୍ଦୋଳନ ଆରମ୍ଭର ଦୁଇବର୍ଷ ବା ତହିଁରୁ ଅଧିକ ପୂର୍ବର କଥା । ମଧୁସୂଦନ ଦାସ (ଡାକ ନାମ ମଧୁବାବୁ) ସ୍ଥାନେ ସ୍ଥାନେ ବୁଲି ବକ୍ତୃତାମାନ ଦେବାକୁ ଆରମ୍ଭ କଲେ। ପୁରୀରେ ହୋଇଥିଲା ଜଗନ୍ନାଥ ବଲ୍ଲଭ ମଠରେ ବିରାଟ ସଭା । କାରଣ ମଧୁବାବୁ ଆସିବେ ଓ ମଠରେ ବିରାଟ ସଭା ହେବ ବୋଲି ବିଜ୍ଞାପନ ଦିଆଯାଇଥିଲା। ଆମ୍ଭେମାନେ ସମସ୍ତେ ଗଲୁ । ମୁଁ ସେତେବେଳେ ପୁରୀ ଜିଲ୍ଲା ସ୍କୁଲର ଛାତ୍ର । ମୋ ସଙ୍ଗେ ଥାନ୍ତି ଜଣେ ବଙ୍ଗାଳୀ ଛାତ୍ର ସ୍ୱର୍ଗତଃ ଶ୍ରୀ ନଗେନ୍ଦ୍ର ନାଥ ରକ୍ଷିତ । ତାଙ୍କ କଥା ପରେ କହୁଛି। ସଭାଟିରେ ଅନେକ ଲୋକ ଉପସ୍ଥିତ ଥା'ନ୍ତି । ମଧୁବାବୁ ବକ୍ତୃତା ଦେଲେ ।

ସେଇଦିନ ବକ୍ତୃତାରେ ଆରମ୍ଭ କରି କହିଥିବା ଗୋଟିଏ କଥା ଏବେ ମୋ ମନେ ଅଛି। "ଆମେ ସବୁ ଚମଡ଼ାଯାକ ବିକି ଦେଉଚୁ। ସେଇ ଚମଡ଼ା ବିଲାତରେ ଯୋତା ତିଆରି ହୋଇ ସେଇ ଯୋତା ପୁଣି ଆସି ଆମରି ପଇସାରେ କିଣା ହୋଇ ଆମରି ପିଠିରେ ପଡୁଛି।" ଏଇପରି ମଧୁବାବୁ ନିଜର ଅନୁକରଣୀୟ ବାଗ୍ମୀତାରେ ଯେତେବେଳେ ସ୍ୱଦେଶୀ ବ୍ୟବହାର ପାଇଁ ନିଜର ଗଭୀର ନିବେଦନ ଛୁଟାଇଦେଲେ, ସେତେବେଳେ ଜନତା କିପରି ମୁଗ୍ଧ ହୋଇ ଚାହିଁଥିଲା, ତା' ଆଜି ମୋର ମନେ ପଡୁଚି। ବଙ୍ଗାଳୀ ପିଲା ନଗେନ୍ଦ୍ରନାଥ ରକ୍ଷିତ ମଧ୍ୟ ସେଥିରେ ଅତ୍ୟନ୍ତ ତନ୍ମୟ ହୋଇଯାଇଥିଲେ। ସବାଶେଷକୁ ବାହାରି ଥିଲା ମଧୁବାବୁଙ୍କ ଗୋଟିଏ ମଲାଟ ବନ୍ଧା ଖାତା। ସେଇ ଖାତାର ପ୍ରଥମ ପୃଷ୍ଠାରେ ବାହାରିଥିଲା ଗୋଟିଏ ନିବେଦନ। ତାହାର ମର୍ମ ହେଉଚି, ସମସ୍ତେ ସ୍ୱଦେଶୀ ବ୍ୟବହାର କରିବା ପାଇଁ ସଂକଳ୍ପ କରନ୍ତୁ। ସେଇ ସଂକଳ୍ପଟି ଅନ୍ୟ ପୃଷ୍ଠାରେ ମୂଳରୁ ଲେଖାଥିଲା। ଯେତେଦୂର ମନେ ହେଉଛି, "ମୁଁ ପ୍ରାଣପଣେ ସ୍ୱଦେଶୀ ଦ୍ରବ୍ୟ ବ୍ୟବହାର କରିବି। ବିଶେଷରେ ସ୍ୱଦେଶୀ ଲୁଗାଛଡ଼ା ଆଉ କିଛି କେବେ ପିନ୍ଧିବି ନାଇ।"

ଏହାହିଁ ଥିଲା ସ୍ୱଦେଶୀ ପ୍ରତିଜ୍ଞାପତ୍ର। ମଧୁବାବୁ ଓଡ଼ିଶାରେ ସ୍ୱଦେଶୀ ଦ୍ରବ୍ୟର ବ୍ୟବହାର ପାଇଁ ଏହିପରି ଅଭିଯାନ ଆରମ୍ଭ କରିଥିଲେ। ସେହି ଖାତାରେ ଦସ୍ତଖତ କରି ସଂକଳ୍ପ କରିବାର ଲକ୍ଷ୍ୟ ନିହିତ ଥିଲା। ଏଣେ ବ୍ରିଟିଶ ରାଜତ୍ୱ କାଳ। ଏହିପରି ପରିସ୍ଥିତିରେ ମଧୁବାବୁଙ୍କର ଅଭିଯାନ ଏକ ଦୁର୍ବାର ପଦକ୍ଷେପ ନିଶ୍ଚୟ। ପଣ୍ଡିତ ନୀଳକଣ୍ଠ ଦାସ ଲେଖିଛନ୍ତି - "ମନେ ଅଛି ସେ ଖାତା ବୁଲିଗଲା। କେହି ଦସ୍ତଖତ କରିବାକୁ ସାହସ କଲେ ନାଇ। ସେ ହେଉଚି ଇଂରେଜ ଅମଳ। ସେତେବେଳେ ଇଂରେଜଙ୍କ ପ୍ରତିପତ୍ତିର ବେଳ। ଲର୍ଡ କର୍ଜନଙ୍କ ପରି ଦଂଠା ଲୋକ ସେତେବେଳେ ଗଭର୍ଣ୍ଣର ଜେନେରାଲ। ସାହସ କରି ସ୍ୱଦେଶୀ ପ୍ରତିଜ୍ଞାପତ୍ରରେ ଦସ୍ତଖତ କରୁଚି କିଏ? xxx ସଂକଳ୍ପ ପରି ତହିଁରେ ଦସ୍ତଖତ କରିବା ଏଡ଼େ ସହଜ କଥା ନ ଥିଲା। ସ୍ପଷ୍ଟ ମନେ ଅଛି, ଏ ପ୍ରତିଜ୍ଞାପତ୍ର ବୁଲି ବୁଲି ଆମ ପାଖକୁ ଆସିଲା। ଆମେ ସେତେବେଳେ ସ୍କୁଲ ଛାତ୍ର। ମଧୁବାବୁଙ୍କ ସତୃଷ୍ଣ ନୟନ ମଧ୍ୟ ଆମ ପର୍ଯ୍ୟନ୍ତ ଆସି ଆମ ଉପରେ ପଡ଼ିଲା। ସେ ଖାତାରେ ପ୍ରଥମେ ଦସ୍ତଖତ କଲେ ନଗେନ୍ଦ୍ର ନାଥ ରକ୍ଷିତ। ତା'ପରେ ଦସ୍ତଖତ କରିଥିଲି ମୁଁ ନିଜେ। ଆମକୁ ଦେଖି କେତେଜଣ ଯୁବକ, ବିଶେଷରେ ସ୍କୁଲଛାତ୍ର ଦସ୍ତଖତ କଲେ। ଆଉ କେହି ସ୍ୱାଧୀନଚେତା ଯୁବକ ଦସ୍ତଖତ କରିଥିବେ, ମୋର ଆଜି ମନେ ନାଇ। କିନ୍ତୁ ଯେତେଦୂର ମନେ ଅଛି, କର୍ମଚାରୀ ତ କର୍ମଚାରୀ, ଓକିଲମାନେ ମଧ୍ୟ ଦସ୍ତଖତ କରିବା ପାଇଁ ଡରିଥିଲେ। xxx ଗୋପବନ୍ଧୁବାବୁ ସେଦିନ କଟକରେ ଥା'ନ୍ତି; ମାତ୍ର ମନେ ଅଛି, ଶେଷକୁ ମଧୁବାବୁଙ୍କର ଶେଷ ଓ ନିରାଶ ଦୃଷ୍ଟି।"

ମଧୁବାବୁଙ୍କର ସେହି ଶେଷ ଓ ଶାଣିତ ଦୃଷ୍ଟି ବାଳକ ନୀଳକଣ୍ଠଙ୍କୁ ବେଶ୍ ପ୍ରଭାବିତ କରିଥିଲା। ତେଣୁ ସ୍ୱଦେଶୀ ଦ୍ରବ୍ୟ, ସ୍ୱଦେଶୀ ପୋଷାକ ପିନ୍ଧିବାର ସଂକଳ୍ପ ନେଇଥିଲେ ସେହି ତରୁଣ ଛାତ୍ର ନୀଳକଣ୍ଠ। ନୀଳକଣ୍ଠ ଲେଖିଛନ୍ତି - "ସେଇଦିନଠାରୁ ପୁରୀ ଜିଲ୍ଲା ସ୍କୁଲ ବୋର୍ଡିଂରେ ଥିବା ନଗେନ୍ଦ୍ର ନାଥ ରକ୍ଷିତ ଓ ମୁଁ ଦୁହେଁ ସ୍ୱଦେଶୀ ବସ୍ତ୍ରାଦି ଛଡ଼ା ଅନ୍ୟ କିଛି ବ୍ୟବହାର କରିନାହୁଁ। ବିଦେଶୀ ବର୍ଜନ ଓ ସ୍ୱଦେଶୀ ବସ୍ତ୍ର ପରିଧାନ ସେଇଦିନଠାରୁ ମୁଁ ଆରମ୍ଭ କରିଥିଲି। ଏଇ ଆରମ୍ଭ ମୂଳରେ ଥିଲା ଗୋଟିଏ ସଂକଳ୍ପ ଓ ସେଇ ସଂକଳ୍ପକୁ ଘେନି ଗୋଟିଏ ପ୍ରତିଜ୍ଞାପତ୍ରରେ ସ୍ୱାକ୍ଷର।" (୩୩)

ସ୍ୱଦେଶୀ ଶିଳ୍ପର ପ୍ରବକ୍ତା: ମଧୁବାବୁ

ଉତ୍କଳ ଗୌରବ ମଧୁସୂଦନ ଦାସ ଥିଲେ ଦୂରଦୃଷ୍ଟି ସମ୍ପନ୍ନ ବ୍ୟକ୍ତିତ୍ୱ। ଗୋଟିଏ ଜାତିର ଅଭ୍ୟୁଦୟ ଏବଂ ସ୍ୱାବଲମ୍ବନଶୀଳତା ପାଇଁ ସ୍ୱଦେଶୀ ଶିଳ୍ପର ଯେ ଏକାନ୍ତ ଆବଶ୍ୟକତା ରହିଛି, ଏହା ମଧୁବାବୁ ଉପଲବ୍ଧି କରିଥିଲେ। ସ୍ୱଦେଶୀ ଶିଳ୍ପର ଉନ୍ନତି ପାଇଁ ମଧୁବାବୁ ନିମ୍ନୋକ୍ତ ଦୁଇଗୋଟି ଯୁଗାନ୍ତକାରୀ ପଦକ୍ଷେପ ନେଇଥିଲେ -

୧) ୧୮୯୭ ମସିହାରେ ଓଡ଼ିଶା ସୂକ୍ଷ୍ମକଳା କାରଖାନା ସ୍ଥାପନ।

୨) ୧୯୦୫ ମସିହାରେ ଉତ୍କଳ ଟ୍ୟାନେରୀ ଜୋତା କାରଖାନା ସ୍ଥାପନ।

୧) ଓଡ଼ିଶା ସୂକ୍ଷ୍ମକଳା କାରଖାନା ସ୍ଥାପନ: ୧୮୯୭ ସାଲରେ ମଧୁବାବୁ ପ୍ରଥମ ଥର ପାଇଁ ବିଲାତ ଯାତ୍ରା କରିଥିଲେ। ସେଠାରେ ସେ ଇଂଲଣ୍ଡର ଶିଳ୍ପଜାଗରଣ ତଥା ଅର୍ଥନୈତିକ ସମୁନ୍ନତି ଦେଖି ବେଶ୍ ଉଦ୍‌ବୁଦ୍ଧ ହୋଇଥିଲେ। ଓଡ଼ିଶାରେ ଏହିପରି ଶିଳ୍ପ ଜାଗରଣ ଏକ ଆବଶ୍ୟକତା ବୋଲି ମଧୁବାବୁ ମର୍ମେ ମର୍ମେ ଉପଲବଧି କରିଥିଲେ। ସୁତରାଂ ସେ ବିଲାତରୁ ଫେରି ସେହିବର୍ଷ ଅର୍ଥାତ୍ ୧୮୯୭ ସାଲରେ କଟକ ସହରର ପ୍ରସିଦ୍ଧ ତାରକସି କାମର ଉନ୍ନତିକରଣ ଏବଂ ସଂଗଠନ ପାଇଁ 'ଓଡ଼ିଶା ସୂକ୍ଷ୍ମକଳା କାରଖାନା' (Orissa Art Wares) ଆରମ୍ଭ କରିଥିଲେ। ମଧୁବାବୁ ନିଜର ମୂଳଧନରେ ପ୍ରଥମେ ଏହା ଆରମ୍ଭ କରିଥିଲେ। ସେ କଟକର ବଣିଆମାନଙ୍କୁ ସକ୍ରିୟ କରାଇବା ପାଇଁ ବୈଜ୍ଞାନିକ ଶିକ୍ଷାପ୍ରଣାଳୀ ଏବଂ କଳକବ୍‌ଜା ଯୋଗାଇଦେଇ କଟକର ଏହି ପ୍ରସିଦ୍ଧ ସୂକ୍ଷ୍ମକଳାର ଉନ୍ନତି ପାଇଁ ପ୍ରଯତ୍ନ ପ୍ରୟାସ କରିଥିଲେ। କଟକର ମିଶନ ରୋଡ଼ସ୍ଥିତ ତାଙ୍କର ବାସଭବନର ହତାରେ ଏହି କାରଖାନା ସ୍ଥାପନ କରାଯାଇଥିଲା। ପ୍ରାୟତଃ ୧୫୦ ଜଣ କାରିଗର ପ୍ରତିଦିନ ଏହି ଓଡ଼ିଶା ସୂକ୍ଷ୍ମକଳା କାରଖାନାରେ କାମ କରୁଥିଲେ। ମଧୁବାବୁଙ୍କର ଏହି ଅଭିନବ ପ୍ରୟାସ ବାସ୍ତବରେ କଟକର ଦୁସ୍ଥ କାରିଗରମାନଙ୍କୁ କାମ ଯୋଗାଇ ଦେଇଥିଲା। ସେମାନଙ୍କର ଆର୍ଥିକ ଅବସ୍ଥାରେ ପରିବର୍ତ୍ତନ ଆସିଥିଲା। ସର୍ବୋପରି ବହୁ ପୁରାତନ

କଟକ ସହରର ପ୍ରସିଦ୍ଧ ଓ ପ୍ରାଚୀନ ଶିଳ୍ପକୁ ମଧୁବାବୁ ରକ୍ଷା କରିପାରିଥିଲେ। ବାସ୍ତବରେ ତାଙ୍କର ଦୂରଦୃଷ୍ଟିପଣିଆ ଯୋଗୁଁ କଟକର ତାରକସି କାମ ବିଶ୍ୱବିଖ୍ୟାତ ହୋଇପାରିଥିଲା।

୨) ଉତ୍କଳ ଟ୍ୟାନେରୀ ଜୋତା କାରଖାନା: ୧୯୦୫ ମସିହାରେ ମଧୁବାବୁ ଓଡ଼ିଶାରେ ଚମଡ଼ା ଶିଳ୍ପର ପ୍ରସାର ପାଇଁ ଉତ୍କଳ ଟ୍ୟାନେରୀ ସ୍ଥାପନ କରିଥିଲେ। ଏହି ଜୋତା ତିଆରି କାରଖାନା କଟକ ରେଳଷ୍ଟେସନ ଏବଂ ମହାନଦୀଠାରୁ ଅଳ୍ପ ଦୂରରେ ଅବସ୍ଥିତ ଥିଲା। ଏହି କାରଖାନାଟି ୩ ଏକର ଜମିରେ ଗଢ଼ି ଉଠିଥିଲା ଏବଂ କାରଖାନାକୁ ଲାଗି ୩୬ ଏକର ଜମି ରହିଥିଲା। ଏହି ଜମିରେ ବବୁରୀ, ସୁନାରୀ, ଡିବିଡିବି, କଣ୍ଟି ପ୍ରଭୃତି ଗଛ ରହିଥିଲା। ଏହି ସବୁ ଗଛଗୁଡ଼ିକ ଚମଡ଼ାକଷା କାମରେ ଆବଶ୍ୟକ ହେଉଥିଲା। ଓଡ଼ିଶାର ଗଡ଼ଜାତ ଅଞ୍ଚଳରେ ଯେଉଁସବୁ ପଶୁମାନେ ପ୍ରାକୃତିକ ଭାବରେ ମୃତ୍ୟୁବରଣ କରୁଥିଲେ, ସେମାନଙ୍କର ଚମଡ଼ାକୁ ମହାନଦୀବାଟେ ଡଙ୍ଗାରେ ଟ୍ୟାନେରୀକୁ ଅଣାଯାଉଥିଲା। ଏହା ବ୍ୟତୀତ କଟକ ସହରର ଅନ୍ୟାନ୍ୟ ଚମଡ଼ା ମଧ୍ୟ ଏହି କମ୍ପାନୀ ଗ୍ରହଣ କରୁଥିଲା। ପ୍ରତି ସପ୍ତାହରେ ୩୦୦ ଗୋରୁ ଚମଡ଼ା, ୨୦୦ ମଇଁଷି ଚମଡ଼ା କଷା (tanning)ଯାଉଥିଲା। ଏହା ବ୍ୟତୀତ ପ୍ରତ୍ୟେକ ସପ୍ତାହରେ ୩୦୦ ବକ୍ସାଇଡସ୍, କିମ୍ବା ୬୦୦ ମେଣ୍ଢା ଚମ କଷାଯାଉଥିଲା। ବିଭିନ୍ନ ବୃକ୍ଷର ରସରେ ଗୋରୁ ଚମଡ଼ା କଷା ଯାଉଥିଲା। ପ୍ରତି ସପ୍ତାହରେ ୫୦୦ ବୁଟ୍ ପ୍ରସ୍ତୁତ ହେଉଥିଲା। ଏହା ବ୍ୟତୀତ ବ୍ୟାଗ୍, ସୁଟ୍‌କେସ୍, ଟଙ୍କାମୁଣି, ଘୋଡ଼ା ଜିମ୍ ପ୍ରଭୃତି ପ୍ରସ୍ତୁତ କରାଯାଉଥିଲା। ରସେଟ୍ ଚମଡ଼ାରେ ସୈନ୍ୟମାନଙ୍କର ବୁଟ୍ ଜୋତା ପ୍ରସ୍ତୁତ ହେଉଥିଲା। ମଇଁଷି ଚମଡ଼ାରେ ଜୋତାର ଗୋଇଠି (Sole) ପ୍ରସ୍ତୁତ ହେଉଥିଲା। ସର୍ବୋପରି ମେଣ୍ଢା ଚମଡ଼ାର କ୍ରୋମ ଟ୍ୟାନିଂ ପାଇଁ ଏହା ପ୍ରସିଦ୍ଧି ଅର୍ଜନ କରିଥିଲା। ଏହା ବ୍ୟତୀତ ଗୋଧି ଏବଂ କୁମ୍ଭୀର ଚମଡ଼ା କଷିବାରେ ଟ୍ୟାନେରୀରେ ମଧ୍ୟ ବ୍ୟବସ୍ଥା ରହିଥିଲା। ସେହି ସମୟରେ ଗୋଧି ଚମଡ଼ା ସହଜରେ ଲଭ୍ୟ ହେଉ ନଥିଲା। ତେଣୁ ମଧୁବାବୁ ଖଣ୍ଡେ ଖଣ୍ଡେ ଗୋଧି ଚମଡ଼ାକୁ ୨ ଟଙ୍କା ଦାମ ଦେଉଥିଲେ। ସମାଜର ନିମ୍ନ ଜାତିର ବ୍ୟକ୍ତିମାନେ ଗୋଧିମାରି ଦୁଇପଇସା ଉପାର୍ଜନ କରୁଥିଲେ। ଗୋଧି ଚମଡ଼ା କଷିବା ବିଷୟ ପରୀକ୍ଷାନିରୀକ୍ଷା କରିବା ପାଇଁ ମଧୁବାବୁ ପ୍ରଚୁର ଅର୍ଥ ବ୍ୟୟ କରୁଥିଲେ। ଜର୍ମାନୀ, ଅଷ୍ଟ୍ରିଆ ଏବଂ ଭାରତର ବିଭିନ୍ନ ଅଞ୍ଚଳରୁ ଶ୍ରମିକମାନେ ଆସି ଏହି ଉତ୍କଳ ଟ୍ୟାନେରୀରେ କାମ କରୁଥିଲେ । ଏହି ସମୟରେ ମଧୁବାବୁ ଉଲ୍ଲେଖ କରିଥିଲେ ଯେ ଇତି ମଧ୍ୟରେ କାରଖାନାର ୮ଜଣ ମ୍ୟାନେଜର ବଦଳି ହୋଇଛନ୍ତି ଏବଂ ପ୍ରାୟ ୩ ଲକ୍ଷ ଟଙ୍କା କ୍ଷତି କରିସାରିଛନ୍ତି। ଉତ୍କଳ ଟ୍ୟାନେରୀ ଏବଂ ଚମଡ଼ା ଶିଳ୍ପ ବ୍ୟବସାୟକୁ ରକ୍ଷା କରିବାକୁ ଯାଇ ମଧୁବାବୁ ୧୯୨୨ ମସିହାରେ ଗୋଟିଏ ସାଧାରଣ ଲିମିଟେଡ କମ୍ପାନୀ ଗଠନ କରି ତାହା ହାତରେ ଏହାର ପରିଚାଳନା

ଭାର ଦେବା ପାଇଁ ସ୍ଥିର କଲେ । ଏହି ସମୟବେଳକୁ ମଧୁବାବୁ ଅତିମାତ୍ରାରେ ଋଣଗ୍ରସ୍ତ ହୋଇପଡ଼ିଥିଲେ । ଉତ୍କଳ ଟ୍ୟାନେରୀ ପାଇଁ ମଧୁବାବୁ ଯେଉଁମାନଙ୍କଠାରୁ ଟଙ୍କା କରଜ କରିଥିଲେ ସେଥି ମଧ୍ୟରୁ କକ୍ସ - ଏଣ୍ଡ କମ୍ପାନୀ, କଲିକତା (Cox & Company, Bankers in Calcutta) ଅନ୍ୟତମ । ଏହି କମ୍ପାନୀଠାରୁ ମଧୁବାବୁଙ୍କର ଟ. ୧,୮୩,୧୦୦/- ୩୬ କରଜ ଥିଲା । ୧୯୨୧ ମସିହାରେ ମଧୁବାବୁ ଯେତେବେଳେ ମନ୍ତ୍ରୀତ୍ୱ ଗ୍ରହଣ କଲେ ସେତେବେଳେ ଆଇନ ଅନୁଯାୟୀ ଉତ୍କଳ ଟ୍ୟାନେରୀ ସହିତ ସମ୍ପୃକ୍ତ ନ ଥିଲେ । ତେବେ ସେ ଯାହାହେଉ ୧୯୨୩ ମସିହାରେ ଉତ୍କଳ ଟ୍ୟାନେରୀ ଜଏଣ୍ଟ ଷ୍ଟକ୍ କମ୍ପାନୀ ଭାବରେ ରେଜିଷ୍ଟ୍ରିଭୁକ୍ତ ହେଲା । ୧୯୨୬ ସାଲରେ କମ୍ପାନୀ ଭାଗ ବିକ୍ରୟ ଦ୍ୱାରା ଟ. ୧,୧୩,୯୪୯ ପାଇଥିଲେ । ଏହା କକ୍ସ କମ୍ପାନୀର କରଜ ବାବଦକୁ ଦିଆଯାଇଥିଲା । ଆହୁରି କମ୍ପାନୀର ଟ. ୧,୧୫,୯୧୪/- କରଜ ଥିଲା । ଏହାପରେ ଉତ୍କଳ ଟ୍ୟାନେରୀକୁ କକ୍ସ ଆଣ୍ଡ କୋ ନିଲାମ ଉଠାଇଲେ । କଟକ ସବଜଜ୍ କୋର୍ଟରେ କକ୍ସ ଏଣ୍ଡ କମ୍ପାନୀ ଡିଗ୍ରୀ ପାଇଥିଲେ । ୧୯୨୭ ମସିହାରେ ଡିଗ୍ରୀ ଜାରୀ ପାଇଁ କକ୍ସ କମ୍ପାନୀ କୋର୍ଟରେ ଆବେଦନ କଲେ । ଅଗତ୍ୟା ଟ୍ୟାନେରୀକୁ ନିଲାମ କରିବା ବ୍ୟତୀତ ଅନ୍ୟ ଉପାୟ ନ ଥିଲା । ସେପ୍ଟେମ୍ବର ୧୫ ତାରିଖରେ ଟ୍ୟାନେରୀ ନିଲାମର ଦିବସ ନିର୍ଦ୍ଦିଷ୍ଟ ହୋଇଥିଲା । କିନ୍ତୁ ମଧୁବାବୁଙ୍କର ପୂର୍ଣ୍ଣ ଆଶା ଥିଲା ଯେ ସେ ଋଣ ପରିଶୋଧ କରିପାରିବେ । ତେଣୁ ସେ ନଭେମ୍ବର ମାସ ୧୫ ତାରିଖ ପର୍ଯ୍ୟନ୍ତ ମହଲତ ମାଗିଥିଲେ । ଏହି ସମୟ ବେଳକୁ ମଧୁବାବୁଙ୍କ ବୟସ ୭୮ ବର୍ଷ । ନିଲାମ ପୂର୍ବଦିନ ସେ ପୁରୀକୁ ଯାଇ ଗଜପତି ରାମଚନ୍ଦ୍ରଦେବଙ୍କୁ ଭେଟିଥିଲେ ।

କୁଳବୃଦ୍ଧ ମଧୁବାବୁଙ୍କୁ ଦେଖି ଗଜପତି ରାମଚନ୍ଦ୍ରଦେବ ଅବଶ୍ୟ ବିସ୍ମିତ ହେଲେ । ମଧୁବାବୁ ଓଡ଼ିଆ ଜାତିର ଏହି ମଉଡ଼ମଣି ଗଜପତି ରାଜାଙ୍କୁ ନିବେଦନ କରିଥିଲେ - "ଆପଣ ଗଜପତି । ଓଡ଼ିଆ ଜାତିର ମଉଡ଼ମଣି । ଆପଣଙ୍କ ପାଖରେ ମୁଁ ଭିକ୍ଷାର୍ଥୀ । ଏ ଭିକ୍ଷା ହେଉଛି ଓଡ଼ିଆ ଜାତିର । ଆପଣ ମୋର ଅନୁରୋଧ ରକ୍ଷା କରିବେ ତ ?" ଏହାପରେ ରାମଚନ୍ଦ୍ରଦେବ ଦୃଢ଼ୋକ୍ତି ପ୍ରକାଶ କରି କହିଥିଲେ - "ଭିକ୍ଷା କାହିଁକି ? ଆଦେଶ ଦିଅନ୍ତୁ । ମୋର ସାଧ୍ୟମତେ ମୁଁ ଆପଣଙ୍କୁ ସାହାଯ୍ୟ କରିବି । ଏହାପରେ ମଧୁବାବୁ ଉତ୍କଳଟାନେରୀ ନିଲାମ ହେବା କଥା ଗଜପତିଙ୍କୁ ଜଣାଇଲେ । ମଧୁବାବୁ ଗଜପତିଙ୍କୁ ଅନୁରୋଧ କଲେ - "ଉତ୍କଳ ଟ୍ୟାନେରୀ କାଲି ନିଲାମରେ ଉଠିବ । ମୁଁ ଚାହେଁ ଆପଣ ନିଲାମ ଧରିବେ ।" ମଧୁବାବୁଙ୍କ ପ୍ରସ୍ତାବରେ ଓଡ଼ିଶାର ଚଳନ୍ତି ଠାକୁର ଗଜପତି ମହାରାଜା ସମ୍ପୂର୍ଣ୍ଣରୂପେ ରାଜିହେଲେ ଏବଂ ନିଲାମ ଧରିବା ପାଇଁ ନିଜର ସମ୍ମତି ଜଣାଇଥିଲେ । ବୋଧହୁଏ ଏହାହିଁ ଥିଲା ଓଡ଼ିଆ ଜାତିର ଆରାଧ୍ୟ ଦେବତା କାଳିଆ ସାଆନ୍ତଙ୍କ ଇଚ୍ଛା !

କଟକର ସବଜଜ୍ ବି.ଏମ୍.ଦାସଙ୍କ ରିପୋର୍ଟ ଭିତ୍ତିରେ ଟ୍ୟାନେରୀର ମୂଲ୍ୟ ନିରୂପଣ କରାଯାଇଥିଲା ଅଢ଼େଇ ଲକ୍ଷ ଟଙ୍କା। ମାତ୍ର ରାମଚନ୍ଦ୍ରଦେବ ଟ. ୬୫,୦୦୦/-ରେ ଏହାକୁ ନିଲାମ ଧରିଲେ। ଅନ୍ୟ କୌଣସି ବ୍ୟକ୍ତି ଏତେ ଟଙ୍କାରେ ନିଲାମ ଧରିବା ପାଇଁ ଇଚ୍ଛୁକ ନ ଥିଲେ । ଗଜପତି ମହାରାଜା ଉତ୍କଳ ଟ୍ୟାନେରୀକୁ ନିଲାମରେ ଧରି ମଧୁବାବୁଙ୍କର ମାନ ରକ୍ଷା କଲେ। ଏହି ସମ୍ବାଦଟି ୧୯୨୬ ସାଲ ନଭେମ୍ବର ୨୦ରେ 'ଉତ୍କଳ ଦୀପିକା'ରେ ପ୍ରକାଶ ପାଇଥିଲା। ସମ୍ବାଦଟି ଏହିପରି - "ସମସ୍ତ ପ୍ରକାରର ପ୍ରଚେଷ୍ଟା ସତ୍ତ୍ୱେ ନଭେମ୍ବର ୧୫ ତାରିଖରେ ଉତ୍କଳ ଟ୍ୟାନେରୀ ନିଲାମ ହେଲା। ପୁରୀର ମହାରାଜା ଶ୍ରୀରାଚନ୍ଦ୍ରଦେବ ୬୫ ହଜାର ଟଙ୍କାରେ ଏହାକୁ ନିଲାମ ଧରିଲେ। xxx ମଧୁବାବୁଙ୍କର ପ୍ରାଣାଧିକ ଉତ୍କଳ ଟ୍ୟାନେରୀକୁ ବିଦେଶୀୟ କମ୍ପାନୀ ହାତରୁ ରକ୍ଷା କରି ପୁରୀ ରାଜା ଧନ୍ୟବାଦର ପାତ୍ର ହୋଇଛନ୍ତି xxx।"

ଉତ୍କଳ ଟ୍ୟାନେରୀ ନିଲାମ ହୋଇଯିବା ପରେ ମଧୁବାବୁ କଚେରୀରୁ ଘରକୁ ଫେରିଲେ । ଏହି ସମୟରେ ଅସହ୍ୟ ଶୂଳ ଯନ୍ତ୍ରଣାରେ ସେ ବେହୋସ୍ ହୋଇପଡ଼ିଲେ। ଘରେ ପହଞ୍ଚି ଗାଡ଼ିରୁ ଓହ୍ଲାଇପଡ଼ି ଦୁଇହାତରେ ସେ ତଳିପେଟକୁ ଚାପିଧରି ତାଙ୍କ ତଳମହଲା ଅଫିସ ଭିତରକୁ ପଶିଆସିଲେ । ଘରେ ଦେଖିଲେ ଲାଇବ୍ରେରୀ ଉପରେ ଝୁଲୁଛି ଡିଗ୍ରୀ ଜାରିର ପରଓ୍ୱାନା। ଏ ଘର ଯେ କେଉଁଦିନ ତାଙ୍କ ହାତରୁ ଚାଲିଯିବ, ଏହା ଥିଲା ତାଙ୍କ ପ୍ରତି ଆଉ ଏକ ଧକ୍କା। ଏହି ସମୟରେ ମଧୁବାବୁ ଟେବୁଲ ଉପରେ ମୁଣ୍ଡମାଡ଼ି ଦାନ୍ତରେ ଦାନ୍ତ ଚିପି, କ୍ଷୀଣ ସ୍ୱରରେ କହିଥିଲେ - "Let Thy will be done" ଅର୍ଥାତ୍ ତୁମ୍ଭର ଇଚ୍ଛା ପୂର୍ଣ୍ଣ ହେଉ।

ଏଠାରେ ଉଲ୍ଲେଖଯୋଗ୍ୟ ଯେ, ମଧୁବାବୁଙ୍କୁ ମହାତ୍ମାଗାନ୍ଧୀ ନିଜର ଅନ୍ତରଙ୍ଗ ବନ୍ଧୁ ଭାବରେ ଗ୍ରହଣ କରିନେଇଥିଲେ । ମହାତ୍ମାଗାନ୍ଧୀଙ୍କ ସହିତ ମଧୁବାବୁଙ୍କ ସମ୍ପର୍କ ସତେଯେପରି ଥିଲା ମଣିକାଞ୍ଚନର ସଂଯୋଗ। ମଧୁବାବୁଙ୍କ ଆଦର୍ଶ, କାର୍ଯ୍ୟାବଳୀ ଓ ବ୍ୟକ୍ତିତ୍ୱ ମହାତ୍ମାଗାନ୍ଧୀଙ୍କୁ ଅଭିଭୂତ କରିଥିଲା। ମଧୁସୂଦନ ମନ୍ତ୍ରୀପଦରୁ ଇସ୍ତଫା ଦେବାପରେ ବିଭିନ୍ନ ଜନହିତକର କାର୍ଯ୍ୟରେ ନିଜକୁ ସାମିଲ କରିଥିଲେ। ୧୯୨୪ ମସିହା ଫେବୃୟାରୀ ମାସ ୧୭ ତାରିଖରେ ପାଟନାଠାରେ ଶ୍ରମର ବିଭିନ୍ନ ଦିଗ ଉପରେ ମଧୁବାବୁ ବକ୍ତୃତା ପ୍ରଦାନ କରିଥିଲେ। ମହାତ୍ମାଗାନ୍ଧୀ ମଧୁବାବୁଙ୍କର ଅଭିଭାଷଣ ସମ୍ପର୍କରେ ତାଙ୍କ ଦ୍ୱାରା ସମ୍ପାଦିତ ୟଙ୍ଗ୍ ଇଣ୍ଡିଆ (Young India) ପତ୍ରିକାରେ ପ୍ରକାଶ କରିଥିଲେ। ୧୯୨୪ ମସିହା ଫେବୃୟାରୀ ମାସ ୪ ତାରିଖରେ ମଧୁବାବୁ ସାବରବତୀ ଆଶ୍ରମଠାରେ ମହାତ୍ମାଗାନ୍ଧୀଙ୍କୁ ଭେଟିଥିଲେ। ମଧୁବାବୁ ମହାତ୍ମାଗାନ୍ଧୀଙ୍କ ସହିତ ବିଭିନ୍ନ ପ୍ରସଙ୍ଗ ଆଲୋଚନା କରିଥିଲେ। ଦେଶର ସାମଗ୍ରିକ ଉନ୍ନତି, ଅର୍ଥନୈତିକ ସମସ୍ୟା, ଓଡ଼ିଶା ପ୍ରସଙ୍ଗ ଇତ୍ୟାଦି

ବିଷୟରେ ମଧୁବାବୁ ମହାତ୍ମାଗାନ୍ଧୀଙ୍କ ସହିତ ଆଲୋଚନା କରିଥିଲେ। ସର୍ବୋପରି ସ୍ୱତନ୍ତ୍ର ଉତ୍କଳ ପ୍ରଦେଶ ଗଠନ, ଉତ୍କଳ ଟ୍ୟାନେରୀର କାର୍ଯ୍ୟାବଳୀ ସମ୍ପର୍କରେ ମଧୁବାବୁ ମହାତ୍ମାଗାନ୍ଧୀଙ୍କୁ ଅବଗତ କରାଇଥିଲେ। ଉତ୍କଳ ଟ୍ୟାନେରୀ ପରିଦର୍ଶନ ପାଇଁ ମଧୁବାବୁ ମହାତ୍ମାଗାନ୍ଧୀଙ୍କୁ ଅନୁରୋଧ କରିଥିଲେ।

ଏହାପରେ ମହାତ୍ମା ଗାନ୍ଧୀ କାର୍ଯ୍ୟବଶତଃ କଲିକତା ଯାତ୍ରା କଲେ। କଲିକତା ରହଣି କାଳ ମଧ୍ୟରେ ମହାତ୍ମା ଗାନ୍ଧୀ ଉତ୍କଳ ଟ୍ୟାନେରୀ ପରିଦର୍ଶନରେ ଆସିବେ ବୋଲି ମଧୁବାବୁଙ୍କ ନିକଟକୁ ଟେଲିଗ୍ରାମ୍ ପ୍ରେରଣ କଲେ। ମଧୁବାବୁ ମଧ୍ୟ ମହାତ୍ମା ଗାନ୍ଧୀଙ୍କ ନିକଟକୁ ଟେଲିଗ୍ରାମ୍‌ର ଉତ୍ତର ପ୍ରେରଣ କରିଥିଲେ। ମଧୁବାବୁଙ୍କଠାରୁ ଟେଲିଗ୍ରାମ ପାଇବା ପରେ ମହାତ୍ମାଜୀ ତାଙ୍କ ନିକଟକୁ ୧୯୨୫ ମସିହା ଅଗଷ୍ଟ ମାସ ୧୨ ତାରିଖରେ ଚିଠିଟିଏ ଲେଖି ପଠାଇଥିଲେ। ସେହି ଚିଠିଟି ଏହିପରି -

୧୪୮, ରସାରୋଡ୍, କଲିକତା
୧୨।୮।୧୯୨୫

ପ୍ରିୟବନ୍ଧୁ,

ମୋର ତାରବାର୍ତ୍ତାର ତୁରନ୍ତ ଉତ୍ତର ଆପଣଙ୍କଠାରୁ ପାଇଲି। ମୁଁ ଆପଣଙ୍କୁ ହିଁ ଅନବରତ ଭାବି ଚାଲିଛି। ମୁଁ ଜାମସେଦପୁରରେ ପହଞ୍ଚିଲା ପର୍ଯ୍ୟନ୍ତ କଟକ ଯାଇ ଆପଣଙ୍କ ଉଦ୍ୟୋଗକୁ ଦେଖିପାରିବି ବୋଲି ଚିନ୍ତା କରିପାରି ନ ଥିଲି। ଜାମସେଦପୁରରେ ପହଞ୍ଚିଲା ପରେ ମୋର ବିବେକ ମୋତେ ବାରମ୍ବାର ଦଂଶନ କଲା ଆଉ ଚେତେଇ ଦେଲା ଯେ, ମୁଁ ଯେପରି କଟକ ଯାଇ ଆପଣଙ୍କ ଟ୍ୟାନେରୀ ପରିଦର୍ଶନ କରେ। ମୁଁ ଏଠାରୁ ମଙ୍ଗଳବାର ଦିନ ପୁରୀ ଏକ୍ସପ୍ରେସ୍‌ରେ ବାହାରିବି। ମୁଁ ଯାହା ଜାଣେ, ତାହା କଟକରେ ପାହାନ୍ତିଆ ୪ଟାରେ ପହଞ୍ଚିବ। ମୁଁ ସେଠାରେ ମାତ୍ର ଦୁଇ ଦିନ ରହିବି। ମୁଁ ଜାଣେ ଆପଣ ମୋର ପରିଦର୍ଶନକୁ ଗୁପ୍ତ ରଖି ପାରିବେ ନାହିଁ। ମାତ୍ର ମୁଁ ଆପଣଙ୍କ ଉପରେ ଗୋଟିଏ ଭାରି କାର୍ଯ୍ୟକ୍ରମ ଲଦି ଦେବାକୁ ଚାହେଁ ନାହିଁ। ମୁଁ ଚାହେଁ ଟ୍ୟାନେରୀ ସମ୍ପର୍କରେ ଏବଂ ଆପଣଙ୍କର ଆବଶ୍ୟକତା ଉପରେ ସବିଶେଷ ଅଧ୍ୟୟନ କରିବି। ଆପଣଙ୍କୁ ସାହାଯ୍ୟ ଦେଇ ପାରିବି କି ନାହିଁ ସେ ବିଷୟରେ ଚିନ୍ତା କରିବି।

ମୁଁ ଆପଣଙ୍କ ନିକଟରେ ଆଗ୍ରହର ସହିତ ରହିବି ନିଶ୍ଚୟ। ମାତ୍ର ମୋ ସାଥିରେ ରଙ୍ଗଲାଲ ଓ ସତୀଶ ଚନ୍ଦ୍ର ଦାସଗୁପ୍ତ ଆସୁଛନ୍ତି। ପ୍ରଥମ ବ୍ୟକ୍ତି ଜଣେ ମାରୁଆଡ଼ି ଭଦ୍ରବ୍ୟକ୍ତି ଯାହାଙ୍କୁ କି ମୁଁ ଗୋରକ୍ଷା ସମ୍ପର୍କରେ ଅନୁପ୍ରେରିତ କରୁଛି। ଦ୍ୱିତୀୟ ବ୍ୟକ୍ତିଙ୍କୁ ଆପଣ ଜାଣନ୍ତି। ତୃତୀୟ ବ୍ୟକ୍ତି ହେଉଛନ୍ତି ମହାଦେବ ଦେଶାଇ ଯାହାଙ୍କୁ ଆପଣ ମଧ୍ୟ ଜାଣିଛନ୍ତି। ବର୍ତ୍ତମାନ ଆପଣ ମୋତେ ଯେଉଁଠାରେ ରଖିପାରନ୍ତି। ମୁଁ ସେଠାରେ ବଙ୍ଗାଳୀ

ବନ୍ଧୁମାନଙ୍କଠାରୁ ଦେଶବନ୍ଧୁ ଚିତ୍ତରଞ୍ଜନଙ୍କ ସ୍ମୃତିପାଇଁ କିଛି ଅର୍ଥସଂଗ୍ରହ କରିବାକୁ ଚାହେଁ। ଆପଣ ମୋତେ ଉତ୍କଳରେ କିପରି ଚରଖାର ବାର୍ତ୍ତା ପ୍ରଚାର କରାଯିବ, ସେ ସମ୍ପର୍କରେ ଧାରଣା ଦେବେ। ଯଦିଓ କଂଗ୍ରେସ ସେଠାରେ ଏହି ଦିଗରେ ପାଣି ଭଳି ଅର୍ଥବ୍ୟୟ କରିଛି, ମାତ୍ର ପ୍ରକୃତରେ କିଛି ଅଗ୍ରଗତି ହୋଇନାହିଁ। ଅବଶ୍ୟ ଏଥିପାଇଁ ମୁଁ ବ୍ୟଥିତ ନୁହେଁ।

ଆପଣଙ୍କର ଅନ୍ତରଙ୍ଗ

ଏମ୍.କେ.ଗାନ୍ଧୀ

ମଧୁବାବୁଙ୍କର ନିମନ୍ତ୍ରଣ କ୍ରମେ ମହାତ୍ମା ଗାନ୍ଧୀ ୧୯୨୫ ମସିହା ଅଗଷ୍ଟ ମାସ ୧୯ ତାରିଖରେ କଟକଠାରେ ପଦାର୍ପଣ କଲେ। ଏହାଥିଲା ଗାନ୍ଧିଜୀଙ୍କର ଦ୍ୱିତୀୟବାର ଓଡ଼ିଶା ଗସ୍ତ। ମହାତ୍ମାଗାନ୍ଧୀ କଟକ ଆସି 'ମଧୁସ୍ମୃତି'ଠାରେ କଂଗ୍ରେସ କର୍ମୀ ସଭାରେ ଯୋଗଦାନ କଲେ।

ଉତ୍କଳ ଟ୍ୟାନେରୀର ପରିଦର୍ଶନ ଉଦ୍ଦେଶ୍ୟରେ ମଧୁବାବୁଙ୍କ ଅନୁରୋଧକ୍ରମେ ମହାତ୍ମାଗାନ୍ଧୀ କଟକ ଆଗମନ କରିଥିଲେ। ମହାତ୍ମାଗାନ୍ଧୀ ପଶ୍ଚିମବଙ୍ଗ ପ୍ରଦେଶରୁ ୧୯୨୫ ସାଲ ଅଗଷ୍ଟ ମାସ ୧୯ ତାରିଖ ଗୁରୁବାର ଭୋର ୪ଟା ବେଳେ ପୁରୀ ଏକ୍ସପ୍ରେସ୍‌ରେ କଟକରେ ପହଞ୍ଚିଲେ। ସାଥିରେ ଥିଲେ ମହାତ୍ମାଗାନ୍ଧୀଙ୍କ ସେକ୍ରେଟାରୀ ମହାଦେବ ଦେଶାଇ, ସତୀଶ ଚନ୍ଦ୍ର ଦାସଗୁପ୍ତ ଏବଂ ଜଣେ ମାରୁଓ୍ୱାଡ଼ି ମହାଜନ ରଙ୍ଗଲାଲ। କଟକରେ ମହାତ୍ମାଗାନ୍ଧୀ କେଉଁଠାରେ ରହିବେ ବୋଲି ବ୍ୟସ୍ତବିବ୍ରତ ହୋଇ ଗୋପବନ୍ଧୁ ଚୌଧୁରୀ ମଧୁବାବୁଙ୍କୁ ପଚାରିଲେ। ମଧୁବାବୁ ଗୋପବନ୍ଧୁ ଚୌଧୁରୀଙ୍କୁ କହିଥିଲେ – "ମହାତ୍ମାଗାନ୍ଧୀ ମୋତେ ଲେଖିଛନ୍ତି ଯେ ସେ ମୋର ଅତିଥି ହେବେ। ସେଥିପାଇଁ ଉପର ମହଲାରେ ବନ୍ଦୋବସ୍ତ କରୁଛି।" ମହାତ୍ମାଗାନ୍ଧୀ ଥିଲେ ଖଦୀର ମଣିଷ। ତେଣୁ ଗାନ୍ଧିଜୀଙ୍କ ଆଗମନ ପରିପ୍ରେକ୍ଷୀରେ ମଧୁବାବୁ ତାଙ୍କର ବାସଭବନକୁ ଖଦଡ଼ ପର୍ଦ୍ଦା, ଖଦଡ଼ ବିଛଣା ଚଦର ପ୍ରଭୃତିରେ ସଜାଇ ଗୋଟିଏ ଖଦୀ ମହଲର ସଂଭ୍ରମ ସୃଷ୍ଟି କରିଥିଲେ।

ମହାତ୍ମା ଗାନ୍ଧୀ କଟକ ଷ୍ଟେସନରେ ପହଞ୍ଚିବା ସମୟରେ ପାଛୋଟି ନେବା ପାଇଁ ସେଠାରେ ଉପସ୍ଥିତ ଥିଲେ – ମଧୁସୂଦନ ଦାସ, ଗୋପବନ୍ଧୁ ଦାସ, ଗୋପବନ୍ଧୁ ଚୌଧୁରୀ ଏବଂ ଟ୍ୟାନେରୀର କେତେକ ପଦସ୍ଥ କର୍ମଚାରୀ। ମହାତ୍ମାଗାନ୍ଧୀ ଷ୍ଟେସନରୁ ସିଧା ଆସିଲେ ମଧୁବାବୁଙ୍କ ବାସଭବନକୁ।

ସକାଳ ସାଢ଼େ ଆଠଟାରେ ଥିଲା ମହାତ୍ମାଗାନ୍ଧୀଙ୍କର ଟ୍ୟାନେରୀ ପରିଦର୍ଶନ କାର୍ଯ୍ୟକ୍ରମ। ମହାଦେବ ଦେଶାଇ, ସତୀଶ ଚନ୍ଦ୍ର ଦାସଗୁପ୍ତ, ମହାଜନ ରଙ୍ଗଲାଲ ଏବଂ ଅନ୍ୟ କେତେକ କଂଗ୍ରେସ ନେତୃବୃନ୍ଦଙ୍କ ଗହଣରେ ମହାତ୍ମାଗାନ୍ଧୀ ଉତ୍କଳ ଟ୍ୟାନେରୀ ଠାରେ

ପହଞ୍ଚିଲେ। ସୋନାରି, ବବୁରି, ଡିବିଡିବି, କଣ୍ଟି ପ୍ରଭୃତି ବୃକ୍ଷରାଜିର ପରିବେଶ ମଧ୍ୟରେ ଅବସ୍ଥିତ ଉତ୍କଳ ଟ୍ୟାନେରୀକୁ ମହାତ୍ମାଗାନ୍ଧୀ ପିରଦର୍ଶନ କଲେ। ମହାତ୍ମାଜୀ ଦେଖିଲେ ଯେ ଏହି କାରଖାନାର ବିଭିନ୍ନ ସେକ୍‌ସନମାନଙ୍କରେ ଆଧୁନିକ ଧରଣର ଯନ୍ତ୍ରପାତି ବ୍ୟବହୃତ। ମାତ୍ର ସେଥି ମଧ୍ୟରୁ ଅଧିକାଂଶ ବିଭାଗ କାର୍ଯ୍ୟାଭାବରୁ ଅଚଳ ହୋଇ ପଡ଼ିରହିଛି। କେବଳ ଟାନିଂ ବିଭାଗରେ ଯତ୍‌କିଞ୍ଚିତ କାର୍ଯ୍ୟ ଚାଲିଥିଲା। ମହାତ୍ମାଗାନ୍ଧୀ ତାଙ୍କର ସହକର୍ମୀମାନଙ୍କ ସହିତ ପ୍ରତ୍ୟେକ ବିଭାଗ ବୁଲିକରି ପ୍ରାୟ ଘଣ୍ଟାଏ ପର୍ଯ୍ୟନ୍ତ ଦେଖିଥିଲେ। ଏହି ସମୟରେ ମଧୁବାବୁ ବିଭିନ୍ନ ଯନ୍ତ୍ରପାତି ସମ୍ପର୍କରେ ମହାତ୍ମାଗାନ୍ଧୀଙ୍କୁ ଅବଗତ କରାଉଥିଲେ। ମଧୁବାବୁ ମହାତ୍ମାଗାନ୍ଧୀଙ୍କୁ ଗୋଟିଏ ବଡ଼କଥା କହିଥିଲେ। ତାହା ଥିଲା - ଅସ୍ପୃଶ୍ୟତା ଦୂରୀକରଣ। ମହାତ୍ମାଗାନ୍ଧୀ ତାଙ୍କର 'ମୋ ସ୍ୱପ୍ନର ଭାରତ' ପୁସ୍ତକରେ ଅସ୍ପୃଶ୍ୟତା ବିରୋଧରେ ମତ ଓ ମନ୍ତବ୍ୟ ରଖିଥିଲେ। ଅସ୍ପୃଶ୍ୟତା ହେଉଛି ମନୁଷ୍ୟକୃତ। ସେହି ଗ୍ରନ୍ଥରେ ମହାତ୍ମାଗାନ୍ଧୀ ଲେଖିଛନ୍ତି - "I shall work for an India... xxx there shall be no room for the curse of untouchbility." ତେବେ ଏହି ପରିପ୍ରେକ୍ଷୀରେ ମଧୁବାବୁ ନିଶ୍ଚିତ ଭାବରେ ଗାନ୍ଧିଜୀଙ୍କଠାରୁ ଆଗରେ ଥିଲେ। ତେଣୁ ମଧୁବାବୁ ଗାନ୍ଧିଜୀଙ୍କୁ ଏହିପରି କହିଥିଲେ - "ମହାତ୍ମାଜୀ, ଯେଉଁ ଅସ୍ପୃଶ୍ୟତା ଦୂରୀକରଣ ପାଇଁ ଏବେ ଆପଣ ଆନ୍ଦୋଳନ କରୁଛନ୍ତି; ଏଇ ଟ୍ୟାନେରୀରେ ମୁଁ ତାହା ଆରମ୍ଭ କରିଥିଲି ବହୁ ବର୍ଷ ପୂର୍ବେ। ପାଣ, କଣ୍ଡରା, ଶିଆଳ ପ୍ରଭୃତି ଯେଉଁ ଜାତିମାନେ ବିବେଚିତ ହୁଅନ୍ତି ଅସ୍ପୃଶ୍ୟ ରୂପେ, ସବର୍ଣ୍ଣମାନଙ୍କ ସହିତ ମିଶି ଏକ କାରଖାନାରେ କାର୍ଯ୍ୟ କରିବା ଦ୍ୱାରା, ସେମାନେ ଆଉ ଅସ୍ପୃଶ୍ୟ ରୂପେ ବିବେଚିତ ହେଉ ନାହାନ୍ତି। ପୁଣି ଏଇ କାରଖାନାରେ ସେମାନଙ୍କର ଉପାର୍ଜନ ଶକ୍ତି ବୃଦ୍ଧି ପାଇବା ଦ୍ୱାରା ସମାଜରେ ସେମାନେ ଅସ୍ପୃଶ୍ୟ ବୋଲି ଆଉ ମଧ୍ୟ ଅବହେଳିତ ନୁହନ୍ତି।"

ଏହାପରେ ଉତ୍କଳ ଟ୍ୟାନେରୀରେ କାର୍ଯ୍ୟ କରୁଥିବା ଅସ୍ପୃଶ୍ୟ ଜାତିର ଶ୍ରମିକମାନଙ୍କ ତରଫରୁ ମହାତ୍ମାଗାନ୍ଧୀଙ୍କୁ ଏକ ଅଭିନନ୍ଦନପତ୍ର ପ୍ରଦାନ କରାଯାଇ ସମ୍ବର୍ଦ୍ଧିତ କରାଯାଇଥିଲା। ଏହି ଅଭିନନ୍ଦନପତ୍ରକୁ ନିଜେ ମଧୁବାବୁ ଲେଖିଥିଲେ। ଏହି ଅଭିନନ୍ଦନପତ୍ରରେ ଉଲ୍ଲେଖ ଥିଲା - "ଆପଣ ଏହି ଓଡ଼ିଶାକୁ ଆଜି ଆଖି ଆଗରେ ଯେପରି ଦେଖୁଛନ୍ତି, ବାସ୍ତବିକ୍‌ରେ ଏହା ଏପରି ନ ଥିଲା। ଓଡ଼ିଶାରେ ଜାତି ଧର୍ମର ବିଚାର ନ ଥିଲା। ଓଡ଼ିଶା ବୌଦ୍ଧଧର୍ମର ଲୀଳାଭୂମି ଥିଲା। ଆଜି ମଧ୍ୟ ନୀଳାଚଳଧାମ ଶ୍ରୀଜଗନ୍ନାଥ କ୍ଷେତ୍ରରେ ବ୍ରାହ୍ମଣ ଶୁଦ୍ର ଏକ ପାତ୍ରରେ ବସି ଭୋଜନ କରୁଅଛନ୍ତି। ଓଡ଼ିଶା ସମସ୍ତ ହରାଇ ଶ୍ରୀକ୍ଷେତ୍ରରେ ଏତକ ରଖିପାରିଛି ବୋଲି ହିନ୍ଦୁମାନେ ଜଗତରେ ପୂଜ୍ୟ ହୋଇ ଅଛନ୍ତି ସତ୍ୟ, କିନ୍ତୁ ସେଠାରେ ମଧ୍ୟ ଆମ୍ଭମାନଙ୍କର ସ୍ଥାନ ନାହିଁ।

ଆମ୍ଭେମାନେ ବିରାଟ ମାନବଜାତିର ହେଲେ ମଧ୍ୟ ଅସ୍ପୃଶ୍ୟ ଓ ଘୃଣ୍ୟ। ଜଗନ୍ନାଥ

ପତିତପାବନ ନାମରେ ବିଶେଷ ରୂପେ ଲୋକରେ ପରିଚିତ। ଦୀନ ଦୁଃଖୀମାନଙ୍କୁ ଉଦ୍ଧାର କରିବା ତାଙ୍କର ପ୍ରିୟ କାର୍ଯ୍ୟ। ବୁଦ୍ଧ, କୃଷ୍ଣ, ଚୈତନ୍ୟ ପ୍ରଭୃତି ମହାପୁରୁଷମାନେ ଧର୍ମ ସଂସ୍ଥାପନ କାଳରେ ଏହି ଉତ୍କଳଖଣ୍ଡକୁ ସେମାନଙ୍କର ଲୀଳାଭୂମି ନିରୂପିତ କରିଥିଲେ। ଆମ୍ଭେମାନେ ଆପଣଙ୍କୁ ସେହି ପଥର ପଥିକ ଦେଖି ହୃଦୟରେ ବହୁ ଆଶା ପୋଷଣ କରିଅଛୁ। ଆପଣ କାତରର କ୍ରନ୍ଦନ ସହି ନ ପାରି ଜୀବନର ସମସ୍ତ ସ୍ୱାଛନ୍ଦ୍ୟରେ ଜଳାଞ୍ଜଳି ଦେଇ ଅଛନ୍ତି। ସେମାନଙ୍କୁ ରକ୍ଷା କରିବା ପାଇଁ ଈଶ୍ୱର ଶକ୍ତି ହୃଦୟରେ ଧରି କେତେ ମହାଶିଳ୍ପର ଉନ୍ନତିରେ ମନପ୍ରାଣ ଢାଳି ଦେଇ ଅଛନ୍ତି।

ଏହି ନବଦୀକ୍ଷାରେ ଅନୁପ୍ରାଣିତ ହୋଇ ଆଜି ଆପଣ କଟକକୁ ଉତ୍କଳ ଟ୍ୟାନେରୀ ଦେଖିବା ପାଇଁ ଆସିଛନ୍ତି। ଗତ ୩୦ ବର୍ଷ ମଧ୍ୟରେ ଏ ଉତ୍କଳ ଟ୍ୟାନେରୀ ଆମ୍ଭମାନଙ୍କର ହସ୍ତ ଓ ଚକ୍ଷୁର ଶିଳ୍ପ-ନୈପୁଣ୍ୟ ଶକ୍ତି ବଢ଼ାଇଛି ଏବଂ ଆମ୍ଭେମାନେ ଅଧିକ ଉପାର୍ଜନ କରିବାର କ୍ଷମତା ଲାଭ କରିଅଛୁ। ଆମ୍ଭମାନଙ୍କର ବିଶ୍ୱାସ ଯେ, ଉତ୍କଳ ଟ୍ୟାନେରୀର ଉନ୍ନତି ଦ୍ୱାରା ଗୋମାତାର ରକ୍ଷା ହେବ, ଦେଶର ଆର୍ଥିକ ଅବସ୍ଥା ବଦଳିବ ଏବଂ ଶିଳ୍ପର ଉନ୍ନତି ସଙ୍ଗେ ସଙ୍ଗେ ଅସ୍ପୃଶ୍ୟତା ମଧ୍ୟ ଲୋପ ପାଇବ। ଆପଣ ଶିଳ୍ପର ଉନ୍ନତି ସ୍ଥଳେ ଆସି କଟକ ତଥା ସମସ୍ତ ଉତ୍କଳଖଣ୍ଡର ପତିତମାନଙ୍କ ପ୍ରତି ଯେ ଦୟା ଦେଖାଇ ଅଛନ୍ତି, ସେଥି ନିମନ୍ତେ ଆମ୍ଭେମାନେ ହୃଦୟର ଭକ୍ତି ଓ ଶ୍ରଦ୍ଧା ଅର୍ପଣ କରୁଅଛୁ। ବଶମ୍ୱଦ - ଉତ୍କଳ ଟ୍ୟାନେରୀ ଶ୍ରମିକ ଗଣ। କଟକ ୧୯।୮।୧୯୨୫।"

ମହାତ୍ମାଗାନ୍ଧୀ ଓଡ଼ିଶା ଆସିଲେ, ଟ୍ୟାନେରୀ ପରିଦର୍ଶନ କଲେ, ଓଡ଼ିଶାରୁ ଫେରିଗଲେ। ଓଡ଼ିଶାର ଦାରିଦ୍ର୍ୟ ତାଙ୍କୁ ଘାରିଥିଲା। ତବତ ଭାତରେ ଘିଅ ଟିକିଏ ଖାଇବା ଓଡ଼ିଆର ଭାଗ୍ୟରେ ନ ଥିଲା। କିନ୍ତୁ ସେହି ଓଡ଼ିଆଙ୍କର ଦୁଃଖ ଓ ଅଭାବକୁ ଦୂରୀଭୂତ କରିବା ପାଇଁ ମଧୁବାବୁ ଗଢ଼ିଥିଲେ - 'ଉତ୍କଳ ଟ୍ୟାନେରୀ'। ତେଣୁ ଏହି ମର୍ମରେ କବି ଦୁର୍ଗାମଧବ ମିଶ୍ର 'ମହୀୟାନ୍ ମଧୁବାବୁ କବିତାରେ ଲେଖିଛନ୍ତି -

"ସ୍ୱପ୍ନ ଦେଖିଲ ଦୁଃଖ ଦୈନ୍ୟ ଓଡ଼ିଶାରୁ ହେବଦୂର
ସଦା ଶୁଣୁଥିଲ ଓଡ଼ିଆ ଖାଦ୍ୟ ଶାଗପଖାଳରେ ଠୁଳ
ଗାନ୍ଧୀ ଆସିଲେ, କାନ୍ଦି କହିଲେ ତବତ ଭାତରେ ଘିଅ
ଓଡ଼ିଆ ପାଉନି, ଦରିଦ୍ର ଏଡ଼େ!! କିଏ ସେ ସହିବ କହ ?
"ହୁଙ୍କାର ତୋଳି ତୁମେ,
ଚମଡ଼ା ଯୋତାର 'ଟ୍ୟାନେରୀ' ଗଢ଼ିଲ ଉତୁରି ପଡ଼ିଲ ରଣେ।"

ବାସ୍ତାବିକ୍ କବି ଦୁର୍ଗାମାଧବ ମିଶ୍ରଙ୍କ ଏହି ବକ୍ତବ୍ୟ ଏକାନ୍ତ ଭାବରେ ଯଥାର୍ଥ ଓ ବିଚାର୍ଯ୍ୟ।

ଉତ୍କଳ ଟ୍ୟାନେରୀ ସମ୍ପର୍କରେ ପଣ୍ଡିତ ଗୋପବନ୍ଧୁ ଦାସ ତା, ୮।୯।୧୯୨୪ 'ସମାଜ'ରେ ଲେଖିଥିଲେ – "ଉତ୍କଳ ଟ୍ୟାନେରୀ ଓଡ଼ିଶାର ଏକ ବଡ଼କାର୍ଯ୍ୟ। ଆଜିକାଲି ଅନେକ ଲୋକଙ୍କ ମନ ବ୍ୟବସାୟ ଆଡ଼କୁ ଚାଲିଛି ସତ; ମାତ୍ର ଯେ ବ୍ୟବସାୟରେ ଦେଶର ବହୁସଂଖ୍ୟକ ଲୋକଙ୍କର ଜୀବିକାନିର୍ବାହ ହେବ, ଦେଶର ଲୋକେ ଦେଶରେ ରହିବେ ଏବଂ ଦେଶର ଶିଳ୍ପ ଉନ୍ନତ ହେବା ସଙ୍ଗେ ସଙ୍ଗେ ବିଦେଶର ଧନ ଦେଶକୁ ଆସିବ, ସେପରି ବ୍ୟବସାୟରେ ଅତି ଅଳ୍ପ ଲୋକ ଉଦ୍ୟମୀ ହେବାର ଦେଖାଯାଏ। ଉତ୍କଳ ଟ୍ୟାନେରୀ ଦ୍ୱାରା ଦେଶର ଶ୍ରେୟ ସାଧିତ ହେବ। ମଧୁବାବୁ ବହୁ ଅର୍ଥ, ସମୟ ଓ ଶକ୍ତି ବ୍ୟୟ କରି ଉତ୍କଳ ଟ୍ୟାନେରୀକୁ ଦେଶ ବିଦେଶରେ ବିଖ୍ୟାତ କରାଇଛନ୍ତି। ଏହା ଓଡ଼ିଶା ପକ୍ଷେ ଏକ ଗୌରବ। ଓଡ଼ିଶାର ବୁଝିବାଶୁଝିବା ଲୋକେ ଟ୍ୟାନେରୀକୁ ଓଡ଼ିଶା ଲୋକଙ୍କ ହାତରେ ରଖିବାକୁ ଚାହିଁବେ, ସନ୍ଦେହ ନାହିଁ। ଏହା ମୋର ଏକାନ୍ତ ଇଚ୍ଛା। ଉତ୍କଳ ଟ୍ୟାନେରୀ ବିଦେଶୀ ବ୍ୟବସାୟୀଙ୍କ ହାତକୁ ଯିବ, ଉତ୍କଳବାସୀଙ୍କ ପକ୍ଷରେ ବଡ଼ ନିନ୍ଦାର ବିଷୟ ହେବ। ତେଣୁ ପ୍ରସ୍ତାବିତ ଉତ୍କଳ ଟ୍ୟାନେରୀ କମ୍ପାନୀରେ ଅଂଶ ନେବାଲାଗି ମୁଁ ପ୍ରତ୍ୟେକ ଉତ୍କଳବାସୀଙ୍କୁ ଅନୁରୋଧ କରୁଅଛି। ଏଥି ମଧ୍ୟରେ ମୁଁ ଯେଉଁମାନଙ୍କୁ କହିଅଛି, ତାଙ୍କ ମଧ୍ୟରୁ ଅନେକ ଟ୍ୟାନେରୀର ପରିଚାଳନାରେ ମୋର ସମ୍ପର୍କ ରଖିବା ଚାହାନ୍ତି। ମାତ୍ର ବର୍ତ୍ତମାନ ମୁଁ ନାନା କାର୍ଯ୍ୟରେ ବ୍ୟସ୍ତ। ଏଣୁ ଟ୍ୟାନେରୀ ଲାଗି ଯାହା କରିବାର ଇଚ୍ଛା ତାହା କରିପାରୁ ନାହିଁ। ନିର୍ଦ୍ଦିଷ୍ଟ ସଂଖ୍ୟକ ଅଂଶ ଉଠିବା ପରେ ଟ୍ୟାନେରୀ ପରିଚାଳନାରେ ମୋର ସମ୍ପର୍କ ରହିବ । ଯଦି ଅଂଶୀଦାରମାନେ ଚାହାନ୍ତି, ତାହେଲେ ସେମାନଙ୍କ ଇଚ୍ଛା ଅନୁଯାୟୀ ଯେ କୌଣସି କାର୍ଯ୍ୟଭାର ନେବା ନିମନ୍ତେ ମୁଁ ପ୍ରସ୍ତୁତ ଅଛି।"

୧୯୨୪ ମସିହା ଜୁନ୍ ମାସ ୨୮ ତାରିଖ କଟକ ମ୍ୟୁନିସିପାଲିଟି ପରିସରରେ ଦୁଇଦିନ ବ୍ୟାପୀ କଂଗ୍ରେସର ପ୍ରାଦେଶିକ ସମ୍ମିଳନୀ ଅନୁଷ୍ଠିତ ହେଲା। ଏହି ସମ୍ମିଳନୀରେ ପଣ୍ଡିତ ଗୋପବନ୍ଧୁ ଦାସ ଓ ଆଚାର୍ଯ୍ୟ ପ୍ରଫୁଲ୍ଲ ଚନ୍ଦ୍ର ଯୋଗଦେବାର କାର୍ଯ୍ୟକ୍ରମ ଥିଲା। ଏହାର ଦୁଇଦିନ ପୂର୍ବରୁ ଅର୍ଥାତ୍ ଜୁନ୍ ମାସ ୨୬ ତାରିଖ ଦିନ ପଣ୍ଡିତ ଗୋପବନ୍ଧୁ ଦାସ ହଜାରିବାଗ୍ ଜେଲ୍‌ରୁ ମୁକ୍ତ ହୋଇ ଓଡ଼ିଶା ପ୍ରତ୍ୟାବର୍ତ୍ତନ କରିଥିଲେ। ଏହି ସଭାମଣ୍ଡପର ଗୋଟିଏ କୋଣରେ ମଧୁବାବୁ ବସିଥିଲେ। ଦେହରେ ଥିଲା ତନ୍ତୀବୁଣା ଖଦୀ ଏବଂ ସେହି କନାରେ ପ୍ରସ୍ତୁତ ପଞ୍ଜାବୀ। କାନ୍ଧରେ ଥିବା ଖଣ୍ଡିଏ ଖଦୀ ଚାଦର। ଓଡ଼ିଶାର ମୁକୁଟ ବିହୀନ ସମ୍ରାଟ ମଧୁବାବୁ ସେଦିନ ଅପେକ୍ଷା କରିଥିଲେ ଆଚାର୍ଯ୍ୟ ପ୍ରଫୁଲ୍ଲ ଚନ୍ଦ୍ର ରାୟଙ୍କ ସାକ୍ଷାତ ପାଇଁ।"

ସେଦିନ ଏହି ଐତିହାସିକ ସଭାରେ ପ୍ରଫୁଲ୍ଲ ଚନ୍ଦ୍ର ରାୟ ପଣ୍ଡିତ ଗୋପବନ୍ଧୁ

ଦାସଙ୍କୁ 'ଉତ୍କଳମଣି' ବୋଲି ସମ୍ବୋଧନ କରିଥିଲେ। ଏହା ଥିଲା ଏକ ଐତିହାସିକ ଘଟଣା। ପଣ୍ଡିତ ନୀଳକଣ୍ଠ ଦାସ ତାଙ୍କ 'ଆତ୍ମଜୀବନୀ'ରେ ଲେଖିଛନ୍ତି - "୧୯୨୪ ମସିହାର ଶେଷ ଭାଗରେ କଟକ ଟାଉନ୍ ହଲ୍‌ରେ Provincial Congress Conference ହେଉଥିଲା। ସାର୍ ପି.ସି.ରାୟ ସଭାରେ ସଭାପତି ଥିଲେ। ଗୋପବନ୍ଧୁ ବାବୁ ଦୈବାତ୍ ସେଇଦିନ ଜେଲ୍‌ରୁ ଆସି ପହଞ୍ଚିଲେ। ମହାସମ୍ମାନର ସହିତ ଗୋପବନ୍ଧୁ ବାବୁଙ୍କୁ ସଭାମଣ୍ଡପକୁ ପାଛୋଟି ନିଆଗଲା। ପି.ସି.ରାୟ ଗୋପବନ୍ଧୁଙ୍କୁ ସେଇ ଭାବରେ 'ଉତ୍କଳମଣି' ବୋଲି ସଂବୋଧନ କଲେ। ମତେ ସେତେବେଳେ ଏଇ ଉତ୍କଳମଣି କଥାଟା ଭଲ ଲାଗି ନ ଥିଲା। ମୁଁ ଗୋପବନ୍ଧୁ ବାବୁଙ୍କୁ କହିଲି - "ଆପଣ ଏ ଉପାଧି ଗ୍ରହଣ କରନ୍ତୁନି। ଅପେକ୍ଷା କରନ୍ତୁ। ସତ୍ୟବାଦୀକୁ ବହୁତ ବଡ଼ ବଡ଼ ଲୋକେ ଆଗରୁ ଆସିଛନ୍ତି ଓ ଭବିଷ୍ୟତରେ ଆସିବେ" ସେଇଦିନଠାରୁ ଗୋପବନ୍ଧୁ ବାବୁଙ୍କ ନାମ ପରେ "ଉତ୍କଳମଣି" ଉପାଧି ଲାଗିଲା। xxx ମତେ 'ଉତ୍କଳମଣି' ପଦଟା ଭଲ ଲାଗି ନ ଥିଲା। ଯଥାର୍ଥରେ ମଧ ସେଇଆଡ଼େ (ବଂଗଳାରେ) 'ଦେଶବଂଧୁ' 'ଦେଶପ୍ରିୟ' ମହାରାଷ୍ଟ୍ରରେ 'ଲୋକମାନ୍ୟ' ପ୍ରଭୃତି ଲୋକଙ୍କର ଉପାଧିମାନଙ୍କ ପାଖେ ଆମ ଗୋପବନ୍ଧୁ ବାବୁଙ୍କର 'ଉତ୍କଳମଣି' ଉପାଧିଟି ମତେ ବଡ଼ ହ୍ରସ୍ୱବୋଧ ହେଲା ।"

ତେବେ ସମ୍ମିଳନୀ କାର୍ଯ୍ୟ ସମାପ୍ତ ହେଲା। ଏହାପରେ ସାର୍ ପି.ସି.ରାୟ, ଗୋପବନ୍ଧୁ ଚୌଧୁରୀ ପ୍ରମୁଖ ଉତ୍କଳ ଟ୍ୟାନେରୀ ଦେଖିବାକୁ ଆସିଲେ। କଟକ ସହରର ଉପାନ୍ତରେ ଷ୍ଟେସନକୁ ଲାଗି ପ୍ରାୟ ୩୯ ଏକର ଜମି ଉପରେ ରହିଥିବା ଉତ୍କଳ ଟ୍ୟାନେରୀକୁ ସେମାନେ ସନ୍ଦର୍ଶନ କଲେ। ସେତେବେଳେଏହି ଅଞ୍ଚଳ ବବୁରି, ସୁନାରୀ, କଣ୍ଟି, ଡିବିଡିବି ପ୍ରଭୃତି ଅରମା ବଣଦ୍ୱାରା ପରିପୂର୍ଣ୍ଣ ଥିଲା। ଯଦିଓ ଉତ୍କଳ ଟ୍ୟାନେରୀରେ ବହୁ ଆଧୁନିକ ଯନ୍ତ୍ରପାତି ମହଜୁଦ୍ ଥିଲା; କିନ୍ତୁ ଅଧିକାଂଶ ବିଭାଗ କଞ୍ଚାମାଲ ଯୋଗୁଁ ଅଚଳ ହୋଇପଡ଼ିଥିଲା। ମଧୁବାବୁ ଆଚାର୍ଯ୍ୟ ପି.ସି.ରାୟଙ୍କୁ କହିଥିଲେ ଯେ ଟ୍ୟାନେରୀ ପ୍ରତି ସେ ଦୃଷ୍ଟି ଦେଇପାର ନାହାନ୍ତି। ମନ୍ତ୍ରୀ ଥିବା ସମୟରେ ଟ୍ୟାନେରୀ ପ୍ରାୟ ବନ୍ଦ ହୋଇଯିବା ଉପରେ ବୋଲି ମଧୁବାବୁ କହିଥିଲେ।

ଏହି ସମୟରେ ଆଚାର୍ଯ୍ୟ ପ୍ରଫୁଲ୍ଲ ଚନ୍ଦ୍ର ରାୟ ଦେଖିଲେ ଯେ ଗୋଟିଏ ସେଡ୍‌ରେ ଅନେକ ଯୋତା ଜମା ହୋଇପଡ଼ିଛି। ସେ ମଧୁବାବୁଙ୍କୁ ପଚାରିଥିଲେ ଯେ ଏହି ସବୁ ଯୋତାଗୁଡ଼ିକୁ ଷ୍ଟୋର୍‌ରେ ନ ରଖି ଫୋପାଡ଼ି ଦିଆଯାଇଛି କାହିଁକି ? ମଧୁବାବୁ ଟ୍ୟାନେରୀର ମ୍ୟାନେଜର ଗୋପୀ ମିଶ୍ରଙ୍କୁ ପଚାରିଥିଲେ ଏ ଯୋତା ସବୁକୁ ପୋଡ଼ା ନ ଯାଇ କାହିଁକି ଏତେଦିନ ରଖାଯାଇଛି ? ଏହା ଶୁଣି ପି.ସି.ରାୟ ମହାଶୟ ଆଶ୍ଚର୍ଯ୍ୟ ହେଲେ। ସେ ମଧୁବାବୁଙ୍କୁ ପଚାରି ଥିଲେ ଏତେ ଯୋତା ପୋଡ଼ା ହେବାର କାରଣ କ'ଣ ମିଷ୍ଟର

ଦାସ ? ମଧୁବାବୁ କହିଥିଲେ ଯେ ଏହି ଯୋତା ସବୁ ସବ୍‌ଷ୍ଟାଣ୍ଡାର୍ଡ। ଉତ୍କଳ ଟ୍ୟାନେରୀର ସୁନାମକୁ ମୁଁ ନଷ୍ଟ କରିବାକୁ ଦେବି ନାହିଁ। ଯଦି ଏହି ସବୁ ଯୋତା ବାହାରକୁ ଯିବ, ତେବେ କେବଳ ଉତ୍କଳ ଟ୍ୟାନେରୀର ନୁହେଁ, ଓଡ଼ିଶାର ସୁନାମରେ ମଧ ଆଞ୍ଚ ଆସିବ।

ବାସ୍ତବିକ୍ ମଧୁବାବୁ ଥିଲେ ଉତ୍କଳ ମାତାଙ୍କର ଯୋଗ୍ୟତମ ସନ୍ତାନ। ମା' ନାମରେ କାଳିମା ନ ଲାଗୁ ଏହି କଥା ଭାବୁଥିଲେ ମହାମନା ମଧୁସୂଦନ। ସେଥିପାଇଁ ସେ ତ ବରାବର କହୁଥିଲେ - "ଆଲୋ ସଖି, ଆପଣା ମହତ ଆପେ ରଖି।"

■

ମଧୁବାବୁଙ୍କ ସି.ଆଇ.ଇ (C.I.E.) ଉପାଧି ପ୍ରାପ୍ତି

୧୯୦୪ ମସିହାରେ ବାରିଷ୍ଟର ମଧୁସୂଦନ ଦାସ ଭାରତର ଭାଇସରାୟଙ୍କଠାରୁ C.I.E (Companion of the Indian Empire)ଉପାଧିପ୍ରାପ୍ତ ହେଲେ । ଏହାର ଅର୍ଥ ହେଉଛି "ଭାରତ ସାମ୍ରାଜ୍ୟର ସଖା" । ମଧୁବାବୁ ଏହି ପଦବୀ ଲାଭ କରିଥିବା ସାଧାରଣ ବ୍ୟକ୍ତିମାନଙ୍କ ମଧ୍ୟରେ ଓଡ଼ିଶାରେ ପ୍ରଥମ । ମଧୁବାବୁଙ୍କର C.I.E. ଉପାଧିପ୍ରାପ୍ତି ବିଷୟକୁ ନେଇ ଭାଇସ୍‌ରାୟ ଲର୍ଡ କର୍ଜନଙ୍କ ପ୍ରାଇଭେଟ୍ ସେକ୍ରେଟାରୀ ମଧୁବାବୁଙ୍କ ପାଖକୁ ଗୋଟିଏ ଟେଲିଗ୍ରାମ୍ ପଠାଇଥିଲେ । ଏଥିରେ ଉଲ୍ଲେଖ ଥିଲା - "The Viceroy desires me to offer you his congratulations upon the honour which is announced in the Gazetee today and which it was a pleasure to him to recommend in recognition of your service."

ମଧୁବାବୁଙ୍କ C.I.E. ସନନ୍ଦପ୍ରାପ୍ତି ବିଷୟ କଲିକତାର 'ଅମୃତବଜାର ପତ୍ରିକା'ରେ ପ୍ରକାଶ ପାଇଥିଲା । 'ଅମୃତ ବଜାର ପତ୍ରିକା' ଓଡ଼ିଶାର ତିନିଜଣ 'ଅନୁପମ' ବ୍ୟକ୍ତିଙ୍କ ମଧ୍ୟରେ ମଧୁବାବୁ ଅନ୍ୟତମ ବୋଲି ବର୍ଣ୍ଣନା କରିଥିଲେ । 'ଅମୃତବଜାର ପତ୍ରିକା'ଙ୍କ ମତରେ ଏହି ତିନିଜଣ 'ଅନୁପମ' ବ୍ୟକ୍ତି ହେଉଛନ୍ତି - ମହାରାଜା ଶ୍ରୀରାମଚନ୍ଦ୍ର ଭଞ୍ଜ, ସାମନ୍ତ ଚନ୍ଦ୍ରଶେଖର ସିଂହ ଏବଂ ମଧୁସୂଦନ ଦାସ । ୧୯୦୪ ମସିହା ଜାନୁଆରୀ ୯ ତାରିଖ ଉକ୍ରଳ ଦୀପିକାରେ ଏହି ସମ୍ବାଦ ପ୍ରଚାରିତ ହୋଇଥିଲା । ୧୯୦୪ ମସିହା ଜୁନଆରୀ ୩୦ ତାରିଖ ଶନିବାର ସନ୍ଧ୍ୟା ସମୟରେ କଟକଠାରେ ମଧୁବାବୁଙ୍କୁ ଅଭିନନ୍ଦନ ଜଣାଇବା ଉଦ୍ଦେଶ୍ୟରେ କଟକ ସହରର ନାଗରିକମାନଙ୍କ ପକ୍ଷରୁ ଏକ ବିରାଟ ସଭା

ଆୟୋଜନ କରାଯାଇଥିଲା । ଏଥିରେ କଟକର ସବୁ ସମ୍ପ୍ରଦାୟର ବିଶିଷ୍ଟ ବ୍ୟକ୍ତିମାନେ ଓଡ଼ିଶାର ଏହି ସୁପୁତ୍ରଙ୍କୁ ଅଭିନନ୍ଦନ ଜଣାଇଥିଲେ । ସଭାରମ୍ଭରେ ପୁରୀର ପଣ୍ଡିତ ହରିହର ଶର୍ମା ଶ୍ଳୋକ ପାଠ କରିଥିଲେ । ପ୍ରଥମ ବକ୍ତା ଭାବରେ ରାମଶଙ୍କର ରାୟ ତାଙ୍କର ବକ୍ତବ୍ୟ ରଖିଥିଲେ । ଏହାପରେ ରାୟ ହରିବଲ୍ଲଭ ବସୁ ବାହାଦୂର, ବାବୁ ସୁଦାମ ଚରଣ ନାୟକ, ପାଦ୍ରି ୟଙ୍ଗ୍ ସାହେବ, ବାବୁ ଜନ୍ ସାମସେନ୍ ରାଉତ, ମୁନ୍‌ସି ମହମ୍ମଦ ଅଲ୍ଲୀ, ବାବୁ କୃଷ୍ଣଚନ୍ଦ୍ର ପାଲିତ୍, ଫିରିଙ୍ଗ୍ ସମ୍ପ୍ରଦାୟରୁ ମିଷ୍ଟର ହ୍ୱାଇଟ୍ ସାହେବ ପ୍ରମୁଖ ମଧୁବାବୁଙ୍କୁ ଅଭିନନ୍ଦନ ଜଣାଇଥିଲେ । ସମ୍ବର୍ଦ୍ଧନା ପର୍ବର ଉତ୍ତରରେ ମଧୁବାବୁ ଯାହା କହିଥିଲେ, ତାହା ଥିଲା ବେଶ୍ ଆବେଗଧର୍ମୀ । ମଧୁବାବୁ କହିଥିଲେ – "ଆପଣମାନଙ୍କର ଏତେ ସ୍ନେହ ଓ ପ୍ରେମ ସକାଶେ ମୁଁ ଅନ୍ତରର ସହିତ ଧନ୍ୟବାଦ ଦେଉଅଛି । ପ୍ରୀତି ସୁଖକର ବୋଲି ମୁଁ ବୁଝିଥିଲି । ଆଜି ଅନୁଭବ କରୁଛି, ତାହା ଅତି ଦୁର୍ବହ । ଏହାର ବୋହିବାକୁ ସାମର୍ଥ୍ୟ ନାହିଁ । ଚନ୍ଦ୍ରର ଲାବଣ୍ୟ ରୂପ ଦେଖି ସମୁଦ୍ରଜଳ ଆନନ୍ଦରେ ଉପରକୁ ଉଠି ଯହୁଁ ଦେଖେ ସେ ଚନ୍ଦ୍ରରେ କଳଙ୍କ ରହିଅଛି, ତହୁଁ ଫେରିଆସି ମୁକ୍ତାପ୍ରବାଳାଦି କୂଳପାଖରେ ଥୋଇଦେଇ ଚାଲିଯାଏ । ମୋହର ଅନେକ ଦୋଷ ଅଛି । ମୁଁ ଏତେ ସ୍ନେହର ଯୋଗ୍ୟ ନୁହେଁ । ଏହା କେବଳ ଆପଣଙ୍କର ଉଦାରତା । XXX ଏକ ସମୟରେ ଜନନୀଙ୍କର ଏକ ପଦ ଗଙ୍ଗା ଓ ଅନ୍ୟ ପଦ ଗୋଦାବରୀରେ ରହିଥିଲା ଏବଂ ତାହାଙ୍କର କୀର୍ତ୍ତି ପଥରରେ ଖୋଦିତ ହୋଇ ବିଶ୍ୱଲୋକଙ୍କର ଆଶ୍ଚର୍ଯ୍ୟ ବଢ଼ାଉଥିଲା । ବର୍ତ୍ତମାନ ତାହାର ଦୁର୍ଦ୍ଦଶା ଦେଖି ମୁଁ କେତେ କାନ୍ଦିଛି ଓ କାନ୍ଦିବି । ଜନ୍ମବେଳେ କାନ୍ଦିଥିଲି, ବୋଧହୁଏ ଶେଷ ପର୍ଯ୍ୟନ୍ତ କାନ୍ଦିବାକୁ ହେବ । ଆପଣମାନେ ସମସ୍ତେ ଏକ ମନରେ ଯତ୍ନ କଲେ ଉତ୍କଳ ଜନନୀଙ୍କର ସୁଦିନ ଆସିପାରେ । ମୋହର ଏହି ପ୍ରାର୍ଥନା ।" ଏହା ୧୯୦୪ ମସିହା ଫେବୃୟାରୀ ୭ ତାରିଖ 'ଉତ୍କଳ ଦୀପିକା'ରେ ପ୍ରକାଶ ପାଇଥିଲା ।

୧୯୦୪ ମସିହା ଫେବୃୟାରୀ ୨୫ ତାରିଖରେ ଗଞ୍ଜାମ ଜିଲ୍ଲା ରମ୍ଭାଠାରେ ରହିଥିବା ଖଲ୍ଲିକୋଟ ରାଜାଙ୍କ ପ୍ରାସାଦରେ ମଧୁବାବୁଙ୍କୁ ଅଭ୍ୟର୍ଥନା ଦେବା ପାଇଁ ଆଉ ଗୋଟିଏ ସଭା ଅନୁଷ୍ଠିତ ହୋଇଥିଲା । ଖଲ୍ଲିକୋଟର ରାଜା ହରିହର ମର୍ଦ୍ଦରାଜ ଦେବ ସଭାପତିତ୍ୱ କରିଥିଲେ । ଲେଫ୍‌ଟନେଣ୍ଟ ଗଭର୍ଣ୍ଣର ସାର୍ ଆଣ୍ଡ୍ରୁ ଫ୍ରେଦରଜୀ ତରଫରୁ କମିଶନର ଗ୍ରାଉଜ୍ ସାହେବ ମଧୁବାବୁଙ୍କୁ ମର୍ଯ୍ୟାଦାଜନକ C.I.E. ପଦକ ପ୍ରଦାନ ଅବସରରେ କହିଥିଲେ –

"ଶ୍ରୀ ମଧୁସୂଦନ ଦାସ, ଆପଣ ଓଡ଼ିଶାର ପ୍ରଥମ ବି.ଏ., ପ୍ରଥମ ଏମ୍.ଏ., ପ୍ରଥମ ବି.ଏଲ୍, ପ୍ରଥମ ଓକିଲ, ପ୍ରଥମ ଓଡ଼ିଆ ଯେ କି କଳାପାଣି ପାର ହୋଇ ବିଲାତଭ୍ରମଣ କରି ସେଠାରେ ସମ୍ଭ୍ରାନ୍ତ ଲୋକଙ୍କ ସଙ୍ଗେ ଆଳାପ କରି ଆସିଛନ୍ତି ଓ ଆପଣ ବଙ୍ଗଳା

ବ୍ୟବସ୍ଥାପକ ସଭାର ପ୍ରଥମ ନିର୍ବାଚିତ ଓଡ଼ିଆ ସଦସ୍ୟ। ଆପଣ ଦୁଇଥର ସେହି ସମ୍ମାନ ଲାଭ କରି ଆପଣଙ୍କ ଯୋଗ୍ୟତା ଓ ବହୁଦର୍ଶିତା ଦ୍ୱାରା ଗଭର୍ଣ୍ଣମେଣ୍ଟଙ୍କୁ ଶାସନ କାର୍ଯ୍ୟରେ ଅନେକ ସାହାଯ୍ୟ କରିଅଛନ୍ତି। ଓଡ଼ିଶାର ଶିକ୍ଷୋନ୍ନତି ସାଧନ ନିମନ୍ତେ ଅନେକ ପରିଶ୍ରମ, ଯତ୍ନ ଓ ବ୍ୟୟ କରିବା ବିଷୟରେ ଶିକ୍ଷିତ ଓଡ଼ିଆଙ୍କ ମଧ୍ୟରେ ଆପଣ ପ୍ରଥମ ଅଟନ୍ତି। ଉତ୍କଳ ଶିଳ୍ପାଗାର ତହିଁର ପରିଚୟ ଦେଉଅଛି ଓ ଆପଣଙ୍କ ଯତ୍ନରେ ଓଡ଼ିଶାରେ ଇଂଜିନିୟରିଂ ବିଦ୍ୟାଳୟ ଶୀଘ୍ର ସ୍ଥାପନ ହେବାର ସ୍ଥିର ହୋଇଅଛି। ଆପଣ ଓକିଲାତି କାର୍ଯ୍ୟରେ ପ୍ରତିଷ୍ଠା ଲାଭ କରିଅଛନ୍ତି ଏବଂ ଓଡ଼ିଶାର ସାଧାରଣ ହିତସାଧନରେ ଆପଣ ସର୍ବଦା ଯତ୍ନବାନ ଅଛନ୍ତି। ଏ ସମସ୍ତ ଉତ୍କୃଷ୍ଟଗୁଣର ପରିଚୟ ପାଇ ରାଜରାଜେଶ୍ୱର ଅତ୍ୟନ୍ତ ଆନନ୍ଦିତ ହୋଇ ଆପଣଙ୍କୁ ଉକ୍ତ ଉପାଧି ପ୍ରଦାନ କରିଅଛନ୍ତି ଓ ତଦ୍ୱାରା ଓଡ଼ିଶାର ଗୌରବ ବଢ଼ାଇ ଅଛନ୍ତି।"

ଏହାପରେ ସମ୍ବର୍ଦ୍ଧନାର ଉତ୍ତର। ସେଦିନ ମଧୁବାବୁ ପ୍ରିୟ ଗଞ୍ଜାମବାସୀଙ୍କୁ ତାଙ୍କର ସମ୍ବର୍ଦ୍ଧନାର ଉତ୍ତରରେ ଯାହା କହିଥିଲେ ତନ୍ମଧ୍ୟରେ ମୁଖ୍ୟ ବାର୍ତ୍ତାଟି ଥିଲା - "ଦେଶ ମିଶ୍ରଣର ଆଦେଶ ଅତିଶୀଘ୍ର ହେବ।" ମଧୁବାବୁ ଥିଲେ ଆଶାବାଦୀ। ସୁତରାଂ ଓଡ଼ିଶା ସହିତ ଗଞ୍ଜାମର ମିଶ୍ରଣ ଯେ ସୁନିଶ୍ଚିତ, ଏକଥା ସେ ସେଦିନ ପ୍ରତିଶ୍ରୁତି ଦେଇ ପ୍ରତ୍ୟାବର୍ତ୍ତନ କରିଥିଲେ।

ମଧୁବାବୁଙ୍କ ଦ୍ୱିତୀୟ ଥର ବିଲାତ ଯାତ୍ରା

୧୯୦୭ ମସିହା ଜୁନ୍ ମାସ ୩ ତାରିଖ ମଧୁବାବୁଙ୍କର ବିଲାତଯାତ୍ରା କରିବା ସ୍ଥିର ହେଲା । ଏହା ହେଉଛି ମଧୁବାବୁଙ୍କର ଦ୍ୱିତୀୟ ଥର ବିଲାତଯାତ୍ରା । ମଧୁବାବୁଙ୍କର ସ୍ୱାସ୍ଥ୍ୟବସ୍ଥା ଠିକ୍ ନ ଥିବାରୁ ତାଙ୍କର ସ୍ୱାସ୍ଥ୍ୟର ଉନ୍ନତି ନିମନ୍ତେ ଏହି ବିଲାତଯାତ୍ରା ଉଦ୍ଦିଷ୍ଟ ଥିଲା । ଏହି ସମୟରେ ମଧୁବାବୁ ଉତ୍କଳ ସମ୍ମିଳନୀର ସମ୍ପାଦକ ଥିଲେ । ତେଣୁ ଉତ୍କଳ ସମ୍ମିଳନୀର କାର୍ଯ୍ୟ ତୁଲାଇବା ନିମନ୍ତେ ମଧୁବାବୁ ବିଶେଷ ଚିନ୍ତା କରିଥିଲେ ଏବଂ ଏଥିପାଇଁ ଯୋଗ୍ୟ ବ୍ୟକ୍ତିଟିଏ ମନରେ ଠିକ୍ କରିଥିଲେ । ଏହି ଯୋଗ୍ୟବ୍ୟକ୍ତି ଜଣକ ଥିଲେ ରାମଶଙ୍କର ରାୟ । ଅଗତ୍ୟା ମଧୁବାବୁ ରାମଶଙ୍କର ରାୟଙ୍କୁ ସମ୍ପାଦକ କାର୍ଯ୍ୟଭାର ହସ୍ତାନ୍ତର କରି ଦାୟିତ୍ୱ ମୁକ୍ତ ହେଲେ ।

୧୯୦୭ ମସିହା ମେ ମାସ ୨୬ ତାରିଖରେ କଟକନଗର ଲାଇବ୍ରେରୀ ହଲ୍ ପରିସରରେ ଉତ୍କଳ ସମ୍ମିଳନୀ କାର୍ଯ୍ୟକାରୀ ସମିତିର ଏକ ଅଧିବେଶନ ଅନୁଷ୍ଠିତ ହୋଇଥିଲା । ଏହି ଅଧିବେଶନରେ ସର୍ବସମ୍ମତି କ୍ରମେ ଗୋକୁଳାନନ୍ଦ ଚୌଧୁରୀଙ୍କୁ ଉତ୍କଳ ସମ୍ମିଳନୀର ସମ୍ପାଦକ ଭାବରେ ମନୋନୀତ କରାଗଲା । ଯଦିଓ ରାମଶଙ୍କର ରାୟ ମଧୁବାବୁଙ୍କ ଦୃଷ୍ଟିରେ ଥିଲେ ଯୋଗ୍ୟତମ ବ୍ୟକ୍ତି, କିନ୍ତୁ ରାମଶଙ୍କର ରାୟଙ୍କର ବ୍ୟକ୍ତିଗତ ଅସୁବିଧା ଥିବାରୁ ସେ ଏହି ପଦବୀରୁ ଇସ୍ତଫା ପ୍ରଦାନ କରିଥିଲେ । ସେଥିପାଇଁ ଅନ୍ତରୀଣ ନିର୍ବାଚନ ଅନୁଷ୍ଠିତ ହୋଇଥିଲା ।

ମଧୁବାବୁଙ୍କ ବିଲାତଯାତ୍ରା କରିବା କଥା ଓଡ଼ିଶାରେ ପ୍ରଚାରିତ ହୋଇଥିଲା । ଏହି ସମୟରେ ବାଲେଶ୍ୱରଠାରେ କାର୍ଯ୍ୟ କରୁଥିବା ଜାତୀୟ ସଭା ତରଫରୁ ତାଙ୍କୁ ଆହ୍ୱାନ କରାଯାଇଥିଲା । ମଧୁବାବୁଙ୍କୁ ବାଲେଶ୍ୱରର ଜାତୀୟ ସଭାର ପ୍ରତିନିଧି ରୂପେ ମନୋନୀତ କରାଗଲା । ଓଡ଼ିଶାର ଦୁଃଖ ଏବଂ ଅଭାବ ଅସୁବିଧା ସମ୍ପର୍କରେ ବିଲାତର କର୍ତ୍ତୃପକ୍ଷଙ୍କୁ ଅବଗତ କରାଇବା ପାଇଁ ଏହି ଜାତୀୟ ସଭା ତରଫରୁ ପ୍ରସ୍ତାବ ରଖାଗଲା ।

ମଧୁବାବୁଙ୍କ ସହିତ କନିକାର ରାଜା ରାଜେନ୍ଦ୍ର ନାରାୟଣ ଭଞ୍ଜଦେବ ବିଲାତଯାତ୍ରା କରିବା ପାଇଁ ସମ୍ମତି ପ୍ରଦାନ କଲେ। ସୁତରାଂ ମଧୁବାବୁଙ୍କ ଦ୍ୱିତୀୟ ଥର ବିଲାତ ଯାତ୍ରାକାଳରେ ତାଙ୍କର ସହଯାତ୍ରୀ ଥିଲେ ରାଜା ରାଜେନ୍ଦ୍ର ନାରାୟଣ ଭଞ୍ଜଦେବ।

୧୯୦୭ ମସିହାରେ ଉତ୍କଳ ସମ୍ମିଳନୀରେ ଚତୁର୍ଥ ଅଧିବେଶନ ବ୍ରହ୍ମପୁରଠାରେ ଅନୁଷ୍ଠିତ ହୋଇଥିଲା। ଏଥିରେ ସଭାପତିତ୍ୱ କରିଥିଲେ କନିକାର ରାଜା ରାଜେନ୍ଦ୍ର ନାରାୟଣ ଭଞ୍ଜଦେବ।

ଏହି ବର୍ଷ ମେ' ମାସ ୨୬ ତାରିଖରେ ବ୍ରହ୍ମପୁରଠାରେ ଓଡ଼ିଆ ପ୍ରାଇମେରୀ ସ୍କୁଲ ଗୃହରେ ପଣ୍ଡିତ ସଦାଶିବ ବିଦ୍ୟାଭୂଷଣଙ୍କ ସଭାପତିତ୍ୱରେ ଏକ ସଭାର ଆୟୋଜନ କରାଯାଇଥିଲା। ଏହି ସଭାରେ ବିଲାତଯାତ୍ରୀ ମଧୁବାବୁ ଏବଂ ତାଙ୍କ ସହଯାତ୍ରୀ ରାଜେନ୍ଦ୍ର ନାରାୟଣ ଭଞ୍ଜଦେବଙ୍କୁ ଶୁଭେଚ୍ଛା ବାର୍ତ୍ତା ଜ୍ଞାପନ କରାଯାଇଥିଲା। କନିକା ରାଜା ଉତ୍କଳ ସମ୍ମିଳନୀର ସଭାପତି ଥିଲେ ଏବଂ ମଧୁବାବୁ ଥିଲେ ସାଧାରଣ ସମ୍ପାଦକ। ତେଣୁ ଓଡ଼ିଶା ଦେଶ ମିଶ୍ରଣ ସହିତ ଓଡ଼ିଆଙ୍କର ସଙ୍କଟକୁ ମଧୁବାବୁ ବିଲାତରେ କର୍ତ୍ତୃପକ୍ଷଙ୍କୁ ଅବଗତ କରାଇବା ପାଇଁ ଏହି ସଭା ପ୍ରସ୍ତାବ ରଖିଥିଲା। ସୁତରାଂ ବାଲେଶ୍ୱର ଓ ବ୍ରହ୍ମପୁରର ପ୍ରସ୍ତାବଗୁଡିକୁ ପୁଞ୍ଜି କରି ଏହି ବୀର ଓଡ଼ିଆ ଦ୍ୱୟ ପଶ୍ଚିମ ଦେଶକୁ ଯାତ୍ରାରମ୍ଭ କଲେ।

୧୯୦୭ ମସିହା ଜୁନ୍ ମାସ ୩ ତାରିଖ। ମଧୁବାବୁ ଓ ରାଜେନ୍ଦ୍ର ନାରାୟଣ ଭଞ୍ଜଦେବ କଟକରୁ ବିଲାତ ଅଭିମୁଖେ ଜାହାଜରେ ଯାତ୍ରାରମ୍ଭ କଲେ। କନିକା ରାଜାଙ୍କ ସହିତ ଜଣେ ପୂଜାରୀ ବ୍ରହ୍ମଣ ଯାଇଥିଲେ। ଓଡ଼ିଶାର ଏହି ସୁଯୋଗ୍ୟ ସନ୍ତାନ ଦ୍ୱୟଙ୍କର ବିଲାତ ଯାତ୍ରା ଥିଲା ଏକ ଐତିହାସିକ ଯାତ୍ରା।

ଜୁନ୍ ମାସ ଶେଷ ସମୟ ବେଳକୁ ମଧୁବାବୁ ଓ ରାଜା ରାଜେନ୍ଦ୍ର ନାରାୟଣ ବିଲାତରେ ପହଞ୍ଚିଲେ। ଇଂଲଣ୍ଡରେ ସେମାନଙ୍କର ରହଣିକାଳ ଥିଲା ତିନିମାସ। ସ୍ୱାସ୍ଥ୍ୟର ଉନ୍ନତି ନିମିତ୍ତ ମଧୁବାବୁ ଇଂଲଣ୍ଡ ଗସ୍ତରେ ଥିଲେ ବୋଲି ଯଦିଓ ଲୋକମାନେ ଜାଣିଥିଲେ, ତାଙ୍କ ଯାତ୍ରାର ଅନ୍ୟତମ ଉଦ୍ଦେଶ୍ୟ ଥିଲା ଓଡ଼ିଶାର ସମସ୍ୟାକୁ ବିଲାତର ବିଶିଷ୍ଟ ବ୍ୟକ୍ତିମାନଙ୍କୁ ଅବଗତ କରାଇବା। ଏହି କ୍ଷେତ୍ରରେ ମଧୁବାବୁ ଥିଲେ ପ୍ରଥମ ଓଡ଼ିଆ।

ମଧୁବାବୁ ଥିଲେ ସର୍ବୋତ୍କୃଷ୍ଟ (par-excellence) ରାଜନୀତିଜ୍ଞ (Statesman), (A statesman par excellence)। ତାଙ୍କର ବିଲାତ ରହଣି କାଳରେ ମଧୁବାବୁ ବ୍ରିଟିଶ ସରକାରଙ୍କ ପଦସ୍ଥ କର୍ମଚାରୀଙ୍କୁ ସାକ୍ଷାତ କରିଥିଲେ। ସର୍ବୋପରି ଭାରତ ସଚିବାଳୟର ପ୍ରମୁଖ କର୍ମକର୍ତ୍ତାଙ୍କୁ ଭେଟି ଓଡ଼ିଶା ତଥା ଭାରତର ବିବିଧ ସମସ୍ୟାଗୁଡ଼ିକ ସମ୍ପର୍କରେ ସେମାନଙ୍କୁ ଅବଗତ କରାଇଥିଲେ। କେତେକ ସ୍ଥାନରେ ସଭାସମିତିରେ ଯୋଗଦାନ କରି ମଧୁବାବୁ ତାଙ୍କର ଉଚ୍ଚକୋଟୀର ବକ୍ତୃତାଶୈଳୀ

ମାଧ୍ୟମରେ ସେଠାକାର ବୁଦ୍ଧିଜୀବୀମାନଙ୍କର ଦୃଷ୍ଟି ଆକର୍ଷଣ କରିଥିଲେ। ମଧୁବାବୁ ସେଠାରେ ଓଡ଼ିଶାର ଦୁଃଖ, ଦୁର୍ଦ୍ଦଶାକୁ ଜଣାଇବା ପାଇଁ ପାର୍ଲିଆମେଣ୍ଟର ସଭ୍ୟମାନଙ୍କୁ "Dis- Contented India" ଅର୍ଥାତ୍ "ଅସନ୍ତୁଷ୍ଟ ଭାରତ" ଶିରୋନାମାରେ ପୁସ୍ତିକା ଲେଖି ବାଣ୍ଟିଥିଲେ। ପାର୍ଲିଆମେଣ୍ଟର କେତେକ ମାନ୍ୟବର ସଭ୍ୟଙ୍କୁ ନେଇ ମଧୁବାବୁ ଗୋଟିଏ ସଭାର ଆୟୋଜନ କରି ସେମାନଙ୍କୁ ବକ୍ତୃତା ଦେଇଥିଲେ। ହାଉସ୍ ଅଫ୍ କମନ୍ସର ୭୦ଜଣ ସଭ୍ୟଙ୍କୁ ନେଇ ଏହି ସଭାର ଆୟୋଜନ କରାଯାଇଥିଲା।

ମଧୁବାବୁ ଇଂଲଣ୍ଡରେ "British influence on Indian Industry" (ଭାରତୀୟ ଶିଳ୍ପ ଉପରେ ବ୍ରିଟିଶର ପ୍ରଭାବ) ଶୀର୍ଷକ ଏକ ପ୍ରବନ୍ଧ ମଧ୍ୟ ପାଠ କରିଥିଲେ। ଏହି ପ୍ରବନ୍ଧଟି ଇଂଲଣ୍ଡର ସାମ୍ବାଦିକମାନଙ୍କ ଦ୍ୱାରା ପସନ୍ଦ ହୋଇଥିଲା।

ଇଂଲଣ୍ଡରେ ମଧୁବାବୁ ଭାରତର ତତ୍କାଳୀନ ସଚିବ (ସେକ୍ରେଟେରୀ ଅଫ୍ ଷ୍ଟେଟ୍ ଫର୍ ଇଣ୍ଡିୟା) ଲର୍ଡ ମର୍ଲେ (Lord Morley) ଙ୍କୁ ସାକ୍ଷାତ କରିଥିଲେ। ଏଥିପାଇଁ ସେ ଇଂଲଣ୍ଡ ଯିବା ପୂର୍ବରୁ ତାଙ୍କର ଜଣେ ସାହେବ ବନ୍ଧୁ ତଥା ପାର୍ଲିଆମେଣ୍ଟ ସଦସ୍ୟ ସାର୍ ଜନ୍ ସ୍ପାଇସର (Sir John Spicer) ଙ୍କ ନିକଟକୁ ଏକ ଚିଠି ଲେଖିଥିଲେ। ସଚିବ ଲର୍ଡ ମର୍ଲେଙ୍କୁ କିପରି ସାକ୍ଷାତ କରି ଓଡ଼ିଶାର ଦୁଃଖ ଦୁର୍ଦ୍ଦଶା ଜଣାଇବେ - ଏହା ଥିଲା ଚିଠିର ବିଷୟ। ଜନ୍ ସ୍ପାଇସ୍ର ମଧୁବାବୁଙ୍କ ଅନୁରୋଧକୁ ଲର୍ଡ ମର୍ଲେଙ୍କୁ ଅବଗତ କରାଇଥିଲେ। ଲର୍ଡ ମର୍ଲେ ଅବଶ୍ୟ ରାଜି ହେଲେ, ମାତ୍ର ତାଙ୍କର ଗୋଟିଏ ସର୍ତ୍ତ ଥିଲା। ସେ କହିଥିଲେ ଯେ ବାରିଷ୍ଟର ମଧୁସୂଦନ ଦାସ ତାଙ୍କୁ ଭାରତର ସଚିବ ରୂପେ ସାକ୍ଷାତ କରିପାରିବେ ନାହିଁ। ମାତ୍ର ବ୍ୟକ୍ତିଗତ ଭାବରେ ସାକ୍ଷାତ କରିପାରିବେ। ମଧୁବାବୁ ଏହି ପ୍ରସ୍ତାବରେ ରାଜି ହେଲେ ଓ ସଚିବ ମହାଶୟଙ୍କୁ ସାକ୍ଷାତ କଲେ।

ମଧୁବାବୁ ସେକ୍ରେଟେରୀ ଅଫ୍ ଷ୍ଟେଟ୍ ଫର୍ ଇଣ୍ଡିଆ ଲର୍ଡ ମର୍ଲେ ସାହେବଙ୍କୁ ସୌଜନ୍ୟମୂଳକ ସାକ୍ଷାତ କଲେ। ମଧୁବାବୁ ଭାରତ ତଥା ଓଡ଼ିଶାର ମୁଖ୍ୟ ସମସ୍ୟାଗୁଡିକ ସମ୍ପର୍କରେ ତାଙ୍କୁ ଅବଗତ କରାଇଥିଲେ। ଓଡ଼ିଆ ଜାତି ପାଇଁ ଓଡ଼ିଶା ଦେଶମିଶ୍ରଣ ଏକ ଜରୁରୀ ଆବଶ୍ୟକତା ବୋଲି ମଧୁବାବୁ ତାଙ୍କୁ ବୁଝାଇଥିଲେ। ଓଡ଼ିଆ ଭାଷାଭାଷୀ ଲୋକମାନଙ୍କ ପାଇଁ ଏକ ସ୍ୱତନ୍ତ୍ର ଉତ୍କଳ ପ୍ରଦେଶ ଗଠନର ଆବଶ୍ୟକତା ସମ୍ପର୍କରେ ମଧ୍ୟ ମଧୁବାବୁ ତାଙ୍କୁ ଅବଗତ କରାଇଥିଲେ। ମାନ୍ଦ୍ରାଜ ପ୍ରେସିଡେନ୍ସି ଅଞ୍ଚଳରେ ଥିବା ଓଡ଼ିଆ ଭାଷାଭାଷୀ ଅଞ୍ଚଳଗୁଡ଼ିକୁ ଓଡ଼ିଶା ଡିଭିଜନ୍ ସହିତ ସାମିଲ କରାଇବା ଏକ ଗୁରୁତ୍ୱପୂର୍ଣ୍ଣ ଆବଶ୍ୟକତା ସମ୍ପର୍କରେ ମଧୁବାବୁ ତାଙ୍କର ମତ ରଖିଥିଲେ।

ଲର୍ଡ -ମର୍ଲେ ସାହେବ ଓ ମଧୁବାବୁଙ୍କର ସାକ୍ଷାତ ଆଲୋଚନା ରାଜନୈତିକ ଦୃଷ୍ଟିକୋଣରୁ ଅତୀବ ଗୁରୁତ୍ୱପୂର୍ଣ୍ଣ ଥିଲା। ଭାରତଶାସନ ବ୍ୟବସ୍ଥା ସମ୍ପର୍କରେ ମଧୁବାବୁ

ଅନେକ ପ୍ରସ୍ତାବ ରଖିଥିଲେ। ମଧୁବାବୁ ଲେଖିଛନ୍ତି - "ମୁଁ ମିଷ୍ଟର ମର୍ଲେଙ୍କୁ କହିଲି, ଯଦି ଭାରତରେ ଏକଛତ୍ର ଶାସନ ଚଳାଇବାକୁ ଚାହଁ, ତେବେ ଅଫିସରମାନଙ୍କୁ ରୁଷ୍ ଦେଶର ପ୍ରଚଳିତ ଶିକ୍ଷାଦିଅ; ତାହେଲେ ସେମାନେ ଏକଛତ୍ର ଶାସନର କୌଶଳ ଜାଣିପାରିବେ।"

ଭାରତର ବିଭିନ୍ନ ପ୍ରଦେଶର ବ୍ୟବସ୍ଥାପକ ସଭାମାନଙ୍କର ସଭ୍ୟ ସଂଖ୍ୟା ବଢ଼ାଇବାକୁ ମଧୁବାବୁ ଲର୍ଡ ମର୍ଲେ ସାହେବଙ୍କୁ ଜଣାଇଥିଲେ। ପୁନଶ୍ଚ ବ୍ୟବସ୍ଥାପକ ସଭାମାନଙ୍କରେ ବେସରକାରୀ ସଭ୍ୟମାନଙ୍କର ଅଧିକାର ବୃଦ୍ଧି କରାଇବାକୁ ମଧ୍ୟ ମଧୁବାବୁ ଲର୍ଡ ମର୍ଲେଙ୍କୁ ପ୍ରସ୍ତାବ ଦେଇଥିଲେ। ମଧୁବାବୁ ଆହୁରି କହିଥିଲେ ଯେ ଭାରତରେ ବ୍ରିଟିଶ୍ ଶାସନ ଲୋକପ୍ରିୟତା ହରାଉଛି। ମଧୁବାବୁ କହିଥିଲେ ଯେ ଜଣେ ଦକ୍ଷ ଏବଂ ପ୍ରଜାବତ୍ସଳ ଏକଛତ୍ର ଶାସକ ଭାରତବର୍ଷ ପାଇଁ ଆବଶ୍ୟକ ପଡୁଛି। ମଧୁସୂଦନ ଏକଛତ୍ର ଶାସନରେ ବିଶ୍ୱାସୀ କି ନାହିଁ ମିଷ୍ଟର ମର୍ଲେ ତାଙ୍କୁ ପଚାରିଥିଲେ। ମଧୁସୂଦନ କହିଥିଲେ ଯେ "ମିଷ୍ଟର ମର୍ଲେଙ୍କ ଭଳି ଜଣେ ବ୍ୟକ୍ତି ଏକଛତ୍ର ଶାସକ ହେବାକୁ ଚାହୁଁଛନ୍ତି।" କଥୋପକଥନ ପରେ ଲର୍ଡ ମର୍ଲେ ମଧୁବାବୁଙ୍କ ଉପରେ ଅତ୍ୟନ୍ତ ପ୍ରୀତ ହୋଇ କହିଥିଲେ - "ମୁଁ ଆପଣଙ୍କୁ ଜଣେ ଓଡ଼ିଆ ଭାବରେ ଦେଖୁନାହିଁ, ଜଣେ ବିଶ୍ୱମାନବ ରୂପରେ ଦେଖୁଅଛି। ଭାରତ ପାଇଁ ଯାହା କରିବାର କଥା ତାହା ସମୟ କ୍ରମେ ସୁବିଧା ଅନୁସାରେ କରାଯିବ।" ଏହିପରି ଲର୍ଡ ମର୍ଲେ ଓ ମଧୁବାବୁଙ୍କ ସାକ୍ଷାତକାର ଏକ ସଫଳ ସାକ୍ଷାତକାର ଥିଲା। ମଧୁବାବୁଙ୍କ ଚିନ୍ତାମାନସ କିପରି ସୁଦୂରପ୍ରସାରୀ ଥିଲା, ତାହା ଲର୍ଡ ମର୍ଲେ ସାହେବ ଅନୁଭବ କରିଥିଲେ।

ମଧୁବାବୁଙ୍କ ବିଲାତ ରହଣି କାଳର ଓଡ଼ିଶାରେ ମହାନଦୀ, ବୈତରଣୀ ଓ ବ୍ରାହ୍ମଣୀ ନଦୀରେ ପ୍ରବଳ ବନ୍ୟା ଆସିଥିଲା। ଏହି ବନ୍ୟାରେ କଟକ ଓ ବାଲେଶ୍ୱର ଜିଲ୍ଲା ବିଶେଷ ଭାବରେ କ୍ଷତିଗ୍ରସ୍ତ ହୋଇଥିଲା। ବନ୍ୟା ପରେ ପରେ ଏହି ଅଞ୍ଚଳରେ ଦୁର୍ଭିକ୍ଷ ଦେଖାଦେଇଥିଲା। ଲୋକମାନଙ୍କର ଅବସ୍ଥା ଶୋଚନୀୟ ହୋଇପଡ଼ିଲା। ଏହି ସମୟରେ ମଧୁବାବୁ ବିଲାତ ପାର୍ଲିଆମେଣ୍ଟର ସଦସ୍ୟ Rutherford (ରୁଦର ଫୋର୍ଡ) ଏବଂ ପ୍ରସିଦ୍ଧ ଇଂରାଜୀ ସମ୍ବାଦପତ୍ର 'Glasgone Herald'ର ସାମ୍ବାଦିକ Mr. Nevinson (ନେଭିନସନ୍)ଙ୍କୁ ଓଡ଼ିଶା ଆସି ଏହି ଶୋଚନୀୟ ଅବସ୍ଥା ପ୍ରତ୍ୟକ୍ଷ କରିବା ପାଇଁ ଅନୁରୋଧ କଲେ। ସେମାନେ ଓଡ଼ିଶା ଆସିଥିଲେ। ପରେ ପରେ ଦୁର୍ଭିକ୍ଷର ଭୟଙ୍କର ଚିତ୍ରକୁ ନେଇ ଏକ ପୁସ୍ତିକା ପ୍ରକାଶ କରିଥିଲେ।

ଏହିପରି ଭାବରେ ଓଡ଼ିଶାର ଦୁଃଖଦୁର୍ଦ୍ଦଶାକୁ ମଧୁବାବୁ ବିଲାତର ବୁଦ୍ଧିଜୀବୀମାନଙ୍କ ନିକଟରେ ପହଞ୍ଚାଇ ପାରିଥିଲେ। ଏହି ଦୃଷ୍ଟିରୁ ମଧ୍ୟ ସେ ହେଉଛନ୍ତି ପ୍ରଥମ ଓଡ଼ିଆ।

ବିଲାତରେ ୩ ମାସ ଅବସ୍ଥାନ କରି ମଧୁବାବୁ ସେପ୍ଟେମ୍ବର ମାସ ୨୭ ତାରିଖରେ ବାହାରି ଜାହାଜରେ ଭାରତ ଅଭିମୁଖେ ଯାତ୍ରା କରିଥିଲେ ।

ମଧୁବାବୁ ଥିଲେ କର୍ମବୀର । ବିଲାତରେ ସେ ଓଡ଼ିଶାର ଦୁଃଖ ଓ ଦୁର୍ଦ୍ଦଶାର ଚିତ୍ରକୁ ଉପସ୍ଥାପନ କରି ଚର୍ଚ୍ଚିତ ଥିଲେ । ମଧୁବାବୁଙ୍କର କାର୍ଯ୍ୟକଳାପ ବିଲାତର ସମ୍ବାଦପତ୍ର 'Daily Chronicle', 'Tribune' ଏବଂ 'London Times' ପ୍ରଭୃତି ପତ୍ରିକାରେ ପ୍ରକାଶ ପାଇଥିଲା । ଏଣେ ଓଡ଼ିଶାରେ ମଧ୍ୟ ୧୯୦୭ ସେପ୍ଟେମ୍ବର ୨୧ 'ଉତ୍କଳ ଦୀପିକା'ରେ ପ୍ରକାଶ ପାଇଥିଲା – "ଶ୍ରୀଯୁକ୍ତ ଦାସ ମହାଶୟ ବିଲାତ ଗମନ କରି ଓଡ଼ିଶାର ଅବସ୍ଥା ବିଲାତର ରାଜକର୍ମଚାରୀ ଏବଂ ଜନସାଧାରଣଙ୍କୁ ଜଣାଇବା ବିଷୟରେ କେତେକ ଯତ୍ନ ଓ ଚେଷ୍ଟା କରୁଅଛନ୍ତି । ଏଥିରୁ ପାଠକମାନେ ବୁଝିପାରିବେ ବିଲାତର କର୍ତ୍ତୃପକ୍ଷ ଏବଂ ଯୋଗ୍ୟଲୋକଙ୍କ ସାକ୍ଷାତ ପାଇ ସେମାନଙ୍କ ସଙ୍ଗେ କଥାବାର୍ତ୍ତା କରିବା କିଛି ସାମାନ୍ୟ କଥା ନୁହେଁ । ତାହା ଅନେକ ଯତ୍ନ ଓ ପରିଶ୍ରମର ଫଳ । ଦାସ ମହାଶୟ ସ୍ୱଦେଶବାସୀଙ୍କ ସକାଶେ ଏତେ କଷ୍ଟ ଓ ଶ୍ରମ ସ୍ୱୀକାର କରିବା ହେତୁ ଆମ୍ଭେମାନେ ସମସ୍ତେ ତାହାଙ୍କଠାରେ ଋଣୀ ଅଛୁଁ । 'ଟ୍ରିବ୍ୟୁନ୍' ସମ୍ବାଦପତ୍ର ଓଡ଼ିଶାର ଦୁଃଖ ବିଲାତରେ ପ୍ରଚାର କରିଥିବା ବିଷୟରେ ବିଶେଷ ସାହାଯ୍ୟ କରିଅଛନ୍ତି ବୋଲି ତାହାଙ୍କୁ ଅଶେଷ ଧନ୍ୟବାଦ ଦେଉଅଛୁଁ ।"

ମଧୁବାବୁ ଅକ୍ଟୋବର ମାସରେ ଭାରତରେ ପହଞ୍ଚିଲେ । ସେ କଲିକତାଠାରେ ପହଞ୍ଚିଲେ ଏବଂ ସେଠାରେ ତିନି / ଚାରି ଦିନ ବିଶ୍ରାମ ନେଲେ । ଅକ୍ଟୋବର ମାସ ୧୯ ତାରିଖ ଶୁକ୍ରବାର ସକାଳ ଡାକଗାଡ଼ିରେ ପ୍ରତ୍ୟାବର୍ତ୍ତନ କରିଥିଲେ । ମଧୁବାବୁଙ୍କ ସହିତ କନିକାରାଜା, ତାଙ୍କ ପୂଜାରୀ ଏବଂ ବିଲାତରେ ପଢୁଥିବା ପାଳିତାକନ୍ୟା ଶୈଳବାଳା ମଧ୍ୟ ବିଲାତରୁ ପ୍ରତ୍ୟାବର୍ତ୍ତନ କରିଥିଲେ । ବିଲାତଫେରନ୍ତା ମଧୁବାବୁଙ୍କୁ କଟକଠାରେ ସମ୍ବର୍ଦ୍ଧନା ପ୍ରଦାନ କରାଯାଇଥିଲା । ୧୯୦୭ ମସିହା ଡିସେମ୍ବର ମାସ ୨୧ ତାରିଖରେ କଟକବାସୀଙ୍କ ତରଫରୁ ଏକ ବିରାଟ ସଭାରେ ଉତ୍କଳମାତାଙ୍କର ଏହି ଯୋଗ୍ୟତମ ସନ୍ତାନଙ୍କୁ ଭବ୍ୟ ସମ୍ବର୍ଦ୍ଧନା ପ୍ରଦାନ କରାଯାଇଥିଲା । ଏହି ସମ୍ବର୍ଦ୍ଧନା ପର୍ବର ଉତ୍ତରରେ ମଧୁବାବୁ ବିଲାତରେ ଓଡ଼ିଶା ପାଇଁ ଯେଉଁସବୁ କାର୍ଯ୍ୟ କରିଥିଲେ, ଯେଉଁ ଯେଉଁ ବିଶିଷ୍ଟ ବ୍ୟକ୍ତିଙ୍କୁ ସାକ୍ଷାତ କରିଥିଲେ, ତାହାର ସ୍ମୃତି ଚାରଣ କରିଥିଲେ ।

ମଧୁବାବୁଙ୍କ ମନ୍ତ୍ରୀତ୍ୱ ଲାଭ

ମଧୁବାବୁ ଦୀର୍ଘଦିନ ଧରି ବ୍ୟବସ୍ଥାପକ ସଭାର ସଦସ୍ୟ ଥିଲେ । ଏହାପରେ ସେ ମନ୍ତ୍ରୀତ୍ୱପଦ ଲାଭ କରିଥିଲେ । ମନ୍ତ୍ରୀତ୍ୱ ପଦ ଲାଭ କଲାବେଳକୁ ଭାରତର ରାଜନୈତିକ ପ୍ରେକ୍ଷାପଟ ଜଟିଳ ସମୟ ଦେଇ ଗତି କରୁଥିଲା । ୧୯୨୧ ମସିହାର କଥା । ମହାତ୍ମାଗାନ୍ଧୀଙ୍କ ନେତୃତ୍ୱରେ ୧୯୨୧ ମସିହାରେ ଅସହଯୋଗ ଆନ୍ଦୋଳନର ସୂତ୍ରପାତ ହେଲା । ଅସହଯୋଗ ଆନ୍ଦୋଳନର ଏହି ମହାନ୍ ସ୍ରୋତରେ ଭାରତବର୍ଷର ବହୁ ଛାତ୍ର, ଓକିଲ, ଯୁବକ, ଅନୁପ୍ରାଣିତ ହୋଇଥିଲେ । ଏହି ସମୟରେ ମଧୁବାବୁଙ୍କର ଅତ୍ୟନ୍ତ ପ୍ରିୟ ପଣ୍ଡିତ ଗୋପବନ୍ଧୁ ଦାସ ମଧ୍ୟ ଅସହଯୋଗ ଆନ୍ଦୋଳନରେ ସାମିଲ ହୋଇଥିଲେ । ଏହି ସମୟରେ ଜଣେ ଭାରତୀୟ ଲର୍ଡ ସିଂହ ବିହାର ଓଡ଼ିଶାର ଗଭର୍ଣ୍ଣର ହେଲେ । ସେ ମଧୁବାବୁଙ୍କୁ କଲିକତାକୁ ଡକାଇ ପଠାଇଲେ । ମଧୁବାବୁ ତାରବାର୍ତ୍ତା ପାଇ କଲିକତା ଯାଇ ତାଙ୍କୁ ସାକ୍ଷାତ କଲେ । ମଧୁବାବୁଙ୍କୁ ବିହାର – ଓଡ଼ିଶାର ଗୋଟିଏ ମନ୍ତ୍ରୀପଦ ପ୍ରଦାନ କରାଯିବ ବୋଲି ପ୍ରସ୍ତାବ ରଖିଲେ । ମଧୁବାବୁ ଏହି ପ୍ରସ୍ତାବରେ ହଠାତ୍ ସମ୍ମତି ଦେଲେନାହିଁ । ସେ ତାଙ୍କର ପ୍ରିୟ ଶିଷ୍ୟ ସାର୍ ଆଶୁତୋଷ ମୁଖାର୍ଜୀଙ୍କୁ ପଚାରିଲେ ସାର୍ ଆଶୁତୋଷ ମୁଖାର୍ଜୀ ମଧୁବାବୁଙ୍କୁ ଅନୁକୂଳ ମତ ପ୍ରଦାନ କଲେ । କିନ୍ତୁ ମଧୁବାବୁଙ୍କ ପାଇଁ ଗୋଟିଏ ସଙ୍କଟ ଉପୁଜିଥିଲା । ତାହା ହେଉଛି ସେ 'ସହଯୋଗ' ନା 'ଅସହଯୋଗ' ଏ ଦୁଇଟିରୁ କେଉଁଟିକୁ ବରଣ କରିବେ । ତେବେ ମଧୁବାବୁ ମନ୍ତ୍ରୀତ୍ୱପଦ ଗ୍ରହଣ କରିବା ପାଇଁ ରାଜି ହେଲେ । ମଧୁବାବୁ ମନ୍ତ୍ରୀତ୍ୱ ଗ୍ରହଣ କଲେ । ମଧୁବାବୁଙ୍କ ଲକ୍ଷ୍ୟ ଥିଲା ଯେ ମନ୍ତ୍ରୀତ୍ୱ ପଦ ଗ୍ରହଣ କରି କିଛି ଲୋକମଙ୍ଗଳ କାର୍ଯ୍ୟ କରିବେ । ମନ୍ତ୍ରୀ ଭାବରେ ମଧୁବାବୁଙ୍କର ନୀତି ଏବଂ ଆଦର୍ଶ ବେଶ୍ ସ୍ୱଷ୍ଟ ଥିଲା । ଜନମଙ୍ଗଳ କାର୍ଯ୍ୟ ହିଁ ତାଙ୍କର ଏକମାତ୍ର ଲକ୍ଷ୍ୟ ଥିଲା । ମଧୁବାବୁ ମତ ରଖିଥିଲେ ଯେ ମନ୍ତ୍ରୀମାନେ ଉଚ୍ଚ ଆଦର୍ଶରେ ଅନୁପ୍ରାଣିତ ହୋଇ ତ୍ୟାଗପୂତ ଜୀବନଯାପନ କରିବା ବାଞ୍ଛନୀୟ । ତତ୍କାଳୀନ ସମୟରେ ମନ୍ତ୍ରୀମାନେ ମାସକୁ ୫୦୦ ଟଙ୍କା ବେତନ

ପାଉଥିଲେ। କିନ୍ତୁ ମଧୁବାବୁ ମତ ରଖିଥିଲେ ଯେ ମନ୍ତ୍ରୀମାନେ ଜନସେବକ। ସେମାନେ ବେତନ ଗ୍ରହଣ କରିବା ଯଥାର୍ଥ ନୁହେଁ। ତେଣୁ ମଧୁବାବୁ ତାଙ୍କ ମନ୍ତ୍ରୀତ୍ୱ ପଦ ପରିତ୍ୟାଗ କରିଥିଲେ। ୧୯୨୩ ମସିହା ଫେବୃୟାରୀ ୨୧ ତାରିଖ ଦିନ ସନ୍ଧ୍ୟାରେ ମାନ୍ୟବର ମନ୍ତ୍ରୀ ମଧୁସୂଦନ ଦାସ ଗଭର୍ଣ୍ଣରଙ୍କ ପାଖକୁ ଲେଖିଥିଲେ - "I beg to resign my office as Minister of Local Self Govt. I still believe that the office ought to be honorary, but as your excellency rejected my proposal on the subject. I don't think I should continue in this office". ମନ୍ତ୍ରୀ ମଧୁସୂଦନଙ୍କ ଇସ୍ତଫା ପତ୍ର ପାଇଲାପରେ ଗଭର୍ଣ୍ଣର ହୁଇଲର ସାହେବ ଆଶ୍ଚର୍ଯ୍ୟାନ୍ୱିତ ହୋଇଗଲେ। ସେ ମଧୁସୂଦନଙ୍କୁ ଇସ୍ତଫା ପତ୍ର ପ୍ରତ୍ୟାହାର କରିବା ପାଇଁ ପରାମର୍ଶ ଦେଇଥିଲେ। କିନ୍ତୁ ମଧୁବାବୁ ତାଙ୍କ ସିଦ୍ଧାନ୍ତରେ ଥିଲେ ଅଚଳ ଓ ଅଟଳ। ଏହା ଥିଲା ଭାରତ ରାଜନୈତିକ ଇତିହାସରେ ପ୍ରଥମ ବିରଳ ଦୃଷ୍ଟାନ୍ତ।

ମଧୁବାବୁଙ୍କ ମନ୍ତ୍ରୀତ୍ୱ କାଳରେ ଯେଉଁ କେତେଗୋଟି ପଦକ୍ଷେପ ଗ୍ରହଣ କରାଯାଇଥିଲା, ତନ୍ମଧ୍ୟରେ ଥିଲା ସ୍ୱାୟତ୍ତ ଶାସନ ଆଇନର ସଂଶୋଧନ। ଏହା ଦ୍ୱାରା ଜିଲ୍ଲା ବୋର୍ଡ, ଲୋକାଲ୍‌ବୋର୍ଡ ଏବଂ ମ୍ୟୁନିସିପାଲିଟି ହାତକୁ ବହୁ ପରିମାଣରେ ଜନମଙ୍ଗଳକର କ୍ଷମତା ଆସିଥିଲା। ଏହା ପୂର୍ବରୁ ଜିଲ୍ଲା ବୋର୍ଡ କିମ୍ବା ମ୍ୟୁନିସିପାଲିଟି ପ୍ରାୟ ନ ଥିଲା। ମନ୍ତ୍ରୀ ଭାବରେ ମଧୁସୂଦନ ଦାସ ଯେଉଁ ସଂଶୋଧନ ବିଲ୍ ଆଣି ଆଇନ ପ୍ରଣୟନ କରିଥିଲେ ତହିଁରେ ନିର୍ବାଚନ ପ୍ରତିନିଧିମାନଙ୍କର କ୍ଷମତା ରହିଲା। ମନ୍ତ୍ରୀ ଥିବା ସମୟରେ ଏହି ବିଲ୍‌ଟିକୁ ପାସ୍ କରାଇବା ପୂର୍ବରୁ ମଧୁସୂଦନ ଦାସ ଜିଲ୍ଲା ବୋର୍ଡ, ମ୍ୟୁନିସିପାଲିଟି ପ୍ରତିନିଧିମାନଙ୍କର ଗୋଟିଏ ସମ୍ମିଳନୀରେ ଏକ ଦୀର୍ଘ ବକ୍ତୃତା ପ୍ରଦାନ କରିଥିଲେ। ସେହି ଦୀର୍ଘ ବକ୍ତୃତାର କିୟଦଂଶ ହେଉଛି - "ଆମ୍ଭମାନଙ୍କର ଗାଁ, ଇଉନିୟନ, ଲୋକାଲ୍‌ବୋର୍ଡ, ଜିଲ୍ଲା ବୋର୍ଡ, ମ୍ୟୁନିସିପାଲିଟି, ବ୍ୟବସ୍ଥାପକ ସଭା ଏବଂ ସ୍ୱାୟାତ୍ତ ଶାସନ ବିଭାଗର ମନ୍ତ୍ରୀ ଅଛନ୍ତି। ଏହା ଗୋଟିଏ ଜୀବନ୍ତ ପ୍ରାଣୀ ଭଳି। ପ୍ରତ୍ୟେକ ସ୍ଥାନୀୟ ଅନୁଷ୍ଠାନ ଏହି ଜନ୍ତୁର ଗୋଟିଏ ଗୋଟିଏ ଅଙ୍ଗ ଭଳି। ଏହି ପ୍ରାଣୀ ସମ୍ମୁଖରେ ଯେଉଁ ଆଦର୍ଶ ରଖାଯାଇଅଛି, ତାହାର ପରିପୂରଣ ପାଇଁ ପ୍ରତ୍ୟେକ ପ୍ରତ୍ୟେକଙ୍କର କାର୍ଯ୍ୟ କରିବା ଉଚିତ୍। ଏହା ଦ୍ୱାରା ହିଁ କାର୍ଯ୍ୟ କରିବା ଭଳି ଅବସ୍ଥାରେ ଏହି ପ୍ରାଣୀ ରହିପାରିବ। ଏହି ପ୍ରାଣୀକୁ ମୁଁ ମଣିଷର ଦେହ ସଙ୍ଗେ ତୁଳନା କରିପାରେ। ମୁଁ ଏହାକୁ ସବୁଠାରୁ ଶ୍ରେଷ୍ଠ ଦୃଷ୍ଟାନ୍ତସ୍ୱରୂପ ମନେ କରୁଛି, କାରଣ ଆମ୍ଭେମାନେ ପ୍ରତ୍ୟେକେ ଆମ୍ଭମାନଙ୍କ ଦେହକୁ ଭଲ ରୂପେ ଜାଣୁ ଏବଂ ଆମ୍ଭେମାନେ ପୃଥିବୀରେ ସବୁଠାରୁ ବେଶୀ ନିଜ ଦେହକୁ ଭଲପାଉ।

ଦେହର ପ୍ରତ୍ୟେକ ଅଙ୍ଗର କାର୍ଯ୍ୟ ପ୍ରକୃତିଦ୍ୱାରା ସ୍ଥିରୀକୃତ। ପ୍ରତ୍ୟେକ ବିଭିନ୍ନ ଅଙ୍ଗର

କାର୍ଯ୍ୟକ୍ଷମତା ଏକ ଶକ୍ତିଦ୍ୱାରା ସର୍ବତ୍ର ସୁରକ୍ଷିତ। ମଣିଷ ରକ୍ତ ହେଉଛି ଏହି ଶକ୍ତି। ରକ୍ତ ଶରୀରର ସର୍ବାଙ୍ଗରେ ସଞ୍ଚାଳିତ ହୁଏ। ମୁଣ୍ଡଠାରୁ ସାନ ପାଦ ଆଙ୍ଗୁଳି ଯାଏ ସବୁଠି ରକ୍ତ ସଞ୍ଚାଳିତ ହୁଏ। ବ୍ୟବସ୍ଥାପକ ସଭା, ଜିଲ୍ଲାବୋର୍ଡ ଏବଂ ମ୍ୟୁନିସିପାଲିଟିକୁ କ୍ରମାନ୍ୱୟରେ ମଣିଷର ହୃଦୟ, ଧମନୀ ଓ ଶିରା ସଙ୍ଗେ ତୁଳନା କରାଯାଇପାରେ। ଦେହର ଅସଂଖ୍ୟ ସ୍ନାୟୁ ଯେ ଶକ୍ତିବାନ୍ ହୋଇ ରହନ୍ତି, ତାହା ହୃଦୟ, ଧମନୀ ଏବଂ ଶିରାସମୂହର ସହଯୋଗ ଦ୍ୱାରା ସମ୍ଭବପର ହୁଏ। ଦେହର ଅସଂଖ୍ୟା ସ୍ନାୟୁ ସ୍ୱଦେଶରେ ବାସ କରୁଥିବା ଅସଂଖ୍ୟ ଲୋକଙ୍କ ସଙ୍ଗେ ତୁଳନୀୟ। ଆମ୍ଭମାନଙ୍କ କର୍ତ୍ତବ୍ୟ ହେଉଛି ରାଜନୀତିକ ଶରୀର ମଧ୍ୟରେ ଏହି ଅସଂଖ୍ୟ ସ୍ନାୟୁଙ୍କୁ ସୁସ୍ଥ ଅବସ୍ଥାରେ ରଖିବା। ଯେତେବେଳେ ଆମ୍ଭେମାନେ ସ୍ୱାୟତ୍ତଶାସନ ଆଇନର ଧାରାମାନ ପରୀକ୍ଷା କରିବା, ଆମ୍ଭେମାନେ ଦେଖିବା ଯେ ଏହାର ପ୍ରଧାନ ଉଦ୍ଦେଶ୍ୟ ହେଉଛି ଲୋକମାନଙ୍କ ସ୍ୱାସ୍ଥ୍ୟ ଠିକ୍ କରିବା। ସବୁ ଧାରାର ପରିଣତି ଏଇଆ। ବର୍ତ୍ତମାନ ସ୍ୱାୟତ୍ତଶାସନ ବିଭାଗ ଶାସନସଂସ୍କାର ଅନୁଯାୟୀ ଲୋକମାନଙ୍କ ହାତକୁ ଆସିଥିବା ବିଭାଗ।"

ମଧୁବାବୁ ମନ୍ତ୍ରୀ ଥିଲାବେଳେ ଅଯଥା ସରକାରୀ ଖର୍ଚ୍ଚ କାଟ କରିବାର ପକ୍ଷପାତୀ ଥିଲେ। ଯଦି ତାଙ୍କର ଗସ୍ତ ସମୟରେ ତାଙ୍କର କୌଣସି ବନ୍ଧୁ ଯାଉଥିଲେ, ମଧୁବାବୁ ତାଙ୍କ ପାଇଁ ନିଜ ହାତରୁ ସ୍ୱତନ୍ତ୍ର ରେଳ ଟିକେଟ କାଟୁଥିଲେ। ମଧୁବାବୁଙ୍କର ମୂଳ ନୀତି ଥିଲା ଯେ ଜିଲ୍ଲା ବୋର୍ଡ, ଲୋକାଲବୋର୍ଡ, ମ୍ୟୁନିସିପାଲିଟିର ଲୋକ ପ୍ରତିନିଧିମାନେ ବିନା ବେତନରେ କାର୍ଯ୍ୟ କରୁଥିବାବେଳେ ସ୍ୱାୟାତ୍ତଶାସନ ବିଭାଗର ମନ୍ତ୍ରୀ ବେତନ ଗ୍ରହଣ କରିବା ସର୍ବାଦୌ ଅସଙ୍ଗତ ଏବଂ ଅଯଥାର୍ଥ। ମଧୁବାବୁ ଦୃଢ଼ କଣ୍ଠରେ ଦାବୀ କରୁଥିଲେ ଯେ ମନ୍ତ୍ରୀମାନେ ଅବୈତନିକ ଭାବରେ କାର୍ଯ୍ୟକରିବା ଉଚିତ। ତେଣୁ ୧୯୨୨ ମସିହା ଫେବୃୟାରୀ ୨୧ ତାରିଖରେ ମଧୁବାବୁ କହିଥିଲେ - "In an organization in which all the workers are honourary, a salaried Minister mars the symmentray and harmony of the organization. The office of the minister of Local Self Govt. ought to be honorary. To convert this office into an honorary one, the present official machinary needs addition and adjustment." ଅର୍ଥାତ୍ ଏକ ସଂଗଠନରେ ଯେଉଁଠାରେ ସମସ୍ତ କର୍ମୀ ବିନା ବେତନରେ କାଯ୍ୟ କରନ୍ତି; ତହିଁରେ ଜଣେ ବେତନପ୍ରାପ୍ତ ମନ୍ତ୍ରୀ ସଂଗଠନର ସାମଞ୍ଜସ୍ୟ ଏବଂ ଶୃଙ୍ଖଳା ଭଙ୍ଗକରେ। ସ୍ୱାୟତ୍ତଶାସନ ବିଭାଗର ମନ୍ତ୍ରୀତ୍ୱ ବିନା ବେତନଭୋଗୀ ହେବା ଉଚିତ। ଏହାକୁ ବିନା ବେତନରେ ପରିଣତ କରିବାକୁ ହେଲେ, ବର୍ତ୍ତମାନର ସରକାରୀ କଳର କେତେକ ପରିବର୍ତ୍ତନ ଓ ପରିବର୍ଦ୍ଧନ ଦରକାର।" ■

'The Oriya' ପତ୍ରିକାର ପ୍ରକାଶନ ଓ ମଧୁବାବୁ

ମଧୁବାବୁ ଥିଲେ ଜଣେ ଦୂରଦ୍ରଷ୍ଟାସମ୍ପନ୍ନ ବ୍ୟକ୍ତି। ଜଣେ ଚିନ୍ତାଶୀଳ ମନୁଷ୍ୟର ଚିନ୍ତା ଓ ଚେତନାକୁ ପ୍ରକାଶ କରିବା ପାଇଁ ପତ୍ରପତ୍ରିକା ହିଁ ଉପଯୁକ୍ତ ମାଧ୍ୟମ। ତେଣୁ ୧୯୧୭ ମସିହା ଡିସେମ୍ବର ମାସରେ ମଧୁବାବୁ 'The Oriya' ନାମକ ଗୋଟିଏ ଇଂରାଜୀ ସାପ୍ତାହିକ ପତ୍ରିକା ପ୍ରକାଶ କଲେ। ସେ ନିଜେ ଏହାର ସମ୍ପାଦକ ଥିଲେ। ଏହି ସମୟ ବେଳକୁ ମଣ୍ଟେଗୁ ଚେମସଫୋର୍ଡ ଭାରତବର୍ଷରେ ଅବସ୍ଥାନ କରୁଥିଲେ। ସୁତରାଂ ଓଡ଼ିଆ ଆନ୍ଦୋଳନକୁ ଲୋକାଭିମୁଖୀ କରାଇବା ପାଇଁ ମଧୁବାବୁ ଏହି ପତ୍ରିକାର ଶୁଭାରମ୍ଭ କରିଥିଲେ। ଅବଶ୍ୟ ଏହି ପତ୍ରିକାଟିକୁ ଉତ୍କଳ ସମ୍ମିଳନୀର ମୁଖପତ୍ର କହିଲେ ଅତ୍ୟୁକ୍ତି ହେବନାହିଁ। ଏହି ପତ୍ରିକାର ପ୍ରକାଶନ ପୂର୍ବରୁ ମଧୁବାବୁ 'Star of Utkal' ପତ୍ରିକାରେ ତାଙ୍କର ନିଜର ଲେଖାସବୁ ପ୍ରକାଶ କରୁଥିଲେ।

The 'Oriya' ପତ୍ରିକାର ସମ୍ପାଦକ ରୂପେ ମଧୁବାବୁ ୧୯୧୯ ମସିହା ଜାନୁଆରୀ ୭ ତାରିଖ ପର୍ଯ୍ୟନ୍ତ କାର୍ଯ୍ୟ କରିଥିଲେ। ସେ ଏହି ବର୍ଷ ଜାନୁଆରୀ ୮ ତାରିଖରେ ଉକ୍ତ ପତ୍ରିକାର ସମ୍ପାଦକତ୍ୱକୁ ପ୍ରତ୍ୟାଖ୍ୟାନ କରିଥିଲେ। ତେବେ ମଧୁବାବୁଙ୍କର ସମ୍ପାଦନା କାର୍ଯ୍ୟକାଳ ଦୁଇ ବର୍ଷ ଥିଲା। ଏହି ଦୁଇ ବର୍ଷ ମଧ୍ୟରେ ମଧୁବାବୁଙ୍କର କେତେ ପ୍ରବନ୍ଧ, କେତେକ ସୁଚିନ୍ତିତ ମତାମତ, ଏହି ପତ୍ରିକାରେ ପ୍ରକାଶ ପାଇଥିଲା। The 'Oriya' ପତ୍ରିକାରେ ମଧୁବାବୁଙ୍କର ପ୍ରକାଶିତ ହୋଇଥିବା କେତେଗୁଡ଼ିଏ ପ୍ରବନ୍ଧ ହେଉଛି – "Industrial Development", "Industrial Awakening", "War is Business and Business is War", "Freedom from Industrial Captivity", "Foreign Medical Treatment", "The Jeruesalm of Oriyas", "Orissa Irredenta" ଇତ୍ୟାଦି। ଏହି ଲେଖାଗୁଡ଼ିକରେ ମଧୁବାବୁଙ୍କର ସ୍ୱାଧୀନ ଚିନ୍ତାଧାରା ଓ ମନନଶୀଳତା ପ୍ରତିଭାତ ହୋଇଥାଏ। ମଧୁବାବୁ ଓଡ଼ିଆ ଭାଷା ସମ୍ପର୍କରେ ଲେଖିଥିଲେ - "ଓଡ଼ିଆ ଭାଷା ତା'ର କ୍ଷମତା ହରାଇବା ଦୂରେଥାଉ, ଏହା ବର୍ତ୍ତମାନ ପାର୍ବତ୍ୟ ଅଞ୍ଚଳର ବାସିନ୍ଦାଙ୍କ ଦ୍ୱାରା ମଧ୍ୟ ମାତୃଭାଷା ରୂପେ ଗୃହୀତ ହେଉଅଛି। ମେଦିନୀପୁରର ଓଡ଼ିଆମାନେ ଓଡ଼ିଶାରୁ ବିଚ୍ଛିନ୍ନ ହୋଇ ଏକ ସ୍ୱତନ୍ତ୍ର ଶାସନ ଅଧୀନରେ ରହିଅଛନ୍ତି, ଯାହାକି ବଙ୍ଗାଳିମାନଙ୍କ ଦ୍ୱାରା ପରିଚାଳିତ। ସେମାନେ ବାଧ୍ୟ ହୋଇ ବଙ୍ଗଳା ଲିପି ଗ୍ରହଣ କରିଅଛନ୍ତି; ମାତ୍ର ସେମାନେ ଓଡ଼ିଆ ଭାଷା ରକ୍ଷା କରି ଅଛନ୍ତି।

"Freedom from Industrial Captivity" ଅର୍ଥାତ୍ "ଶିଳ୍ପବନ୍ଧନରୁ ମୁକ୍ତି" ପ୍ରବନ୍ଧରେ ମଧୁବାବୁ ଯାହା ଲେଖିଥିଲେ ତାହାର ଓଡ଼ିଆ ରୂପାନ୍ତର ହେଉଛି - "ଦେଶର ସମସ୍ତ ସମ୍ପଦକୁ ଶ୍ରେଷ୍ଠ ଉପାୟରେ ବିନିଯୋଗ କରିବା ଦ୍ୱାରା ହିଁ ଦେଶର ସମୃଦ୍ଧି ନିର୍ଭର କରେ। ଯେଉଁ ଦେଶ ତାହାର କୃଷିଜାତ ଦ୍ରବ୍ୟକୁ ରପ୍ତାନୀ କରିଦିଏ ଏବଂ ନିଜର ପ୍ରୟୋଜନୀୟ କିମ୍ବା ସୌଖୀନ ଦ୍ରବ୍ୟ ବିଦେଶରୁ ଆମଦାନୀ କରେ, ସେ ଦେଶରେ ଏପରି ବିନିଯୋଗ ହେବା ଅସମ୍ଭବ। ଚାଷ, କାଠକଟା, ଖଣିରେ କାମ କରିବା ପ୍ରଭୃତିରେ ମଣିଷର ଯେଉଁ ଶକ୍ତି ବ୍ୟୟ ହୁଏ, ତାହାର ମୂଲ୍ୟ ଜିନିଷ ଉତ୍ପାଦନ କିମ୍ବା ଅଳଙ୍କାର ପ୍ରଭୃତି ପ୍ରସ୍ତୁତ କରିବା ମୂଲ୍ୟଠାରୁ ଅପେକ୍ଷାକୃତ କମ। ଉଭୟ କ୍ଷେତ୍ରରେ ଏକ ମନୁଷ୍ୟର ଶକ୍ତି ବ୍ୟବହୃତ ହେଲେ ମଧ୍ୟ ଏହି ଦୁଇଶକ୍ତିର ପାର୍ଥକ୍ୟ ବିଭିନ୍ନ ଦିଗରେ ବ୍ୟୟିତ ହେବାରୁ ଉପୁଜେ। ଶିଳ୍ପ କ୍ଷେତ୍ରରେ ମଣିଷର ଶକ୍ତି ସମ୍ଭ୍ରାନ୍ତ ଏବଂ ମଧ୍ୟବିତ୍ତ ଶ୍ରେଣୀଦ୍ୱାରା ନିୟନ୍ତ୍ରିତ ହୁଏ।" ଏହିପରି ଭାବରେ ମଧୁବାବୁ ଶିଳ୍ପ ବନ୍ଧନରୁ ମୁକ୍ତି ସମ୍ପର୍କରେ ନିଜସ୍ୱ ମତାମତ ଉପସ୍ଥାପନ କରିଛନ୍ତି।

ସେହିପରି ଭାରତୀୟ ଶିଳ୍ପ ବ୍ୟବସ୍ଥାର ଦୁଃସ୍ଥିତିକୁ ଲକ୍ଷ୍ୟ କରି ମଧୁବାବୁ ଲେଖିଥିଲେ - "ବିଦେଶୀ ଉତ୍ପାଦନକାରୀ ଆମ ଘରକୁ ଆକ୍ରମଣ କରିନାହିଁ, ବିଦେଶୀ ଲୁଗା ଆମଦାନୀ ପ୍ରାୟ କାର୍ଯ୍ୟତଃ ବନ୍ଦ ହୋଇଯାଇଅଛି। ଲୁଗା ଉତ୍ପାଦନ କରିବାକୁ କଳ ମିଳୁନାହିଁ। ଭାରତ ବର୍ତ୍ତମାନ ଏମିତି ଏକ ଅବସ୍ଥାରେ ଅଛି, ଯାହାକୁ ଶିଳ୍ପ ଅବରୋଧ କୁହାଯାଇପାରେ। ଅବରୋଧ ଅବସ୍ଥାରେ ଅବରୁଦ୍ଧ ଲୋକେ ସେମାନଙ୍କ ନିଜ ଉପରେ ହିଁ ପୂରା ନିର୍ଭର କରନ୍ତି। ବାହାରୁ କୌଣସି ସାହାଯ୍ୟ ମିଳେନାହିଁ; ଜୀବନ ରକ୍ଷା ପାଇଁ ସଂଗ୍ରାମ ଭୀଷଣ ଆକାର ଧରେ, କିନ୍ତୁ ଜୟଲାଭ ପାଇଁ ସମସ୍ତ ଶକ୍ତି ଏବଂ ସକଳ ତ୍ୟାଗ ସ୍ୱୀକାର କରିବାକୁ ପଡ଼େ। ଯେଉଁ ସୈନ୍ୟମାନେ ବର୍ତ୍ତମାନ ଆମ୍ଭମାନଙ୍କୁ ଶିଳ୍ପବନ୍ଧନରେ ରଖିଛନ୍ତି, ସେମାନେ ପ୍ରଥମେ ଆମ୍ଭମାନଙ୍କ ଦ୍ୱାରା ଅଣାଯାଇଥିଲେ ଏବଂ ଆମ୍ଭେମାନେ ହିଁ ଖୋଇପେଇ ଆସ୍ତାନ

ଦେଇଥିଲୁ। ଆମ୍ଭମାନଙ୍କର ବିଦେଶୀ ଢାଞ୍ଚାରେ ଜୀବନ ଧାରଣ ପ୍ରଣାଳୀ, ଆମ୍ଭମାନଙ୍କ ବିଦେଶୀ ହାବଭାବ ଏବଂ ବିଦେଶୀ ପୋଷାକ ପିନ୍ଧିବା ସ୍ପୃହା ଆମ୍ଭମାନଙ୍କର ଏହି ଶିଳ୍ପ ବନ୍ଧନରେ ଜଗୁଆଳି ସ୍ୱରୂପ କାର୍ଯ୍ୟ କରୁଅଛି।" ଭାରତୀୟ ଦଣ୍ଡବିଧି ଆଇନ ଏହି ସୈନ୍ୟମାନଙ୍କ ଜୀବନକୁ ରକ୍ଷା କରିପାରିବ ନାହିଁ। ତନ୍ତୀକୁଳଙ୍କ ସ୍ୱାର୍ଥ ଦୃଷ୍ଟିରୁ ଏମାନଙ୍କୁ ମାରି ଦେବାକୁ ହେବ। ଏସବୁ ଭାବକୁ ମାରିଦିଅ, ତନ୍ତୀକୁଳ ପୂର୍ବଭଳି ବଳବାନ ହେବେ। କିନ୍ତୁ ଆମ୍ଭମାନଙ୍କ ଚିନ୍ତାଧାରା ଆମ୍ଭମାନଙ୍କ ଦ୍ୱାରା ସୃଷ୍ଟିହୁଏ। ଆମ୍ଭେମାନେ ଏହି ଭାବପ୍ରତି ଦୟାଭାବ ଦେଖାଉଛୁ ଏବଂ ସମାଜର କାଳେ ଆମପ୍ରତି ଅସମ୍ମାନ ବା ବିତୃଷ୍ଣା ଜାତହେବ, ସେଥିପାଇଁ ଆମ୍ଭେମାନେ ଭୟ କରୁଛୁ। ଏହାଦ୍ୱାରା ହିଁ ଆମ୍ଭମାନଙ୍କ ପିନ୍ଧିବା ପୋଷାକ ବସ୍ତ୍ରରେ ଏକ ପରିବର୍ତ୍ତନ ଆସନ୍ତା। ଆମ୍ଭେମାନେ ସାହସ ବାନ୍ଧିବା ଉଚିତ । ଗର୍ଜନ ମୁଖର କମାଣ ମୁହଁକୁ ଯିବା ଅପେକ୍ଷା ଲୋକଙ୍କ ଅସମ୍ମାନ ବା ବିତୃଷ୍ଣା ବିରୁଦ୍ଧରେ ଛିଡ଼ା ହେବା ପାଇଁ ବେଶି ସାହସ ଦରକାର। ଯୁଦ୍ଧ କ୍ଷେତ୍ରରେ ସହସ୍ର ସହସ୍ର ବନ୍ଧୁଙ୍କ ଉତ୍ସାହ ବ୍ୟକ୍ତିବିଶେଷଙ୍କ ମଧ୍ୟରେ ମଧ୍ୟ ସାହସ ଆଣେ ଏବଂ ସ୍ପନ୍ଦନ ଯୋଗାଏ। କିନ୍ତୁ ସମାଜର ବିତୃଷ୍ଣା ବା ଅସମ୍ମାନ ଭାବ ଏକ ଅସହାୟ ସାଥୀହୀନ ବ୍ୟକ୍ତି ବିରୁଦ୍ଧରେ ଉଠେ। ଆମ୍ଭେମାନେ ଦେଖିବାକୁ ଚାହୁଁ ଯେ ଆମ୍ଭମାନଙ୍କ ଅବସ୍ଥାସମ୍ପନ୍ନ ଲୋକେ ମୋଟାଲୁଗା ବା ଧୋତି ବ୍ୟବହାର କରନ୍ତୁ। ଆଜିଯାଏ ବି ଏହା ଓଡ଼ିଶାର କେତେକାଂଶରେ ବ୍ୟବହୃତ ହେଉଅଛି।" (୩୪)

"Industrial Development" ବା "ଶିଳ୍ପବିକାଶ" ପ୍ରବନ୍ଧରେ ମଧୁବାବୁ ଯାହା ଲେଖିଛନ୍ତି - ତାହାର ଓଡ଼ିଆ ରୂପାନ୍ତର ହେଉଛି - "ବର୍ତ୍ତମାନ ହାତ ଓ ମସ୍ତିଷ୍କ ମଧ୍ୟରେ କୌଣସି ମିଳନ ନାହିଁ। ହାତକାମ କରୁଥିବା କାରିଗରମାନେ ଅନ୍ୟଏକ ଶ୍ରେଣୀ ଗଠନ କରିଅଛନ୍ତି। ସମାଜ ବୁଦ୍ଧିଜୀବୀ ଏବଂ ହାତକାମ କରୁଥିବା କାରିଗର ଶ୍ରେଣୀରେ ବିଭକ୍ତ ହୋଇଅଛି। ମଣିଷ ସମାଜର ପ୍ରକୃତ ଏବଂ ସ୍ଥାୟୀ ଉନ୍ନତି ଶିଳ୍ପକାର୍ଯ୍ୟ ସହିତ ଗହୀର ଚାଷର ସଂଯୋଗ ହେଲେ ହେବ। କାରଖାନାରେ ବ୍ୟବହୃତ ପାଇଁ କଞ୍ଚାମାଲ ଚାଷ ହିଁ ଯୋଗାଏ। ସମାଜବିଜ୍ଞାନର ଛାତ୍ରମାନଙ୍କର ଏହି ଶିଳ୍ପ ସହିତ ଚାଷର ମିଶ୍ରଣ ଦୃଷ୍ଟି ଆକର୍ଷଣ କରିଥିଲା। ଏହାକୁ ହିଁ "ପୂର୍ଣ୍ଣଶିକ୍ଷା" କୁହାଯାଉଥିଲା।" (୩୫)

ଆଧୁନିକ ଶିକ୍ଷା ସମ୍ପର୍କରେ ମଧୁବାବୁ ଲେଖିଥିଲେ - "ଆଧୁନିକ ଶିକ୍ଷା ଅପ୍ରୟୋଜନୀୟ ଫଳ ଫଳାଇଅଛି। ସରକାର ଭାବୁଛନ୍ତି ବର୍ତ୍ତମାନ ଯେ ବେଆଇନ ମନୋଭାବ ଦେଖାଯାଉଛି, ତାହା ଆଧୁନିକ ଶିକ୍ଷାର ପରିଣାମ। ଏହାର ପ୍ରତିକାର ସ୍ୱରୂପ ଛାତ୍ରମାନଙ୍କୁ ନାନା କଟକଣାରେ ରଖାଯାଉଅଛି। ଛାତ୍ରମାନେ ସାଧାରଣ ସଭାରେ ଯୋଗ ଦେଉନାହାନ୍ତି ଏବଂ ସେମାନଙ୍କୁ ଖବରକାଗଜ ପଢ଼ିବାକୁ ମଧ୍ୟ ଦିଆଯାଉ ନାହିଁ। ଅନୁମାନ

କରାଯାଉଅଛି, ଏହିସବୁ କଟକଣା ରାଜଭକ୍ତ ପ୍ରଜା ସୃଷ୍ଟି କରିବ। ଆଧୁନିକ ଶିକ୍ଷା ପ୍ରଣାଳୀ ଏକ ସତ୍ୟ ଉପଲବଧି କରୁନାହିଁ ଯେ ପିଲାର ଏକ ଆତ୍ମା ଅଛି। ଶିକ୍ଷକମାନେ ସେମାନଙ୍କ କର୍ତ୍ତବ୍ୟ ବୋଲି ଭାବନ୍ତି ନାହିଁ ଯେ ପିଲାଙ୍କୁ ତାହା ଜୀବନର ଆଦର୍ଶ ବା ଉଦ୍ଦେଶ୍ୟ ପରିପୂରଣ କରିବା ପାଇଁ ସାହାଯ୍ୟ କରିବା ଉଚିତ। କେତେକ ଲୋକ ଆଧୁନିକ ଶିକ୍ଷାକୁ ଭଗବତ ଶୂନ୍ୟ ଶିକ୍ଷାବୋଲି ଭାବନ୍ତି। ଆତ୍ମଶୂନ୍ୟ ଶିକ୍ଷା ହିଁ ବେଶି ପ୍ରଯୁଜ୍ୟ।" (୩୬)

ଊନବିଂଶ ଶତାବ୍ଦୀରେ ପାଶ୍ଚାତ୍ୟ ଶିକ୍ଷାର ପ୍ରଚଳନ ଫଳରେ ଏକ ନୂତନ ଶିକ୍ଷିତ ଗୋଷ୍ଠୀ ସୃଷ୍ଟିହେଲେ। ଏମାନେ ସମାଜର ମଳିମୁଣ୍ଡିଆ ତଥା ସାଧାରଣ ଲୋକଙ୍କୁ ଆଡ଼ ଆଖିରେ ଦେଖିଲେ। ତେଣୁ ଶିକ୍ଷିତ ସମ୍ପ୍ରଦାୟର ଏହିପରି ମାନସିକତାକୁ ଦୂରୀକରଣ କରିବା ଉଦ୍ଦେଶ୍ୟରେ ମଧୁବାବୁ ଲେଖିଥିଲେ – "ଓଡ଼ିଆ ଜାତିର ଏକ ବଳିଷ୍ଠ ବିଭାଗ ରୂପେ ଜନସାଧାରଣଙ୍କୁ ଶିକ୍ଷିତ ସମ୍ପ୍ରଦାୟ ଯେ ଦେଖୁ ନାହାନ୍ତି; ଏହା କହିବା ନିଷ୍ପ୍ରୟୋଜନ। ଜାଣତରେ ହେଉ କିମ୍ବା ଅଜାଣତରେ ହେଉ ଗର୍ବ ଏଥିପାଇଁ ଦାୟୀ। ପ୍ରଥମେ ଜାତିପ୍ରଥା ଦ୍ୱାରା ସମାଜକୁ ଭିନ୍ନ ଭିନ୍ନ ସମ୍ପ୍ରଦାୟଙ୍କ ମଧ୍ୟରେ ବାଣ୍ଟି ଦିଆଯାଇଥିଲା। କ୍ରମେ ଏହି ଆଦର୍ଶ ଲୋକେ ଭୁଲିଗଲେ। ମଣିଷର ଗର୍ବ ବା ଅହଂକାର; ପଡ଼ୋଶୀଙ୍କ ଉପରେ କ୍ଷମତା ବିସ୍ତାର ଇଚ୍ଛା, କ୍ରମେ ଜାତିପ୍ରଥାରୁ ଭେଦମୂଳକ ଶକ୍ତିକୁ ଆଗକୁ ଟାଣି ଆଣିଲା। ଭାରତର ଏହି ଜାତିପ୍ରଥାର ଦୁର୍ଗୁଣ ଅନ୍ୟମାନେ ଜାଣିବା ପୂର୍ବରୁ ଆମ୍ଭମାନଙ୍କ ବଂଶଧରମାନେ ତାହା ଜାଣିପାରିଥିଲେ। ଏହି ସମସ୍ୟାର ଏକ ବିଜ୍ଞ ସମାଧାନ ଓଡ଼ିଆ ଜାତି ଅତୀତରେ କରିଥିଲା। ଜଗନ୍ନାଥ ମନ୍ଦିର ଏହାର ସମାଧାନ। ଏହା ଜାତିପ୍ରଥା ଧ୍ୱଂସ ଉପରେ ଦଣ୍ଡାୟମାନ। ଜାତିର ଗର୍ବକୁ ଚୂର୍ଣ୍ଣ କରିବାକୁ ମନ୍ଦିରର ପ୍ରତ୍ୟେକ ପ୍ରସ୍ତରଖଣ୍ଡ ଅଭିପ୍ରେତ। ଏହି ମନ୍ଦିରରେ ରୋଷେଇ କରୁଥିବା ଲୋକେ ଶୂଦ୍ର, ଯଦିଚ ବର୍ତ୍ତମାନ ସେମାନେ ନିମ୍ନଶ୍ରେଣୀର ବ୍ରାହ୍ମଣ ବୋଲି ଦାବି କରୁଛନ୍ତି। ଜଗତର ନାଥ ସେଠାରେ ଅଛନ୍ତି। ତାହାଙ୍କ ସମ୍ମୁଖରେ ମଣିଷର ସମସ୍ତ ଧନ, ସମ୍ମାନ, ସାମାଜିକ ସ୍ଥାନ, ଶିକ୍ଷା ଯାହାକି ଜଗତ ଆଗରେ ବଡ଼ ଦେଖାଯାଏ; ଲୋପପାଏ। ଏହା ଲିଖିତ ଅଛି ଯେ ଜଣେ ୟୁରୋପୀୟ ପ୍ରଚାରକ ହାତରୁ ଜଣେ ବ୍ରାହ୍ମଣ ଏଠାରେ ଖାଇଥିଲେ। ଇଂଲଣ୍ଡରେ ପ୍ରତ୍ୟେକ ପିଲା ସ୍କୁଲରେ ଯେଉଁ ରଥ ବିଷୟ ପଢ଼ିଥିବେ ବା ଶୁଣିଥିବେ ତାହା ସାମାଜିକ ସମ୍ମାନକୁ ଧୂଳିରେ ପରିଣତ କରେ। ପୁରୀର ରାଜା ରଥ ଝାଡୁ କରନ୍ତି। ଏହା ମେହେନ୍ତରର କାର୍ଯ୍ୟ; ମାତ୍ର ଏହି କାର୍ଯ୍ୟ ତାହାଙ୍କୁ ହିଁ ଦିଆଯାଇଛି।

ନାରୀ ଶିକ୍ଷା ସମ୍ପର୍କରେ ମଧୁବାବୁଙ୍କର ମନ୍ତବ୍ୟ ବେଶ୍ ଶୁଭଙ୍କର। ଦୂରଦ୍ରଷ୍ଟା ମଧୁବାବୁ ଲେଖିଥିଲେ – "ଜାତି ପକ୍ଷରେ ନାରୀଶିକ୍ଷା ଅତି ଦରକାରୀ। ପ୍ରତ୍ୟେକ ବାଳିକା ଭବିଷ୍ୟତ ମାତା। ଆଜିକାଲିକାର ଝିଅ ଭବିଷ୍ୟତ ବଂଶଧରମାନଙ୍କର ମାଆ ହେବେ।

ନାରୀ ମୂଳ ଝରଣାଠାରୁ ଉଚ୍ଚକୁ ବହି ନପାରେ, କିମ୍ବା ଏହାର ପାଣି ଝରଣା ପାଣିଠାରୁ ନିର୍ମଳତର ହୋଇ ନ ପାରେ। ଜାତି ତା'ର ସ୍ତ୍ରୀଙ୍କଠାରୁ ଉପରକୁ ଯାଇ ନପାରେ। କାରଣ ସେମାନେ ହିଁ ଝରଣା; ଯାହାକି ଜାତିର ରକ୍ତକୁ ପୁଷ୍ଟକରେ। ଏହି ରକ୍ତ ହିଁ ଜାତି ହୃଦୟରେ ପ୍ରବାହିତ। ଜାତିର ସମସ୍ତ ସଦ୍‌ଗୁଣର ଆଧାର ହେଉଛନ୍ତି ନାରୀ।

ବିଶେଷତଃ ହିନ୍ଦୁନାରୀଙ୍କ ପକ୍ଷରେ ଏହା ଯଥାର୍ଥ ଅଟେ। ହିନ୍ଦୁ ନାରୀମାନଙ୍କୁ ବୈଦେଶିକମାନେ ଏକ ଦୟାର ପାତ୍ରୀ ସ୍ୱରୂପ ଗ୍ରହଣ କରିଛନ୍ତି। ତାହାର ଘର ଏକ କାରାଗାର ସଙ୍ଗେ ତୁଳନା କରାଯାଇଛି ଏବଂ ନାରୀ ସେହି କାରାଗାର ମଧ୍ୟସ୍ଥ ଏକ ଦୟାର ପାତ୍ରୀରୂପେ ଜଗତରେ ପରିଚିତା। ଜନନୀ ଏକ କାରାଗାର ନୁହେଁ, ଏକ ପୁଣ୍ୟ ପୀଠ, ଯେଉଁଠାରେ ଭାରତର ପ୍ରସିଦ୍ଧ ନାରୀମାନଙ୍କୁ ଜନ୍ମ ଦେଇଥିବା ସଦ୍‌ଗୁଣାବଳୀ ସଞ୍ଚିତ ହୋଇ ରହିପାରିଅଛି।"(୩୭)

୧୯୧୮ ମସିହାରେ ମଧୁବାବୁ ଉତ୍କଳ ସମ୍ମିଳନୀର ସମ୍ପାଦକ ଭାବରେ ନିର୍ବାଚିତ ହୋଇଥିଲେ। ମାତ୍ର ବର୍ଷେ ପୂରଣ ହେବା ପୂର୍ବରୁ ମଧୁବାବୁ ଏହି ପଦବୀରୁ ଇସ୍ତଫା ଦେଇଥିଲେ। ମଧୁବାବୁଙ୍କ ପରେ ବ୍ରଜସୁନ୍ଦର ଦାସ ଉତ୍କଳ ସମ୍ମିଳନୀର ସମ୍ପାଦକ ଭାବରେ ନିର୍ବାଚିତ ହେଲେ। ମାତ୍ର ବ୍ରଜସୁନ୍ଦର ଦାସ ମଧ୍ୟ ୧୯୧୯ ମସିହା ଜାନୁଆରୀ ମାସରେ ଏହି ପଦବୀରୁ ଇସ୍ତଫା ଦେଇଥିଲେ।

୧୯୧୯ ମସିହା ଜାନୁଆରୀ ମାସ ୮ ତାରିଖରେ ମଧୁବାବୁ 'The Oriya' ସମ୍ବାଦପତ୍ରର ସମ୍ପାଦକ ପଦବୀରୁ ଇସ୍ତଫା ଦେଲେ। ଇସ୍ତଫା ପ୍ରଦାନର କାରଣ ଦର୍ଶାଇ ମଧୁବାବୁ କହିଥିଲେ ଯେ ତାଙ୍କୁ ଯେଉଁ ଅର୍ଥ ବ୍ୟବସ୍ଥାର ପ୍ରତିଶ୍ରୁତି ପ୍ରଦାନ କରାଯାଇଥିଲା, ସେହି ପ୍ରତିଶ୍ରୁତି କେବଳ ପାଣିର ଗାର ଥିଲା। ସୁତରାଂ ଅଗତ୍ୟା ତାଙ୍କୁ ଇସ୍ତଫା ଦେବାକୁ ପଡ଼ିଲା। ଏହି ବିଷୟ 'ଉତ୍କଳ ଦୀପିକା' ସମ୍ପାଦକୀୟ ସ୍ତମ୍ଭରେ ପ୍ରକାଶ ପାଇଥିଲା। ଏଥିରେ ଉଲ୍ଲେଖ ଥିଲା - "The grand Old man has laid down his arms. The young veteran to whom Orissa owes the special meeting of the Utkal Conference has laid aside his portfolio, and the 'The Oriya' is now to go rudderless." 'ଉତ୍କଳ ଦୀପିକା'ର ନବନିଯୁକ୍ତ ସମ୍ପାଦକ ରାୟବାହାଦୂର ସୁଦାମଚରଣ ନାୟକ ସମ୍ପାଦକୀୟ ଅଗ୍ରଲେଖରେ ଏହା ଲେଖିଥିଲେ।

ଏହା ନିଶ୍ଚିତ ଭାବରେ କୁଳବୃଦ୍ଧ ମଧୁସୂଦନ ଏବଂ ଯୁବକ ବ୍ରଜସୁନ୍ଦର ଦାସଙ୍କ ଉଦ୍ଦେଶ୍ୟରେ ଅଭିପ୍ରେତ ଥିଲା। ତେବେ ମଧୁବାବୁ 'The Oriya' ସମ୍ବାଦପତ୍ରର ସମ୍ପାଦକ ପଦରୁ ଅବ୍ୟାହତି ନେବାପରେ କିଛି ଯୁବକ ଏହି କାଗଜକୁ ଚଳାଇବାର

ଦାୟିତ୍ୱ ଗ୍ରହଣ କରିଥିଲେ । 'The Oriya' ସମ୍ବାଦପତ୍ରରେ ପ୍ରିଣ୍ଟର ଓ ପ୍ରକାଶକ ଥିଲେ ବାବୁ ହରିପ୍ରସାଦ ସିଂହ ।

'The Oriya' ପତ୍ରିକା ପ୍ରକାଶ ପାଇଲା ସତ୍ୟ; କିନ୍ତୁ ମଧୁବାବୁଙ୍କର ବଳିଷ୍ଠ ଲେଖନୀ ତଥା ସମ୍ପାଦନା ଏହି ପତ୍ରିକାକୁ ଯେପରି ଓଡ଼ିଆ ଆନ୍ଦୋଳନର ଏକ ଶକ୍ତିଶାଳୀ ମୁଖପତ୍ର ରୂପେ ପରିଣତ କରିଥିଲା, ପରବର୍ତ୍ତୀ କାଳରେ ଏହି ପତ୍ରିକା ତା'ର ଓଜନ ହରାଇଥିଲା । ତେଣୁ 'The Oriya'ର ସମ୍ପାଦନା ଦାୟିତ୍ୱ ପୁନଃ ଗ୍ରହଣ କରିବା ପାଇଁ ସୁଦାମ ଚରଣ ନାୟକ ମଧୁବାବୁଙ୍କୁ ଅନୁରୋଧ କରିବାକୁ ଯାଇଥିଲେ । କିନ୍ତୁ ସୁଦାମ ଚରଣଙ୍କ ଅନୁରୋଧକୁ ମଧୁବାବୁ ରଖିପାରି ନ ଥିଲେ । ବରଂ କ୍ଷୋଭ ପ୍ରକାଶ କରି ସେଦିନ ମଧୁବାବୁ ରାୟବାହାଦୂର ସୁଦାମ ଚରଣ ନୟକଙ୍କୁ କହିଥିଲେ - "ଭଗବାନଙ୍କ ଅଶେଷ କରୁଣାରୁ ମୁଁ ତଥାପି କର୍ମଶକ୍ତି ହରାଇ ନାହିଁ ସୁଦାମ । କିନ୍ତୁ ଏ ବୟସରେ କୌଣସି ଦାୟିତ୍ୱ ମୁଣ୍ଡାଇବା ପାଇଁ ମୁଁ ଆଉ ପ୍ରସ୍ତୁତ ନୁହେଁ ।" ମଧୁବାବୁ କହିଥିଲେ - 'The Oriya' ପ୍ରକାଶ କରିବାର ପ୍ରସ୍ତାବ, ୧୯୧୭ ସାଲ କଟକ ଉତ୍କଳ ସମ୍ମିଳନୀ ଅଧିବେଶନରେ ଗୃହୀତ ହେବାବେଳେ ଏହାର ପରିଚାଳନା ପାଇଁ ଅନେକ ଧନୀମାନୀ ଲୋକ, ନିୟମିତ ଚାନ୍ଦା ଦେବାର ପ୍ରତିଶ୍ରୁତି ଦେଇଥିଲେ । କିନ୍ତୁ ସେମାନଙ୍କ ପ୍ରତିଶ୍ରୁତି ପ୍ରତିଶ୍ରୁତିରେ ହିଁ ରହିଗଲା । ଉତ୍କଳ ଟ୍ୟାନେରୀ ପାଇଁ ଋଣଭାରରେ ମୁଁ ଆଜି ବୁଡ଼ି ଗଲିଣି । ତା'ପରେ 'The Oriya' ଚଳାଇବା ପାଇଁ ଆଉ ଋଣ କରିବାକୁ ମୋର ଶକ୍ତି ନାହିଁ ।"

ସୁଦାମ ଚରଣ ସେଦିନ ମଧୁବାବୁଙ୍କଠାରୁ ଅନିଚ୍ଛା ସୂଚକ ବାଣୀ ଶୁଣି ବିଫଳ ମନୋରଥ ହୋଇ ଫେରିଥିଲେ । ଏହା ସତେ ଯେପରି ଥିଲା ସେହି ଜଗଦୀଶ୍ୱରଙ୍କ ଇଚ୍ଛା ! !

ବ୍ୟବସ୍ଥାପକ ମଧୁସୂଦନ

ମଧୁସୂଦନ ଦାସ ଥିଲେ ଜଣେ ଉଚ୍ଚକୋଟୀର ବ୍ୟବସ୍ଥାପକ। ଓଡ଼ିଶାରୁ ସେ ବରାବର ବ୍ୟବସ୍ଥାପକ ସଭାରେ ପ୍ରତିନିଧିତ୍ୱ କରିଥିଲେ। ୧୮୯୬ ମସିହାରେ ସେ ପ୍ରଥମ ଥର ପାଇଁ ବଙ୍ଗ ବ୍ୟବସ୍ଥାପକ ସଭାକୁ ସଭ୍ୟ ଭାବରେ ମନୋନୀତ ହୋଇଥିଲେ। ଏହାପରେ ୧୮୯୭, ୧୯୦୦, ୧୯୦୧ରୁ ୧୯୦୨, ୧୯୦୮ରୁ ୧୯୧୧ ମସିହାରେ ବଙ୍ଗ ବ୍ୟବସ୍ଥାପକ ସଭାର ସକ୍ରିୟ ସଦସ୍ୟ ଥିଲେ। ସେହି ସମୟରେ ବ୍ୟବସ୍ଥାପକ ସଭାର କ୍ଷମତା ସୀମିତ ଥିଲା। ଏହା ପ୍ରାୟ ସରକାରଙ୍କର ଗୋଟିଏ ପରାମର୍ଶଦାତା କମିଟି ପରି କାର୍ଯ୍ୟ କରୁଥିଲା। ତେବେ ମଧୁସୂଦନ ଦାସ ବଙ୍ଗ ବ୍ୟବସ୍ଥାପକ ସଭାରେ ସଦସ୍ୟ ରହିଥିଲାବେଳେ ବହୁ ଜନକଲ୍ୟାଣମୂଳକ ବକ୍ତୃତା ପ୍ରଦାନ କରିଥିଲେ। ଦେଶର ବିଭିନ୍ନ ସମସ୍ୟା ଓ ତା'ର ସମାଧାନ ପାଇଁ ଉପଯୁକ୍ତ ପରାମର୍ଶ ସହିତ ସେ ବକ୍ତବ୍ୟ ରଖୁଥିଲେ। ବ୍ୟବସ୍ଥାପକ ମଧୁସୂଦନଙ୍କ ବଜେଟ୍ ବକ୍ତୃତାଗୁଡ଼ିକ ବେଶ୍ ମୂଲ୍ୟବାନ। ସେ ସର୍ବଦା ସଂଗଠନ ବିଭାଗରେ ଅଧିକ ଅର୍ଥ ବ୍ୟୟବରାଦ କରିବା ପାଇଁ ସରକାରଙ୍କର ଦୃଷ୍ଟି ଆକର୍ଷଣ କରୁଥିଲେ। ମଧୁବାବୁ ବଙ୍ଗ ବ୍ୟବସ୍ଥାପକ ସଭାର ସଦସ୍ୟ ଥିବା ସମୟରେ ବହୁ ଜନମଙ୍ଗଳ କାର୍ଯ୍ୟ ସମ୍ପାଦନ କରିଥିଲେ।

ପ୍ରଥମତଃ, ତତ୍କାଳୀନ ସମୟରେ ଓଡ଼ିଶା ପ୍ରତ୍ୟେକ କ୍ଷେତ୍ରରେ ଅବହେଳାର ପାତ୍ର ଥିଲା। ଓଡ଼ିଶାର ସମସ୍ୟା ପ୍ରତି ପ୍ରାୟ କେହି ଦୃଷ୍ଟି ଦେଉ ନ ଥିଲେ। ସେହି ସମୟରେ ବଙ୍ଗ ପ୍ରଦେଶର ଶିକ୍ଷିତ ଗୋଷ୍ଠୀ ପାଇଁ ସରକାରୀ ଚାକିରି ଉଦ୍ଦିଷ୍ଟ ଥିଲା। ଓଡ଼ିଶାର ତତ୍କାଳୀନ ଶିକ୍ଷିତ ଗୋଷ୍ଠୀ ସରକାରୀ ଚାକିରି ପାଇଁ ଯୋଗ୍ୟ ବିବେଚିତ ହେଉ ନ ଥିଲେ। ସେମାନଙ୍କୁ ଉପେକ୍ଷା କରାଯାଉଥିଲା। ତେବେ ପ୍ରଥମ ଥର ପାଇଁ ମଧୁବାବୁ ବ୍ୟବସ୍ଥାପକ ସଭାରେ ଏହା ବିରୋଧରେ ନିଜର ମତ ସାବ୍ୟସ୍ତ କଲେ। ୧୮୯୬ ମସିହା ମାର୍ଚ୍ଚ ମାସ ୨୮ ତାରିଖରେ ମଧୁବାବୁ ବଙ୍ଗ ବ୍ୟବସ୍ଥାପକ ସଭାରେ ଯେଉଁ ଦାବୀଟି ଉପସ୍ଥାପନ କଲେ

ତାହା ହେଉଛି – ଯେଉଁ ଓଡ଼ିଆ ଛାତ୍ରମାନେ ବି.ଏଲ.ପରୀକ୍ଷାରେ ରେଭେନ୍‌ସା କଲେଜରୁ ଉତ୍ତୀର୍ଣ୍ଣ ହେଉଛନ୍ତି ସେମାନଙ୍କୁ ଓଡ଼ିଶାରେ ମୁନସିଫ୍ ହେବା ପାଇଁ ସୁବିଧାସୁଯୋଗ ଦେବା ଦରକାର। ମଧୁବାବୁଙ୍କର ଏହି ଯୁକ୍ତିଟି ସରକାରଙ୍କ ଦ୍ୱାରା ଗୃହୀତ ହେଲା। ପରିଣାମରେ ସରକାର ମଧୁସୂଦନଙ୍କର ଏହି ପ୍ରସ୍ତାବକୁ ଗୁରୁତ୍ୱ ଦେଲେ ଏବଂ ତଦନୁସାରେ ଓଡ଼ିଶାରେ ବିଚାର ବିଭାଗରେ ଓଡ଼ିଆମାନେ ପ୍ରଥମେ ଉଚ୍ଚ ସରକାରୀ ଚାକିରି ପାଇବା ପାଇଁ ସୁବିଧା ସୁଯୋଗ ଲାଭକଲେ। ଏଥିରୁ ମଧୁବାବୁଙ୍କର ଦୂରଦୃଷ୍ଟି ସମ୍ପର୍କରେ ପ୍ରମାଣ ମିଳେ।

ଦ୍ୱିତୀୟତଃ, ତତ୍କାଳୀନ ଓଡ଼ିଶା ବ୍ରିଟିଶ୍ ଶାସନାଧୀନ ଥିବାରୁ ଓଡ଼ିଶାରେ ଶିକ୍ଷା ବିଭାଗର କୌଣସି କୃଷି ଅନୁଷ୍ଠାନ ନ ଥିଲା। କୃଷି କଲେଜ ସ୍ଥାପନ ପ୍ରସଙ୍ଗ ବଙ୍ଗ ବ୍ୟବସ୍ଥାପକ ସଭାରେ ଉପସ୍ଥାପିତ ହେବା ସମୟରେ ମଧୁବାବୁ ସ୍ୱତନ୍ତ୍ର ଦାବୀ ରଖିଥିଲେ ଯେ – ଶିବପୁର ଅପେକ୍ଷା ଓଡ଼ିଶାରେ କୃଷି କଲେଜ ସ୍ଥାପନ ହେବା ବିଶେଷ ଭାବରେ ଯଥାର୍ଥ। କାରଣ ଓଡ଼ିଶା ମୂଳତଃ ଏକ କୃଷିପ୍ରଧାନ ରାଜ୍ୟ। ଓଡ଼ିଶାରେ କୃଷି କଲେଜ ସ୍ଥାପନ ହେଲେ ଓଡ଼ିଶାର ଛାତ୍ରମାନେ ତଥା ଅନ୍ୟ ପ୍ରଦେଶର ଲୋକମାନେ କୃଷି ବିଷୟରେ ଶିକ୍ଷା ପାଇବାକୁ ଯଥେଷ୍ଟ ସୁବିଧା ସୁଯୋଗ ଲାଭ କରିବେ। ସର୍ବୋପରି ମଧୁସୂଦନ ଆଉ ଗୋଟିଏ ପ୍ରସ୍ତାବ ରଖିଥିଲେ ଯେ – ଓଡ଼ିଶା ପ୍ରଦେଶର ପ୍ରାଥମିକ ବିଦ୍ୟାଳୟରେ କୃଷି ଶିକ୍ଷା ବ୍ୟବସ୍ଥା ପ୍ରଚଳିତ ହେବା ବିଧେୟ।

ତୃତୀୟତଃ, ୧୮୯୬ ମସିହା ଅପ୍ରେଲ ମାସ ୪ ତାରିଖରେ ମଧୁବାବୁ ବ୍ୟବସ୍ଥାପକ ସଭାରେ ଦାବୀ କରିଥିଲେ – ଓଡ଼ିଶାର ଲୁଣ ବିଭାଗ ମାନ୍ଦ୍ରାଜରୁ ବଙ୍ଗଳାକୁ ଆସିବା ଉଚିତ। କରଣ ମାନ୍ଦ୍ରାଜରେ ଏହି ବିଭାଗ କାର୍ଯ୍ୟ କରୁଥିବାରୁ ଲୁଣ ଶିଳ୍ପ ପ୍ରତି ଏହି ବିଭାଗ ବିଶେଷ ଧ୍ୟାନ ଦେଉନାହାନ୍ତି। ଯାହା ଫଳରେ ଓଡ଼ିଶାର ଲୁଣ ଶିଳ୍ପର କ୍ଷତି ସାଧିତ ହେଉଛି।

ଚତୁର୍ଥତଃ, ୧୮୯୬ ମସିହା ଜୁଲାଇ ୧୮ ତାରିଖରେ ମଧୁବାବୁ କଟକ ରେଭେନ୍‌ସା କଲେଜିଏଟ୍ ସ୍କୁଲ ପ୍ରସଙ୍ଗରେ ଅନେକ ପ୍ରଶ୍ନ ବ୍ୟବସ୍ଥାପକ ସଭାରେ ଉତ୍‌ଥାପନ କରିଥିଲେ। ସେହି ସମୟରେ ଏହି ସ୍କୁଲ ଏବଂ ରେଭେନ୍‌ସା କଲେଜ ୟୁନିଭରସିଟି ପରୀକ୍ଷାରେ ସୁଫଳ ଦେଖାଇପାରି ନ ଥିଲା ବୋଲି ତତ୍କାଳୀନ କମିଶନର ମିଷ୍ଟର ଏଚ.ଜି.କୁକ୍ ତାଙ୍କର ପ୍ରଶାସନିକ ମନ୍ତବ୍ୟରେ ଉପର୍ଯ୍ୟୁକ୍ତ ଶିକ୍ଷାନୁଷ୍ଠାନ ଦ୍ୱୟ ସମ୍ପର୍କରେ ଅସନ୍ତୋଷ ମୂଳକ ମତ ଓ ମନ୍ତବ୍ୟ ରଖିଥିଲେ। ମଧୁବାବୁ ଏହି ସମୟରେ ବ୍ୟବସ୍ଥାପକ ସଭାରେ ବିଭିନ୍ନ ପ୍ରଶ୍ନ ଛଳରେ ଏହି ପ୍ରସଙ୍ଗ ଉତ୍‌ଥାପନ କରି ସେ ଅନୁଷ୍ଠାନମାନଙ୍କରେ କିପରି ଶିକ୍ଷା ଓ ନିୟମ ପ୍ରତିପାଳିତ ହେଉଅଛି, ସେ ସମ୍ପର୍କରେ କହିଥିଲେ ।

ପଞ୍ଚମତଃ, ବଡ଼ମ୍ବା ରାଜକୁମାର ଛୁଟିନେଇ ଅଧିକ ଦିନ ଘରେ ରହିଯିବାରୁ ତାଙ୍କୁ ଦୈନିକ ଛଅଣା କରି ଜୋରିମାନା କରାଯାଇଥିଲା। ମାତ୍ର ଛୁଟିପରେ କୌଣସି ଛାତ୍ର ଘରେ ରହିଲେ ତାହାକୁ ମାତ୍ର ଦୁଇଅଣା କରି ଜୋରିମାନା କରିବାର ନିୟମ ଥିଲା। ଏହା ବ୍ୟତୀତ ବଡ଼ମ୍ବା ରାଜକୁମାରଙ୍କୁ ଡ୍ରିଲ୍ କ୍ଲାସରେ ୧୫ଦିନ ଧରି ଦୈନିକ ଡ୍ରିଲ୍ କରିବାକୁ ପ୍ରିନ୍‌ସପାଲ ଆଦେଶ ପ୍ରଦାନ କରିଥିଲେ। ତତ୍କାଳୀନ ପ୍ରିନସ୍‌ପାଲ ଥିଲେ ସାହେବ ଲୋକ। ତେଣୁ ଏହି ଇଂରେଜ ପ୍ରିନ୍‌ସପାଲଙ୍କର ମନମୁଖୀ କାର୍ଯ୍ୟ ବିରୁଦ୍ଧରେ ମଧୁବାବୁ ବ୍ୟବସ୍ଥାପକ ସଭାରେ ତା'ର ଘୋର ପ୍ରତିବାଦ କରିଥିଲେ।

ଷଷ୍ଠତଃ, ୧୮୯୭ ମସିହାରେ ଛୋଟନାଗପୁରର ପ୍ରଜାସଭା ଆଇନ ବଙ୍ଗ ବ୍ୟବସ୍ଥାପକ ସଭାରେ ଆଲୋଚିତ ହେଉଥିଲା। ତେବେ ଏହି ବିଲ୍‌ର ଚିଠା କୌଣସି କୌଣସି ସଭ୍ୟଙ୍କୁ ପୂର୍ବରୁ ମିଳି ନ ଥିଲା। ମିଷ୍ଟର ଗ୍ରୀସ୍ ଲେ ସାହେବ ଏହି ବିଲ୍ ଚିଠା ପ୍ରସ୍ତୁତ କରିଥିଲେ। ମଧୁବାବୁ ବ୍ୟବସ୍ଥାପକ ସଭାରେ ଏହି ବିଷୟ ପ୍ରତି ସରକାରଙ୍କର ଦୃଷ୍ଟି ଆକର୍ଷଣ କଲେ। ଏହି ପ୍ରସଙ୍ଗ ମଧ୍ୟ ବ୍ୟବସ୍ଥାପକ ସଭାରେ ଚର୍ଚ୍ଚାର ବିଷୟ ଥିଲା। ମଧୁସୂଦନ ସେହି ସମୟରେ ମତ ରଖିଥିଲେ, "ବ୍ୟବସ୍ଥାପକ ଅତୀତ, ବର୍ତ୍ତମାନ ଓ ଭବିଷ୍ୟତ ସବୁ ବିଷୟ ଜାଣିବା ଉଚିତ୍।"

ସପ୍ତମତଃ, ୧୯୦୧ ମସିହାରେ ଓଡ଼ିଆମାନେ ବଙ୍ଗ ପ୍ରଦେଶର ସରକାରୀ ବିଭାଗରେ କିପରି ସରକାରୀ କାର୍ଯ୍ୟରେ ଉପେକ୍ଷିତ ହେଉଛନ୍ତି, ସେହି ପ୍ରସଙ୍ଗକୁ ବ୍ୟବସ୍ଥାପକ ସଭାରେ ପ୍ରଶ୍ନ ଉତ୍‌ଥାପନ କରିଥିଲେ। ଏହା ବ୍ୟତୀତ ମଧୁବାବୁ ଆଉ ଏକ ପ୍ରଶ୍ନ ଉତ୍‌ଥାପନ କରି ଦର୍ଶାଇଥିଲେ ଯେ ତତ୍କାଳୀନ ସରକାରୀ କଳ ଶାସନ କ୍ଷେତ୍ରରେ ଓଡ଼ିଶା ପ୍ରତି ଅନୁକୂଳ ମନୋଭାବ ପୋଷଣ କରୁ ନଥିଲା । ଓଡ଼ିଶା ଡିଭିଜନର ତତ୍କାଳୀନ କମିଶନର ରଗୁଡ଼ି, ଚଉଷଠିପଡ଼ା ଓ ବଳରାମପୁର ଜମିଦାରମାନଙ୍କୁ ବନ୍ଦୋବସ୍ତ ସମ୍ପର୍କିତ କାଗଜପତ୍ର ଦେଖିବାକୁ ଅନୁମତି ମିଳି ନ ଥିଲା। ପୁନଶ୍ଚ ସେମାନଙ୍କ ଉପରେ ଅଯଥା ଖଜଣା ବୃଦ୍ଧି କରାଯାଇଥିଲା। ଏହି ଜମିଦାରମାନେ ଏହି ଆଦେଶ ବିରୁଦ୍ଧରେ ଭାରତ ସରକାରଙ୍କଠାରେ ଆପତ୍ତି କରିବାକୁ ଚେଷ୍ଟିତ ଥିଲେ। ସେଥିପାଇଁ କମିଶନର ସେମାନଙ୍କୁ କାଗଜପତ୍ର ଦେଖାଇବାର ସପକ୍ଷରେ ନ ଥିଲେ। ମଧୁବାବୁ ଏହି ପ୍ରସଙ୍ଗ ଜାଣିଲା ପରେ ବ୍ୟବସ୍ଥାପକ ସଭାରେ ଏହିପରି ଅନ୍ୟାୟର ତୀବ୍ର ବିରୋଧ କରିଥିଲେ। ମଧୁବାବୁଙ୍କ ଦୃଢ଼ ପ୍ରତିବାଦ ଯୋଗୁଁ ଏହି ଜମିଦାରମାନେ ବନ୍ଦୋବସ୍ତ ସଂକ୍ରାନ୍ତୀୟ ସମସ୍ତ କାଗଜପତ୍ର ଦେଖିବାର ସୁବିଧା ସୁଯୋଗ ଲାଭକଲେ।

ଅଷ୍ଟମତଃ, ମଧୁବାବୁ ବ୍ୟବସ୍ଥାପକ ସଭାରେ ଛୋଟକାଟିଆ ଚାକିରିଆମାନଙ୍କର ଦରମା ବଢ଼ାଇବା ପାଇଁ ଦାବୀ ଉପସ୍ଥାପନ କରିଥିଲେ। ଏହି ଦାବୀ ଉପସ୍ଥାପନର ଯଥାର୍ଥତା ରହିଥିଲା ।

ନବମତଃ, ରେଭେନ୍‌ସା କଲେଜରେ ଇତିହାସ ବିଭାଗ ଖୋଲିବା ପାଇଁ ମଧୁବାବୁ ଆନ୍ଦୋଳନ କରି ସଫଳ ହୋଇଥିଲେ।

ଦଶମତଃ, ୧୯୦୯ ମସିହାରେ ଓଡ଼ିଆମାନଙ୍କୁ ସବଡେପୁଟି ଚାକିରି ଦେବାରେ ସରକାର ପକ୍ଷପାତ ନୀତି ଗ୍ରହଣ କରୁଥିଲେ। ମଧୁବାବୁ ବ୍ୟବସ୍ଥାପକ ସଭାରେ ଏହି ପ୍ରସଙ୍ଗ ଉତ୍‌ଥାପନ କରି ସରକାରଙ୍କର ଦୃଷ୍ଟି ଆକର୍ଷଣ କରିଥିଲେ। ରଥଯାତ୍ରା ସମୟରେ ପୁରୀ ଯାତ୍ରୀମାନଙ୍କୁ ମାଲଗାଡ଼ିରେ ନିଆଯାଉଥିବାରୁ ମଧୁବାବୁ ଏହାର ଘୋର ପ୍ରତିବାଦ କରିଥିଲେ। ଏହା ବ୍ୟତୀତ ମଧୁବାବୁଙ୍କ ଦାବୀ ଅନୁସାରେ ସେହି ବର୍ଷ ପ୍ଲେଗ ରୋଗ ସଂକ୍ରମିତ ହେବା ଅବସରରେ ଦୁଇଜଣ ଡାକ୍ତର ଖଡ଼ଗପୁରଠାରେ ଅବସ୍ଥାନ କରି ଯାତ୍ରୀମାନଙ୍କୁ ପରୀକ୍ଷା କରିବେ ବୋଲି ସ୍ଥିରୀକୃତ ହୋଇଥିଲା। ରେଳରେ ପ୍ଲେଗ ରୋଗୀମାନଙ୍କୁ ଡାକ୍ତରଙ୍କ ଦ୍ୱାରା ପରୀକ୍ଷା କରାଇବାର ବ୍ୟବସ୍ଥା ମଧୁବାବୁଙ୍କର ପ୍ରତିବାଦ ଯୋଗୁ ହିଁ କାର୍ଯ୍ୟକାରୀ ହୋଇଥିଲା।

ଏକାଦଶତଃ, ୧୯୦୯ ମସିହାରେ ତଉଜି ଖଜଣାକୁ ପ୍ରଜାମାନେ କିସ୍ତିରେ ଦାଖଲ କରିପାରି ନଥିବାରୁ ତତ୍କାଳୀନ କଟକର କଲେକ୍ଟର ୨୦ ଟଙ୍କା ଲେଖାଏଁ ଅର୍ଥଦଣ୍ଡର ଆଦେଶ ଦେଇଥିଲେ। କିନ୍ତୁ ଆଇନଜ୍ଞ ମଧୁସୂଦନ ଏହାର ପ୍ରତିବାଦ କରିଥିଲେ । ସେ ଦର୍ଶାଇ ଥିଲେ ଯେ ୧୮୪୧ ମସିହା ୧୨ ଆକ୍ଟ ବା ଆଇନର ଦ୍ୱିତୀୟ ଧାରା ଅନୁସାରେ ଜମିଦାରୀ ଖଜଣାର ବାକି ଉପରେ କୌଣସି ସୁଧ କିମ୍ବା ଅର୍ଥଦଣ୍ଡ ଲାଗୁ କରାଇବାର କୌଣସି ବିଧି ବ୍ୟବସ୍ଥା ନାହିଁ । ଏହା ମଧୁବାବୁଙ୍କର ମାନବବାଦୀ ଦୃଷ୍ଟିଭଙ୍ଗୀର ପରିଚୟ ପ୍ରଦାନ କରେ ।

୧୯୧୨ ମସିହାର ଘଟଣା। ଏହି ବର୍ଷ ବିହାର ଓଡ଼ିଶା ଏକ ସ୍ୱତନ୍ତ୍ର ପ୍ରଦେଶରେ ପରିଣତ ହେଲା। ତେଣୁ ମଧୁବାବୁ ବଙ୍ଗ ବ୍ୟବସ୍ଥାପକ ସଭାପଦ ଛାଡ଼ିଲେ। ୧୯୧୩ ମସିହାରୁ ୧୯୨୩ ମସିହା ପର୍ଯ୍ୟନ୍ତ ମଧୁବାବୁ ବିହାର ଓଡ଼ିଶା ବ୍ୟବସ୍ଥାପକ ସଭାର ସଦସ୍ୟ ରହିଲେ। ୧୯୧୩ ମସିହାରେ ତତ୍କାଳୀନ ଭାଇସରାୟଙ୍କୁ ହତ୍ୟା କରିବା ପାଇଁ ଅପଚେଷ୍ଟା କରାଯାଇଥିଲା। ମଧୁବାବୁ ଏହି ହିଂସାତ୍ମକ ରାଜନୈତିକ ହତ୍ୟାକାଣ୍ଡ ଚେଷ୍ଟାର ତୀବ୍ର ପ୍ରତିବାଦ କରି ନିଜର ମହାନୁଭବତାର ପରିଚୟ ଦେଇଥିଲେ ।

୧୯୧୪ ମସିହାରେ କଟକଠାରେ ଇଂଜିନିୟରିଂ ସ୍କୁଲ ପ୍ରତିଷ୍ଠା ପାଇଁ ମଧୁବାବୁ ଦାବୀ ଉତ୍‌ଥାପନ କରିଥିଲେ। ଜିଲ୍ଲା ଏବଂ ଲୋକାଲ୍‌ବୋର୍ଡମାନଙ୍କରେ ନିର୍ବାଚନ ପ୍ରଥା ଲାଗୁକରିବା ପାଇଁ ମଧୁବାବୁ ଅନୁକୂଳ ମତ ପ୍ରଦାନ କରିଥିଲେ। ବିହାର ଓଡ଼ିଶା ବ୍ୟବସ୍ଥାପକ ସଭାରେ ମଧୁବାବୁ ତାଙ୍କର ଅନେକ ଶିଷ୍ୟମାନଙ୍କୁ ସଦସ୍ୟ ରୂପେ ପାଇଥିଲେ। ସର୍ବୋପରି ପଣ୍ଡିତ ଗୋପବନ୍ଧୁ ଦାସ, ବ୍ରଜସୁନ୍ଦର ବାବୁ ପ୍ରମୁଖ ସେହି ସମୟରେ ବିହାର ଓଡ଼ିଶା

ବ୍ୟବସ୍ଥାପକ ସଭାର ସଦସ୍ୟ ଥିଲେ। ୧୯୧୩ ମସିହାରେ ମଧୁବାବୁ ବିହାର ଓଡ଼ିଶା ବ୍ୟବସ୍ଥାପକ ସଭା ତରଫରୁ ଇମ୍ପିରିଆଲ୍ ଲେଜିସଲେଟିଭ୍ କାଉନସିଲକୁ ସଭ୍ୟରୂପେ ନିର୍ବାଚିତ ହୋଇ ଯାଇଥିଲେ।

ମଧୁସୂଦନ ଦାସ ବ୍ୟବସ୍ଥାପକ ସଭାରେ ଯେଉଁ ସବୁ ବକ୍ତୃତା ଦେଇଥିଲେ ତାହା ବେଶ୍ ଗୁରୁତ୍ୱପୂର୍ଣ୍ଣ ପ୍ରସଙ୍ଗ ଥିଲା। ଏହି ସମୟରେ ମଧୁବାବୁଙ୍କ ଦ୍ୱାରା ପ୍ରଦତ୍ତ କେତେଗୋଟି ବକ୍ତୃତାର ନମୁନା ଏଠାରେ ପ୍ରଦାନ କରିବା ଯଥାର୍ଥ ମନେହୁଏ।

(କ) ମଧୁବାବୁ କହିଛନ୍ତି – "ମୁଁ କୃଷି ବିଷୟରେ କିଛି କହିବାକୁ ଇଚ୍ଛା କରୁ ନ ଥିଲି, କାରଣ କୃଷି ବିଷୟରେ ମୋର ଅନୁଭୂତି ଓ ମତ ଅଛି। ମୁଁ କେତେ ହଜାର ଟଙ୍କା ଖର୍ଚ୍ଚ କରି ଏତକ ଶିଖିଅଛି। ଖାଲି ମୋତେ ଯେ ଉପଦେଶ ଦେବାକୁ ଚାହୁଁଛି ମୁଁ ତାହା ଗ୍ରହଣ କରିବାକୁ ନାରାଜ। ବିଶେଷତଃ ରେଭିନ୍ୟୁ ବୋର୍ଡର ସଦସ୍ୟ କହୁଛନ୍ତି ଯେ ଏ କାମ ଜିଲ୍ଲାବୋର୍ଡ କରିବ। ମୁଁ ଚାହେଁନା ଯେ ଜଣକ ଇଚ୍ଛା ବିରୁଦ୍ଧରେ ତାକୁ ପୋଷ୍ୟପୁତ୍ର ଗ୍ରହଣ କରିବାକୁ ବାଧ୍ୟ କରାଯିବ।"

ଭାରତୀୟ ଜାତୀୟ କଂଗ୍ରେସ ଓ ଦେଶପ୍ରେମୀ ମଧୁସୂଦନ

୧୮୮୫ ମସିହା ଡିସେମ୍ବର ମାସ ୨୬ ତାରିଖରେ ଭାରତୀୟ ଜାତୀୟ କଂଗ୍ରେସ (All India National Congress) ର ପ୍ରଥମ ଅଧିବେଶନ ବମ୍ବେଠାରେ ଅନୁଷ୍ଠିତ ହେଲା। କଲିକତାର ଖ୍ୟାତନାମା ବାରିଷ୍ଟର ଉମେଶ ଚନ୍ଦ୍ର ବାନାର୍ଜୀ ଭାରତୀୟ ଜାତୀୟ କଂଗ୍ରେସର ପ୍ରଥମ ସଭାପତି ଭାବରେ ଅଧ୍ୟକ୍ଷତା କରିଥିଲେ। ଏଥିରେ ଶହେଜଣ ବ୍ୟକ୍ତି ଯୋଗଦାନ କରିଥିଲେ। ସେମାନଙ୍କ ମଧ୍ୟରୁ ୭୨ ଜଣ ପ୍ରତିନିଧି ଥିଲେ। ଅବଶିଷ୍ଟ ୨୮ ଜଣ ଦର୍ଶକ ଭାବରେ ଯୋଗଦାନ କରିଥିଲେ। ବମ୍ବେଠାରେ ଅନୁଷ୍ଠିତ ଏହି ଅଧିବେଶନରେ ଓଡ଼ିଶାରୁ କୌଣସି ପ୍ରତିନିଧି ଯୋଗଦେଇ ନ ଥିଲେ।

ବମ୍ବେଠାରେ ଅନୁଷ୍ଠିତ ହୋଇଥିବା ଜାତୀୟ କଂଗ୍ରେସ ଅଧିବେଶନର ସମ୍ବାଦ ସେହି ସମୟରେ ଉତ୍କଳ ଦୀପିକାରେ ପ୍ରକାଶ ପାଇଥିଲା। ମଧୁବାବୁ ଜାତୀୟ କଂଗ୍ରେସ କାର୍ଯ୍ୟାବଳୀ ସମ୍ପର୍କରେ ବେଶ୍ ଅବଗତ ଥିଲେ। ଭାରତୀୟ ଜାତୀୟ କଂଗ୍ରେସ ସହିତ ମଧୁବାବୁ ସମ୍ପର୍କ ରଖିଥିଲେ। ତେଣୁ ୧୮୮୬ ମସିହା ମାର୍ଚ୍ଚ ମାସ ୩ ତାରିଖରେ କଟକର ଦରଘାବଜାରଠାରେ ଅବସ୍ଥିତ 'ଉତ୍କଳ ଦୀପିକା' କାର୍ଯ୍ୟାଳୟଠାରେ ମଧୁବାବୁଙ୍କ ପ୍ରଚେଷ୍ଟାରେ ଗୋଟିଏ ସାଧାରଣ ସଭାର ଆୟୋଜନ କରାଯାଇଥିଲା। ସ୍ୱୟଂ ମଧୁବାବୁ ଏହି ସଭାରେ ସଭାପତିତ୍ୱ କରିଥିଲେ। ବମ୍ବେଠାରେ ଅନୁଷ୍ଠିତ ହୋଇଥିବା ଭାରତୀୟ ଜାତୀୟ କଂଗ୍ରେସର ଗୃହୀତ ପ୍ରସ୍ତାବଗୁଡ଼ିକ ଏହି ସଭାରେ ଆଲୋଚିତ ହୋଇଥିଲା।

୧୮୮୬ ମସିହା ଡିସେମ୍ବର ମାସରେ କଲିକତାଠାରେ ଭାରତୀୟ ଜାତୀୟ କଂଗ୍ରେସର ଦ୍ୱିତୀୟ ଅଧିବେଶନ ଅନୁଷ୍ଠିତ ହୋଇଥିଲା। ଦାଦାଭାଇ ନାରୋଜୀ ଏହି ଅଧିବେଶନରେ ଅଧ୍ୟକ୍ଷତା କରିଥିଲେ। ଏହି ଅଧିବେଶନରେ ଓଡ଼ିଶାରୁ ମଧୁସୂଦନ ଦାସଙ୍କ

ନେତୃତ୍ୱରେ ନଅଜଣିଆ ସଦସ୍ୟ କଲିକତା ଅଧିବେଶନରେ ଯୋଗ ଦେଇଥିଲେ। ଗୋଲୋକ ଚନ୍ଦ୍ର ଘୋଷ, ହରିବଲ୍ଲଭ ଘୋଷ ଏବଂ କାଳୀପଦ ବାନାର୍ଜୀ - ଏହି ତିନି ଜଣ ସଦସ୍ୟ ଉତ୍କଳ ସଭା ଦ୍ୱାରା ମନୋନୀତ ହୋଇଥିଲେ। ବୈକୁଣ୍ଠ ନାଥ ଦେ, ରମେଶ ଚନ୍ଦ୍ର ମଣ୍ଡଳ ଓ ଭଗବାନ ଦାସ - ଏହି ତିନିଦିନ ସଦସ୍ୟ ନ୍ୟାସନାଲ ସୋସାଇଟି ତରଫରୁ ମନୋନୀତ ହୋଇ ଯାଇଥିଲେ। ବ୍ରହ୍ମପୁରରୁ ଯାଇଥିଲେ ପି.ଗୋପାଳ ରାଓ ଏବଂ ଅବଦୁଲ କଲମ।

୧୮୮୭ ମସିହା ଡିସେମ୍ବର ୧୮ ତାରିଖରେ ଭାରତୀୟ ଜାତୀୟ କଂଗ୍ରେସର ତୃତୀୟ ଅଧିବେଶନ ମାନ୍ଦ୍ରାଜଠାରେ ଅନୁଷ୍ଠିତ ହୋଇଥିଲା। ଏଥିରେ ଓଡ଼ିଶାରୁ ମଧୁସୂଦନ ଦାସଙ୍କ ସମେତ ପାଞ୍ଚଜଣ ସଦସ୍ୟ ଯୋଗଦାନ କରିଥିଲେ। ଉତ୍କଳ ସଭାର ପ୍ରତିନିଧି ଭାବରେ ଯୋଗଦାନ କରିଥିଲେ ମଧୁସୂଦନ ଦାସ ଓ ଗୌରୀଶଙ୍କର ରାୟ। ନ୍ୟାସନାଲ ସୋସାଇଟିର ପ୍ରତିନିଧି ଭାବରେ ଯୋଗଦାନ କରିଥିଲେ ହରେକୃଷ୍ଣ ଦାସ ଓ ରମେଶ ଚନ୍ଦ୍ର ମଣ୍ଡଳ। ଓଡ଼ିଶା ପିପୁଲ୍‌ସ ଆସୋସିଏସନ୍ ତରଫରୁ ଯୋଗଦାନ କରିଥିଲେ ଶ୍ୟାମସୁନ୍ଦର ସାହୁ। ମଧୁବାବୁ ଏବଂ ଗୌରୀଶଙ୍କର ରାୟ ଉଭୟେ କଟକରୁ ଯାଇଥିଲେ। ପଣ୍ଡିତ ସୂର୍ଯ୍ୟନାରାୟଣ ଦାଶ ଲେଖିଛନ୍ତି - "ଉଭୟେ କଟକରୁ ଚାନ୍ଦବାଲି ପର୍ଯ୍ୟନ୍ତ ଷ୍ଟିମରରେ ଯାଇ ଚାନ୍ଦବାଲିଠାରୁ ମାନ୍ଦ୍ରାଜ ପର୍ଯ୍ୟନ୍ତ ଥୋମାସ୍ କୁକ୍ ଏଣ୍ଡ ସନ୍‌ସ (Thomas Cook and Sons) ଙ୍କ ଜାହାଜରେ ଯାତ୍ରା କରିଥିଲେ। କଟକ ମହାନଦୀ ତୀରସ୍ଥ ଜୋବ୍ରାଘାଟଠାରେ ଉଭୟଙ୍କୁ ଯିବାବେଳେ କଟକବାସୀ ଉଚ୍ଛ୍ୱସିତ ସମ୍ବର୍ଦ୍ଧନା ଜଣାଇ ଥିଲେ।

ମଧୁସୂଦନ ଦାସ ଓ ଗୌରୀଶଙ୍କର କଂଗ୍ରେସ ଅଧିବେଶନରେ ଯୋଗଦାନ କରି କଟକ ପ୍ରତ୍ୟାବର୍ତ୍ତନ କଲେ। ଏହି ଉଭୟ ମନୀଷୀଙ୍କୁ ସମ୍ବର୍ଦ୍ଧନା ପ୍ରଦାନ ଉଦ୍ଦେଶ୍ୟରେ କଟକଠାରେ ୧୮୮୮ ମସିହା ଜାନୁଆରୀ ୨୮ ତାରିଖରେ ଏକ ସଭାର ଆୟୋଜନ କରାଗଲା। ମଧୁବାବୁ ଏହି ସଭାରେ ଯୋଗଦାନ କରି ସମ୍ବର୍ଦ୍ଧିତ ହୋଇଥିଲେ। ସମ୍ବର୍ଦ୍ଧନାର ଉତ୍ତରରେ ମଧୁବାବୁ ଜାତୀୟ କଂଗ୍ରେସର କାର୍ଯ୍ୟାବଳୀ, ଆଭିମୁଖ୍ୟ ଓ ଆଦର୍ଶ ଉପରେ ଆଲୋକପାତ କରିଥିଲେ। ପଣ୍ଡିତ ସୂର୍ଯ୍ୟନାରାୟଣ ଦାସ ଲେଖିଛନ୍ତି - "ମଧୁବାବୁ ଓ ଗୌରୀଶଙ୍କର କଂଗ୍ରେସ ଅଧିବେଶନରେ ଯୋଗଦେଇ କଟକ ଫେରିଲେ ଏବଂ ଏମାନଙ୍କୁ ସମ୍ବର୍ଦ୍ଧନା କରିବା ପାଇଁ କଟକରେ ଖ୍ରୀ. ୧୮୮୮ ଜାନୁୟାରୀ ୨୮ ତାରିଖରେ ଏକ ସଭା ହୋଇଥିଲା। ଏହି ସଭାରେ ମଧୁବାବୁ କଂଗ୍ରେସର ଆଦର୍ଶ ଓ କାର୍ଯ୍ୟ ସମ୍ବନ୍ଧରେ ଲୋକଙ୍କୁ ବୁଝାଇ ଏକ ଦୀର୍ଘ ବକ୍ତୃତା ଦେଇ କଂଗ୍ରେସ ଅଧିବେଶନରେ ଗୃହୀତ ହୋଇଥିବା ପ୍ରସ୍ତାବମାନଙ୍କର ତାତ୍ପର୍ଯ୍ୟ ଚମତ୍କାର ଭାବରେ ବୁଝାଇଥିଲେ। ସେ କହିଥିଲେ - "ସଂକୀର୍ଣ୍ଣ ଜାତିଭାବ ଓ ପ୍ରାଦେଶିକତାକୁ ପଛରେ ପକେଇଦେବାକୁ ହେବ। ସମଗ୍ର ଭାରତ ବର୍ଷକୁ ନିଜର ମାତୃଭୂମି ରୂପେ ଗ୍ରହଣ କରି ମହାଭାରତୀୟ ଭାବରେ ଅନୁପ୍ରାଣିତ ହେବାକୁ ହେବ।

ଜାତି ଜାତି ମଧ୍ୟରେ ପ୍ରଦେଶ ପ୍ରଦେଶ ମଧ୍ୟରେ ଥିବା ଭେଦଭାବକୁ ଭୁଲିଯିବାକୁ ହେବ, ଏକତା ପ୍ରତିଷ୍ଠା କରିବାକୁ ହେବ। ଭାରତବାସୀ ସମସ୍ତେ ଏକ ଜାତି ବୋଲି ଭାବି କାର୍ଯ୍ୟ କରିବାକୁ ହେବ। ଓଡ଼ିଶା ମହାଭାରତର ଏକ ଅଙ୍ଗ। ସମଗ୍ର ଭାରତର ଉନ୍ନତି ନ ହେଲେ ଓଡ଼ିଶାର ଉନ୍ନତି ଅସମ୍ଭବ। ଭାରତର ସୁଖଦୁଃଖ ସଙ୍ଗେ ଜଡ଼ିତ ରହି ସାମ୍ୟ ରକ୍ଷା କରି, ତାଳ ମିଶାଇ ଓଡ଼ିଶାକୁ ଅଗ୍ରସର ହେବାକୁ ହେବ। ଜାତୀୟତା କ୍ଷେତ୍ରରେ ନୀଚ ସ୍ୱାର୍ଥପରତା, ସଂକୀର୍ଣ୍ଣତାର ସ୍ଥାନ ନାହିଁ। ପ୍ରାଦେଶିକ ଉନ୍ନତି ଭାରତୀୟ ଉନ୍ନତିର ପରିପନ୍ଥୀ ନୁହେଁ। ଓଡ଼ିଆ ଭାଷା ଓ ସଂସ୍କୃତି, ଶାସନ ପ୍ରଭୃତିର ଉନ୍ନତି ବିଧାନ ପାଇଁ ଉଦ୍ୟମ କରିବା ସଙ୍ଗେ ସଙ୍ଗେ ସମଗ୍ର ଭାରତବର୍ଷର ଉନ୍ନତି ପ୍ରତି ମଧ୍ୟ ଲକ୍ଷ୍ୟ କରିବାକୁ ହେବ।" ଏହି ସଭାରେ ମଧୁବାବୁ କଂଗ୍ରେସର ଆଭିମୁଖ୍ୟ ଓ କାର୍ଯ୍ୟାବଳୀ ସମ୍ପର୍କରେ ଲୋକମାନଙ୍କୁ ଅବଗତ କରାଇଥିଲେ।

ମଧୁବାବୁ ଯଥାର୍ଥରେ ଥିଲେ ଜଣେ ଜାତୀୟବାଦୀ ନେତା। ଜାତୀୟ ସ୍ତରର ରାଜନୈତିକ କାର୍ଯ୍ୟକ୍ରମ ସହିତ ମଧୁବାବୁ ସମ୍ପୃକ୍ତ ରହୁଥିଲେ। ଏହାପରେ ମଧୁବାବୁ କଂଗ୍ରେସର ବିଭିନ୍ନ ଅଧିବେଶନରେ ଯୋଗଦାନ କରି ଓଡ଼ିଶାର ଗୌରବ ବୃଦ୍ଧି କରିଥିଲେ। ମଧୁବାବୁ ଭାରତୀୟ ଜାତୀୟ କଂଗ୍ରେସର ନିମ୍ନ ଅଧିବେଶନ ଗୁଡ଼ିକରେ ଯୋଗଦାନ କରିଥିଲେ -

(୧) ୧୮୮୮ - ଆଲାହାବାଦ ଅଧିବେଶନ
(୨) ୧୮୮୯ - ବମ୍ବେ ଅଧିବେଶନ
(୩) ୧୮୯୦ - କଲିକତା ଅଧିବେଶନ
(୪) ୧୮୯୧ - ନାଗପୁର ଅଧିବେଶନ
(୫) ୧୮୯୪ - ମାନ୍ଦ୍ରାଜ ଅଧିବେଶନ
(୬) ୧୮୯୫ - ପୁନା ଅଧିବେଶନ
(୭) ୧୮୯୫ - ବନାରସ ଅଧିବେଶନ
(୮) ୧୮୯୬ - କଲିକତା ଅଧିବେଶନ
(୯) ୧୮୯୭ - ଅମରୌତି ଅଧିବେଶନ
(୧୦) ୧୮୯୮ - ମାନ୍ଦ୍ରାଜ ଅଧିବେଶନ
(୧୧) ୧୮୯୯ - ଲକ୍ଷ୍ନୌ ଅଧିବେଶନ
(୧୨) ୧୯୦୧ - କଲିକତା ଅଧିବେଶନ
(୧୩) ୧୯୧୦ - ଆଲାହାବାଦ ଅଧିବେଶନ
(୧୪) ୧୯୧୨ - ପାଟନା ଅଧିବେଶନ।

ଏହିପରି ମଧୁବାବୁ ଜାତୀୟ କଂଗ୍ରେସର ବିଭିନ୍ନ ଅଧିବେଶନରେ ଯୋଗଦାନ କରି ଓଡ଼ିଶାର ସମ୍ମାନ ବୃଦ୍ଧି କରିଥିଲେ। ■

ସତ୍ୟବାଦୀ ବନବିଦ୍ୟାଳୟ ଓ ମଧୁବାବୁ

"We will honour yet the school we knew
The best school of all
We will honour yet the rule we knew
Till the last bell call
For working days or holidays
And glad or melancholy days
They were great days and jolly days
At the best school of all."

-Sir Henry New bolt.

ପୁଣ୍ୟଶ୍ଳୋକ ପଣ୍ଡିତ ଗୋପବନ୍ଧୁ ୧୯୦୯ ମସିହାରେ ସତ୍ୟବାଦୀ ବନବିଦ୍ୟାଳୟ ପ୍ରତିଷ୍ଠା କଲେ। ଏହା ଥିଲା ମଣିଷ ତିଆରି କାରଖାନା। ଏହି ଅନୁଷ୍ଠାନ ପ୍ରତି ମଧୁବାବୁଙ୍କର ସଶ୍ରଦ୍ଧ ଦୃଷ୍ଟିଥିଲା। ପ୍ରତ୍ୟେକ ବର୍ଷ ଡିସେମ୍ବର କିମ୍ବା ଜାନୁଆରୀ ମାସରେ ସତ୍ୟବାଦୀ ବନବିଦ୍ୟାଳୟର ବାର୍ଷିକ ଉତ୍ସବ ପାଳିତ ହୋଇଥାଏ। ଗୋଟିଏ ବର୍ଷ ବାର୍ଷିକ ଉତ୍ସବକୁ ମଧୁବାବୁଙ୍କୁ ନିମନ୍ତ୍ରଣ କରାଯାଇଥିଲା। ମଧୁବାବୁ ଭୀଷଣ ଜ୍ୱରରେ ପୀଡ଼ିତ ଥିଲେ ମଧ ଏହି ସଭାକାର୍ଯ୍ୟରେ ଯୋଗଦାନ କରିଥିଲେ। ପଣ୍ଡିତ ନୀଳକଣ୍ଠ ଦାସ ତାଙ୍କ ଆତ୍ମଜୀବନୀରେ ଲେଖିଛନ୍ତି – "ପ୍ରତିବର୍ଷ ଡିସେମ୍ବର ବା ଜାନୁଆରୀ ମାସରେ ସତ୍ୟବାଦୀ ବିଦ୍ୟାଳୟର ବାର୍ଷିକ ସମ୍ମିଳନୀ ହୁଏ। ବର୍ଷେ ମି. ମଧୁସୂଦନ ଦାସଙ୍କୁ ସଭାପତି ହେବା ପାଇଁ ଅନୁରୋଧ କରାଯାଇଥିଲା। ତାଙ୍କୁ ସେତେବେଳେ ଜ୍ୱର ହୋଇଥିବାରୁ ଅନୁରୋଧ ରକ୍ଷା କରିପାରିଲେ ନାହିଁ। ଗୋପବନ୍ଧୁ ବାବୁ ଓ ନୀଳକଣ୍ଠ ବାବୁ ପ୍ରଭୃତି ଶିକ୍ଷକମାନେ ଗଞ୍ଜାମର ଓଡ଼ିଆ ଜାତି ପ୍ରେମୀ ଓ ବିଶିଷ୍ଟ ନେତା ହରିହର ପଣ୍ଡା ଓକିଲଙ୍କୁ ସଭାପତି କଲେ। ହରିହର ବାବୁ ସତ୍ୟବାଦୀରେ ପହଞ୍ଚିଲେ, କିନ୍ତୁ ସମୟ ଅଭାବରୁ ଅଭିଭାଷଣ

ଲେଖି ନ ଥିଲେ। ସଭା ପୂର୍ବରୁ ସେ ଅଭିଭାଷଣ ଲେଖି ସଭାକୁ ଗଲେ। ହରିହରବାବୁଙ୍କ ସଭାପତିତ୍ୱରେ ସଭା ଆରମ୍ଭ ହେଲା। ପୁରୀ ଏମାରମଠ ମହନ୍ତ ମହାରାଜଙ୍କ ସହିତ ନିଜେ ମି.ଦାସ ଆସି ଅପ୍ରତ୍ୟାଶିତ ଭାବରେ ପହଞ୍ଚିଲେ। ତାଙ୍କ ଦେହରେ ଜ୍ୱର ଥାଏ। ସେ କହିଲେ - "ପିଲାଙ୍କ କଥା ମନେ ପଡ଼ିଲା, ଆଉ ସମ୍ଭାଳି ହେଲା ନାଇଁ। କାର୍ଯ୍ୟକ୍ରମ ମଧ୍ୟରେ ତାଙ୍କର ଗୋଟିଏ ବକ୍ତୃତା ମଧ୍ୟ ରଖି ଦିଆଗଲା। ସେ ସେଦିନ ଗୋଟିଏ ସୁନ୍ଦର ବକ୍ତୃତା ସେଇ ଜ୍ୱରରେ ଦେଇଥିଲେ। ନିମନ୍ତ୍ରିତ ଓ ଭଦ୍ରବ୍ୟକ୍ତିମାନେ ସେଦିନ ପିଲାଙ୍କ ମେଳରେ ବସି ଖାଇଲେ, ୨ ଘଣ୍ଟାଠାରୁ ୪ ଘଣ୍ଟା ପର୍ଯ୍ୟନ୍ତ ଶ୍ଲୋକାନ୍ତ ଏବଂ ୪ ଘଣ୍ଟାଠାରୁ ୫.୩୦ ପର୍ଯ୍ୟନ୍ତ ଡୁଡୁମ୍ୟାଚ ହେଲା। ଶ୍ଲୋକାନ୍ତରେ ମି.ଦାସ ନିଜେ ରେଫ୍‌ରି ହୋଇଥିଲେ। ଶେଷରେ ବହୁ ଛାତ୍ର ଓ ଭଦ୍ରବ୍ୟକ୍ତିଙ୍କ ମଧ୍ୟରେ ବସି ଗପ କଲାବେଳେ ମି.ଦାସ କହିଥିଲେ - "ଗୋପବନ୍ଧୁ, ନାଳନ୍ଦାଟିଏ ଗଢ଼ି ଦେଲୁ। ଗୋପବନ୍ଧୁ ମୋତେ ଦେଖେଇ କହିଲେ - "ମୁଁ ନୁହେଁ, ନୀଳକଣ୍ଠ।"

ଜଣାଯାଏ ଯେ ମଧୁବାବୁ ସତ୍ୟବାଦୀ ବନବିଦ୍ୟାଳୟର ଭଲମନ୍ଦ ଖବର ରଖୁଥିଲେ। ସତ୍ୟବାଦୀ ବନବିଦ୍ୟାଳୟର ଶିକ୍ଷାବ୍ୟବସ୍ଥା ଓ କାର୍ଯ୍ୟାବଳୀ ଶ୍ରୀଯୁକ୍ତ ମି.ଦାସଙ୍କୁ ଗଭୀର ଆତ୍ମସନ୍ତୋଷ ଦେଇଥିଲା।

ସତ୍ୟବାଦୀ ବନବିଦ୍ୟାଳୟ ସହିତ ମଧୁବାବୁ ଓତପ୍ରୋତ ଭାବରେ ଜଡ଼ିତ ଥିଲେ। ଉତ୍କଳ ସମ୍ମିଳନୀ ପାଇଁ ସତ୍ୟବାଦୀ ବନବିଦ୍ୟାଳୟର ସ୍ୱେଚ୍ଛାସେବକମାନେ କାର୍ଯ୍ୟ କରିଥିଲେ। ସମସ୍ତ କାର୍ଯ୍ୟ ମଧୁବାବୁଙ୍କ ନିର୍ଦ୍ଦେଶରେ ହେଉଥିଲା। ଏ ସମ୍ପର୍କରେ ପଣ୍ଡିତ ନୀଳକଣ୍ଠ ଦାସ ତାଙ୍କ ଆତ୍ମଜୀବନୀରେ ଲେଖିଛନ୍ତି - "ଶେଷରେ ଷାଠିଏ ଜଣ ଛାତ୍ର ଗୋପବନ୍ଧୁ ବାବୁ, ମୁଁ, ଗୋଦାବରୀଶ କେତେଜଣ ଆଗ୍ରହୀ ଶିକ୍ଷକ କଟକ ଆସିଲୁ। ଗାଡ଼ିରୁ ଓହ୍ଲାଇବା ମାତ୍ରେ ଦେଖିଲୁ ହର୍ଷୋତଫୁଲ୍ଲ ବଦନରେ ମିଃ ଦାସ ଏବଂ ତାଙ୍କର କେତେକ ବନ୍ଧୁ ଗୁଡ଼ିଏ ଘୋଡ଼ାଗାଡ଼ି ରଖାଇ ପ୍ଲାଟଫର୍ମ ଭିତରେ ଅପେକ୍ଷା କରିଛନ୍ତି। ହଠାତ୍ ଗୋପବନ୍ଧୁଙ୍କୁ ସେ ନିବିଡ଼ ଆଲିଙ୍ଗନ କରିସାରି ମୋତେ ଓ ଗୋଦାବରୀଶଙ୍କୁ କୁଣ୍ଢାଇ ପକାଇ କହିଲେ - "ଆସ ନାଳନ୍ଦାର ଗୁରୁ। ଆଉ କର୍ମୀ ଅଭାବ ହେବେ ନାହିଁ। ମଙ୍ଗରାଜ ମଙ୍ଗ ମୋଡ଼ି ପାରିବ ନାହିଁ।"

ନୀଳକଣ୍ଠ ଲେଖିଛନ୍ତି - "ମିଃ ଦାସଙ୍କ ଆଦେଶ ଥିଲା ଯେ , ଯେ କୌଣସି ବ୍ୟକ୍ତି ହେଉ ପଛକେ, ଟିକେଟ ନ ଦେଖାଇଲେ କାହାରିକି ପ୍ରବେଶ କରିବାକୁ ସ୍ୱେଚ୍ଛାସେବକମାନେ ଦେବେ ନାଇ। ଚାରିଜଣ ସ୍ୱେଚ୍ଛାସେବକ ଦୁଇଟି ସ୍ଥଳରେ ଟିକେଟ ଦେଉଥାନ୍ତି ଏବଂ ଆଠଜଣ ସ୍ୱେଚ୍ଛାସେବକ ପ୍ରଧାନ ପ୍ରବେଶ ଦ୍ୱାରରେ ଜଗି ରହିଥାନ୍ତି। ଅନ୍ୟ ତିନି ଫାଟକରେ ଦୁଇ ଦୁଇ ଜଣ ନିଯୁକ୍ତ ଥାନ୍ତି। ସେ ବାଟରେ ପ୍ରବେଶ କରିବାକୁ

ମନା। ମାତ୍ର ଭିନ୍ନ ଭିନ୍ନ ଶ୍ରେଣୀର ଭଦ୍ରବ୍ୟକ୍ତି ଭିନ୍ନ ଭିନ୍ନ ବାଟରେ ବାହାରକୁ ଯିବାର ବନ୍ଦୋବସ୍ତ ଥାଏ।

ଜଣେ ଭଦ୍ରବ୍ୟକ୍ତିଙ୍କୁ ସ୍ୱେଚ୍ଛାସେବୀମାନେ ବିନା ଟିକେଟ୍‌ରେ ଯିବାକୁ ଅନୁମତି ଦେଲେ ନାଇ। ଗୋଦାବରୀଶ ବାବୁ ତାଙ୍କର ପରିଚୟ ଦେବାରୁ ପ୍ରବେଶ କରିଥିଲେ; କିନ୍ତୁ ବାଟରେ ଆଉ କେତେକ ସ୍ୱେଚ୍ଛାସେବକ ତାଙ୍କୁ ଅଟକାଇଦେଲେ। ମିଃ ଦାସ ଆସି ଘଟଣାସ୍ଥଳରେ ପହଞ୍ଚି ଗମ୍ଭୀର ଭାବରେ ସ୍ୱେଚ୍ଛାସେବକମାନଙ୍କୁ କହିଲେ - "ତାଙ୍କୁ ଛାଡ଼ିଦିଅ।" ତଥାପି ସତ୍ୟବାଦୀର ଛାତ୍ରମାନେ ନିର୍ଦ୍ଧାରିତ ଶୃଙ୍ଖଳାକୁ ବ୍ୟତିକ୍ରମ କରି ତାଙ୍କୁ ଅନୁମତି ଦେବାରେ କୁଣ୍ଠା ପ୍ରକାଶ କଲେ। ଗୋପବନ୍ଧୁ ପହଞ୍ଚି କହିଲେ - "ସେ ପରା କବିବର ଗଙ୍ଗାଧର ମେହେର - ତାଙ୍କୁ ଛାଡ଼ିଦିଅ।" ପିଲାମାନେ ତାଙ୍କୁ ଚିହ୍ନି ନ ଥିଲେ। ତାଙ୍କୁ ବିନୀତ ଅଭିବାଦନ କଲେ। ଗଙ୍ଗାଧର ମେହେର ଅଳ୍ପ ଅଳ୍ପ ହସୁଥାନ୍ତି। ଜଣେ ସ୍ୱେଚ୍ଛାସେବକ ସଭାମଣ୍ଡପକୁ ଯାଇ ଗୋଟିଏ ବିଶିଷ୍ଟ ଅତିଥି ଟିକେଟ୍ ଆଣିଲେ। ମିଃ ଦାସ ସତ୍ୟବାଦୀ ଛାତ୍ରଙ୍କ ଶୃଙ୍ଖଳା ଜ୍ଞାନ ଦେଖି ଅବାକ୍ ହୋଇଗଲେ ଏବଂ କହିଲେ, "ଆଉ ଏ ବାଟରେ ଏ ଟୋକାଏ ଛାଡ଼ିବେ ନାହିଁରେ ବାପା।" ତା'ପରେ ମୋତେ କହିଲେ - "Nilakantha, your boys are fines" | ସେହିଠାରେ ଠିଆ ହୋଇ ସେ ଗୋଟିଏ କ୍ଷୁଦ୍ର ବକ୍ତୃତା ଦେଲେ। "ନେପୋଲିଅନ୍ ବୋନାପାର୍ଟଙ୍କ ଜୀବନରେ ଏହିପରି ଏକ ଅନୁଭୂତି ଜଣେ ବିଶ୍ୱସ୍ତ ପ୍ରହରୀଠାରୁ ହୋଇଥିଲା। ନେପୋଲିୟନ୍ ସମ୍ରାଟ ଥିବାରୁ ପ୍ରହରୀକୁ ଯଥେଷ୍ଟ ପୁରସ୍କାର ଦେଇଥିଲେ। ଆମେ ସବୁ କାଙ୍ଗାଳ; କି ପୁରସ୍କାର ଦେବି ?" ଏତିକିବେଳେ ଜନତା ମଧ୍ୟରୁ ଆନନ୍ଦ ଧ୍ୱନି ଉଠିଲା ଏବଂ ମିଃ ଦାସଙ୍କୁ "Uncrowned king of Orissa" ଧ୍ୱନିରେ ଜନତା ଅଭିବାଦନ ଜଣେଇଲା। ମିଃ ଦାସ କବିବରଙ୍କୁ ପୁଷ୍ପମାଲ୍ୟ ଦେଇ ପୂଜା କଲେ ଏବଂ ସେଥିରୁ ଖଣ୍ଡିଏ ସତ୍ୟବାଦୀର ସ୍ୱେଚ୍ଛାସେବକ ଚନ୍ଦ୍ରଶେଖରଙ୍କ ବେକରେ ପକାଇଦେଲେ। ସେହି ସମୟଠାରୁ ସମ୍ମିଳନୀ ଶେଷ ପର୍ଯ୍ୟନ୍ତ ସଭାକୁ ପ୍ରବେଶ ଓ ବହିର୍ଗମନରେ ନିୟମ ସମସ୍ତେ ପାଳନ କରିଥିଲେ।

ସେଦିନ ଗୋପବନ୍ଧୁବାବୁଙ୍କୁ ଦେଶ ମିଶ୍ରଣ ସମ୍ପର୍କରେ ବକ୍ତୃତା ପ୍ରଦାନ କରିବା ପାଇଁ ଜନତାର ଅନୁରୋଧ ଶୁଣି ଆମ୍ଭେମାନେ ଅତ୍ୟନ୍ତ ଆହ୍ଲାଦିତ ହୋଇଥିଲୁ। ମିଃ ଦାସ ଗୋପବନ୍ଧୁଙ୍କ କାନ୍ଧରେ ହାତ ପକାଇ ତାଙ୍କୁ ଆଣି ବକ୍ତୃତା ମଞ୍ଚରେ ଠିଆ କରାଇ କହିଲେ - "ଗୋପବନ୍ଧୁ ଆଉ ଗୋପ୍ୟ ହୋଇ ରହି ନ ପାରେ।" ଏ ସମ୍ପର୍କରେ ମୋର କହିବା ନ ଥିଲା। କାରଣ ଲୋକପ୍ରାଣରେ ମୋ ଗୋପବନ୍ଧୁ ସ୍ଥାନ ପାଇଚି। ସଭାପତିଙ୍କ ଅନୁମତି ହେଉ।" ସଭାପତି ମହାଶୟ ଭକ୍ତି ବିନମ୍ର ସ୍ମିତ ବଦନରେ ଗୋପବନ୍ଧୁଙ୍କୁ କେବଳ ଚାହିଁ ଦେଇ ଅନୁମତି ଦିଅନ୍ତେ ଜଳଦଗଭୀର ସ୍ୱରରେ ଗୋପବନ୍ଧୁ ଉତ୍କଳର ବିଚ୍ଛିନ୍ନାଞ୍ଚଳ

ସିଂହଭୂମ, ମେଦିନୀପୁରର ଦୁରବସ୍ଥା ଦର୍ଶନ କରି ଯେଉଁ ବକ୍ତୃତା ପ୍ରଦାନ କରିଥିଲେ, ତାହା ଜନତାଙ୍କୁ କନ୍ଦାଇଦେଲା। ଟିକେଟ ବଣ୍ଟା ଓ ପ୍ରବେଶ କଥା ବହିର୍ଗମନ ବନ୍ଦ କରି ଆମ୍ଭେମାନେ ନିବିଷ୍ଟ ମନରେ ଶୁଣିଲୁ। ବ୍ରିଟିଶ ସରକାରଙ୍କର ଅଯୌକ୍ତିକ ଉତ୍କଳ ବିଚ୍ଛେଦର ତୀବ୍ର ଓ ନିର୍ଭୀକ ସମାଲୋଚନା ଗୋପବନ୍ଧୁଙ୍କୁ ଅତି ଉଚ୍ଚକୋଟୀର ବକ୍ତା ଓ କର୍ମବୀର ବୋଲି ଲୋକଙ୍କ ମନରେ ଧାରଣା ଜନ୍ମାଇଦେଲା।

ସେଦିନ ରାତିରେ ମିଃ ଦାସ ଗୋଟିଏ ଭୋଜିର ବନ୍ଦୋବସ୍ତ କରିଥିଲେ। କେତେଜଣ ରାଜା ଓ ଏମାର ମଠର ମହନ୍ତ ମହାରାଜ ଆସି ଆମ ବସାଘର ପ୍ରାଙ୍ଗଣରେ ବସିଲେ। ମିଃ ଦାସ ଛାନ୍ଦ ଓ ଶ୍ଳୋକାନ୍ତ ଶୁଣିବାକୁ ଆଗ୍ରହ ପ୍ରକାଶ କଲେ। ତାହା ବେଶ୍ ଆମୋଦଦାୟକ ହେଲା। ମିଃ ଦାସ, ଗୋପବନ୍ଧୁ, ମୁଁ, ଗୋଦାବରୀଶ ମଧ୍ୟ ସେଥିରେ ଯୋଗ ଦେଲୁ। ଆମକୁ ସ୍ୱର ଧରି ବୋଲି ଆସୁ ନ ଥାଏ; ତେଣୁ ବେଶ୍ ହସ ଜମୁଥାଏ। ଶ୍ଳୋକାନ୍ତ ବନ୍ଦ କରାଇ ସଂସ୍କୃତ ଭାଷାରେ ଓ ସାହିତ୍ୟର ଗାମ୍ଭୀର୍ଯ୍ୟ ଓ ଗୁରୁତ୍ୱ ବର୍ଣ୍ଣନା କରି ମିଃ ଦାସ ଗୋଟିଏ ଆଲୋଚନାମୂଳକ ଭାଷଣ ଦେଲେ। ମିଃ ଦାସ ମୋତେ ଅନୁରୋଧ କରିବାରୁ ମୁଁ ଆଉଦିନେ ସତ୍ୟବାଦୀ ପିଲାଙ୍କୁ ଛୁଟି ଦେଲି। ଚାରି ଚାରି ଜଣଙ୍କ ପାଇଁ ଘୋଡ଼ାଗାଡ଼ିର ଆୟୋଜନ ହେଲା। ମିଃ ଦାସଙ୍କ କଥା ଅନୁସାରେ ଗୋଦାବରୀଶ ଛାତ୍ରମାନଙ୍କୁ କଟକ ସହର ବୁଲେଇ ଦେଖେଇଲେ। ନିଜେ ମିଃ ଦାସ ପିଲାମାନଙ୍କୁ ନେଇ ଐତିହାସିକ ଦୁର୍ଗ ବାରବାଟୀର ପରିଦର୍ଶନରେ ଗଲେ। ପ୍ରବେଶକାଳରୁ ବାହାରି ଆସିବାଯାଏ ସେ ବରାବର ପ୍ରଗଲ୍‌ଭ ଭାବରେ କଥା କହୁଥାନ୍ତି। ମୁହଁ କାନ୍ଦ କାନ୍ଦ ହୋଇ ଆସୁଥାଏ। ଆମ୍ଭେମାନେ ସତ୍ୟବାଦୀ ଫେରି ଆସିଲୁ। ସତ୍ୟବାଦୀର ମର୍ଯ୍ୟାଦା ଓ ଖ୍ୟାତି ଆହୁରି ବଢ଼ିଗଲା।” (୩୮)

■

ମହାମହୋପାଧ୍ୟାୟ ସାମନ୍ତ ଚନ୍ଦ୍ରଶେଖର ଓ ମଧୁବାବୁ

କୁଳବୃଦ୍ଧ ମଧୁସୂଦନ ଦାସ ଓରଫ ମଧୁବାବୁ ସେତେବେଳେ ଓଡ଼ିଶାର ଜଣେ ନାମଜାଦା ଓକିଲ ଭାବରେ ପରିଚିତ ଥିଲେ। ମଧୁ ବାରିଷ୍ଟର ନାମରେ ସେ ଖ୍ୟାତି ଅର୍ଜନ କରିଥିଲେ। ଖଣ୍ଡପଡ଼ାର ତତ୍କାଳୀନ ରାଜା ନଟବର ସିଂହ ମର୍ଦ୍ଦରାଜ ମଧୁବାବୁଙ୍କର ସଙ୍ଗାତ ବନ୍ଧୁ ଥିଲେ। ଏକଦା ମଧୁବାବୁ ରାଜାଙ୍କୁ ବଡ଼ ବିପଦରୁ ଉଦ୍ଧାର କରିଥିଲେ। ଖଣ୍ଡପଡ଼ା ରାଜ୍ୟରେ ଏକଦା ପ୍ରଜାମେଳି ଦେଖାଦେଇଥିଲା। ସେହି ସମୟରେ ଖଣ୍ଡପଡ଼ାର ରାଜା ଥିଲେ ନଟବର ସିଂହ ମର୍ଦ୍ଦରାଜ ଭ୍ରମରବର ରାୟ (୧୮୬୬-୧୯୦୫)। ଖଣ୍ଡପଡ଼ାର ରାଜା ନଟବର ସିଂହ ମର୍ଦ୍ଦରାଜ ଖଣ୍ଡପଡ଼ା ମେଳିରେ ସାତଜଣ ଲୋକଙ୍କୁ ପ୍ରାଣଦଣ୍ଡ ଦେଇଥିଲେ। ଖଣ୍ଡପଡ଼ାରେ ଏହିପରି କାଣ୍ଡ ଘଟାଇ ରାଜା ନଟବର କଟକ ଚାଲିଗଲେ। କଟକରେ ରାଜା ନଟବର ମଧୁବାବୁଙ୍କୁ ତାଙ୍କ କୋଠିରେ ଭେଟି ଏହି ଘଟଣା ସମ୍ପର୍କରେ ଜଣାଇଲେ। ମଧୁବାବୁଙ୍କ ସହିତ ରାଜା ନଟବର ସଖ୍ୟଭାବ ସ୍ଥାପନ କଲେ ଓ ସଙ୍ଗାତ ବସିଥିଲେ। ରାଜା ନଟବର ମଧୁବାବୁଙ୍କୁ କହିଥିଲେ - "ସଙ୍ଗାତ, ଏ ଜୀବନଟା ତୁମର। ତୁମ ପାଖରେ ଶରଣ ପଶିଲି। ଖଣ୍ଡପଡା ରାଜା ତୁମର।"

ଖଣ୍ଡପଡ଼ା ରାଜାଙ୍କର ଏହି ଦୁର୍ଦ୍ଦଶା ଶୁଣି ମଧୁବାବୁ ରାଜାଙ୍କୁ ନିଜ କୋଠିରେ ରଖିଲେ। ପ୍ରଥମେ ମଧୁବାବୁ କମିଶନର ସାହେବଙ୍କ ସଙ୍ଗେ ରାଜାଙ୍କୁ ଦେଖା କରାଇ ତାଙ୍କ ପାଇଁ ଲଢ଼ିଲେ; ମାତ୍ର ରାଜା ଦୋଷୀ ବୋଲି କଟକରେ ସାବ୍ୟସ୍ତ ହେଲେ। ଏହାପରେ ମଧୁବାବୁ କଲିକତା ହାଇକୋର୍ଟରେ ଅପିଲ କରି ଶେଷରେ ରାଜାଙ୍କୁ ଖଲାସ କରିଦେଲେ। ତେଣୁ ରାଜା ନଟବରସିଂହ ମର୍ଦ୍ଦରାଜ ଖୁସିହୋଇ ମଧୁବାବୁଙ୍କୁ ଏକଲକ୍ଷ ଟଙ୍କା, ଅନେକ ମଣିମାଣିକ୍ୟ ଏବଂ ସୁନା ଅଳଙ୍କାର ଉପହାର ସ୍ୱରୂପ ପ୍ରଦାନ କରିଥିଲେ।

ଅନନ୍ତର ମଧୁବାବୁ ଖଣ୍ଡପଡ଼ା ଗଡ଼ଜାତକୁ କେତେଥର ଯାତ୍ରା କରିଥିଲେ। ପ୍ରଥମ କାରଣଟି ହେଉଛି ରାଜା ଥିଲେ ମଧୁବାବୁଙ୍କର ସଙ୍ଗାତବନ୍ଧୁ ଏବଂ ଦ୍ୱିତୀୟରେ ଉତ୍କଳ ଟ୍ୟାନେରୀ ପାଇଁ ଖଣ୍ଡପଡ଼ା ଅଞ୍ଚଳରୁ ଚମଡ଼ା ସଂଗ୍ରହ କରାଯାଉଥିଲା। ଥରେ ମଧୁବାବୁ ଖଣ୍ଡପଡ଼ା ଆସିଥିଲେ। ଖଣ୍ଡପଡ଼ା ରାଜାଙ୍କ ତରଫରୁ ମଧୁବାବୁଙ୍କୁ ସମ୍ବର୍ଦ୍ଧନା ଦେବା ପାଇଁ ଗୋଟିଏ ସଭାର ଆୟୋଜନ କରାଯାଇଥିଲା। ସେହି ସଭାରେ ସାମନ୍ତ ଚନ୍ଦ୍ରଶେଖର ଉପସ୍ଥିତ ଥିଲେ। ସଭାର ଉପସ୍ଥିତ ଥିବା ପଣ୍ଡିତମାନେ ପ୍ରଶଂସାସୂଚକ ଶ୍ଳୋକ ପାଠ କଲେ। ମଧୁବାବୁ ନିଜ ପ୍ରଶଂସା ଶୁଣି ଶୁଣି କହିଥିଲେ – "ପଣ୍ଡିତମାନେ ପାଠ ପଢ଼ିଛନ୍ତି ସିନା; ମାତ୍ର ସେମାନଙ୍କର ବୁଦ୍ଧି ନାହିଁ।" ମଧୁବାବୁ ଏ ସମ୍ପର୍କରେ ଆହୁରି କେତେକ କଳ୍ପିତ ଗପ କହି ପଣ୍ଡିତମାନଙ୍କୁ ଅପମାନିତ କଲେ। ଏହାପରେ ପଠାଣି ସାମନ୍ତ ସଙ୍ଗେ ସଙ୍ଗେ ସଭାସ୍ଥଳକୁ ଉଠିଯାଇ ଗମ୍ଭୀର ଭାବରେ ଗୋଟିଏ ଶ୍ଳୋକ ବୋଲି ମଧୁବାବୁଙ୍କ କଥାକୁ ଖଣ୍ଡନ କରିଥିଲେ। ସାମନ୍ତ ଚନ୍ଦ୍ରଶେଖର ଗାଇଥିଲେ –

"ଧାରୋଽପ୍ୟ ଧୀରୀକୃତ ଧୀରବର୍ଗେ ମୂଢ଼ାତ୍ ପରାଭୂତି ମଜଶ୍ୟମେତି
ହୀରୋଽପି ନୀର ପ୍ରତିମାସ୍ମଲୋହୋ ମେଷସ୍ୟ ଶୃଙ୍ଗ ଦପି ଯାତିଭଙ୍ଗମ୍।"

ଏହାପରେ ମଧୁବାବୁ ପଠାଣି ସାମନ୍ତଙ୍କୁ ଶ୍ଳୋକଟିର ଅର୍ଥ ପଚାରିଥିଲେ। ସାମନ୍ତ ସଙ୍ଗେ ସଙ୍ଗେ ଶ୍ଳୋକଟିର ଅର୍ଥ ନିମ୍ନ ଭାବରେ ବୁଝାଇଦେଲେ – "ଅନେକ ପଣ୍ଡିତଙ୍କୁ ପରାଜିତ କରିଥିବା ମହାପଣ୍ଡିତ ମଧ୍ୟ ବେଳେବେଳେ ମୂର୍ଖଠାରୁ ପରାଜୟ ଲାଭ କରିଥାଏ, ଯେପରି ପଥର ଓ ଲୁହାକୁ ଫଟାଇ ଦେଉଥିବା ହୀରାଖଣ୍ଡଟିଏ ସମୟେ ସମୟେ ମେଣ୍ଢା ଶିଙ୍ଘରେ ଭାଙ୍ଗିଯାଏ। ସାମନ୍ତଙ୍କ ମୁଖରୁ ଏହାଶୁଣି ରାଜା ନଟବର ଓ ମଧୁବାବୁଙ୍କ ମୁହଁ କଳାକାଠ ପଡ଼ିଗଲା।

ତା' ପର ଦିନ ମଧୁବାବୁ ନିଜେ ସାମନ୍ତଙ୍କ ଖଣ୍ଡପଡ଼ା ଦାଣ୍ଡସାହିରେ ରହିଥିବା ଘରକୁ ଆସି ପଣ୍ଡିତମାନଙ୍କ ପ୍ରତି କଟୁ ମନ୍ତବ୍ୟ ଦେଇଥିବାରୁ ସାମନ୍ତଙ୍କୁ କ୍ଷମା ମାଗି କହିଥିଲେ – "ଆପଣ ତ ଉତ୍କଳର ଚନ୍ଦ୍ରମା ସ୍ୱରୂପ, ମୁଁ କ'ଣ ଆପଣଙ୍କ ସଙ୍ଗେ ଯୁକ୍ତି କରିପାରିବି ?" ମଧୁବାବୁ ସାମନ୍ତଙ୍କର ବିସ୍ମୟକର ପ୍ରତିଭା ସମ୍ପର୍କରେ ଅବଗତ ହେଲେ। ଖଣ୍ଡପଡ଼ା ପରି ଏକ ବଣ ପାହାଡ଼ ଘେରା ଅଞ୍ଚଳରେ ଏହିପରି ପଣ୍ଡିତ ଓ ଅସାଧାରଣ ବ୍ୟକ୍ତି ଜନ୍ମଗ୍ରହଣ କରିଥିବାରୁ ମଧୁବାବୁ ଆଶ୍ଚର୍ଯ୍ୟାନ୍ୱିତ ହେଲେ। ପଠାଣି ସାମନ୍ତଙ୍କ ସହିତ ମଧୁବାବୁ ଅନେକ ସମୟ କଟାଇଥିଲେ। ମଧୁବାବୁ ସାମନ୍ତଙ୍କର ବିସ୍ମୟକର ପ୍ରତିଭାକୁ ଦେଖି ମନେ ମନେ ଚିନ୍ତା କରୁଥିଲେ ଯେ ଏପରି ଅଞ୍ଚଳର କ'ଣ ଏହିପରି ବିଦ୍ୱାନ ଥାଇପାରନ୍ତି !"

■

ଭଞ୍ଜଭୂମି ଗଞ୍ଜାମ ଓ ସଙ୍ଗଠକ ମଧୁସୂଦନ

ମଧୁସୂଦନ ଦାସ ଥିଲେ ଊନବିଂଶ ଶତାବ୍ଦୀ ଓଡ଼ିଶାର ଜଣେ ଉଚ୍ଚକୋଟୀର ସଂଗଠକ। ତାଙ୍କର ସାଙ୍ଗଠନିକ ଦୃଷ୍ଟିଭଙ୍ଗୀ ଥିଲା ସୁଦୂରପ୍ରସାରୀ। ଭଞ୍ଜଭୂମି ଗଞ୍ଜାମ ପ୍ରତି ମଧୁବାବୁଙ୍କର ବିଶେଷ ଆକର୍ଷଣ ଥିଲା। ଏହି ଭୂମିର ଭୂମିପୁତ୍ର ଓ ଓଡ଼ିଆ କାବ୍ୟଜଗତର ମଉଡ଼ମଣି ଉପେନ୍ଦ୍ର ଭଞ୍ଜଙ୍କ କାବ୍ୟସାହିତ୍ୟ ସମ୍ପର୍କରେ ମଧୁବାବୁ ଅବଗତ ଥିଲେ। ମଧୁବାବୁ ବୁଝିଥିଲେ ଯେ ଓଡ଼ିଆ ଭାଷା ଓ ସାହିତ୍ୟକୁ ଉପେନ୍ଦ୍ର ଭଞ୍ଜ ସମୃଦ୍ଧ କରିଛନ୍ତି। ଉପେନ୍ଦ୍ର ଭଞ୍ଜଙ୍କ ସାହିତ୍ୟର ପଟାନ୍ତର ନାହିଁ। ଓଡ଼ିଶାର ସାଂସ୍କୃତିକ ଚିତ୍ରପଟ ଭଞ୍ଜ ସାହିତ୍ୟରେ ଯଥାର୍ଥତଃ ପ୍ରତିଫଳିତ ହୋଇଛି। ମଧୁବାବୁ ବରାବର କହୁଥିଲେ - ଉପେନ୍ଦ୍ର ଭଞ୍ଜଙ୍କ କାବ୍ୟସ୍ୱରରେ ଉତ୍କଳ ଜନନୀଙ୍କ ଅବରୁଦ୍ଧ କଣ୍ଠ ଖୋଲିଯିବ। ମଧୁବାବୁ ପୁନଶ୍ଚ କହିଥିଲେ - "ଯେଉଁ ପ୍ରଦେଶରୁ ଉପେନ୍ଦ୍ର ଭଞ୍ଜଙ୍କର କଣ୍ଠଧ୍ୱନି ଉଠି ଏକ ସମୟରେ ଉତ୍କଳଜାତିର ହୃଦୟକୁ ଆହ୍ଲାଦରେ ନଚାଉଥିଲା, ସେ ପ୍ରଦେଶ ବର୍ତ୍ତମାନ ଉତ୍କଳ ଜନନୀଙ୍କର ଶରୀରୁ ବିଚ୍ଛିନ୍ନ।"

୧୯୦୦ ମସିହାର କଥା। ଏହି ସମୟରେ ଗଞ୍ଜାମ ଜିଲ୍ଲାର ଯେଉଁ କେତେଜଣ ରାଜା ଓ ଜମିଦାର କଟକ ଆସି ସଭାରେ ଯୋଗଦାନ କରୁଥିଲେ, ମଧୁବାବୁ ସେମାନଙ୍କୁ ନିଜ କୋଠିକୁ ଆହ୍ୱାନ କରି କ୍ଷୁଦ୍ର କ୍ଷୁଦ୍ର ସମ୍ମିଳନୀ ଆୟୋଜନ କରି ସେମାନଙ୍କୁ ଓଡ଼ିଶାର ସମସ୍ୟା ସମ୍ପର୍କରେ ଅବଗତ କରାଉଥିଲେ। ଏକଦା ମଧୁବାବୁ ତାଙ୍କ ନିଜ କୋଠିକୁ ଖଲିକୋଟର ରାଜା ହରିହର ମର୍ଦ୍ଦରାଜଙ୍କୁ ନିମନ୍ତ୍ରଣ କରିଥିଲେ। ଗଞ୍ଜାମରେ ଜାଗରଣ ସୃଷ୍ଟି କରିବା ମଧୁବାବୁଙ୍କ ଲକ୍ଷ୍ୟ ଥିଲା। ତେଣୁ ୧୯୦୧ ମସିହାରେ ମଧୁବାବୁ ରାଜା ହରିହର ମର୍ଦ୍ଦରାଜଙ୍କୁ ଚିଠି ଲେଖି ଜଣାଇଥିଲେ। ରାଜାସାହେବ ମଧୁବାବୁଙ୍କ ଚିଠିର ପ୍ରତ୍ୟୁତ୍ତର ଦେଇଥିଲେ। ଏ କ୍ଷେତ୍ରରେ ସେ ମଧ୍ୟ ଆବଶ୍ୟକୀୟ ପଦକ୍ଷେପ ନେଇଥିଲେ। ରାଜା ହରିହର ମର୍ଦ୍ଦରାଜଙ୍କୁ ଏ କ୍ଷେତ୍ରରେ ଦୁଇଜଣ ମନୀଷୀ ଉତ୍ସାହିତ କରିଥିଲେ। ସେହି ଦୁଇଜଣ ମନୀଷୀ ହେଲେ ନୀଳମଣି ବିଦ୍ୟାରତ୍ନ ଓ ନରସିଂହ ଦାସ। ମଧୁବାବୁ ରାଜା

ହରିହରଙ୍କ ମନୋରାଜ୍ୟରେ ଯେଉଁ ଚେତନାର ବୀଜଟିକୁ ରୋପିଥିଲେ, ତାହା କ୍ରମେ ଅଙ୍କୁରିତ ହେଲା। ମଧୁବାବୁଙ୍କର ପ୍ରସ୍ତାବିତ କାର୍ଯ୍ୟକ୍ରମକୁ ରାଜା ହରିହର ବାସ୍ତବାୟିତ କରିଥିଲେ। ୧୯୦୨ ମସିହାରେ ରାଜା ହରିହର ଯୁବରାଜ ରାମଚନ୍ଦ୍ର ମର୍ଦ୍ଦରାଜଙ୍କର ଦ୍ୱିତୀୟ ଜନ୍ମ ବାର୍ଷିକୀ ଦିବସରେ ରମ୍ଭାପ୍ରସାଦ ଠାରେ ଗୋଟିଏ କ୍ଷୁଦ୍ର ସଭାର ଆୟୋଜନ କରିଥିଲେ। ଏଥିରେ ଫକୀରମୋହନ ସେନାପତି, ନରସିଂହ ଦାସ, ନୀଳମଣି ବିଦ୍ୟାରତ୍ନ, ମୟୂରଭଞ୍ଜର ମହାରାଜା, ବଳରାମ ମହାରଣା, ପର୍ଶୁରାମ ପାତ୍ର,ଗଦାଧର ବିଦ୍ୟାଭୂଷଣ ପ୍ରମୁଖ ଯୋଗଦାନ କରିଥିଲେ। ଏହି ସଭାରେ ମଧୁବାବୁ ଯୋଗଦାନ କରିପାରି ନ ଥିଲେ । ଏହି ସଭାଟି କ୍ଷୁଦ୍ର ହେଲେ ହେଁ ଏହାର ଗୁରୁତ୍ୱକୁ ଉପଲବ୍ଧ କରାଯାଇଥିଲା। ଉପସ୍ଥିତ ସଭ୍ୟବୃନ୍ଦ ଉତ୍କଳ ଜନନୀଙ୍କର ଦୁର୍ଦ୍ଦଶା ସମ୍ପର୍କରେ ଆଲୋଚନା କରିଥିଲେ। ଉତ୍କଳମାତା ଯେ ଖଣ୍ଡବିଖଣ୍ଡିତ – ଏହି ଚିନ୍ତାରେ ସେମାନେ ଭାରାକ୍ରାନ୍ତ ଥିଲେ। ତେବେ ଏହି ସଭାରେ 'ଜୟ ଉତ୍କଳ ଜନନୀ' ଧ୍ୱନି ସଭ୍ୟମାନଙ୍କର କଣ୍ଠରୁ ନିଃସୃତ ହେଲା। ଯଦିଓ ମଧୁବାବୁ ଏହି ସଭାରେ ଅଂଶଗ୍ରହଣ କରିପାରି ନ ଥିଲେ, ତଥାପି ସଭାର କାର୍ଯ୍ୟକ୍ରମ ସମ୍ପର୍କରେ ଅବଗତ ଥିଲେ। ମଧୁବାବୁ ଏହି ସଭାର ପରବର୍ତ୍ତୀ ଅଧିବେଶନକୁ ଗଞ୍ଜାମଠାରେ ଅନୁଷ୍ଠିତ କରାଇବା ପାଇଁ ପରାମର୍ଶ ଦେଇଥିଲେ।

ମଧୁବାବୁଙ୍କ ପରାମର୍ଶକ୍ରମେ ଗଞ୍ଜାମ ସମ୍ମିଳନୀର ପରବର୍ତ୍ତୀ ଅଧିବେଶନ ୧୯୦୩ ମସିହା ଏପ୍ରିଲ ୧୧ ତାରିଖରେ ବ୍ରହ୍ମପୁରଠାରେ ଅନୁଷ୍ଠିତ ହେଲା। ଏଥିରେ ଶ୍ୟାମସୁନ୍ଦର ରାଜଗୁରୁ ସଭାପତିତ୍ୱ କରିଥିଲେ। ଉଲ୍ଲେଖଯୋଗ୍ୟ ଯେ ଶ୍ୟାମସୁନ୍ଦର ରାଜଗୁରୁ ଥିଲେ ଗଞ୍ଜାମର ପ୍ରଥମ ଗ୍ରାଜୁଏଟ୍। ମଧୁବାବୁ ଏହି ଗଞ୍ଜାମ ସମ୍ମିଳନୀରେ ଯୋଗଦେଇଥିଲେ। ମଧୁବାବୁ ଏହି ସଭାରେ କହିଥିଲେ – "ପ୍ରାକୃତିକ ଦେଶର ସବୁ ଅଞ୍ଚଳର ପ୍ରତିନିଧି ଆସିଛନ୍ତି। ତେଣୁ ଏହା ଉତ୍କଳ ସମ୍ମିଳନୀ ବୋଲାଇବ।" ମଧୁବାବୁଙ୍କ କଥାକୁ ସମସ୍ତେ ଗ୍ରହଣ କଲେ। କଟକଠାରେ ଉତ୍କଳ ସମ୍ମିଳନୀର ପ୍ରଥମ ଅଧିବେଶନ ଅନୁଷ୍ଠିତ ହେବ ବୋଲି ଏହି ସଭାରେ ନିଷ୍ପତ୍ତି ନିଆଯାଇଥିଲା। ମୁଖ୍ୟ ପ୍ରସ୍ତାବଟି ଥିଲା ଯେ ଉତ୍କଳ ସମ୍ମିଳନୀର ପ୍ରତିନିଧିମାନେ ଗୋଲାପୀ ରଙ୍ଗର ପଗଡ଼ି ଧାରଣ କରି ଅଧିବେଶନରେ ଯୋଗଦେବେ।

୧୯୦୩ ମସିହା ଡିସେମ୍ବର ମାସ ୩୦ ଓ ୩୧ ତାରିଖରେ କଟକଠାରେ ଉତ୍କଳ ସମ୍ମିଳନୀର ପ୍ରଥମ ଅଧିବେଶନ ଅନୁଷ୍ଠିତ ହେଲା। ଉଲ୍ଲେଖନୀୟ ଘଟଣାଟି ଥିଲା ଯେ ଗଞ୍ଜାମରୁ ୧୨୦ ଜଣ ପ୍ରତିନିଧି ଏଥିରେ ଅଂଶଗ୍ରହଣ କରି ମଧୁବାବୁଙ୍କୁ ଉତ୍ସାହିତ କରିଥିଲେ। ଏହାପରେ ଉତ୍କଳ ସମ୍ମିଳନୀର ବିଭିନ୍ନ ଅଧିବେଶନରେ ଗଞ୍ଜାମର ରାଜା ତଥା ନେତୃସ୍ଥାନୀୟ ବ୍ୟକ୍ତି ଅଧକ୍ଷତା କରିଥିଲେ। ଉତ୍କଳ ସମ୍ମିଳନୀର ଦ୍ୱିତୀୟ

ଅଧିବେଶନରେ ଗଞ୍ଜାମର ମଦନମୋହନ ସିଂହ ଅଧକ୍ଷତା କରିଥିଲେ। ସେ ଥିଲେ ରାଜା ହରିହରଙ୍କର ତୃତୀୟ ଭଗିନୀପତି। ଉତ୍କଳ ସମ୍ମିଳନୀର ପଞ୍ଚମ ଅଧିବେଶନରେ ସୁରଙ୍ଗୀର ରାଜା ଚନ୍ଦ୍ରଚୂଡ଼ାମଣି ହରିଚନ୍ଦନ ସଭାପତିତ୍ୱ କରିଥିଲେ। ସେ ହେଉଛନ୍ତି ରାଜା ହରିହରଙ୍କର ଦ୍ୱିତୀୟ ଭଗ୍ନୀପତି। ଏହି ରାଜା ମଧ୍ୟ ଉତ୍କଳ ସମ୍ମିଳନୀର ଅଷ୍ଟମ ଅଧିବେଶନରେ ଅଧକ୍ଷତା କରିଥିଲେ। ଉତ୍କଳ ସମ୍ମିଳନୀର ଦଶମ ଅଧିବେଶନ ପାରଳାଖେମୁଣ୍ଡିଠାରେ ଅନୁଷ୍ଠିତ ହୋଇଥିଲା। ରାଜା କୃଷ୍ଣଚନ୍ଦ୍ର ଗଜପତି ଏହାର ପୃଷ୍ଠପୋଷକତା କରିଥିଲେ। ଜୟପୁରର ମହାରାଜା ସାର୍ ବ୍ରିକମଦେବ ବର୍ମା ଏଥିରେ ଅଧକ୍ଷତା କରିଥିଲେ। ଉତ୍କଳ ସମ୍ମିଳନୀର ଦ୍ୱାଦଶ ଅଧିବେଶନରେ ମଞ୍ଜୁଷାର ରାଜା ରାଜମଣି ଅଧକ୍ଷତା କରିଥିଲେ। ସେହିପରି ତ୍ରୟୋବିଂଶ ଅଧିବେଶନ ବ୍ରହ୍ମପୁରଠାରେ ୧୯୩୩ ମସିହାରେ ଅନୁଷ୍ଠିତ ହୋଇଥିଲା। ଏଥିରେ ପାରଳାର ମହାରାଜା କୃଷ୍ଣଚନ୍ଦ୍ର ଗଜପତି ସଭାପତିତ୍ୱ କରିଥିଲେ।

ଏହା ବ୍ୟତୀତ ଉତ୍କଳ ସମ୍ମିଳନୀର ବହୁ ଅଧିବେଶନ ବ୍ରହ୍ମପୁରଠାରେ ଅନୁଷ୍ଠିତ ହୋଇଥିଲା। ଉତ୍କଳ ସମ୍ମିଳନୀର ଚତୁର୍ଥ ଅଧିଶେନ (୧୯୦୬), ଅଷ୍ଟମ ଅଧିବେଶନ (୧୯୧୨), ଦଶମ ଅଧିବେଶନ (ପାରଳାଖେମୁଣ୍ଡି)-(୧୯୧୪), ସପ୍ତଦଶ ଅଧିବେଶନ (୧୯୨୩), ଅଷ୍ଟାଦଶ ଅଧିବେଶନ (୧୯୨୪), ବିଂଶ ଅଧିବେଶନ (୧୯୨୯), ଏକବିଂଶ ଅଧିବେଶନ (୧୯୩୦), ତ୍ରୟୋବିଂଶ ଅଧିବେଶନ (୧୯୩୩), ଚର୍ତୁବିଂଶ ଅଧିବେଶନ (୧୯୩୪), ସପ୍ତବିଂଶ ଅଧିଶେନ (୧୯୪୪), ଊନତ୍ରିଂଶ ଅଧିବେଶନ (୧୯୪୫), ଦ୍ୱାତ୍ରିଂଶ ଅଧିବେଶନ (୧୯୪୭), ପଞ୍ଚତ୍ରିଂଶ ଅଧିବେଶନ (୧୯୫୫), ଷଷ୍ଠତ୍ରିଂଶ ଅଧିବେଶନ (୧୯୫୯) ବ୍ରହ୍ମପୁରଠାରେ ଅନୁଷ୍ଠିତ ହୋଇଥିଲା।

ମଧୁବାବୁ ଯଥେଷ୍ଟ ପ୍ରେରଣା ଓ ସହଯୋଗ ପାଇଥିଲେ ଗଞ୍ଜାମରୁ। ତେଣୁ ଓଡ଼ିଶା ପ୍ରଦେଶ ସହିତ ଦକ୍ଷିଣ ଓଡ଼ିଶାର ମିଶ୍ରଣ ପାଇଁ ମଧୁବାବୁ ବରାବର ପ୍ରୟାସ କରି ଆସିଥିଲେ। ୧୯୦୫ ମସିହାରେ ଏପ୍ରିଲ ମାସ ୨୯ ଓ ୩୦ ତାରିଖରେ ରମ୍ଭାଠାରେ ଉତ୍କଳ ସମ୍ମିଳନୀର ସ୍ୱତନ୍ତ୍ର ଅଧିବେଶନ ଅନୁଷ୍ଠିତ ହୋଇଥିଲା। ଏଥିରେ ମୟୂରଭଞ୍ଜର ରାଜା ଶ୍ରୀରାମଚନ୍ଦ୍ର ଭଞ୍ଜ ସଭାପତି ଭାବରେ ଏବଂ ମଧୁବାବୁ ମୁଖ୍ୟ ଅତିଥି ଭାବରେ ଯୋଗ ଦେଇଥିଲେ। ଏହି ଅଧିବେଶନ ସମାପ୍ତ ହେବା ପରେ ମଧୁବାବୁ ରମ୍ଭାଠାରେ ଆଉ ଦୁଇଦିନ ଅଧିକ ରହି ଭବିଷ୍ୟତ କାର୍ଯ୍ୟପନ୍ଥା ନିର୍ଣ୍ଣୟ କରିଥିଲେ। ଉତ୍କଳ ସମ୍ମିଳନୀର ଅଧିବେଶନ ଖର୍ଚ୍ଚ ପ୍ରାୟତଃ ମଧୁବାବୁ ବହନ କରୁଥିଲେ। ୧୯୦୬ ମସିହାରେ ଉତ୍କଳ ସମ୍ମିଳନୀର ଚତୁର୍ଥ ଅଧିବେଶନ ବ୍ରହ୍ମପୁରଠାରେ ଅନୁଷ୍ଠିତ

ହୋଇଥିଲା। ମଧୁବାବୁ ଏଥିରେ ଯୋଗଦେଇଥିଲେ ଏବଂ ଏହି ଅଧିବେଶନର ଖର୍ଚ୍ଚ ପାଇଁ ନଅଶହ ଟଙ୍କା ପ୍ରଦାନ କରିଥିଲେ।

ଗଞ୍ଜାମର ଯେଉଁ ବିଶିଷ୍ଟ ବ୍ୟକ୍ତିମାନେ ମଧୁବାବୁଙ୍କ ଅଭିଯାନକୁ ସଫଳ କରାଇବାରେ ବ୍ରତୀ ଥିଲେ, ସେମାନଙ୍କ ମଧ୍ୟରେ ଶଶିଭୂଷଣ ରଥ, ହରିହର ପଣ୍ଡା, ନିରଞ୍ଜନ ପଟ୍ଟନାୟକ, ନରସିଂହ ଦାସ, ବିଶ୍ୱନାଥ ଦାସ, ରାମଚନ୍ଦ୍ର ମର୍ଦ୍ଦରାଜ, ଲିଙ୍ଗରାଜ ପାଣିଗ୍ରାହୀ, ମଧୁସୂଦନ ପାଣିଗ୍ରାହୀ ପ୍ରମୁଖ ସ୍ମରଣଯୋଗ୍ୟ।

ମଧୁବାବୁଙ୍କର ଅନ୍ୟାନ୍ୟ ବିବିଧ କାର୍ଯ୍ୟାବଳୀର ରୂପରେଖ

ତାଳଗୁଡ଼ ସଂସ୍ଥା ପ୍ରତିଷ୍ଠା – ମଧୁବାବୁ କଟକ ଜିଲ୍ଲା ଅନ୍ତର୍ଗତ ସାଲେପୁରର କାରିଗରମାନଙ୍କୁ ସଂଗଠିତ କରି ଗୋଟିଏ ତାଳ ଗୁଡ଼ ସଂସ୍ଥା ପ୍ରତିଷ୍ଠା କରିଥିଲେ। ଏହା ବହୁଦିନ ଧରି କାର୍ଯ୍ୟ କରୁଥିଲା।

କଟକସ୍ଥିତ ଇଂଜିନିୟରିଂ ସ୍କୁଲର ସ୍ଥାନ ନିରୂପଣ – ୧୯୦୫ ମସିହାରେ ବଙ୍ଗଳାର ଶିକ୍ଷା ବିଭାଗର ତତ୍କାଳୀନ ଡାଇରେକ୍ଟର ଆଲେକ୍‌ଜାଣ୍ଡାର ପେଡଲର୍‌ ଓଡ଼ିଶା ପରିଦର୍ଶନରେ ଆସିଥିଲେ। କଟକରେ ଇଞ୍ଜିନିୟରିଂ ସ୍କୁଲ ପ୍ରତିଷ୍ଠା ପାଇଁ ସ୍ଥାନ ନିରୂପଣ ନିମିତ୍ତ ମଧୁବାବୁ ଡାଇରେକ୍ଟରଙ୍କୁ ନେଇ ସ୍ଥାନ ନିର୍ଦ୍ଧାରଣ କରାଇଥିଲେ।

ପାଟଣା ବିଶ୍ୱବିଦ୍ୟାଳୟର ସଭ୍ୟ – ୧୯୧୪ ମସିହାରେ ମଧୁବାବୁ ପାଟଣା ବିଶ୍ୱବିଦ୍ୟାଳୟ କମିଟିର ସଭ୍ୟ ହୋଇଥିଲେ।

ଉତ୍କଳ ସାହିତ୍ୟ ସମାଜ ଗୃହର ଭିତ୍ତିପ୍ରସ୍ତର ସ୍ଥାପନ – ୧୯୧୯ ମସିହା ଜୁଲାଇ ମାସ ୧୯ ତାରିଖ ପୂର୍ବାହ୍ନ ୮ ଘଟିକା ସମୟରେ କଟକସ୍ଥିତ 'ଉତ୍କଳ ସାହିତ୍ୟ ସମାଜ' ଗୃହର ଭିତ୍ତିସ୍ଥାପନ ହୋଇଥିଲା। ଏହି ଉପଲକ୍ଷେ ଏକ ସଭା ଆୟୋଜନ କରାଯାଇଥିଲା। ଏଥିରେ ଆଳିର ରାଜା ସଭାପତିତ୍ୱ କରିଥିଲେ। ବାରିଷ୍ଟର ମଧୁସୂଦନ ଦାସ ଓ ରାୟବାହାଦୁର ଯୋଗେଶ ଚନ୍ଦ୍ର ରାୟ 'ସାହିତ୍ୟ ଓ ସମାଜ' ସମ୍ପର୍କରେ ଅଭିଭାଷଣ ପ୍ରଦାନ କରିଥିଲେ। ଯୋଗେଶ ଚନ୍ଦ୍ର ରାୟ ଥିଲେ ରେଭେନ୍‌ସା କଲେଜର ପଦାର୍ଥ ବିଜ୍ଞାନର ଅଧ୍ୟାପକ। ମଧୁବାବୁ ବକ୍ତବ୍ୟରେ କହିଥିଲେ – "କବିମାନଙ୍କର ଲେଖା ଏ ଦେଶର ଜନସାଧାରଣଙ୍କ ଶିକ୍ଷା ଓ ମନର ଅବସ୍ଥା ଓ ଚିନ୍ତାନୁରୂପ ହେବା ଉଚିତ। ମାତ୍ର ଦୁଃଖର ବିଷୟ ଆଧୁନିକ ଲେଖକମାନେ ବିଦେଶୀୟ ଚିନ୍ତା ଓ ଲେଖା ଅନୁକରଣ କରୁଥିବାରୁ ଜନସାଧାରଣ ସେହି

ଲେଖାର ଉପକାର ପାଇପାରୁ ନାହାନ୍ତି । ଆଉ ମଧ୍ୟ, ଆଜିକାଲି ଲେଖାର ମୂଳରେ ଧର୍ମଭାବ ନାହିଁ ।" ଏହି ସଭାରେ ରେଭେନ୍‌ସା କଲେଜ ପ୍ରିନ୍‌ସପାଲ, ବହୁ ଅଧ୍ୟାପକ, ଇଉରୋପୀୟ ଭଦ୍ରମହିଳା ପ୍ରଭୃତି ଯୋଗଦାନ କରିଥିଲେ । ମଧୁବାବୁ ଉତ୍କଳ ସାହିତ୍ୟ ସମାଜର ଆରମ୍ଭରୁ 'ଅଭିଭାବକ ସଭ୍ୟ' ରୂପେ ଗୃହୀତ ହୋଇଥିଲେ ।

ପ୍ଲେଗ୍ ରୋଗର ପ୍ରତିଷେଧକ ବ୍ୟବସ୍ଥା:

ସେହି ସମୟରେ କଲିକତାଠାରୁ ଓଡ଼ିଶାକୁ ଆସୁଥିବା ଯାତ୍ରୀମାନଙ୍କୁ ବିଭିନ୍ନ ରେଳଷ୍ଟେସନରେ ଡାକ୍ତରମାନେ ପ୍ଲେଗ୍ ରୋଗର ପରୀକ୍ଷା ନିରୀକ୍ଷା କରୁଥିଲେ । ବଙ୍ଗଳାରେ ସେହି ସମୟରେ ପ୍ଲେଗ୍ ରୋଗ ବ୍ୟାପିଲା । ଓଡ଼ିଶାକୁ ଏହି ମାରାତ୍ମକ ରୋଗରୁ ମୁକ୍ତ ରଖିବା ପାଇଁ ଏପରି ବ୍ୟବସ୍ଥା କରାଯାଇଥିଲା । କିନ୍ତୁ କିଛିଦିନ ପରେ ସରକାର ଏହି ସ୍ୱାସ୍ଥ୍ୟ ପରୀକ୍ଷା କାର୍ଯ୍ୟକ୍ରମକୁ ଉଠାଇ ଦେଇଥିଲେ । ମଧୁବାବୁ ଏହାର ପ୍ରତିବାଦ କରିଥିଲେ । ଫଳରେ ବଙ୍ଗଳାପ୍ରଦେଶର ସରକାର ସେହିବର୍ଷ ଅର୍ଥାତ୍ ୧୯୦୫ ମସିହାରେ ଖଡ଼ଗପୁରଠାରେ ରେଳଯାତ୍ରୀମାନଙ୍କୁ ପରୀକ୍ଷା ନିରୀକ୍ଷା କରିବା ନିମିତ୍ତ ଦୁଇଜଣ ଡାକ୍ତରଙ୍କୁ ନିଯୁକ୍ତ କରିଥିଲେ ।

ସାମନ୍ତ ଚନ୍ଦ୍ରଶେଖର ସ୍ମୃତି ବୃତ୍ତି ପ୍ରଦାନ: ସାମନ୍ତ ଚନ୍ଦ୍ରଶେଖର ଓରଫ ପଠାଣି ସାମନ୍ତଙ୍କ ସହିତ ମଧୁବାବୁଙ୍କର ପରିଚୟ ଥିଲା । ମଧୁବାବୁ ଖଣ୍ଡପଡା ଗଡ଼ଜାତକୁ ବେଳେବେଳେ ଯାତ୍ରା କରୁଥିଲେ । କାରଣ ଖଣ୍ଡପଡା ରାଜା ଥିଲେ ମଧୁବାବୁଙ୍କ ସଙ୍ଗାତ ବନ୍ଧୁ । ଦ୍ୱିତୀୟରେ ଉତ୍କଳ ଟ୍ୟାନେରୀ ପାଇଁ ଖଣ୍ଡପଡା ଅଞ୍ଚଳରୁ ଚମଡ଼ା ସଂଗ୍ରହ କରାଯାଉଥିଲା । ଥରେ ମଧୁବାବୁ ଖଣ୍ଡପଡା ଆସିଥିବାରୁ ତାଙ୍କୁ ସମ୍ବର୍ଦ୍ଧନା ଦେବା ପାଇଁ ଗୋଟିଏ ସଭାର ଆୟୋଜନ କରାଯାଇଥିଲା । ସେହି ସଭାରେ ସାମନ୍ତ ଚନ୍ଦ୍ରଶେଖର ଉପସ୍ଥିତ ଥିଲେ । ସଭାରେ ପଣ୍ଡିତମାନେ ପ୍ରଶଂସାସୂଚକ ଶ୍ଳୋକ ପାଠ କଲେ । ମଧୁବାବୁ ନିଜ ପ୍ରଶଂସା ଶୁଣି ଶୁଣି କହିଥିଲେ - "ପଣ୍ଡିତମାନେ ସିନା ପାଠ ପଢ଼ିଛନ୍ତି, ମାତ୍ର ସେମାନଙ୍କର ବୁଦ୍ଧି ନାହିଁ ।" ମଧୁବାବୁ ଏ ସମ୍ପର୍କରେ ଆହୁରି କେତେକ କଳ୍ପିତ ଗପ କହି ପଣ୍ଡିତମାନଙ୍କୁ ଅପମାନିତ କଲେ । ଏହାପରେ ପଠାଣି ସାମନ୍ତ ସଙ୍ଗେ ସଙ୍ଗେ ସଭାସ୍ଥଳରୁ ଉଠିଯାଇ ଗମ୍ଭୀର ଭାବରେ ଗୋଟିଏ ଶ୍ଳୋକ ବୋଲି ମଧୁବାବୁଙ୍କ କଥାକୁ ଖଣ୍ଡନ କରିଥିଲେ ।

ମଧୁବାବୁ ଶ୍ଳୋକର ଅର୍ଥ କ'ଣ ବୋଲି ପଚାରିବାରୁ ସାମନ୍ତ କହିଥିଲେ - "ଅନେକ ପଣ୍ଡିତଙ୍କୁ ପରାଜିତ କରିଥିବା ମହାପଣ୍ଡିତ ମଧ୍ୟ ବେଳେବେଳେ ମୂର୍ଖଠାରୁ ପରାଜୟ ଲାଭ କରେ । ଯେପରି ପଥର ଓ ଲୁହାକୁ ଫଟାଇ ଦେଉଥିବା ହୀରାଖଣ୍ଡିଏ ସମୟେ ସମୟେ ମେଣ୍ଢା ଶିଙ୍ଗରେ ଭାଙ୍ଗିଯାଏ ।" ଏହା ଶୁଣି ରାଜା ନଟବର ସିଂହ ଓ

ମଧୁବାବୁଙ୍କ ମୁହଁ କଳା କାଠ ପଡ଼ିଗଲା। ତା' ପରଦିନ ମଧୁବାବୁ ସାମନ୍ତଙ୍କ ଘରକୁ ଆସି ପଣ୍ଡିତମାନଙ୍କ ପ୍ରତି କଟୁ ମନ୍ତବ୍ୟ ଦେଇଥିବାରୁ କ୍ଷମା ମାଗି ଥିଲେ।

୧୯୦୪ ମସିହା ଜୁନ୍ ମାସ ୧୧ ତାରିଖରେ ସାମନ୍ତଙ୍କର ପରଲୋକ ଘଟିଲା। ତେଣୁ ମହାମନା ମଧୁବାବୁ ସାମନ୍ତ ଚନ୍ଦ୍ରଶେଖରଙ୍କ ସ୍ମୃତି ଉଦ୍ଦେଶ୍ୟରେ ନିଜ ବ୍ୟୟରେ ମାସିକ ଟ୫୦ର ଏକ ବୃତ୍ତି ପ୍ରଚଳନ କଲେ। କଲିକତାରେ ବିଏସ୍.ସି. ପଢ଼ିବା ପାଇଁ ଓଡ଼ିଶାରୁ ଯାଉଥିବା ମେଧାବୀ ଛାତ୍ରଙ୍କ ପାଇଁ ଏହା ଅଭିପ୍ରେତ ଥିଲା। ଏହାହିଁ ଥିଲା ମହାମନା ମଧୁବାବୁଙ୍କର ପୁଣ୍ୟଶ୍ଳୋକ ସାମନ୍ତଙ୍କ ପ୍ରତିଭା ପ୍ରତି ଶ୍ରେଷ୍ଠ ସମ୍ମାନ।

ଭାରତୀୟ ଖ୍ରୀଷ୍ଟିୟାନ୍ ସମ୍ମିଳନୀର ସଭାପତି:

୧୯୧୬ ମସିହା ଡିସେମ୍ବର ମାସ ୨୭ ତାରିଖରେ ଭାରତୀୟ ଖ୍ରୀଷ୍ଟିୟାନ ସମ୍ମିଳନୀର ତୃତୀୟ ବାର୍ଷିକ ଅଧିବେଶନ ମାନ୍ଦ୍ରାଜଠାରେ ଅନୁଷ୍ଠିତ ହୋଇଥିଲା। ମଧୁବାବୁ ଏଥିରେ ସଭାପତିତ୍ୱ କରିଥିଲେ। ଖ୍ରୀଷ୍ଟିୟାନ୍‌ମାନେ ଭାରତୀୟ ଏବଂ ସେମାନେ ଭାରତବାସୀଙ୍କର ଏକ ପ୍ରଧାନ ଅଙ୍ଗ ବୋଲି ମଧୁବାବୁ ବକ୍ତବ୍ୟ ରଖିଥିଲେ। ଭାରତୀୟ ବ୍ୟବସ୍ଥାପକ ସଭାରେ ଖ୍ରୀଷ୍ଟିୟାନ୍‌ମାନଙ୍କର ପ୍ରତିନିଧି ନ ଥିବାରୁ ଅସୁବିଧା ହେଉଛି ବୋଲି ମଧୁବାବୁ ଦର୍ଶାଇଥିଲେ। ଖ୍ରୀଷ୍ଟିୟାନ୍‌ମାନଙ୍କର ଶିକ୍ଷା ନିମନ୍ତେ ସରକାର କୌଣସି ସ୍ୱତନ୍ତ୍ର ବ୍ୟବସ୍ଥା ଗ୍ରହଣ କରି ନ ଥିଲେ। ଏଥିପାଇଁ ମଧୁବାବୁ କ୍ଷୋଭ ପ୍ରକାଶ କରିଥିଲେ।

ଏହିପରି ବହୁବିଧ କାର୍ଯ୍ୟକ୍ରମ ଓ ସଂସ୍ଥା ସହିତ ମଧୁବାବୁ ଜଡ଼ିତ ଥିଲେ। ତାଙ୍କର ପ୍ରତ୍ୟେକ କାର୍ଯ୍ୟକ୍ରମର ମୂଳ ଲକ୍ଷ୍ୟ ଥିଲା ଓଡ଼ିଶାକୁ ଅଗ୍ରଗାମୀ କରାଇବା, ଓଡ଼ିଶା ଜାତିକୁ ବିକାଶ ପଥରେ ଆଗେଇ ନେବା। ଏହି ଲକ୍ଷ୍ୟରେ ସେ ନିରନ୍ତର ପ୍ରୟାସ କରୁଥିଲେ। ମଧୁବାବୁ ଯଥାର୍ଥରେ ଥିଲେ କର୍ମବୀର (Action Hero)। ସେ କର୍ମପ୍ରବଣତାର ସାମସଙ୍ଗୀତ ଗାନ କରି ପ୍ରତ୍ୟେକ ଓଡ଼ିଆର ଚିର ବନ୍ଦନୀୟ ହୋଇପାରିଛନ୍ତି।

■

ମହିଳା ଓକିଲମାନଙ୍କର ଲାଇସେନ୍ସ ପାଇଁ ଅନୁମତି ପ୍ରସଙ୍ଗ ଓ ମଧୁବାବୁ

ମଧୁବାବୁ ଥିଲେ ଓଡ଼ିଶାର ପ୍ରଖ୍ୟାତ ଓକିଲ। ସମାଜରେ ଯେ ଓକିଲମାନଙ୍କର ସ୍ୱତନ୍ତ୍ର ମର୍ଯ୍ୟାଦା ରହିଛି, ଏକଥା ମଧୁବାବୁ ଉପଲବ୍ଧି କରିଥିଲେ। ମଧୁବାବୁଙ୍କର ଦୁଇ ପାଳିତା କନ୍ୟା - ଶୈଳବାଳା ଓ ସୁଧାଂଶୁବାଳା। ମଧୁବାବୁ ସୁଧାଂଶୁବାଳାଙ୍କୁ ଓକିଲ ଭାବରେ ଦେଖିବାକୁ ଚାହୁଁଥିଲେ। ତେଣୁ ମଧୁବାବୁଙ୍କର ଉଦ୍ୟମ, ପ୍ରେରଣା ଓ ପ୍ରୋତ୍ସାହନ ଲାଭ କରି ସୁଧାଂଶୁବାଳା ୧୯୨୨ ମସିହାରେ କଲିକତା ବିଶ୍ୱବିଦ୍ୟାଳୟରୁ ଆଇନ ପରୀକ୍ଷାରେ ଉତ୍ତୀର୍ଣ୍ଣ ହେଲେ। ଏହାପରେ କୋର୍ଟରେ ଲିଗାଲ ପ୍ରାକ୍ଟିସ୍ ପାଇଁ ତଥା ଲାଇସେନ୍ସ ପାଇବା ପାଇଁ ସୁଧାଂଶୁବାଳା ପାଟନାର ଜିଲ୍ଲାଜଜ୍‌ଙ୍କ କୋର୍ଟରେ ଆବେଦନ କଲେ। କିନ୍ତୁ ଏହି ସମୟବେଳକୁ ଭାରତରେ ଆଇନ ବ୍ୟବସାୟ କ୍ଷେତ୍ରରେ ମହିଳାମାନଙ୍କୁ ଅନୁମତି ମିଳୁ ନ ଥିଲା। ୧୯୧୬ ମସିହାରେ କଲିକତା ହାଇକୋର୍ଟରେ ମିସ୍ ରେଜିନା ଗୁହ ନାମ୍ନୀ ଜଣେ ମହିଳାଙ୍କୁ ମଧ୍ୟ ଲାଇସେନ୍ସ ପ୍ରଦାନ କ୍ଷେତ୍ରରେ କୋର୍ଟ ଅଗ୍ରାହ୍ୟ କରିଥିଲେ। ତଥାପି ସୁଧାଂଶୁବାଳା ଏ କ୍ଷେତ୍ରରେ ଆଶାବାଦିନୀ ଥିଲେ।

୧୯୨୨ ମସିହା ପର୍ଯ୍ୟନ୍ତ ଭାରତରେ "ଲିଗାଲ ପ୍ରାକ୍ଟିସନର୍ସ ଆକ୍ଟ" (Legal Practioners Act) ରେ ମହିଳାମାନଙ୍କୁ ଅନ୍ତର୍ଭୁକ୍ତ କରାଯାଇ ନ ଥିଲା। ସୁତରାଂ ଜିଲ୍ଲା କୋର୍ଟ ସୁଧାଂଶୁବାଳାଙ୍କର ଦରଖାସ୍ତକୁ ବିଚାର ନିମିତ୍ତ ପାଟଣା ହାଇକୋର୍ଟକୁ ପଠାଇଥିଲେ। ପାଟନା ହାଇକୋର୍ଟରେ ଗୋଟିଏ ଫୁଲ୍‌ବେଞ୍ଚ (Full Bench) ରେ ଏହାର ବିଚାର କରାଗଲା। ଏହି ଫୁଲ୍ ବେଞ୍ଚର ମାନ୍ୟବର ବିଚାରପତିମାନେ ହେଲେ ପାଟନା ହାଇକୋର୍ଟର ମୁଖ୍ୟ ବିଚାରପତି ସାର୍ ଡସନ୍ ମିଲର, ମିଷ୍ଟର ଜଷ୍ଟିସ୍ ମଲ୍ଲିକ ଏବଂ ମିଷ୍ଟର ଜଷ୍ଟିସ୍ ଜ୍ୱାଳାପ୍ରସାଦ।

ଏହି ସମୟରେ ମଦୁସୂଦନ ଦାସ ଥିଲେ ମାନ୍ୟବର ମନ୍ତ୍ରୀ। ସୁଧାଂଶୁବାଳାଙ୍କର କେଶ୍ ଲଢ଼ିବା ପାଇଁ ମଧୁବାବୁ ପାଟନାର ବରିଷ୍ଠ ଓକିଲମାନଙ୍କୁ ନିଯୁକ୍ତ କରିଥିଲେ। ସୁଧାଂଶୁବାଳାଙ୍କ ପକ୍ଷରୁ ଲଢୁଥିଲେ ବାରିଷ୍ଟର ମିଷ୍ଟର ପି.ସି.ମାନକ, ମିଷ୍ଟର ଏସ୍.ପି. ସେନ, ମିଷ୍ଟର ଡି.ପି.ସିହ୍ନା, ମିଷ୍ଟର ଏସ.ଏମ.ମଲ୍ଲିକ ଏବଂ ମିଷ୍ଟର ବି.ଏନ.ମିତ୍ର।

ମଧୁବାବୁ ମନରେ ଚିନ୍ତା କରିଥିଲେ ସୁଧାଂଶୁବାଳା ହେବେ ଦେଶର ପ୍ରଥମ ମହିଳା ଆଡଭୋକେଟ୍। ସେଥିପାଇଁ ମଧୁବାବୁ ତାଙ୍କର ପ୍ରଚେଷ୍ଟା ଅବ୍ୟାହତ ରଖିଥିଲେ।

ପାଟନା ହାଇକୋର୍ଟରେ କେଶ୍ ବିଚାର ହେଲା। ସୁଧାଂଶୁବାଳା କିପରି ଲିଗାଲ ପ୍ରାକ୍‌ଟିସ୍ ପାଇଁ ଅନୁମତି ପାଇବେ, ଏହି ଚିନ୍ତା ମଧୁବାବୁଙ୍କୁ ଭାରାକ୍ରାନ୍ତ କରି ଦେଇଥିଲା। ଏହି ସମୟରେ ମଧୁବାବୁ ଥିଲେ ମାନ୍ୟବର ମନ୍ତ୍ରୀ, ତଥାପି ଆବେଗପ୍ରବଣ ହୋଇ ମଧୁବାବୁ ବାରିଷ୍ଟରମାନଙ୍କ ନିକଟରେ ବସି ଆର୍ଗୁମେଣ୍ଟ ସମୟରେ ତାଙ୍କୁ ସ୍ଲିପ୍ ପରେ ସ୍ଲିପ୍ ଲେଖି ତାଙ୍କୁ ବଢ଼ାଇଦେଇ ଆର୍ଗୁମେଣ୍ଟ୍ ପାଇଁ ତଥ୍ୟ ଯୋଗାଇ ଦେଉଥିଲେ।

ବାରିଷ୍ଟର ମିଷ୍ଟର ମାନକ୍ ତାଙ୍କର ଯୁକ୍ତି ଉପସ୍ଥାପନ କଲେ। ସେ ତାଙ୍କର ଆର୍ଗୁମେଣ୍ଟ (argument) ରେ କହିଲେ –

"୧୭୯୩ ଖ୍ରୀଷ୍ଟାବ୍ଦ ପର୍ଯ୍ୟନ୍ତ ଭାରତରେ ଆଇନ୍ ବ୍ୟବସାୟ ବୋଲି କୌଣସି ନିର୍ଦ୍ଦିଷ୍ଟ ବୃତ୍ତି ନଥିଲା। କୋର୍ଟ କଚେରିରେ ଯିଏ ପକ୍ଷମାନଙ୍କର ପ୍ରତିନିଧିତ୍ୱ କରିପାରୁଥିଲେ, ସିଏ ହିଁ ଭକୀଲ ରୂପେ ବିବେଚିତ ହେଉଥିଲେ। ସେଥିରେ କୌଣସି ପ୍ରତିବନ୍ଧକ ନ ଥିଲା। ଆଇନ୍ ବ୍ୟବସାୟରେ ସେହି ପରିସ୍ଥିତିରେ ସ୍ତ୍ରୀ ପୁରୁଷ ପ୍ରଭେଦ ନ ଥିଲା। ମାତ୍ର ସେହି କ୍ଷେତ୍ରରେ ବର୍ତ୍ତମାନ ଦେଖାଦେଇଛି ପରସ୍ପର ବିରୋଧୀ ଦ୍ୱନ୍ଦ୍ୱାତ୍ମକ ପରିସ୍ଥିତି। ଇଂଲଣ୍ଡରେ ମହିଳାମାନେ କୋର୍ଟ କଚେରିରେ ପ୍ରାକ୍‌ଟିସ୍ କରିବାରେ କୌଣସି ବାଧା ନ ଥିଲେ ବି ଭାରତରେ ସେଥିପାଇଁ ସେମାନେ ସେହି ଅଧିକାର ଓ ସୁଯୋଗରୁ ବଂଚିତ।"

ପ୍ରଧାନ ବିଚାରପତି ମିଷ୍ଟର ମିଲର ବାରିଷ୍ଟରମାନକଙ୍କ ଯୁକ୍ତିକୁ ସମର୍ଥନ କରି କହିଥିଲେ – "ଏପରି ପ୍ରଶ୍ନ ଉତ୍‌ଥାପିତ ହେବା ଯୁକ୍ତିଯୁକ୍ତ।" ଏହାପରେ ବାରିଷ୍ଟର ମିଷ୍ଟର ମାନକ ଆର୍ଗୁମେଣ୍ଟରେ କହିଥିଲେ –

"ଇଂଲଣ୍ଡରେ ପ୍ରାକ୍‌ଟିସ୍ କରୁଥିବା କୌଣସି ମହିଳା ଭାରତର କୋର୍ଟ କଚେରିକୁ ଆସି ପ୍ରାକ୍‌ଟିସ୍ କଲେ, ତାଙ୍କ ପାଇଁ କୌଣସି ପ୍ରତିବନ୍ଧକ ନାହିଁ। ଏହି ନ୍ୟାୟରେ ଭାରତୀୟ ମହିଳା ଆଡ୍‌ଭୋକେଟ୍ କ୍ଷେତ୍ରରେ ପ୍ରତିବନ୍ଧକ ସୃଷ୍ଟି କରାଯିବ କେଉଁ ଯୁକ୍ତିରେ ?"

ବାରିଷ୍ଟର ମିଷ୍ଟର ମାନକଙ୍କ ଯୁକ୍ତି ଅବଶ୍ୟ ଅକାଟ୍ୟ ଥିଲା। ବିଚାରପତିମାନେ ଏହି ଯୁକ୍ତିକୁ ସମ୍ମାନ ଜଣାଇଥିଲେ; କିନ୍ତୁ ଆଉ ଗୋଟିଏ ନୀତିଗତ ଅସୁବିଧା ଉପୁଜିଥିଲା। ତାହା ହେଉଛି – ଲିଗାଲ ପ୍ରାକ୍‌ଟିସର୍ନସ ଆକ୍ଟରେ ଓକିଲାମାନଙ୍କ ସମ୍ପର୍କରେ ଯେଉଁ

ସର୍ବନାମ ସର୍ବତ୍ର ବ୍ୟବହୃତ ହୋଇଛି, ତାହା ହେଉଛି - "His"। ବ୍ୟାକରଣ ଦୃଷ୍ଟିରୁ ଏହା କେବଳ ପୁରୁଷଙ୍କ ପାଇଁ ଉଦ୍ଦିଷ୍ଟ, ମହିଳାମାନଙ୍କ ପାଇଁ ଉଦ୍ଦିଷ୍ଟ ନୁହେଁ।"

ଏହିପରି କୋର୍ଟରେ ବିଚାରବିମର୍ଶ ଚାଲିଲା। ଲଞ୍ଚ ବିରତି ପରେ "His" ଏବଂ "Her" କୁ ନେଇ ଆଲୋଚନା ଚାଲିଲା। ଏହାପରେ ଶୁଣାଣି ଶେଷ ହୋଇ ଆଦେଶ ସ୍ଥଗିତ ରହିଲା। ନଭେମ୍ବର ମାସ ୨୮ ତାରିଖରେ ରାୟ ପ୍ରକାଶ ପାଇଲା। ଜଣାଗଲା ଯେ ପାଟନା ହାଇକୋର୍ଟର ଫୁଲ୍‌ବେଞ୍ଚ୍‌ର ରାୟରେ ସୁଧାଂଶୁବାଳାଙ୍କର ଅପିଲ୍ ଖାରଜ ହୋଇଯାଇଛି।

ମଧୁବାବୁ ଅବଶ୍ୟ ଏପରି ଘଟିବ ବୋଲି ଅନୁମାନ କରୁଥିଲେ। ତେଣୁ ସେ ବାରିଷ୍ଟର ହାସାନ୍ ଇମାମ୍‌ଙ୍କ ସହିତ ଯୋଗାଯୋଗ କରି ଏହାର ଆଇନଗତ ଦିଗ ସମ୍ପର୍କରେ ଆଲୋଚନା କଲେ। ସ୍ଥିର ହେଲା ପାଟନା ହାଇକୋର୍ଟ ରାୟ ବିରୁଦ୍ଧରେ ପ୍ରିଭୀକାଉନ୍‌ସିଲ୍‌ଙ୍କ ନିକଟରେ ଅପିଲ କରାଯିବ।

ଏହାପରେ ପ୍ରିଭୀକାଉନ୍‌ସିଲ୍‌ରେ ଅପିଲ୍ ପାଇଁ ହାଇକୋର୍ଟଙ୍କଠାରୁ ଯଥାବିଧି ଅନୁମତି ପାଇଁ ଆବେଦନ କରାଗଲା। ମାତ୍ର ହାଇକୋର୍ଟ ସୁଧାଂଶୁବାଳାଙ୍କ ଆବେଦନକୁ ଅଗ୍ରାହ୍ୟ କରିଥିଲେ। ଏହାପରେ ଅପିଲ୍ ପାଇଁ ସ୍ପେଶାଲ୍ ଲିଭ୍ ପ୍ରାର୍ଥନା କରି ପ୍ରିଭୀକାଉନ୍‌ସିଲ୍‌ଙ୍କ ନିକଟରେ ଆବେଦନ ପାଇଁ ସ୍ଥିରକଲେ ମଧୁବାବୁ । ତାହାହିଁ ହେଲା। ଏଥିପାଇଁ ବାରିଷ୍ଟର ହାସାନ୍ ଇମାମ୍ ଲଣ୍ଡନରେ ରହୁଥିବା ତାଙ୍କର ବନ୍ଧୁ ମିଷ୍ଟର ଦୁବେଙ୍କ ସହିତ ଯୋଗାଯୋଗ କଲେ। ସେହି ସମୟରେ ମିଷ୍ଟର ଦୁବେ ପ୍ରିଭୀକାଉନ୍‌ସିଲରେ ଓକିଲାତି କରୁଥିଲେ।

ସୁଧାଂଶୁବାଳାଙ୍କ ପକ୍ଷରୁ ପ୍ରିଭୀ କାଉନ୍‌ସିଲ୍‌ରେ ଅପିଲ ଦାୟର କରାଗଲା।

ଅନନ୍ତର ମଧୁବାବୁ ଲିଗାଲ - ପ୍ରାକ୍ଟିସନର୍ସ ଆକ୍ଟର ସଂଶୋଧନ ନିମିତ୍ତ ପ୍ରଚେଷ୍ଟା ଜାରି ରଖିଥିଲେ। ଏହି ସମୟରେ ଗୋଟିଏ ଉଲ୍ଲେଖନୀୟ ଘଟଣା ଘଟିଲା। ଲେଜିସ୍‌ଲେଟିଭ୍ ଆସେମ୍ବ୍ଲିର ମାନ୍ୟବର ସଦସ୍ୟ ଏନ୍.ଏନ୍. ଯୋଷୀ ଆସେମ୍ବ୍ଲିର ନିର୍ବାଚନ ଆଇନରେ ସଂଶୋଧନ ଆଣି ପୁରୁଷମାନଙ୍କ ସହିତ ନାରୀମାନଙ୍କୁ ସମାନ ଭୋଟାଧିକାର ଦେବା ନିମିତ୍ତ ପ୍ରସ୍ତାବ ଆଗତ କଲେ। ୧୯୨୨ ମସିହା ଫେବୃୟାରୀ ୧ ତାରିଖରେ ଆସେମ୍ବ୍ଲିରେ ଆଲୋଚନା ନିମିତ୍ତ ନିର୍ଦ୍ଧାରିତ ହେଲା। ଏହି ସମ୍ବାଦଶୁଣି ମଧୁବାବୁ ଦୃଢ଼ ନିଶ୍ଚୟ ହେଲେ ଯେ ଯଦି ପୁରୁଷମାନଙ୍କ ସହିତ ନାରୀମାନେ ସମାନ ଭୋଟ ଅଧିକାର ପାଇବେ, ତେବେ ଆଇନ ପଢ଼ିଥିବା ମହିଳାମାନେ ପୁରୁଷମାନଙ୍କ ପରି ଲିଗାଲ ପ୍ରାକ୍‌ଟିସ୍‌ରୁ ବଞ୍ଚି ହେବେ କିପରି ? ଏହି ମୌଳିକ ଯୁକ୍ତିକୁ ନେଇ ମଧୁବାବୁ ଡକ୍ଟର ହରି ସିଂହ ଗୌରଙ୍କୁ ମୁଖପାତ୍ର ରୂପେ ବାଛି ତାଙ୍କ ନିକଟକୁ ପତ୍ର ଲେଖିଥିଲେ। ଡକ୍ଟର

ହରିସିଂ ଗୌର ନିର୍ଦ୍ଧାରିତ ଦିବସରେ ସେଣ୍ଟ୍ରାଲଲେଜିସ୍‌ଲେଟିଭ୍ ଆସେମ୍ବ୍ଲିରେ ଉପର୍ଯ୍ୟୁକ୍ତ ସଂଶୋଧନ ନିମିତ୍ତ ଯୁକ୍ତି ବାଢ଼ିଥିଲେ।

ଏଣେ ସୁଧାଂଶୁବାଳାଙ୍କ ଦ୍ୱାରା ପ୍ରିଭୀକାଉନସିଲ୍‌ରେ ଦାୟର ହୋଇଥିବା ଅପିଲ୍ ବିଚାର ହେବା ପୂର୍ବରୁ ଶୁଭ ଘଟଣାଟି ଘଟିଥିଲା। ଯାହା ଫଳରେ କି ସୁଧାଂଶୁବାଳାଙ୍କର ଅପିଲର ଆଉ ଭୂମିକା ନ ଥିଲା। ତାହା ହେଲା ୧୯୨୩ ମସିହା ଫେବୃୟାରୀ ୨୮ ତାରିଖରେ ସେଣ୍ଟ୍ରାଲ ଆସେମ୍ବ୍ଲିରେ ଲିଗାଲ ପ୍ରାକ୍‌ଟିସନର୍ସ ଆକ୍ଟର ସଂଶୋଧନ ଯଥାରୀତି ଗୃହୀତ ହୋଇଗଲା।

ଏହି ସମ୍ବାଦ ପାଇ ମଧୁବାବୁ ବେଶ୍ ଉଲ୍ଲସିତ ହେଲେ। ଯେଉଁଥିପାଇଁ ସେ ଭାରାକ୍ରାନ୍ତ ଥିଲେ, ତାହା ଅନାୟାସରେ ସମାଧାନ ହୋଇଗଲା। ଏଥିପାଇଁ ମଧୁବାବୁଙ୍କୁ ବହୁତ ପ୍ରଚେଷ୍ଟା, ଅର୍ଥଶ୍ରାଦ୍ଧ କରିବାକୁ ପଡ଼ିଥିଲା। ତାଙ୍କ ମନରୁ ସବୁଦିନ ପାଇଁ ଏ ସମ୍ପର୍କିତ ଚିନ୍ତା ତିରୋହିତ ହେଲା। ସେହି ଐତିହାସିକ ଦିବସରେ ମଧୁବାବୁ କାଉନସିଲ୍‌ରୁ ପ୍ରତ୍ୟାବର୍ତ୍ତନ କରି ସୁଧାଂଶୁବାଳାଙ୍କୁ ଅଭିନନ୍ଦନ ଜଣାଇ କହିଥିଲେ – "ସୁଧାଂଶୁ, ତୁ ଆଜିଠାରୁ ଭାରତର ପ୍ରଥମ ମହିଳା ଆଡଭୋକେଟ ହେଲୁ। ସେଣ୍ଟ୍ରାଲ ଆସେମ୍ବ୍ଲିରେ ବିଲ୍ ପାସ୍ ହୋଇ ସାରିଛି।"

ସେଦିନ ମଧୁବାବୁ ଏବଂ ସୁଧାଂଶୁବାଳାଙ୍କର ଆନନ୍ଦର ସୀମା ନ ଥିଲା। ମଧୁବାବୁଙ୍କର ବହୁଦିନର ସ୍ୱପ୍ନ ସାକାର ହେଲା। ଏହା ମଧ୍ୟ କେବଳ ସୁଧାଂଶୁବାଳାଙ୍କର ବିଜୟ ନ ଥିଲା, ଏହା ଥିଲା ସମସ୍ତ ମହିଳା ଆଡଭୋକେଟ୍‌ମାନଙ୍କ ପାଇଁ ଏକ ଐତିହାସିକ ବିଜୟ।

ସୀମାନିର୍ଦ୍ଧାରଣ ଓଡୋନେଲ କମିଟି ଓ ମଧୁବାବୁ

ଓଡ଼ିଶା ପ୍ରଦେଶର ସୀମା ନିର୍ଦ୍ଧାରଣ କରିବା ପାଇଁ ଭାରତ ସଚିବଙ୍କ ଅନୁମୋଦନ କ୍ରମେ ତତ୍କାଳୀନ ବଡ଼ଲାଟ ୧୯୩୧ ମସିହା ସେପ୍ଟେମ୍ବର ୮ ତାରିଖରେ ଗୋଟିଏ ସୀମା ନିର୍ଦ୍ଧାରଣ କମିଟି (Orissa Boundary Committee) ଗଠନ କଲେ। ସାର୍ ସାମୁଏଲ୍ ଓଡୋନେଲ୍ ଏହି କମିଟିର ଅଧ୍ୟକ୍ଷ ଥିଲେ। ସୁତରାଂ କମିଟିର ନାମକରଣ କରାଯାଇଥିଲା ଓଡୋନେଲ କମିଟି। ଏହି କମିଟିର ଅନ୍ୟାନ୍ୟ ମାନ୍ୟବର ସଦସ୍ୟ ଥିଲେ ବମ୍ବେର ମିଷ୍ଟର ଏଚ୍.ଏ.ମ୍.ମେହେଟ୍ଟା ଏବଂ ଆସାମର ମିଷ୍ଟର ତରୁଣରାମ ଫୁକନ୍। ସହଯୋଗୀ ସଭ୍ୟଭାବରେ ରହିଥିଲେ ପାରଳାର ଗଜପତି କୃଷ୍ଣଚନ୍ଦ୍ର ଗଜପତି, ବିହାରର ସଚ୍ଚିଦାନନ୍ଦ ସିହ୍ନା ଏବଂ ଆନ୍ଧ୍ରପ୍ରଦେଶର ନରସିଂହ ରାଜୁ । ଏହି କମିଟି ବିଭିନ୍ନ ସ୍ଥାନ ଗସ୍ତ କରି ସାକ୍ଷ୍ୟ ଗ୍ରହଣ କରିଥିଲେ। ଓଡ଼ିଶା ତରଫରୁ ଯେଉଁସବୁ ସ୍ମାରକପତ୍ର ପ୍ରଦାନ କରାଯାଇଥିଲା, ସେସବୁର ମୂଳ ନକଲକୁ ମଧୁବାବୁଙ୍କ ଦୃଷ୍ଟିକୁ ଅଣାଯାଇଥିଲା। ମଧୁବାବୁଙ୍କ ପରାମର୍ଶକ୍ରମେ ସେସବୁର ଆବଶ୍ୟକୀୟ ପରିବର୍ତ୍ତନ କରାଯାଇଥିଲା।

ଓଡ଼ିଶା ପାଇଁ ମଧୁବାବୁ ନିରନ୍ତର ଚିନ୍ତା କରୁଥିଲେ। ସ୍ୱତନ୍ତ୍ର ଉତ୍କଳ ପ୍ରଦେଶ ଗଠନର ଚିନ୍ତା ତାଙ୍କ ମନରେ ବସା ବାନ୍ଧିଥିଲା। ଭାଷାଭିତ୍ତିକ ସ୍ୱତନ୍ତ୍ର ଉତ୍କଳପ୍ରଦେଶ ଗଠନ ତାଙ୍କର ବହୁଦିନର ସ୍ୱପ୍ନ। ୧୯୩୧ ମସିହାରେ ଓଡୋନେଲ୍ କମିଟି ଯେତେବେଳେ ଓଡ଼ିଶାର ଉପାନ୍ତ ଅଞ୍ଚଳରେ ସାକ୍ଷ୍ୟଗ୍ରହଣ କରୁଥିଲେ, ସେହି ସମୟରେ ମଧୁବାବୁ ଜାମସେଦପୁର, କଲିକତା ପ୍ରଭୃତି ସ୍ଥାନକୁ ଗସ୍ତ କରି ସଭାସମିତିମାନ ଆୟୋଜନ କରୁଥିଲେ। ସ୍ଥାନୀୟ ଓଡ଼ିଆ ନେତୃସ୍ଥାନୀୟ ଲୋକମାନଙ୍କର ସାକ୍ଷ୍ୟ ପ୍ରଦାନରେ ସାହାଯ୍ୟ କରୁଥିଲେ ମଧୁବାବୁ। ୧୯୩୧ ମସିହାରେ ନଭେମ୍ବର ମାସରେ ଜାମସେଦପୁରଠାରେ

ଏକ ସାଧାରଣ ସଭାରେ ମଧୁବାବୁ ଓଡ଼ିଆମାନଙ୍କୁ ଉଦ୍‌ବୋଧନ ଦେଇଥିଲେ । ସିଂହଭୂମ ଓ ମେଦିନୀପୁର ଅଞ୍ଚଳ ଓଡ଼ିଶା ପ୍ରଦେଶ ସହିତ ମିଶିବାର ଯଥାର୍ଥତା ପ୍ରତିପାଦନ କରିଥିଲେ ମଧୁବାବୁ ।

ଓଡୋନେଲ୍ କମିଟି ୧୯୩୧ ମସିହା ନଭେମ୍ବର ମାସ ୭ ତାରିଖରେ ପାଟନାଠାରେ ସାକ୍ଷ୍ୟଗ୍ରହଣ ଆରମ୍ଭ କରିଥିଲେ । ଏହାପରେ ଏହି କମିଟି ଜାମସେଦ୍‌ପୁର, ଚାଇଁବସା, ସମ୍ବଲପୁର, ରାୟପୁର, ମେଦିନୀପୁର ଗୋପାଳପୁର, ୱାଲଟିୟାର, କାକିନଡା ଏବଂ ଶେଷରେ କଟକଠାରେ ପହଞ୍ଚିଥିଲେ । ଓଡୋନେଲ୍ କମିଟି ୪୧୦ ଜଣ ବ୍ୟକ୍ତିଙ୍କଠାରୁ ସାକ୍ଷ୍ୟ ଗ୍ରହଣ କରିଥିଲେ ।

ଓଡୋନେଲ କମିଟିର ଅଧ୍ୟକ୍ଷ ସାର୍ ଓଡୋନେଲ୍ କଟକଠାରେ ପହଞ୍ଚିବା ମାତ୍ରେ ଓଡ଼ିଆ ଜାତି ପକ୍ଷରୁ ବାରିଷ୍ଟର ମଧୁସୂଦନ ଦାସ ତାଙ୍କୁ ଭବ୍ୟ ସମ୍ବର୍ଦ୍ଧନା ଜଣାଇଥିଲେ । ଏହି ସାକ୍ଷାତକାର ସମୟରେ ମଧୁବାବୁ ଇଂରାଜୀରେ କ୍ଷୁଦ୍ର ବକ୍ତବ୍ୟ ରଖିଥିଲେ । ତାହାର ଓଡ଼ିଆ ରୂପାନ୍ତର ହେଉଛି - "ଇଂରେଜମାନେ ୧୫୦ ବର୍ଷ ହେଲା ଏ ରାଜ୍ୟ ଦଖଲ କରିଥିଲେ ସୁଦ୍ଧା ଓଡ଼ିଆମାନେ ତାଙ୍କ ସୁଶାସନର ଫଳ କିଛି ପାଇନାହାନ୍ତି । ସେମାନଙ୍କୁ ବିଭିନ୍ନ ପ୍ରଦେଶରେ ବିଚ୍ଛିନ୍ନ କରି ରଖାଯାଇଛି । ଅନ୍ୟାନ୍ୟ ପ୍ରଦେଶ ପରି ଇଂରେଜୀ ଶିକ୍ଷା ଓ ସଭ୍ୟତାର ସୁଯୋଗ ପାଇଥିଲେ ଆଜି ଆପଣ ଇଂରେଜୀ ଶିକ୍ଷିତ ଓଡ଼ିଆଙ୍କର ନାତି, ଅଣନାତିଙ୍କ ଦ୍ୱାରା ଅଭ୍ୟର୍ଥିତ ହୋଇଥାନ୍ତେ; କିନ୍ତୁ ଆପଣଙ୍କୁ ଯେ ଅଭ୍ୟର୍ଥନା କରୁଛନ୍ତି, ସେ ଓଡ଼ିଶାର ପ୍ରଥମ ଗ୍ରାଜୁଏଟ୍ । ଓଡ଼ିଆ ଗୋଟିଏ ଇତିହାସ ପ୍ରସିଦ୍ଧ ଜାତି । ସେ ଜାତିକୁ ମାରିବା ଓ ତାରିବାର ଗୁରୁଦାୟିତ୍ୱ ବର୍ତ୍ତମାନ ଆପଣଙ୍କ ଉପରେ ଦିଆଯାଇଛି । ଆପଣ ଉଚିତ ଅନୁସନ୍ଧାନ ଓ ନ୍ୟାୟ ବିଚାର କରି ଏପରି ଗୋଟିଏ ପୁରାତନ ଜାତିକୁ ରକ୍ଷା କରିବେ ଓ ସେମାନଙ୍କ ପ୍ରତି ନ୍ୟାୟ ବିଚାର କରିବେ ବୋଲି ଆମ୍ଭମାନଙ୍କର ଆଶା । ଭଗବାନ ଆପଣଙ୍କୁ ସେ କର୍ତ୍ତବ୍ୟ ପୂରଣ କରିବାର ଶକ୍ତି ଦିଅନ୍ତୁ, ଏହାହିଁ କାମନା ।"

ଏହାପରେ ମଧୁବାବୁ ନିଜ କୋଠିରେ ଓଡୋନେଲ୍ କମିଟିର ସଭ୍ୟମାନଙ୍କୁ ସମ୍ବର୍ଦ୍ଧିତ କରିଥିଲେ । ଓଡୋନେଲ୍ କମିଟି ତାଙ୍କର ସାକ୍ଷ୍ୟଗ୍ରହଣ ଓ ଲୋକମତ ଗ୍ରହଣ ତଥା ଅନ୍ୟାନ୍ୟ ଅନୁସନ୍ଧାନ କାର୍ଯ୍ୟ ୧୯୩୨ ମସିହା ଜାନୁଆରୀ ମାସ ୧୮ ତାରିଖରେ ଶେଷ କଲେ । ସୀମାନିର୍ଦ୍ଧାରଣ କମିଟିର ସଭ୍ୟମାନେ ୧୯୩୨ ମସିହା ଜାନୁଆରୀ ପ୍ରଥମ ସପ୍ତାହରେ କଟକଠାରେ ଅବସ୍ଥାନ କରିଥିଲେ । ମଧୁବାବୁ ଏବଂ ଓଡ଼ିଶାର ଅନ୍ୟାନ୍ୟ ପ୍ରମୁଖ ବ୍ୟକ୍ତିଗଣ ସେମାନଙ୍କର ସାକ୍ଷ୍ୟପ୍ରଦାନ କରିଥିଲେ । ମଧୁବାବୁ ଓଡୋନେଲ୍ କମିଟିର ବିଦାୟ ବେଳାରେ କମିଟିର ସଭ୍ୟମାନଙ୍କୁ ଭବ୍ୟ ସମ୍ବର୍ଦ୍ଧନା ଜଣାଇଥିଲେ । ଏହାହିଁ ହେଉଛି ମଧୁବାବୁଙ୍କର ଜାତିପ୍ରୀତିର ଉଦାହରଣ ।

୧୯୩୨ ମସିହା ଜୁନ୍ ମାସ ପ୍ରଥମ ସପ୍ତାହରେ ଓଡୋନେଲ କମିଟି ରିପୋର୍ଟ ପ୍ରକାଶ ପାଇଲା। ଏଥିରେ ଗଞ୍ଜାମର ପାରଳାଖେମୁଣ୍ଡି ସମେତ ବହୁ ଅଞ୍ଚଳକୁ ବାଦ୍ ଦିଆଯାଇଥିଲା। ଓଡ଼ିଶା ପ୍ରଦେଶର ଆୟତନ ୩୩୦୦୦ ବର୍ଗ ମାଇଲ ସ୍ଥିରୀକୃତ ହୋଇଥିଲା। ଓଡ଼ିଶାର ଲୋକସଂଖ୍ୟା ୮୨,୦୦.୦୦୦ ନିର୍ଣ୍ଣିତ ହୋଇଥିଲା। ମେଦିନୀପୁର, ସିଂହଭୂମ ଓ ଅନ୍ୟାନ୍ୟ ଉପାନ୍ତ ଓଡ଼ିଆ ଅଞ୍ଚଳର ମିଶ୍ରଣ ପାଇଁ କମିଟି ସୁପାରିଶ କରି ନ ଥିଲେ।

ସୀମା କମିଟିର ରିପୋର୍ଟରେ ଅସନ୍ତୋଷ ପ୍ରକାଶ କରି ଜନମତ ସୃଷ୍ଟି ହୋଇଥିଲା। ବହୁ ସଭାସମିତିର ଆୟୋଜନ କରାଯାଇ ଏହାର ତୀବ୍ର ନିନ୍ଦା କରାଯାଇଥିଲା। ୧୯୩୩ ମସିହା ଫେବୃୟାରୀ ମାସରେ କଟକଠାରେ ଉତ୍କଳ ସମ୍ମିଳନୀର ସ୍ୱତନ୍ତ୍ର ଅଧିବେଶନ ଅନୁଷ୍ଠିତ ହେଲା। ଏଥିରେ ଭୁବନାନନ୍ଦ ଦାସ ସଭାପତିତ୍ୱ କରିଥିଲେ। ମଧୁବାବୁ, ପାରଳାର ରାଜା କୃଷ୍ଣଚନ୍ଦ୍ର ଗଜପତି, କନିକାର ଯୁବରାଜ ଶୈଳେନ୍ଦ୍ର ନାରାୟଣ ଭଞ୍ଜ, ବ୍ରଜବନ୍ଧୁ ଦାସ ପ୍ରମୁଖ ଏଥିରେ ଅଂଶଗ୍ରହଣ କରିଥିଲେ।

■

ମଧୁସୂଦନଙ୍କ ସାରସ୍ୱତ ପ୍ରତିଭା

ମଧୁସୂଦନ ଦାସ ଥିଲେ ବହୁମୁଖୀ ପ୍ରତିଭାର ଅଧିକାରୀ । ସେ ଏକାଧାରରେ ଥିଲେ ଖ୍ୟାତନାମା ଓକିଲ, ସଂଗଠକ, ଜନନାୟକ, ଦେଶପ୍ରେମୀ, ସୁବକ୍ତା, ସମ୍ପାଦକ, ଅନୁବାଦକ, କବି ଓ ପ୍ରାବନ୍ଧିକ । ମଧୁବାବୁ ଥିଲେ ସୁସାହିତ୍ୟିକ । ପୁନଶ୍ଚ ସେ ଇଂରାଜୀ ସାହିତ୍ୟରେ ଏମ୍.ଏ.ଡିଗ୍ରୀ ଲାଭ କରିଥିଲେ । 'The Oriya' ପତ୍ରିକାର ସମ୍ପାଦନା କରୁଥିଲେ ମଧୁବାବୁ । ମଧୁବାବୁ ଅଳ୍ପକେତୋଟି ଜାତୀୟତାମୂଳକ କବିତା ଲେଖିଥିଲେ । ସ୍ୱଳ୍ପ ପ୍ରବନ୍ଧ ମଧ ଲେଖିଥିଲେ । ମଧୁବାବୁଙ୍କ ସାହିତ୍ୟିକ ଜୀବନ ସମ୍ପର୍କରେ ନବକିଶୋର ଦାସ ଲେଖିଛନ୍ତି - "ମଧୁସୂଦନ କେବଳ ଦେଶପ୍ରେମିକ, ମନସ୍ୱୀ ବକ୍ତା କିମ୍ବା ଜନନେତା ନ ଥିଲେ । ସେ ବି ଜଣେ ଉଚ୍ଚଦରର କବି ଥିଲେ । ସେ ଅତି ଅଳ୍ପ କେତୋଟି କବିତା ଲେଖିଅଛନ୍ତି, ମାତ୍ର ସେହି କେତୋଟି କବିତାରେ ଏପରି ଖ୍ୟାତି ଅର୍ଜନ କରିବା, ଅନ୍ୟ କବିଙ୍କ ପକ୍ଷରେ ସମ୍ଭବପର ହୋଇ ପାରିନାହିଁ । ମଧୁସୂଦନଙ୍କ କବିତା ଏତେ ପ୍ରାଣସ୍ପର୍ଶୀ ହୋଇଛି କାହିଁକି ? ତାହାର କାରଣ ମଧୁସୂଦନ ଯାହା ଗଭୀରଭାବରେ ନିଜ ପ୍ରାଣରେ ଅନୁଭବ କରୁଥିଲେ; ତାହାର ଯଥାର୍ଥ ପ୍ରକାଶ ହିଁ ତାହାଙ୍କ କବିତାଗୁଡ଼ିକର ବିଶେଷତ୍ୱ ।

ମଧୁସୂଦନଙ୍କ କବିତା ବହୁମୁଖୀ । ସେ ଜଣେ ଜୀବନବ୍ୟାପୀ ଉଚ୍ଚ ସାହିତ୍ୟବିନୋଦୀ ବ୍ୟକ୍ତି ଥିଲେ । ସେ ପ୍ରାଚୀନ ଓ ନବୀନ ଉଭୟ ସାହିତ୍ୟକୁ ମନଯୋଗ ସହିତ ଅଧ୍ୟୟନ କରୁଥିଲେ । ଅନେକ ସମୟରେ ପ୍ରାଚୀନ ଓଡ଼ିଆ କବିମାନଙ୍କର ଦୀର୍ଘ କବିତାମାନ ତାଙ୍କର କଣ୍ଠସ୍ଥ ଥିଲା । ମଧୁସୂଦନ ଓଡ଼ିଆ ବ୍ୟତୀତ ବଙ୍ଗଳା ସାହିତ୍ୟର ମଧ ଜଣେ ନିଷ୍ଠାପର ପାଠକ ଥିଲେ । ନିଜେ ଇଂରାଜୀ ସାହିତ୍ୟରେ ଏମ୍.ଏ. ଉପାଧି ପାଇଥିଲେ । ଓଡ଼ିଆ, ଇଂରାଜୀ ଓ ବଙ୍ଗଳା ସାହିତ୍ୟ ତାଙ୍କ ସାହିତ୍ୟର ବିଳାସଭୂମି ଥିଲା ।"

ମଧୁସୂଦନ ଥିଲେ ଉଚ୍ଚକୋଟୀର ବକ୍ତା । ତାଙ୍କର ବକ୍ତୃତାମାଳା ବେଶ୍ ପ୍ରାଣସ୍ପର୍ଶୀ ଥିଲା । ଯେ କୌଣସି ପ୍ରସଙ୍ଗ ଉପରେ ବକ୍ତୃତା ପ୍ରଦାନ ବେଳେ ମଧୁବାବୁଙ୍କର ହୃଦୟତନ୍ତ୍ରୀ

ଅନୁରଣିତ ହେଉଥିଲା । ତାଙ୍କ ବକ୍ତୃତାମାଳାରେ ଭାବସ୍ପନ୍ଦନ ଭରି ରହିଥିଲା । ନବକିଶୋର ଦାସ ଲେଖିଛନ୍ତି – "ମଦୁସୂଦନଙ୍କ ପ୍ରାଣର ସ୍ପନ୍ଦନ ଓ ପ୍ରାଚୁର୍ଯ୍ୟ ତାହାଙ୍କ ବକ୍ତୃତାବଳୀରୁ ପ୍ରକାଶ ପାଏ । ତାଙ୍କର କଳ୍ପନା ଶକ୍ତି ଯଥେଷ୍ଟ ଥିଲା । ଏହି କବିଜନୋଚିତ କଳ୍ପନା ତାଙ୍କ ବକ୍ତୃତା ସାହିତ୍ୟରେ ରୂପଗ୍ରହଣ କରିଥିଲା । କିନ୍ତୁ ଏହା ବ୍ୟତୀତ ତାଙ୍କ ପ୍ରାଣରେ ଜାତୀୟତାର ଯେଉଁ ଦିବ୍ୟ ସ୍ପନ୍ଦନ ଝଙ୍କୃତ ହୋଇଥିଲା, ତାହାର ବହିଃପ୍ରକାଶ ତାହାଙ୍କ ଓଡ଼ିଆ କବିତାବଳୀରେ ଦେଖିବାକୁ ମିଳେ । ଏହି କବିତାର ମୋହନମନ୍ତ୍ରରେ ସେ ଓଡ଼ିଆ ଜାତୀୟତାର ମୂଳପତ୍ତନ ଉତ୍କଳରେ ତୋଳିଥିଲେ ।"

ମଧୁବାବୁ ଥିଲେ ସଫଳ କବି । ମଧୁବାବୁ ସାତଗୋଟି କବିତା ଲେଖିଥିଲେ ସେଗୁଡ଼ିକ ହେଉଛି –

(୧) ଜଣାଣ

(୨) ଉତ୍କଳ ସନ୍ତାନ

(୩) ଜନନୀର ଉକ୍ତି

(୪) ସନ୍ତାନର ଉକ୍ତି

(୫) ସମ୍ମିଳନୀ

(୬) ଜାତି ଇତିହାସ

(୭) ପ୍ରେମର ଚୁମ୍ବନ ଯାହାକୁ ବୋଲନ୍ତି ଏ ଭବେ ପାଇବ କାହିଁ

ଉପର୍ଯ୍ୟୁକ୍ତ କବିତା ମଧ୍ୟରୁ ପ୍ରଥମ ଛଅଗୋଟି କବିତା ପ୍ରକାଶିତ । ବ୍ରଜସୁନ୍ଦର ଦାସ ଏହି ଛଅଗୋଟି କବିତାକୁ ସଂଗ୍ରହ କରି ପ୍ରକାଶ କରିଥିଲେ । ଏହାର ମୁଖବନ୍ଧରେ ବ୍ରଜସୁନ୍ଦର ଦାସ ଲେଖିଥିଲେ- "ବାଲ୍ମିକୀଙ୍କର ଶରବିଦ୍ଧ କୌଞ୍ଚକୁ ଦେଖି ପ୍ରଥମେ ଉଚ୍ଚାରିତ ବାକ୍ୟଗୁଡିକ ଛନ୍ଦୋବଦ୍ଧ ହୋଇ ଉଚ୍ଚାରିତ ହୋଇଥିଲା । ଆମ୍ଭମାନଙ୍କର ଜାତିର ନିଶ୍ଚେଷ୍ଟତା ଓ ମୁମୂର୍ଷୁ ଅବସ୍ଥା ଦେଖି ସ୍ୱଦେଶପ୍ରାଣ ବୃଦ୍ଧ ମଧୁସୂଦନଙ୍କର କେତେଗୁଡ଼ିଏ ବାକ୍ୟ ଛନ୍ଦୋବଦ୍ଧ ହୋଇ ସ୍ୱତଃ ଉଚ୍ଚାରିତ ହୋଇଅଛି ।"

ମଧୁବାବୁ ଗୋଟିଏ ଜଣାଣ ରଚନା କରିଥିଲେ । ଅବଶ୍ୟ ଏଥିରେ ବ୍ୟକ୍ତିଗତ ଆର୍ତ୍ତି ସ୍ଥାନ ପାଇନାହିଁ । ଦୁଃଖିନୀ ଉତ୍କଳମାତାଙ୍କର ସହାସ୍ୟବଦନ ଦେଖିବା ପାଇଁ ମଧୁସୂଦନ ବିଶ୍ୱପିତାଙ୍କୁ ନିବେଦନ କରିଛନ୍ତି । ତାଙ୍କ ଭାଷାରେ –

"ଆହେ ବିଶ୍ୱପତି ଘୁଞ୍ଚାଅ ବିସ୍ମୃତି
ଆଦି ମନ୍ତ୍ର ସଦା ଜପୁମୋର ମନ
ଗର୍ଭେ ଥିଲାବେଳେ ପ୍ରତିଶ୍ରୁତି ଦେଲି
ମାତାଙ୍କ ସେବାରେ ଦେବି ମନପ୍ରାଣ

ଜନ୍ମ ହେଲା କ୍ଷଣି ସ୍ତନ୍ୟଦାନ କରି
ମାତା ମନ୍ତ୍ର ଦେଲେ 'ପରାର୍ଥେ ଜୀବନ'
ଶିଶୁ କାଳ ବ୍ୟାପି ଥିଲି ମନ୍ତ୍ର ଜପି
ସେ ମନ୍ତ୍ର ଭୁଲିଲି ଲଭିଣ ଯୌବନ
ଆଶା ଥିଲା ମନେ ଦେଖିବି ଜୀବନେ
ଉତ୍କଳମାତାର ସହାସ୍ୟ ବଦନ।"

କବିଙ୍କର 'ଉତ୍କଳ ସନ୍ତାନ' ଏକ ଉଚ୍ଚକୋଟୀର ଉଦ୍‌ବୋଧନ ମୂଳକ ଗୀତିକା। ଏହି କବିତାରେ ମଧୁସୂଦନ ଚିନ୍ତାରାଜ୍ୟର ଯେଉଁ ଉଚ୍ଚତାକୁ (Height) ଯାଇଛନ୍ତି, ତାହାର ତୁଳନା ନାହିଁ। ମଧୁବାବୁଙ୍କ ଦୃପ୍ତ କଣ୍ଠରୁ ଝରି ଆସିଛି -

"ତୁ ପରା ବୋଲାଉ ଉତ୍କଳ ସନ୍ତାନ
ତେବେ କିମ୍ପା ତୁହି ଭୀରୁ
ତୋହର ଜନନୀ ରୋଦନ କରିଲେ
କହିବାକୁ କିପାଁ ଡରୁ?
ତୋ ପୂର୍ବ ପୁରୁଷ ବୀର ପଣିଆଁରେ
ଲଭିଥିଲେ କେତେ ଖ୍ୟାତି
ହାକିମ ନିକଟେ ଦୁଃଖ କହିବାକୁ
କିପାଁ ଥରେ ତୋର ଛାତି?"

ମଧୁବାବୁ ସଚ୍ଚୋଟତାରେ ବିଶ୍ୱାସୀ। ତୋଷାମଦକୁ ସେ ଗଭୀର ଘୃଣା କରିଛନ୍ତି। ତୋଷାମଦିଆର ପ୍ରକୃତିକୁ କୁକୁର ପ୍ରକୃତି ସହିତ ତୁଳନା କରିଛନ୍ତି ମଧୁବାବୁ। ତୋଷାମଦ କରି ଜାତିର ମାନ ବଢ଼ାଇ ହୁଏନା। ତେଣୁ ମଧୁବାବୁ ଗାଇଛନ୍ତି -

"ତୁ ମନେ ଭାବିଛୁ ତୋଷାମଦ କରି
ବଢ଼ାଇବୁ ଜାତିମାନ
ତୋଷାମଦିଆର କୁକୁର ପ୍ରକୃତି
ଅଇଁଠା - ପତରେ ଧ୍ୟାନ।"

ତୋଷାମଦକାରୀ ବ୍ୟକ୍ତି ମାରାତ୍ମକ। ସେ ଅତୀବ ଭୟଙ୍କର। ତୋଷାମଦ ହେଉଛି ଅନ୍ଧାର ଗୋହିରୀ। ସେହି ଅନ୍ଧାର ଗୋହିରୀ ଭିତରେ ପଶିଲେ ମୃତ୍ୟୁ ସୁନିଶ୍ଚିତ। ମଧୁବାବୁଙ୍କ ଭାଷାରେ-

ତୋଷାମଦ ଅଟେ ଅନ୍ଧାର ଗୋହିରୀ
ସ୍ୱାର୍ଥ ତହିଁ ଲୁଚି ବସେ

ସରଳ ପଥିକ ବାଟରେ ଭେଟିଲେ
ଅକାତରେ ତାକୁ ନାଶେ।

ମଧୁବାବୁ ଉତ୍କଳବାସୀଙ୍କୁ ସ୍ୱାର୍ଥ ତ୍ୟାଗ କରିବାକୁ ପରାମର୍ଶ ଦେଇଛନ୍ତି। ସ୍ୱାର୍ଥ ହିଁ ସବୁ ଅନର୍ଥର ମୂଳ। ତେଣୁ ମଧୁବାବୁ ଚେତାଇ ଦେଇଛନ୍ତି –

"ସ୍ୱାର୍ଥର ବନିତା ଅଟେ ତୋଷାମଦ
ଭୟ, ମିଥ୍ୟା ତାଙ୍କ ପୁତ୍ର
ରାଜ୍ୟରେ ବିପ୍ଳବ ନିଶ୍ଚୟ ଘଟିବ
ଏମାନେ ହେଲେ ଏକତ୍ର।"

ସୁପ୍ତ ଓଡ଼ିଆ ଜାତିକୁ ଜାଗ୍ରତ ହେବା ପାଇଁ ଜାତିପ୍ରାଣ ମଧୁବାବୁ ଦେଇଛନ୍ତି ଦୃପ୍ତ ଆହ୍ୱାନ। ଏପରି ଆଶାନ୍ୱିତ ଆହ୍ୱାନ ଓଡ଼ିଆ ସାହିତ୍ୟରେ ଏପର୍ଯ୍ୟନ୍ତ ପ୍ରତିଧ୍ୱନିତ ହୋଇ ନଥିଲା । ମଧୁବାବୁ ଗାଇଛନ୍ତି –

"ଉଠରେ ଉଠରେ ଉତ୍କଳ ସନ୍ତାନ
ଉଠିବୁ ତୁ କେତେ ଦିନେ
ପୁରୁବ ଗୌରବ ପୁରୁବ ସାହସ
ପଡ଼ିବ କି କେବେ ମନେ !
ତୋହର ଜନନୀ ବୀର ପ୍ରସବିନୀ
ଧୂଳିରେ ପଡ଼ିଛି ଦେଖ
ଜନ ସମାଜରେ ଏ ମହୀ ମଧ୍ୟରେ
କିପରି ଦେଖାଉ ମୁଖ ?"

କବି ମଧୁସୂଦନ ଓଡ଼ିଆମାନଙ୍କୁ ତୋଷାମଦ ଛାଡ଼ି, ସ୍ୱାର୍ଥକୁ ତ୍ୟାଗ କରି ସତ୍ୟର ଆଶ୍ରୟ ନେବା ପାଇଁ ଦେଇଛନ୍ତି ଦିବ୍ୟ ସନ୍ଦେଶ। ତାଙ୍କରି ଭାଷାରେ –

"ତୋଷାମଦ ଛାଡ଼ି ସ୍ୱାର୍ଥ ପରିହରି
ସତ୍ୟକୁ ଆଶ୍ରୟ କର
ଦୁଇଦିନ ପରେ ସ୍ୱାଧୀନ ରାଷ୍ଟ୍ରରେ
ମଙ୍ଗଳ ହୋଇବ ତୋର।"

'ଜନନୀର ଉକ୍ତି' କବିତାରେ କବି ମଧୁସୂଦନ ଦାସ ଉତ୍କଳଜନନୀଙ୍କର ଖେଦୋକ୍ତିକୁ ଉଲ୍ଲେଖ କରିଛନ୍ତି। ଯେପରି –

"ଗର୍ଭେ ଧରି ଥିଲି ଶତ କର୍ମ ବୀର
ସେମାନେ ଡାକିଲେ ନାହିଁ

ବାକ୍ୟବୀରଙ୍କର ରବ ଶୁଭୁଅଛି
କର୍ମବୀରେ ଗଲେ କାହିଁ ?"

କବି ମଧୁସୂଦନ ଦାସଙ୍କର 'ସନ୍ତାନର ଉକ୍ତି' କବିତାଟି ବେଶ୍ ଲୋକପ୍ରିୟ। ଏହି କବିତାରେ ଆବେଗପ୍ରବଣ ମଧୁବାବୁଙ୍କର କଣ୍ଠରୁ ନିଃସୃତ ହୋଇଛି -

"ମାଆ ମାଆ ବୋଲି କେତେ ମୁଁ ଖୋଜିଲି
ମାଆକୁ ପାଇଲି ନାହିଁ
ଭାଇ ଭାଇ ବୋଲି କେତେ ମୁଁ ଡାକିଲି
ନ ଦେଲେ ଉତ୍ତର କେହି।
ଖୋଜିଲି ଅରଣ୍ୟେ ଜନ ସମାଜରେ
ଖୋଜିଲି ବାରିଧି ତଟ
ସର୍ବତ୍ର ଦେଖିଲି ମାତା ପଦ ଚିହ୍ନ
ନ ହେଲା ମାତାର ଭେଟ।"

ଓଡ଼ିଆ ଜାତିକୁ ମଧୁବାବୁ ଜାତିପ୍ରେମ ବହ୍ନି ପ୍ରଜ୍ୱଳିତ କରି ସ୍ୱାର୍ଥକୁ ଆହୁତି ଦେବା ପାଇଁ ନିବେଦନ କରିଛନ୍ତି। ଏହି ନିବେଦନ ବେଶ୍ ମାର୍ମିକ। ମଧୁସୂଦନଙ୍କ ଭାଷାରେ -

"ଜାତି ପ୍ରେମ-ବହ୍ନି ପ୍ରଜ୍ୱଳିତ କର
ସ୍ୱାର୍ଥକୁ ଦିଅ ଆହୁତି
'ସ୍ୱାର୍ଥ ମେଧ ଯଜ୍ଞ' ଚାରିଆଡ଼େ ନାଚ
ଛାତିକୁ ମିଶାଇ ଛାତି।
ଭୂମିକମ୍ପ ହେବ ଧରଣୀ ଫାଟିବ
ଉଠିବେ ସହସ୍ରଭୁଜା
ସେହି ତୋର ମାତା ସେହି ତୋର ତ୍ରାତା
କର ସେହି ପଦପୂଜା।"

କବି ମଧୁସୂଦନ ଦାସଙ୍କର 'ଜାତି ଇତିହାସ' କବିତାଟି ତାଙ୍କ ସୃଜନମାନସର ଏକ ମହିମ୍ନ ଅର୍ଘ୍ୟ। ଏଥିରେ କବି ଓଡ଼ିଆ ଜାତିକୁ ପ୍ରୋତ୍ସାହିତ କରିବା ପାଇଁ ଯେଉଁ ଆହ୍ୱାନ ଦେଇଛନ୍ତି ତାହା ହେଉଛି ଏକ ସାର୍ବକାଳୀକ ଆହ୍ୱାନ। କବିଙ୍କ ଭାଷାରେ -

"ଜାତି ଇତିହାସ ଜାତିର ନିର୍ଝର
ତହୁଁ ବହେ ସଦା ଜାତି ପ୍ରାଣଧାର
ସେ ଧାରାରୁ ନୀର ପିଉଛି ଯେ ନର
ନିଶ୍ଚୟ ହେବ ସେ ଜାତି କର୍ମବୀର। xxx

ଏହି ନୀର ସେବି ବୀର ମୋ ସନ୍ତାନେ
ବୀର ପ୍ରସବିନୀ କ୍ଷୀର ଏହି ନୀର
ଛାଡ଼ରେ ଆଳସ୍ୟ ବଢ଼ାଅ ସାହସ
ଜାତି ନନ୍ଦିଘୋଷ କର ଅଗ୍ରସର ।"

ଏହି କବିତାଗୁଡ଼ିକ ସମ୍ପର୍କରେ ନବକିଶୋର ଦାସ ଲେଖିଛନ୍ତି – "ମଧୁସୂଦନଙ୍କ ଏହି କବିତାଗୁଡ଼ିକ ସଂଖ୍ୟାରେ ଅତି ଅଳ୍ପ ହେଲେ ମଧ୍ୟ, ଏହାର ପଟାନ୍ତର ଓଡ଼ିଆ ସାହିତ୍ୟରେ ଆଉ ନାହିଁ । ଭାଷା ସରଳ, କିନ୍ତୁ ଏହା ଭାବଗ୍ରାହୀ ଓ ସ୍ପନ୍ଦନପୂର୍ଣ୍ଣ । ପଢ଼ିଲା ମାତ୍ରେ ପାଠକର ସୂକ୍ଷ୍ମ ପ୍ରାଣତନ୍ତ୍ରୀରେ ଏକ ଗଭୀର ଆଘାତ ଲାଗେ । କିନ୍ତୁ ଦୁଃଖର କଥା, ମଧୁସୂଦନ ସାହିତ୍ୟିକ ହେବାକୁ ଆସି ନଥିଲେ; ସେ ଆସିଥିଲେ ତାଙ୍କ ଅଦମ୍ୟ କର୍ମ ପ୍ରେରଣାରେ ଓଡ଼ିଆ ଜାତିକୁ ଏକ ଉନ୍ନତିର ଚରମ ଅବସ୍ଥାକୁ ଘେନିଯିବାକୁ । ଏହି ଜାତୀୟ ଗୀତଗୁଡ଼ିକ ଓଡ଼ିଆ ସାହିତ୍ୟର, ଓଡ଼ିଆ ଜାତିର କୋଠ ସମ୍ପତ୍ତି । ଏହି କବିତା ଗୁଡିକରେ ମଧୁସୂଦନ କୋଟିପ୍ରାଣର ମୁଖପାତ୍ର ହୋଇ ଅନ୍ତରର ବେଦନା ଓ ଆକାଂକ୍ଷା ପ୍ରକାଶ କରି ଯାଇଅଛନ୍ତି ।" ବାସ୍ତବିକ୍ ଏହି ମତାମତ ଯଥାର୍ଥ ।

ଏହା ବ୍ୟତୀତ ମଧୁବାବୁ ଗୋଟିଏ ପ୍ରେମମୂଳକ କବିତା ରଚନା କରିଥିଲେ । ପତ୍ନୀ ସୌଦାମିନୀଙ୍କର ଅକାଳ ବିୟୋଗ ପରେ ମଧୁବାବୁ ଏହି କବିତାଟି ରଚନା କରିଥିଲେ । ଏହା ତାଙ୍କର ପ୍ରଥମ କବିତା । ଏହି କବିତାଟିକୁ ପ୍ରଥମେ କଥାଶିଳ୍ପୀ ସୁରେନ୍ଦ୍ର ମହାନ୍ତି "ଶତାବ୍ଦୀର ସୂର୍ଯ୍ୟ" ପୁସ୍ତକରେ ସ୍ଥାନିତ କରିଥିଲେ । ମଧୁବାବୁଙ୍କର ଏହି କବିତାଟି ବହୁଦିନ ଧରି ଅପ୍ରକାଶିତ ଥିଲା । ମଧୁବାବୁ ଲେଖିଥିଲେ –

"ପ୍ରେମର ଚୁମ୍ବନ ଯାହାକୁ ବୋଲନ୍ତି
ଏ ଭବେ ପାଇବ କାହିଁ ?
ସ୍ୱର୍ଗର ଲତିକା ରୋପିଥିଲେ ଦେବେ
ମାନବେ ଚିହ୍ନିଲେ ନାହିଁ ।
ବାରିଧିର ଜଳ ଚନ୍ଦ୍ରମା ମୂରତି
କୋଳରେ ଦୋଳାଇ ନାଚେ
କିନ୍ତୁ କଳାମେଘ ଗଗନେ ଦେଖିଲେ
ଚନ୍ଦ୍ରମା ଭୟରେ ଲୁଚେ ।
ପ୍ରେମ ଚୁମ୍ବନର ଏ ନୁହେଁ ଲକ୍ଷଣ
ପ୍ରେମ ବନ୍ଧ ଛିଣ୍ଡେ କାହିଁ ?
ପ୍ରେମର ମିଳନ କ୍ଷୀର ନୀର ପରି

ଆଉ ଛଡ଼ାଛଡ଼ି ନାହିଁ।
ଫୁଲରୁ ସୁଗନ୍ଧ ପାଇବା ଆଶାରେ
ଭ୍ରମର ତା' ପାଶେ ଉଡ଼େ
କିନ୍ତୁ ଭ୍ରମରକୁ ଚୁମ୍ବିବା ଆଶାରେ
ଫୁଲ କି ସ୍ଥାନ ଛାଡ଼େ ?
ରବିର ଉଦୟ ଆକାଶେ ଦେଖିଲେ
କମଳ ତା' ଆଖି ମେଲେ
କିନ୍ତୁ କମଳକୁ ତୁଚ୍ଛ ଜ୍ଞାନ କରି
ରବି ଯାଏ ଅସ୍ତାଚଳେ।
ପ୍ରୀତିର ମିଳନ ଦୂରୁ ଆକର୍ଷଣ
ଚୁମ୍ବନ ତ ସଂଘର୍ଷଣ
ସଂଘର୍ଷଣ ହେଲେ ହୁତାଶନ ଜଳେ
ଦହିବାକୁ ମନପ୍ରାଣ।
ରବି ଦୂରେ ଥାଇ କିରଣ ବିତରେ
ପ୍ରାଣ ଦାନ କରେ ଜୀବେ
ରବିର ଚୁମ୍ବନ ହେଲେ ସଂଘଟନ
ବିପ୍ଳବ ଘଟିବ ଭବେ।
କଳାମେଘ ଦେହେ ସୌଦାମିନୀ ହସେ
କବିବର ମନ ତୋଷେ
ଚପଳା ଆସିଲେ ଚୁମ୍ବନ କରିଲେ
ସମସ୍ତ ଅନ୍ଧାର ଦିଶେ।"

ଏହା ବ୍ୟତୀତ ମଧୁବାବୁ ସ୍ୱଳ୍ପ ପ୍ରବନ୍ଧ ରଚନା କରିଛନ୍ତି। ତନ୍ମଧ୍ୟରେ 'ଜାତୀୟ ଜୀବନ' ଅନ୍ୟତମ। ଏଥିରେ ମଧୁବାବୁଙ୍କର ସେହି ଜାତୀୟ ଭାବନା ପ୍ରତିପାଦିତ। ମଧୁବାବୁ ଥିଲେ ଉଚ୍ଚକୋଟୀର ବକ୍ତା। ସେ ବିଭିନ୍ନ ସଭାରେ ତାଙ୍କର ଅଭିଭାଷଣ ପ୍ରଦାନ କରିଥିଲେ। ମଧୁବାବୁଙ୍କ ପ୍ରଦତ୍ତ କେତେଗୋଟି ଓଡ଼ିଆ ଭାଷଣ ପ୍ରଗତି ଉତ୍କଳ ସଂଘ, ରାଉରକେଲାଙ୍କ ଆନୁକୂଲ୍ୟରେ "ଉତ୍କଳ ଗୌରବ ମଧୁସୂଦନଙ୍କ ଓଡ଼ିଆ ରଚନାବଳୀ"ରେ ସଂଗୃହୀତ ଓ ସ୍ଥାନିତ। ମଧୁବାବୁଙ୍କ ଇଂରାଜୀ ବକ୍ତୃତାବଳୀ ରାଉରକେଲା ଉତ୍କଳ ପ୍ରଗତି ସଂଘଙ୍କ ଆନୁକୂଲ୍ୟରେ ପ୍ରକାଶିତ "Madhusudan Das, The legislator (His speeches)" ପୁସ୍ତକରେ ସଂଗୃହୀତ। ■

ଜୀବନର ଚଲାପଥେ: ଏକେଲା ନାୟକ

ମଧୁବାବୁ ୧୯୨୩ ମସିହାରେ ମନ୍ତ୍ରୀପଦରୁ ଇସ୍ତଫା ଦେଲେ। ଏହି ସମୟବେଳକୁ ମଧୁବାବୁ ୭୫ ବର୍ଷରେ ପଦାର୍ପଣ କରିଥିଲେ। ମଧୁବାବୁଙ୍କର ଉତ୍କଳ ଟ୍ୟାନେରୀ ଓ ଉତ୍କଳ ଅଳଙ୍କାର କାରଖାନା କ୍ଷତିରେ ଚାଲୁଥିଲା। ମଧୁବାବୁ ଚାହିଁଥିଲେ ଉତ୍କଳ ଟ୍ୟାନେରୀକୁ ଯେ କୌଣସି ଇଂରେଜ କମ୍ପାନୀକୁ ଉଚ୍ଚାଦରରେ ବିକ୍ରି କରିପାରିଥା'ନ୍ତେ। କିନ୍ତୁ ମଧୁବାବୁ ଥିଲେ ନୀତିବାନ୍ ଓ ଆଦର୍ଶ ପୁରୁଷ। ଓଡ଼ିଶାର ସ୍ୱାଭିମାନକୁ ସେ ଇଂରେଜ କମ୍ପାନୀ ହସ୍ତରେ ଟେକି ଦେବା ପାଇଁ ଚାହୁଁ ନ ଥିଲେ। ଉତ୍କଳ ଟ୍ୟାନେରୀ ନିଲାମ ହୋଇଗଲା। କଟକ ସବ୍-ଜଜ୍ କୋର୍ଟଙ୍କ ଇଏକ୍‌ଜିକ୍ୟୁସନ କେସ୍ ନଂ. ୭୨/୧୯୨୬ ଆଦେଶ ଅନୁସାରେ ଉତ୍କଳ ଟ୍ୟାନେରୀ ନିଲାମ ହେଲା। କୋର୍ଟଙ୍କ କ୍ଷମତାପ୍ରାପ୍ତ ଅଧିକାରୀ ଟ୍ୟାନେରୀର ସରକାରୀ ମୂଲ୍ୟ ଟ ୨,୫୦,୦୦୦/-ରେ ବିକ୍ରି ହେବାରୁ ବକେୟା ବାବଦକୁ ଟ ୧,୮୫,୦୦୦/- ରହିଲା।

ଏତେଗୁଡ଼ିଏ ଟଙ୍କା ପରିଶୋଧ କରିବାର କ୍ଷମତା ମଧୁବାବୁଙ୍କର ଶକ୍ତି ବାହାରେ ଥିଲା। ସୁତରାଂ ଅଗତ୍ୟା ଅନନ୍ୟୋପାୟ ହୋଇ କୁଳବୃଦ୍ଧ ମଧୁସୂଦନ ୧୯୨୭ ମସିହା ମାର୍ଚ୍ଚ ୨୧ ତାରିଖରେ 'ଦେବାଳିଆ' ଘୋଷିତ ହେବା ପାଇଁ ଦରଖାସ୍ତ କଲେ। ଏହି ମୋକଦ୍ଦମା ୧୯୨୭ ମସିହା ଅଗଷ୍ଟ ୪ ତାରିଖରେ ବିଚାର ହୋଇ ରାୟ ପ୍ରକାଶ ପାଇଲା ଏବଂ ମଧୁବାବୁଙ୍କ ଦରଖାସ୍ତ ମଞ୍ଜୁର ହେଲା। ସେ ଦେବାଳିଆ ବୋଲି ଘୋଷିତ ହେଲେ। ଏହିପରି ଏକ ସଙ୍କଟ କାଳରେ ମଧୁବାବୁ ଭାଙ୍ଗି ପଡ଼ି ନ ଥିଲେ। ତାଙ୍କ ମନୋବଳ ଦୃଢ଼ ହେଲା। ସେ ନିଜ ଉପରେ ଗଭୀର ଆତ୍ମବିଶ୍ୱାସ କରୁଥିଲେ।

ମଧୁବାବୁ ଥିଲେ ଅସୀମ ଧୈର୍ଯ୍ୟର ଅଧିକାରୀ । ସେ ଦୁଃଖରେ ଭାଙ୍ଗିପଡ଼ି ନଥିଲେ କି ସୁଖରେ ଆତ୍ମହରା ହେଉନଥିଲେ । ସେ ଥିଲେ ସ୍ଥିତପ୍ରଜ୍ଞ ପୁରୁଷ । ଗୀତାଶାସ୍ତ୍ର କହନ୍ତି -

"ଦୁଃଖେଷ୍ୱନୁଦ୍‌ବିଗ୍ନମନାଃ ସୁଖେଷୁ ବିଗତସ୍ପୃହଃ
ବୀତରାଗ ଭୟକ୍ରୋଧଃସ୍ଥିତ ଧୀର୍ମୁନିରୁଚ୍ୟତେ ।"

ଅର୍ଥାତ୍ ଦୁଃଖ ମିଳିଲେ ଯାହା ମନରେ ଉଦ୍‌ବେଗ ଜାତ ହୁଏ ନାହିଁ ଏବଂ ସୁଖ ମିଳିଲେ ଯାହା ମନରେ ସ୍ପୃହା ଆସେ ନାହିଁ, ତଥା ଯିଏ ରାଗ (ଆସକ୍ତି), ଭୟ ଓ କ୍ରୋଧରୁ ମୁକ୍ତ, ସେହି ମନନଶୀଳ ପୁରୁଷକୁ ସ୍ଥିରବୁଦ୍ଧି କୁହାଯାଏ ।

ବାସ୍ତବରେ ଏହିପରି ସ୍ଥିତପ୍ରଜ୍ଞ ପୁରୁଷ ବିରଳ କହିଲେ ସତ୍ୟର ଅପଳାପ ହେବନାହିଁ। ମଧୁବାବୁଙ୍କ ଜୀବନରେ ଏହାହିଁ ପ୍ରତିପାଦିତ । ମଧୁବାବୁଙ୍କର ଋଣର ପରିମାଣ ଟ ୧,୮୦,୦୦୦/- ବୋଲି ନିର୍ଦ୍ଧାରଣ କରାଗଲା ଏବଂ ସମ୍ପତ୍ତିର ମୂଲ୍ୟ ଟ ୧୯,୫୬୪/- ବୋଲି ନିର୍ଦ୍ଧାରଣ କରାଗଲା। ମଧୁବାବୁଙ୍କ କଟକ କୋଠା, ପୁସ୍ତକାଗାର, ଜିନିଷପତ୍ର ସବୁ ନିଲାମ ଡକା ହେଲା। କଟକରେ କେହି ନିଲାମ ଧରିବା ପାଇଁ ସାହସ କଲେ ନାହିଁ। କାରଣ ଏହା ହେଉଛି ମଧୁବାବୁଙ୍କର ସମ୍ମାନ ଓ ମର୍ଯ୍ୟାଦାର ବିଷୟ। କେତେଜଣ ଓକିଲଙ୍କ ପରାମର୍ଶ ଅନୁସାରେ ଶୈଳବାଳା ନିଲାମ ଧରିଲେ। ୧୯୨୫ ମସିହା ଅକ୍ଟୋବର ୨୮ ତାରିଖରେ ଶୈଳବାଳାଙ୍କ ନାମରେ ଚନ୍ଦ୍ରକୁମାର ହାଜରା (ଅମ୍ବିକା ଚରଣଙ୍କ ପୁତ୍ର) ମଧୁବାବୁଙ୍କ ଘରକୁ ନିଲାମରେ ଧରିଲେ। ବସ୍ତୁତଃ ଶୈଳବାଳା ହେଲେ ମଧୁବାବୁଙ୍କ ଘରର ମାଲିକ।

ଚନ୍ଦ୍ରକୁମାର ଏବଂ ଅନ୍ୟାନ୍ୟ ବ୍ୟକ୍ତିମାନଙ୍କର ଅନୁରୋଧକ୍ରମେ ମଧୁବାବୁ ସେହି ଘରେ ରହିଲେ। କିନ୍ତୁ ନୀତିବାନ୍ ପୁରୁଷ ମଧୁବାବୁ ଏଥିପାଇଁ ସର୍ତ୍ତ ରଖିଥିଲେ। ସେ କହିଥିଲେ - "ଆଇନ ଦୃଷ୍ଟିରୁ ଶୈଳବାଳା ଏ ଘରର ମାଲିକ। କିନ୍ତୁ ଗୋଟିଏ ସର୍ତ୍ତରେ ମୁଁ ଏହି ଘରେ ରହିପାରେ। ଶୈଳକୁ ପ୍ରତିମାସରେ ମୋଠାରୁ ଭଡ଼ା ନେଇ ମୋତେ ରସିଦ ଦେବାକୁ ପଡ଼ିବ।" ତାହାହିଁ ହେଲା। ମଧୁବାବୁ ମୃତ୍ୟୁ ପର୍ଯ୍ୟନ୍ତ ସେହି ଘରେ ରହୁଥିଲେ। କିନ୍ତୁ ଶୈଳବାଳାଙ୍କୁ ମାସିକ ଟ୨୦୦/- ଭଡ଼ା ଦେଉଥିଲେ। ଜଣେ ଆଇନଜ୍ଞ ହିସାବରେ ମଧୁବାବୁ କିପରି ଆଇନକୁ ଅକ୍ଷରେ ଅକ୍ଷରେ ପାଳନ କରୁଥିଲେ - ଏହା ତାହାର ଉଜ୍ଜ୍ୱଳ ଦୃଷ୍ଟାନ୍ତ। ମଧୁବାବୁ ଥିଲେ ଆଇନର ପୂଜାରୀ। ଆଇନର ଉପାସକ।

ଓଡ଼ିଶାର ଏହି କିମ୍ବଦନ୍ତୀ ପୁରୁଷ ବାରିଷ୍ଟର ମଧୁସୂଦନ ୧୯୩୧ ମସିହା ଜାନୁୟାରୀ ୧ ତାରିଖରେ "ଦେବାଳିଆ"ରୁ ଘୋଷଣା ମୁକ୍ତ ହେଲେ।

୧୯୨୭ ମସିହାରେ ମଧୁବାବୁ 'ଦେବାଳିଆ' ଘୋଷିତ ହୋଇଥିଲେ ହେଁ ତାଙ୍କର ମନୋବଳ ଭାଙ୍ଗି ନ ଥିଲା। ସେ ଥିଲେ ଲୁହାର ମଣିଷ। ନିଜର ମନକୁ ସେ ଲୁହାପରି ଟାଣ କରିଥିଲେ। ଏହି ସମୟରେ ସେ ଓକିଲାତି କରିବା ପାଇଁ କୋର୍ଟରେ ଦରଖାସ୍ତ କରିଥିଲେ। ତାଙ୍କର ଦରଖାସ୍ତ ମଞ୍ଜୁର ହୋଇଥିଲା। ପରିଣତ ବୟସରେ ପ୍ରଫେସନ୍‌କୁ

ସମ୍ମାନ ଜଣାଇ ବାରିଷ୍ଟର ମଧୁବାବୁ ନିର୍ବିକାର ଭାବରେ କୋର୍ଟକୁ ଓକିଲାତି କରିବା ପାଇଁ ଯାଉଥିଲେ । ଏହାହିଁ ହେଉଛି ଜଣେ ସ୍ୱାଧୀନଚେତା, ଦୃଢ଼ମନା, ସ୍ଥିତପ୍ରଜ୍ଞ ବ୍ୟକ୍ତି ମାନସର ଅଭ୍ରାନ୍ତ ନିଦର୍ଶନ । ବାସ୍ତବିକ୍ ମଧୁବାବୁ ଥିଲେ ସ୍ୱାଭିମାନୀ ପୁରୁଷ । ଜୀବନ ସଂଗ୍ରାମରେ ସେ ହାରି ଯାଇନାହାନ୍ତି । ପୃଥିବୀ ବିଖ୍ୟାତ ଇଂରାଜୀ ଔପନ୍ୟାସିକ Earnest Hemingway ଙ୍କର କାଳଜୟୀ ଉପନ୍ୟାସ "The Old man and the Sea" ର ନାୟକ ବୃଦ୍ଧ କୈବର୍ତ୍ତ Santiago ପରି ସଂଗ୍ରାମୀ ପୁରୁଷ ମଧୁସୂଦନ ଜୀବନ ସଂଗ୍ରାମରେ ଲଢ଼ି ବିଜୟୀ ହୋଇଛନ୍ତି, କିନ୍ତୁ ପରାଜୟ ସ୍ୱୀକାର କରିନାହାନ୍ତି । ସାଣ୍ଟିଆଗୋଙ୍କ ପରି ତାଙ୍କର ଜୀବନଦର୍ଶନ ଥିଲା – "A man can be destroyed, but never defeated" । ମଧୁସୂଦନ ଥିଲେ ନିର୍ବିକାର ଓ ନିରାସକ୍ତ ପୁରୁଷ ପୁଙ୍ଗବ ।

ମଧୁବାବୁ ଥିଲେ ଆଦର୍ଶ ଓ ମୂଲ୍ୟବୋଧର ପୂଜାରୀ । ମଧୁବାବୁ ଥିଲେ ଖୁବ୍ ପରିଶ୍ରମୀ । ସେ ଜୀବନର ମଧ୍ୟାହ୍ନରେ ତାଙ୍କ ପତ୍ନୀ ସୌଦାମିନୀଙ୍କୁ ହରାଇଥିଲେ । ଏହାପରେ ମଧୁବାବୁ ଆଉ ଦ୍ୱିତୀୟ ବିବାହ କରି ନାହାନ୍ତି । ତାଙ୍କର ସମସ୍ତ ମନପ୍ରାଣ ଓକିଲାତି ଏବଂ ଓଡ଼ିଶାର ନାନା ମଙ୍ଗଳକର କାର୍ଯ୍ୟରେ ଢାଳି ଦେଇଥିଲେ । ଓକିଲାତି ଜୀବନର ପ୍ରଥମ ପର୍ଯ୍ୟାୟରେ ମଧୁବାବୁ ବିହାରୀବାଗଠାରେ ଅବସ୍ଥାନ କରୁଥିଲେ । ଏହାପରେ ସେ କଟକ ମିଶନରୋଡ୍‌ରେ ତାଙ୍କର ସ୍ୱତନ୍ତ୍ର ବାସଗୃହ ନିର୍ମାଣ କରିଥିଲେ । ଯଦିଓ ମଧୁବାବୁ ଓକିଲାତିରୁ ପ୍ରଚୁର ଅର୍ଥ ଉପାର୍ଜନ କରୁଥିଲେ ଏବଂ ସେ ବେଶ୍ ସମ୍ମାନ ଲାଭ କରୁଥିଲେ – ଏହା ଦେଖିବା ପାଇଁ ତାଙ୍କର ପିତାମାତାଙ୍କ ଭାଗ୍ୟରେ ଘଟି ନ ଥିଲା । ତେବେ ମଧୁବାବୁଙ୍କର ନିଜ ଗାଁ ପ୍ରତି ଅତ୍ୟନ୍ତ ଶ୍ରଦ୍ଧା ଓ ଆକର୍ଷଣ ଥିଲା । ତେଣୁ ସେ ତାଙ୍କ ଗାଁର ବାହାରେ ଗୋଟିଏ କୋଠାଘର ନିର୍ମାଣ କରି ସେଠାରେ ବେଳେବେଳେ ଅବସ୍ଥାନ କରୁଥିଲେ । ନିଜେ ମଧୁବାବୁ ଗାଁରେ ଶୀତଦିନେ କୋବି, ଆଳୁ, ପିଆଜ ପ୍ରଭୃତି ଶୀତଦିନିଆ ଫସଲ ଚାଷ କରାଇ ଗାଁ ଲୋକମାନଙ୍କର କୃଷି କ୍ଷେତ୍ରରେ ଆଦର୍ଶସ୍ଥାନୀୟ ହୋଇପାରିଥିଲେ ।

ମଧୁବାବୁଙ୍କର ଗାଁ କୋଠା ବ୍ୟତୀତ କଲିକତା ଏବଂ ପାଟଣାରେ ମଧ୍ୟ କୋଠାଘର ଥିଲା । ସେ ନିଜ ପରିବାରର ସମସ୍ତ ଋଣ ପରିଶୋଧ କରିଦେଇଥିଲେ । ମଧୁବାବୁ ତାଙ୍କ ସାନଭାଇ ଗୋପାଳବଲ୍ଲଭ ଦାସଙ୍କର ବିବାହ କାର୍ଯ୍ୟକୁ ମହା ଆଡମ୍ବରରେ ସମ୍ପାଦନ କରିଥିଲେ । ମଧୁବାବୁଙ୍କର ଗୋଟିଏ ଭଲଗୁଣ ହେଉଛି ସେ ଥିଲେ ପଶୁପକ୍ଷୀ ପ୍ରିୟ । ସୁତରାଂ ତାଙ୍କର କଟକସ୍ଥିତ କୋଠିରେ ସେ ଗୋଟିଏ ଛୋଟ ଚିଡ଼ିଆଖାନା ପ୍ରତିଷ୍ଠା କରିଥିଲେ । ସେଥିରେ ବାଘ, ଭାଲୁ, ହରିଣ, ନେଉଳ, କୁକୁର ଏବଂ ବିଭିନ୍ନ ପ୍ରଜାତିର ପକ୍ଷୀ ସ୍ଥାନିତ ହେଉଥିଲେ । ମଧୁବାବୁ କୁକୁର ଏବଂ ଘୋଡ଼ାପ୍ରିୟ ଥିଲେ । ତାଙ୍କର ଗୋଟିଏ ଆରବଜାତୀୟ ଘୋଡ଼ା ବେଶ୍ ପ୍ରିୟ ଥିଲା । ସେହି ସମୟରେ କଟକରେ କେବଳ

ଉଚ୍ଚକୋଟୀର ଭଦ୍ରବ୍ୟକ୍ତିମାନେ ଘୋଡ଼ାଗାଡ଼ିରେ ଯାତାୟାତ କରୁଥିଲେ। ମଧୁବାବୁ ତ ସାହେବ ପରି ଚଳୁଥିଲେ। ତାଙ୍କର ଗୋଟିଏ ସଉକ ଥିଲା ଘୋଡ଼ା ଚଢ଼ିବା। ମଧୁବାବୁଙ୍କ ପ୍ରିୟ ଥିଲା ଗୋଟିଏ କଳାଘୋଡ଼ା। ଓଡ଼ିଶାରେ ଗୋଟିଏ ଲୋକଗୀତ ପ୍ରଚଳିତ ଅଛି - "ମନଦେଇ ପାଠ ପଢ଼ିବି, ମଧୁବାବୁ ସଙ୍ଗେ ଲଢ଼ିବି, କାଳିଆ ଘୋଡ଼ାରେ ଚଢ଼ିବି।" ମଧୁବାବୁ ଗୋଟିଏ ଚିକ୍କଣ, କାଳିଆ, ଘୋଡ଼ା ପାଳିଥିଲେ। ମଧୁବାବୁ ତା'ର ନାମ 'ହାଟୋ' ରଖିଥିଲେ। ମଧୁବାବୁ ମାଡ୍ରାସ୍ ରେଜିମେଣ୍ଟରୁ ବହୁ ମୂଲ୍ୟରେ ଏହି ଘୋଡ଼ାଟିକୁ କିଣିଥିଲେ। ମଧୁବାବୁ ତାଙ୍କର ଏହି କାଳିଆ ଘୋଡ଼ାକୁ 'ହାଟୋ' ନାମରେ ନାମିତ କରିବାର ଗୋଟିଏ ମଜାଦାର କାହାଣୀ ଅଛି। ମଧୁବାବୁଙ୍କ ଗାଁ ସତ୍ୟଭାମାପୁରରେ ତାଙ୍କର ପିଲାଦିନର ସାଙ୍ଗଟିଏ ଥିଲେ - ନାମ ହଟକେଶ୍ୱର ଓରଫ୍ ହଟିଆ। ଗ୍ରାମରେ ତାଙ୍କୁ ସମସ୍ତେ ହଟିଆ ବୋଲି ଡାକୁଥିଲେ। ହଟିଆ ଦେଖିବାକୁ ତ୍ରିପଣ୍ଡ କାଳିଆ, କିନ୍ତୁ ଦୌଡ଼ିବାରେ ସେ କେବେ ଦ୍ୱିତୀୟ ହେଉ ନ ଥିଲେ। ଗାଁ ପୋଖରୀ ହୁଡ଼ାରେ ପିଲାମାନଙ୍କର ଯେଉଁ ଦୌଡ ପ୍ରତିଯୋଗିତା ହୁଏ, ସେଥିରେ ହଟିଆ ପ୍ରଥମ ହେଉଥିଲେ। କିନ୍ତୁ ପରେ ହଟିଆ ବସନ୍ତ ରୋଗରେ ଆରପାରିକୁ ଚାଲିଯାଇଥିଲେ। ହଟିଆର ସ୍ମୃତି ମଧୁବାବୁଙ୍କ ମନରେ ଥାଏ। ମଧୁବାବୁ ଯେତେବେଳେ ମାଡ୍ରାସ୍ ରେଜିମେଣ୍ଟର ଡି - ୪୭ ଘୋଡ଼ାକୁ କ୍ରୟ କରିଥିଲେ ତାହାର ନାମ ରଖିଥିଲେ 'ହାଟୋ'। ଏହି ସୁନ୍ଦର, ସୁଠାମ, କାଳିଆ ଘୋଡ଼ାଟି ମଧୁବାବୁଙ୍କର ପ୍ରିୟ ଥିଲା। ତେଣୁ ଏହି 'ହାଟୋ' ନାମଟି 'ହଟିଆ' ନାମରେ ଏକ ବିଦେଶୀ ସଂସ୍କରଣ ବୋଲି କହିବାକୁ ହେବ।

ଏହି ସମୟରେ କଟକର ଆସିଷ୍ଟାଣ୍ଟ ମାଜିଷ୍ଟ୍ରେଟ୍ ଥିଲେ ମାକ୍‌ଫରସନ୍, ଆଇ.ସି.ଏସ୍.। ସେ ଥିଲେ ଖେଳଓ୍ୱାଡ୍ ଯୁବକ ଓ ଘୋଡ଼ାପ୍ରିୟ। ଏକଦା ସେ ମଧୁବାବୁଙ୍କ ଘରକୁ ସୌଜନ୍ୟମୂଳକ ସାକ୍ଷାତ ପାଇଁ ଆସିଥିଲେ। ମଧୁବାବୁଙ୍କର ଘୋଡ଼ାଶାଳାରେ ଏହି ଘୋଡ଼ାଟିକୁ ଦେଖି ସେ ଖୁବ୍ ତାରିଫ କରିଥିଲେ। ଥରେ କୌଣସି ଜରୁରୀ କାମ ପଡ଼ିବାରୁ ସେ ମଧୁବାବୁଙ୍କ ଠାରୁ ତାଙ୍କର ଘୋଡ଼ାଗାଡ଼ି ନେଇ ପୁରୀ ଯାତ୍ରା କରିଥିଲେ। ତେବେ ମଧୁବାବୁ ତାଙ୍କୁ ପରାମର୍ଶ ଦେଇଥିଲେ ଯେ ଘୋଡ଼ା ଦେହରେ ଚାବୁକ ପ୍ରହାର କରିବେ ନାହିଁ। ଅନ୍ୟଥା ଘୋଡ଼ାକୁ ସମ୍ଭାଳି ହେବା କଷ୍ଟକର ହେବ। କିନ୍ତୁ ପୁରୀରୁ ଫେରିଲାବେଳେ ବ୍ରିଟିଶ୍ ସାହେବ ଶୀଘ୍ର କଟକରେ ପହଞ୍ଚିବା ପାଇଁ ଘୋଡ଼ାକୁ ଗୋଟିଏ ଚାବୁକ୍ ପ୍ରହାର ଦେବାରୁ ଘୋଡ଼ା ଏତେ ଜୋରରେ ଦୌଡ଼ିଲା ଯେ ଘୋଡ଼ାଗାଡ଼ିଟି ଦୈବାତ୍ ଯାଇ ଗୋଟିଏ ବାଉଁଶବୋଝେଇ ଗାଡ଼ିରେ ଧକ୍କା ଦେଲା। କିନ୍ତୁ ଦୁଃଖର କଥା ମଧୁବାବୁଙ୍କର ଏହି ପ୍ରିୟ ଘୋଡ଼ାଟି ଦେହରେ ଗୋଟିଏ ବାଉଁଶ ଭୂଷି ହୋଇଯିବାରୁ ଘୋଡ଼ାଟିର ମୃତ୍ୟୁ ଘଟିଲା। ଏହି ଘଟଣା ମଧୁବାବୁଙ୍କୁ ଘୋର କଷ୍ଟ ଦେଇଥିଲା।

ମଧୁବାବୁଙ୍କର ଆଉ ଗୋଟିଏ ଭଲ ଘୋଡ଼ାଟିଏ ମଧ୍ୟ ଥିଲା । ତା'ର ନାମ 'ଡସ୍କି' ଥିଲା । 'ଡସ୍କି'ର ଦେହ ଦେଖିବାକୁ ମାଛି ଅନ୍ଧାରରର ଛାଇ ଛାଇ କଳା ସଦୃଶ । କିନ୍ତୁ ହାଟୋ ପରି ଡସ୍କି ଘନ କଳାରଙ୍ଗର ନ ଥିଲା । ଡସ୍କି ଥିଲା ପେଗୁ ଜାତିର ଘୋଡ଼ା । ଥରେ ଏହି ଘୋଡ଼ାଟି ଅସୁସ୍ଥ ଥିଲା । ସେଦିନ ମଧୁବାବୁ ଖୁବ୍ ମନସ୍ତାପରେ ଥିଲେ । ଏପରିକି ସେହିଦିନ ମଧୁବାବୁ କଚେରିକୁ ଯାଇ ନ ଥିଲେ ।

ମଧୁବାବୁ ଥିଲେ ଖେଳପ୍ରିୟ । ସେ କେତେକ ବିଦେଶୀ ଖେଳ ଖେଳୁଥିଲେ । ଏହା ବ୍ୟତୀତ ମଧୁବାବୁ ମଧ୍ୟ ଥିଲେ ସଙ୍ଗୀତପ୍ରିୟ । ମଧୁବାବୁଙ୍କର ଲୋକସମ୍ପର୍କ ଉଚ୍ଚକୋଟୀର । ତାଙ୍କ କୋଠିରେ ବହୁ ଓକିଲ, ଯୁବକ ଏବଂ କଟକର ମୁଖିଆ ଲୋକମାନେ ଏକତ୍ରିତ ହେଉଥିଲେ । ଯଦିଓ ମଧୁବାବୁ ଭଲ ଖାଇ ପାରୁ ନ ଥିଲେ, ତଥାପି ସେ ଆଗନ୍ତୁକମାନଙ୍କୁ ଭୁରିଭୋଜନରେ ଆପ୍ୟାୟିତ କରୁଥିଲେ । ମଧୁବାବୁ ଥିଲେ ଅଧିକ ଖର୍ଚ୍ଚି । ତେଣୁ ସେ ଯାହା ରୋଜଗାର କରୁଥିଲେ ତାହାଠାରୁ ଅଧିକ ଖର୍ଚ୍ଚ ହୋଇଯାଉଥିଲା । ଉତ୍କଳ ଟ୍ୟାନେରୀ ମଧୁବାବୁଙ୍କର ଥିଲା ବିରାଟ ସ୍ୱପ୍ନ । ତେଣୁ ଉତ୍କଳ ଟ୍ୟାନେରୀ ପାଇଁ ସେ ବହୁ ଅର୍ଥ ଖର୍ଚ୍ଚ କରୁଥିଲେ । ମଧୁବାବୁ ବିଭିନ୍ନ କାର୍ଯ୍ୟରେ ବ୍ୟସ୍ତ ରହୁଥିବାରୁ ଏହି ଶିଳ୍ପ ପ୍ରତିଷ୍ଠାନ ପ୍ରତି ବିଶେଷ ଧ୍ୟାନ ଦେଇପାରୁ ନ ଥିଲେ । ଫଳରେ ତାଙ୍କୁ ଅନେକ ସମୟରେ ଋଣଗ୍ରସ୍ତ ହେବାକୁ ପଡୁଥିଲା ।

ମଧୁବାବୁ ଛାତ୍ର ସମାଜର ମଧ୍ୟ ପ୍ରିୟଥିଲେ । ସେ ଅନେକ ସମୟରେ କତିପୟ ଛାତ୍ରଙ୍କୁ ତାଙ୍କ କୋଠିକୁ ଡାକି ଉପଦେଶ ପ୍ରଦାନ କରୁଥିଲେ । ବେଳେବେଳେ ଛାତ୍ରମାନଙ୍କୁ ତାଗିଦ୍ କରୁଥିଲେ । ଅନେକ ସମୟରେ ସେ ଛାତ୍ରମାନଙ୍କୁ ଭୁରିଭୋଜନ ଦେଇ ବେଶ ଆନନ୍ଦ ଅନୁଭବ କରୁଥିଲେ । ଏକଦା କଟକସ୍ଥିତ ରେଭେନ୍‌ସା କଲେଜର କେତେକ ଛାତ୍ରଙ୍କୁ ସେ ତାଙ୍କ କୋଠିରେ ଖାଇବାକୁ ନିମନ୍ତ୍ରଣ କରିଥିଲେ । ସେହି ସମୟରେ ରେଭେନ୍‌ସା କଲେଜର ଛାତ୍ରସଂଖ୍ୟା ପ୍ରାୟ ଦୁଇଶହ ଥିଲେ । ତେବେ ଛାତ୍ରମାନଙ୍କ ମଧ୍ୟରୁ ପାଞ୍ଚ ସାତ ଜଣଙ୍କୁ ଡାକି ମଧୁବାବୁ ପଚାରିଲେ ତୁମେମାନେ କ'ଣ ଖାଇବ ? ଆମିଷ ଖାଇବ ନା ନିରାମିଷ ଖାଇବ, ମାଛ ଖାଇବ ନା ମାଂସ ଖାଇବ ? କିନ୍ତୁ ଛାତ୍ରମାନଙ୍କର ଉତ୍ତର ଥିଲା ଏହିପରି – କିଏ କହିଲା ମାଛ ଖାଇବା, କିଏ କହିଲା ମାଂସ ଖାଇବା, କିଏ କହିଲା ରସଗୋଲା ଖାଇବା, କିଏ କହିଲା ରସାବଳୀ ଖାଇବା । ସେହି ଛାତ୍ରମାନଙ୍କର ଏହିପରି ମତଭେଦ ଦେଖି ମଧୁବାବୁ କହିଥିଲେ – "ତୁମେମାନେ ତ ଖାଇବା ବିଷୟରେ ଏକମତ ହୋଇପାରୁନାହିଁ, ତେବେ ତୁମମାନଙ୍କ ମଧ୍ୟରେ ଏକତା ଆସିବ କିପରି ?" ଅବଶ୍ୟ ମଧୁବାବୁ ସେହି ଛାତ୍ରମାନଙ୍କୁ ଦିନେ ମାଂସ ଏବଂ ଅନ୍ୟ ଦିନେ ନିରାମିଷ ଖାଇବାର ବ୍ୟବସ୍ଥା କରିଥିଲେ । ଛାତ୍ରମାନେ ପ୍ରଥମ ଦିନ ମାଂସ ତରକାରୀ ଖାଇ ଆନନ୍ଦିତ

ହେଲେ। ଦ୍ୱିତୀୟ ଦିନ ମିଷ୍ଟାନ୍ନ ଭୋଜନ କରିବାର ସୌଭାଗ୍ୟ ଅର୍ଜନ କଲେ। ଖାଇବା ସମୟରେ ଜଣେ ଚତୁର ଛାତ୍ର କହିଲା – ଆଜ୍ଞା ! ବାଡ଼ିପଟ ପୋଖରୀଆଡୁ ଭାରି ଶବ୍ଦ ଆସୁଛି। ମନେ ହେଉଛି ପୋଖରୀର ମାଛଗୁଡ଼ିକ ପରସ୍ପର ମଧ୍ୟରେ ମତଭେଦ ହେବାରୁ ବାଡ଼ିଆପିଟା ଆରମ୍ଭ କରିଛନ୍ତି। ମଧୁବାବୁ ଛାତ୍ରଟିର ଏକଥା ଶୁଣି ସେମାନଙ୍କର ଚିନ୍ତାଧାରାକୁ ବେଶ୍ ଅବଗତ ହେଲେ। ତେଣୁ ସେ କହିଥିଲେ – ତୁମ ଫନ୍ଦି ମୁଁ ବୁଝି ପାରିଲିଣି। କାଲି ମାଛମାନଙ୍କ ମଧ୍ୟରେ ଏକତା ସ୍ଥାପନ କରିବାକୁ ତୁମମାନଙ୍କୁ ନିମନ୍ତ୍ରଣ କଲି। ତା ପରଦିନ ପୋଖରୀର ମାଛ ତରକାରୀ ହେଲା ଏବଂ ଛାତ୍ରମାନେ ମଧୁବାବୁଙ୍କ ଘରେ ମାଛ ତରକାରୀ ଖାଇବାର ସୌଭାଗ୍ୟ ଅର୍ଜନ କରିଥିଲେ।

ମଧୁବାବୁ ସଦାସର୍ବଦା ଉତ୍କଳର କଥା ଭାବୁଥିଲେ। ଶୟନେ ସ୍ୱପନେ ଏବଂ ଜାଗରଣେ ସେ ଓଡ଼ିଶାର ଚିନ୍ତାରେ ବ୍ୟାପୃତ ରହୁଥିଲେ। ମଧୁବାବୁ ୧୮୯୭ ସାଲରେ ପ୍ରଥମେ ଇଂଲଣ୍ଡ ଯାତ୍ରା କରିଥିଲେ। ଏହି ସମୟରେ ମଧୁବାବୁ ଏକ ଦୁରାରୋଗ୍ୟରେ ପୀଡିତ ଥିଲେ। ତେଣୁ ଚିକିତ୍ସା ପାଇଁ ସେ ଇଂଲଣ୍ଡ ଯାତ୍ରା କରିଥିଲେ। ଇଂଲଣ୍ଡରେ ସୁସ୍ଥ ହେବାପରେ ସେ ରେଭେନ୍‌ସା କଲେଜର ପ୍ରତିଷ୍ଠାତା ତଥା ଓଡ଼ିଶାର ପରମ ବନ୍ଧୁ ଟି.ଇ.ରେଭେନ୍‌ସା ସାହେବଙ୍କୁ ସାକ୍ଷାତ କରିଥିଲେ। ମଧୁବାବୁଙ୍କୁ ରେଭେନ୍‌ସା ସାହେବ ଓଡ଼ିଶା ତିଆରି ପିକା ଦେଇଥିଲେ। ରେଭେନ୍‌ସା ସାହେବ ଓଡ଼ିଶାକୁ ବେଶ୍ ଭଲପାଉଥିଲେ। ଇଂଲଣ୍ଡରେ ଥାଇ ରେଭେନ୍‌ସା ସାହେବ ଓଡ଼ିଶାରେ ବାଳିକା ବିଦ୍ୟାଳୟ ପ୍ରତିଷ୍ଠା ପାଇଁ ଏକ ହଜାର ଟଙ୍କା ଦେବେବୋଲି ମଧୁବାବୁଙ୍କୁ ସ୍ୱୀକୃତି ପ୍ରଦାନ କରିଥିଲେ। କଥା ପ୍ରସଙ୍ଗରେ ରେଭେନ୍‌ସା ସାହେବ ମଧୁସୂଦନଙ୍କୁ ପଚାରିଲେ – "ଆପଣ ଖାଣ୍ଟି ଓଡ଼ିଆ ତ ?" ମଧୁବାବୁ ଗର୍ବର ସହିତ ଉତ୍ତର ଦେଇଥିଲେ – "ନିଶ୍ଚୟ, ନିଶ୍ଚୟ।" ଏହାପରେ ରେଭେନ୍‌ସା ସାହେବ କହିଥିଲେ – "କିନ୍ତୁ ମୋ ମନରେ ଗଭୀର ଦୁଃଖ ଏହି ଯେ ମୁଁ ଓଡ଼ିଶାରେ ରହିବା ସମୟରେ ଆପଣଙ୍କ ପରି ଜଣେ ଯୋଗ୍ୟ ଓଡ଼ିଆ ଦେଖିପାରି ନ ଥିଲି।" ମଧୁବାବୁ ଲକ୍ଷ୍ୟ କରିଥିଲେ ଯେ ଏହି ସମୟରେ ସାହେବଙ୍କ ଚକ୍ଷୁ ଲୋତକରେ ଭରି ଯାଇଛି।

ଏହା ବ୍ୟତୀତ ତତ୍କାଳୀନ ସେକ୍ରେଟେରୀ ଅଫ୍ ଷ୍ଟେଟ୍ ଫର ଇଣ୍ଡିଆ ସାର୍ ହାମିଲଟନଙ୍କୁ ମଧ୍ୟ ସାକ୍ଷାତ କରିଥିଲେ।

ମଧୁବାବୁ ପରିଣତ ବୟସରେ ବିଶେଷ କିଛି ଖାଇପାରୁ ନ ଥିଲେ। ତିନି ଭରି ବଗଡ଼ା ଚାଉଳର ଭାତ ଏବଂ କେତେଖଣ୍ଡ ଅମୃତଭଣ୍ଡା ସିଝା ତାଙ୍କର ପ୍ରଧାନ ଖାଦ୍ୟ ଥିଲା। ସକାଳେ ଏବଂ ସନ୍ଧ୍ୟା ସମୟରେ ଚା' ଏବଂ ବିସ୍କୁଟ ବରାବର ଖାଉଥିଲେ। ମଧୁବାବୁଙ୍କ କୋଠିରେ ହାଡ଼ିବନ୍ଧୁ ନାମକ ଗୋଟିଏ ବିଶ୍ୱସ୍ତ ଭୃତ୍ୟ ଥିଲା। ଲୋକମାନେ

ତାକୁ ହାଡ଼ିଆ ବୋଲି ଡାକୁଥିଲେ। ସେ ମଧୁବାବୁଙ୍କ ପାଖରେ ଦୀର୍ଘ ଚାଳିଶ ବର୍ଷ ଧରି ରହିଥିଲା। ମୃତ୍ୟୁ ପର୍ଯ୍ୟନ୍ତ ସେ ମଧୁବାବୁଙ୍କ ନିକଟରେ ରହିଥିଲା।

୧୯୩୧ ମସିହାରେ ଓଡନେଲ କମିଟି ଓଡ଼ିଶା ଆସିଲେ। ମଧୁବାବୁ ଓଡନେଲ କମିଟି ଆଗରେ ସାକ୍ଷ୍ୟ ପ୍ରଦାନ କରିଥିଲେ। ୧୯୩୧ ସାଲ ନଭେମ୍ବର ୨୦ ତାରିଖରେ ମଧୁବାବୁ ଜାମସେଦପୁର ଯାଇଥିଲେ। ସେଠାରେ ଅନୁଷ୍ଠିତ ହୋଇଥିବା ସାଧାରଣ ସଭାରେ ସେ ଯୋଗ ଦେଇଥିଲେ। ମଧୁବାବୁ ଅନୁଭବ କଲେ ଯେ ସିଂହଭୂମି ଓଡ଼ିଶା ସହିତ ସାମିଲ ହେବାର ଅବକାଶ ସେଠାରେ ସୃଷ୍ଟି ହୋଇନାହିଁ। ତେଣୁ ମଧୁବାବୁ ତାଙ୍କ ଚେଷ୍ଟାରୁ ବିରତ ହୋଇଥିଲେ।

୧୯୩୨ ମସିହାରେ ମହାତ୍ମା ଗାନ୍ଧୀ ଭ୍ରମବଶତଃ ଭାବି ନେଇଥିଲେ ଯେ ମଧୁସୂଦନ ଦାସ ଇହଜଗତରେ ନାହାନ୍ତି। ତେଣୁ ୧୯୩୨ ସାଲ ନଭେମ୍ବର ସଂଖ୍ୟା 'ହରିଜନ' ପତ୍ରିକାରେ 'ଚମଡ଼ାବ୍ୟବସାୟ' ପ୍ରସଙ୍ଗରେ ଲେଖିବା ବେଳେ ସ୍ୱର୍ଗୀୟ ମଧୁସୂଦନ ଦାସ (late Madhusudan Das) ବୋଲି ଉଲ୍ଲେଖ କରିଥିଲେ। ଅବଶ୍ୟ ଏହାପରେ ଗାନ୍ଧିଜୀ ସତ୍ୟ ଘଟଣାଟି ଜାଣିଲା ପରେ ତାଙ୍କର ଅନିଚ୍ଛାକୃତ ତ୍ରୁଟି ପାଇଁ କ୍ଷମା ମାଗିନେଇଥିଲେ। ସେହିପରି ଏକଦା କଟକର ରେଭେନ୍‌ସା କଲେଜର ପଶ୍ଚିମ ଛାତ୍ରାବାସ (West Hostel) କୁ ଗୋଟିଏ ସଭାରେ ବକ୍ତୃତା ପ୍ରଦାନ କରିବା ପାଇଁ ଆସିଥିଲେ। ସଭାକାର୍ଯ୍ୟ ଶେଷ ହେଲା। ନୈଶ୍ୟ ଭୋଜିରେ ଓଡ଼ିଶାର ଭୂତପୂର୍ବ କମିଶନର ଫିଲପ୍ କଥା ପ୍ରସଙ୍ଗରେ କହିଥିଲେ - "I thought you were dead Mr. Das." ଅର୍ଥାତ୍ ମୁଁ ଭାବିଲି ଆପଣ ମରିଗଲେଣି। ତତକ୍ଷଣାତ୍ ମଧୁବାବୁ କହିଥିଲେ - "Then you are seeing the ghost of Mr. Das !" ଅର୍ଥାତ୍ ତାହାହେଲେ ଆପଣ ମିଷ୍ଟର ଦାସଙ୍କ ଭୂତକୁ ଦେଖୁଛନ୍ତି। ଏହା ଶୁଣି ମିଷ୍ଟର ଫିଲିପ୍‌ଙ୍କ ମୁହଁ ଝାଉଁଳି ଗଲା।

୧୯୩୦ ସାଲରେ କଟକଠାରେ ଉତ୍କଳ ଜନନୀଙ୍କର ଏକ ପୂଜାର ଆୟୋଜନ କରାଯାଇଥିଲା। ଏହି ଉପଲକ୍ଷେ କଟକରେ ଏକ ବିରାଟ ସଭା ହୋଇଥିଲା। ଏହି ବିରାଟ ଜନସଭାରେ ମଧୁବାବୁ ସଭାପତି ହୋଇଥିଲେ।

■

ହବାକ୍ କମିଟି, ୧୯୩୩ ଓ ମଧୁବାବୁ

ଭାରତ ସରକାର ଓଡ଼ିଶାକୁ ଏକ ସ୍ୱତନ୍ତ୍ର ପ୍ରଦେଶ ଗଠନ କରିବା ନିମନ୍ତେ ନିଷ୍ପତ୍ତି ନେଲେ। ଏଥିପାଇଁ ଭାରତ ସରକାର ସାର ଜନ୍ ଅଷ୍ଟିକ୍ ହବାକ୍‌ଙ୍କ ଅଧ୍ୟକ୍ଷତାରେ ଗୋଟିଏ ପ୍ରଶାସନିକ କମିଟି ଗଠନ କଲେ। ଏହି ନୂତନ ପ୍ରଦେଶର ମୌଳିକ ପ୍ରଶାସନିକ ଛାଞ୍ଚକୁ ଅନୁମୋଦନ କରିବା ନିମିତ୍ତ ଏହି କମିଟି ଗଠନ କରାଯାଇଥିଲା। ଏହାକୁ ଓଡ଼ିଶା ପ୍ରଶାସନିକ କମିଟି ବା ହବାକ୍ କମିଟି କୁହାଯାଉଥିଲା। ଏହି କମିଟିରେ ଆଠଜଣ ସଦସ୍ୟ ଥିଲେ। ଏହି କମିଟିର ମାନ୍ୟବର ସଦସ୍ୟ ଥିଲେ ଉତ୍କଳ ଗୌରବ ମଧୁସୂଦନ ଦାସ। ଏ ସମ୍ପର୍କରେ ପ୍ରଫେସର (ଡକ୍ଟର) ପ୍ରସନ୍ନ କୁମାର ମିଶ୍ର ଲେଖିଛନ୍ତି - "The Orissa Administrative Committee or the Hubback Commitee consisted of eight members: Madhusudan Das, Laxmidhar Mohanty, B.N.C Dhir Narendra, N.Naidu, W.O.Newsam, Nilamani Senapati, Lokanath Mishra and Goura Chandra Deb. The Committee suggested the location of the provincial head quarters, territorial changes to form new districts and sub-divisions and their headquarters, and whether there shoud be a new High Court and a new University for Orissa. On 20th December, 1933 a report of the Committee was published. The Committee recommended Cuttack as the suitable place for location of capital of the province with Puri as the Summer headquarters. Orissa was to have its own High Court but not a separate University. A new district named Koraput and two new divisions, via - Gunupur and Nawpara, were created. Angul was split into two divisions to be administered by the collectors of Ganjam and Cuttack respectively." (୩୯)

ମଧୁବାବୁ ଓଡ଼ିଶା ପ୍ରଦେଶ ଗଠନ ପାଇଁ ଯେଉଁ ପ୍ରୟାସ କରିଥିଲେ, ଯେଉଁ ସ୍ୱପ୍ନ ଦେଖିଥିଲେ, ତାହା ଏହିପରି ଭାବରେ ସାକାର ହୋଇଥିଲା।

ସେ ଥିଲେ ଜାତି ନନ୍ଦିଘୋଷର ସମର୍ଥ ସାରଥି

"Ask not what your country can do for you; ask what you can do for your country."

- John F.Kennedy

ଜନ୍.ଏଫ୍.କେନେଡିଙ୍କର ଏହି ବକ୍ତବ୍ୟ କାଳଜୟୀ ଓ ପ୍ରଣିଧାନଯୋଗ୍ୟ।

ଜନନୀ ହେଉଛନ୍ତି ଗର୍ଭଧାରିଣୀ। ଜନନୀ ପୁତ୍ରସନ୍ତାନ ଜନ୍ମ ଦେଇଥାନ୍ତି। ସେହି ପୁତ୍ର ଆଗାମୀ ଦିନରେ ଯଦି ଜନ୍ମଦାତ୍ରୀ ମାତାଙ୍କର ଦୁଃଖକୁ ବିମୋଚନ କରନ୍ତି, ସେହି ପୁତ୍ର ସୁପୁତ୍ର ରୂପେ ବିବେଚିତ ହୁଅନ୍ତି। ପ୍ରତ୍ୟେକ ଜନନୀ ସୁପୁତ୍ର କାମନା କରିଥାନ୍ତି। ଉତ୍ତମ ପୁତ୍ର ତ କୁଳ ଉଦ୍ଧାର କରିବ। ମଧୁସୂଦନ ଦାସ ଏହିପରି ଉତ୍କଳ ଜନନୀଙ୍କର ସୁପୁତ୍ର ଭାବରେ ପରିଚିତ। ତାଙ୍କରି କଣ୍ଠରୁ ଉତ୍କଳଜନନୀଙ୍କ ଉତ୍‌ଥାନ ଉଦ୍ଦେଶ୍ୟରେ ଝରିଥିଲା -

"ତୁ ପରା ବୋଲାଉ ଉତ୍କଳ ସନ୍ତାନ
ତେବେ କିମ୍ପା ତୁହି ଭୀରୁ
ତୋହର ଜନନୀ ରୋଦନ କରିଲେ
କହିବାକୁ କିଆଁ ଡରୁ ? XXX
ତୋହର ଜନନୀ ବୀର ପ୍ରସବିନୀ
ଧୂଳିରେ ପଡ଼ିଛି ଦେଖ
ଜନ ସମାଜରେ ଏ ମହୀ ମଧ୍ୟରେ
କିପରି ଦେଖାଉ ମୁଖ।
ତୋ ପୂର୍ବ ପୁରୁଷେ ସ୍ୱର୍ଗଧାମେ ଥାଇ
ଭୋଗୁଛନ୍ତି ମନସ୍ତାପ

ତାଙ୍କର ଜୀବନ କରି ବିସ୍ମରଣ
କରୁଛୁ ତୁ ମହାପାପ।"

ବାସ୍ତବିକ୍ ଊନବିଂଶ ଶତାବ୍ଦୀରେ ଉତ୍କଳ ମାତାଙ୍କର ଦୁର୍ଦ୍ଦଶା ଦେଖି ଜାତିପ୍ରାଣ ମଧୁବାବୁଙ୍କର ଅନ୍ତର ବ୍ୟଥିତ ହୋଇଥିଲା। ତେଣୁ ଓଡ଼ିଶାର ଉନ୍ନତି, ଓଡ଼ିଆ ଜାତିର ଉନ୍ନତି ପାଇଁ ମଧୁବାବୁ ଓଡ଼ିଆମାନଙ୍କୁ ଚେତାବନୀ ଦେଇଥିଲେ।

ମଧୁବାବୁ ଥିଲେ ଖାଣ୍ଟି ଓଡ଼ିଆ। କାୟମନୋବାକ୍ୟରେ ମଧୁବାବୁ ଥିଲେ ଓଡ଼ିଆ। ଓଡ଼ିଆର ସ୍ୱାଭିମାନ ତାଙ୍କଠାରେ ଥିଲା। ଓଡ଼ିଆ ଅସ୍ମିତାର ସେ ଥିଲେ ଉପାସକ। "ସମ୍ମିଳନୀ" କବିତାରେ ମଧୁବାବୁ ଲେଖିଛନ୍ତି -

"ପତିବ୍ରତା ସତୀ ପତିର ମିଳନ
ଲଭିବା ଆଶାରେ ପୋଡ଼େ
ଜାତିର ମିଳନ ଲଭିବା ଆଶାରେ
ତୋର ପ୍ରାଣ କିମ୍ୱା ଡରେ ?
ଏହି ସମ୍ମିଳନୀ ଜାତି ପ୍ରାଣସିନ୍ଧୁ
କୋଟି ପ୍ରାଣ ବିନ୍ଦୁ ଧରେ
ତୋର ପ୍ରାଣ ବିନ୍ଦୁ ମିଶାଇଦେ' ଭାଇ
ଡେଇଁପଡ଼ି ସିନ୍ଧୁ ନୀରେ।"

ଏଠାରେ ମଧୁବାବୁ ଯେଉଁ ଜାତି କଥା କହିଛନ୍ତି, ତାହାହିଁ ହେଉଛି ଓଡ଼ିଆ ଜାତି। ତାଙ୍କର ଜାତୀୟ ଚେତନା ହେଉଛି ଓଡ଼ିଶା ପ୍ରୀତି। ଓଡ଼ିଆ ଜାତି କେବେ ସଂକୀର୍ଣ୍ଣତାର ବଳୟ ମଧ୍ୟରେ ନ ଥିଲା। ଓଡ଼ିଆ ଜାତି ସର୍ବଦା ପ୍ରଶସ୍ତରେ ଜାତୀୟତାର ମନ୍ତ୍ରରେ ଅଭିମନ୍ତ୍ରିତ। ଏହି ମର୍ମରେ ପଣ୍ଡିତ ଗୋପବନ୍ଧୁ ଦାସ 'ଓଡ଼ିଆ ଜାତି କିଏ' ପ୍ରବନ୍ଧରେ ଲେଖିଛନ୍ତି - "ପ୍ରତ୍ୟେକ ବ୍ୟକ୍ତିର ସ୍ୱାତନ୍ତ୍ର୍ୟ ଅଛି; ମାତ୍ର ସାମାଜିକ ଭିତ୍ତିବିନା ଏ ସ୍ୱାତନ୍ତ୍ର୍ୟ ପ୍ରକଟିତ ହୁଏ ନାହିଁ। ସେହିପରି ଓଡ଼ିଆ ଜାତିର ସ୍ୱାତନ୍ତ୍ର୍ୟ ଫୁଟିବ ପ୍ରଶସ୍ତତର ଜାତୀୟତା କ୍ଷେତ୍ରରେ ଏବଂ ଉଦାର ସାର୍ବଜନୀନ ମାନବିକତାରେ। XXX ବିଶ୍ୱପ୍ରୀତି ହିଁ ଓଡ଼ିଶାର ଜାତୀୟତା, ପୂର୍ଣ୍ଣପ୍ରାଣ ଓଡ଼ିଶାର ମନୁଷ୍ୟତା। ଓଡ଼ିଆର ଏ ଜାତୀୟତା ବିଶ୍ୱାନୁରାଗ କେବେ ଜଡ଼, ନିର୍ଜୀବ, ନୀରସ ଓ ସ୍ୱାର୍ଥ କଳୁଷିତ ନୁହେଁ।"

ମଧୁବାବୁ ଊନବିଂଶ ଶତାବ୍ଦୀ ଓଡ଼ିଶାର ଜନଗଣଙ୍କ ମନରେ ସେହି ଜାତୀୟ ଭାବନା, ଜାତିପ୍ରୀତି ସୃଷ୍ଟି କରିବା ପାଇଁ ଅହରହ ପ୍ରଚେଷ୍ଟା ଜାରି ରଖିଥିଲେ। ତାଙ୍କ ଦ୍ୱାରା ଲିଖିତ 'ଜାତୀୟ ଜୀବନ' ପ୍ରବନ୍ଧରୁ ମଧୁବାବୁଙ୍କର ଜାତିପ୍ରୀତି ବାରିହୋଇ ପଡ଼େ। ମଧୁବାବୁ ଲେଖିଛନ୍ତି - "ଆମ୍ଭମାନଙ୍କର ଜାତୀୟ ଜୀବନ ଅଛି କି ? ଜାତିଜାତି ମଧ୍ୟରେ ଭାବହେବା

ନିମନ୍ତେ ଜାତୀୟ ଜୀବନ ଆବଶ୍ୟକ। ଆମ୍ଭମାନଙ୍କ ମଧ୍ୟରେ ଯେଉଁ ଜୀବନ ପରିଲକ୍ଷିତ ହୁଏ, ତାହା ବ୍ୟକ୍ତିଗତ ଜୀବନ। ବ୍ୟକ୍ତିଗତ ଜୀବନ କ୍ଷଣସ୍ଥାୟୀ। ତାହା କାଲି ଶ୍ମଶାନରେ ଶେଷ ହେବ। ଶରୀରର ଅଭ୍ୟନ୍ତରରେ ଯେଉଁ ଆତ୍ମା ବିଦ୍ୟମାନ, ତାହା ଈଶ୍ୱରଙ୍କ ନିକଟରେ ପହଞ୍ଚିବ। ତେବେ ପାର୍ଥିବ ଜୀବନର ଆକର୍ଷଣୀୟ ଶକ୍ତି, ଅର୍ଥାତ ମୋର ସ୍ତ୍ରୀ, ମୋ ଅପତ୍ୟ, ମୋର ସମ୍ପତ୍ତି ଏବଂ ଭୂତ ପାର୍ଥିବ ଭାବଗୁଡ଼ିକ ମୋତେ ପ୍ରତିକ୍ଷଣ ତଳକୁ ଓଟାରୁ ଅଛି। ଉପରେ ସ୍ୱର୍ଗୀୟ ଜୀବନର ଆକର୍ଷଣ ଶକ୍ତି, ଅର୍ଥାତ୍ ମୋର ପ୍ରାଣପରିତ୍ରାଣ ମୋର ଅନନ୍ତ ବିଶ୍ରାମ ସ୍ଥାନ ମୋତେ ସର୍ବଦା ଉପରକୁ ଟାଣୁଅଛି। ଚତୁଃପାର୍ଶ୍ୱରେ ଅନ୍ୟାନ୍ୟ ଜାତି ଓ ସମାଜ ବିଦ୍ୟମାନ। ସେହି ଜାତି ଓ ସମାଜମାନଙ୍କ ସଙ୍ଗେ ଜୀବନ ମିଳାଇ ଆଳାପ କରିବା ଆମ୍ଭମାନଙ୍କର ଗୋଟିଏ ପ୍ରଧାନ କର୍ମ। ଜାତୀୟ ଜୀବନ ପ୍ରତିଷ୍ଠିତ ହେଲେ, ଜାତି ଜାତି ମଧ୍ୟରେ ସଦ୍ଭାବ ହେବ। ଜାତି ଜାତି ମଧ୍ୟରେ ଯେଉଁ ସଦ୍ଭାବ ତହିଁର ଉଚ୍ଛେଦ ହେବ ନାହିଁ; କିନ୍ତୁ ବ୍ୟକ୍ତିଗତ ସଦ୍ଭାବ ଚିରସ୍ଥାୟୀ ନୁହେଁ, ତାହା କ୍ଷଣଭଙ୍ଗୁର। କେହି କେହି ଏପରି ବିଚାର କରନ୍ତି ଯେ, ଜାତୀୟ ସଦ୍ଭାବ ହେଲେ ବ୍ୟକ୍ତିଗତ ଅସଦ୍ଭାବ ରହିବ ନାହିଁ। ଏପରି ବିଚାର ଭ୍ରାନ୍ତି ମୂଳକ। ଜାତୀୟ ଜୀବନ ପ୍ରତିଷ୍ଠିତ ହେଲେ ସୁଦ୍ଧା ଜାତି ଭିତରେ ବ୍ୟକ୍ତିଗତ ବିବାଦ ସମୂଳେ ଲୋପ ପାଇବା ଅସମ୍ଭବ। ଏପରି କେହି ମନେ କରିବେ ନାହିଁ ଯେ, ଉତ୍କଳରେ ଜାତୀୟ ଜୀବନ ପ୍ରତିଷ୍ଠିତ ହୋଇ ତହିଁର ମୂଳଦୁଆ ଦୃଢ଼ ହେଲେ ଆମ ଦେଶରେ ବ୍ୟକ୍ତିଗତ ବିବାଦ ଆଦୌ ରହିବ ନାହିଁ ଓ ଅଦାଲତଗୁଡ଼ିକ ଉଠିଯିବ। ବ୍ୟକ୍ତିଗତ ଜୀବନରେ ଅସଦ୍ଭାବ ହେଲେ ସୁଦ୍ଧା ଜାତୀୟ ସଦ୍ଭାବରେ କିଛି ଅଭାବ ଘଟିବ ନାହିଁ। ମୁଁ କୌଣସି ଶିକ୍ଷିତ ଓ ପଦସ୍ଥ ଉତ୍କଳୀୟଙ୍କଠାରୁ ତଳଲିଖିତ କର୍ମରେ ଚିଠି ପାଇଅଛି –

"ମୋ ସଙ୍ଗେ ଆପଣଙ୍କ ମନ ମିଳିଲା ନାହିଁ, ଅତଏବ ମୁଁ ସମ୍ମିଳନୀରେ କାର୍ଯ୍ୟ କରିପାରିବି ନାହିଁ।" ଏଥିର କାରଣ ଆମ୍ଭମାନଙ୍କର ଜାତୀୟ ଜୀବନ ଅଭାବ। ଜାତୀୟ ଜୀବନ ଗଠିତ ହେଲେ ବ୍ୟକ୍ତିଗତ ଭାବରେ ଅସଦ୍ଭାବ ଥିଲେ ସୁଦ୍ଧା ଜାତୀୟ ଅନୁଷ୍ଠାନରେ ସମସ୍ତେ ମିଳିମିଶି କାର୍ଯ୍ୟ କରିପାରିବା, ଏଥିରେ ସନ୍ଦେହ ନାହିଁ।"

ମଧୁବାବୁ ଓଡ଼ିଆ ଜାତିର କିପରି ମାନ ବୃଦ୍ଧି ଘଟିବ, ସେ ସମ୍ପର୍କରେ ଲେଖିଛନ୍ତି – "ଆମ୍ଭ ସମସ୍ତଙ୍କର ମନେରଖିବା ଉଚିତ ଯେ, ଆମ୍ଭମାନଙ୍କର ଜାତୀୟ ଜୀବନ ଅଛି। ସବୁ ଅବସ୍ଥାରେ, ସବୁ କାଳରେ, ସବୁ ସ୍ଥାନରେ ଆମ୍ଭେମାନେ ପ୍ରତ୍ୟେକ ଜାତୀୟ ଜୀବନର ଟେକ ରଖି କାର୍ଯ୍ୟ କରିବା ଏକାନ୍ତ ଆବଶ୍ୟକ। ଆମ୍ଭମାନଙ୍କ ମଧ୍ୟରୁ ଯେବେ କେହି ଭ୍ରମରେ ପଡ଼ିଥାନ୍ତି, ସେ ଭ୍ରମ ଅତିଶୀଘ୍ର ସଂଶୋଧନ କରିବା ଏକାନ୍ତ ଆବଶ୍ୟକ। ଯେବେ କେହି ଜଣେ ଓଡ଼ିଆ ଜାତିକୁ ଗାଳିଦିଏ, ତାହାହେଲେ ତୁମ୍ଭ ମନରେ ରାଗହୁଏ କାହିଁକି ?

ଏଥିର କାରଣ ନିରୂପଣ କରିବାକୁ ଗଲେ ସ୍ପଷ୍ଟ ଜଣାଯିବ ଯେ ଏହା ଜାତୀୟ ଜୀବନର ଚିହ୍ନ। ଯେବେ ଜାତୀୟ ଜୀବନର ଚିହ୍ନ ଆମ୍ଭମାନଙ୍କ ମଧ୍ୟରେ ଅଛି, ତେବେ ଆମ୍ଭେମାନେ ପ୍ରତ୍ୟେକ ଯେ କୌଣସି କାର୍ଯ୍ୟ କରୁଁ ସେତେବେଳେ ନିଜ ନିଜକୁ ସର୍ବପ୍ରଥମେ ଏହି ପ୍ରଶ୍ନଟି ପଚାରିବା ଆବଶ୍ୟକ। ମୋ କାର୍ଯ୍ୟଦ୍ୱାରା ମୋ ଜାତିର ନିନ୍ଦା ହେବ କି ନାହିଁ? ମୁଁ ମିଥ୍ୟାବାଦୀ ହେଲେ କିମ୍ବା ଖୋସାମତ କଲେ ଏହି ନିନ୍ଦାରେ ମୋ ଜାତି ଭାଗୀ ହେବ, ଏହା ପ୍ରତ୍ୟେକ ବ୍ୟକ୍ତିର ବୁଝିବା ଆବଶ୍ୟକ। ମୋତେ ଯେବେ ଜଣେ କୁବାକ୍ୟ କହେ, ତେବେ ମୁଁ ତହିଁର ପ୍ରତିଉତ୍ତର କଲେ ତଦ୍ଦ୍ୱାରା ମୋ ଜାତିର ଗୌରବ ବୃଦ୍ଧି ହେବ କି ନାହିଁ? ଜାତିର ମୂଲ୍ୟ ବଢ଼ିଲେ ଜାତୀୟ ଲୋକେ ତହିଁର ସୁଫଳ ଭୋଗ କରିବେ, ଏଥିରେ ସନ୍ଦେହ ନାହିଁ। ଜାପାନୀ ଜାତିଙ୍କ ବିଷୟ ଆମ୍ଭମାନଙ୍କର ସଭାପତି ମହାଶୟ ତାଙ୍କ ବକ୍ତୃତାରେ କହିଛନ୍ତି - ଜାପାନୀ ଜାତିର ଉନ୍ନତିର ମୂଳମନ୍ତ୍ର କ'ଣ? "ମୋର ପ୍ରାଣ ଯାଉ, ଲକ୍ଷେ ଜାପାନୀଙ୍କର ପ୍ରାଣଯାଉ; କିନ୍ତୁ ଜାପାନୀ ଜାତିର ମାନ ବୃଦ୍ଧି ହେଉ" - ଏହି ଭାବ ପ୍ରତ୍ୟେକ ଜାପାନୀଙ୍କ ହୃଦୟରେ ନୃତ୍ୟ କରୁଛି। ଏହି ଭାବ ଯୋଗୁଁ ଆଜି ଜାପାନୀ ଜାତି ପୃଥିବୀରେ ସର୍ବତ୍ର ପୂଜିତ ହେଉଅଛି। "ମୁଁ ଦିନେ ମରିବି, ମୁଁ ଆଜି ମଲେ ମୋ ଜାତିର ମାନ ବୃଦ୍ଧି ହେବ, ପୂର୍ବ ପୁରୁଷଙ୍କର ମାନ ବୃଦ୍ଧି ହେବ ଓ ମୋର ସନ୍ତାନ ସନ୍ତତିମାନଙ୍କର ମାନ ବଢ଼ିବ" - ଏହି ଭାବାପନ୍ନ ଲୋକଙ୍କୁ ନେଇ ଜାପାନୀ ଜାତି ଗଠିତ। ଜାତିର ମାନ ବୃଦ୍ଧି ସଙ୍ଗେ ସଙ୍ଗେ ଜଗତର ଚକ୍ଷୁରେ ସେ ଜାତିର ମୂଲ୍ୟ ବଢୁଛି, ଏଥିରେ ସନ୍ଦେହ ନାହିଁ। (୪୦)

ମଧୁବାବୁ ଓଡ଼ିଆ ଜାତିର ମାନ ବୃଦ୍ଧି ନିମନ୍ତେ ସମସ୍ତ ପ୍ରକାର ପ୍ରଯତ୍ନ ପ୍ରୟାସ କରିଥିଲେ। ଓଡ଼ିଆ ଜାତିର କିପରି ସୁଖ୍ୟାତି ବୃଦ୍ଧି ହେବ, ସେ ଦିଗରେ ବେଶ୍ ସଚେତନ ଥିଲେ। ଏଥିପାଇଁ ସେ କାୟିକ, ବାଚିକ ଓ ଆର୍ଥିକ ତ୍ୟାଗ ସ୍ୱୀକାର କରିଛନ୍ତି। ଓଡ଼ିଆ ଜାତିର ନନ୍ଦିଘୋଷର ସେ ଥିଲେ ସମର୍ଥ ସାରଥି। ଓଡ଼ିଆ ଜାତିକୁ ଆଗେଇ ନେବାରେ ତାଙ୍କର ଉଦ୍ୟମର ପଟାନ୍ତର ନାହିଁ। ଛିନ୍ନ ବିଚ୍ଛିନ୍ନ ଓଡ଼ିଶାକୁ ଏକତ୍ରୀକରଣ କରି ଭାଷା ଭିତ୍ତିରେ ଏକ ସ୍ୱତନ୍ତ୍ର ଉତ୍କଳ ପ୍ରଦେଶ ଗଠନ ପାଇଁ ସେ ହିଁ ସ୍ୱପ୍ନ ଦେଖିଥିଲେ ଏବଂ ସେହି ସ୍ୱପ୍ନକୁ ସାକାର କରିବା ପାଇଁ ପ୍ରୟାସ ଜାରି ରଖିଥିଲେ। ଏଥିପାଇଁ ମଧୁବାବୁ ୧୮୮୫ ମସିହା ପୂର୍ବରୁ ଓଡ଼ିଶାକୁ ସ୍ୱତନ୍ତ୍ର ଡିଭିଜନ୍ କରିବାକୁ Richard Thomson ଙ୍କୁ ପ୍ରସ୍ତାବ ଦେଇଥିଲେ। ୧୮୮୫ ମସିହାରେ ସାର୍ ଷ୍ଟୁଆର୍ଟଙ୍କୁ ସମ୍ବର୍ଦ୍ଧନା ସମୟରେ ଉତ୍କଳର ଏକତ୍ରୀକରଣ ପାଇଁ ସ୍ମାରକପତ୍ର ପ୍ରଦାନ କରିଥିଲେ ମଧୁବାବୁ। ବାସ୍ତବରେ ମଧୁବାବୁ ସେହି ସମୟରେ ଥିଲେ ତୁଙ୍ଗ ନେତା। ତାଙ୍କ ଦୃଷ୍ଟିଭଙ୍ଗୀ (vision)ଥିଲା ସୁଦୂରପ୍ରସାରୀ। ଓଡ଼ିଶା ଜାତିର ସେ ଯଥାର୍ଥରେ ଥିଲେ ମଙ୍ଗୁଆଳ। ଊନବିଂଶ ଶତାବ୍ଦୀରେ ଓଡ଼ିଆ ଜାତିର

କ୍ୟାପ୍‌ଟେନ୍ ଥିଲେ ମଧୁବାବୁ। 'ଉତ୍କଳ ସମ୍ମିଳନୀ' ମଧୁବାବୁଙ୍କ ମାନସ ସୃଷ୍ଟ। ଉତ୍କଳ ସମ୍ମିଳନୀ ମଣ୍ଡପରୁ ମଧୁବାବୁ ଓଡ଼ିଆ ଜାତି ଉଦ୍ଦେଶ୍ୟରେ ଗାଇଥିଲେ -

(କ) ଜାତି ପ୍ରେମ ବହ୍ନି ପ୍ରଜ୍ଜ୍ୱଳିତ କର ସ୍ୱାର୍ଥକୁ ଦେଇ ଆହୁତି
ସ୍ୱାର୍ଥମେଧ ଯଜ୍ଞେ ଚାରିଆଡ଼େ ନାଚ ଛାତିକୁ ମିଶାଇ ଛାତି।

(ଖ) ଜାତି ନନ୍ଦିଘୋଷ ଚଳିବି କି ଭାଇ ସ୍ୱାର୍ଥକୁ ସାରଥି କଲେ
ଟାଣେ କିରେ ଗାଡ଼ି ଦାନାର ତୋବଡ଼ା ଘୋଡ଼ା ମୁଖେ ବନ୍ଧା ଥିଲେ ?

ମଧୁବାବୁ ଓଡ଼ିଆ ଜାତିର ଥିଲେ ଶୁଭାକାଂକ୍ଷୀ। ଓଡ଼ିଆ ଜାତିର ଯେ ଗୋଟିଏ ବିରାଟ ଇତିହାସ ରହିଛି, ଏ କଥା ମଧୁବାବୁ ହୃଦୟଙ୍ଗମ କରିଥିଲେ। ତାଙ୍କ ମତରେ ଜାତିର ଇତିହାସ ହେଉଛି ଜାତିର ନିର୍ଝର। ଇତିହାସ ପୃଷ୍ଠାରେ ଓଡ଼ିଆଜାତିର ଗୌରବ ଲିପିବଦ୍ଧ ହୋଇ ରହିଛି। ତେଣୁ ଜାତିର ଇତିହାସ ରୂପକ ନିର୍ଝରରୁ ଜଳପାନ କରି ଉଦ୍‌ବୁଦ୍ଧ ହେବାକୁ ସେ ଓଡ଼ିଆ ଜାତିକୁ ଦିଗ୍‌ଦଶନ ଦେଇଛନ୍ତି। ଏହି ଆଭିମୁଖ୍ୟ ନେଇ ମଧୁବାବୁ 'ଜାତି ଇତିହାସ' କବିତାରେ ଲେଖିଛନ୍ତି -

"ଜାତି ଇତିହାସ ଜାତିର ନିର୍ଝର
ତହୁଁ ବହେ ସଦା ଜାତି ପ୍ରାଣଧାର
ସେ ଧାରାରୁ ନୀର ପିଉଛି ଯେ ନର
ନିଶ୍ଚୟ ହେବ ସେ ଜାତି କର୍ମବୀର।
କଳକଳ ରବେ ଛୁଟିଛି ସେ ଧାର
ଅତୀତ କୀରତି ଗାଇ ନିରନ୍ତର।
ଭାବୀ କୀରତିର ଉଦୟେ ନାଚୁଛି
ଯଥା ଚନ୍ଦ୍ରୋଦୟେ ନାଚେ ରତ୍ନାକର,
ଧାର ମଧ୍ୟେ ବିଜେ ମୋହିନୀ ପ୍ରତିମା
ଦେଖ ଦେଖ ସେହି ଜନନୀ ତୋହର।
କାନଡେରି ଶୁଣ ମାତା କହୁଛନ୍ତି
ଆସ ଆସ ବତ୍ସ, ନୀର ପାନକର।
ଏହି ନୀର ସେବି ବୀର ମୋ ସନ୍ତାନେ
ବୀର ପ୍ରସବିନୀ କ୍ଷୀର ଏହି ନୀର
ଛାଡ଼ରେ ଆଳସ୍ୟ ବଢ଼ାଅ ସାହସ
ଜାତି - ନନ୍ଦିଘୋଷ କର ଅଗ୍ରସର।"

ମଧୁବାବୁ ଯଥାର୍ଥରେ ଥିଲେ ଉତ୍କଳର ଚିନ୍ତାନାୟକ। ଉତ୍କଳର ମହାନିଶାରେ

ସେ କେତେ ବିନିଦ୍ର ରଜନୀ ଅତିବାହିତ କରିଥିଲେ। ମଧୁବାବୁ ଥିଲେ ବିପୁଳ ସମ୍ପତ୍ତିର ଅଧିକାରୀ। କିନ୍ତୁ ସେ ସବୁ ଜାତିର ବିକାଶ ପାଇଁ ଓ ଜାତିର ସମ୍ମାନ ରକ୍ଷା ପାଇଁ ଖର୍ଚ୍ଚ କରି ଦେବାଳିଆ ହୋଇ ଯାଇଥିଲେ। ତଥାପି ଏଥିପ୍ରତି ତାଙ୍କର ଭ୍ରୂକ୍ଷେପ ନ ଥିଲା। ଭୂଲୁଣ୍ଠିତ ଉତ୍କଳ ମାତାଙ୍କର ପୁନରୁଥାନ ପାଇଁ ସେ ବରାବର ଚେଷ୍ଟିତ ଥିଲେ। 'ସନ୍ତାନର ଉକ୍ତି' କବିତାରେ ମଧୁବାବୁଙ୍କର ଗଭୀର ଦେଶପ୍ରୀତି, ଜାତିପ୍ରୀତିର ପରିଚୟ ମିଳେ। ତାଙ୍କ କଣ୍ଠରୁ ନିସୃତ ହୋଇଛି -

"ଭୁବନେଶ୍ୱରରେ ପଦଚିହ୍ନପରେ
ଲେଖାଅଛି 'ରାଜରାଣୀ'
ନୀଳାଚଳ ଧାମେ ପୂଜା ହେଉଅଛି
ହିନ୍ଦୁ ଜାତି ମଥାମଣି।
ଶୁଣିଅଛି ଶାସ୍ତ୍ରେ ସତୀ ଅପମାନେ
ଧରା ହୁଏ ବିଦାରଣ
ଅପମାନ ହେତୁ ସୀତାଦେବୀଙ୍କର
ମହୀହୃଦେ ବାସସ୍ଥାନ।
ଅପମାନ ହେତୁ ଜନନୀ ମୋହର
ଉତ୍କଳ ଭୂମଧ୍ୟ ବାସୀ
ଉତ୍କଳର ମାଟି ପବିତ୍ର ହୋଇଛି
ସ୍ୱର୍ଗାଦପୀ ଗରୀୟସୀ।
ଜନନୀର ଦେଖା କରିବାରେ ଇଚ୍ଛା
ଯଦି ହୋଇଥାଏ ମନେ
ଉତ୍କଳର ମାଟି ଆଲିଙ୍ଗନ କରି
ତା ଧୂଳି ଲେପ ବଦନେ।"

ମଧୁସୂଦନ ଦାସ ଓଡ଼ିଶା ପାଇଁ, ଓଡ଼ିଆ ଜାତି ପାଇଁ ଚାରି ଦଶନ୍ଧି ଧରି କାର୍ଯ୍ୟ କରିଛନ୍ତି। ଊନବିଂଶ ଶତାବ୍ଦୀର ଶେଷ ଦୁଇ ଦଶନ୍ଧି ଓ ବିଂଶ ଶତାବ୍ଦୀର ପ୍ରଥମ ଦୁଇ ଦଶନ୍ଧି ହେଉଛି ତାଙ୍କରି ବିବିଧ କାର୍ଯ୍ୟାବଳୀର ସକ୍ରିୟ କାଳ। ୧୯୨୧ ମସିହା ଯାଏଁ ମଧୁବାବୁ ଉତ୍କଳର କର୍ଣ୍ଣଧାର ରୂପେ କାର୍ଯ୍ୟ କରିଥିଲେ। ୧୯୨୧ ମସିହା ପରେ ତାଙ୍କର ବୟସ ଏବଂ ତତ୍କାଳୀନ ରାଷ୍ଟ୍ରନୀତିର ଗତି ଏହି ମହାନ୍ ପୁରୁଷଙ୍କୁ କାର୍ଯ୍ୟରୁ ଅବସର ଦେଇଥିଲା। ତେବେ ମଧୁବାବୁ କେବଳ ପ୍ରାଦେଶିକ ସ୍ତରର ନେତା ନୁହନ୍ତି, ସେ ଜାତୀୟ ସ୍ତରର ନେତା। ବହୁବାର ମଧୁବାବୁ ଭାରତୀୟ ଜାତୀୟ କଂଗ୍ରେସର ଅଧିବେଶନରେ ଯୋଗଦାନ

କରି ଓଡ଼ିଶାର ଖ୍ୟାତି ବଢ଼ାଇଛନ୍ତି। ଭାଷାଭିତ୍ତିକ ସ୍ୱତନ୍ତ୍ର ଉତ୍କଳ ପ୍ରଦେଶ ଗଠନ ପାଇଁ ସେ ଜାତୀୟ ସ୍ତରର ନେତାଙ୍କୁ ଅବଗତ କରାଇଛନ୍ତି। ଜୀବନର ସମସ୍ତ ସୁଖ, ସୁବିଧା ଓ ସ୍ୱାର୍ଥକୁ ଜଳାଞ୍ଜଳି ଦେଇଛନ୍ତି ମଧୁବାବୁ। ଓଡ଼ିଶା ଜାତିର ସେ ଥିଲେ ବରେଣ୍ୟ ଦିଗପାଳ। ତୋଷାମଦ ବିବର୍ଜିତ, ସ୍ୱାର୍ଥଚିନ୍ତା ବିବର୍ଜିତ ଏହି ବରେଣ୍ୟ ଚିନ୍ତାନାୟକ ଓଡ଼ିଆ ଜାତିର ସ୍ୱାଭିମାନ ନେଇ କହୁଥିଲେ - "ମୁଁ ଓଡ଼ିଆ"। ଓଡ଼ିଆ ଜାତିର ନନ୍ଦିଘୋଷ ରଥକୁ ଅଗ୍ରାଗାମୀ କରାଇବାରେ ମଧୁବାବୁ ଥିଲେ ସମର୍ଥ ମଙ୍ଗଆଳ, ସମର୍ଥ ସାରଥି।

■

ସୂର୍ଯ୍ୟ ଅସ୍ତମିତ

ଗୀତା ଗ୍ରନ୍ଥରେ ଉଲ୍ଲେଖ ଅଛି- "ଜାତସ୍ୟ ହିଁ ଧ୍ରୁବୋ ମୃତ୍ୟୁ...।" ଏହା ହେଉଛି ଶ୍ରୀମଦ୍ ଭଗବତ ଗୀତାର ଶାଶ୍ୱତ ବାଣୀ।

ସବୁଜ କବି ବୈକୁଣ୍ଠନାଥ ପଟ୍ଟନାୟକଙ୍କର ଲେଖନୀ ମୁନରୁ ଝରିଆସିଛି –

"ଜୀବନପାତ୍ର ମୋ ଭରିଛ କେତେ ମତେ
ନ ଦେଲ କିଛି ବୋଲି କହିବି କି ହେ ଆଉ ?
ଜୀବନ ପ୍ରିୟତମ ହରିଛ ମୋ ଭରମ
ତରଣୀ ମୋର ତବ ସାଗରେ ବହିଯାଉ।"

ଏହା ତ ଚିରନ୍ତନ ସତ୍ୟ। ଚିରନ୍ତନ ଅନୁଭବ ମଧ୍ୟ। ଜୀବନ ରୂପକ ତରଣୀ ସେହି ପରମେଶ୍ୱରଙ୍କ ଜଗତ ରୂପକ ସାଗର ଆଡ଼କୁ ବହିଚାଲିଛି। ଜୀବନ ରୂପକ ଜାହ୍ନବୀର ଦୁଇ ଗୋଟି ତଟ – ଜନ୍ମ ଓ ମୃତ୍ୟୁ। ପ୍ରତ୍ୟେକ ମନୁଷ୍ୟ ଉଭୟ ତଟର ସମ୍ମୁଖୀନ ହୋଇଥାଏ।

୧୯୩୪ ମସିହା ଜାନୁଆରୀ ୧୨ ତାରିଖ ଦିନ ମଧୁବାବୁ ତାଙ୍କର କଟକସ୍ଥିତ କୋଠିର ଛାତ ଉପରେ ବୁଲୁଥିବା ସମୟରେ କହିଥିଲେ – "ମୋର ମନେ ହେଉଛି ପ୍ରାୟ ପନ୍ଦର ଦିନ ପରେ ମୁଁ ମରିଯିବି।"

ଏହି ଘଟଣାର ତିନି ଦିନ ପରେ ଅର୍ଥାତ୍ ଜାନୁଆରୀ ୧୫ ତାରିଖରେ ବିହାରରେ ଏକ ପ୍ରବଳ ଭୂମିକମ୍ପ ହୋଇଥିଲା। ଏହି ସମୟରେ ମଧୁବାବୁ ଖଟ ଉପରେ ଶୋଇଥାନ୍ତି। ସେ ଅନୁଭବ କଲେ ତାଙ୍କ ଖଟଟି ଦୋହଲି ପଡୁଛି। ଏହି ସମୟରେ ତାଙ୍କର ବିଶ୍ୱସ୍ତ ଭୃତ୍ୟ ହାଡ଼ିଆ (ହାଡ଼ିବନ୍ଧୁ) ଦୌଡ଼ିଆସି ମଧୁବାବୁଙ୍କୁ ସେହି ଘରୁ ଘର ସାମନା କୋଠା ଛାତ ଉପରକୁ ନେଇଗଲେ। ସେଦିନ ମଧୁବାବୁ ଭୂମିକମ୍ପ ପ୍ରକୋପରୁ ରକ୍ଷା ପାଇଗଲେ।

ଏହାପରେ ମଧୁବାବୁ ରୋଗଶଯ୍ୟାରେ ଶୋଇ ରହି ସମୟ କଟାଉଥାନ୍ତି।

ବିହାରରେ ଘଟିଥିବା ଭୟାବହ ଭୂମିକମ୍ପର କରୁଣ କାହାଣୀ ସେ ଖଟରେ ଶୋଇ ରହି ବିସ୍ମିତ ନୟନରେ ଶୁଣୁଥିଲେ।

ଜାନୁଆରୀ ୧୮ ତାରିଖ ଦିନଠାରୁ ମଧୁବାବୁଙ୍କ ସ୍ୱାସ୍ଥ୍ୟ ଅବନତି ଆଡ଼କୁ ଗତିକଲା। ତେଣୁ ତାଙ୍କର ସୁସ୍ଥତା ଓ ଦୀର୍ଘଜୀବନ ପାଇଁ କଟକରେ ଗୋଟିଏ ସାଧାରଣ ସଭାର ଆୟୋଜନ କରାଯାଇ ଈଶ୍ୱରଙ୍କ ନିକଟରେ ପ୍ରାର୍ଥନା କରାଗଲା।

ଜାନୁଆରୀ ୨୫ ତାରିଖ ଦିନ ସ୍ନାନ ପୂର୍ବରୁ ମଧୁବାବୁ ହଠାତ୍ ମୂର୍ଚ୍ଛା ଗଲେ। ସଙ୍ଗେ ସଙ୍ଗେ ଏହି ସମ୍ବାଦ କଟକ ସହର ସାରା ଖେଳିଗଲା। ପ୍ରାୟ ୫/୭ ମିନିଟ୍ ପରେ ସଂଜ୍ଞା ଲାଭ କଲେ। ସେହି ଦିନଠାରୁ ଓଡ଼ିଶାର ଏହି ବରପୁତ୍ର ରୋଗଶଯ୍ୟାରେ ପଡ଼ିରହିଲେ। ମଧୁବାବୁଙ୍କର ଏହି ସ୍ୱାସ୍ଥ୍ୟ ଅବନତି ବିଷୟ କଟକର ବିଭିନ୍ନ ପତ୍ରପତ୍ରିକାରେ ବରାବର ପ୍ରକାଶ ପାଇଲା। ତେଣୁ କଟକ ସହରର ବହୁ ଓକିଲ, ମାନ୍ୟଗଣ୍ୟ ବ୍ୟକ୍ତି ମଧୁବାବୁଙ୍କୁ ଦେଖିବା ପାଇଁ ତାଙ୍କ କୋଠିରେ ରୁଣ୍ଡ ହେଉଥିଲେ। ମଧୁବାବୁ ସମସ୍ତଙ୍କୁ ହାତଯୋଡ଼ି ଅତ୍ୟନ୍ତ କରୁଣ ଭାବରେ କହୁଥିଲେ - "ବିଦାୟ... ଚାଲିଲି ...ବିଦାୟ।" ଏ ଦୃଶ୍ୟ ଅତ୍ୟନ୍ତ କରୁଣ ଓ ହୃଦୟ ବିଦାରକ ଥିଲା। ମଧୁବାବୁଙ୍କ ନିକଟକୁ ଆସୁଥିବା ଭଦ୍ର ମହିଳାମାନେ ସେମାନଙ୍କର ଶିଶୁମାନଙ୍କୁ ମଧୁବାବୁଙ୍କ ପାଦତଳେ ଶୁଆଇ ଦେଉଥିଲେ। ମଧୁବାବୁ ସେମାନଙ୍କ ମୁଣ୍ଡରେ ହାତ ବୁଲାଇ ସେମାନଙ୍କୁ ଆଶୀର୍ବାଦ କରୁଥିଲେ।

୧୯୩୪ ମସିହା ଜାନୁଆରୀ ମାସ ୩୧ ତାରିଖ ବେଳକୁ ମଧୁବାବୁଙ୍କର ସ୍ୱାସ୍ଥ୍ୟାବସ୍ଥା ଆହୁରି ସଙ୍କଟାପନ୍ନ ହେଲା। ସେ ଶରୀରରେ ବଡ଼ ଦୁର୍ବଳ ଅନୁଭବ କରୁଥିଲେ। ସେହି ଦିନ ତାଙ୍କର ପତଳା ଝାଡ଼ା ହୋଇଯିବାରୁ ମଧୁବାବୁ ଆହୁରି ଦୁର୍ବଳତା ଅନୁଭବ କଲେ। ଅବଶ୍ୟ ମଧୁବାବୁଙ୍କୁ ସେବା କରୁଥିବା ସେବିକାମାନେ ତାଙ୍କ ମନକୁ ଦୃଢ଼ କରିବା ପାଇଁ କହୁଥିଲେ - "ବ୍ୟସ୍ତ ହୁଅନ୍ତୁ ନାହିଁ, ଆପଣ ଭଲ ହୋଇଯିବେ।"

ଜାନୁଆରୀ ମାସ ୩୧ ତାରିଖ ସାୟାହ୍ନ କାଳ। ସେହିଦିନ ରାତି ୮ଟା ବେଳକୁ ମଧୁବାବୁଙ୍କ ଦେହର ଅବସ୍ଥା ଅତ୍ୟଧିକ ଗୁରୁତର ହେଲା। ମଧୁବାବୁଙ୍କ ଉଦ୍ଦେଶ୍ୟରେ ପ୍ରାର୍ଥନା ବୋଲାହେଲା। ଏହି ସମୟରେ ମଧୁବାବୁ ଅତି କ୍ଷୀଣ ସ୍ୱରରେ ଗାଉଥିଲେ -

"I heard the voice of Jesus say
come on to me and rest
Lay down thy weary one, lay down
Thy weary head upon my breast."

ଅର୍ଥାତ୍ ମୁଁ ଯୀଶୁଙ୍କ ମୁଖନିଃସୃତ ବାଣୀ ଶୁଣିଲି। ସେ କହୁଛନ୍ତି "ମୋ ନିକଟକୁ

ଆସ ଏବଂ ବିଶ୍ରାମ ନିଅ । ହେ ଶ୍ରାନ୍ତ ମାନବ ! ମୋ ବକ୍ଷ ଉପରେ ତୁମର ମସ୍ତକ ରଖ ।" ଏହି ସମୟର ଦୃଶ୍ୟ ଅତ୍ୟନ୍ତ କରୁଣ ଥିଲା । ଏହା କେବଳ ଅନୁଭବୀ ହିଁ ଜାଣିପାରିବ । ଉପସ୍ଥିତ ଜନତାଙ୍କ ନୟନରୁ ଲୁହ ଝରି ଯାଉଥିଲା । ଏହିପରି ଏକ ଭାବପୂର୍ଣ୍ଣ ମୁହୂର୍ତ୍ତରେ ପୁନଶ୍ଚ ପ୍ରଭୁ ଯୀଶୁଙ୍କ ଉଦ୍ଦେଶ୍ୟରେ ପ୍ରାର୍ଥନା କରାଗଲା -

"Abide with me, fast falls the even tide,
The darkness deepens
Lord with me abide
When other helpers fail and comforts flee
Help with the helpless abide with me."

ଅର୍ଥାତ୍ ମୋ ନିକଟରେ ରୁହ । ସନ୍ଧ୍ୟା କ୍ରମଶଃ ଅପସରି ଯାଉଛି । ଅନ୍ଧକାର ଗମ୍ଭୀର ହୋଇ ଉଠିଛି । ହେ ପ୍ରଭୋ ! ମୋ ନିକଟରେ ରୁହନ୍ତୁ । ଯେଉଁ ସମୟରେ ଅନ୍ୟ ସାହାଯ୍ୟକାରୀମାନେ ପରାସ୍ତ ହୁଅନ୍ତି ଏବଂ ସୁଖ ତ୍ୟାଗ କରନ୍ତି ସେତିକିବେଳେ ନିଃସହାୟକୁ ସାହାଯ୍ୟ କର । ହେ ପ୍ରଭୋ ମୋ ପାଖରେ ରୁହନ୍ତୁ ।"

ଜଣାଯାଇଛି ମୃତ୍ୟୁ ପୂର୍ବରୁ ମଧୁବାବୁ ଉପର୍ଯ୍ୟୁକ୍ତ ଦୁଇଗୋଟି ପ୍ରାର୍ଥନାକୁ ତାଙ୍କର ପ୍ରାର୍ଥନା ଡାଏରୀରେ ଲେଖି ରଖିଥିଲେ । ଜାନୁଆରୀ ୩୧ ତାରିଖ ରାତି ସାରା ମଧୁବାବୁଙ୍କୁ ଅନେକ ଲୋକ ଜଗି ବସିଥିଲେ । କିଛି ହରଲିକ୍ସ ଏବଂ ଟିକେ ସୁରା ପାଣି ମିଶାଇ ମଧୁବାବୁଙ୍କୁ ଦିଆଯାଉଥିଲା । ଏହାକୁ ମଧ୍ୟ ଗ୍ରହଣ କରିବାକୁ ମଧୁବାବୁ ଅନିଚ୍ଛୁକ ଥିଲେ । ସେ ଦିନ ରାତିରେ ମଧୁବାବୁଙ୍କର ନାଡ଼ିର ଗତି ପ୍ରାୟ ୯୦ରୁ ୯୫ ଯାଏ ଗତି କରୁଥିଲା । ମଧୁବାବୁ କହୁଥିଲେ - "ନାହିଁରେ ବାପା ମୋତେ ଆଦୌ ଭଲ ଲାଗୁନାହିଁ ।"

ଫେବୃୟାରୀ ମାସ ୧ ତାରିଖ ଦିନ ମଧୁବାବୁ ଟିକେ ସୁସ୍ଥ ହେଲେ । ସେଦିନ ଯେତେବେଳେ ଡାକ୍ତର ମଧୁବାବୁଙ୍କୁ ଦେଖିବା ପାଇଁ ଆସିଲେ, ସେତିକିବେଳେ ମଧୁବାବୁ ଡାକ୍ତରଙ୍କୁ ଗୋଟିଏ ପ୍ରଶ୍ନ କରିଥିଲେ । ପ୍ରଶ୍ନଟି ଥିଲା ଏୟା - "ଆଗେ ମୋର ଗୋଟିଏ କଥାର ଉତ୍ତର ଦିଅନ୍ତୁ ଡାକ୍ତର, ଭଗବାନଙ୍କଠାରୁ ଯାହାର ଡାକରା ଆସିଛି, ତାକୁ ଅଟକାଇବାକୁ ଆପଣଙ୍କ ଶାସ୍ତ୍ରରେ ଏପରି କିଛି ବିଜ୍ଞାନ ଅଛି କି ?"

ବାହାରେ ବାରଣ୍ଡାରେ ବ୍ରଜସୁନ୍ଦର, ଲକ୍ଷ୍ମୀଧର, ବ୍ରଜବନ୍ଧୁ ଏବଂ କେତେଜଣ ସ୍ୱେଚ୍ଛାସେବୀ ଉତ୍କଣ୍ଠିତ ଅବସ୍ଥାରେ ରହିଥିଲେ । ଡକ୍ଟର ଜୟନ୍ତ ରାଓ ମଧୁବାବୁଙ୍କୁ ଦେଖିସାରି ତଳକୁ ଓହ୍ଲାଇଲାବେଳେ ତାଙ୍କୁ ବ୍ରଜସୁନ୍ଦର ଦାସ ଅତ୍ୟନ୍ତ ବ୍ୟସ୍ତତାର ସହିତ ପଚାରିଥିଲେ, କୁଳବୃଦ୍ଧଙ୍କର ଅବସ୍ଥା କିପରି ଅଛି ? ଡକ୍ଟର ରାଓ କହିଥିଲେ ଯେ 'ଆଜିର ଏ ରାତ୍ରିଟା କିପରି ଭଲରେ ପାହିବ' ! ସତକୁ ସତ ପାହାନ୍ତା ପ୍ରହରବେଳକୁ ମଧୁବାବୁଙ୍କ ଅବସ୍ଥାରେ

ପରିବର୍ତ୍ତନ ଆସିଥିଲା। ତାଙ୍କର ନିଃଶ୍ୱାସପ୍ରଶ୍ୱାସର ଗତି ସ୍ୱାଭାବିକ ହେଲା। ମଧୁବାବୁ ଆଖିଖୋଲି ଚାରିଆଡ଼କୁ ଚାହିଁଲେ ସତେଯେପରି ସେ କାହାକୁ ଖୋଜୁଛନ୍ତି। ଏହି ସମୟରେ ଜଣେ ସ୍ୱେଚ୍ଛାସେବୀ ମଧୁବାବୁଙ୍କ ନିକଟକୁ ଯିବା ପାଇଁ କହିଥିଲେ। ମଧୁବାବୁ ଅବଶ୍ୟ ବ୍ରଜସନ୍ଦୁରଙ୍କୁ ଚିହ୍ନିପାରିଲେ ନାହିଁ। କ୍ଷୀଣ ସ୍ୱରରେ କିଏ ବୋଲି ପଚାରିଲେ। ବ୍ରଜସୁନ୍ଦର ନିଜର ପରିଚୟ ଦେଲା ଉତ୍ତାରୁ ମଧୁବାବୁ କ୍ଷୀଣ କଣ୍ଠରେ "ହୁକା, ହୁକା" ବୋଲି କହିଥିଲେ। ଏହି ସମୟରେ ହାଡ଼ିଆ ହୁକା ନଳୀ ସଜାଡ଼ି ଆଣିଦେଲା। ମଧୁବାବୁ ହୁକା ନଳୀରୁ ଥରେ ଦିଥର ଧୁଆଁଟାଣି ନଳୀଟା ତଳେ ପକାଇ ଦେଇ କହିଥିଲେ, "ମୋତେ ସତ୍ୟଭ୍ରଷ୍ଟ କରନାହିଁ ଭଗବାନ।"

ସକାଳ ହେଲାପରେ ଲକ୍ଷ୍ୟ କରାଗଲା ମଧୁବାବୁ ଟିକିଏ ସୁସ୍ଥ ଅନୁଭବ କରୁଛନ୍ତି। ଏହି ସମୟରେ ଡାକ୍ତର ଜୟନ୍ତ ରାଓ ତାଙ୍କ ନିକଟରେ ପହଞ୍ଚିଥିଲେ। ମଧୁବାବୁଙ୍କୁ ପରୀକ୍ଷା କରି ସେ କହିଥିଲେ ଯେ ଆପଣ ଏଥର ଭଲ ହୋଇଯିବେ ବାରିଷ୍ଟର ଦାସ। କିନ୍ତୁ ଡାକ୍ତରଙ୍କ କଥା ଶୁଣି ମଧୁସୂଦନ ଗାଇଥିଲେ -

"Threre is no hope the sick man said
The serene doctor shook his head."

ଡକ୍ଟର ରାଓ ମଧୁବାବୁଙ୍କୁ ପରୀକ୍ଷାନିରୀକ୍ଷା କରି ତାଙ୍କର ଆଶୁ ସୁସ୍ଥ ଜୀବନ କାମନା କରିଥିଲେ। ଏହି ସମୟରେ ମଧୁବାବୁ ପଣ୍ଡିତ ନୀଳକଣ୍ଠ ଦାସଙ୍କୁ ଖୋଜିଥିଲେ। ଡାକ୍ତର ରାଓଙ୍କ ପାଖରେ ଶୈଳବାଳା ଛିଡ଼ା ହୋଇଥିଲେ। ସେ ମଧୁବାବୁଙ୍କୁ ଜଣାଇଦେଲେ ଯେ ନୀଳକଣ୍ଠ ଦାସଙ୍କ ପାଖକୁ ବ୍ରଜସୁନ୍ଦର ଖବର ପଠାଇଛନ୍ତି। ସେ ଆଜି ଆସିଯିବେ।

ପଣ୍ଡିତ ନୀଳକଣ୍ଠ ଦାସ ଆସିଲେ। ମଧୁବାବୁଙ୍କୁ ସାକ୍ଷାତ କଲେ। ଏହାହିଁ ଥିଲା ପଣ୍ଡିତ ନୀଳକଣ୍ଠ ଦାସଙ୍କର ମଧୁବାବୁଙ୍କ ସହିତ ଶେଷ ଦେଖା। ମଧୁବାବୁଙ୍କର ମୃତ୍ୟୁ ସମ୍ପର୍କରେ ପଣ୍ଡିତ ନୀଳକଣ୍ଠ ଦାସ ତାଙ୍କ ଆତ୍ମଜୀବନୀରେ ଲେଖିଛନ୍ତି - "ମଧୁବାବୁଙ୍କ ମରିବାର ଦି' ତିନିଦିନ ପୂର୍ବରୁ ମଧୁବାବୁ ବ୍ରଜବନ୍ଧୁଙ୍କୁ (ବ୍ରଜସୁନ୍ଦର ଦାସ) କହିଲେ - "ନୀଳକଣ୍ଠ କାଇଁ ?" ବ୍ରଜବାବୁ ଘୋଡ଼ାଗାଡ଼ିରେ ଯାଇ ସହର ତମାମ ମତେ ଖୋଜି ଚନ୍ଦ୍ରଶେଖର ମିଶ୍ରଙ୍କ ବସାରେ ପାଇଲେ। ତା'ପରେ ବିଚିତ୍ରାନନ୍ଦ ବାବୁଙ୍କୁ ମଧ ଡକେଇଲେ। ବିଚିତ୍ରାନନ୍ଦ ବାବୁ ଆସିଲେ। ସେତିକିବେଳେ ମଧୁବାବୁ ବଡ଼ ବ୍ୟସ୍ତ ହେଉଥାନ୍ତି। ତାଙ୍କ ଘରର ବାହାର ଓ ଭିତର ବଡ଼ ଅପରିଷ୍କାର ହୋଇ ପଡ଼ିଥାଏ । ସେ ବଡ଼ ଦୁଃଖିତ ହୋଇ କହିଲେ, "ଲୋକେ ବାହାର ତ ସଫା କରୁନାହାନ୍ତି, ଭିତର କ'ଣ ସଫା କରିବେ।" ତାଙ୍କୁ ବୋଧହୁଏ ଝାଡ଼ା ଲାଗୁଥାଏ। କିନ୍ତୁ ହେଉ ନ ଥାଏ। କଷ୍ଟ ହେଉଥାଏ। ତା' ପରେ ବଡ଼ ବ୍ୟାକୁଳ ହୋଇ ବିଚିତ୍ରାନନ୍ଦଙ୍କୁ କହିଲେ - "ତୋତେ ପରା କହୁଥିଲି, ମୁଁ ଗଲାପରେ ଲୋକେ କ'ଣ କରିବେ ? ଏବେ ଏ

ନୀଳକଣ୍ଠକୁ ଦେଖ୍। ମୁଁ ମଳାପରେ ସେ ରହିବ। ସେ ଓଡ଼ିଶାର ସବୁ କାର୍ଯ୍ୟ କରିବ। ତାକୁ ଧରି ତୁମେ ସମସ୍ତେ ଚଳିବ" ଏକଥା ସେ ଖୁବ୍ ଜୋରରେ କହିଲେ।

ବିଚିତ୍ରାନନ୍ଦ ବାବୁ କହିଲେ - "ସେ କଥା ପଡ଼ିଚି କିଆଁ। ଆପଣ ତ ଅଛନ୍ତି। ଆପଣ ରହିବେ। ଦେହ ଖୁବ୍ ଶୀଘ୍ର ଭଲ ହୋଇଯିବ ଯେ। କିଏ କାହିଁକି ଆପଣଙ୍କ ସ୍ଥାନରେ ରହିବ।"

ମଧୁବାବୁ ଦୁଇଥର ଏକଥା କହିଲେ - "ହଇରେ ବ୍ରଜ! ଏ କ'ଣ ବୁଝିଲା ?" ବ୍ରଜବାବୁ ଆଉ କିଛି କହିଲେ ନାହିଁ। ମଧୁବାବୁ ସେଠୁ ମୁହଁ ଘୋଡ଼େଇ ହୋଇ ଶୋଇଲେ।

ଏସବୁ କଥା ଭଲଭାବରେ ସେଦିନ ଆଡଭୋକେଟ୍ ନବକିଶୋର ଦାସ ଆମ ପାଖରେ ବସିଥାଇଁ ଶୁଣିଲେ ଓ 'ସମାଜ'ରେ ରିପୋର୍ଟ କଲେ। ତହିଁ ଆରଦିନ ମଧୁବାବୁ ପୁଣି ମତେ ଡକେଇଲେ ଓ ବିଚିତ୍ରାନନ୍ଦ ବାବୁଙ୍କୁ ପାଖକୁ ଡକାଇ ଏଇକଥା କହିଲେ। ଖୁବ୍ ଉତ୍ସାହ ଥିବାପରି ଭାଷାରେ କହିଲେ। ବିଚିତ୍ରାନନ୍ଦବାବୁ ଠିକ୍ ପୂର୍ବପରି ଉତ୍ତର ଦେଲେ। ଦି' ତିନିବାର କହିସାରି ମଧୁବାବୁ ଆଉ କିଛି କହିଲେ ନାହିଁ। ଆଡଭୋକେଟ୍ ନବକିଶୋର ଦାସ ମଧ୍ୟ ସେଦିନ ପାଖରେ ଥିଲେ। କିନ୍ତୁ ସେଦିନ କଥା ଆଉ 'ସମାଜ'ରେ ବାହାରି ନାଇ। ପଛରେ ଶୁଣାଗଲା ତାକୁ 'ସମାଜ'ରେ ବାହାର କରିବା ପାଇଁ ନବକିଶୋର ଦାସଙ୍କୁ ମନା କରାଯାଇଥିଲା।

ପ୍ରଥମ ଦିନ ଏକା ଥିଲାବେଳେ ମଧୁବାବୁ ମୋତେ କହିଥିଲେ - "ଓଡ଼ିଶା ସଙ୍ଗେ ପାରଳାଖେମୁଣ୍ଡି ସହିତ ଜୟପୁର ମିଶୁଚି ଇତ୍ୟାଦି..." ଓଡ଼ିଶାର ଭବିଷ୍ୟତ ସମ୍ବନ୍ଧରେ ଆଉ କେତେକ କଥା ମଧ୍ୟ କହିଲେ। ଏହାର ପ୍ରାୟ ଦିନକ ପରେ ଦେହ ଦୁଃଖ ହେବାର ତୃତୀୟ ଦିନ ତାଙ୍କର ତିରୋଧାନ ହୋଇଗଲା। ଆମେ ସବୁ ମନେ କଲୁ - ଯେପରି ଓଡ଼ିଶା ଆକାଶରୁ ଉଜ୍ଜ୍ୱଳତମ ନକ୍ଷତ୍ରଟି ଖସି ପଡ଼ିଲା।" (୪୧) ବାସ୍ତବିକ ଏହି ବର୍ଣ୍ଣନା ଏକାନ୍ତ ମର୍ମସ୍ପର୍ଶୀ।

ଆଉ ଗୋଟିଏ ବିଶେଷ ସ୍ମରଣୀୟ ଦିନର ଘଟଣା। ସେଦିନ ମଧୁବାବୁଙ୍କ ନାଆଁରେ ଗୋଟିଏ ଇନସିଓର୍ଡ କଭର୍ ଡାକରେ ଆସି ପହଞ୍ଚିଲା। ଲଫାଫା ଭିତରେ ଥିଲା ୮୦୦ ଟଙ୍କାର ଗୋଟିଏ ଡ୍ରାଫଟ୍। ବାରିଷ୍ଟର ମଧୁସୂଦନଙ୍କର କୌଣସି ଜଣେ କ୍ଲାଏଣ୍ଟ ଫିଜ୍ ବାବଦକୁ ଏହି ଡ୍ରାଫ୍ଟଟି ମଧୁବାବୁଙ୍କ ନିକଟକୁ ପଠାଇଥିଲେ। ଡ୍ରାଫଟଟି ଦେଖିବାମାତ୍ରେ ମଧୁବାବୁ ଆନନ୍ଦରେ ଗଦଗଦ ହୋଇଗଲେ। ଏହି ଡ୍ରାଫଟଟି ପାଇସାରିଲା ପରେ ସେ ବେଶ ଆଶ୍ୱସ୍ତି ଅନୁଭବ କଲେ। ଶୈଳବାଳାଙ୍କୁ କହିଥିଲେ - "ଶୈଳ! ଏଇ ଦେଖ ମୋର ପିତା ପରମେଶ୍ୱର ଏହି ଡ୍ରାଫଟଟି ପଠାଇଛନ୍ତି। ଏହା ହେଉଛି ମୋର ସତ୍ୟରକ୍ଷା ପାଇଁ। ଶୀଘ୍ର ଭାଗିରଥି ମହାପାତ୍ରଙ୍କୁ ଖବର ଦିଅ।"

ସେହିଦିନ ବାବୁ ଭାଗିରଥି ମହାପାତ୍ର ଯେ କି ଥିଲେ କଟକ ମ୍ୟୁନିସିପାଲିଟିର ଚେୟାରମ୍ୟାନ ସେ ମଧୁବାବୁଙ୍କ ନିକଟରେ ପହଞ୍ଚିଥିଲେ। କେତେଦିନ ପୂର୍ବରୁ କେଉଟ ସାହିରେ ଗୋଟିଏ ନଳକୂପ ବସାଇବା ପାଇଁ ମଧୁବାବୁ ସାହିବାଲାଙ୍କୁ କଥା ଦେଇଥିଲେ। ତେଣୁ ଜୀବଦଶାରେ ସେହି ପ୍ରତିଶ୍ରୁତିଟିକୁ ରକ୍ଷା କରିବା ପାଇଁ ମଧୁବାବୁଙ୍କର ଏକମାତ୍ର ଚିନ୍ତା ଥିଲା। ଭାଗିରଥୀ ମହାପାତ୍ର ମଧୁବାବୁଙ୍କ ଶଯ୍ୟା ନିକଟରେ ଉପସ୍ଥିତ ଥିଲେ। ମଧୁବାବୁ ତାଙ୍କୁ ଡ୍ରାଫ୍‌ଟ୍‌ଟା ଧରାଇଦେଇ ବେଶ୍ ସନ୍ତୋଷଭରା ନୟନରେ କହିଥିଲେ - "ଭାଗିରଥି ବାବୁ ! ଏଇ ଟଙ୍କା ଦେଇଗଲି। କେଉଟ ସାହିରେ ଟିଉବୱେଲଟେ ବସାଇବା ପାଇଁ। ଏଣିକି ମୁଁ ଦାୟିତ୍ୱରୁ ମୁକ୍ତ ହେଲି।" ବାସ୍ତବରେ କି ଜନକଲ୍ୟାଣକାରୀ ମହତୀ ଭାବନା ! ଦୁଃସ୍ଥ, ଅସହାୟ, ଅଭାବୀ ମଣିଷଙ୍କ ପ୍ରତି କେତେ ଉଦାରଭାବ ! କୁହାଯାଏ - "କଟକ ଚିନ୍ତା ବାଇମୁଣ୍ଡିକି"। କିନ୍ତୁ କଟକର ଚିନ୍ତା ମଧ୍ୟ ଥିଲା ମଧୁବାବୁଙ୍କର। କଟକର ସାହି, ବସ୍ତିର ଉନ୍ନତି ପାଇଁ ମଧୁବାବୁ ନିରନ୍ତର ଚିନ୍ତା କରୁଥିଲେ। କବି ଦୁର୍ଗାମାଧବ ମିଶ୍ର ଏହି ମହୀୟାନ୍ ମହାପୁରୁଷଙ୍କୁ ଏହି ମର୍ମରେ ଶ୍ରଦ୍ଧାଞ୍ଜଳି ଜ୍ଞାପନ କରି ଜଣାଇଛନ୍ତି -

"ଶିଳ୍ପ ସହର କଟକ ନଗର ସ୍ୱପ୍ନ ଦେଖିଲାବେଳେ
ସାହି ବସ୍ତିରେ ବିଜୁଳି ଆଲୁଅ କଳପାଣି ଘରେ ଘରେ
ରୁପା ତାରକସି ଫୁଲଝରି ପରି ଉଡା ସେ ଚଉଦିଗ
କାକର ତୋରାଣି ଓଡ଼ିଆ ପିଉନି, ସନ୍ଦେଶ, ରାଜଭୋଗ
ଫୁଲ୍ଲ ଚିବୁକ ତୋଳି,
ତୁମ ସମ୍ମୁଖେ ଓଡ଼ିଆ ଚାଲିଛି, ଭାଗ୍ୟ ଯାଇଛି ଘୂରି।
ସେହି ସ୍ୱପ୍ନରେ ଉଦ୍‌ବେଳ ହୋଇ ଶେଷ ସମ୍ବଳ ତକ
"ନଅ କୂଅଟିଏ ଖୋଳାଇବ ନିଅ କେଉଟ ସାହିର ଛକ"
ଶେଷ ନିଃଶ୍ୱାସ ଯେଦିନ ତେଜିଲ ନିଃସମ୍ବଳ ତୁମେ
ଏ ଜାତି ଏ ଦେଶ ବୁଝି କି ପାରିଲା ତ୍ୟାଗର ମହିମା ଦିନେ ?
ବୃଦ୍ଧହେ ! କୁଳବୃଦ୍ଧ ହେ !!
କେଉଁଠୁ ପାଇଲ ଅମିତ ଶକ୍ତି କିନ୍ତୁ ମୁଁ ଆଜି ସ୍ତବ୍‌ଧ ହେ ।"

ଫେବୃୟାରୀ ମାସ ୨ ତାରିଖ ଦିନ ମଧୁବାବୁଙ୍କ ଶରୀରରେ କୌଣସି ପ୍ରକାର ଅବନତି ଦେଖାଯାଉ ନଥିଲା । ଫେବୃୟାରୀ ୩ ତାରିଖ ଦିନ ଜଣେ ସେବିକା ଯେତେବେଳେ ତାଙ୍କ ମୁହଁ ଧୋଇବାକୁ ପ୍ରସ୍ତୁତ ହେଉଥିଲେ, ମଧୁବାବୁ ତାଙ୍କୁ କହିଥିଲେ - "ଆଜି ମୋର ମୁହଁ ଧୁଅ ନାହିଁ । ଯେତେବେଳେ କଫିନ୍‌ରେ ଦେବ, ମୋତେ ଧୋଇଦେବ ।" ଏହି ସମୟରେ ମଧୁବାବୁ ତାଙ୍କ କୋଠରୀ ଉପର ମହଲାରେ ଖଣ୍ଡିଏ

ଫିତା ଖଟ ଉପରେ ଶୋଇ ରହୁଥିଲେ। ତାଙ୍କ ମସ୍ତକରେ ଅଳ୍ପ ପକ୍ୱ କେଶ ଏବଂ ମୁଖର ଅଳ୍ପ ପକ୍ୱ ଶ୍ମଶ୍ରୁ ଥିଲା ।

ଫେବୃୟାରୀ ୩ ତାରିଖ ରାତି ୮ଟା ବେଳେ ତାଙ୍କର ଶରୀର ହଠାତ୍ ଘୋର ଅବନତି ଆଡ଼କୁ ଗତିକଲା। ରାତି ୧୨ଟା ବେଳକୁ ତାଙ୍କର ସମଗ୍ର ଶରୀର ପୂରାପୂରି ଥଣ୍ଡା ହୋଇଗଲା। ତାଙ୍କ ଦେହରୁ ଝାଳ ବୋହିବାକୁ ଲାଗିଲା। ଏହି ସମୟରେ ମଧୁବାବୁ ବଡ଼ ବ୍ୟସ୍ତବିବ୍ରତ ଜଣାପଡୁଥିଲେ। ବୋଧହୁଏ ସେ ଜାଣିପାରିଥିଲେ ତାଙ୍କର ଶେଷ ସମୟ ଆସିଯାଇଛି। ତେଣୁ ସେ ପ୍ରଭୁ ଯୀଶୁଙ୍କର ସଙ୍ଗୀତ ଶୁଣିବା ପାଇଁ ସଙ୍କେତ ଦେଲେ। ପ୍ରଭୁ ଯୀଶୁଙ୍କର ପବିତ୍ର ସଙ୍ଗୀତ ବୋଲାଗଲା। ମଧୁବାବୁ ଖଟରେ ଶୋଇରହି ଏହି ସଙ୍ଗୀତ ଶୁଣୁଥାନ୍ତି। ରାତି ଘ୧.୧୫ ମିଠାରୁ ତାଙ୍କର ନିଃଶ୍ୱାସ ଜୋରରେ ବହିବାକୁ ଲାଗିଲା। ରାତି ଘ୧.୨୦ମି.ରେ ସେ ପ୍ରଭୁ ଯୀଶୁଙ୍କ ଦେହରେ ଲୀନ ହେଲେ।

କୁଳବୃଦ୍ଧ ମଧୁସୂଦନ ୧୯୩୪ ମସିହା ଫେବୃୟାରୀ ମାସ ୩ ତାରିଖ ରାତି ୧୨ଟା ପରେ ଦେହତ୍ୟାଗ କରିଥିଲେ। ରାତି ୧୨ଟା ପରେ ଦେହାବସନା ଘଟିଥିବାରୁ ତାଙ୍କର ତିରୋଧାନ ଦିବସକୁ ଫେବୃୟାରୀ ୪ ତାରିଖ ବୋଲି ନିର୍ଣ୍ଣୟ କରାଯାଇଛି। ମୃତ୍ୟୁ ବେଳକୁ ମଧୁବାବୁଙ୍କୁ ବୟସ ୮୫ବର୍ଷ ୬ ମାସ ୮ଦିନ ହୋଇଥିଲା। ଓଡ଼ିଶାର ଭାଗ୍ୟାକାଶରୁ ଉଜ୍ଜ୍ୱଳ ନକ୍ଷତ୍ରଟି ସତେ ଖସି ପଡ଼ିଲା ଅବା !

ଖ୍ରୀଷ୍ଟିୟ ପ୍ରଥା ଅନୁସାରେ ଉତ୍କଳ ଗୌରବ ମଧୁବାବୁଙ୍କର ମରଶରୀରକୁ କଫିନରେ କବର ଦେବା ପାଇଁ ଠିକ୍ ହେଲା। ତାଙ୍କ ଶେଷ ଦର୍ଶନ ପାଇଁ କଟକର ବହୁ ମାନ୍ୟଗଣ୍ୟ ବ୍ୟକ୍ତି, ଓକିଲ, ମୁକ୍ତାର, ବିଚାରପତି, ସାଧାରଣ ଜନତା ତାଙ୍କ କୋଠିରେ ରୁଣ୍ଡ ହୋଇଥିଲେ। ଫେବୃୟାରୀ ମାସ ୪ ତାରିଖ ଦିନ ୨ଟାବେଳେ ମଧୁବାବୁଙ୍କ ମର ଶରୀରକୁ ନେବା ପାଇଁ ଗୋଟିଏ ପଟୁଆରର ବନ୍ଦୋବସ୍ତ ହେଲା। ଗୋଟିଏ ଖଟ ଉପରେ ମଧୁବାବୁଙ୍କ ମର ଶରୀରକୁ ପତ୍ରପୁଷ୍ପରେ ମଣ୍ଡିତ କରି ଶବବାହକମାନେ କଟକର ପ୍ରଧାନ ପ୍ରଧାନ ରାସ୍ତା ଦେଇ ଆଗେଇ ଚାଲିଲେ। ପଟୁଆର ଆଗକୁ ବଢ଼ିବା ସଙ୍ଗେ ସଙ୍ଗେ ସଂଖ୍ୟାଧିକ ଜନତା ପଟୁଆର ସହ ସାମିଲ ହୋଇଥିଲେ। ରାସ୍ତାରେ ତାଙ୍କର ପ୍ରିୟ କଟକବାସୀଏ ଓଡ଼ିଶାର ବରପୁତ୍ରଙ୍କର ଶେଷ ଦର୍ଶନ କରିବା ପାଇଁ ଛିଡ଼ା ହୋଇ ଶବାଧାର ଉପରେ ପୁଷ୍ପବୃଷ୍ଟି କରୁଥିଲେ। ଶହ ଶହ ଜନତାଙ୍କ କଣ୍ଠରୁ ଛୁଟି ଆସୁଥିଲା- "ମଧୁବାବୁ ଅମର ରହେ," "ମଧୁବାବୁ ଅମର ରହେ"। କି ହୃଦୟ ବିଦାରକ ସେ ଦୃଶ୍ୟ ! ଏପରି ଦୃଶ୍ୟ କଟକ ନଗରୀର କେବେ ଘଟି ନ ଥିଲା। ଏହାହିଁ ତ ଏହି ମହାନ୍ ପୁରୁଷଙ୍କର ଜୀବନର ସାର୍ଥକତା। ପଣ୍ଡିତ ଗୋପବନ୍ଧୁଙ୍କର ଉକ୍ତିଟି ଏଠାରେ ସ୍ମର୍ତ୍ତବ୍ୟ। "ପରହିତ ଲାଗି ମରେ ଯେ ମହୀରେ ସେହି ଏକା ସୁପୁରୁଷ।" ବାସ୍ତବିକ ମଧୁବାବୁ ଥିଲେ ସୁପୁରୁଷ, କୀର୍ତ୍ତିମାନ ପୁରୁଷ।

ବାରବାଟୀ ଅତିକ୍ରମ କରି ଏହି ପଟୁଆର ଗୋରାକବର ଠାରେ ପହଞ୍ଚିଲା ଖ୍ରୀଷ୍ଟିୟ ରୀତିରେ ସନ୍ଧ୍ୟା ପୂର୍ବରୁ ଶବକୁ କବର ଦେବାର ବିଧି । ଗୋଧୂଳି ସମୟ ଅତିକ୍ରାନ୍ତ । ସତେ ଯେମିତି ପୃଥିବୀ ନିସ୍ତବ୍ଧ ଜଣାପଡୁଥିଲା । ଶ୍ମଶାନ ଭୂଇଁରେ କଳାକଫିନଟିଏ ରଖାଯାଇଥିଲା । ମଧୁବାବୁଙ୍କ ଆତ୍ମୀୟସ୍ୱଜନ ତାଙ୍କୁ ଲୁହ ଝରଝର ଆଖିରେ କଫିନରେ ଶୁଆଇଦେଲେ । ଅନ୍ତରଫଟା ଚିତ୍କାରରେ ଆକାଶ କମ୍ପି ଉଠୁଥାଏ । କଫିନର କବାଟ ପଟା ବନ୍ଦ କରିଦିଆଗଲା । ମଧୁବାବୁଙ୍କର ମର ଶରୀର ସେହି କଳା କଫିନରେ ସବୁଦିନ ପାଇଁ ବନ୍ଦ ହୋଇ ରହିଗଲା ।

ସନ୍ଧ୍ୟା ଆଗତପ୍ରାୟ । ଶହ ଶହ ସମବେତ ଜନତା ସେଠାରେ ଉପସ୍ଥିତ ଥିଲେ । ଗୋରା କବର ଶ୍ମଶାନ ପ୍ରାଙ୍ଗଣର ଗୋଟିଏ ଗଭୀର ଗର୍ତ୍ତ ଖୋଳାଯାଇଥିଲା । ଏହି ଗର୍ତ୍ତ ସମ୍ମୁଖରେ ଓଡ଼ିଶାର ଏହି ବରପୁତ୍ରଙ୍କୁ ସମ୍ମାନ ପ୍ରଦର୍ଶନ କରାଯାଇଥିଲା । ବ୍ୟାପ୍‌ଟିଷ୍ଟ ଗୀର୍ଜାର ପୁରୋହିତ ସେହି ଗଭୀର ଗର୍ତ୍ତ ନିକଟରେ ଶେଷ ପ୍ରାର୍ଥନା ଆବୃତ୍ତି କରିଥିଲେ । ସନ୍ଧ୍ୟାକାଳର ଗମ୍ଭୀର ପରିବେଶରେ ଉପସ୍ଥିତ ଜନତା ସେହି ପ୍ରାର୍ଥନାକୁ ଶୁଣୁଥିଲେ । ଏହାପରେ ସେହି କଳା କଫିନଟିକୁ ଖୋଳାଯାଇଥିବା ଗଭୀର ଗର୍ତ୍ତ ମଧ୍ୟରେ ଖସାଇ ଦିଆଗଲା । ଉପସ୍ଥିତ ଜନତାଙ୍କ ମୃତ୍ତିକା ଅର୍ଘ୍ୟରେ ସେହି ଗଭୀର ଗର୍ତ୍ତଟି ପୂରଣ ହୋଇଗଲା ।

ମଧୁବାବୁଙ୍କର ସମାଧିଟି ସେଠାରେ ନିର୍ମାଣ କରାଗଲା । ତାଙ୍କ ସମାଧିଟି ମନୋରମ ମାର୍ବଲ ପଥରରେ ନିର୍ମିତ । ଦେଶର ବିଭିନ୍ନ ଶ୍ରେଣୀର ଲୋକେ, ଭିକ୍ଷୁକ, ଶିଳ୍ପୀ, ଓଡ଼ିଆ ସନ୍ତାନ, ଛାତ୍ରବୃନ୍ଦ, ଗଞ୍ଜାମର ଓଡ଼ିଆ ଭାଇ, ଗଞ୍ଜାମ ଜମିଦାର ବର୍ଗ, ନାରୀ, ଜମିଦାର, କଟକ ମହମ୍ମଦୀୟ ସଂଘ, ମାରୁଆଡ଼ି ସମାଜ, କଟକ ଖ୍ରୀଷ୍ଟିୟାନ ସମାଜ, ଉତ୍କଳର ବଙ୍ଗୀୟ ସମାଜ, କଟକର ଓକିଲ ବର୍ଗ ଏବଂ ମଧୁବାବୁଙ୍କର ଅନ୍ୟାନ୍ୟ ସମସ୍ତ ବନ୍ଧୁଗଣ ତାଙ୍କ ସମାଧିରେ ସ୍ମୃତିଲିପି ଦେଇ ଏହି କାଳଜୟୀ ମହାପୁରୁଷଙ୍କୁ ତାଙ୍କର ଶ୍ରେଷ୍ଠ ସମ୍ମାନ ପ୍ରଦର୍ଶନ କରିଥିଲେ ।

ସତେ ଅବା ଦୀପ୍ତିମାନ୍ ସୂର୍ଯ୍ୟ ଅସ୍ତମିତ ହୋଇଗଲେ । ଫଳରେ ଚତୁର୍ଦ୍ଦିଗ ହେଲା ଅନ୍ଧକାର, ଆଉ ଅନ୍ଧକାର । ଉତ୍କଳଜନନୀ ତାଙ୍କର ଯୋଗ୍ୟତମ ସୁତଙ୍କୁ ସବୁଦିନ ପାଇଁ ହରାଇଲେ ।

ଯଥାର୍ଥରେ ସେ ଥିଲେ 'କୁଳବୃଦ୍ଧ'

ଇଂରାଜୀ କବି Robert Frost ଙ୍କର ପ୍ରସିଦ୍ଧ କବିତା ପଂକ୍ତିଟି ହେଉଛି -

"The woods are lovely
dark and deep
I have promises to keep
But miles to go before I sleep"

ଏହି ବିଶ୍ୱପ୍ରସିଦ୍ଧ କବିତା ପଂକ୍ତିର ଓଡ଼ିଆ ରୂପାନ୍ତର କରି କବି ମଧୁସୂଦନ ରାଓ ଲେଖିଛନ୍ତି -

"ସୁନ୍ଦର ଯେତିକି ଅନ୍ଧାର ସେତିକି
ଏହି ଯେ ଗହନବନ
ତେଣୁ ତୁ ଆପଣା ସଙ୍କଳ୍ପେ ଅଟଳ
ଅଚଳ ରହ ରେ ମନ।
ଆଗରେ ପଡ଼ିଛି ପଥ ବହୁ ଦୂର
ଆହୁରି କେତେ ଯେ ବାକି
ଚାଲିବି ଚାଲିବି ନ ପଡ଼ିବି ଥକି
ମୁଦିବା ଆଗରୁ ଆଖି।"

ମଧୁବାବୁ ଉପର୍ଯ୍ୟୁକ୍ତ ଭାବନାରେ ଅନୁବ୍ରତୀ ନିଶ୍ଚୟ। ମଧୁବାବୁ ଓଡ଼ିଶାର ବରେଣ୍ୟ ଦିଗପାଳ। ଓଡ଼ିଶାର ଅସ୍ମିତାକୁ ପରିଚିତ କରାଇବାରେ ତାଙ୍କର ମହନୀୟ ଭୂମିକା ରହିଛି । ସେ ଓଡ଼ିଆ ଜାତିର ଶୁଭାକାଂକ୍ଷୀ, ହିତାକାଂକ୍ଷୀ। ସେ ଥିଲେ ଓଡ଼ିଆ ଜାତିର ମଙ୍ଗୁଆଳ। ଓଡ଼ିଶାର ମାନ୍ୟଗଣ ବ୍ୟକ୍ତିମାନେ ତାଙ୍କୁ 'ମିଷ୍ଟର ଦାସ', ଭାବରେ ସମ୍ବୋଧନ କରୁଥିଲେ। ବାସ୍ତବରେ ମଧୁସୂଦନ ଦାସ ଥିଲେ 'ଉତ୍କଳ ଗୌରବ'

(Glory of Odisha)। ସ୍ୱତନ୍ତ୍ର ଉତ୍କଳ ପ୍ରଦେଶ ଗଠନର ମୁଖ୍ୟ ପୁରୋଧା, ନବ ଉତ୍କଳର ଜନ୍ମଦାତା, ନବ ଉତ୍କଳର ନିର୍ମାତା, ଜାତୀୟ ଜୀବନର ପୁରୋଧା। ମଧୁବାବୁ ଥିଲେ ଓଡ଼ିଶାର ଜ୍ଞାନୀ, ଗୁଣୀ, ବୁଦ୍ଧିଜୀବୀମାନଙ୍କର ଅଗ୍ରଣୀ ଜନନାୟକ। ସେ କୁଳବୃଦ୍ଧ, ଶତାବ୍ଦୀର ସୂର୍ଯ୍ୟ, ନିଃସ୍ୱାର୍ଥପର ରାଜନୀତିଜ୍ଞ, ଓଡ଼ିଆ ଜାତିର ଜନକ। ସର୍ବୋପରି ଉତ୍କଳ ସମ୍ମିଳନୀର ପ୍ରାଣ ପ୍ରତିଷ୍ଠତା। ଓଡ଼ିଆ ଜାତୀୟ ଆନ୍ଦୋଳନର ପ୍ରବକ୍ତା ଥିଲେ ମହୀୟାନ୍ ମଧୁବାବୁ ।

ଏହି ବରପୁତ୍ରଙ୍କ ସମ୍ପର୍କରେ ଲେଖିକା ନିବେଦିତା ମହାନ୍ତି - "Oriya Nationalism" ପୁସ୍ତକରେ ଯାହା ଲେଖିଛନ୍ତି, ତାହା ଏକାନ୍ତ ଭାବରେ ପ୍ରଣିଧାନଯୋଗ୍ୟ। ଗବେଷିକା ମାନନୀୟା ମହାନ୍ତି ଲେଖିଛନ୍ତି - "M.S Das. the architect of the oriya nationalist movement in the 20 century. had keenly observed the Sambalpur agitation and the recent developments in Orissa and was strengthened in his belief that only a wel organised joint endeavour with a greater thrust could carry the aspirations of the oriya people to fulfilment. xxx The Oriya everywhere wanted to come closer and know each other and the Utkal Union conference (U.U.C) was to provide a platform for this renderzous. That was how it was perceived by M.S.Das"(୪୨)

ମଧୁବାବୁ ଥିଲେ ସବୁଥିରେ ପ୍ରଥମ। ସେ ଥିଲେ ଓଡ଼ିଶାର ପ୍ରଥମ ବି.ଏ। ଓଡ଼ିଶାର ପ୍ରଥମ ଏମ.ଏ, ପ୍ରଥମ ବି.ଏଲ୍। ପ୍ରଥମ ଓକିଲ, ପ୍ରଥମ ବିଲାତ ଯାତ୍ରୀ। ପ୍ରଥମ ମନ୍ତ୍ରୀ। ପୁନଶ୍ଚ ଇସ୍ତଫା ପ୍ରଦାନ କରିବାରେ ପ୍ରଥମ ବ୍ୟକ୍ତି। ଛୋଟଲାଟ୍ ଓ ବଡ଼ଲାଟ୍ ସଭାର ସେ ପ୍ରଥମ ଓଡ଼ିଆ ସଦସ୍ୟ। ଭାରତୀୟ ଜାତୀୟ କଂଗ୍ରେସର ପ୍ରଥମ ଓଡ଼ିଆ ସଦସ୍ୟ। ଜୀବନର ମଧ୍ୟାହ୍ନରେ ତାଙ୍କର ସ୍ତ୍ରୀ ବିୟୋଗ ଘଟିଲା। ସେତେବେଳକୁ ତାକୁ ୩୦ ବର୍ଷ ବୟସ। ମଧୁବାବୁ କିନ୍ତୁ ଆଉ ଦ୍ୱିତୀୟ ବିବାହ କରିନାହାନ୍ତି। ନିଜ ପ୍ରଫେସନ୍ ଓକିଲାତିକୁ ସମ୍ମାନ ଦେଇ କାମ କରିବା ଏବଂ ଦେଶ ଜାତି ପାଇଁ କାମ କରିବାରେ ହିଁ ସେ ତାଙ୍କର ଅବଶିଷ୍ଟ ଜୀବନ କଟାଇଛନ୍ତି।

୧୯୨୩ ମସିହାରେ ମଧୁବାବୁ ମନ୍ତ୍ରୀପଦକୁ ପ୍ରତ୍ୟାଖ୍ୟାନ କଲେ। ସେତେବେଳକୁ ସେ ୭୫ ବର୍ଷ ବୟସରେ ପଦାର୍ପଣ କରିଥିଲେ। ଅସୁବିଧା ଯୋଗୁଁ ସେ ୧୯୨୭ ମସିହା ଅଗଷ୍ଟ ୪ ତାରିଖରେ ଦେବାଳିଆ ଘୋଷିତ ହେଲେ। ତଥାପି ତାଙ୍କର ମନୋବଳ ଭାଙ୍ଗି ନାହିଁ। କୋର୍ଟଙ୍କ ଅନୁମତି କ୍ରମେ ମଧୁବାବୁ କୋର୍ଟରେ ଓକିଲାତି କରିବାକୁ ଯାଉଥିଲେ। ତାଙ୍କର ଥିଲା ପ୍ରଚଣ୍ଡ ସ୍ୱାଭିମାନ। ଏପରିକି ୮୦ ବର୍ଷ ବୟସରେ ସେ ଘଣ୍ଟା

ଘଣ୍ଟା ଧରି ଛିଡ଼ା ହୋଇ କୋର୍ଟରେ ଜବାବ-ସୁଆଲ କରୁଥିଲେ। ତାଙ୍କର ଥିଲା ଅସୀମ ଧୈର୍ଯ୍ୟ ଓ ମାନସିକ ଶକ୍ତି।

ଜାତିର ପିତା ମାହାତ୍ମାଗାନ୍ଧୀ ଓ ମଧୁବାବୁଙ୍କ ସହିତ ଉତ୍ତମ ସଂପର୍କ ରହିଥିଲା। ୧୯୨୫ ମସିହାରେ ମହାତ୍ମାଜୀ ଓଡ଼ିଶା ଆସିଥିଲେ ଏବଂ ମଧୁବାବୁଙ୍କ ଆତିଥ୍ୟ ଗ୍ରହଣ କରିଥିଲେ। ମଧୁବାବୁଙ୍କ ଉତ୍କଳ ଟ୍ୟାନେରୀ ପରିଦର୍ଶନ କରି ଗାନ୍ଧିଜୀ ଅତ୍ୟନ୍ତ ପ୍ରୀତ ହୋଇଥିଲେ। ସତ୍ୟଭାମାପୁର ଠାରେ ଗାନ୍ଧିଜୀ ରାତ୍ରିଯାପନ କରିଥିଲେ। ଓଡ଼ିଶାରୁ ପ୍ରତ୍ୟାବର୍ତ୍ତନ କରି ମହାତ୍ମାଜୀ ତାଙ୍କର "Young India" ପତ୍ରିକାରେ ମଧୁବାବୁ ଓ ଚମଡ଼ାଶିଳ୍ପ ସମ୍ପର୍କରେ ଲେଖିଥିଲେ।

୧୯୩୨ ମସିହା ବେଳକୁ ମହାତ୍ମାଗାନ୍ଧୀ ଭାବିନେଇଥିଲେ ଯେ ମଧୁବାବୁ ମୃତ୍ୟୁବରଣ କରିସାରିଲେଣି। ତେଣୁ ୧୯୩୨ ମସିହା ନଭେମ୍ବର ମାସ "Harijan" ପତ୍ରିକାରେ ପ୍ରସଙ୍ଗକ୍ରମେ "the late Madhusan Das" ବୋଲି ଲେଖିଥିଲେ। କିନ୍ତୁ ପରେ ସେ ସତ୍ୟାସତ୍ୟ ଜାଣିପାରି କ୍ଷମା ମାଗିନେଇଥିଲେ।

୧୯୨୮ ମସିହାରେ ସାଇମନ୍ କମିଶନ ଭାରତ ଆସିଥିଲେ। ସାର୍ ଜନ୍ ସାଇମନ୍‌ଙ୍କ ଅଧକ୍ଷତାରେ ଏକ କମିଶନ ଗଠନ କରାଯାଇଥିଲା। ଉତ୍କଳ ସମ୍ମିଳନୀ କମିଟି ପକ୍ଷରୁ ବ୍ରଜସୁନ୍ଦର ଦାସ, ବାରିଷ୍ଟର ବିଶ୍ୱନାଥ ମିଶ୍ର, ଭିକାରି ଚରଣ ପଟ୍ଟନାୟକ, ଗୋପାଳ ଚନ୍ଦ୍ର ପ୍ରହରାଜ ପ୍ରମୁଖ ସାଇମନ୍ କମିଶନଙ୍କୁ ଭେଟିଥିଲେ ଏବଂ ସ୍ମାରକ ପତ୍ର ପ୍ରଦାନ କରିଥିଲେ। ତେବେ ମଧୁବାବୁ ସ୍ୱତନ୍ତ୍ର ଭାବରେ ସାଇମନ୍ କମିଶନଙ୍କୁ ସ୍ୱାଗତ କରିଥିଲେ ଏବଂ ଏକ ଆବେଦନ ପତ୍ର ପ୍ରଦାନ କରିଥିଲେ। ସାଇମନ୍ କମିଶନ ଓଡ଼ିଶା ଓ ସିନ୍ଧୁ-ଏହି ଦୁଇଗୋଟି ସ୍ୱତନ୍ତ୍ର ପ୍ରଦେଶ ଗଠନ ପାଇଁ ସୁପାରିଶ କରିଥିଲେ। ମଧୁବାବୁ ଏବଂ ଅନ୍ୟାନ୍ୟ ଅଣକଂଗ୍ରେସ ନେତୃବୃନ୍ଦଙ୍କର ପ୍ରଚେଷ୍ଟାରୁ ସ୍ୱତନ୍ତ୍ର ଉତ୍କଳ ଗଠନ ପାଇଁ ସାଇମନ୍ କମିଶନ ସୁପାରିଶ କରିଥିଲେ।

୧୯୩୧ ମସିହାରେ ଓଡ଼ନେଲ୍‌କମିଟି ସମ୍ମୁଖରେ ମଧୁବାବୁ ସାକ୍ଷ୍ୟ ଦେଇଥିଲେ। ମଧୁବାବୁ ନିଜେ ଟାଟା କମ୍ପାନୀକୁ ଯାଇଥିଲେ। ୧୯୩୧ ମସିହା ନଭେମ୍ବର ମାସ ୨୦ ତାରିଖରେ ସେ ଜାମସେଦପୁର ଯାଇଥିଲେ ଓ ସେଠାରେ ସଭା କରିଥିଲେ। ମାତ୍ର ଦୁଃଖର କଥା, ସିଂହଭୂମି ଓଡ଼ିଶାରେ ମିଶିବାର ଅନୁକୂଳ ଅବସ୍ଥା ଲକ୍ଷ୍ୟ କରି ନଥିଲେ। ତେଣୁ ଅଗତ୍ୟା ମଧୁବାବୁ ସେଠାରୁ ପ୍ରତ୍ୟାବର୍ତ୍ତନ କରିଥିଲେ।

ମଧୁବାବୁ ଓଡ଼ିଶାର ରାଜନୀତିକ ଆକାଶର ଧ୍ରୁବତାରା ନିଶ୍ଚୟ। ସେ ଏ ଜାତିକୁ ବାଞ୍ଛିତ ମାର୍ଗ ପ୍ରଦର୍ଶନ କରିଛନ୍ତି। ସ୍ୱାଭିମାନର ସହ ବଞ୍ଚିବା ପାଇଁ ସେ ଓଡ଼ିଆ ଜାତିକୁ ଦିଗ୍‌ଦର୍ଶନ ଦେଇଛନ୍ତି। ବୃଦ୍ଧାବସ୍ଥାରେ ମଧୁବାବୁ ଘୋର ସଙ୍କଟର ସମ୍ମୁଖୀନ ହୋଇଥିଲେ।

ବୃଦ୍ଧାବସ୍ଥାରେ ସେ ମାତ୍ର ତିନିଭରି ମୋଟାଚାଉଳର ଭାତ ଓ କେତେ ଖଣ୍ଡ ଅମୃତଭଣ୍ଡା ସିଝା ଖାଇ କାଳାତିପାତ କରୁଥିଲେ। ସନ୍ଧ୍ୟାରେ ଚା' ଓ ବିସ୍କୁଟ ଥିଲା ତାଙ୍କର ଜଳଖିଆ।

ମଧୁବାବୁ ଥିଲେ ମଣିଷ ପରି ମଣିଷ। ସେ ମଣିଷପଣିଆଁର ଏକ ଦୀପ୍ତ ଆଲୋକ ସ୍ତମ୍ଭ। ଗୋଟିଏ ଦୃଷ୍ଟାନ୍ତରୁ ଏହା ପ୍ରତିପାଦିତ। ଏକଦା ରାତି ୮ଘଣ୍ଟା ସମୟରେ ଜଣେ ବ୍ୟକ୍ତି ଅସୁବିଧାରେ ପଡ଼ି ମଧୁବାବୁଙ୍କର ଆଶ୍ରୟପ୍ରାର୍ଥୀ ହୋଇଥିଲା। ସେହି ସମୟରେ ମଧୁବାବୁ ଥିଲେ ଦେବାଳିଆ। ମଧୁବାବୁ ବାକ୍ସ ଖୋଲି ସେଥିରେ ରହିଥିବା ଟ୫୦ଙ୍କା ନେଇ ସେଇ ବ୍ୟକ୍ତିଙ୍କୁ ଦେଇ କହିଥିଲେ - "ଏତିକି ଥିଲା ନିଅ'। ଏହାହିଁ ହେଉଛି ଦୟାଶୀଳତା ଓ ମଣିଷମଣିଆଁର ପରିଚୟ।

ମଧୁବାବୁ କଟକକୁ ଭଲ ପାଉଥିଲେ। କଟକବାସୀଙ୍କର ସେ ଥିଲେ ସୁଖଦୁଃଖର ସାଥୀ। ତାଙ୍କ ମୃତ୍ୟୁର ସପ୍ତାହେ ପୂର୍ବରୁ ତାଙ୍କ ନାମରେ ଗୋଟିଏ ମନିଅର୍ଡର ଆସିଥିଲା। ମନିଅର୍ଡର ପରିମାଣ ଥିଲା ଟ୮୦୦। ମଧୁବାବୁ ତା ପୂର୍ବରୁ କଟକ କେଉଟ ସାହିରେ ଗୋଟିଏ ଟ୍ୟୁବୱେଲ୍ ଖୋଳାଇବା ପାଇଁ ପ୍ରତିଶ୍ରୁତି ଦେଇଥିଲେ। ଏହି ମନିଅର୍ଡର ପାଇବା ସଙ୍ଗେ ସଙ୍ଗେ ତାଙ୍କର କେଉଟ ସାହି କଥା ମନେ ପଡ଼ିଲା ଓ ଟଙ୍କାତକ କେଉଟ ସାହିରେ ଟ୍ୟୁବୱେଲ୍ ଖୋଳିବା ଉଦ୍ଦେଶ୍ୟରେ ପଠାଇଥିଲେ।

ମଧୁବାବୁ ଥିଲେ ଖାଣ୍ଟି ଓଡ଼ିଆ। ଓଡ଼ିଆ ଭାବରେ ସେ ନିଜକୁ ବେଶ୍ ଗୌରବ ଅନୁଭବ କରୁଥିଲେ। କଲିକତାରେ ମଧୁବାବୁ ଯେତେବେଳେ ହାଜରା ପରିବାରରେ ରହୁଥିଲେ ସେହି ସମୟରେ ତାଙ୍କୁ ବଙ୍ଗଳା ଭାଷାରେ କଥାବାର୍ତ୍ତା କରିବାକୁ ପଡୁଥିଲା। ଏପରିକି କଲିତାରେ ରହୁଥିବା ଓଡ଼ିଆମାନଙ୍କ ସହିତ ମଧୁବାବୁ ବଙ୍ଗଳା ଭାଷାରେ କଥାବାର୍ତ୍ତା କରୁଥିଲେ। ଅବଶ୍ୟ ମଧୁବାବୁ ସେମାନଙ୍କଠାରୁ ଓଡ଼ିଆ ଭାଷାରେ ଉତ୍ତର ଆଶା କରୁଥିଲେ। ଏକଦା ମଧୁବାବୁ କଲିକତାର ଜଣେ ମେସିନ୍ ମେକାନିକ୍‌ଙ୍କର ଦୋକାନକୁ ଯାଇଥିଲେ। ମେସିନ୍ ସମ୍ପର୍କରେ ମଧୁବାବୁଙ୍କର ଯଥେଷ୍ଟ ଧାରଣା ଥିଲା। ତେଣୁ ମଧୁବାବୁ ମେସିନ୍ ସମ୍ପର୍କରେ ମେକାନିକ୍ ସହିତ ବଙ୍ଗଳା ଭାଷାରେ କଥାବାର୍ତ୍ତା ହେଲେ। ମଧୁବାବୁଙ୍କର ବେଶଭୂଷା, ଭଦ୍ରୋଚିତ ବ୍ୟବହାର ଏବଂ ବଙ୍ଗଳାଭାଷାରେ କଥାବାର୍ତ୍ତା - ଏସବୁ ମେକାନିକ୍ ମନରେ ଦୃଢ଼ ଧାରଣା ସୃଷ୍ଟି କରିଥିଲା ଯେ ଏହି ଭଦ୍ରବ୍ୟକ୍ତି ହେଉଛନ୍ତି ଜଣେ ସମ୍ଭ୍ରାନ୍ତ ବଙ୍ଗୀୟ। କିନ୍ତୁ ମଧୁବାବୁ ମେକାନିକ୍‌ର ମନର ଭ୍ରମ ସଂଶୋଧନ କରି ଜଣାଇଦେଲେ ଯେ ସେ ଜଣେ ଖାଣ୍ଟି ଓଡ଼ିଆ। ସେହି ସମୟରେ ବଙ୍ଗଳାରେ ଯେଉଁ ସମ୍ଭ୍ରାନ୍ତ ଓଡ଼ିଆମାନେ ବସବାସ କରୁଥିଲେ, ସେମାନେ ନିଜକୁ ଓଡ଼ିଆ ବୋଲି ପରିଚୟ ଦେଉ ନଥିଲେ। କିନ୍ତୁ ମଧୁବାବୁ ସେହି ବଙ୍ଗୀୟ ମେକାନିକ୍‌ଙ୍କୁ ବିନାଦ୍ୱିଧାରେ କହିଥିଲେ - "ମୁଁ ଜଣେ ଓଡ଼ିଆ"। ଏହା ହିଁ ହେଉଛି ମଧୁବାବୁଙ୍କର ସ୍ୱାଭିମାନ, ଜଣେ ଖାଣ୍ଟି ଓଡ଼ିଆଙ୍କର ସ୍ୱଭିମାନ।

ଅବଶ୍ୟ ମଧୁବାବୁ ଯେତେବେଳ କଟକରେ ପାଳିତାକନ୍ୟା ଶୈଳବାଳାଙ୍କ ସହିତ ଅବସ୍ଥାନ କରୁଥିଲେ, ସେତେବେଳେ ଉଭୟେ ଘରେ ବଙ୍ଗଳା ଭାଷାରେ କଥାବାର୍ତ୍ତା କରୁଥିଲେ। ତେଣୁ ଏହା ସତ୍ତ୍ୱେ ସେ ଓଡ଼ିଆ ଭାଷାକୁ ଭିନ୍ନ ଦୃଷ୍ଟିରେ ଦେଖୁଥିଲେ ବୋଲି କହିବା ନିହାତି ଅମୂଳକ ହେବ। କାରଣ ମଧୁବାବୁ ଥିଲେ ଭାଷାପ୍ରାଣ ଓଡ଼ିଆ । ଓଡ଼ିଶା ଏବଂ ଓଡ଼ିଆ ଭାଷା ପ୍ରତି ତାଙ୍କର ଗଭୀର ସମ୍ମାନବୋଧ ଥିଲା ।

ମଧୁବାବୁ ଥିଲେ ଓଡ଼ିଆ ଭାଷାର ବିକାଶକର୍ତ୍ତା। କୋର୍ଟ କଚେରିରେ ଓଡ଼ିଆ ଭାଷାରେ ଜବାବ-ସୁଆଲ ପ୍ରଚଳନ ମଧୁବାବୁ ହିଁ ପ୍ରଥମେ କରିଥିଲେ। ମଧୁବାବୁ ଯେତେବେଳେ କଲିକତାରୁ କଟକ ପ୍ରତ୍ୟାବର୍ତ୍ତନ କରି ଓକିଲାତି ଆରମ୍ଭ କଲେ, ସେତେବେଳେ କୋର୍ଟ କଚେରିମାନଙ୍କରେ ପ୍ରାୟତଃ ବଙ୍ଗାଳୀ ହାକିମ, ଓକିଲ ଓ କିରାଣୀମାନେ କାର୍ଯ୍ୟ କରୁଥିଲେ। ସେମାନେ ବଙ୍ଗଳା ଭାଷାରେ ଜବାବ-ସୁଆଲ କରୁଥିଲେ । କାରଣ ଏହି ସମୟରେ କଟକର ସର୍କିଟ୍ କୋର୍ଟ କଲିକତା ହାଇକୋର୍ଟଙ୍କ ଅଧୀନରେ ଥିଲା। ମଧୁବାବୁ କଟକର କୋର୍ଟ କଚେରିରେ ଏ କ୍ଷେତ୍ରରେ ପରିବର୍ତ୍ତନ ଆଣିଲେ। ମଧୁବାବୁ ମାର୍ଜିତ ଓଡ଼ିଆ ଭାଷାରେ ଜବାବ-ସୁଆଲ ଆରମ୍ଭ କଲେ। ମଧୁବାବୁ କଚେରିରେ ହାକିମଙ୍କ ସମ୍ମୁଖରେ ଦୀର୍ଘ , ମାର୍ଜିତ ଏବଂ ସାହିତ୍ୟିକ ଓଡ଼ିଆ ଭାଷାରେ କଥାବାର୍ତ୍ତା ପ୍ରଚଳନ ଆରମ୍ଭ କଲେ। ଏହି ପ୍ରବଚଳନ କ୍ଷେତ୍ରରେ ମଧୁବାବୁ ଥିଲେ ପ୍ରଥମ ପଥପ୍ରଦର୍ଶକ। ପରେ ପରେ ଅନ୍ୟାନ୍ୟ ଓଡ଼ିଆ ଓକିଲମାନେ ମଧ୍ୟ ଓଡ଼ିଆ ଭାଷାର ଜବାବ ସୁଆଲ ଆରମ୍ଭ କଲେ।

ମଧୁବାବୁ ଥିଲେ ଉଚ୍ଚକୋଟୀର ମାନବବାଦୀ, ଉଦାରବାଦୀ ମନୁଷ୍ୟ। ମଧୁବାବୁ ନିଜର ଜୁନିୟରମାନଙ୍କ ପ୍ରତି ତଥା ବନ୍ଧୁମାନଙ୍କ ପ୍ରତି ବେଶ୍ ସହାନୁଭୂତିଶୀଳ ମନୋଭାବ ପୋଷଣ କରୁଥିଲେ। ମଧୁବାବୁ ତାଙ୍କର ଜୁନିୟରମାନଙ୍କ ପ୍ରତି ବେଶ୍ ଦୟାଶୀଳ ଥିଲେ। ବିଚିତ୍ରାନନ୍ଦ ଦାସ ଥିଲେ ମଧୁବାବୁଙ୍କର ଜୁନିୟର ଓକିଲ। ବିଚିତ୍ରାନନ୍ଦ ଦାସଙ୍କର ପତ୍ନୀଙ୍କର ଅକାଳ ବିୟୋଗ ଘଟିଲା। ଯେଉଁଦିନ ବିଚିତ୍ରାନନ୍ଦ ଦାସଙ୍କର ସ୍ତ୍ରୀ ବିୟୋଗ ଘଟିଲା ଏହି ଖବର ଶୁଣି ମଧୁବାବୁ ସେହିଦିନ ବିଚଳିତ ହୋଇପଡ଼ିଲେ। ସ୍ତ୍ରୀଙ୍କର ଶବ ସଂସ୍କାର ପରେ ପରେ ମଧୁବାବୁ ବିଚିତ୍ରାନନ୍ଦ ଦାସଙ୍କ ଘରେ ପହଞ୍ଚି ତାଙ୍କୁ ଗଭୀର ସମବେଦନା ଜଣାଇଥିଲେ। ମଧୁବାବୁ ତାଙ୍କର ପ୍ରିୟବନ୍ଧୁଙ୍କୁ ଦରଦୀ ଭାଷାରେ ତାଙ୍କୁ ଆଶ୍ୱାସନା ଶୁଣାଇଲେ। ବିଚିତ୍ରାନନ୍ଦ ବାବୁଙ୍କର ସ୍ତ୍ରୀ ବିଚ୍ଛେଦ ଜନିତ ଦୁଃଖକୁ ଲାଘବ କରିବା ପାଇଁ ମାନବବାଦୀ ମହାଜନ ମଧୁବାବୁ ପ୍ରାୟତଃ କେତେଦିନ ଧରି ତାଙ୍କ ଗୃହକୁ ବରାବର ଯାଉଥିଲେ। ବିଚିତ୍ରାନନ୍ଦ ବାବୁଙ୍କୁ ସାନ୍ତ୍ୱନା ଦେଇ ମଧୁବାବୁ ତାଙ୍କର ଦୁଃଖକୁ ପ୍ରଶମିତ କରୁଥିଲେ।

ଗୋପାଳଚନ୍ଦ୍ର ପ୍ରହରାଜ ମଧ୍ୟ ମଧୁବାବୁଙ୍କ ଜୁନିୟର ଭାବରେ କାର୍ଯ୍ୟ କରୁଥିଲେ। ସାଧାରଣତଃ ନୂଆକରି ଓକିଲାତି କରୁଥିବା ଓକିଲଙ୍କର ଆୟ ପରିମାଣ କମ୍ ଥାଏ। କଥାରେ ଅଛି – "ସ୍ତ୍ରୀର ବଳ ପୁରୁଷ, ପୁରୁଷର ବଳ ଅର୍ଥ।" ଯଦି ପୁରୁଷ ନିକଟରେ ଅର୍ଥ ନାହିଁ, ତାର ମନରେ ସୁଖ ରହେ ନାହିଁ। ଗୋପାଳଚନ୍ଦ୍ର ପ୍ରହରାଜଙ୍କ ସ୍ୱୀକାରୋକ୍ତି ହେଉଛି – "ମଧୁବାବୁ ତାଙ୍କୁ ଯେଉଁଦିନ ଟିକିଏ ବିମର୍ଷ ଦେଖନ୍ତି, ସେ ବୁଝିପାରନ୍ତି ଯେ ଅର୍ଥାଭାବ ହିଁ ଏହାର କାରଣ। ସେ ବାକ୍ସ ଖୋଲି ଖଣ୍ଡିଏ ନୋଟ୍ ଆଣି ପ୍ରହରାଜଙ୍କ ପକେଟରେ ଗୁଞ୍ଜି ଦେଇ କହନ୍ତି – "ଗୋପାଳ ତୁମର ମୁହଁରୁ ମନ ସୁଖ ନ ଥିବା ମୁଁ ଜାଣିପାରୁଛି। ମନା କରନାହିଁ, ନିଅ।"

ମଧୁବାବୁଙ୍କର ଦାନଶୀଳତାର ପଟାନ୍ତର ନାହିଁ। ସେ ବହୁ ଅନୁଷ୍ଠାନ, ଅନେକ ବିଦ୍ୟାଳୟରେ ଉତ୍ସବପାଳନ ନିମିତ୍ତ ଅକାତରେ ଅର୍ଥଦାନ କରିଛନ୍ତି। ଗରିବମାନଙ୍କ ପାଇଁ ଲଢ଼ିଛନ୍ତି। କୌଣସି ପରୀକ୍ଷାରେ କିମ୍ବା କୌଣସି ପ୍ରତିଯୋଗିତାରେ କୃତିତ୍ୱ ପ୍ରଦର୍ଶନ କରୁଥିବା ଛାତ୍ରମାନଙ୍କୁ ଉତ୍ସାହିତ କରିବା ପାଇଁ ମଧୁବାବୁ ତାଙ୍କ ଅଭିଭାବକଙ୍କ ଘରକୁ ଯାଇ ଅଭିନନ୍ଦନ ଓ ଧନ୍ୟବାଦ ଜଣାଉଥିଲେ। ସୁଭାଷ ଚନ୍ଦ୍ର ବୋଷ କୃତିତ୍ୱ ସହକାରେ ଏଣ୍ଟ୍ରାନ୍ସ୍ ପାଶ୍ କରିବା ଦିନ ମଧୁବାବୁ କଟକସ୍ଥିତ ଓଡ଼ିଆ ବଜାରରେ ତାଙ୍କ ଗୃହକୁ ଯାଇ ତାଙ୍କ ପିତା ଜାନକୀ ନାଥ ବୋଷଙ୍କୁ ସମ୍ବର୍ଦ୍ଧନା ଜଣାଇଥିଲେ।

ମଧୁବାବୁ କଟକର ମେଧାବୀ ଗରିବ ଛାତ୍ରମାନଙ୍କୁ ଆର୍ଥିକ ସାହାଯ୍ୟ କରୁଥିଲେ। କେତେଜଣଙ୍କୁ ମଧ୍ୟ ନିଜ ଗୃହରେ ରଖି ପଢ଼ାଉଥିଲେ। କଟକ ରେଭେନ୍ସା କଲେଜର କେତେଜଣ ଅଧ୍ୟାପକ ଯଥା – ଆର୍ତ୍ତବଲ୍ଲଭ ମହାନ୍ତି, କାଶୀନାଥ ଦାଶ, ନାରାୟଣ ମିଶ୍ର ପ୍ରଭୃତି ସେମାନଙ୍କର ଛାତ୍ର ଜୀବନରେ ମଧୁବାବୁଙ୍କଠାରୁ ସାହାଯ୍ୟପ୍ରାପ୍ତ ହୋଇଥିଲେ। ମହେଶ ଚନ୍ଦ୍ର ରାୟ ଏବଂ କୈଳାସ ଚନ୍ଦ୍ର ନାମକ ଦୁଇଜଣ ମେଧାବୀ ଛାତ୍ରଙ୍କୁ ଉଚ୍ଚ ଶିକ୍ଷା ଲାଭ ନିମନ୍ତେ ମଧୁବାବୁ ସେମାନଙ୍କୁ ବିଦେଶକୁ ପଠାଇଥିଲେ। ସେମାନଙ୍କର ଖର୍ଚ୍ଚ ଭାର ମଧୁବାବୁ ନିଜେ ବହନ କରିଥିଲେ।

ଓଡ଼ିଶାର ଗୌରବକୁ ଜାତୀୟସ୍ତରକୁ ନେବା ପାଇଁ ମଧୁବାବୁ ସଦା ତତ୍ପର ଥିଲେ। ଏକଦା ପଟିଆଗଡ଼ର କେଶବାନନ୍ଦ କାନଗୋଇଙ୍କ ଜମିରୁ ତାମ୍ରଫଳକଟିଏ ମିଳିଥିଲା। ପ୍ରାଚୀନ ମାନବଂଶ ଜନୈକ ରାଜା ଏହି ତାମ୍ରଫଳକ ଦାନ କରିଥିଲେ। ମଧୁବାବୁ ପଟିଆରାଜାଙ୍କ ଓକିଲ ଥିଲେ। ତେଣୁ କେଶବାନନ୍ଦ କାନଗୋଇ ଏହି ତାମ୍ରଫଳକଟିକୁ ମଧୁବାବୁଙ୍କୁ ପ୍ରଦାନ କରିଥିଲେ। ମଧୁବାବୁ ଏହି ଫଳକଟିକୁ କଟକ ଜିଲ୍ଲା କଲେକ୍ଟରଙ୍କ ଜିମାରେ ରଖି ଏହାକୁ କଲିକତାସ୍ଥିତ ମ୍ୟୁଜିୟମ୍‌ର ପ୍ରତ୍ନତତ୍ତ୍ୱ ବିଭାଗକୁ ପଠାଇଦେବା ପାଇଁ ଅନୁରୋଧ କରିଥିଲେ। କଲେକ୍ଟର ଏହାକୁ କଲିକତା ପଠାଇଦେଲେ। ଅନନ୍ତର

ମଧୁବାବୁ ଏ ବିଷୟରେ ସାର୍ ଆଶୁତୋଷ ମୁଖାର୍ଜୀଙ୍କୁ ଚିଠି ଲେଖିଥିଲେ। ଫଳରେ ଏହାର ପାଠୋଦ୍ଧାର ହୋଇପାରିଥିଲା।

ପ୍ରମାଣିତ ହୋଇଥିଲା ଯେ ଓଡ଼ିଶାରୁ ପ୍ରାପ୍ତ ସମସ୍ତ ତାମ୍ରଫଳକ ମଧ୍ୟରେ ଏହାହିଁ ପ୍ରାଚୀନତମ ଫଳକର ନିଦର୍ଶନ। ଏଥିରେ ଉଲ୍ଲେଖ ଥିଲା -ଖ୍ରୀ ୬୦୧ (ଗୁପ୍ତାବ୍ଦ ଗଣନାନୁସାରେ)ରେ ମହାରାଜା ଶିବରାଜ କେତେକ ବ୍ରାହ୍ମଣଙ୍କୁ ଭୂମିଦାନ କରିଥିଲେ। ପରେ "ଏପିଗ୍ରାଫିକା ଇଣ୍ଡିକା"ରେ ଏହି ତାମ୍ରଫଳକ ସମ୍ପର୍କରେ ପ୍ରକାଶିତ ହୋଇଥିଲା।

ମଧୁବାବୁ ଯଥାର୍ଥରେ ଥିଲେ ଓଡ଼ିଆ ଜାତିର ମଉଡ଼ମଣି। ସେ ହିଁ ଏ ଜାତିର ଚିରବନ୍ଦନୀୟ, ଚିର ନମସ୍ୟ - କୁଳବୃଦ୍ଧ। ଓଡ଼ିଶାର ସେହି ଚିରବରେଣ୍ୟ ମହାପୁରୁଷଙ୍କୁ ଶ୍ରଦ୍ଧାସୁମନ ନିବେଦନ କରି କବି ଦୁର୍ଗାମାଧବ ମିଶ୍ର ମନୋଜ୍ଞ ଭାବରେ ଲେଖିଛନ୍ତି -

"ତୁମକୁ ଦେଖିନି, ଶୁଣିଛି ତୁମର କୀର୍ତ୍ତି ଅମର ଗାଥା
ଏଦେଶ ଜାତିର ଶୀତଳ ଶିରାରେ ତପ୍ତ ରୁଧିର ଶିଖା
ତୁମେ ଜାଳିଦେଲ, ପଥ ଦେଖାଇଲ ଦୀପ୍ତ ଦୀପାଳି ହାତେ
କେତେ ପରିହାସ କେତେ ଉପହାସ ବରିନେଲ ନିଜ ମାଥେ
ବୃଦ୍ଧ ହେ! କୁଳବୃଦ୍ଧ ହେ!
କ୍ଷୀଣ ଧମନୀର ଅମିତ ଶକ୍ତି ଚିନ୍ତି ମୁଁ ଆଜି ମୁଗ୍ଧ ହେ!
ଭାଇ ଭାଇ ବୋଲି କେତେ ଡାକଦେଲ ଭାଇତ ଶୁଣିଲା ନାଇଁ
ମାଆ ମାଆ ବୋଲି ଚିତ୍କାର କଲ ଉତ୍ତର ପାଇଲ ନାହିଁ ।
ଏକାକୀ ଲଢ଼ିଲ ଶ୍ୱେତଦ୍ୱୀପ ବାସୀ ଦାମ୍ଭିକ ନିଶାଚର
ଆର୍ତ୍ତେ ଥରିଲା, ଟେକିଲ ଉଚ୍ଚେ ବୀର ଓଡ଼ିଆର ଶିର
ଭାରତର ଦରବାରେ,
ଓଡ଼ିଆ ଲଭିଲା ସମାନ ଆସନ କେତେ ଶତାବ୍ଦୀ ପରେ।"

ସେହିପରି ଓଡ଼ିଶାର ଏହି ମହୀୟାନ ପୁରୁଷଙ୍କ ଉଦ୍ଦେଶ୍ୟରେ ଶ୍ରଦ୍ଧାଞ୍ଜଳି ଜଣାଇ କବି ରାଧାମୋହନ ଗଡ଼ନାୟକ ମଧୁସ୍ମୃତି ଚାରଣ କରିଛନ୍ତି। ଏହି ସ୍ମୃତିଚାରଣ ଅନନ୍ୟ। ଛନ୍ଦ ରସିକ କବି ରାଧାମୋହନ ଗଡ଼ନାୟକ ତାଙ୍କର 'କୁଳବୃଦ୍ଧ ମଧୁସୂଦନ' କବିତାରେ ମଧୁବାବୁଙ୍କ ପ୍ରତି ଶ୍ରଦ୍ଧା ଅର୍ଘ୍ୟ ଢାଳି ଲେଖିଛନ୍ତି -

"ତୁମେ ଥିଲ ଏକା ହେ ମଧୁସୂଦନ ଏଦେଶର ବରସୁତ
ତୁମେ ଥିଲ ଏକା ଏ ଦୀନଦେଶର ବ୍ୟଗ୍ର ଅଗ୍ରଦୂତ।
ପ୍ରଥମେ ଏ ଦେଶେ ତୁମେ ଉଠିଥିଲ ଶିକ୍ଷାର ବଇଭବେ
ପ୍ରଥମେ ଏ ଦେଶେ ତୁମେ ଫୁଟିଥିଲ ଗୌରବ ସଉରଭେ।

ପ୍ରଥମେ ଏ ଦେଶେ ତୁମେ ଗାଇଥିଲ ଦେଶର ଗର୍ବଗୀତି
ପ୍ରଥମେ ଏ ଦେଶେ ତୁମେ ଆଣିଥିଲ ନବୀନ ଜୀବନ ସ୍ଫୀତି ।
ଅନ୍ତର ତଳେ ବୁଝିଥିଲ ତୁମେ ଲଭିଥିଲ ଏଇ ଜ୍ଞାନ
ଜନ୍ମଭୂଇଁ ତ ମୃଣ୍ମୟୀ ନୁହେଁ ଅଛି ତା'ର ଅଛି ପ୍ରାଣ ।
'ମାଆ ମାଆ' ବୋଲି ଡାକିଲି ଆକୁଳେ ମାଆ ତ ଶୁଣିଲେ ନାହିଁ,
ସୁପ୍ତ ତାହାର ସନ୍ତାନେ ତେଣୁ ଛନ୍ଦେ ଉଠିଲ ଗାଇ ।
"ଉଠରେ ଉଠରେ ଉତ୍କଳ ସନ୍ତାନ ଉଠିବୁ ତ କେବେ ଦିନେ
ପୁରୁବ ଗୌରବ ପୁରୁବ ବିଭବ ପଡ଼ିବ କି ତୋର ମନେ ?"
ଜନ୍ମଭୂଇଁର ଛିନ୍ନ ଅଙ୍ଗ ବିଲୋକି ଲଭିବ ବ୍ୟଥା
ମିଶାଇବା ଲାଗି ଜୁଝିଲ ହେ ବୀର, ପ୍ରାଣେ ଭରା ଆକୁଳତା
ଦୀର୍ଘ ତିରିଶ ବରଷ ହେଲାଣି ତଥାପି ଫଳିନି ଆଶା
ପୂର୍ଣ୍ଣ ମୂରତି ଧରିନି ତଥାପି ପ୍ରାଣର ଅଧୀର ଭାଷା,
ଆଶା ପୂର୍ତ୍ତିର ସ୍ୱର୍ଣ୍ଣ ସୁଯୋଗେ ଉତ୍କଳ - ସେନାପତି ।

x x x

ତୁମେ ଚାଲିଗଲ ତୁମ ଲାଗି ଆଜି ପ୍ରାଣେ ପ୍ରାଣେ ହାହାକାର
ନୟନେ ନୟନେ ଉଛୁଳି ପଡ଼ଇ ଉଷ୍ଣ ଲୋତକଧାର ।
ଅଶ୍ରୁମୋଚନେ ହୃଦୟର ଖାଲି ଦୈନ୍ୟ ପଡ଼ଇ ବୁଝା
ଅପୂର୍ଣ୍ଣ ତବ କର୍ମ ସାଧନ ସେଇ ତବ ସ୍ମୃତି ପୂଜା ।
ସୁଆଶିଷ ଦିଅ ସୁଆଶିଷ ଦିଅ ଦେଶ ମଙ୍ଗଳବାଦୀ
ଦେଶର ତରୁଣ ବରଣୀୟ ହେଉ ଦେଶର କର୍ମସାଧି ।"

ଏହାହିଁ ହେଉଛି ଓଡ଼ିଆ ଜାତିର ସେହି ମହୀୟାନ ପୁରୁଷ ମଧୁବାବୁଙ୍କ ପ୍ରତି ପ୍ରୀତିପୂର୍ଣ୍ଣ ଅର୍ଘ୍ୟ । ମଧୁବାବୁ ଓଡ଼ିଆ ଜାତିର ଗର୍ବ ଓ ଗୌରବ । ଓଡ଼ିଶାର ଅସ୍ମିତା ବଜାୟ ରଖିବାକୁ ସେ ପାରୁପର୍ଯ୍ୟନ୍ତ ଉଦ୍ୟମ କରିଥିଲେ । ସେ ଦେହ ଦୁଃଖରେ ପଡ଼ିଛନ୍ତି । ଅଭାବଗ୍ରସ୍ତ ହୋଇଛନ୍ତି । କିନ୍ତୁ ନିଜର ଦୃଢ଼ ମନୋବଳ ଯୋଗୁଁ ସେ ସମସ୍ତ ପ୍ରତିବନ୍ଧକକୁ ଏଡ଼ାଇଛନ୍ତି । ଭାଷା ସୂତ୍ରରେ ଓଡ଼ିଶାର ଏକତ୍ରୀକରଣ ପାଇଁ ତାଙ୍କର ତ୍ୟାଗ ଓ ପ୍ରୟାସର ପଟାନ୍ତର ନାହିଁ । ସେ ଥିଲେ ଶତାବ୍ଦୀର ବିସ୍ମୟ ପୁରୁଷ । ଉତ୍କଳଜନନୀଙ୍କର ଯୋଗ୍ୟତମ ସନ୍ତାନମାନଙ୍କ ମଧ୍ୟରେ ସେ ଥିଲେ ସବୁଦିଗରୁ ମହିମାମଣ୍ଡିତ । ସୁତରାଂ ସେ କାଳଜୟୀ ପ୍ରତିଭା । ସେ ହେଉଛନ୍ତି ମୃତ୍ୟୁଞ୍ଜୟୀ ସୁପୁରୁଷ । ଓଡ଼ିଶାର କାଳଜୟୀ ସ୍ମରଣୀୟ ପୁରୁଷ । ଓଡ଼ିଶାର ଆକାଶରେ ଦୀପ୍ତିମାନ ସୂର୍ଯ୍ୟ । ■

ସ୍ୱତନ୍ତ୍ର ଉତ୍କଳ ପ୍ରଦେଶ ଗଠନ, ଅପ୍ରେଲ୍ ପହିଲା, ୧୯୩୬

ମଧୁବାବୁ ସ୍ୱତନ୍ତ୍ର ଉତ୍କଳପ୍ରଦେଶ ଗଠନ ପାଇଁ ନିରନ୍ତର କାର୍ଯ୍ୟ କରିଥିଲେ । କିନ୍ତୁ ଦୁଃଖର କଥା, ସ୍ୱତନ୍ତ୍ର ଉତ୍କଳ ପ୍ରଦେଶ ଗଠନ ବେଳକୁ ମଧୁବାବୁ ଆଉ ଇହ ଜଗତରେ ନ ଥିଲେ । ତେବେ ମଧୁବାବୁ ସ୍ୱତନ୍ତ୍ର ଉତ୍କଳ ପ୍ରଦେଶ ଗଠନ ପାଇଁ ଯେଉଁ ଯତ୍ନ କରିଥିଲେ, ତାହା ଭୁଲିବାର ନୁହେଁ । ସ୍ୱତନ୍ତ୍ର ଉତ୍କଳ ପ୍ରଦେଶ ଗଠନରେ ମଧୁବାବୁଙ୍କରୁ ପ୍ରମୁଖ ଭୂମିକା ରହିଥିଲା ।

ମଧୁବାବୁଙ୍କର ପରିକଳ୍ପିତ, ଚିର ଆକାଂକ୍ଷିତ ଭାଷା ସୂତ୍ରରେ ସ୍ୱତନ୍ତ୍ର ଉତ୍କଳପ୍ରଦେଶର ସୂତ୍ର ୧୯୩୬ ମସିହା ଅପ୍ରେଲ୍ ମାସ ୧ ତାରିଖରେ ସାକାର ହେଲା । ରେଭେନ୍‌ସା କଲେଜ ଆର୍ଟସ୍ ବ୍ଲକ ସଭାଗୃହରେ ସାର୍ ଜନ୍ ଅଷ୍ଟିନ୍ ହବାକ୍ ଓଡ଼ିଶାର ପ୍ରଥମ ରାଜ୍ୟପାଳ ରୂପେ ଶପଥ ନେଲେ । ସ୍ୱତନ୍ତ୍ର ଉତ୍କଳ ପ୍ରଦେଶ ଗଠନର ଇତିବୃତ୍ତ ପ୍ରସଙ୍ଗ ସମ୍ପର୍କରେ ପ୍ରଫେସର ପ୍ରସନ୍ନ କୁମାର ମିଶ୍ର "Creation of the province of Orissa, 1st April 1936" ପ୍ରବନ୍ଧରେ ଲେଖିଛନ୍ତି 'The Constitution of Orissa order -1936 got the approval of the British King on 3rd March, 1936. It was announced that the new province wood come into been on 1st April 1936 with Sir John Austin Habback, I.C.S. as the Governor. On the appointed day in a solemn ceremony held at Ravenshaw College, Cuttack, Sir, John Austin Habback was administered the oath of office by Sir Courtney Terrel, the Chief Justice of Patna High Court. The Governor read out the message of good will received from the King emperor George-VI and Lord Linlithgow, the Viceroy of India for the people of Orissa. The long Cherished dream of the Oriya speaking people atleast turned into a reality and Orissa became separate province. " (୪୩)

ମଧୁବାବୁ ଆଜି ନାହାନ୍ତି । ତାଙ୍କର ମୃଣ୍ମୟ ଶରୀରର ବିଲୟ ଘଟିଛି । ସମୟ ଗଡ଼ିଯାଏ, କିନ୍ତୁ କଥା ରହିଯାଏ କାଳକାଳ ପାଇଁ । ସମୟ ହିଁ ଅସଲ କଷଟି ପଥର । ମଧୁବାବୁଙ୍କର ଆଦର୍ଶ, ତ୍ୟାଗ, ଦେଶପ୍ରେମ, ଜାତିପ୍ରେମ, ଉତ୍କଳପ୍ରୀତିର ପଟାନ୍ତର ନାହିଁ। ତାଙ୍କର ପ୍ରଚେଷ୍ଟାରେ ହିଁ ଓଡ଼ିଶା ସ୍ୱତନ୍ତ୍ର ପ୍ରଦେଶର ମାନ୍ୟତା ଲାଭକଲା । ସେ ଥିଲେ ନବ ଉତ୍କଳର ନିର୍ମାତା । ଯେଉଁଥି ପାଇଁ ମଧୁବାବୁ ଆପ୍ରାଣ ଉଦ୍ୟମ କରିଥିଲେ, ତାହା ସାକାର ହେଲା; କିନ୍ତୁ ଏହା ଦେଖିବା ପାଇଁ ମଧୁବାବୁ ଆଉ ଇହଜଗତରେ ନଥିଲେ । ସେ ହେଲେ ସ୍ୱର୍ଗବାସୀ । ତେବେ ସ୍ୱତନ୍ତ୍ର ଉତ୍କଳପ୍ରଦେଶ ଗଠନ ଅବସରରେ ଓଡ଼ିଆ ଜାତି ସେହି ମହୀୟାନ୍ ପୁରୁଷଙ୍କୁ ଗଭୀର ଭକ୍ତି ଅର୍ଘ୍ୟ ଢାଳି ପ୍ରଣତି ଜଣାଏ, ସଲାମ ଦେଇ କୃତଜ୍ଞତା ଜଣାଏ । ମଧୁବାବୁ ଅନନ୍ତ ଆକାଶରେ ଧ୍ରୁବତାରା ପାଲଟି ଯାଇଛନ୍ତି । ତାଙ୍କର ଶୁଭ୍ର ଆଲୋକ ଓଡ଼ିଶାବାସୀଙ୍କୁ କାଳେକାଳେ ମାର୍ଗଦର୍ଶନ ଓ ପ୍ରେରଣା ପ୍ରଦାନ କରୁଥିବ, ଏଥିରେ ସନ୍ଦେହ ନାହିଁ ।

ପୁଣ୍ୟତୀର୍ଥ - ମଧୁସମାଧି ଓ ସ୍ମୃତିଚାରଣ

ମଧୁସୂଦନଙ୍କ ସମାଧିର ବିଭିନ୍ନ ଅଂଶରେ ଥିବା ଶ୍ରଦ୍ଧା ଅର୍ଘ୍ୟର ବର୍ଣ୍ଣନା

(ON PEDESTAL AND THE BOOK)

In loving and sacred memory
of our beloved
DADA
Madhusudan Das
Born - 28th April, 1848 Satyabhamapur, Dist, Cuttack.
Died - 4th February, 1934 aged 85 years 9 months 8 days at
Madhu -Smruti, Cuttack
I heard the voice of Jesus say "Come unto Me and rest;
Lay down thou weary one lay down Thy head upon
My Breast."
"I came un to Jesus as I was Weary, and worn and sad;
I found in Him a resting place" and He has made me glad.
"Whosoever liveth and believeth in Me shall never die."

ST. JOHN XI 26.

ସ୍ୱର୍ଗୀୟ ମଧୁସୂଦନ ଦାସ

ଜନ୍ମ-ସତ୍ୟଭାମାପୁର, ଜିଲ୍ଲା-କଟକ, ୨୮ ତାରିଖ ଏପ୍ରିଲ୍, ୧୮୪୮,
ମୃତ୍ୟୁ-ମଧୁସ୍ମୃତି -କଟକ ୪ତାରିଖ, ଫେବୃୟାରୀ, ୧୯୩୪
"ଜନ୍ମ ହେଲା କ୍ଷଣି ସ୍ତନ୍ୟଦାନ କରି
ମାତା ମନ୍ତ୍ର ଦେଲେ ପରାର୍ଥେ ଜୀବନ ।"

ଁ ମଧୁବାବୁ

Dear Dada the Laurel weath is set upon Thy brow
An none can tear it from thee now
For death has given that which life with heald
Glory immortal, glory unexcelled

SHOILA

In loving and Sacred memory of our beloved
DADA Madhusudan Das
Beside your grave I often sand
with a hearth both crushed and sore
But in the gloom the sweet worlds come
"Not lost but gone before"

SUDHANSU

ON TOP SLAB

"Adieu my dearest ones and country men
I am not dead but sleeping here
When you all come my grave to see
Prepare yourselves to follow me."
"ଅମର ଜୀବନ ଆଣିଥିଲ ବୀର ସାଥେ
ଚାଲିଗଲ ଦେଇ ଉତ୍କଳ ଜନନୀ ହାତେ ।"

ନନ୍ଦକିଶୋର

"Rest thou glorious sprit, throned above
Only souls like thine inherit peace and love."
"ହେ ଅମର ସୁରବାସୀ ପ୍ରେମମୟ ତାତ
ତୁମ୍ଭ ଶେଷ ସ୍ମୃତି ଏଥି ରହିଲା ନିଖାତ ।

Shoila Das (Daughter),
Sudhansubala Hazra
Nogendra Kumar Hazra
Chandra Kumar Hazra
Jitendra Kumar Hazra
Lady Rani Raj Rajeṣwari of Kanika
Raja Bahadoor Sri Rajendra Narayan Bhanjadeo
Tikayet Sailandra Narayan Bhanjadeo

ଆଉ କେତୋଟି ସ୍ମୃତି ଅର୍ଘ୍ୟ :

କ) ଅର୍ଘ୍ୟ ଘେନ ଦୀନବନ୍ଧୁ ହେ ମଧୁସୂଦନ
ତୁମ୍ଭ ସ୍ମୃତି ଭାଳି, ଢାଳୁଁ କରୁଣ କ୍ରନ୍ଦନ ।

- ଭିକ୍ଷୁକ

ଖ) କିଏ ଆଉ ଶିଳ୍ପ ସଖା ହେ ମଧୁସୂଦନ
ଅଙ୍କାଇବ ଆମ ହାତେ କଳାକୋଟି କମ
ଶିଳ୍ପ ସଂଗଠନ ତବ ଅମର କାହାଣୀ
ଦୁଃଖେ ଆଜି ବସି ଝୁରେ ଉତ୍କଳ ବିନ୍ଧାଣୀ

- ଶିଳ୍ପୀଗଣ

ଗ) ଉତ୍କଳମାତାର ବରପୁତ୍ର ମଧୁସୂଦନ
ପ୍ରଭୁ ଶକ୍ତି ଦିଅନ୍ତୁ ତୁମରି ଆତ୍ମତ୍ୟାଗ
ଆଦର୍ଶ ଓ ପ୍ରେରଣାକୁ ସମ୍ବଳ କରି
ଜାତିର ସେବାରେ ଆତ୍ମୋତ୍ସର୍ଗ କରି ।
ତମ ପ୍ରତିଭାକୁ ପୂଜାକରି ଆମର
ଜୀବନ ସାର୍ଥକ ହେଉ ଓ ଜାତୀୟ
ଜୀବନ କର୍ମମୟ ହେଉ ।

- ଓଡ଼ିଆ ସନ୍ତାନ

ଘ) ପରକୁ ଆପଣା କରିଥିଲ ବୀର
ସ୍ନେହଭେଳା ବାନ୍ଧି ଏ ଜୀବନ ତୀର
ଚାଲିଗଲ ତୁମେ ମୃତ୍ୟୁ ସାଗର ପାରେ
ଧୂଳିସାଥି ଝୁରୁଁ ସ୍ମୃତି ସୁହାଗରେ ।

- ବନ୍ଧୁଗଣ

ଙ) ଜାତି ପାଇଁ ଦେଶପାଇଁ ହେ ମଧୁସୂଦନ
ତେଜିଲ ସକଳ ବୀର ଅମୂଲ୍ୟ ଜୀବନ
ମୃତ୍ୟୁ ନୁହେଁ ମାନବର ଶେଷ ପରିଣତି
ତବଯଶ ଜୟ ଦୀନ ଛାତ୍ରଙ୍କର ଗତି ।

- ଉତ୍କଳ ଛାତ୍ରବୃନ୍ଦ

ଚ) ଭଗ୍ନ ମାତୃମୂର୍ତ୍ତି ଚାହିଁ ହେ ମଧୁସୂଦନ
କମିଥିଲା ବକ୍ଷ ଦିନେ ସୁବର୍ଣ୍ଣ ସ୍ୱପନ

ସଫଳ ହୋଇଛି ତବ, ପବିତ୍ର କୀରତି
ଉତ୍କଳେ ଉଜଳେ ବୀର ! ଘେନ ହେ ପ୍ରଣତି ।

- ଗଞ୍ଜାମଓଡ଼ିଆ ଭାଇ

ଛ) ତେଜିଲ ସର୍ବସ୍ୱ ବୀର ଜାତି ପରିତ୍ରାଣେ
'ପରାର୍ଥେ ଜୀବନ' ଢାଳି ଉତ୍କଳୀୟ ପ୍ରାଣେ ।
ଫୁଟାଇଲ ମହାଭାବ ଜାତୀୟ ଜୀବନ
ନମୁ ଆମେ ତୁମ ପଦେ, ହେ ମଧୁସୂଦନ ।

- ଉତ୍କଳ ଜମିଦାର ବର୍ଗ

ଜ) Grand Old man of Utkal
Greatest Strength and pride of
Cuttack Bar
Great lover of Truth and Indepencence
May your spirit ever guide us.

- Cuttack Bar

ମଧୁବାବୁଙ୍କ ରଚିତ କବିତାମାଳା

୧. ଜଣାଣ

ଆହେ ବିଶ୍ୱପତି ଘୁଞ୍ଚାଅ ବିସ୍ମୃତି
ଆଦିମନ୍ତ୍ର ସଦା ଜପୁ ମୋର ମନ
ଗର୍ଭେ ଥିବାବେଳେ ପ୍ରତିଶ୍ରୁତି ଦେଲି
ମାତାଙ୍କ ସେବାରେ ଦେବି ମନପ୍ରାଣ ।
ଜନ୍ମ ହେଲାକ୍ଷଣି ସ୍ତନ୍ୟ ଦାନ କରି
ମାତା ମନ୍ତ୍ର ଦେଲେ "ପରାର୍ଥେ ଜୀବନ"
ଶିଶୁକାଳ ବ୍ୟାପି ଥିଲି ମନ୍ତ୍ର ଜପି
ସେ ମନ୍ତ୍ର ଭୁଲିଲି ଲଭିଣ ଯୌବନ ।
ଆଶା ଥିଲା ମନେ ଦେଖିବି ଜୀବନେ
ଉତ୍କଳ ମାତାର ସହାସ୍ୟ ବଦନ
ସେ ଆଶା ତୁଟିଲା ସପନ ଭାଙ୍ଗିଲା
ନ ଦେଖି ଉତ୍କଳେ କରତବ୍ୟ ଜ୍ଞାନ ।

୨.ଉତ୍କଳ ସନ୍ତାନ

ତୁ ପରା ବୋଲାଇ ଉତ୍କଳ ସନ୍ତାନ
ତେବେ କିମ୍ପା ତୁହି ଭୀରୁ,
ତୋହର ଜନନୀ ରୋଦନ କରିଲେ
କହିବାକୁ କିମ୍ପା ଡରୁ ? ।୧।

ତୋ ପୂର୍ବ ପୁରୁଷେ ବୀର ପଣିଆରେ
ଲଭିଥିଲେ କେତେ ଖ୍ୟାତି,
ହାକିମ ନିକଟେ ଦୁଃଖ କହିବାକୁ
କିମ୍ପା ଥରେ ତୋର ଛାତି ? ।୨।
ତୋ ପୂର୍ବ ପୁରୁଷେ ଜୟ କରିଥିଲେ
ଗଙ୍ଗାଠାରୁ ଗୋଦାବରୀ,
ତାଙ୍କରି ଔରସେ ଜନ୍ମ ହୋଇ ତୁହି
କେଉଁ ଗୁଣେ ତାଙ୍କୁ ସରି ? ।୩।
ବ୍ରିଟନ୍ ନିବାସୀ ଅତୀବ ସାହସୀ
କାପୁରୁଷେ ଶ୍ରଦ୍ଧା ନାହିଁ,
ଶିଖ୍ ରାଜପୁତ ଯେ ମାନ୍ୟ ଲଭନ୍ତି
ତୋର ଭାଗ୍ୟେ ତାହା କାହିଁ ? ।୪।
ତୁ ମନେ ଭାବିଛୁ ତୋଷାମୋଦ କରି
ବଢ଼ାଇବୁ ଜାତି ମାନ,
ତୋଷାମଦିଆର କୁକୁର ପ୍ରକୃତି
ଅଇଁଠା-ପତରେ ଧ୍ୟାନ।୫।
ତୋଷାମୋଦକାରୀ କ୍ଷିପ୍ତ ଶ୍ୱାନ ପରି
ସହଜେ ଚିହ୍ନା ନ ଯାଏ,
ଭୃତ୍ୟଭାବ ଧରି ଗୋଡ଼ ଚାଟୁ ଚାଟୁ
ବିଷ ଲେପି ଦେଇଥାଏ ।୬।
ତୋଷାମୋଦ ଅଟେ ଅନ୍ଧାର ଗୋହିରୀ
ସ୍ୱାର୍ଥ ତହିଁ ଲୁଚି ବସେ,
ସରଳ ପଥିକ ବାଟରେ ଭେଟିଲେ
ଅକାତରେ ତାକୁ ନାଶେ ।୭।
ଜାତିର ଉନ୍ନତି ହେବ କି ରେ ଭାଇ
ସ୍ୱାର୍ଥକୁ ଜଗତ ମଣି,
ଗୋଦର ଗୋଡ଼ରେ ମାଉଁସ ଲାଗିଲେ
ଦେହର କି ଶୁଭ ଗଣି ? ।୮।
ଜାତିର ଉନ୍ନତି ସେ କାହିଁ କରିବ

ସ୍ୱାର୍ଥେ ଯା'ର ବ୍ୟସ୍ତ ମନ,
ଶାଗୁଣା ବିଲୁଆ ଚିକିତ୍ସକ ହେଲେ
ଶବ କି ପାଇବ ପ୍ରାଣ ? ।୯।
ଜାତି ନନ୍ଦିଘୋଷ ଚଳିବ କି ଭାଇ
ସ୍ୱାର୍ଥକୁ ସାରଥି କଲେ,
ଟାଣେ କିରେ ଗାଡ଼ି ଦାନାର ତୋବଡ଼ା
ଘୋଡ଼ା ମୁହେଁ ବନ୍ଧା ଥିଲେ ? ।୧୦।
ସ୍ୱାର୍ଥର ବନିତା ଅଟେ ତୋଷାମୋଦ
ଭୟ, ମିଥ୍ୟା ତାଙ୍କ ପୁତ୍ର
ରାଜ୍ୟରେ ବିପ୍ଳବ ନିଶ୍ଚୟ ଘଟିବ
ଏମାନେ ହେଲେ ଏକତ୍ର ।୧୧।
ଉଠରେ ଉଠରେ ଉତ୍କଳ ସନ୍ତାନ
ଉଠିବୁ ତୁ କେତେ ଦିନେ,
ପୁରୁବ ଗୌରବ ପୁରୁବ ସାହସ
ପଡ଼ିବ କି କେବେ ମନେ ? ।୧୨।
ତୋହର ଜନନୀ ବୀର-ପ୍ରସବନୀ
ଧୂଳିରେ ପଡ଼ିଛି ଦେଖ,
ଜନ ସମାଜରେ ଏ ମହୀ ମଧ୍ୟରେ
କିପରି ଦେଖାଉ ମୁଖ ? ।୧୩।
ତୋ ପୂର୍ବ ପୁରୁଷେ ସ୍ୱର୍ଗଧାମେ ଥାଇ
ଭୋଗୁଛନ୍ତି ମନସ୍ତାପ,
ତାଙ୍କର ଜୀବନ କରି ବିସ୍ମରଣ
କରୁଛୁ ତୁ ମହାପାପ ।୧୪।
ତୋଷାମୋଦ ଛାଡ଼ି ସ୍ୱାର୍ଥ ପରିହରି
ସତ୍ୟକୁ ଆଶ୍ରୟ କର,
ଦୁଇଦିନ ପରେ ସ୍ୱାଧୀନ ରାଷ୍ଟ୍ରରେ
ମଙ୍ଗଳ ହୋଇବ ତୋର ।୧୬।

୩. ଜନନୀର ଉକ୍ତି

ମାତ ମାତା ରବ ବହୁଦିନ ହେଲା
ଦୂରରୁ ଶୁଣିଛି ମୁହିଁ
ଦୂରରୁ ଶବଦ ପବନ ଆଣୁଛି
ନିକଟରେ କେହି ନାହିଁ।
ଗର୍ଭେ ଧରିଥିଲି ଶତ କର୍ମବୀର
ସେମାନେ ଡାକିଲେ ନାହିଁ,
ବାକ୍ୟବୀରଙ୍କର ରବ ଶୁଣୁଅଛି
କର୍ମବୀରେ ଗଲେ କାହିଁ ?
ଏକ ପୁତ୍ର ମୋର ନୀଳାଚଳ ଧାମେ
ଉଡ଼ାଇଲା ମୋର ଧ୍ୱଜା,
ସମସ୍ତ ଭାଇଙ୍କୁ କୋଳେ ବସାଇଲା
ଭେଦ ନାହିଁ ରାଜା ପ୍ରଜା।
ଇତିହାସ ତୂରୀ ଜଗତ ଘୋଷୁଛି
ମୋର ସୁତଙ୍କର ଯଶ,
ତାଙ୍କର ବଂଶଜ ଘୃଣିତ ଓଡ଼ିଆ
ଏହା ମୋ କପାଳ ଦୋଷ।
ବହୁ କାଳ ଧରି ରୋଦନ କରୁଛି
ନୟନକୁ ଦିଶୁ ନାହିଁ,
ମୋହର ସନ୍ତାନ କତିକି ଆସିଲେ
ଅଣ୍ଡାଳି ଚିହ୍ନିବି ମୁହିଁ।
ନାହିଁ ମୋର ମାନ ନାହିଁ ମୋର ଧନ
ବଦନେ ଲାଗିଛି ଧୂଳି,
ବୀରପ୍ରସବିନୀ ଶୋଣିତ ରହିଛି
ତୋ ଶିରାରେ ଦେବି ଢ଼ାଳି।
ସେ ଶୋଣିତ ବଳେ ବୁଦ୍ଧିର କୌଶଳେ
ହେବୁ ତୁହି କର୍ମବୀର
ଅତି ଅଳ୍ପ ଦିନେ ପ୍ରଭୁଙ୍କ କୃପାରେ
ତୋର ଦୁଃଖ ହେବ ଦୂର।

୪. ସନ୍ତାନର ଉକ୍ତି

ମାଆ ମାଆ ବୋଲି	କେତେ ମୁଁ ଖୋଜିଲି
ମାଆକୁ ପାଇଲି ନାହିଁ,
ଭାଇ ଭାଇ ବୋଲି	କେତେ ମୁଁ ଡାକିଲି
ନ ଦେଲେ ଉତ୍ତର କେହି।
ଖୋଜିଲି ଅରଣ୍ୟେ	ଜନସମାଜରେ
ଖୋଜିଲି ବାରିଧି ତଟ,
ସର୍ବତ୍ର ଦେଖିଲି	ମାତା ପଦଚିହ୍ନ
ନ ହେଲା ମାତାର ଭେଟ।
ଭୁବନେଶ୍ୱରରେ	ପଦଚିହ୍ନ ପରେ
ଲେଖାଅଛି "ରାଜରାଣୀ"
ନୀଳାଚଳ ଧାମେ	ପୂଜା ହେଉଅଛି
ହିନ୍ଦୁଜାତି ମଥା-ମଣି।
ଶୁଣିଅଛି ଶାସ୍ତ୍ରେ	ସତୀ ଅପମାନେ
ଧରାହୁଏ ବିଦାରଣ,
ଅପମାନ ହେତୁ	ସୀତା ଦେବୀଙ୍କର
ମହୀହୃଦେ ବାସସ୍ଥାନ।
ଅପମାନ ହେତୁ	ଜନନୀ ମୋହର
ଉତ୍କଳ-ଭୂମଧ୍ୟ-ବାସୀ,
ଉତ୍କଳର ମାଟି	ପବିତ୍ର ହୋଇଛି
ସ୍ୱର୍ଗାଦପି ଗରୀୟସୀ।
ଜନନୀର ଦେଖା	କରିବାରେ ଇଚ୍ଛା
ଯଦି ହୋଇଥାଏ ମନେ,
ଉତ୍କଳର ମାଟି	ଆଲିଙ୍ଗନ କରି
ତା ଧୂଳି ଲେପ ବଦନେ।
ବୀର ପ୍ରସବିନୀ	କୋଟି-ସୂତ ମାତା
ପାଇବ କି ଦରଶନ ?
ମୋ ଭଳି ନିର୍ଗୁଣ	ଧନ-ମାନ ହୀନ
ସନ୍ତାନ କଲେ ରୋଦନ।

କୋଟିଏ ସନ୍ତାନ ଗୋଟିଏ ସ୍ୱରରେ
'ଜନନୀ' 'ଜନନୀ' ଡାକ,
ତୃଷାରେ କାତର ଗଗନକୁ ଚାହିଁ
ଯେସନେ ଡାକେ ଚାତକ।
ଧନ, ମାନ, ଜନ ଯାହା ଉପାର୍ଜନ
କରିଅଛ ମହୀ ତଳେ
ହରଷିତ ମନେ କରତବ୍ୟ ଜ୍ଞାନେ
ଆଣି ଦିଅ ଯଜ୍ଞସ୍ଥଳେ।
ଜାତି-ପ୍ରେମ-ବହ୍ନି ପ୍ରଜ୍ୱଳିତ କର
ସ୍ୱାର୍ଥକୁ ଦିଅ ଆହୁତି,
'ସ୍ୱାର୍ଥମେଧ ଯଜ୍ଞ' ଚାରିଆଡେ ନାଚ
ଛାତିକୁ ମିଶାଇ ଛାତି।
ଭୂମିକମ୍ପ ହେବ ଧରଣୀ ଫାଟିବ
ଉଠିବେ ସହସ୍ରଭୁଜା,
ସେହି ତୋର ମାତା, ସେହି ତୋର ତ୍ରାତା
କର ସେହି ପାଦ ପୂଜା।

୫. ସମ୍ମିଳନୀ

ଗଙ୍ଗା ଗୋଦାବରୀ ଯମୁନା କାବେରୀ
ପୂଜା ପାଇ ନାନା ଘାଟେ
ଛାଡ଼ି ନିଜ ମାନ ଲୋଡ଼ି ଜାତି ପ୍ରାଣ
ପ୍ରବେଶିଲେ ସିନ୍ଧୁ ତଟେ।
କୋଟି ଜଳବିନ୍ଦୁ ମିଶି ହୋଇ ସିନ୍ଧୁ
ଦେଖାଉଛି ଜାତି ବଳ,
ତଟ ସୀମା ଲଂଘି ପରବତ ଭାଙ୍ଗି
ନାଚୁଛି ତରଙ୍ଗମାଳ।
ଦେଖି ଦେବୀଗଣ ଜାତୀୟ ଜୀବନ
ଛାଡ଼ି ନିଜ ଗର୍ବ ମାନ,
ସିନ୍ଧୁରେ ମିଶିଲେ ଉଲ୍ଲାସେ ନାଚିଲେ
ଲଭି ନୂଆ ଜାତି ପ୍ରାଣ।

ନିଜର ଜୀବନ ଜାତିକୁ ଅର୍ପଣ
କଲେ ମିଳେ ଜାତି ପ୍ରାଣ,
ଜାତୀୟ ଜୀବନ ନ ମିଳିବ କଲେ
ହାଟେ ବାଟେ ଅନ୍ୱେଷଣ।
ପତିବ୍ରତା ସତୀ ପତିର ମିଳନ
ଲଭିବା ଆଶାରେ ପୋଡ଼େ,
ଜାତିର ମିଳନ ଲଭିବା ଆଶାରେ
ତୋର ପ୍ରାଣ କିଆଁ ଡରେ ?
ଏହି ସମ୍ମିଳନୀ ଜାତି-ପ୍ରାଣ-ସିନ୍ଧୁ
କୋଟି ପ୍ରାଣବିନ୍ଦୁ ଧରେ,
ତୋର ପ୍ରାଣବିନ୍ଦୁ ମିଶାଇ ଦେ, ଭାଇ
ଡେଇଁପଡି ସିନ୍ଧୁ ନୀରେ।
ତରଙ୍ଗ ଉଠିବ ସିନ୍ଧୁ ଗରଜିବ
ଶୁଣିବୁ ସିଂହର ରବ,
ବ୍ରିଟିଶ୍ ରାଜ୍ୟରେ ଓଡ଼ିଆ ଜାତିର
ବଢ଼ିବ ମାନ ଗୌରବ।

୬. ଜାତି ଇତିହାସ

ଜାତି ଇତିହାସ ଜାତିର ନିର୍ଝର
ତହୁଁ ବହେ ସଦା ଜାତି ପ୍ରାଣଧାର,
ସେ ଧାରାରୁ ନୀର ପିଉଛି ଯେ ନର,
ନିଶ୍ଚୟ ହେବ ସେ ଜାତି-କର୍ମବୀର।
କଳ କଳ ରବେ ଛୁଟିଛି ସେ ଧାର
ଅତୀତ କୀରତି ଗାଇ ନିରନ୍ତର,
ଭାବୀ କୀରତିର ଉଦୟେ ନାଚୁଛି
ଯଥା ଚନ୍ଦ୍ରୋଦୟେ ନାଚେ ରତ୍ନାକର।
ଧାର ମଧ୍ୟେ ବିଜେ ମୋହିନୀ ପ୍ରତିମା
ଦେଖ ଦେଖ ସେହି ଜନନୀ ତୋହର,
କାନ ଡେରି ଶୁଣ ମାତା କହୁଛନ୍ତି,
ଆସ ଆସ ବତ୍ସ ନୀର ପାନ କର।

ଏହି ନୀର ସେବି ବୀର ମୋ ସନ୍ତାନେ,
ବୀରପ୍ରସବିନୀ କ୍ଷୀର ଏହି ନୀର,
ଛାଡ଼ରେ ଆଳସ୍ୟ ବଢ଼ାଅ ସାହସ,
ଜାତି-ନନ୍ଦିଘୋଷ କର ଅଗ୍ରସର।

ମଧୁବାବୁଙ୍କ ଭାଷଣ – ଇଂରାଜୀ

5. Allged Unsatisfactory Results of the Ravenshaw College, Cuttack

The Honble Mr. M.S Das asked (on 18 July 1896):

In the Annual Adminsistration Report for 1894-95 Mr. H.G Cooke, the commissoiner of Orissa, in speaking of the Ravenshaw college at cuttack, made the following remarks:

"On the 31st March, 1895, there were 59 students on the roll against 68 on the corresponding date of the preceding year. At the B.A. Examination held in 1894, 29candidates appeared, of whom only 7 passed. At the F.A.Examination 5 passed out of 31. The result is not at all satisfactory. Though the College had an able Principal in Mr. Hallward, there appears to be somthing wrong with the institution to account for such poor results. If the evil admits of a remedy, I would strongly advocate the remedy should be sought for and applied. The College is the only institution of the kind in Orissa, which as a division, is admittedly backward in higher education.

(a) Has any enquiry been deirected to find out why the results at the University Examinations have been unsatifactory since Mr. N.L.Halward;s appointment as the Principal of the Ravenshaw College?

(b) Has any step been taken to remedy this state of

things as suggested in the above quotation from the Commissioner's administration Report?"

6. Alleged Inefficiency of the Ravenshaw College and Collegiate School

The Hon'ble Mr. M.S.Das asked:

(a) Is the Government aware of the fact that out of 17 boys who sent up from the Revenshaw College for the B.A Exmination of the Calcutta University in 1893 only 2 passed, and at the F.A.Examination of the same year only 5 passed out of 40 sent up?

(b) Is Government aware of the fact that Mr.Hallward did not teach any subject in the F.A. classes during the years 1893, 1894 and 1895, though the former Principal, Mr. S.Ager, used to do so?

(c) Is the Government aware of the fact that Mr. Hallward only taught English in the B.A. classes, and in doing so he taught the 3rd and 4th year classes together?

(d) Is the Government aware of the fact that out of the boys who were sent up from the Ravenshaw College for the B.A.Examination in 1892, 1893 and 1894, the largest number failed to secure the pass marks in the English language the subject taught by Mr. Hallward?

(e) If the Gvernment is not aware of the facts referred to in the questions (a), (b), (c) and (d), will the Government be pleased to cause an enquiry to be made with a view to ascertain the correctness of these statements and place the result of such enquiry on the table for the information of the Council?

(f) Will the Government be pleased to take such steps as may restore the Ravenshaw College and the Collegiate School to that condition of efficiency which they has before Mr. Hallward's appointment as Principal, seeing that, to quote Mr. Cooke's words, "It is the only institution of the kind in Orissa, which as a division is admittedly backward in higher education."

7. Prohibition of Leave in Collegiate School, Cuttack

The Hon'ble Mr. M.S.Das asked (on 18 July 1896)

The minor Raja of Baramba was a student of the Ravenshaw Collegiate School at Cuttack. The Commissioner of the Orissa Division as the ex-officio Superintendent of the Tributary States is the guardian of the minor.The Superintendent of Tributary States sanctioned the minor Raja's visit to his State on the occasion of his sister's marriage, and for that purpose leave was obtained from the Head Master of the Ravenshaw Collegiate School, His leave expired on 29th November, of which day Raja's mother reported to the Superintendent of Tributary States that the Raja could not start back for Cuttack till 2nd December, as his presence at home was necessary in connection with some religious ceremonies, on 5th December the Superintendent of Tributary Mahals wrote to the HeadMaster for and extension of four days' leave, but the Head Master replied that "under the rules no retrospectinve leave can be granted." The minor Raja was fined and had to undergo 15 days, drill for having overstayed his leave by four days.

(a) Have these facts been brought to the notice of the Government? Does the Government approve the punishment inflicted on the minor Raja under the above mentioned circumstances?

(b) Will the Government be pleased to direct the authorities of the Ravenshaw Collegiate School to revoke this sweeping rule against granting retrospective leave, which is allowed even to Government servants in cases of unforseen emergencies?

(8) Refund of Excess Fines Levied in Ravensaw Collegiate School

The Hon'ble Mr. M.S.Das asked (on 18 July 1896):

Is the Government aware of the fact that in the Ravensaw Collegiate School boys who absented themselves at the end of holidays were, till last week, fined at the rate of six annas a day, though under the rules framed by the Director of Public instruction they could not be fined at a higher rate than two annas a day?

Will the Government be pleased to direct the Ravenshaw School authorities to refund the excess amount thus extored against rules?

15. Uriyas in Governmment Service

The Hon'ble Mr.M.S.Das said:

II.(a) I have the honour to draw the attention of Government to the following Resolution of the Government of Bengal (Appointment Department), dated the 6th March, 1901:

"Ordered that the petitioners be informed that copies of the petition have been forwarded for consideration to the several departments concerned. The interests of the Uriyas are not over looked, and it is as open to them as to only other class or section of the community to coplete in the public examinations and to take advangage of the opportunities offered by Government for employment."

and I beg to ask whether the several departments concerned have been requested to give sufficient notice by advertisements in the Uriya Gazette or local newspapers, inviting candidates in cases where the appointment goes by selection and not by the result of competitive examination, especialy where the head of the Department has his office in Calcutta?

(b) Were any additional hands in the inspecting and clerical staff employ in the salt Departmen when that Department was re-transferred to the Bengal Government?

(c) If any additional hands were employed, will the Government be pleased to state the offical designation and pay each employee, as also his race, whether he is a native of Bengal or Orissa?

(For the purpose of this question Bengalees, who are settled residents of Orissa, may be reckoned as residents of Orissa.)

(d) If any additional hands were appointed, who made the appointments ?

(e) Were they made by competitive examinatin or by nomination?

(f) What stepts were taken to notify to the people of Orissa these vacancies and to give them opportunities to apply or compete for them?

16. Settlements in Orissa

The Hon'ble Mr. M.S.Das said:

lll. (a) The Local Government having assessed an enhanced revenue on the estates of Ballarampore, Rugree and Chowsipara in Orissa, the zamindars of these estates being desirous of petitioning to the Government of India against the decision of the Local Government, applied to the Commissioner of Orissa for copies of the opinions of the following officials who had expressed their opinions on the question of enhancing the revenue of these estates,viz, Mr. E.F.Growse, the collector of the district, Mr.S.L.Maddox, the settlement officer of Orissa; Mr. W.C.Macpherson, the Director of Land Records, Mr.C.R.Marindin, the Commissioner of Orissa, and the Hon'ble mr.G.Toynbee of the Board of Revenue; but the commissioner refused the give the copies, though it was brought to the notice of the commissioner that the zamindars of these estates intended to place the opinions before the Government of India to enable the Supreme Government to do justice to them. This is substantially the zamindars statement in their memorial to His Excellency the Viceroy and Governor General in Council.

(b) Will the Government be pleased to direct the Local Officers having the custody of the records of the recent settlements in Orissa to furnish copies of papers which parties may require to bring to the notice of the Local or the Supreme Government their grievances? Is the Government aware of the fact that during and after the settlements of

Orissa in 1839-40 every facility was given to obtain copies of the opinions of local officials. and the zamindars of the three estates names above were furnished with copies of the recommendations of the Commissioner and of the Hon'ble Board of Revenue not to enhance the revenue of thir estates?

23. Questions and Answers
PILGRIMS TO PURI
The Hon'ble Mr. Das Said:

I beg to draw the attention of the Government to the following extract from The Star of Utkal of the 10th July 1909:

"Pilgrims to Puri for the last Car festival have addressed a number of complaints to the public papers like the Bengali, Amrita Bazar, Basumati, Anand Bazar of 1st July 1909- 'On 22nd June last a goods train composed of 80 wagons passed down the Midnapore station. The wagons had double the number of men they could properly accommodate. They were huddled up like goods in this hot season. Proper arrangement had not been made for drinking water. It is said that some dead bodies were found in the train; that they had died of cholera. It is further said that when the train stopped at Kharagpur. fifteen dead bodies were found.'

"All this may be gross exaggration. But none can have any reason to malign the company for nothing. As Orissa is greatly interested in the pilgrim traffic, and as it always suffers heavily from cholera disseminated by the pilgrims. we hope the Orissa representative in the Council would ask Government how much of the allegations is true."

I request that the Government may be pleased to lay on the table the replies of the Bengal-Nagapur Railway authorities to the following questions:

(a) Waht was the number of sepcial trains which ran to and from Puri to carry piligrims during the last Car festival (Rath Jatra)?

(b) Is it true that most of these special trains were made

up of goods wagons? If most of them were not so, Please state how many of them were.

(c) What is the total number of passengers which these special trains carried to and from Puri on the occasion of the festival?

(d) Did the passengers who were carried in goods wagons pay the oridinary fare?

(e) Was any special arrangement made in the stations along the line for the supply of drinking-water? If so, please state how many extra paniwallas were employed, and at which stations they were employed.

(f) Is it not a fact that many dead bodies were found in the trains? Was any record kept of them? What was the total number of dead bodies?

(g) Is it not a fact that cholera patients travelled in these special trains? Was any attempt made to prevent such patients travelling; if it was, please state what preventive measures were adopted. Was any separate accommodation provided for patients who had cholera, or complaints which very often develop into cholera?

(h) Was any arrangement made for removal from the railway carriages of dying patients? If there was any such arrangement, please state the nature of it.

(i) Was any lavatory provided in goods wagons pressed into passenger service during the festival?

33. The Orissa Tenancy Bill, 1911

The Hon'ble Mr. Das moved that the Bill to amend and consolidate certain enactments relating to the law of landlord and Tenant in the district of Cuttack, Puri and Balasore in the Orissa Division, and the Report of the Select Committee theron, be not considered in this council.

He said (on 6 March 1912):

"Your Honour, I beg to be permitted to say a word in regard to the remarks which have fallen from Your Honour just now. I did not know that it was against the practice of this Council to make any remarks on the constitution of the select Committee, or that the proceedings of these Committees were of a confidential nature. As fas as I remember, though it is not possible for me to quote chapter and verse, there have been, as Your Honour remarked, instances where the constitution of the Select Committee was discussed in Council when the Bill and its provisions were being discussed. I do not like so say anything more on the subject beyond that I should be the last person to disregard a practice of an august body like this Council, if there was anything to make me believe or bring to my knowledge that such was the established practice, and I beg to be excused for it, but it was not done with any intention to go against an established prctice.xxx

The Hon'ble Mr. Das said:

"It will thus be seen that the proprietor and tenure-holder were unlawfully deprived of their nij-jote lands. The Hon'ble Mr. McPherson calls this a generous concession to the landowners of Orissa. All that is proposed to be done is to change the word nij-chas to nit-jote.

"I have given two instances, and with Your Honour's permission I would like to show how large classes of people have been divested of their lawful rights by the erroneous procedure of the Settlement Departments, how what was meant to be record-of-rights has become in many cases record-of-wrongs.

"I appreciate the generous desire to arrive at status quoante. This naturally leads to the question. does the Bill provide the proper remedy ?

Those responsible for the drafting of the bills had most difficult work before them. My criticism of their work is not without an appreciation fo their difficulties.

"I do not think in the whole history of this Council there has been a Bill so complicated in nature. The Bill tries to rectify mistakes done under a wrong Act. Where the original Act did not apply, it was an illegality; where it was applied by mistake, it was an irregularity. In some cases the errors arose from other causes. Sweeping denunciation of the whole work is not desirable or practiciable. The work before us is to preserve the general result of the settlement, to make amends where injustice has been done,and to frame a self-contained Code for future guidance with the aid of experience inf the past.xxx

ପୂର୍ଣ୍ଣଚନ୍ଦ୍ର ଭାଷାକୋଷ ପ୍ରଣେତା ଗୋପାଳଚନ୍ଦ୍ର ପ୍ରହରାଜଙ୍କ ନିକଟକୁ ପତ୍ର

Mission Road,
CUTTACK, B.N.Rly.
28the July, 1931

MY DEAR GOPAL,

It is very kind of you indeed to think of my picture in connection with your herculeran work which will, as it ought to be your glorious and priceless gift to the Oriya nation. But I do not understand how my photo can fittingly have a place in it. Do you know the best definition of "dirt"? "Dirt" is matter in the wrong place. Ink is dirt on your shirt, but it is in right place in a book where ink is used in priniting. There is ink in the letter, but it is not dirt. But I see a little of it on my finger, then it is dirt.

So you will see why I do not wish my photograph in the Oriya Webster. But I am surely thankful to you for my good wishes.

Believe me,
Yours affectionately.
Sd/- M.S.Das.

ଅଧ୍ୟାପକ ରାୟବାହାଦୂର ଆର୍ତ୍ତବଲ୍ଲଭ ମହାନ୍ତିଙ୍କ ନିକଟକୁ ପତ୍ର

9th June, 1932.

MY DEAR RAI SAHEB,

The Utkal luminary which illuminated the Indian Firmament has set, and has gone down the horizon, But an observer can see the rich colours reflected in the Western sky.

We all wish to see the great luminary rise once more and give us the dawn of a new national life.

You have devoted a good deal of your valuable time to direct the attention of the present generation to the ancient literature of the nation. The beautiful colours in the Western sky must he fully appreciated, loved and admired before the youthful mind is aglow with a desire to see the dawn of a new national life.

The honour conferred on you should have come eariler But you are young and I am sure you will receive higer honours not only from Government but from your nation. who will crown you with ever green laurels while you live and when you leave this world, you will receive a crown of life from creator for your services to your nation and country.

With best wishes for health, happiness and prosperity.

Yours very sincerely
Sd.M.S.Das

ମଧୁବାବୁଙ୍କ ଭାଷଣ - ଓଡ଼ିଆ

ଉତ୍କଳ ସମ୍ମିଳନୀର ଉଦ୍ଦେଶ୍ୟ - ୧

ଇଉରୋପରେ ନେଶନ୍ ଅର୍ଥାତ୍ ଜାତି ଶବ୍ଦ ଗୋଟିଏ ରାଷ୍ଟ୍ର ବା ଦେଶର ଲୋକସମୂହକୁ ବୁଝାଏ। ୟୁରୋପୀୟ ଜାତିସମୂହ ପରସ୍ପରଠାରୁ ଯେଉଁ ପରିମାଣରେ ବିଭିନ୍ନ, ଭାରତବର୍ଷର ପ୍ରାଦେଶିକ ଲୋକସମୂହ ସେହିପରି ନାନା ବିଷୟରେ ପରସ୍ପରଠାରୁ ପରିମାଣରେ ବିଭିନ୍ନ। ଏହି ହେତୁରୁ ଭାରତବର୍ଷରେ ଜାତୀୟତା ଏହି ଶବ୍ଦ ଗୋଟିଏ ବିଶେଷ ଅର୍ଥରେ ବ୍ୟବହୃତ ହେବାର ଦେଖାଯାଏ। ଏକ ଜାତିର କେତେକ ବ୍ୟକ୍ତି ସହିତ ଅନ୍ୟ ଏକ ଜାତିର କେତେକ ବ୍ୟକ୍ତିଙ୍କର ପରସ୍ପର ବିରୋଧ ଥିବାର ଦେଖାଗଲେ, ଲୋକେ ଭ୍ରମରେ ପଡ଼ି ବ୍ୟକ୍ତିଗତ ବିରୋଧକୁ ଜାତୀୟ ବିଦ୍ୱେଷରେ ପରିଣତ କରିବାକୁ ଚେଷ୍ଟା କରନ୍ତି। ଏହା ଦୁଇ ଜାତି ବା ସମାଜ ମଧ୍ୟରେ ମିତ୍ରଭାବ-ରକ୍ଷା-ପକ୍ଷରେ ଗୋଟିଏ ମହା ପ୍ରତିବନ୍ଧକ ଅଟେ। ଲୋକେ ଧୀର ଭାବରେ ବିଚାର ନ କରି ଯେତେଦିନ ଯାଏ ଏହିପରି ଦ୍ୱେଷଭାବର ଉତ୍ତେଜନାରେ ଚାଳିତ ହେଉଥିବେ, ସେ ପର୍ଯ୍ୟନ୍ତ ଦୁଇଜାତି ମଧ୍ୟରେ ମିତ୍ରଭାବ ବର୍ଦ୍ଧିତ ହେବା ଅସମ୍ଭବ। ଅତଏବ ଦୁଇଜାତି ବା ସମାଜ ମଧରେ ମିତ୍ରତା ବର୍ଦ୍ଧନ କରିବା ପାଇଁ, ଦୃଢ଼ ନିର୍ବନ୍ଧ ସହିତ କୌଣସି ଜାତୀୟ ଅନୁଷ୍ଠାନ କରିବା ଏକାନ୍ତ ଆବଶ୍ୟକ। ତାହାହେଲେ କେତେକ ବ୍ୟକ୍ତିମାନଙ୍କ ମଧ୍ୟରେ ବିରୋଧ ଥିଲେ ସୁଦ୍ଧା, ଦୁଇଜାତି ବା ସମାଜ ମଧରେ ବନ୍ଧୁଭାବ ସୁରକ୍ଷିତ ହୋଇ ଅବିଚ୍ଛିନ୍ନ ରହିପାରିବ।

ବିଧାତା ଓଡ଼ିଶାର ଲୋକମାନଙ୍କୁ ଅନ୍ୟ ଯେଉଁ ଯେଉଁ ଜାତିମାନଙ୍କ ସଂସ୍ରବରେ ଆଣି ଅଛନ୍ତି, ସେମାନଙ୍କଠାରୁ ଉତ୍କଳୀୟମାନେ ବହୁ ଶିକ୍ଷା ଲାଭ କରିଅଛନ୍ତି ଏବଂ ଆହୁରି ଅନେକ ଶିକ୍ଷା ଲାଭ କରିପାରିବେ। ବ୍ୟକ୍ତି ସମ୍ବନ୍ଧରେ ଯେପରି, ଜାତି ସମ୍ବନ୍ଧରେ ମଧ୍ୟ ସେହିପରି ବକ୍ତବ୍ୟ ଯେ, ଯେ ଶିକ୍ଷାର୍ଥୀ ହେବ, ତାହାର ପ୍ରଥମେ ନିଜର ଅଭାବ ଓ ତ୍ରୁଟି ଜାଣିବା ଆବଶ୍ୟକ । ଅପର ସହିତ ଆପଣାର ସମ୍ବନ୍ଧ ଭଲ ରୂପେ ବୁଝି ନ ପାରିଲେ,

ନିଜର ଦୋଷ ଓ ଅଭାବ ଉତ୍ତମରୂପେ ଜଣାପଡ଼େ ନାହିଁ। ଅତଏବ ଏକ ଜାତିର ଉନ୍ନତି ନିମିତ୍ତ ଅପର ଜାତିର ସଙ୍ଗ ଆବଶ୍ୟକ ଏବଂ ପ୍ରସ୍ତାବିତ ଉତ୍କଳୀୟ ସାର୍ବଜନୀନ ସଭା ସେହି ନୀତି ଅନୁସାରେ ପ୍ରତିଷ୍ଠିତ ହେବା ଉଚିତ। ଉକ୍ତ ମହାସଭାରେ ଓଡ଼ିଆ ଜାତି ଓ ସେଥି ସଙ୍ଗେ ଏକୀଭୂତ ଉତ୍କଳୀୟମାନେ ନିମନ୍ତ୍ରଣକାରୀ ଓ ଶିକ୍ଷାର୍ଥୀର ସ୍ଥଳାଭିଷିକ୍ତ ହେବେ ଏବଂ ଅନ୍ୟ ଜାତିର ଲୋକମାନେ ନିମନ୍ତ୍ରିତ ଅତିଥି ଏବଂ ମାନନୀୟ ଶିକ୍ଷକର ଆସନରେ ପ୍ରତିଷ୍ଠିତ ହେବେ। ବର୍ତ୍ତମାନ ଅବସ୍ଥାରେ ଦୋଷାଦୋଷ ବିଚାର ଅପେକ୍ଷା ଆତ୍ମନିର୍ଭରତା ସହ ଉଦ୍‌ଯୋଗ ଅଧିକ ଶ୍ରେୟସ୍କର। ଏହା ଜାଣି ଶାସନତନ୍ତ୍ରର ସମାଲୋଚନା ଓ ଧର୍ମବିଷୟକ ତର୍କାଦି ସମ୍ପୂର୍ଣ୍ଣରୂପେ ବର୍ଜନ କରିବା ଉଚିତ।

ଉତ୍କଳ ସମ୍ମିଳନୀ ସଭାର ଉଦ୍ଦେଶ୍ୟ-୨

ଏହି ସମ୍ମିଳନୀ ସଭା ମଣ୍ଡପରେ କି କି କାର୍ଯ୍ୟ ହୋଇଥିଲା ତାହା କହିବା ପୂର୍ବରୁ, ଏ ସମ୍ମିଳନୀ କାହିଁକି ଓ କି ଉଦ୍ଦେଶ୍ୟରେ ହୋଇଅଛି ତାହା ସଂକ୍ଷେପରେ ବୁଝାଇଦେବାର ଉଚିତ। ପୂର୍ବେ ଆମ୍ଭମାନଙ୍କର ଏହି ଉତ୍କଳ ଦେଶ ଭାରତବର୍ଷର ଅନ୍ୟାନ୍ୟ ଦେଶମାନଙ୍କ ମଧ୍ୟରେ ଗୋଟିଏ ଉଚ୍ଚସ୍ଥାନ ଅଧିକାର କରିଥିଲା। ଉତ୍କଳ ଦେଶ ଅର୍ଥରେ ଆମ୍ଭେମାନେ ଓଡ଼ିଶା, ଗଞ୍ଜାମ ଓ ସମ୍ବଲପୁର ଏବଂ ଯେତେ ସ୍ଥାନରେ ଓଡ଼ିଆ ଭାଷା ଚଳୁଅଛି ସେ ସମସ୍ତ ଅଞ୍ଚଳକୁ ନେଇଛୁ। ପୂର୍ବେ ଏ ସବୁ ଜିଲ୍ଲା ଉତ୍କଳ ମଧ୍ୟରେ ଗଣାଯାଉଥିଲା। ଏକ ସମୟରେ ଓଡ଼ିଶାର ସୀମା ଉତ୍ତରରେ ଗଙ୍ଗାନଦୀଠାରୁ ଦକ୍ଷିଣରେ ଗୋଦାବରୀ ପର୍ଯ୍ୟନ୍ତ ଲାଗିଥିଲା। ଆମ୍ଭମାନଙ୍କ ପୂର୍ବ ପୁରୁଷମାନେ ପୂର୍ବେ ଶିଳ୍ପ, ବାଣିଜ୍ୟ ଧର୍ମ ଓ ସାହିତ୍ୟରେ ଢେର ଉନ୍ନତି କରିଥିଲେ। ଆମ୍ଭମାନଙ୍କ ଦେଶର ରାଜାମାନେ ନିଜ ବାହୁବଳରେ ଉତ୍ତରରେ ଏବଂ ଦକ୍ଷିଣରେ କେତେକ ରାଜ୍ୟ ଜୟ କରିଥିଲେ। ଓଡ଼ିଶାର ରାଜାମାନେ 'ଗଜପତି' ପଦରେ ଭୂଷିତ ହୋଇଥିଲେ। ଆମ୍ଭମାନଙ୍କ ପୂର୍ବପୁରୁଷମାନେ ବାଣିଜ୍ୟ କରିବା ନିମନ୍ତେ ବୋଇତରେ ସମୁଦ୍ର ପାରିହୋଇ ଜାଭା, ବୋର୍ଣ୍ଣିଓ, ବାଲି ଦ୍ୱୀପ ପର୍ଯ୍ୟନ୍ତ ଯାଉଥିଲେ, କଟକ କାଠଯୋଡ଼ୀ ଓ ମହାନଦୀର ପଥରବନ୍ଧ, ଭୁବନେଶ୍ୱର ଓ ପୁରୀର ବିଚିତ୍ର ଦେଉଳମାନ ତିଆରି କରିଥିଲେ; ପୁରୀଠାରେ ଜଗନ୍ନାଥଙ୍କୁ ପ୍ରତିଷ୍ଠା କରି ଜାତିଭେଦ ଉଠାଇ ଦେଇଥିଲେ; ହିନ୍ଦୁଧର୍ମ ଓ ବୌଦ୍ଧ ଧର୍ମ ମଧ୍ୟରେ ଅମେଳ ଭାଙ୍ଗିଥିଲେ, କାରିଗରି ଓ ବୁଦ୍ଧିବଳରେ କୋଣାରକଠାରେ ଗୋଟିଏ ବିଚିତ୍ର ଦେଉଳ ତିଆରି କରି ତାକୁ ଚକ ଉପରେ ଠିଆ କରାଇଥିଲେ। ଆମ୍ଭମାନଙ୍କ ଦେଶର କାରିଗରମାନେ ବଡ଼ ବଡ଼ ନଗର, ଦୁର୍ଗ ପ୍ରସ୍ତୁତ କରିଅଛନ୍ତି, କଟକର ବାରବାଟୀ କିଲାରେ ନ' ମହଲା କୋଠା ତିଆରି କରିଥିଲେ, ଏହି ଦେଶର ତନ୍ତିମାନେ ଏପରି ବିଚିତ୍ର ଓ ସରୁ ଲୁଗା ବୁଣୁଥିଲେ ଯେ ଇଉରୋପରୁ ଧନୀ ବେପାରିମାନେ ଆସି ସେ ଲୁଗା କିଣି ନେଉଥିଲେ। ଯାଜପୁରରେ

ଯେତେ ଭଙ୍ଗା ତୁଟା ସ୍ଥାନ ଓ ପଥର ମୂର୍ତ୍ତିମାନ ଦେଖାଯାଏ ସେଥିରୁ ଉତ୍କଳର ପୂର୍ବ ଗୌରବର କିଞ୍ଚିତ ଇସାରା ମିଳେ। ଆଜି ଭୁବନେଶ୍ୱର ଓ ଖଣ୍ଡଗିରିର କାରିଗରି ଦେଖିବାକୁ ଦୂରଦେଶରୁ ଲୋକେ ଆସୁଅଛନ୍ତି। ପୂର୍ବେ ଆମ୍ଭମାନଙ୍କ ଦେଶର କାରିଗରଙ୍କର ଏପରି ହାତଯଶ ଥିଲା ଯେ ଏହା ଦେଖି ସାହେବମାନେ ସୁଦ୍ଧା ଆଶ୍ଚର୍ଯ୍ୟ ହୋଇଅଛନ୍ତି। ବାଲେଶ୍ୱରର ଲୋକମାନେ ସୁଲୁପ ବୋଟ ତିଆରି କରନ୍ତି ଓ ବାଲେଶ୍ୱରୀ କେଉଟମାନେ ସେହି ସୁଲୁପମାନଙ୍କୁ ସମୁଦ୍ରରେ ଚଳାନ୍ତି। ସୁରକି ମସଲା ନ ଲଗାଇ କେବଳ ଘସା କାମରେ ପଥର ଉପରେ ବସାଇ ଏ ଦେଶର କାରିଗରମାନେ ଦେଉଳ ତିଆରି କରି ଯାଇଛନ୍ତି। ପଥର ଉପରେ ଏପରି ସୂକ୍ଷ୍ମ ଭାବରେ ମୂର୍ତ୍ତିମାନ ଖୋଳିଅଛନ୍ତି ଯେ କେତେ ଶହ ବର୍ଷ ଗଲାଣି ତେବେ ସୁଦ୍ଧା ବର୍ତ୍ତମାନ ସେ ମୂର୍ତ୍ତି ସବୁ ଅନେକ ଜାଗାରେ ଟିକିଏ ସୁଦ୍ଧା ଖୁଣ ହୋଇନାହିଁ। କେତେକ ସାହେବ ପଣ୍ଡିତମାନେ ଏ ମୂର୍ତ୍ତି ସବୁ ଗ୍ରୀସ୍, ରୋମ ଓ ମିସରର କାରିଗରି ଅପେକ୍ଷା ଖୁବ୍ ସରସ ବୋଲି ବାରମ୍ବାର କହି ଯାଇଛନ୍ତି। ଏକ ସମୟରେ ଚିଲିକା ଓଡ଼ିଶାର ଗୋଟିଏ ପ୍ରଧାନ ବନ୍ଦର ଥିଲା ଓ ସେହି ବାଟେ ଏହି ଦେଶର ମହାଜନମାନେ ବୋଇତ ନେଇ ବିଦେଶକୁ ଯାଇ ବେପାର କରୁଥିଲେ। କାଠଯୋଡ଼ୀ ମହାନଦୀର ପଥରବନ୍ଧମାନ କେତେ ଶହ ବର୍ଷ ହେଲା କେତେ ପାଣିର ତୋଡ଼ମାଡ଼ ସହି ଠିଆ ହୋଇଛି। ପୂର୍ବେ ଆମ୍ଭମାନଙ୍କ ଦେଶର କାରିଗରମାନେ ଖିଲାଣ କାମ ନଜାଣି ସୁଦ୍ଧା ଓଲଟ ନିଶୁଣି ପରି ପଥର ଉପରେ ପଥର ଥୋଇ ଶେଷକୁ ଖଣ୍ଡିଏ ଲେଖାଏଁ ଆଡ଼େଣି ପଥର ଦେଇ ନହଡ଼ିମୁଦାଦ୍ୱାରା ଅଠରନଳା ପୋଲ ଏପରି କୌଶଳରେ ତିଆରି କରିଛନ୍ତି ଯେ ସେ ବର୍ତ୍ତମାନର ଖିଲାଣ କାମଠାରୁ ବେଶି ମଜଭୁତ ଓ ଶକ୍ତ ହୋଇଅଛି। କେବଳ ପଥର କାମରେ ନୁହେଁ, କାଠ କାରିଗରିରେ ଉତ୍କଳୀୟମାନେ ପୂର୍ବେ ଖୁବ୍ ଉନ୍ନତି କରିଥିଲେ। ଓଡ଼ିଶା ଉପକୂଳରୁ କୈବର୍ତ୍ତମାନେ (କେଉଟ ନୁହନ୍ତି) ତମଲୁକଠାକୁ ଯାଇ ସେଠାରେ ରାଜପଣ କରିଥିଲେ। ଆମ୍ଭମାନଙ୍କ ପୂର୍ବପୁରୁଷମାନେ ମାପ ଓ ଜରୀବ କାର୍ଯ୍ୟରେ ବିଶେଷ ନିପୁଣ ଥିଲେ। ଭୂମି ଖାଲଢିପ ଜାଣିବା ନିମନ୍ତେ ଥାଳିଏ ପାଣି ଓ ଖଣ୍ଡିକେତେ ତାଳପତ୍ର ବ୍ୟବହାର କରୁଥିଲେ। ଏକ ସମୟରେ ଉତ୍କଳ ରାଜାଙ୍କର ସୈନ୍ୟଙ୍କ ମଧ୍ୟରେ ୫୦୦୦୦ ପାଇକ, ୧୦୦୦୦ ଘୋଡ଼ସବାର ଓ ୨୫୦୦୦ ହାତୀ ଥିଲେ। ଏହା ଛଡ଼ା ମୁହୂର୍ତ୍ତକ ମଧ୍ୟରେ ତିରିଶଲକ୍ଷ ପାଇକ ଆଜ୍ଞାପାଇଲେ ଏକତ୍ରିତ ହୋଇ ପାରୁଥିଲେ।

ଏକ ସମୟରେ ଆମ୍ଭମାନଙ୍କ ପୂର୍ବପୁରୁଷମାନେ ବାହୁବଳରେ ମୁସଲମାନମାନଙ୍କୁ ଯୁଦ୍ଧରେ ପରାଜୟ କରିଥିଲେ। ଦୂରଦକ୍ଷିଣସ୍ଥ କାଞ୍ଚି ପର୍ଯ୍ୟନ୍ତ ଉତ୍କଳୀୟମାନଙ୍କ ଜୟପତାକା ଉଡୁଥିଲା। ଉତ୍କଳର ଧର୍ମସଂସ୍କାରକ ଜଗନ୍ନାଥ ଦାସ ଧର୍ମଓ ଭକ୍ତି ବିଷୟରେ

ଚୈତନ୍ୟଦେବଙ୍କଠାରୁ ଉନ୍ନତ ଥିବାର ଦେଖି ନିଜେ ଚୈତନ୍ୟ ଭାବରେ ବିଗଳିତ ହୋଇ ତାଙ୍କୁ 'ଅତିବଡ଼' ଜଗନ୍ନାଥ ଦାସ ବୋଲି ନାମ ଦେଇଥିଲେ। ସେ ଧର୍ମ ଓ ଭକ୍ତିରେ ଜାତିଭେଦ ସ୍ୱୀକାର କରୁନଥିଲେ। ଆମ୍ଭ ପୂର୍ବପୁରୁଷମାନେ ସାମାନ୍ୟ ନଳ ପଦିକାରେ ମାପି ଯାହା ସ୍ଥିର କରିଥିଲେ ଇଂରାଜୀ ମାପ ଅନୁସାରେ ଆଜି ତାହା ଠିକ୍ ମିଳୁଅଛି।

ପୂର୍ବେ ଆମ୍ଭମାନଙ୍କ ଦେଶରେ ସ୍ତ୍ରୀଶିକ୍ଷା ମଧ୍ୟ ପ୍ରଚଳିତ ଥିବାର ପ୍ରମାଣ ଅଛି। ଓଡ଼ିଆ କବି ଜଗନ୍ନାଥ ଦାସ ଓ ବଳରାମ ଦାସଙ୍କର ଏପରି ମୋହିନୀ ଶକ୍ତି ଥିଲା ଯେ ଆଜି ସୁଦ୍ଧା ଲକ୍ଷ ଲକ୍ଷ ଉତ୍କଳୀୟ ତାଙ୍କର ପଦମାନ ପଢ଼ି ପ୍ରେମରେ ମାତି ଉଠୁଛନ୍ତି। କବି ଉପେନ୍ଦ୍ର ଭଞ୍ଜ, ଦୀନକୃଷ୍ଣ, ଅଭିମନ୍ୟୁ, କବିସୂର୍ଯ୍ୟ ଇତ୍ୟାଦି କେତେ କେତେ ଉଚ୍ଚ ଧରଣର କବି ପୁରାତନ ଓଡ଼ିଆ ଭାଷା ଓ ସାହିତ୍ୟର ଶ୍ରୀ ବଢ଼ାଇ ଦେଇ ଯାଇଛନ୍ତି। ଓଡ଼ିଆମାନେ ସଂସ୍କୃତ ଚର୍ଚ୍ଚା ଓ ଶାସ୍ତ୍ରଚର୍ଚ୍ଚାରେ ଖୁବ୍ ଉଚ୍ଚସ୍ଥାନ ଅଧିକାର କରିଥିଲେ, ଚୈତନ୍ୟଦେବଙ୍କର ପୂର୍ବପୁରୁଷମାନେ ଯାଜପୁର ନିକଟବର୍ତ୍ତୀ ଏକ ସ୍ଥାନରେ ବାସ କରୁଥିଲେ, ଏ ବିଷୟ ବଙ୍ଗାଳି ପଣ୍ଡିତମାନେ ସ୍ୱୀକାର କରନ୍ତି; ଚୈତନ୍ୟଦେବଙ୍କର ପିତାଙ୍କ ନାମ ଜଗନ୍ନାଥ ମିଶ୍ର ଥିଲା। ଭାଷାବିଜ୍ଞାନ, ଅଶ୍ୱଶାସ୍ତ୍ର, ଇତିହାସ ଚର୍ଚ୍ଚାରେ ଆମ୍ଭମାନଙ୍କ ପୂର୍ବପୁରୁଷମାନେ ଉନ୍ନତ ଥିବାର ପ୍ରମାଣ ମିଳେ। ଓଡ଼ିଶା ରାଜାମାନଙ୍କ ଶାସନାଧୀନରେ ଥିଲା ସତ୍ୟ, କିନ୍ତୁ ପ୍ରତି ଗ୍ରାମରେ ପଞ୍ଚାୟତ ପ୍ରଥା ପ୍ରଚଳିତ ଥିଲା। ଉତ୍କଳର ଏହିପରି କେତେକ ଗୌରବର ବିଷୟ ଅଛି । ଧନ, ଧର୍ମ, ସାହିତ୍ୟ, ଶିଳ୍ପ, ବାଣିଜ୍ୟରେ ଉତ୍କଳୀୟମାନେ ଖୁବ୍ ଉନ୍ନତି କରିଥିଲେ। ଆମ୍ଭେମାନେ ସେହିମାନଙ୍କ ବଂଶଧର। କିନ୍ତୁ ଦୈବବିପାକରୁ ମଝିରେ କେତେଦିନ ଆମ୍ଭମାନଙ୍କ ଭାଗ୍ୟ ଅସ୍ତ ହୋଇଥିଲା। ଶୁଭକ୍ଷଣରେ ଇଂରାଜୀ ସଭ୍ୟତା ଆମ୍ଭମାନଙ୍କ ମାତୃଭୂମିକୁ ଛୁଇଁଅଛି। ଯେତେଦିନ ଆମ୍ଭେମାନେ ଆଖିବୁଜି ଶୋଇଥିଲୁଁ ଶୋଇଥିଲୁଁ। ବର୍ତ୍ତମାନ ସମସ୍ତେ ଅଣ୍ଟାଭିଡ଼ି ପୂର୍ବପୁରୁଷମାନଙ୍କ କୀର୍ତ୍ତି ସୁମରି, ଚାଲ, କାର୍ଯ୍ୟକ୍ଷେତ୍ରକୁ ବାହାରିବା। ଭାରତର ସମସ୍ତ ଜାତି ଇଂରାଜି ସଭ୍ୟତା ପାଇ ଦିନକୁ ଦିନ ଉନ୍ନତି କରୁଅଛନ୍ତି। ଉତ୍କଳର ଅବସ୍ଥା କିପରି ଦିନକୁ ଦିନ ଉନ୍ନତ ହେବ ଏଥିଲାଗି ଏହି ସମ୍ମିଳନୀ ସଭା ଆରମ୍ଭ ହୋଇଅଛି। ଏପରି ଗୋଟିଏ ଜାତୀୟ ସଭା କରି ଆମ୍ଭେମାନେ ସମସ୍ତେ ଉନ୍ନତି ବାଟରେ ଚାଲିବା ପାଇଁ ମନପ୍ରାଣ ଦେଇ ଯତ୍ନ କରିବା। ବର୍ତ୍ତମାନ ମଧ୍ୟ ଉପଯୁକ୍ତ ସମୟ ଉପସ୍ଥିତ ହୋଇଛି। ଏହି ସମୟ ଉପସ୍ଥିତ ହୋଇ ନଥିଲେ ଆଜି ଉତ୍କଳ ସମ୍ମିଳନୀ ସଭା ଏତେଦୂର କୃତକାର୍ଯ୍ୟ ହୋଇ ନଥାନ୍ତା। ସବୁ ଭାଇଯାକ ଏକାଠେଇଁ ହୋଇ ଆପଣାର କିପରି ଦିନକୁ ଦିନ ବଡ଼ତି ହେବ ଏ ବିଷୟ ବସି ଦୁଃଖ ସୁଖ ହେବା ଆମ୍ଭମାନଙ୍କ ପକ୍ଷରେ ବହୁ ଭାଗ୍ୟର କଥା, କିନ୍ତୁ ଖାଲି କଥାବାର୍ତ୍ତାରେ ନିଶ୍ଚିତ ହୋଇ ରହିଲେ କିଛି ଫଳ ହେବ ନାହିଁ। ଚାଲ ସମସ୍ତେ ଯେ ଯାହା ଶକ୍ତି ଓ ବଳକୁ ଚାହିଁ କାର୍ଯ୍ୟ

କରିବା। ଯେତେବେଳେ ରାମଚନ୍ଦ୍ର ସେତୁବନ୍ଧ ବାନ୍ଧୁଥିଲେ ସେତେବେଳେ ସେହିସେତୁ ବାନ୍ଧିବାରେ ବଡ଼ ବଡ଼ ବୀରମାନେ ତାଙ୍କର ବଳ ପରାକ୍ରମ ଖଟାଇଥିଲେ, ଗୁଣ୍ଡିଚିମୂଷା ମଧ୍ୟ ତାର ବଳ ଓ ପରାକ୍ରମକୁ ଚାହିଁ ପାଣିରେ ବୁଡ଼ି ବାଲିରେ ଗଡ଼ି ସେ ବାଲିତକ ଆଣି ବନ୍ଧ ଉପରେ ଝାଡ଼ିଝୁଡ଼ି ହେଉଥିଲା। ଯାହାର ଯେ ଶକ୍ତି ଅଛି ଟାଲ ସମସ୍ତେ ମାତୃଭୂମି ସେବାରେ ଲଗାଇବା। ବଡ଼ବଡ଼ ବଡ଼ଙ୍କ କର୍ମ କରନ୍ତୁ, ସାନ ସାନ ସାନସାନଙ୍କ କର୍ମ କରନ୍ତୁ, ଦେଖିବ ଯେ ସମସ୍ତ ଉତ୍କଳ ଦିନକୁ ଦିନ ଉନ୍ନତି କରିବ।

ଗଞ୍ଜାମ, ସମ୍ବଲପୁର, ମେଦିନୀପୁର, ଓଡ଼ିଶାର ଭାଇମାନେ କାଳକ୍ରମେ ଭିନ୍ନ ଭିନ୍ନ ହୋଇ ଯାଇଛନ୍ତି ସତ୍ୟ, କିନ୍ତୁ ସମସ୍ତେ ତ ଏକା ମା'ର ପୁଅ। ସମସ୍ତେ ଉତ୍କଳ ମାତାର ସନ୍ତାନ। ଆଜିଯାଏ ଆମ୍ଭେମାନେ ଏକାଠେଇଁ ହୋଇଅଛୁଁ ଈଶ୍ୱର କଲେ ଦିନେ ଆମ୍ଭେମାନେ ଜାତି ଭାରତବର୍ଷର ଆଉ ଆଉ ଜାତିଙ୍କ ସଙ୍ଗେ ସମକକ୍ଷ ହୋଇ ଠିଆ ହୋଇପାରିବା। କି କି ଉପାୟରେ ଏହା ହେବ ସେଥିପାଇଁ ସମ୍ମିଳନୀରେ ସମସ୍ତେ ରୁଣ୍ଡ ହୋଇଥିଲେ। ଆମ୍ଭମାନଙ୍କୁ ବାହାର କରି କର୍ମକ୍ଷେତ୍ରରେ ଅଣ୍ଟାଭିଡ଼ାଇ ଠିଆ କରାଇବା ନିମନ୍ତେ ଏହି ଉତ୍କଳ ସମ୍ମିଳନୀ ସଭାର କଳ୍ପନା। ବର୍ତ୍ତମାନ ଏପରି ଗୋଟିଏ ଜାତୀୟ କାର୍ଯ୍ୟ ଆରମ୍ଭ କରିବା ନିମନ୍ତେ ଉପଯୁକ୍ତ ସମୟ ଆସି ଉପସ୍ଥିତ ହୋଇଅଛି, ଏହାର ଢେର ପ୍ରମାଣ ଓ ସୂଚନା ମିଳିଅଛି। କ୍ରମଶଃ ଉତ୍କଳୀୟଙ୍କ ମନରେ ଜାତୀୟଭାବ ଓ ଜାତୀୟ ଅଭିମାନ ଉଦୟ ହୋଇଅଛି। ଉତ୍କଳୀୟମାନେ ବର୍ତ୍ତମାନ ରାଜନୈତିକ ଭାବରେ ଛିନ୍ନବିଛିନ୍ନ ହୋଇ ସୁଦ୍ଧା ସେହି ରାଜନୈତିକ ବିଚ୍ଛେଦକୁ ପରସ୍ପର ମଧ୍ୟରେ ସହାନୁଭୂତି ଦ୍ୱାରା ବୁଡ଼ାଇ ପକାଇବାକୁ ଚେଷ୍ଟା କରୁଅଛନ୍ତି; ଏହା ସେହି ଜାତୀୟ ଭାବ ଉଦୟର ପ୍ରଥମ ସୋପାନ। ଏପରି ଜାତୀୟ ଭାବ ଉଦୟ ହୋଇ ନଥିଲେ ଆଜି ଉତ୍କଳ ସମ୍ମିଳନୀ ଏପରି ନିର୍ବିଘ୍ନରେ ସମ୍ପନ୍ନ ହୋଇପାରିନଥାନ୍ତା। ସବୁ ଭାଇମାନେ ଏକାଠେଇଁ ହୋଇ ଆପଣାର ଦୁଃଖସୁଖ ବିଷୟ କଥାଭାଷା ହେବା କମ୍ ଭାଗ୍ୟ ? ଏଥିପାଇଁ ସୁବିଧା ଓ ମନ ଉଭୟ ଯେ ଆମ୍ଭମାନଙ୍କୁ ଏକାଦିନେ ମିଳିଲା ଏହା ଭାବିଲେ ମନ ସ୍ୱଦେଶ ପ୍ରେମରେ ବୁଡ଼ିଯାଏ। ଭାଇଯାକ ଏହି ପ୍ରଥମ ସମ୍ମିଳନୀରେ ପରସ୍ପର ସଙ୍ଗେ ଦେଖା ସାକ୍ଷାତ ହୋଇଛନ୍ତି ମାତ୍ର। ନିଜ ନିଜର ଦୁର୍ଦ୍ଦଶା କିପରି ଘୁଞ୍ଚିବ ଏ ବିଷୟରେ ପଦେ ଅଧେ କଥା ଭାଷା ହୋଇଅଛନ୍ତି ସତ୍ୟ, କିନ୍ତୁ ଏଣୁ ଯାଇ କବାଟ କିଳି ନ ଶୋଇ ଯେଝା ବୁଦ୍ଧି, ବଳ ଓ ଶକ୍ତି ଅନୁସାରେ ସମସ୍ତ ଭାଇମାନଙ୍କୁ ଅଣ୍ଟା ଭିଡ଼ିବାକୁ ହେବ। ଏଥି ନିମନ୍ତେ ଏଠାରେ ଗୋଟିଏ ଉଦାହରଣ ମନେ ପଡୁଅଛି। ସେ ଉଦାହରଣଟି ଆଧୁନିକ ସଭ୍ୟତା ଆଲୋକ ଯୁଗର ଉଦାହରଣ ନୁହେଁ କିମ୍ବା ନୂତନ ନୁହେଁ। ଭାରତର ପୂର୍ବକାଳରେ ଯେଉଁ ସଭ୍ୟତା ଥିଲା ସେହି ସମୟରେ ଗ୍ରାମର ଶାସନର ଭାର ଗ୍ରାମ୍ୟ ସମିତି ଅଧୀନରେ ଥିଲା। ସେଥିରେ

ଯେଝାର ଯେ ଶକ୍ତି ଥିଲା ତାହା ଲାଗୁଥିଲା, ବଡ଼ବଡ଼ କାର୍ଯ୍ୟରେ ବଡ଼ବଡ଼ଙ୍କ ଶକ୍ତି ଅନୁସାରେ ସେମାନେ କାର୍ଯ୍ୟ କରୁଥିଲେ, ସାନସାନ ମଧ୍ୟ ତାଙ୍କ ବଳକୁ ଚାହିଁ ତାଙ୍କ କାର୍ଯ୍ୟ କରୁଥିଲେ। ଗ୍ରାମ୍ୟ ସମିତିର କାର୍ଯ୍ୟ ଚଳିବା ନିମନ୍ତେ ଯେଝାର ଯେଉଁ କାର୍ଯ୍ୟ ଖଞ୍ଜା ଥିଲା ସେ ସେ କାର୍ଯ୍ୟ କରୁଥିଲା ଓ କଳଟି ନିୟମିତ ରୂପେ ଚଳୁଥିଲା। ସେହି ପ୍ରାଚୀନ ସଭ୍ୟତା ଯୋଗୁଁ ଆଜି ଭାରତ ପୂଜା ପାଉଅଛି। ହାତ ହାତର କାର୍ଯ୍ୟ କରୁ, ଗୋଡ଼ ଗୋଡ଼ର କାର୍ଯ୍ୟ କରୁ, ମୁଣ୍ଡ ମୁଣ୍ଡର କାର୍ଯ୍ୟରେ ଲାଗୁ, ଆଖି ଆଖିର କାର୍ଯ୍ୟ କରୁ, ଦେଖିବ ଶରୀରଯାକ ଏକ ହୋଇ ସୁରୁଖୁରୁ ହୋଇ ସୁସ୍ଥ ରହିବ, କୌଣସି ଆଡୁ ଟିକିଏ ଖଇଚା ହେଲେ ସମୁଦାୟ ଯନ୍ତ୍ରଟି ବିଗିଡ଼ିଯିବ।

ଏ ସମ୍ମିଳନୀର ନାମ ଉତ୍କଳ ସମ୍ମିଳନୀ। ଏଥିରେ ସମସ୍ତ ଉତ୍କଳଭାଷୀ ଅଞ୍ଚଳର ମଙ୍ଗଳଜନକ ପ୍ରସ୍ତାବମାନ ପ୍ରସ୍ତାବିତ ହୋଇ କାର୍ଯ୍ୟରେ ପରିଣତ ହେବ। ବର୍ତ୍ତମାନ ସରକାର ବାହାଦୁରଙ୍କ ରାଜତ୍ୱରେ ଓଡ଼ିଶାର ସୀମା ଢେର କମି ଯାଇଅଛି। ଫଳରେ ମଧ୍ୟ ଦେଖାଯାଉଅଛି ସେ ସମ୍ବଲପୁର, ଛୋଟନାଗପୁର, ମେଦିନୀପୁର, ଗଞ୍ଜାମ ଇତ୍ୟାଦି ସ୍ଥାନମାନ ଓଡ଼ିଶାର ବାହାରେ ଥାଇ ସୁଦ୍ଧା ସେ ଅଞ୍ଚଳରେ ଓଡ଼ିଆଙ୍କ ସଂଖ୍ୟା ବହୁତ, ସେଥିପାଇଁ ସମସ୍ତ ଉତ୍କଳଭାଷୀ ଅଞ୍ଚଳକୁ 'ଉତ୍କଳ' ବୋଲି ନାମ ଦିଆ ହୋଇଛି। ଯେଉଁମାନେ ଉତ୍କଳର ସ୍ଥାୟୀ ଅଧିବାସୀ ହୋଇଅଛନ୍ତି ଅର୍ଥାତ୍ ଯେଉଁମାନେ ଉତ୍କଳକୁ ସେମାନଙ୍କ ଗୃହସ୍ୱରୂପ ମଣିଛନ୍ତି, ସେମାନେ ଭିନ୍ନ ଜାତୀୟ ହେଲେ ସୁଦ୍ଧା ସେମାନଙ୍କୁ ଉତ୍କଳୀୟ ବୋଲି ଗଣନା କରାଯିବ। ଯେଉଁମାନେ ଅନେକ ଦିନ ହେଲା ଏଠାକୁ ଆସି ଓଡ଼ିଶାକୁ ଆପଣାର ମାତୃଭୂମି ସ୍ୱରୂପ ଗ୍ରହଣ ଏବଂ ସ୍ୱୀକାର କରୁଛନ୍ତି ଓ ଓଡ଼ିଆମାନଙ୍କ ହିତସାଧନକୁ ସ୍ୱଜାତିପ୍ରତି କର୍ତ୍ତବ୍ୟକର୍ମ ବୋଲି ମନେ କରୁଅଛନ୍ତି ସେହିମାନଙ୍କୁ ଆମ୍ଭେମାନେ ଉତ୍କଳୀୟ ବୋଲି ଡାକୁଅଛୁଁ।

ଏପରି ଗୋଟିଏ ଜାତୀୟ କାର୍ଯ୍ୟ ଆରମ୍ଭ କରିବାକୁ ହେଲେ ଆମ୍ଭମାନଙ୍କର କାର୍ଯ୍ୟର ସୀମା କେତେଦୂର ଓ ଆମ୍ଭମାନଙ୍କ ସାମର୍ଥ୍ୟ କଣ ଅଛି ଏହା ପ୍ରଥମେ ଉତ୍ତମରୂପେ ବୁଝିବାକୁ ହେବ। ଏହି ସମ୍ମିଳନୀର ସୀମା ମଧ୍ୟରେ ରାଜନୈତିକ ଆନ୍ଦୋଳନ ଓ ଧର୍ମ ସମ୍ବନ୍ଧୀୟ ତର୍କ ଏ ଦୁହେଁ ସ୍ଥାନ ପାଇ ନାହାନ୍ତି। ଉତ୍କଳୀୟମାନଙ୍କର ବର୍ତ୍ତମାନ ଅବସ୍ଥାକୁ ବିଚାର କରିବାକୁ ଗଲେ ଦେଖାଯିବ ଯେ ଆଜି ପର୍ଯ୍ୟନ୍ତ ଉତ୍କଳୀୟମାନେ ଭାରତବର୍ଷର ଅନ୍ୟାନ୍ୟ ଜାତିମାନଙ୍କଠାରୁ ଅନେକ ପଛରେ ପଡ଼ିଅଛନ୍ତି। ରାଜନୈତିକ ଆନ୍ଦୋଳନ ପ୍ରତି ମନଦେବା ପୂର୍ବରୁ ପ୍ରଥମେ ଦେଖିବାର ଉଚିତ ଯେ ଉତ୍କଳୀୟମାନେ ରାଜନୈତିକ ଚର୍ଚ୍ଚା କରିବାକୁ ଉପଯୁକ୍ତ ହୋଇଛନ୍ତି କି ନାହିଁ ? ରାଜନୈତିକ ଚର୍ଚ୍ଚା କରିବାକୁ ହେଲେ ଅନ୍ୟର ବା ସରକାର ବାହାଦୂରଙ୍କର କାର୍ଯ୍ୟକଳାପର ଦୋଷାଦୋଷ ବିବେଚନା କରିବାକୁ

ହେବ; କିନ୍ତୁ ଧୀରଭାବରେ ଉତ୍କଳର ବର୍ତ୍ତମାନ ଅବସ୍ଥା ଭାବିଲେ ସ୍ଥିର ହେବ ଯେ ଅନ୍ୟର ଦୋଷ ଧରିବା ପାଇଁ ପଦାକୁ ବାହାରିବା ପୂର୍ବରୁ, ଆପଣାର ଦୋଷ ସଂଶୋଧନ କରି, ଆପଣା ଉପରେ ନିର୍ଭର କରି ଉନ୍ନତି କରିବା ଉଚିତ। ଲୋକେ କହନ୍ତି "ଆପଣା ସୁନାତ ଭେଣ୍ଡି ପରସାଙ୍ଗେ କିଆଁ ବାଳ ଧରାଧରି"। ଆପଣାର ଦୋଷ ସଂଶୋଧନ କରି ଘରେ ଉତ୍ତମରୂପେ ବାଡବୁଜି ବାହାରକୁ ଅଣ୍ଟା ଭିଡ଼ି ବାହାରିବାର ଉଚିତ। ଏଥିଯୋଗୁଁ କୌଣସି ରାଜନୈତିକ ତର୍କ ବା ସମାଲୋଚନାକୁ ସମ୍ମିଳନୀର ବର୍ତ୍ତମାନ ସୀମା ମଧ୍ୟରୁ ବାହାର କରିଦେବାକୁ ହୋଇଅଛି। ଦ୍ୱିତୀୟ କଥା ଧର୍ମ ସମ୍ବନ୍ଧୀୟ ଆଲୋଚନା; ଏହା ଦ୍ୱାରା ଏପରି କେହି ମନେ କରିପାରନ୍ତି ଯେ ଏପରି ବଡ଼ କାର୍ଯ୍ୟର ଧର୍ମ ସଙ୍ଗେ ଆଦୌ ସମ୍ପର୍କ ନ ରହିଲେ ଏହି ସମ୍ମିଳନୀର ମୂଳଦୁଆ ବନ୍ଧା ହୋଇପାରିବ ନାହିଁ। କିନ୍ତୁ ପୂର୍ବେ ଯାହା ବୋଲାଯାଇଅଛି ସେଥିରୁ ଉତ୍ତମରୂପେ ବୁଝାଯିବ ଯେ ଉତ୍କଳୀୟମାନଙ୍କ ମଧ୍ୟରେ ହିନ୍ଦୁ, ମୁସଲମାନ, ଖ୍ରୀଷ୍ଟିଆନ, ବ୍ରାହ୍ମ ଇତ୍ୟାଦି ସମସ୍ତେ ଅଛନ୍ତି ଓ ସେମାନଙ୍କର ଧର୍ମ ଭିନ୍ନ ଭିନ୍ନ, ଏପରି ସ୍ଥଳରେ ଧର୍ମ ସମ୍ବନ୍ଧରେ ସେମାନଙ୍କର ମତ ମିଳିପାରିବ ନାହିଁ ଏବଂ ଏ ସମ୍ମିଳନୀରେ ଧର୍ମତର୍କ ପ୍ରବେଶ କଲେ ଆମ୍ଭମାନଙ୍କ ମଧ୍ୟରେ ଗୁରୁତର ମତଭେଦ ହେବାର ସମ୍ଭାବନା। ଏହି କାରଣରୁ ଧର୍ମ ସମ୍ବନ୍ଧୀୟ ତର୍କ ଏ ସମ୍ମିଳନୀର ସୀମା ମଧ୍ୟକୁ ଆସିନାହିଁ। କିନ୍ତୁ ସବୁ ଧର୍ମର ମୂଳରେ ସେହି ଅନନ୍ତ ମହାମହୀୟାନ୍ ପରମେଶ୍ୱର ବିରାଜମାନ। ହିନ୍ଦୁ, ମୁସଲମାନ, ଖ୍ରୀଷ୍ଟିଆନ, ବ୍ରାହ୍ମ, ସମସ୍ତେ ସେହି ଏକ ଅଭୟ ପାଦପଦ୍ମରେ ଶରଣାଗତ ହୁଅନ୍ତି। ଅତଏବ ସମସ୍ତଙ୍କର ଧର୍ମର ମୂଳଭିତ୍ତି ସେହି ବ୍ରହ୍ମାଣ୍ଡ ଠାକୁର, ତାଙ୍କର ନାମ ଧରି କୌଣସି କାର୍ଯ୍ୟରେ ହାତ ଦେଲେ କେଉଁ ସମ୍ପ୍ରଦାୟର କିଛି ଆପତ୍ତି ନାହିଁ, ବରଂଚ ମୂଳରେ ଏହିପରି ଗୋଟିଏ ଜୀବନ୍ତ ବନ୍ଧନ ନ ରହିଲେ ଏ ସମ୍ମିଳନୀରୂପ ବୃହତ୍ କାର୍ଯ୍ୟ ମଙ୍ଗଳମୟ ହୋଇ ଉଠିବାର ଅସମ୍ଭବ। ସେଇଥିପାଇଁ ଏ ସମ୍ମିଳନୀର ଆରମ୍ଭରେ ମାତୃପୂଜା କରି ବସିବା ପୂର୍ବରୁ ଭଗବାନଙ୍କ ନାମ ସ୍ମରଣ କରି, ସେହି ତେଜୋମୟଙ୍କ ବଳରେ ବଳୀୟାନ ହୋଇ ଆମ୍ଭେମାନେ କାର୍ଯ୍ୟ ଆରମ୍ଭ କରିଅଛୁଁ। ଯାହାଙ୍କ ନାମ କୀର୍ତ୍ତନରେ କେଉଁ ସମ୍ପ୍ରଦାୟର କିଛି ଆପତ୍ତି ହୋଇନପାରେ, ସେହି ମଙ୍ଗଳମୟଙ୍କ ନାମ ଧରି ଆମ୍ଭେମାନେ ସମ୍ମିଳନୀର କାର୍ଯ୍ୟ ଆରମ୍ଭ କରିଅଛୁ। କିନ୍ତୁ ଧର୍ମ ସମ୍ବନ୍ଧୀୟ ତର୍କ କରିବାକୁ ଗଲେ ଏକ ସମ୍ପ୍ରଦାୟଙ୍କ ଚକ୍ଷୁରେ ଯାହା ଯୁକ୍ତ ଓ ବିଶ୍ୱାସପୂର୍ଣ୍ଣ ବୋଲି ଜଣାଯିବ, ଅପର ସମ୍ପ୍ରଦାୟଙ୍କ ପକ୍ଷରେ ତାହା ଅଡୁଆ ଲାଗିବ। ଯଦିଚ ସମ୍ମଳନୀ ମୂଳରେ ସବୁ ଧର୍ମର ପ୍ରବର୍ତ୍ତକ ସେହି ଅନାଦି ଅନନ୍ତ ବିଦ୍ୟମାନ ତଥାଚ ଧର୍ମ ବିଷୟକ ତର୍କ ଏ ସମ୍ମିଳନୀର ସୀମା ମଧ୍ୟକୁ ଆସିନାହିଁ।

ଏ ଦୁଇ ବିଷୟରେ ତର୍କ ନ କରି କିପରି ଉତ୍କଳୀୟମାନଙ୍କର ଉନ୍ନତି ହେବ ଏହା

ହିଁ ଏହି ସମ୍ମିଳନୀର ଉଦ୍ଦେଶ୍ୟ। କିପରି ଉତ୍କଳୀୟମାନେ ବିଦ୍ୟା, ଧନ, ଶିଳ୍ପ ଓ ସମାଜ ଇତ୍ୟାଦି ବିଷୟରେ ଉନ୍ନତି କରିବେ ଏହାହିଁ ଏ ସମ୍ମିଳନୀର କଳ୍ପନା। ଆଜି ପର୍ଯ୍ୟନ୍ତ ଉତ୍କଳୀୟମାନଙ୍କ ଭାଗ୍ୟ ଅନ୍ୟ କେତେ ଜାତିଙ୍କ ଭାଗ୍ୟ ସଙ୍ଗେ ଏକ ଛାଞ୍ଚରେ ଢଳା ହୋଇ ଆସିଅଛି। ଉତ୍କଳୀୟମାନେ କାଳକ୍ରମେ ଅନ୍ୟ ଜାତିମାନଙ୍କ ସଂଗେ ବଢିଅଛନ୍ତି, ବଢୁଅଛନ୍ତି ଓ ବଢ଼ିବେ, ଉତ୍କଳୀୟମାନଙ୍କ ସଙ୍ଗେ ଯେଉଁ ଜାତିମାନଙ୍କ ସହବାସ ହୋଇଅଛି ସେମାନଙ୍କ ସଙ୍ଗେ ଉତ୍କଳୀୟଙ୍କର କି ସମ୍ପର୍କ ରହିଛି, ତାହା ଉତ୍ତମରୂପେ ବୁଝିବାର ଉଚିତ। କାରଣ ଅନ୍ୟ ଜାତିମାନଙ୍କଠାରୁ ଉତ୍କଳୀୟମାନେ ଢେର ଶିକ୍ଷାଲାଭ କରିଅଛନ୍ତି ଓ କରିବେ। ଏପରିସ୍ଥଳେ ଉତ୍କଳୀୟମାନେ ଉପରୋକ୍ତ ଅନ୍ୟାନ୍ୟ ଜାତିମାନଙ୍କର ଶିଷ୍ୟ ସ୍ୱରୂପ। ଶିଷ୍ୟ ହେଲେ ପ୍ରଥମେ ନିଜର ଅଭାବ ଓ ଦୋଷଗୁଡିକ ଉତ୍ତମରୂପେ ବୁଝି ଗୁରୁଙ୍କ ସାହାଯ୍ୟରେ ସେଗୁଡ଼ିକ ସଜାଡ଼ି ନେବାକୁ ହେବ। ତାହାହେଲେ ଗୁରୁଙ୍କ ସଙ୍ଗେ ଶିଷ୍ୟର କି ସମ୍ବନ୍ଧ ତାହା ଭଲରୂପେ ବୁଝିବାକୁ ହେବ। ଅତଏବ ଏକ ଜାତିର ଉନ୍ନତି ନିମନ୍ତେ ଅନ୍ୟ ଉନ୍ନତ ଜାତିର ସଙ୍ଗମ ଏକାନ୍ତ ଆବଶ୍ୟକ। ଅନ୍ୟ ଜାତିର ସଙ୍ଗ ହେବାକୁ ହେଲେ ପରସ୍ପର ମଧ୍ୟରେ ବନ୍ଧୁଭାବ ବଢ଼ାଇବାକୁ ହେବ। ଅନ୍ୟ ଜାତିର ଦୁର୍ଗୁଣଗୁଡିକ ପ୍ରେମଚକ୍ଷୁରେ କ୍ଷମା ଦେଇ ସେଗୁଡ଼ିକ ତ୍ୟାଗ କରି ଗୁଣଗୁଡ଼ିକ ଗ୍ରହଣ କରି ଆପଣା ଜାତିର ଉନ୍ନତି ସାଧନ କରିବାକୁ ହେବ। ଗୁଣଗୁଡ଼ିକ ଗ୍ରହଣ କରିବା ସହଜ କଥା ନୁହେଁ। ବନ୍ଧୁ ଓ ପରମ ମିତ୍ର ଭାବରେ ଅପର ଜାତିଙ୍କ ପ୍ରତି ସମ୍ମିଳନ-ଦୃଷ୍ଟି ନ କଲେ ଅନ୍ୟର ଗୁଣଗୁଡ଼ିକ ସହଜରେ ଗ୍ରହଣ କରାଯାଇ ନପାରେ। ଭିନ୍ନ ଭିନ୍ନ ଜାତୀୟ ଦୁଇଜଣଙ୍କ ମଧ୍ୟରେ କୌଣସି ବିବାଦ ହେଲେ ଲୋକେ ଏହି ବିବାଦକୁ ଦୁଇ ଜାତିଙ୍କ ମଧ୍ୟରେ ବିବାଦ ହେଲା ବୋଲି ସ୍ଥିର କରନ୍ତି, କିମ୍ବା ଏହି ବ୍ୟକ୍ତିଗତ ବିବାଦକୁ ଜାତୀୟ ବିବାଦର ଫଳ ବୋଲି କହି ବୁଲନ୍ତି। ଏହି ଯୋଗୁଁ ଦୁଇ ଜାତି ମଧ୍ୟରେ ବନ୍ଧୁତା ସମୟ ସମୟରେ ଅସମ୍ଭବ ହୋଇଉଠେ। ଏପରି କରିବା ଦ୍ୱାରା ଆଜି ଯେଉଁ ନିଆଁ ଟିକିଏ ଦେଖା ଦେଲା, କାଲି ସେ ବ୍ରହ୍ମାଣ୍ଡଯାକ ବ୍ୟାପିଯାଇ ଜାତିଙ୍କୁ ଉନ୍ନତି କରାଇ ଦେବ ନାହିଁ। ଏହି ସମ୍ମିଳନୀ ପରି ଜାତୀୟ କାର୍ଯ୍ୟର ଆରମ୍ଭ ହେଲେ ଭିନ୍ନ ଭିନ୍ନ ଜାତିର ଦୁଇଜଣଙ୍କ ମଧ୍ୟରେ ବିରୋଧ ହେଲେ ମଧ୍ୟ ତାହା ଜାତି ଜାତି ମଧ୍ୟରେ ବିରୋଧ ବୋଲି ଗଣାଯିବ ନାହିଁ।

ସମସ୍ତ ଉତ୍କଳଭାଷୀ ପ୍ରଦେଶର ଲୋକମାନେ ଆଜି ପର୍ଯ୍ୟନ୍ତ ନାନାଦି କାରଣରୁ ଭିନ୍ନ ଭିନ୍ନ ହୋଇ, ନିଜ ନିଜକୁ ନ ଚିହ୍ନି ଯେ ଯେଉଁଠାରେ ପଡ଼ି ରହିଥିଲେ। ସବୁ ଭାଇଯାକ କିପରି ଥରେ ହେଲେ ଏକାଠେଇଁ ହୋଇପାରିବା ଏ ଭାବ କ୍ରମଶଃ ସମସ୍ତଙ୍କ ମନରେ ଉଦୟ ହୋଇଥିବାର ଢେର ପ୍ରମାଣ ମିଳିଅଛି। ଭାଷା ସୂତ୍ରରେ ଏ ଭାବ ପ୍ରଥମେ ଉଦିତ ହେଲା। ସମ୍ବଲପୁରରୁ କେତେକ ଦିନ ପୂର୍ବରେ ଯେତେବେଳେ କଚେରିମାନଙ୍କରୁ

ଓଡ଼ିଆ ଭାଷା ଉଠିଗଲା, ସେତେବେଳେ ସମ୍ବଲପୁରର ଓଡ଼ିଆମାନେ କାନ୍ଦି ଉଠିଲେ ଓ ତେତେବେଳେ ଉତ୍କଳ ବ୍ୟାପୀ ହାହାକାର ପଡ଼ିଗଲା। ପରିଶେଷରେ ସମ୍ବଲପୁର ଭାଇମାନଙ୍କ ଦୃଢ଼ ଚେଷ୍ଟା, ଏଠାର ଓଡ଼ିଶାର ଭାଇମାନଙ୍କ ମନର ଦୁଃଖ ଓ ସହାନୁଭୂତି ଓ ଭଗବାନଙ୍କ ଅନୁଗ୍ରହରୁ ବଙ୍ଗଳାର ବର୍ତ୍ତମାନ ଛୋଟଲାଟ ଶ୍ରୀଯୁକ୍ତ ସାର ଆଣ୍ଡ୍ରୁଫେଜ୍ରର ଯେ କି ସେ ସମୟରେ ମଧ୍ୟପ୍ରଦେଶର ଭାଗ୍ୟବିଧାତା ରୂପେ ଠିଆ ହୋଇଥିଲେ ସେ ସମ୍ବଲପୁରର ଓଡ଼ିଆମାନଙ୍କୁ ଅଭୟ ବର ଦେଇଓଡ଼ିଆ ଭାଷାକୁ ସମ୍ବଲପୁରର କଚେରିମାନଙ୍କରେ ପୁନର୍ବାର ଚଳାଇଲେ। ଯେତେବେଳେ ମୃତ ଓଡ଼ିଆ ଭାଷା ସମ୍ବଲପୁରରେ ପୁନର୍ବାର ଜୀଇଁ ଉଠିଲା ସେତେବେଳେ ଉତ୍କଳର ଏ ମୁଣ୍ଡରୁ ସେ ମୁଣ୍ଡ ପର୍ଯ୍ୟନ୍ତ ଆନନ୍ଦରେ ମାତି ଉଠିଲା। ସେହିଦିନ ଉତ୍କଳବାସୀ ଅଞ୍ଚଳର ଏକ ସୀମାରେ ବାସ କରୁଥିବା ଓଡ଼ିଆଙ୍କ ମଧ୍ୟରେ ଓ ଅନ୍ୟ ସୀମାରେ ବାସ କରୁଥିବା ଓଡ଼ିଆଙ୍କ ମଧ୍ୟରେ ଭାଇଭାବ ଥିବାର ପୂର୍ଣ୍ଣ ପ୍ରମାଣ ମିଳିଲା। ଆମ୍ଭେମାନେ ବିଚାରୁଛୁ ସେହିଦିନଠାରୁ ଉତ୍କଳୀୟମାନଙ୍କର ଗୋଟିଏ ନବଯୁଗ ଆରମ୍ଭ ହେଲା। କେତେଦିନ ପରେ ଗଞ୍ଜାମର ଭାଇମାନେ ବ୍ରହ୍ମପୁରଠାରେ ଶୁଭକ୍ଷଣରେ ଗୋଟିଏ ଜାତୀୟ ମେଳାର ସୂତ୍ରପାତ କଲେ। ପ୍ରଥମ ଉଦ୍ୟମରେ ଏହା ପୂର୍ଣ୍ଣରୂପେ କୃତକାର୍ଯ୍ୟ ହେବା ଅସମ୍ଭବ, କିନ୍ତୁ ସେଥିରେ ରାଜନୈତିକ ଓଡ଼ିଶାର କେତେକ ଭ୍ରାତା ଆମନ୍ତ୍ରିତ ହୋଇ ପୂର୍ଣ୍ଣ ହୃଦୟରେ ଯୋଗଦେଇଥିଲେ। ଯଦିଚ ପୂର୍ବଘଟନାରେ ଜାତୀୟ ଯୁଗ ପ୍ରଭାତର ଆଗାମୀ ସୂଚନା ଦେଖା ଯାଇଥିଲା, ବ୍ରହ୍ମପୁରର ଜାତୀୟ-ସମ୍ମିଳନୀ ସତକୁସତ ସେହି ନବଯୁଗର ପ୍ରଭାତ ଉତ୍କଳୀୟମାନଙ୍କୁ ଦେଖାଇଲା। ଯଦିଚ ସମଗ୍ର ଉତ୍କଳୀୟମାନଙ୍କ ମନରେ ପୂର୍ବରୁ ଗୁପ୍ତଭାବରେ ଜାତୀୟଭାବ ବଢୁଥିଲା, ସେହିଦିନ ସେ ଜାତୀୟ ଭାବଟି ବାହାରକୁ ଫୁଟିଥିଲା ଓ ଗଞ୍ଜାମ ଜାତୀୟ-ସମିତିର ଛାଞ୍ଚରେ କଟକରେ ଗୋଟିଏ ପ୍ରକାଣ୍ଡ ଉତ୍କଳସମ୍ମିଳନୀ-ସଭା ସ୍ଥାପନର କଳ୍ପନା ହେଲା। କେତେଦିନ ପୂର୍ବରୁ ସମଗ୍ର ଉତ୍କଳରେ ଏପରି ଗୋଟିଏ ଜାତୀୟ ଅନୁଷ୍ଠାନ ଆବଶ୍ୟକ ବୋଲି କେହି କେହି କଳ୍ପନାଚକ୍ଷୁରେ ଦେଖୁଥିଲେ, ଗଞ୍ଜାମ ଜାତୀୟ ସମିତିରେ ସେହି କଳ୍ପନା ପିତୁଳାଟି ସତକୁ ସତ ନାଚିବାର ଆଶା ଉଙ୍ଗି ଉଠିଲା। ଏହି ଜାତୀୟ ଅନୁଷ୍ଠାନର କିଛି ଦିନ ପୂର୍ବରୁ ସମଗ୍ର ଉତ୍କଳୀୟମାନେ ଏକ ଶାସନ ଅଧୀନରେ ରହିବେ ବୋଲି ଗଞ୍ଜାମବାସୀମାନେ ବଡଲାଟ ବାହାଦୂରଙ୍କ ନିକଟକୁ ଖଣ୍ଡିଏ ନିବେଦନପତ୍ର ପଠାଇଥିଲେ। ସମଗ୍ର ଉତ୍କଳୀୟଙ୍କ ସଙ୍ଗେ ଯେଉଁପରି ହେଉ ମିଳିତ ହେବା ଗଞ୍ଜାମ ଓଡ଼ିଆମାନଙ୍କର ଏକ ଧ୍ୟାନ ରହିଲା। କେବଳ ତାହା ନୁହେଁ, ଗଞ୍ଜାମ ଅଞ୍ଚଳର ପ୍ରଧାନ ପ୍ରଧାନ ରାଜାମାନେ ଆନନ୍ଦ ସହିତ ଏ ଆବେଦନରେ ଯୋଗଦେଲେ। ଆଜି ଯେଉଁ ଜାତୀୟଭାବ ଉତ୍କଳରେ ଦେଖା ଦେଇଛି ସେଥିନିମନ୍ତେ ଆମ୍ଭେମାନେ

ସମ୍ବଲପୁର ଓ ଗଞ୍ଜାମବାସୀ ଭାଇମାନଙ୍କଠାରେ ଅନେକ ପରିମାଣରେ ଋଣୀ।

ଯାହା ହେଉ ସର୍ବତ୍ର ଉତ୍କଳୀୟମାନେ କିପରି ଏକାଠେଇଁ ହେବେ ଏହି ଧ୍ୟାନରେ ଉତ୍କଳୀୟମାନେ ମନ ପ୍ରାଣ ଢାଳିଦେଲେ। ବର୍ତ୍ତମାନ ମଧ୍ୟ ସମସ୍ତେ ଏକାଠେଇଁ ହେବାର ବାଞ୍ଛା ପ୍ରତ୍ୟେକ ଉତ୍କଳୀୟଙ୍କ ମନରେ ଉଦୟ ହୋଇଅଛି।

ପ୍ରଥମେ ଦେଖିବାର ଉଚିତ ଯେ କି କି ଉପାୟ କଲେ ଆମ୍ଭେମାନେ ଉନ୍ନତି କରିବା ଏବଂ କେଉଁଠାରୁ ଆରମ୍ଭ କଲେ ଓ କାହାକୁ ଧଇଲେ ଏ କାର୍ଯ୍ୟ ସିଦ୍ଧ ହେବ। ପ୍ରଥମେ ବୁଝିବାର ଉଚିତ ଯେ ଚାଷୀ ଓ କାରିଗରମାନେ ଦେଶର ମୂଳଦୁଆ । ସେହିମାନଙ୍କ ପରିଶ୍ରମରୁ ଭୂମି ଆବାଦ ହେଉଅଛି, ସେହିମାନଙ୍କ ପରିଶ୍ରମରେ ରାଜା କର ପାଉଅଛନ୍ତି, ସେହିମାନେ ଏକା ଦେଶର ବଡଲୋକମାନଙ୍କୁ ପୋଷୁଛନ୍ତି, ସେମାନେ ଦେଶର ଧନ ଉତ୍ପନ୍ନ କରୁଅଛନ୍ତି ଓ ବଡଲୋକମାନେ ଘରେ ବସି ସେହି ଧନ ଭୋଗ କରୁଅଛନ୍ତି। ସେମାନେ କିପରି ଆପଣା କାର୍ଯ୍ୟରେ ଶିକ୍ଷିତ ହୋଇ ଦିନକୁ ଦିନ ଉନ୍ନତି କରିବେ ଏହା ବିଚାର କରିବା ପ୍ରଥମେ ଆବଶ୍ୟକ। ସେମାନେ ଜାତିର ହାତ ଗୋଡ଼ ପିଠି ସ୍ୱରୂପ। ହାତ ଗୋଡ଼ କାମ କରନ୍ତି, ପିଠି ବୋଝ ବୁହେ, କିନ୍ତୁ ପେଟ ବସି ଖାଉଥାଏ। ପେଟ ଯେ ଏତକ ସୁଖ ଭୋଗ କରେ ତାହା କେବଳ ହାତଗୋଡ଼ଙ୍କ କାର୍ଯ୍ୟ ଓ ପରିଶ୍ରମ ଯୋଗୁଁ ସିନା। ହାତ ଗୋଡ଼ ଉପରେ ସବୁ କାମ। ସେମାନେ ସୁସ୍ଥ ନରହିଲେ ସମୁଦାୟ ଶରୀର ଭଲ ରହିବ ନାହିଁ ଓ ପେଟ ଭୋକରେ ମରିବ। ଶେଷରେ ସମୁଦାୟ ଦେହଟି କଣ୍ଟା ହୋଇଯିବ। ଏହି ନ୍ୟାୟରେ ବିଚାର କରିବାକୁ ଗଲେ ଯେଉଁମାନେ ଉନ୍ନତି କଲେ ଜାତୀୟ ଧନ ବଢ଼ିବ ସେହିମାନଙ୍କୁ ସର୍ବପ୍ରଥମେ ଉପରକୁ ଉଠାଇବା ଦରକାର। ଚାଷୀମାନଙ୍କୁ ଓ କାରିଗରମାନଙ୍କୁ ଧନଲାଭର ଭଲ ଭଲ ଉପାୟମାନ ଶିଖାଇବାକୁ ହେବ, କିପରି ଉପାୟରେ ଚାଷ କଲେ ଭୂମିର ଉତ୍ପନ୍ନରେ ବେଶି ଲାଭ ହେବ, କେଉଁ ଚାଷ କଲେ ବେଶି ପଇସା ଆମଦାନି ହେବ, ଦେଶ, କାଳ, ପାତ୍ର ଚାହିଁ ଏସବୁ ବିଷୟ ଚାଷୀମାନଙ୍କୁ ଶିଖାଇବାକୁ ହେବ। ଆଜିକାଲି ଦେଶୀୟ କାରିଗରମାନେ ଦିନକୁ ଦିନ ହୀନଅବସ୍ଥା ଲଭୁଅଛନ୍ତି। ଏହାର କାରଣ ଏହି ଯେ ସେମାନେ ବିଲାତି କାରିଗରମାନଙ୍କ ସଙ୍ଗେ ପଟ ପକାଇ ପାରୁନାହାନ୍ତି। ପଟ ନ ପକାଇ ପାରିବାର ଅନେକ କାରଣ ଅଛି। ସେ କାରଣଗୁଡିକ ଶିକ୍ଷା କରି କାରିଗରମାନଙ୍କୁ ବତାଇବାକୁ ହେବ ଓ ଧନ ଲାଭ ହେବାର ନୂତନ ବାଟମାନ ସେମାନଙ୍କୁ ଶିଖାଇବାକୁ ହେବ।

ବେପାର ବଣିଜର କିପରି ଉନ୍ନତି ହେବ ତାହା ମଧ୍ୟ ଭାବି ସ୍ଥିର କରିବାକୁ ହେବ। "ବାଣିଜ୍ୟେ ବସତେ ଲକ୍ଷ୍ମୀ"; ବାଣିଜ୍ୟ ଦ୍ୱାରା ବିଦେଶରୁ ଧନ ଆପଣା ଦେଶକୁ ଆସିପାରେ। ଆଜି ଆମ୍ଭମାନଙ୍କ ଦେଶକୁ ବିଦେଶରୁ ଆସୁଥିବା ଜିନିଷ ବେଶି ହେବାରୁ

ଦେଶରୁ ଦିନକୁ ଦିନ ଧନ କ୍ଷୟ ହେଉଅଛି। ଯେବେ ଆମ୍ଭ ଦେଶରୁ ବିଦେଶକୁ ବେଶି ଜିନିଷ ରପ୍ତାନି ହେବ ତାହାହେଲେ ଦିନକୁ ଦିନ ଆମ ଦେଶ ଧନୀ ହେବ। କିକି ଜିନିଷ ଆମ ଦେଶରୁ ବହୁତ ପରିମାଣରେ ଯାଇ ବିଦେଶରେ ଦାମ ଉଠି ଲାଭ ହେବ ତାହା ଭାବି ଚିନ୍ତି ସ୍ଥିର କରିବାକୁ ହେବ ଓ ସେହି ଅନୁସାରେ ବେପାରିମାନଙ୍କ ଶିଖାଇ କାମରେ ଲଗାଇବାକୁ ହେବ।

ତାପରେ ସାହିତ୍ୟର କିପରି ଉନ୍ନତି ହେବ; ତାହା ଚିନ୍ତା କରିବାକୁ ପଡ଼ିବ । ସାହିତ୍ୟର ଉନ୍ନତି ନ ହେଲେ ଜାତିର ଉନ୍ନତି ହେବାର ବଡ଼ କଷ୍ଟ। କାରଣ ଚାଷୀ, କାରିଗର ଓ ବେପାରୀମାନଙ୍କୁ ଶିକ୍ଷାଦେବା ନିମନ୍ତେ ଓଡ଼ିଆଭାଷା ଦରକାର। ବର୍ତ୍ତମାନର ସଭ୍ୟତା ଓ ବିଦ୍ୟା ଅନୁସାରେ ସେମାନଙ୍କ ମନରେ ନୂଆ ନୂଆ ଭାବମାନ ପୂରାଇବାକୁ ହେବ, ସେଥିପାଇଁ ଇଉରୋପ ଓ ବିଲାତର ଭଲ ଭଲ ନିପୁଣ ଲୋକମାନଙ୍କର ବହି ପଢ଼ି, ତାକୁ ଓଡ଼ିଆ ଭାଷାରେ ବୁଝାଯିବା ଭଳି ତର୍ଜମା କରି ଅଧାପାଠୁଆ ଓ ମୁର୍ଖ ଲୋକଙ୍କୁ ଉତ୍ତମ ରୂପେ ସମୁଜାଇବାକୁ ହେବ। ଏଥି ନିମନ୍ତେ ଭାଷାର ଉନ୍ନତି କରିବାର ଦରକାର, ସାହିତ୍ୟ ଉନ୍ନତି ନ ହେଲେ ଆମ୍ଭେମାନେ ଉନ୍ନତି କରିପାରିବୁ ନାହିଁ। ଏଥିର ଆହୁରି ମଧ୍ୟ ଅନେକ କାରଣ ଅଛି। ସେଗୁଡ଼ିକ ଏଠାରେ ବୁଝାଇବାର ଦରକାର ନାହିଁ।

ତା'ପରେ ସମାଜର ଉନ୍ନତି କରିବା ବେଶି ଆବଶ୍ୟକ। ଇଂରାଜୀ ସଭ୍ୟତାରେ ସବୁ ସମାଜ କ୍ରମେ କ୍ରମେ ଉନ୍ନତି କରୁଅଛି। ଆମ୍ଭମାନଙ୍କର ନିଜ ନିଜ ସମାଜର ଯେଉଁ ଦୋଷ ଅଛି ସେଗୁଡିକ ଅଲଗା କରିଦେବାକୁ ହେବ ଓ ବର୍ତ୍ତମାନ ଦେଶକାଳପାତ୍ରକୁ ବିଚାରି ଯେଉଁ ଯେଉଁ ବାଟ ଫିଟାଇବାର ଦରକାର ସେଗୁଡ଼ିକ କରିବାକୁ ହେବ।

ଯେଉଁ ଦେଶରେ ପଢ଼ାଶୁଣା କରିବା ଲୋକଙ୍କ ସଂଖ୍ୟା ଯେତିକି ବେଶି ସେ ଦେଶ ସେତିକି ଉନ୍ନତି କରିବ ଏଥିରେ ସନ୍ଦେହନାହିଁ। ପଢ଼ାଶୁଣା ନ କରି ଆଜି ଓଡ଼ିଆ ପୁଏ ଭାରି ହୀନ ଅବସ୍ଥାରେ ଅଛନ୍ତି। ଯେପରି ଉପାୟ କଲେ ଓଡ଼ିଆମାନେ ବେଶି ପଢ଼ାଶୁଣା କରି, ନାନାଦି ଉପାୟରେ ଆପଣା ଦେଶର ମଙ୍ଗଳ କରିବେ ତାହା ବିଚାର କରି କାମ କରିବାକୁ ହେବ।

ଆମ୍ଭମାନଙ୍କର ଏହି ସମ୍ମିଳନୀ କି କି ମତଲବରେ ପ୍ରତିଷ୍ଠା ହୋଇଅଛି ସେଥିରୁ କେତେଗୋଟି କଥା ଏଥିରେ ଲେଖାଗଲା।

ଆଜିକାଲି ଆମ୍ଭେମାନେ ଇଂରାଜୀ ଶିକ୍ଷାଲାଭ କରି ଗୋଟିଏ ଦୋଷରେ ଦୋଷୀ ହୋଇଅଛୁଁ। ସାଧାରଣରେ ଦେଖାଯାଏ ଯେ ଯେଉଁମାନେ ଇଂରାଜୀ ପାଠ ପଢ଼ି ବେଶି ଶିକ୍ଷିତ ହେଉଅଛନ୍ତି ସେମାନେ ସାଧାରଣ ଲୋକଙ୍କ ସଙ୍ଗେ ମିଶିବାକୁ ଇଚ୍ଛା କରନ୍ତି ନାହିଁ। ମଧ୍ୟ ସାଧାରଣ ଲୋକେ ସେମାନଙ୍କ ପାଖ ମାଡ଼ିବାକୁ ଡରନ୍ତି। କିନ୍ତୁ ଏ ଭାବଟା

ଯେତେ ଶୀଘ୍ର ଉଚ୍ଚ ପାଠୁଆଙ୍କ ମନରୁ ଦୂର ହୁଏ ସେତିକି ଦେଶର ମଙ୍ଗଳ। କାରଣ ଦେଶର କୌଣସି କାର୍ଯ୍ୟରେ ଛୋଟଠାରୁ ବଡ଼ ସମସ୍ତେ ନ ମିଶିଲେ ସେ କାର୍ଯ୍ୟ କେବେହେଁ ସିଦ୍ଧ ହେବ ନାହିଁ। ଉଚ୍ଚ ପାଠୁଆମାନେ ଦେଶର ଲୋକମାନଙ୍କୁ ଶିଖାଇ ବୁଝାଇ ବାଟରେ ଆଣିବାକୁ ଚେଷ୍ଟା କରିବେ ଓ ସାଧାରଣ ଲୋକେ ନିଜ ନିଜର ଅଭାବଯାକ ସେମାନଙ୍କୁ ନିର୍ଭୟ ହୋଇ ଜଣାଇବେ ଏବଂ ଦୁହେଁ ମିଳିମିଶି କାର୍ଯ୍ୟ କରିବେ ତାହେଲେ ଦେଶର ଭବିଷ୍ୟତ-ମଙ୍ଗଳର ମୂଳଦୁଆ ବନ୍ଧା ହେବ। ଶିକ୍ଷିତମାନଙ୍କର ଉଚିତ ଯେ ସେମାନେ ଉଚ୍ଚ ଶିକ୍ଷାର ଫଳକୁ ସହଜଭାବରେ ସାଧାରଣଙ୍କୁ ବୁଝାଇଦେବେ ଏବଂ ବିଦେଶୀ ଶିକ୍ଷାରେ ଯାହା ଯାହା ଭଲ ଗୁଣ ପାଇବେ ସେଗୁଡ଼ିକ ଗ୍ରହଣ କରି ମନ୍ଦଗୁଡିକ ଛାଡ଼ିବେ। ତାହାହେଲେ ଆମ୍ଭ ଦେଶରେ ଇଂରାଜୀ ଶିକ୍ଷାର ସୁଫଳ ଫଳିବାର ଆରମ୍ଭ ହେବ। ଏହି ଉଦ୍ଦେଶ୍ୟରେ ଉତ୍କଳ ସମ୍ମିଳନୀ ସଙ୍ଗେ ଉତ୍କଳର ରାଜା ମହାରାଜାଙ୍କଠାରୁ ଚାଷୀ ମୂଲିଆ ପର୍ଯ୍ୟନ୍ତ ସମସ୍ତଙ୍କର ସମ୍ବନ୍ଧ ରହିବ ବୋଲି ଆମ୍ଭେମାନେ ସମସ୍ତଙ୍କୁ ହାତଯୋଡ଼ି ପ୍ରାର୍ଥନା କରୁଅଛୁଁ। ଏଥିନିମନ୍ତେ ଉତ୍କଳର ମହାରାଜା, ରାଜା, ଜମିଦାରଙ୍କଠାରୁ ଆରମ୍ଭ କରି ଗ୍ରାମାଧିକାରୀ, କରଣ, କାର୍ଯୀ, ପ୍ରଧାନ, ମକଦ୍ଦମ ସମସ୍ତଙ୍କୁ ପ୍ରାର୍ଥନା ଏହିକି ଯେ ପ୍ରତି ଗ୍ରାମ ସଙ୍ଗରେ ଏ ସମ୍ମିଳନୀର ସମ୍ପର୍କ ରଖିବାକୁ ସେମାନେ ଚେଷ୍ଟା କରିବେ ଓ ଯେପରି ଉତ୍କଳର ପ୍ରତ୍ୟେକ ଅଞ୍ଚଳର ପ୍ରକୃତ ପ୍ରତିନିଧି ଓ ମୁଖିଆମାନେ ଏ ସମ୍ମିଳନୀରେ ଯୋଗଦିଅନ୍ତି ଓ ସମ୍ମିଳନୀ ନାମ ମାତ୍ର କେବଳ 'ଉତ୍କଳ-ସମ୍ମିଳନୀ' ନ ହୋଇ କାର୍ଯ୍ୟରେ 'ଉତ୍କଳ-ସମ୍ମିଳନୀ' ହୋଇ ସମସ୍ତ ଉତ୍କଳ ଜାତିର ପ୍ରତିନିଧି ସ୍ୱରୂପ ଦାଣ୍ଡରେ ଠିଆ ହେବ, ଏହା ପ୍ରତ୍ୟେକ ଉତ୍କଳୀୟଙ୍କ ମନରେ ଉଦୟ ହେବା ଉଚିତ। ପ୍ରତି ସବ୍‌ଡିଭିଜନରେ ଗୋଟିଏ ଗୋଟିଏ ସଭା ହେଉ, ଏହି ସଭାଗୁଡ଼ିକ ଶାଖା ସଭା ସ୍ୱରୂପ ହେଉ। ପ୍ରତି ଜିଲ୍ଲାରେ ଗୋଟିଏ ଗୋଟିଏ ସଭା ହେଉ। ପ୍ରତି ପ୍ରଗନାରୁ ଜଣେ, ଦୁଇଜଣ, ପାଞ୍ଚ ଜଣ ଲେଖାଏଁ ମୁଖ୍ୟ ଲୋକ ବଛା ହୋଇ ସବ୍‌ଡିଭିଜନ ସଭାକୁ ପଠାଯାଆନ୍ତୁ। ପ୍ରତି ସବ୍‌ଡିଭିଜନ ସଭାରୁ କେତେଜଣ ମୁଖ୍ୟଲୋକ ବାଛି ଜିଲ୍ଲା ସଭାକୁ ପଠାଯାଆନ୍ତୁ। ଏହିପରି ନିୟମରେ କାର୍ଯ୍ୟ କଲେ ସମ୍ମିଳନୀରେ ଦେଶର ମଙ୍ଗଳପାଇଁ ଯେଉଁ କାର୍ଯ୍ୟ କରିବାର ସ୍ଥିର ହେବ ତାହା ପାହାଚକୁ ପାହାଚ ଖସି ଶେଷରେ ପ୍ରତି ଗ୍ରାମର ଅଧିକାରୀ ନିକଟରେ ପହଞ୍ଚୁ ଓ ଗ୍ରାମାଧିକାରୀମାନଙ୍କ ଦ୍ୱାରା ତାହା କାର୍ଯ୍ୟରେ ପରିଣତ କରାଯାଉ। ପ୍ରତ୍ୟେକ ଜିଲ୍ଲାରେ ଗୋଟିଏ ଗୋଟିଏ କେନ୍ଦ୍ରସଭା ବସୁ। ଏହିପରି କଲେ ଏ ସମ୍ମିଳନୀ ଜାତୀୟ ସଭା ହେବ ଓ ଏ ଉପାୟରେ ଦିନକୁ ଦିନ ଉତ୍କଳ ଜାତିର ଉନ୍ନତି ହେବ। ଏଥିରେ ଶିକ୍ଷିତମାନେ ମନପ୍ରାଣ ଢାଳି କାର୍ଯ୍ୟ କରି ଦେଶର ଅନ୍ୟାନ୍ୟ ଲୋକଙ୍କ ସଙ୍ଗେ ସମ୍ପର୍କ ଓ ବନ୍ଧୁତା ରଖି, ବଡ଼ ବଡ଼ ଭାଇମାନେ ସାନ ସାନ ଭାଇମାନଙ୍କୁ ଉନ୍ନତି ଆଡ଼କୁ ଆଣିବାକୁ ଚେଷ୍ଟା କରିବେ।

ଯାହାଙ୍କଠାରେ ଧନ ଅଛି ସେ ଧନ ଦେଇ ଏହି ଜାତୀୟ କାର୍ଯ୍ୟରେ ଯୋଗ ଦିଅନ୍ତୁ। ଯାହାଙ୍କଠାରେ ଶକ୍ତି ଅଛି ସେ ଶକ୍ତି ଖରଚ କରନ୍ତୁ। ଯାହାଙ୍କ ହାତରେ କାଗଜ କଲମ ଅଛି ସେ କାଗଜ କଲମ ଧରନ୍ତୁ। ଯାହାଙ୍କଠାରେ ଯେଉଁ ସୁବିଧା ଅଛି ସେ ତାହା ବ୍ୟୟ କରନ୍ତୁ ଓ ଏହି ଚେଷ୍ଟାରେ ଭଗବାନ ଆମ୍ଭମାନଙ୍କର ଭରସା ହେବେ ଏଥିରେ ସନ୍ଦେହ ନାହିଁ। ବଣରେ କାଠ ମିଳେ, ବିଲରେ ଛଣ ମିଳେ, ବୁଦାରେ ବେତ ମିଳେ, ଗାଁରେ ମୂଲିଆ ମିଳନ୍ତି, ଏ ସମସ୍ତଙ୍କୁ ଏକସ୍ଥାନକୁ ଆଣି ଉପସ୍ଥିତ କରିପାରିଲେ ଘରଖଣ୍ଡିକ ତିଆରି ହେବ। ଯେଉଁଠାରେ ଯାହା ପଡ଼ିଛି ସେଠାରୁ ସେଗୁଡ଼ିକ ଗୋଟାଇ ଆଣି ଏକ ସ୍ଥାନରେ ରଖି ବଳ ଖରଚ କଲେ ସେ ବଳରେ ଅସାଧ ସାଧ ହେବ ଓ ଉତ୍କଳ ଜାତି ଦିନକୁ ଦିନ ଉନ୍ନତି କରି ଉତ୍କଳର ଯୁଗାନ୍ତର ଉପସ୍ଥିତ କରାଇବ। ଯଦି ଇଂରାଜୀ ଶିକ୍ଷା ତୁମ୍ଭମାନଙ୍କୁ କିଛି ସାର କଥା ଶିଖାଇଥାଏ ତେବେ ତାହା ଏହି ସାଧାରଣ ଲୋକେ ଦେଶର ମୂଳଧନ। ଯେଉଁ ପର୍ଯ୍ୟନ୍ତ କୌଣସି ଉଦ୍ୟମରେ ସେମାନେ ଯୋଗ ନ ଦେବେ ସେ ପର୍ଯ୍ୟନ୍ତ ଦେଶର ଉନ୍ନତିପୂର୍ଣ୍ଣ ହୋଇପାରିବ ନାହିଁ।

ଯେଉଁ ଉତ୍କଳ ଦେଶର କୀର୍ତ୍ତି ଆଗେ ବର୍ଣ୍ଣନା କରାଯାଇଅଛି, ଯେଉଁ ଉତ୍କଳୀୟମାନଙ୍କର ପୂର୍ବକଥା ଭାବିଲେ ଆଜିକାଲିର ସଭ୍ୟତା ସଙ୍ଗେ ତୁଳିବାକୁ ମନ ବଳେ, ଯେଉଁ ଉତ୍କଳ କେତେ ଦୁରବସ୍ଥାରେ ପଡି ସୁଦ୍ଧା ଆଜିକାଲି ବିଲାତର ମହାପଣ୍ଡିତମାନଙ୍କ ମନକୁ ମୋହିତ କରୁଅଛି, ତୁମ୍ଭେମାନେ ସେହି ଉତ୍କଳର ସନ୍ତାନ, ସେହି ଉତ୍କଳ ଆମ୍ଭମାନଙ୍କର ମାତୃଭୂମି। ମାତୃକୋଳରେ ଥିଲାବେଳେ ବଡ଼ ସାନ ସମସ୍ତେ ସମାନ ଦିଶନ୍ତି, ଅତଏବ ଉଚ୍ଚପଦର ଗର୍ବ ଓ ନିମ୍ନପଦର ଭୟଛାଡ଼ି ଚାଲ ସମସ୍ତେ ଯେଝାପାରୁ ପର୍ଯ୍ୟନ୍ତ କାମରେ ଲାଗିବା। ଏ ବିଷୟରେ ଈଶ୍ୱର ଆମ୍ଭମାନଙ୍କର ସହାୟ ହେବେ, ସରକାର ବାହାଦୂର ଆମ୍ଭମାନଙ୍କୁ ସାହାଯ୍ୟ କରିବେ, ସଭ୍ୟ ଜଗତର ଲୋକେ ଆମ୍ଭମାନଙ୍କୁ ବଳ ଦେବେ, ଏଥିରେ ଆଦୌ ସନ୍ଦେହନାହିଁ।

ପ୍ରଥମ ଅଧିବେଶନ: ତୃତୀୟ ପ୍ରସ୍ତାବକୁ ସମର୍ଥନ କରି ପ୍ରଦତ୍ତ ଭାଷଣ

ସ୍ଥିର ସମୁଦ୍ରରେ ଚନ୍ଦ୍ରର ଗୋଟିଏ ପ୍ରତିବିମ୍ବ ଦେଖାଯାଏ, ମାତ୍ର ତରଙ୍ଗ ଉଠିଲେ ଶତଶତ ପ୍ରତିବିମ୍ବ ଦେଖାଯାଏ। ଆଜି ଭାଇମାନଙ୍କୁ ଦେଖି ମୋହର ହୃଦୟରେ ପ୍ରେମତରଙ୍ଗ ଉଠିବାରୁ ମୁଁ ଭାଇମାନଙ୍କୁ ଦେଖି ସେହିପରି ଆନନ୍ଦିତ ହେଉଛି। ଧାତୁ ଅଗ୍ନି ସାହାଯ୍ୟରେ ତରଳି ଯାଇଥାଏ ଏବଂ ହିନ୍ଦୁଙ୍କର ବିଶ୍ୱାସ ଯେ ଅଷ୍ଟଧାତୁ ଏକତ୍ର ମିଶି ଏମନ୍ତ ଏକ ଧାତୁମୟ ପଦାର୍ଥ ଉତ୍ପନ୍ନ ହୁଏ ଯାହାକି ଅନେକ ମହତ କାର୍ଯ୍ୟସାଧନ କରିଥାଏ। ଅତଏବ ଏହି ଭ୍ରାତୃପ୍ରେମ ଦ୍ୱାରା ଆମ୍ଭେମାନେ ଏପରି ଭାବରେ ଦ୍ରବୀଭୂତ ହେବୁଁ ଯେ ଏହି ନବଗଠିତ ଉତ୍କଳଖଣ୍ଡ ଅନେକ ଶୁଭ କାର୍ଯ୍ୟ ସମ୍ପାଦନ କରିପାରିବ। ଇତିହାସକୁ

ଅବଲୋକନ କଲେ ଜଣାଯାଏ ଯେ ନାନାସ୍ଥାନରେ ଲୋକେ ଇଂଲଣ୍ଡକୁ ଆସି ଏକତ୍ରେ ବାସ ଏବଂ ମିଶ୍ରଣଦ୍ୱାରା ଇଂରାଜ ଜାତି ହୋଇଅଛି ଏବଂ ଏହି ଜାତି କିପରି ମହତ୍ କାର୍ଯ୍ୟମାନ ସାଧନ କରୁଅଛନ୍ତି ଏହା ବୋଲିବା ବାହୁଲ୍ୟ। ଆମ୍ଭମାନଙ୍କର ମାତୃଭୂମି ସକାଶେ ସେହିପରି ମିଶିବା ଆବଶ୍ୟକ। ଭାଇମାନଙ୍କ ମଧ୍ୟରୁ ଯଦି କେହି ମାତୃବିୟୋଗ ଦୁଃଖ ଭୋଗ କରିଥାନ୍ତି, ତେବେ ମାତୃବିୟୋଗ ରୂପ ଦାରୁଣ କ୍ଲେଶ ସେ ଅବଶ୍ୟ ବୁଝି ପାରୁଥିବେ। ବର୍ତ୍ତମାନ ଉତ୍କଳ ଜନନୀର ଦୁଃଖ ଦେଖି ଆମ୍ଭମାନଙ୍କ ମନରେ ତତୋଽଧିକ ଗଭୀର ଦୁଃଖ ହେବା ଅବଶ୍ୟମ୍ଭାବୀ। କିପରି ଜନନୀର ଦୁଃଖ ମୋଚନ ହେବ ଦିବାରାତି ଆମ୍ଭମାନଙ୍କର ଏହା ଭାବିବା ଉଚିତ। ଅନ୍ୟାନ୍ୟ ଉନ୍ନତ ଜାତିମାନଙ୍କ ସଙ୍ଗେ ତୁଳନା କରିବାକୁ ଗଲେ ଉତ୍କଳର ଅବସ୍ଥା ଅତ୍ୟନ୍ତ ଶୋଚନୀୟ। ଏହି ଅବସ୍ଥା ଦୂର କରିବା ନିମନ୍ତେ ଆମ୍ଭମାନଙ୍କର ଉନ୍ନତ ଜାତିମାନଙ୍କ ସଙ୍ଗେ ଭାଇ ଭାବ ରଖିବା ଆବଶ୍ୟକ, ଭାତୃ ଚକ୍ଷୁରେ ନ ଦେଖିଲେ ଉନ୍ନତ ଜାତିଙ୍କ ସଙ୍ଗେ ସମକକ୍ଷ ହେବା କାଠିକର ପାଠ।

ମହାତ୍ମା ମହମ୍ମଦ କହିଅଛନ୍ତି ଯେ ଯେତେବେଳେ ସେ ପିଲାଥିଲେ ସେ ସମୟରେ ଗୋଟିଏ ସ୍ୱର୍ଗଦୂତ ଆସି ତାହାଙ୍କ ଛାତିକୁ କାଟି ମେଲାକଲା ଓ ହୃଦୟର ପିଣ୍ଡଟି ବାହାର କରି ଆଣିଲା। ସେହି ପିଣ୍ଡରେ ଗୋଟିଏ କଳାଦାଗ ଥିଲା। ସ୍ୱର୍ଗୀୟ ଦୂତ ସେହି କଳାଦାଗଟି ଉଠାଇନେଇ ପିଣ୍ଡକୁ ପୁନର୍ବାର ଛାତିରେ ବସାଇ ଦେଲା। ସେହିପରି ଆମ୍ଭେମାନେ ସମସ୍ତେ ହୃଦୟରୁ କଳାଦାଗଟି ଉଠାଇଦେବାର ଉଚିତ। କଳାଦାଗଗୁଡିକ ଆଉ କିଛି ନୁହେ, ତାହା ଆମ୍ଭମାନଙ୍କର ଗର୍ବ ଓ ଅଭିମାନ। ଏଗୁଡ଼ିକୁ ହୃଦୟରୁ ବାହାର କରିଦେବାକୁ ପଡିବ। ବିଜ୍ଞାନର ସିଦ୍ଧାନ୍ତ ଏହି ଯେ ମନୁଷ୍ୟ ଦେହର ମାଂସ ଓ ହାଡର କଣିକାଗୁଡ଼ିକ ସାତବରଷରେ ଥରେ ବଦଳିଯାଏ। ତଥାପି ଶରୀର ବଢୁଥାଏ। ସେହିପରି ତୁମ୍ଭେ ଆମ୍ଭେ ଉତ୍କଳୀୟ ଜାତିର ମାଂସ ଓ ଅସ୍ଥି-କଣିକା ମାତ୍ର। ଆଜି ତୁମ୍ଭେ ଓ ଆମ୍ଭେ ଅଛୁଁ, କାଲି ତୁମ୍ଭେ ଆମ୍ଭେ ଚାଲିଯିବା; ତଥାପି ମନୁଷ୍ୟ ଶରୀର ପରି ଆମ୍ଭର ଜାତି ଦିନକୁ ଦିନ ବଢୁଥିବ। ଜନନୀ ସେବାରେ ଆତ୍ମଗର୍ବ, ସ୍ୱାର୍ଥପରତା ତ୍ୟାଗ କରିବାକୁ ହେବ। ମୁଁ ବା ତୁମ୍ଭେମାନେ କାଲି ଇହ ସଂସାରରୁ ଚାଲିଯିବା, କିନ୍ତୁ ଜାତି ଅମର ଓ ଚିରଜୀବୀ। ସ୍ୱାର୍ଥତ୍ୟାଗ ଓ ପ୍ରେମ ଜାତୀୟ ଉନ୍ନତିର ପ୍ରଧାନ ସହାୟ।

ଦ୍ୱିତୀୟ ଅଧିବେଶନ: ଦଶମ ପ୍ରସ୍ତାବକୁ ସମର୍ଥନ କରି ପ୍ରଦତ୍ତ ବକ୍ତୃତା

ସଭାପତି ମହାଶୟ ଓ ଭାଇମାନେ! ଏଥିପୂର୍ବେ ଦୁଇ ଏକଜଣ ବକ୍ତା ଏହି ସଭାରେ ଜାତୀୟ ବିବାଦ ସମ୍ବନ୍ଧେ କେତେକ କଥା କହିଅଛନ୍ତି। ମୁଁ କାଲି ଆପଣମାନଙ୍କୁ ଯାହା କହିଥିଲି ପୁନର୍ବାର ତାହା କହୁଅଛି ଓ ଜୀବନ ଥିବାଯାକେ କହିବି ଯେ 'ବଙ୍ଗ ମାତା ଏବଂ ଉତ୍କଳ ମାତା ଏକ, ଭାରତମାତାଙ୍କର ବିଭିନ୍ନ ଅବତାର ମଧ୍ୟ ଏକ, ଭ୍ରମରେ

ଯଦି କେହି ଏହାକୁ ଅନ୍ୟ ବିବେଚନା କରନ୍ତି ମୁଁ ଭରସା କରେ ସେହି ଭ୍ରମରେ କେହି ଉତ୍କଳୀୟ ପଡ଼ିବେ ନାହିଁ। ଭ୍ରମ ହେତୁରୁ ଚିହ୍ନି ନ ପାରିବା ହେତୁ, ଲବ କୁଶ ରାମ ଲକ୍ଷ୍ମଣଙ୍କୁ ହତ କରିଥିଲେ। ଆମ୍ଭଙ୍କୁ ଯେ ଭାଇ ବୋଲି ନ ଚିହ୍ନି ଆଘାତ କରିବ, କରୁ। ଲବ କୁଶ ଗୌରବ କରିଥିଲେ, କିନ୍ତୁ ଘରେ ସୀତାଦେବୀ କାନ୍ଦୁଥିଲେ। ମୁଁ ଭରସା, ଅନୁନୟ ଓ ଆଶା କରେ ଓ ଈଶ୍ୱର ଆଜ୍ଞା କରିଅଛନ୍ତି ଯେ -

"ଆଦ୍ୟେ ସ୍ମରି ଭଗବାନ ସର୍ବେ ହୋଇ ଏକ ପ୍ରାଣ
କର ମାତୃପାଦପୂଜା ଏ ମନ୍ଦିରେ।"

ଏ ମନ୍ଦିରରେ ଯେ ପ୍ରବେଶ କରିବେ ପବିତ୍ର ହୃଦୟ ନେଇ ପ୍ରବେଶ କଲେ ତାହାର ପୂଜା ମାତା ଓ ଈଶ୍ୱର ଗ୍ରହଣ କରିବେ। ପ୍ରବେଶ କରିବା ପୂର୍ବରୁ ମନେ କରିବା ଉଚିତ ଏ ମାତୃଭୂମିର ପୂଜାସ୍ଥାନ। ମୁଁ ଯେବେ କୁପୁତ୍ର ପରି ମାତାର ଅବମାନନା କରେଁ, ଯେଉଁ ବକ୍ଷସ୍ଥଳରେ ସ୍ତନ୍ୟପାନ କରିଥିଲି, ସେଇ ବକ୍ଷରେ ଅଜ୍ଞାନରେ ଗୋଇଠାମାରିଥିଲି ତଥାପି ମାତା ପକାଇ ଦେଇନାହାନ୍ତି। ମାତୃଭୂମିକୁ ପ୍ରତିଦିନ ଗୋଇଠା ମାରି ଅବମାନନା କଲେ ସୁଦ୍ଧା କୁପୁତ୍ରକୁ ମାତୃଭୂମି କଦାପି ତ୍ୟାଗ କରିବେ ନାହିଁ। କିନ୍ତୁ ସେଇ ମାତାଙ୍କ ପ୍ରତି ଭକ୍ତି କାର୍ଯ୍ୟରେ ଆମ୍ଭର କର୍ତ୍ତବ୍ୟ। ମୁଁ ଯେତେବେଳେ କୌଣସି ଭ୍ରାତାକୁ ଦେଖେ ଯେ ତାଙ୍କ ମନରେ ଭକ୍ତି ନ ଥାଇ ଏ ଗୃହରେ ପ୍ରବେଶ କରିଛନ୍ତି ତାହାହେଲେ ନୈରାଶ୍ୟରେ ଜଡ଼ିତ ହୁଏ। ଜାତୀୟ ଜୀବନ ନାହିଁ। ଗତବର୍ଷ କହିଥିଲି ଉତ୍କଳ ଜନନୀ ମୃତ୍ୟୁଶଯ୍ୟାରେ ପଡ଼ିଛନ୍ତି। ଉପେନ୍ଦ୍ର ଭଞ୍ଜଙ୍କ ମନ୍ତ୍ରରେ କଣ୍ଠ ଫିଟିବ। ପ୍ରିୟ ଜନନୀ ଶଯ୍ୟାଗତ, ସନ୍ନିପାତ, ବଉଳା, ଜ୍ଞାନ ନାହିଁ। କବିରାଜ ପାପର ବିଷୟ। ଡାକ୍ତର ଔଷଧ ଗୃହର ହାହାମୟ କ୍ରନ୍ଦନ। ଏହି ଅବସ୍ଥାରେ ଉତ୍କଳ ଜନନୀଙ୍କୁ ଗତବର୍ଷ ଦେଖିଥିଲୁଁ। ଯେବେ ପ୍ରିୟ ଜନନୀଙ୍କୁ ଏପରି ଅବସ୍ଥାରେ ଦେଖିଥାଅ, ତେତେବେଳେ ପ୍ରଥମ ଜ୍ଞାନ ହେଲେ ସନ୍ନିପାତ ରୋଗୀ କିସ କହେ। ଯେଉଁ ମାତାଙ୍କ ଜୀବନ ଆଶା ଛାଡ଼ିଥିଲ ଲୁଗାପଟା ପକାଇ ଶରୀର ଉଷୁମ କରୁଥିଲ, ସେହି ମାତା ଜ୍ଞାନ ପାଇ କହୁଅଛନ୍ତି, "ଏ କାହାର ଲୁଗା, ଏ ଲୁଗା ମୋର ନୁହେଁ।" ଆରବର୍ଷ ସନ୍ନିପାତ ଅବସ୍ଥା, ଏ ବର୍ଷ ଜ୍ଞାନାବସ୍ଥା; ସମସ୍ତେ ମନେକର, ସେହି ଅବସ୍ଥାରେ ମାତାଙ୍କ ନିକଟରେ ଉପସ୍ଥିତ ହୋଇ ବିଚାର କର ଯେ ପର ଲୁଗା ରଖିବ କି ନିଜର ଲୁଗା ଆଣି ତାଙ୍କୁ ଦେବ। ଏଠାରେ ଜାତୀୟ ଜୀବନର ପ୍ରୟୋଜନ। ଜାତୀୟ ଜୀବନ ଯେବେ ଅନୁଭବ କରିଥାଅ, ତେବେ ତନ୍ତୀ, ବଢ଼େଇ, ଶିଳ୍ପୀଙ୍କ ଉନ୍ନତି କରିବା ଅତି ସହଜ।

ପ୍ରତ୍ୟେକ ଲୋକର ହୃଦୟରେ ଯେତେବେଳେ ଜାତିର ଚିନ୍ତା ପ୍ରବେଶ କରିବ ତେତେବେଳେ ଅସ୍ମମାନଙ୍କ ମଧ୍ୟରେ ଜାତୀୟ ଜୀବନ ପ୍ରବେଶ କରିବ। ମୋର ଶରୀରର

ପ୍ରତ୍ୟେକ ରେଣୁ, ମୋର ମାନସିକ ଚିନ୍ତାର ପ୍ରତ୍ୟେକ ଚିନ୍ତା ସେହି ଜାତୀୟ ଜୀବନର ଏକ ଏକ ଅଂଶ। ତନ୍ତୀର ଅବସ୍ଥାକୁ ଉନ୍ନତ କରିବା ଜାତୀୟ ଜୀବନର ଉନ୍ନତି ଉପରେ ନିର୍ଭର କରୁଅଛି। କେତେକ ଦିନ ପୂର୍ବେ କଲିକତାରେ ଜଣେ ଔଷଧାଳୟ କର୍ତ୍ତା ଇଂରେଜଙ୍କ ଦୋକାନରେ ଜଣେ ଦେଶୀୟ ଲୋକ ପହଞ୍ଚିବାରୁ ଇଂରେଜ ପଚାରିଲେ ବାଟରେ ଏତେ ଦୋକାନ ବା ଡାକ୍ତରଖାନା ଅଛି ସେଠାରୁ ନିଅନାହିଁ କାହିଁକି ? ସେ ଦେଶୀୟ ଜଣକ ଉତ୍ତର ଦେଲେ, "ସେମାନେ ଠକନ୍ତି।" ସେ ସାହେବ ମୋତେ ଇଂରେଜିରେ ପଚାରିଲେ, "Mr Das, what became of your patriotism." ତୁମ୍ଭର ଜାତୀୟ ଜୀବନ କାହିଁ ? ତୁମ୍ଭେ ଯେବେ ଜଣେ ଇଉରୋପିୟାନଙ୍କୁ ଦେଖି ଯାହା କରିବ ନାହିଁ କିନ୍ତୁ ନିଜ ଜାତି ସମକ୍ଷରେ ତାହା କରିବ। ତୁମ୍ଭର ଜାତି ପ୍ରତି ଘୃଣା, ତୁମ୍ଭଠାରେ ଜାତୀୟ ଜୀବନ ଲେଶମାତ୍ର ନାହିଁ।

ବିଲାତର ଉନ୍ନତି ସମ୍ବନ୍ଧରେ ଦୁଇଟି ଛବି ରହିଅଛି। ଛବିରେ ଥିବା ନାଲି ରଙ୍ଗରୁ ପ୍ରକାଶ ଯେ ବିଲାତରେ ୧୮୪୦ ସାଲ ପର୍ଯ୍ୟନ୍ତ ବାଣିଜ୍ୟର ଅବସ୍ଥା। ଯେତେବେଳେ ଜାତୀୟ ଜୀବନ ହେଲା ସେ ନୀଳବର୍ଣ୍ଣ - ୧୮୪୦-୧୮୭୦ ପର୍ଯ୍ୟନ୍ତ। ହଳଦିଆ ରଙ୍ଗ ୧୮୭୦ ସାଲଠାରୁ ଆଜି ପର୍ଯ୍ୟନ୍ତ ବାଣିଜ୍ୟର କି ଉନ୍ନତି ହେଲା। ଜାତୀୟ ଜୀବନ ଆରମ୍ଭର ୩୦ ବର୍ଷ ମଧ୍ୟରେ ବିଶେଷ ଉନ୍ନତି।

କଲିକତାରେ ଥିବା ଇଂରେଜୀ ଜୋତା ଦୋକାନରେ ଜଣେ ସାହେବ ପହଞ୍ଚି ଦେଖିଲେ ଯେ ବିଦେଶୀୟ ଜିନିଷ ଶସ୍ତା, ସ୍ୱଦେଶୀୟ ଜିନିଷ ମହଙ୍ଗା। କିନ୍ତୁ ଇଂରେଜ ବିଦେଶୀ ଜୋତା କିଣିବେ ନାହିଁ। ମୁଁ ଦଶବର୍ଷ ପୂର୍ବେ ମନେ କରିଥିଲି ଇଂରେଜୀ ଜୋତା ମୋ ଭାଗରେ କିପରି ନ ପଡୁ। କିନ୍ତୁ ଦଶ ବର୍ଷ ମଧ୍ୟରେ ମୁଁ ଦେଶୀ ଜୋତା ପିନ୍ଧିଅଛି। ଆମ୍ଭର ପ୍ରତିଜ୍ଞା କରିବା ଉଚିତ ଯେ, "ବିଦେଶୀ ଦ୍ରବ୍ୟ" କିଣିବା ପୂର୍ବରୁ ଚିନ୍ତା କରିବା। ଯେତିକି କରିପାରିବ ତେତିକି କର। କୌଣସି ବିଦେଶୀୟ ପଦାର୍ଥ ଅସମ୍ଭବ। ମୋର ପରାମର୍ଶ ଯେ ଗୋଟିଏ ଚିଜ ଧର। ଦଶ କୋଡ଼ିଏ ଜଣ ପ୍ରତ୍ୟେକ ଗ୍ରାମରୁ ଏକତ୍ରିତ ହୁଅ, ପ୍ରତିଜ୍ଞା କର-ଏକ ନମ୍ବର ସୂତା, ଏକରକମ ଧଡ଼ିର ଲୁଗା ପଖାଳକରା ଲୁଗା ସ୍ୱରୂପ ପିନ୍ଧିବ। ତନ୍ତୀ ବୁଣିବାକୁ ପ୍ରସ୍ତୁତ। ତାକୁ ଏଠାକୁ ପଠାଅ। ସେ ପାଞ୍ଚ ହାତ ବୁଣୁଥିଲେ ଏଠାରେ ୧୨-୧୫ ହାତ ବୁଣି ଶିଖିଯିବ। ସେ ଏଠାରୁ ଫେରିଲେ ସମସ୍ତେ ସେହି ଲୁଗା ପିନ୍ଧିବ। ବର୍ତ୍ତମାନ ବାରଅଣା ସେତେବେଳେ ଲାଭ ହେଲା। ତନ୍ତୀ ଖରିଦଦାର ସମସ୍ତେ ସନ୍ତୁଷ୍ଟ ହେବେ। ୫୦ଜଣ ଏକ ମନ ଏକ ପ୍ରତିଜ୍ଞା ହୁଅ। ପ୍ରଥମେ ଘରେ ପିନ୍ଧିବା ଲୁଗା ପଖାଳକରାରେ ଆରମ୍ଭ କର। କ୍ଷୁଦ୍ର ସୀମାରେ କର। ସେଥିର ଆଦର ବୃଦ୍ଧି ହେଲେ ସେହି ତନ୍ତୀ ଅନ୍ୟ ପାଞ୍ଚଜଣଙ୍କୁ ଶିଖାଅ(ଶିଖାଉ)। ସରୁ ଲୁଗା ନିମନ୍ତେ ଅନ୍ୟ ଗୋଟିଏ

ତନ୍ତୀ ନିୟୋଗ କର। ୫୦ ଜଣ ଦୃଢ଼ ପ୍ରତିଜ୍ଞା କରି ଗୋଟାଏ ଚିଜ ସମ୍ବନ୍ଧରେ ପ୍ରତିଜ୍ଞା କର। ଯେବେ ପ୍ରତିଜ୍ଞା ଭଙ୍ଗ ହେବ ତେବେ ଜାତୀୟ ଜୀବନରେ ଆଘାତ ଲାଗିବ। ଯେଉଁ ପ୍ରତିଜ୍ଞା ପାଳନ କରିପାରିବ ତାହା କର। ୧୦ଜଣ ଏକାଠି ହୋଇ ଏକ ଧାଡ଼ିରେ ପଖାଳକରା ପିନ୍ଧ। ଉତ୍କଳ ଜନନୀ ଏହା ତୁମ୍ଭମାନଙ୍କୁ ମାଗୁଅଛନ୍ତି। ପ୍ରଥମେ ଘରେ ପିନ୍ଧିବା ଲୁଗା ଖଣ୍ଡକ ଦେଶୀୟ ହେଉ। ଏ ବିଷୟରେ ସମଗ୍ର ବିବରଣ ସମ୍ମିଳନୀ ପକ୍ଷରୁ ଗ୍ରାମ୍ୟ ସମିତିକୁ ପ୍ରେରିତ ହେବ।

ପରିଶେଷରେ ମୋର ପ୍ରାର୍ଥନା ଏହି ଯେ, "ଏକତ୍ର ହେବାକୁ ଶିଖ, ଜୀବନର ସୀମା ବୃଦ୍ଧି କରିବାକୁ ଶିଖ।" ଟେକା ପଡ଼ିଲେ ଢେଉ ଏକ ସ୍ଥାନରୁ ଉଠି କ୍ରମେ କ୍ରମେ ବିସ୍ତାର ହୁଏ। ଯେବେ ତୁମ୍ଭ ଅନ୍ତଃକରଣ ଜାତୀୟ ଜୀବନ ପାଇଁ ଦିନେ କାନ୍ଦିଥାଏ,"ମୋ ଜାତିର ଅଧୋଗତି ହୋଇଅଛି-" ଏକଥା ଦିନେ ଯେବେ ବାଜିଥାଏ, ତେବେ ତୁମ୍ଭେ ସ୍ଥିର ହୋଇ ପାରିବ ନାହିଁ।

ଏଇ ଦେଶର ଦାତା କର୍ଣ୍ଣ ଗୋଟିଏ ନିଷ୍ଠାପର ଉଦାହରଣ। ମୁଁ ନିଜ ଚକ୍ଷୁରେ ଦେଖିଛି ୭୦/୮୦ ବରଷ ବୃଦ୍ଧ ଯୁବକ ସହ ଦୁବଘାସ କେରାଏ ନେଇ ଗୋରୁକୁ ଦେଲେ ପଛେ ମୁଁ ଖାଇବି, ଏପରି କର୍ତ୍ତବ୍ୟ କର୍ମରେ ନିଷ୍ଠା ରଖିଥିଲା। ବର୍ତ୍ତମାନ ଅଶିକ୍ଷିତଙ୍କ ମଧ୍ୟରେ (ଏପରି ଭାବ) ପ୍ରବଳ ଅଛି। ରୋଜ ଶୋଇବାବେଳ ପୂର୍ବରୁ ଆପଣାକୁ ପ୍ରଶ୍ନ ପଚାରିବ - "ମୁଁ ଆଜି ଜାତୀୟ ଜୀବନ ସମ୍ବନ୍ଧରେ କଅଣ କରିଛି।" ଜଣେ ଡେପୁଟିଙ୍କୁ ଦିନେ ପଚାରିଲି ତୁମ୍ଭେ ଜାତୀୟ ଜୀବନ ସମ୍ବନ୍ଧରେ କଅଣ କରିଅଛ ? ସେ କହିଲେ ମୋର ସମୟ ନାହିଁ। ମୁଁ କହିଲି ବାଟଘାଟ, କଚେରିରେ ଯାହାକୁ ଦେଖୁଛ ଓ ମଧ୍ୟ ତୁମ୍ଭର ନିଜ ସ୍ତ୍ରୀକୁ ଏଇ ସମ୍ବନ୍ଧରେ କହିବାକୁ କିଛି ସମୟ ପାଉନାହଁ କି ? ତୁମେ ସମସ୍ତେ ମନକୁ ପଚାର, "ସ୍ତ୍ରୀକୁ କେବେ କହିଛ ତୋର ଜାତୀୟ ଜୀବନ ହେବା ଉଚିତ। ଏ ପିଲାମାନେ ଯେପରି ଜାତିର ଗୌରବ ବୃଦ୍ଧି କରିପାରନ୍ତି ସେହିପରି ତୁ ତାଙ୍କୁ ଗଢ଼ାଇବୁ।" ଯେବେ ପ୍ରତ୍ୟେକ ଲୋକ ପ୍ରତିଦିନ ପାଞ୍ଚ ମିନିଟ୍ ସମୟ ଏଥିରେ ବ୍ୟୟ କରନ୍ତି, ତେବେ ଦଶ ପନ୍ଦର ବର୍ଷ ମଧ୍ୟରେ ଜାତି ବଦଳି ଯିବ।

ନବମ ଅଧିବେଶନର ସଭାପତି ଅଭିଭାଷଣ(ଲିଖିତ)

ପ୍ରେମଭାଜନ ଶ୍ରଦ୍ଧାଭାଜନ ଭାଇ ଉତ୍କଳର ସନ୍ତାନସନ୍ତତିବର୍ଗ !

ସଭାପତିଙ୍କର ପୂର୍ବ ପ୍ରଥାନୁସାରେ ବକ୍ତୃତା କରିବା ଆବଶ୍ୟକ ଏବଂ ପୂର୍ବ ପ୍ରଥାନୁସାରେ ସେ ବକ୍ତୃତା ଛପା ହୁଏ। ମୋହର ବକ୍ତୃତା ଲେଖିବାର କ୍ଷମତା ବା ଅଭ୍ୟାସ ନାହିଁ। କିନ୍ତୁ ବର୍ତ୍ତମାନ ଲେଖିବାକୁ ହେବ ବୋଲି କେହି ଭାଇ ବାଧ କରିବାରୁ ଲେଖିଅଛି, ଏହା ମୋହର ମିତ୍ରବନ୍ଧୁ ଶ୍ରୀମାନ୍ ପାରେଶ୍ୱର ମହାନ୍ତି ଲେଖିଅଛନ୍ତି। ଗ୍ରାମୋଫୋନ୍ ଯନ୍ତ୍ରପରି

ମୁଁ ପୁଣି ଏହା ବାହାର କରିପାରିବି ନାହିଁ, ଅତଏବ ଯଦି ଖବର କାଗଜମାନଙ୍କରେ ଛାପା ଏବଂ ମୁଁ କହିବାକଥାରେ କିଛି ପ୍ରଭେଦ ଘଟେ ତାହାହେଲେ ମୋତେ କ୍ଷମା କରିବେ। କାରଣ ମୁଁ ତ ଜୀବିତ ମନୁଷ୍ୟ, ଗ୍ରାମୋଫୋନ୍ ଯନ୍ତ୍ର ନୁହେଁ।

ମୁଁ କି କାରଣରୁ ସଭାପତି ଦାୟିତ୍ୱ ଗ୍ରହଣ କରିଅଛି, ତତ୍‌ସମ୍ବନ୍ଧେ ପ୍ରଥମେ ଗୋଟିଏ ଦୁଇଟି କଥା କହିବା ଆବଶ୍ୟକ। ସମ୍ମିଳନୀର ପ୍ରଥମ ଅଧିବେଶନରେ ମୟୂରଭଞ୍ଜ ମହାରାଜା ସଭାପତି ହୋଇଥିଲେ। ସେ ବର୍ତ୍ତମାନ ସ୍ୱର୍ଗରେ ଅଛନ୍ତି। ଅଳ୍ପ ବୟସରେ ମୟୂରଭଞ୍ଜ ମହାରାଜା ଯେ ପ୍ରକାର ମାନସଂଭ୍ରମ ଓ ପୂଜ୍ୟପଦ ପ୍ରାପ୍ତ ହୋଇଥିଲେ ସେ ପ୍ରକାର ଖ୍ୟାତି ଓଡ଼ିଶାର ଅନ୍ୟ କେହି ରାଜା ପାଇଥିବାର ମୁଁ ଜାଣେ ନାହିଁ। ବଙ୍ଗଦେଶର ଜଣେ ଲେଫ୍‌ଟନାଣ୍ଟ ଗଭର୍ଣ୍ଣର ତାଙ୍କ ସଙ୍ଗରେ କୌଣସି ସ୍ଥାନରେ ପ୍ରାୟ ଏକ ଘଣ୍ଟା ନାନାବିଷୟକ କଥୋପକଥନ କରିଥିଲେ ଏବଂ ତାଙ୍କର ପାଣ୍ଡିତ୍ୟ ଓ ବୁଦ୍ଧି ଦେଖି ଅତିଶୟ ଆଶ୍ଚର୍ଯ୍ୟ ହୋଇଥିଲେ। ତାଙ୍କ ମନର ଆଶ୍ଚର୍ଯ୍ୟ ଭାବ ମୋ ନିକଟରେ ଥରେ ପ୍ରକାଶ କରି କହିଥିଲେ କି ରାଜାମାନଙ୍କ ମଧ୍ୟରେ ଯେ ଏକପ୍ରକାର ବିଦ୍ୟା ଏବଂ ବୁଦ୍ଧି ସମ୍ପନ୍ନଲୋକ ଅଛନ୍ତି ଏହା ତାଙ୍କ ମନରେ ବିଶ୍ୱାସ ନ ଥିଲା। ସମ୍ମିଳନୀର ପ୍ରଥମ ଅଧିବେଶନରେ ଉତ୍କଳ ମାତାର ବରପୁତ୍ର ସଭାପତି ହୋଇଥିଲେ। ମୁଁ ଶୁଣିଅଛି ସଭାପତିର ଆସନ ଗ୍ରହଣ କରିବାକୁ କେହି ଇଚ୍ଛୁକ ନ ହେବାରୁ ଗତବର୍ଷ ସମ୍ମିଳନୀର ଅଧିବେଶନ ହୋଇନାହିଁ। ଏଥିରୁ ପ୍ରକାଶ ହେଉଅଛି ସମ୍ମିଳନୀ ପ୍ରତି ଉତ୍କଳବାସୀମାନଙ୍କର ଯେ ପ୍ରକାଶ ଶ୍ରଦ୍ଧା, ଭକ୍ତି ଓ ସ୍ନେହ ପ୍ରଥମାବସ୍ଥାରେ ଥିଲା ତାହା ବର୍ତ୍ତମାନ ନାହିଁ। ପୂର୍ବେ ସଭାପତିର ଆସନ ସମ୍ମାନସୂଚକ ଥିଲା। ବର୍ତ୍ତମାନ ତାହା ଅସମ୍ମାନର ସ୍ଥାନ ହୋଇଅଛି। ସେହି ହେତୁରୁ ଉତ୍କଳର କେହି କୃତୀ ସନ୍ତାନ ସେ ସ୍ଥାନରେ ବସିବାକୁ ଚାହାନ୍ତିନାହିଁ। ମନେ କରନ୍ତି ଏହା ଅଯୋଗ୍ୟଲୋକର ଉପଯୁକ୍ତ ସ୍ଥାନ। ଏଣୁକରି ଉତ୍କଳମାତାର ମୁଁ ଜଣେ ଅଯୋଗ୍ୟ ସନ୍ତାନ ଥିବାରୁ କର୍ତ୍ତବ୍ୟାନୁରୋଧେ ବାଧ୍ୟ ହୋଇ ଏ ସ୍ଥାନରେ ମୁଁ ଉପସ୍ଥିତ ହେଲି। ଏତଦ୍ଦ୍ୱାରା ଉତ୍କଳର ମଙ୍ଗଳ ହେବ କି ଅମଙ୍ଗଳ ହେବ ତାହା ଆପଣମାନେ ବିଚାର କରିବେ। ସମ୍ମିଳନୀର ପ୍ରତ୍ୟେକ ଅଧିବେଶନରେ ଉତ୍କଳର ଉନ୍ନତିସାଧନ ସକାଶେ ଅନେକ ପ୍ରସ୍ତାବ ଏଥିପୂର୍ବେ ହୋଇଥିଲା। ସେ ସବୁ ପ୍ରସ୍ତାବ କାର୍ଯ୍ୟରେ ପରିଣତ ହୋଇନାହିଁ ବୋଲି ମୁଁ ଶୁଣିଅଛି। ତାହା ସତ୍ୟ କି ମିଥ୍ୟା ବିଚାର କରିବାର ଅଧିକାର ମୋର ନାହିଁ। କିନ୍ତୁ ଯେଉଁସବୁ କାର୍ଯ୍ୟ କରିବାର ପ୍ରସ୍ତାବ ହୋଇଥିଲା ସେ ସବୁ ଉନ୍ନତିପଥରେ ଉତ୍କଳବାସୀମାନେ ଯେ ଗତ ଦଶବର୍ଷ ମଧ୍ୟରେ ଅଗ୍ରସର ହୋଇଅଛନ୍ତି ତାହା କୌଣସି ପ୍ରକାରେ କୁହାଯାଇ ନପାରେ। ଉତ୍କଳବାସୀଙ୍କ ମଧ୍ୟରେ ଯେଉଁମାନେ ଉଚ୍ଚଶ୍ରେଣୀସ୍ଥ ଅଟନ୍ତି ସେମାନେ ପ୍ରତ୍ୟେକ ଅଧିବେଶନରେ ସମ୍ମିଳନୀର କାର୍ଯ୍ୟରେ ଯୋଗଦାନ କରିଥିଲେ

ଏବଂ ଉତ୍କଳର ଉନ୍ନତି ସମ୍ବନ୍ଧେ ଅନୁରାଗ ଓ ଉତ୍ସାହ ପ୍ରକାଶ କରିଥିଲେ। କିନ୍ତୁ କାର୍ଯ୍ୟରେ କୌଣସି ଉନ୍ନତି ହୋଇନାହିଁ। ଯଦ୍ୟପି ପ୍ରକୃତରେ ଉତ୍କଳର ଉନ୍ନତିସାଧନ କରିବାକୁ ଆପଣମାନଙ୍କର ଇଚ୍ଛା ହୁଏ ତାହାହେଲେ କି କାରଣରୁ ବିଗତ ଚେଷ୍ଟାସବୁ ସଫଳ ହୋଇନାହିଁ ବର୍ତ୍ତମାନ ଅଧିବେଶନରେ ତହିଁର ଅନୁସନ୍ଧାନ କରିବା ଆବଶ୍ୟକ। ଏପ୍ରକାର ଅନୁସନ୍ଧାନ କରିବାକୁ ହେଲେ ପ୍ରଥମେ 'ଉତ୍କଳ ସମ୍ମିଳନୀ'ର ଅର୍ଥ ବୁଝିବା ଉଚିତ ଏବଂ 'ଉତ୍କଳ ସମ୍ମିଳନୀ'ର ଅର୍ଥ ବୁଝିବା ପୂର୍ବେ 'ସମ୍ମିଳନୀ'ର ଅର୍ଥ ବୁଝିବା ଆବଶ୍ୟକ।

ପୃଥିବୀରେ ନାନା ପ୍ରକାର ମିଳନ ହୁଏ। ଜଡ ପଦାର୍ଥର ମିଳନ ହୁଏ। ପଶୁମାନଙ୍କର ମିଳନ ହୁଏ। ବୃକ୍ଷାଦିର ମିଳନ ହୁଏ। ଏବଂ ମନୁଷ୍ୟର ମିଳନ ହୁଏ। ବଢ଼େଇ ଦୁଇଖଣ୍ଡ କାଠକୁ ମିଳନ କରାଏ। ଏହା ଜଡ଼ ପଦାର୍ଥ ମିଳନର ଗୋଟିଏ ଉଦାହରଣ। କେତେକ ପଶୁଜାତି ଗୋଠବାନ୍ଧି ରହନ୍ତି। ଏ ପଶୁଜାତିର ମିଳନ। ଆପଣମାନେ ଦେଖିଥିବେ ବରଗଛ ନିକଟରେ ଅନ୍ୟ କୌଣସି ଗଛ ଥିଲେ ବରଗଛ ତାହାକୁ ଚାରିପାଖରେ ବ୍ୟାପି ଏକ ପ୍ରକାର ଆପଣାର କ୍ରୋଡସ୍ଥ କରିନିଏ। ବୃକ୍ଷ ମିଳନର ଏ ଗୋଟିଏ ଉଦାହରଣ। ଆହୁରି ମଧ୍ୟ ଆପଣମାନେ ଦେଖିଥିବେ ଗୋଲାପ ଗଛର କଲମ ଦ୍ୱାରା ଏକ ପ୍ରକାର ମିଳନ ହୁଏ ଯେ ବୃକ୍ଷରେ ନାନା ରଙ୍ଗର ଫୁଲ ଫୁଟେ। ମନୁଷ୍ୟ ଜାତିର ମିଳନ ମଧ୍ୟ ନାନା ଅଭିପ୍ରାୟରେ ହୁଏ। ଏ ସମୁଦାୟ ଉଦାହରଣରୁ ମିଳନ କାହାକୁ କହନ୍ତି ତାହା ଆମ୍ଭେମାନେ ବୁଝିପାରୁଅଛୁଁ। କିନ୍ତୁ ମିଳନ ଓ ସମ୍ମିଳନ ଏକ ଶବ୍ଦ ନୁହେଁ କିମ୍ବା ଏକ ଅର୍ଥ ବୁଝାଏ ନାହିଁ। କାଠ ଦୁଇଖଣ୍ଡ ଏକାଠି କରିବାକୁ ବଢ଼େଇ କଣ୍ଟାମାରେ କିମ୍ବା ଶିରୀଷ ଲଗାଏ। ଦୁଇଟି ଗଛ ଏକ ଦେଖାଗଲେ ମଧ୍ୟ ଭିନ୍ନ ଭିନ୍ନ ପ୍ରକାର ଫଳ ଫଳନ୍ତି। ପଶୁମାନଙ୍କର ମିଳନ ଶତ୍ରୁ ଭୟରେ ହୋଇଥାଏ। ଏପରି ସମ୍ମିଳନ ଦ୍ୱାରା ଉଭୟ ପଦାର୍ଥ ମଧ୍ୟରୁ କାହାରି ପ୍ରକୃତିର ପରିବର୍ତ୍ତନ ହୁଏନାହିଁ। ରସାୟନ ଶାସ୍ତ୍ରରୁ ଆପଣମାନେ ଜାଣନ୍ତି ଯେ ଏପ୍ରକାର ପଦାର୍ଥ ଅଛି ଯହିଁରୁ ଦୁଇଗୋଟି ମିଶାଇଦେଲେ ଯେ ପଦାର୍ଥ ଉତ୍ପନ୍ନ ହୁଏ ତାହାର ଗୁଣ ଓ ପ୍ରକୃତି ସମ୍ପୂର୍ଣ୍ଣ ରୂପେ ପୃଥକ। ଯେଉଁ ଦୁଇ ପଦାର୍ଥର ମିଳନରେ ତାହା ଉତ୍ପନ୍ନ ହୋଇଅଛି ସେ ଦୁଇ ପଦାର୍ଥର ଗୁଣ ଓ ଲକ୍ଷଣ ଏକପ୍ରକାର ଏବଂ ଉକ୍ତ ମିଳନ ଦ୍ୱାରା ଯେଉଁ ପଦାର୍ଥ ଜାତ ହୁଏ ତାହାର ଗୁଣ ସମ୍ପୂର୍ଣ୍ଣରୂପେ ଅନ୍ୟପ୍ରକାର। ଉଦାହରଣ ସ୍ୱରୂପ ଉଲ୍ଲେଖ କରୁଅଛି, ପାଣି ଦୁଇଗୋଟି ବାଷ୍ପରୁ ଉତ୍ପନ୍ନ ହୁଏ। ବାଷ୍ପକୁ ଏକପ୍ରକାର ବାୟୁ କୁହାଯାଇପାରେ। ମାତ୍ର ଦୁଇଗୋଟି ବାଷ୍ପର ସମ୍ମିଳନରେ ଯାହା ଉତ୍ପନ୍ନ ହେଲା ତାହା ପାଣି। ବାଷ୍ପ ଦୃଷ୍ଟିର ଅଗୋଚର, ପାଣି ଦୃଶ୍ୟମାନ, ବାଷ୍ପ ଊର୍ଦ୍ଧ୍ୱଗାମୀ, ପାଣି ନିମ୍ନଗାମୀ। ଏହିପରି ଦୁହିଁଙ୍କର ଗୁଣ ଓ ଲକ୍ଷଣ ସମ୍ପୂର୍ଣ୍ଣରୂପେ ପୃଥକ୍। ଅତଏବ ସମ୍ମିଳନୀର ଅର୍ଥ ଏ ପ୍ରକାର ମିଳିବା ଯେ ମିଳିତ ପଦାର୍ଥମାନଙ୍କର ପୃଥକ୍

ଅସ୍ତିତ୍ୱ ଓ ଗୁଣ ଲୋପ ହୋଇ ଏକ ନୂତନ ପଦାର୍ଥ ଉତ୍ପନ୍ନ ହେବ। ବ୍ୟକ୍ତିଗତ ଜୀବନ ଲୋପ ହୋଇ ଜାତୀୟ ଜୀବନରେ ପରିଣତ ନ ହେବାଯାଏ ପ୍ରକୃତ ମିଳନ ଅସମ୍ଭବ।

ଉତ୍କଳ ସମ୍ମିଳନୀର ଉଦ୍ଦେଶ୍ୟ ସମସ୍ତ ଉତ୍କଳବାସୀଙ୍କର ମଙ୍ଗଳ ସାଧନ । ସମଗ୍ର ଉତ୍କଳବାସୀ କହିଲେ ଏକ ଜାତି ବୁଝାଏ। ଜାତିଶବ୍ଦ ସାଧାରଣତଃ ବ୍ରାହ୍ମଣାଦି ବର୍ଣ୍ଣଙ୍କୁ ବୁଝାଇଥାଏ। କିନ୍ତୁ ସେ ଅର୍ଥରେ ମୁଁ ଜାତିଶବ୍ଦ ବ୍ୟବହାର କରୁନାହିଁ। ଯେଉଁ ଅର୍ଥରେ ଇଂରେଜ ଜାତି, ଜାପାନି ଜାତି, ବଙ୍ଗାଳି ଜାତି ଏହି ଶବ୍ଦମାନ ଆମ୍ଭେମାନେ ବ୍ୟବହାର କରିଥାଉଁ ସେହି ଅର୍ଥରେ ମୁଁ ଜାତିଶବ୍ଦ ବ୍ୟବହାର କରୁଅଛି। ଉତ୍କଳଜାତିର ଅର୍ଥ ଯେଉଁମାନେ ଆପଣାକୁ ଉତ୍କଳସନ୍ତାନ ବୋଲି ମନେ କରନ୍ତି ଏବଂ ଉତ୍କଳର ଅତୀତ ଗୌରବରେ ଯେଉଁମାନେ ଆପଣାକୁ ଗୌରବାନ୍ୱିତ ମନେ କରନ୍ତି ଏବଂ ଭାବଗୌରବକୁ ଆକାଂକ୍ଷା କରନ୍ତି ସେମାନଙ୍କୁ ମୁଁ ଉତ୍କଳଜାତି ବୋଲି ଜ୍ଞାନକରେ। କୌଣସି ଜାତିର ଉନ୍ନତି ସାଧନ କରିବା ନିମନ୍ତେ ଯେଉଁ ବ୍ୟକ୍ତିମାନେ ଇଚ୍ଛା କରନ୍ତି ସେମାନଙ୍କର ପ୍ରଥମେ ଆପଣାକୁ ଆପେ ପରୀକ୍ଷା କରିବା ଉଚିତ। ପରୀକ୍ଷାର ଉଦ୍ଦେଶ୍ୟ ଯେ ତାଙ୍କ ହୃଦୟରେ ଜାତୀୟ ଜୀବନର ଉତ୍ପତ୍ତି ହୋଇଅଛି କି ନା, ଆପଣାକୁ ଆପେ ପରୀକ୍ଷା କରିବାକୁ ହେବ। ଯେ ପରୀକ୍ଷା କରିବେ ଓ ଯାହାଙ୍କର ପରୀକ୍ଷାହେବ ସେମାନେ ଏ ସ୍ଥଳରେ ପୃଥକ ବ୍ୟକ୍ତି ନ ହୋଇ ଏକ ବ୍ୟକ୍ତି ଅଟନ୍ତି। ଆପଣାକୁ ଆପେ ପରୀକ୍ଷା କରିବା ଏକ ଭାବରେ ବଡ ସହଜ କାର୍ଯ୍ୟ ମାତ୍ର ପ୍ରକୃତରେ ବଡ କଠିନ ଅଟେ। ମନୁଷ୍ୟ ସ୍ୱଭାବତଃ ପରର ଦୋଷ ସହଜରେ ଦେଖିପାରେ। ନିଜର ଦୋଷ ଦେଖିବା ତାହା ପକ୍ଷରେ ସହଜ ନୁହେଁ। ଅନ୍ଧକାର ରାତ୍ରରେ ଚନ୍ଦ୍ରର ଉଦୟ ହେଲେ ଅନ୍ଧକାର ଦୂର ହୁଏ। ମାତ୍ର ମନୁଷ୍ୟ ଚନ୍ଦ୍ରର କଳଙ୍କ ଦେଖିବାକୁ ଛାଡ଼େନାହିଁ। ଆପେ ଯେ ଅନ୍ଧକାରରେ ଥିଲା ଏକଥା ସେ ଭୁଲିଯାଏ। ମଇଁଷିଟା ନିଜେ କଳା ମାତ୍ର କାଳିଆ ବସ୍ତ୍ର ଦେଖିଲେ କ୍ରୋଧ ପ୍ରକାଶ କରେ। ଯେ ପିନ୍ଧିଥାଏ ତାକୁ ମାରିବାକୁ ଦଉଡେ। ସୁତରାଂ ଦେଖାଯାଏ ଆତ୍ମପରୀକ୍ଷା ବଡ ସହଜ ନୁହେଁ। ତହିଁରେ ପୁଣି ଆତ୍ମପରୀକ୍ଷା ଦ୍ୱାରା ଆମ୍ଭେମାନେ ଯାହା ସ୍ଥିର କରିବୁଁ ତାହାକୁ ଯେ ଜାତି ପ୍ରକୃତ ବୋଲି ଗ୍ରହଣ କରିବେ ଏହା ଆଶା କରାଯାଇନପାରେ। ଆତ୍ମନିରୀକ୍ଷାରଫଳ ଠିକ୍ କି ନା, ଜାତି ତାହାର ବିଚାର କରିବେ। ସେମାନେ ଆମ୍ଭମାନଙ୍କର କାର୍ଯ୍ୟରୁ ଦେଖିବେ ଯେ ଜାତୀୟଜୀବନ ଆମ୍ଭମାନଙ୍କ ବ୍ୟକ୍ତିଗତ ସ୍ୱାର୍ଥପରତାକୁ ବିକାଶ କିମ୍ବା ସଙ୍କୁଚିତ କରିଅଛି କି ନା।

ପ୍ରତ୍ୟେକ ବ୍ୟକ୍ତିର ଦୁଇଗୋଟି ଜୀବନ ଅଛି। ଗୋଟିଏ ହେଉଛି ବ୍ୟକ୍ତିଗତ ଜୀବନ; ଅନ୍ୟଟି ହେଉଛି ଜାତୀୟ ଜୀବନ। ମୋତେ ଯେବେ କୁବାକ୍ୟ ଦ୍ୱାରା କେହି ସମ୍ବୋଧନ କରେ ମୋର ତହିଁରେ ବିରକ୍ତି ଜାତ ହେବ। କିନ୍ତୁ ଯଦି କେହି ଓଡ଼ିଆ

ଜାତିପ୍ରତି କୁବାକ୍ୟ ପ୍ରୟୋଗ କରି ମୋତେ ସମ୍ବୋଧନ କରେ ତାହାହେଲେ ତଦ୍ଦ୍ୱାରା ମୋହର ବିରକ୍ତି ହେବ ଏବଂ ଆପଣମାନଙ୍କ ମଧ୍ୟରୁ ସମସ୍ତଙ୍କ ମନରେ ବିରକ୍ତି ଜାତ ହେବ। ପ୍ରଥମ ଦୃଷ୍ଟାନ୍ତରେ ବ୍ୟକ୍ତିଗତ ଜୀବନରେ ଆଘାତ ଲାଗିଲା। ଦ୍ୱିତୀୟ ଦୃଷ୍ଟାନ୍ତରେ ଜାତୀୟ ଜୀବନରେ ଆଘାତ ଲାଗିଲା। ଏଥିରୁ ଆପଣମାନେ ବୁଝିପାରିବେ ଯେ ପ୍ରତ୍ୟେକ ବ୍ୟକ୍ତିର ଦୁଇଗୋଟି ଜୀବନ ଅଛି ଏବଂ ଯେଉଁ ପରିମାଣରେ ସେ ଏହି ଦୁଇ ଜୀବନର ପରିଚାଳନା କରିବ ତଦନୁସାରେ ସେ ନିଜର ଉନ୍ନତି ପଥରେ କିମ୍ବା ଜାତିର ଉନ୍ନତିପଥରେ ଅଗ୍ରସର ହେବ।

ପ୍ରତ୍ୟେକ ବ୍ୟକ୍ତିର ଯେ ପ୍ରକାର ଗୁଣ ଓ ଦୋଷ ଅଛି, ପ୍ରତ୍ୟେକ ଜାତିର ମଧ୍ୟ ସେହି ପ୍ରକାର ଗୁଣ ଓ ଦୋଷ ଅଛି। ଯେଉଁ ଗୁଣ ଜାତିର ଅଧିକାଂଶ ଲୋକଙ୍କ ମଧ୍ୟରେ ଦେଖାଯାଏ ତାକୁ ଜାତୀୟ ଗୁଣ କହନ୍ତି। ସେହି ଗୁଣ ଉପାର୍ଜନରେ ସମସ୍ତ ଲୋକମାନେ ଚେଷ୍ଟା କରିଥିବାରୁ ତାହା ଜାତୀୟଗୁଣ ହୋଇଅଛି। ସେ ପ୍ରକାର ଚେଷ୍ଟା କରିବା ସମୟରେ ଲୋକମାନଙ୍କୁ କଷ୍ଟ ସ୍ୱୀକାର କରିବାକୁ ହୋଇଅଛି, ବିପଦାପନ୍ନ ହେବାକୁ ହୋଇଅଛି। ମାତ୍ର ସେମାନଙ୍କ ମଧ୍ୟରେ ଜାତୀୟଜୀବନ ଥିବାରୁ ସେମାନେ ପରାଙ୍ମୁଖ ହୋଇନାହାନ୍ତି। ଇଂରେଜ ସାହସୀ ଜାତି। ଦଶହଜାର ଇଂରେଜଙ୍କୁ ଏକତ୍ର କରି ତାଙ୍କ ସମ୍ମୁଖରେ

"Rule Britania rule the waves,
Britons, never never shall be slaves..."

ଏହି ପଦଟି ବୋଲ, ଦେଖିବ ଏହାର ଶବ୍ଦ ସେମାନଙ୍କ କର୍ଣ୍ଣରେ ପଡିଲାକ୍ଷଣି ଜୀବନ ଉତ୍ତେଜିତ ହୋଇ ସେମାନଙ୍କ ମୁଖର ବର୍ଣ୍ଣରେ ପ୍ରତିଭାତ ହେବ, ଇଂରେଜ କେବେ କାହାର ଦାସତ୍ୱ ସ୍ୱୀକାର କରିବ ନାହିଁ।

ଏକ ସମୟରେ କେତେକ ଜାପାନୀ ବିଲାତ ଯାଇଥିଲେ। ସେ ସମୟରେ ଜାପାନ ଦେଶର ଲୋକମାନେ ଚୀନ ଦେଶର ଲୋକମାନଙ୍କ୍ ପରି ଚୁଟି ରଖୁଥିଲେ। ବିଲାତର ଲୋକ ସେମାନଙ୍କୁ ଚୀନ ଦେଶର ଲୋକ ବୋଲି ମନେ କରିବାରୁ ସେମାନେ ଅନ୍ୟ ଜାତି ବୋଲି ପରିଚିତ ହେବା ଲଜ୍ଜାର ବିଷୟ ଜ୍ଞାନକରି ସମସ୍ତ ଜାତି ଚୁଟି କାଟି ପକାଇଲେ। ଡାହାଳକୁକୁର ଛୁଆ ମହାବଳ ବାଘକୁ ଦେଖି ପଳାଇବାକୁ ଚେଷ୍ଟା ନ କରି ଆକ୍ରମଣ କରିବାକୁ ଦୌଡ଼ିବ। ଏହାର କାରଣ କଣ ? ତାହାର ଜାତୀୟ ଜୀବନ ସେ ରକ୍ଷା କରିବାକୁ ଚାହେଁ – "ବାଘ ପଛେ ମୋତେ ମାରୁ, ମୁଁ ମୋହର ଜାତିର ଗୁଣ ରକ୍ଷା ପାଇଁ ପ୍ରାଣ ଦେବି"। ଚଳିତ ଡିସେମ୍ବର ତା ୨୦ରିଖ 'ଉତ୍କଳ ଦୀପିକା'ରେ ଜଣେ ପତ୍ରପ୍ରେରକ ଲେଖିଅଛନ୍ତି କି କେତେକ ଓଡ଼ିଆ ଆପଣାକୁ ବଙ୍ଗାଳି ବୋଲି ପରିଚୟ ଦିଅନ୍ତି। ଏ ବିଷୟରେ ମୁଁ କୌଣସି ମତ ପ୍ରକାଶ କରିବାକ୍ନ ଚାହେଁ ନାହିଁ। ଜାତିର ବିଚାର କିରବା ଜଣେ ବ୍ୟକ୍ତିର

ଉଚିତ ନୁହେଁ ଏବଂ ସେ ପ୍ରକାର କରିବାର ଅଧିକାର ମଧ କାହାରି ନାହିଁ। କିନ୍ତୁ ଉତ୍କଳ ସମ୍ମିଳନୀ ଜାତିର ସଭା; ଏଠାରେ ଜାତି ଉପସ୍ଥିତ। ପଶୁପକ୍ଷୀମାନଙ୍କର ମଧ ଜାତୀୟ ଗୁଣ ଅଛି କାରଣ ସେମାନଙ୍କର ଜାତୀୟ ଜୀବନ ଅଛି। ବର୍ତ୍ତମାନ ମୁଁ ଏହି ମହାସଭାରେ ଆପଣମାନଙ୍କଠାରୁ ଜାଣିବାକୁ ଚାହେଁ – ଆମ୍ଭ ଜାତିର କି ଗୁଣ ଅଛି ଯେଉଁ ଗୁଣ ବିଶେଷରୂପେ ଉତ୍କଳୀୟମାନଙ୍କର ଅଟେ ? ଯଦି ଏ ପ୍ରକାର କୌଣସି ଗୁଣ ନ ଥାଏ ତାହାହେଲେ ବୁଝିବାକୁ ହେବ ଆମ୍ଭମାନଙ୍କ ମଧରେ ଜାତୀୟ ଜୀବନର କେବେ ସଞ୍ଚାର ହୋଇନାହିଁ।

ମନୁଷ୍ୟ ଭୂମିଷ୍ଠ ହେବା ସମୟରେ କେବଳ ମାଂସପିଣ୍ଡ ପ୍ରାୟ ଜୀବନ ଆରମ୍ଭ କରେ। ଶିଶୁକାଳରେ ସ୍ୱାର୍ଥପରତା ପ୍ରବଳ ଥିବାର ଦେଖାଯାଏ। ଶିଶୁ ଆପଣାର ସୁଖ ବ୍ୟତିରେକେ ଆଉ କିଛି କାମନା କରେନାହିଁ। ପରର ଦ୍ରବ୍ୟକୁ ଆପଣାର ମନେକରେ ଏବଂ ତାହା ନ ପାଇଲେ କ୍ରୋଧରେ ରୋଦନ କରେ। କ୍ରମେ ବାଲ୍ୟକାଳ ଉପସ୍ଥିତ ହେଲେ କ୍ରୀଡାଭୂମିରେ କିମ୍ବା ବିଦ୍ୟାଳୟରେ ଖେଳିବା ଓ ପଢ଼ିବାରେ ସଙ୍ଗିମାନଙ୍କର ସୁଖ କିୟତ୍ ପରିମାଣରେ କାମନା କରେ ଏବଂ ଯେଉଁ ପରିମାଣରେ ପରର ସୁଖ କାମନା କରେ ସେହି ପରିମାଣରେ ତାହାର ସ୍ୱାର୍ଥପରତାର ହ୍ରାସ ହୁଏ। ବିବାହ କଲେ ଏବଂ ସନ୍ତାନ ସନ୍ତତି ହେଲେ ପରର ମଙ୍ଗଳ ଚିନ୍ତା, ପରର ସୁଖଚିନ୍ତା କ୍ରମେ ବୃଦ୍ଧି ପାଏ। ଆପେ କଷ୍ଟ ସ୍ୱୀକାର କରି, ଛିନ୍ନବସ୍ତ୍ର ପରିଧାନ କରି, ଆବଶ୍ୟକ ହେଲେ ଅନାହାରରେ ଥାଇ ସ୍ତ୍ରୀ ଓ ସନ୍ତାନ ସନ୍ତତିମାନଙ୍କୁ ସୁଖରେ ରଖିବାର ଚେଷ୍ଟାକରେ। ଏଥିରୁ ଦେଖାଯାଏ ସ୍ୱାର୍ଥପରତାର ହ୍ରାସ, ପରୋପକାରିତାର ବୃଦ୍ଧି ହେଉଛି ମନୁଷ୍ୟ ଜୀବନର ଈଶ୍ୱରକୃତ ନିୟମ। ଅଧିକାଂଶ ଲୋକଙ୍କର ଜୀବନରେ ପରିବାରର ମଙ୍ଗଳ ଚେଷ୍ଟା ଉନ୍ନତିର ଶେଷ ସୀମାପରି ଦୃଷ୍ଟହୁଏ। କିନ୍ତୁ ଯେଉଁମାନେ ମନୁଷ୍ୟ ଜୀବନର ପ୍ରକୃତ ଉଦ୍ଦେଶ୍ୟ ବୁଝିଛନ୍ତି ସେମାନଙ୍କ ପକ୍ଷରେ ନିଜ ପରିବାରର ସୁଖ ସାଧନ ଜୀବନର ଶେଷ ସୀମା ନୁହେଁ। ଏ ପ୍ରକାର ବ୍ୟକ୍ତିମାନେ ସମାଜର ମଙ୍ଗଳ, ଜାତିର ମଙ୍ଗଳ ଏବଂ କେହି କେହି ପୃଥିବୀର ସମସ୍ତ ଜାତିଙ୍କର ମଙ୍ଗଳ ସାଧନାରେ ଆପଣାର ଜୀବନ ଉତ୍ସର୍ଗ କରନ୍ତି।

ଏଥିରୁ ଦେଖାଯାଏ ମାନବ ଉନ୍ନତିର ସର୍ବନିମ୍ନ ସୋପାନ ହେଉଛି ସ୍ୱାର୍ଥପରତା। ତତ୍ପରେ ସହଚରମାନଙ୍କର ମଙ୍ଗଳ ସାଧନ; ତତ୍ପରେ ପାରିବାରିକ ଜୀବନ, ତତ୍ପରେ ଜାତୀୟ ଜୀବନ। ଜାତୀୟଜୀବନ ଉଦ୍ଭବ ହେବା ପୂର୍ବେ ଜାତିର ଉନ୍ନତି ସାଧନ ସକାଶେ କାର୍ଯ୍ୟ ଆରମ୍ଭ କଲେ ସେ କାର୍ଯ୍ୟ ସଫଳ ହେବାର ସମ୍ଭବ ନୁହେଁ । ଯେବେ ଉତ୍କଳବାସୀ ମଧରୁ ପ୍ରଧାନ ପ୍ରଧାନ ବ୍ୟକ୍ତିମାନଙ୍କର ଜାତୀୟଜୀବନ ଥା'ନ୍ତା ଏବଂ ସେମାନେ ଯେବେ ଉତ୍କଳ ସମ୍ମଳନୀ କାର୍ଯ୍ୟରେ ମନଯୋଗୀ ହୋଇଥାନ୍ତେ ତାହାହେଲେ ସମ୍ମିଳନୀର ପ୍ରସ୍ତାବମାନ କି ଫଳ ହୋଇ ନ ଥାନ୍ତା ?

ଜାତୀୟ ଜୀବନ ଏବଂ ବ୍ୟକ୍ତିଗତ ଜୀବନ ଏ ଦୁଇ ମଧ୍ୟରେ ପ୍ରଭେଦ ବୁଝାଇବାକୁ ଆମ୍ଭେମାନେ ଚେଷ୍ଟା କରୁଅଛୁଁ। ଆଶାକରେ ଏ ପ୍ରଭେଦ ମନରେ ରଖି ଆମ୍ଭମାନଙ୍କ ମଧ୍ୟରୁ ପ୍ରତ୍ୟେକ ବ୍ୟକ୍ତି ନିଜ ନିଜ ହୃଦୟରେ ଜାତୀୟଜୀବନର ପ୍ରବାହ ବର୍ଦ୍ଧନ କରି କାର୍ଯ୍ୟରେ ତାହାର ଫଳ ଦେଖାଇବାକୁ ଚେଷ୍ଟା କରିବେ।

ଜାତୀୟ ଜୀବନ ଏବଂ ବ୍ୟକ୍ତିଗତ ଜୀବନରେ ଯେ ପ୍ରକାର ପ୍ରଭେଦ ଅଛି, ଜାତୀୟ ଉନ୍ନତି ଓ ବ୍ୟକ୍ତିଗତ ଉନ୍ନତିର ମଧ୍ୟ ସେହି ପ୍ରକାର ପ୍ରଭେଦ ଅଛି। ଏ ପ୍ରଭେଦ ଉତ୍କଳ ସମ୍ମିଳନୀର ମଙ୍ଗଳାକାଂକ୍ଷୀମାନେ ସ୍ମରଣ ରଖିବା ଉଚିତ। ବର୍ତ୍ତମାନ ଭାରତବର୍ଷରେ ଶିଳ୍ପର ଉନ୍ନତି ସମ୍ବନ୍ଧେ ଅନେକ ବକ୍ତୃତା ଓ ଅନେକ ଉଦ୍‌ଯୋଗ ଦେଖାଯାଏ। ସୁଶିକ୍ଷିତ ବ୍ୟକ୍ତିମାନେ ସ୍ୱୀକାର କରନ୍ତି ଯେ ଶିଳ୍ପର ଉନ୍ନତି ନ ହେଲେ ଭାରତବର୍ଷର ଉନ୍ନତି ହେବା ଅସମ୍ଭବ। ସମ୍ମିଳନୀ ଅଧିବେଶନରେ ମଧ୍ୟ ଏ ସମ୍ବନ୍ଧେ ଅନେକ ପ୍ରସ୍ତାବ ହୋଇଅଛି ଓ ଦୀର୍ଘ ବକ୍ତୃତାମାନ ହୋଇଅଛି। କିନ୍ତୁ ଯେଉଁମାନେ ବକ୍ତୃତା କରନ୍ତି ସେମାନଙ୍କ ନିଜେ ଶିଳ୍ପୀ ହେବାର ଚେଷ୍ଟା କରନ୍ତି ନାହିଁ। ଅଧୁନା ଓଡ଼ିଶାର ସୁଶିକ୍ଷିତ ଯୁବକମାନଙ୍କ ମଧ୍ୟରେ ସର୍କାରୀ ଚାକିରି କିମ୍ବା ଓକିଲାତି ଜୀବନର ଉଦ୍ଦେଶ୍ୟ ଦେଖାଯାଏ। ଏ ପ୍ରକାର ହେବାର କାରଣ କଣ? ମୋ କ୍ଷୁଦ୍ର ବିବେଚନାରେ ଏହାର କାରଣ ଆମ୍ଭେମାନେ ଆତ୍ମୋନ୍ନତି ଓ ଜାତୀୟ ଉନ୍ନତିର ପ୍ରଭେଦ ବୁଝିନାହୁଁ।

ଜାତିର ଶିକ୍ଷା ଓ ବ୍ୟକ୍ତିଗତ ଶିକ୍ଷା ଦୁଇଟି ସମ୍ପୂର୍ଣ୍ଣ ରୂପେ ପୃଥକ ଉପାୟ ଦ୍ୱାରା ସମ୍ପାଦିତ ହୁଏ। ଉଚ୍ଚ ଶିକ୍ଷା ଅର୍ଥାତ୍ କଲେଜରେ ବି.ଏ.ଏମ୍.ଏ ପାସ କରିବା ଦ୍ୱାରା ଜାତିର ଉନ୍ନତି ହୋଇପାରେ ନାହିଁ। କାରଣ ଏ ପ୍ରକାର ଶିକ୍ଷାର ଉଦ୍ଦେଶ୍ୟ ସର୍କାରୀ ଚାକିରି, ଓକିଲାତି, ଡାକ୍ତରୀ, ବାରିଷ୍ଟରି କିମ୍ବା ଅନ୍ୟ କୌଣସି ବ୍ୟବସାୟ; ଯଦ୍ଦ୍ୱାରା ଯେଉଁ ବ୍ୟକ୍ତି ସେ ବ୍ୟବସାୟ ଅବଲମ୍ବନ କରେ ସେ କେବଳ ତାହାର ବିଦ୍ୟା ଓ ବୁଦ୍ଧିର ମୂଲ୍ୟ ପାଏ। କୌଣସି ଜାତିରେ ସମସ୍ତ ଲୋକମାନେ ଏ ପ୍ରକାର ଉଚ୍ଚଶିକ୍ଷା ଲାଭ କରିବାର ଏ ପର୍ଯ୍ୟନ୍ତ ଦେଖାଯାଏ ନାହିଁ। ଏବଂ ଏହା ହେବାର ସମ୍ଭବ ନୁହେଁ। ଯଦି କୌଣସି ସମାଜରେ ଏ ପ୍ରକାର ଅବସ୍ଥା ହୁଏ ତାହାହେଲେ ସେ ସମାଜ ନିଶ୍ଚୟ ଶୀଘ୍ର ବିନାଶ ପ୍ରାପ୍ତ ହେବ। ଜାତିର ସମସ୍ତ ଲୋକମାନେ ଡାକ୍ତର କି ଓକିଲ ହେଲେ ସେ ଜାତିର କି ପ୍ରକାର ଶୋଚନୀୟ ଅବସ୍ଥା ହେବ ତାହା ବ୍ୟାଖ୍ୟା କରିବା ଅନାବଶ୍ୟକ। ଯେଉଁମାନେ ଅତି ଉଚ୍ଚ ଶିକ୍ଷାର ପକ୍ଷପାତୀ ସେମାନଙ୍କର ସ୍ମରଣ ରଖିବା ଉଚିତ ଯେ ମନୁଷ୍ୟର ଶରୀର ଅଛି ଓ ବୃଦ୍ଧି ଅଛି। କେତେକ ଲୋକଙ୍କଠାରେ ବୁଦ୍ଧିର ପ୍ରଖରତା ଦେଖାଯାଏ। ସେମାନେ ମାନସିକ ଶକ୍ତିର ଚାଳନା ଦ୍ୱାରା ଉନ୍ନତି ଲାଭ କରିପାରନ୍ତି। କିନ୍ତୁ ଏପ୍ରକାର ଲୋକମାନଙ୍କ ସଂଖ୍ୟା ଅତି ଅଳ୍ପ। ସମସ୍ତ ମନୁଷ୍ୟଙ୍କର ହାତ, ଆଖି,

କାନ, ନାକ ଓ ଜିଭ ଅଛି। ଶିକ୍ଷାଦ୍ୱାରା ବୁଦ୍ଧିର ଯେ ପ୍ରକାର ଉନ୍ନତି ହୋଇପାରେ, ପରିଚାଳନା ଦ୍ୱାରା ହସ୍ତାଦିମାନଙ୍କର ମଧ୍ୟ ସେହିପ୍ରକାର ଉନ୍ନତି ହୋଇପାରେ। ସାଧାରଣ ଚକ୍ଷୁ ଅପେକ୍ଷା ସୁଶିକ୍ଷିତ ଚକ୍ଷୁର ମୂଲ୍ୟ ଅଧିକ ହୁଏ। ଯେଉଁ ହାତ କୋଡ଼ି ଧରି ମାଟିହାଣି ସାରାଦିନ ପରିଶ୍ରମ କରି ଦୁଇଅଣା ପଇସା ରୋଜଗାର କରୁଅଛି ସେହି ହାତ, ଶିଳ୍ପୀର ହାତ ହେଲେ ଦିନରେ ଦୁଇଟଙ୍କା ରୋଜଗାର କରିପାରେ। ହସ୍ତାଦି-ମାନଙ୍କର ଶିକ୍ଷାଦ୍ୱାରା ଯେ ଜାତିର ଆର୍ଥିକ ଅବସ୍ଥା ଭଲ ହୋଇପାରେ ତାହାର ଦୃଷ୍ଟାନ୍ତ ପୃଥିବୀରେ ଅନେକ ଦେଖାଯାଏ। ଜର୍ମାନ ଜାତିର କାନ ସୁଶିକ୍ଷିତ। ଏମାନେ ସଙ୍ଗୀତ ବିଦ୍ୟାରେ ଅତି ନିପୁଣ। ଏହାର ଫଳ ଏହି ଯେ ପୃଥିବୀର ସମସ୍ତ ଦେଶରେ ଜର୍ମାନୀ ନିର୍ମିତ ବାଦ୍ୟଯନ୍ତ୍ରର ବିକ୍ରୟ ହେଉଅଛି ଏବଂ ତଦ୍ଦ୍ୱାରା ସେ ଜାତି କୋଟି କୋଟି ଧନ ଉପାର୍ଜନ କରୁଅଛନ୍ତି। ଫ୍ରେଞ୍ଚଜାତି ଚକ୍ଷୁ ନାସିକା ଓ ଜିହ୍ୱାକୁ ସୁଶିକ୍ଷିତ କରିଅଛନ୍ତି। ଫ୍ରେଞ୍ଚଜାତୀୟ ଲୋକଙ୍କର ସୁଶିକ୍ଷିତ ଚକ୍ଷୁଥିବାରୁ ସେମାନେ କେଉଁ କେଉଁ ପଦାର୍ଥ ସୁନ୍ଦର, କେଉଁ ରଙ୍ଗ ସୁଦୃଶ୍ୟ ଏ ବିଷୟ ଭଲ ବିବେଚନା ଓ ପ୍ରଚାର କରିପାରନ୍ତି। ଏହି ହେତୁରୁ ଫ୍ରାନ୍ସ ଦେଶରୁ ସବୁ ଜାତିର ପରିଧେୟ ବସ୍ତ୍ର, ଟୋପି ଏବଂ ଅନ୍ୟାନ୍ୟ ପଦାର୍ଥ ବିଳାସପ୍ରିୟ ଲୋକମାନେ ବହୁମୂଲ୍ୟରେ କ୍ରୟ କରୁଅଛନ୍ତି। ଆହୁରି ମଧ୍ୟ ଫ୍ରେଞ୍ଚଜାତି ସେମାନଙ୍କର ଜିହ୍ୱା ଓ ନାସିକାକୁ ସୁଶିକ୍ଷିତ କରିଥିବାରୁ ଫ୍ରେଞ୍ଚପାଚକମାନେ ବେଶି ବେତନରେ ନାନା ଦେଶରେ କାର୍ଯ୍ୟ ପାଉଅଛନ୍ତି। ଅଧିକ ଉଦାହରଣ ଦେବାର ଆବଶ୍ୟକ ନାହିଁ। ଯାହା ଉଲ୍ଲେଖ କରାଗଲା ତହିଁରୁ ଆପଣମାନେ ବୁଝିପାରିବେ ଯେ ଶରୀରର ଅଙ୍ଗପ୍ରତ୍ୟଙ୍ଗ ସୁଶିକ୍ଷିତ ହେବା ଦ୍ୱାରା ଜାତିର ଉନ୍ନତି ସମ୍ପାଦନ ହୋଇପାରେ ଓ ଜାତୀୟ ଧନ ବୃଦ୍ଧି ହୋଇପାରେ। ମୁଁ ବୋଧକରେ ଉପସ୍ଥିତ ଉତ୍କଳବାସୀଙ୍କ ମଧ୍ୟରୁ ପ୍ରାୟ ସମସ୍ତେ ଭୁବନେଶ୍ୱରର ରାଜରାଣୀ ମନ୍ଦିରରେ ଥିବା ପ୍ରସ୍ତର ଖୋଦିତ ମୂର୍ତ୍ତିମାନ ଦେଖିଥିବେ। ଓଡ଼ିଶାର ଯେଉଁ ହାତ ସେ ମୂର୍ତ୍ତି ନିର୍ମାଣ କରିଥିଲା ସେ ହାତ ଆଜି ଥିଲେ ମର୍ମର ପଥରରେ ଯେଉଁ ମୂର୍ତ୍ତି ପ୍ରସ୍ତୁତ କରିଥାନ୍ତା ତାହା ବହୁମୂଲ୍ୟ ହୋଇଥାନ୍ତା। କିନ୍ତୁ ସେ ବ୍ୟକ୍ତି ସେହିସବୁ ମୂର୍ତ୍ତି ପ୍ରସ୍ତୁତ କରିଥିଲା। ତାହାର ବଂଶଧରମାନେ ବର୍ତ୍ତମାନ ପଥରରେ ଶିଳାଚକି ତୟାର କରି ଦିନରେ ଦୁଇଅଣା ପଇସା ରୋଜଗାର କରୁଅଛନ୍ତି। କିଛି ଦିନ ପୂର୍ବେ ଗଭର୍ଣ୍ଣମେଣ୍ଟ ଅଫ୍ ଇଣ୍ଡିଆଙ୍କର ଜଣେ ଉଚ୍ଚପଦସ୍ଥ କର୍ମଚାରୀ ମୋତେ କହିଥିଲେ ଯେ ପଥରର ସେ ପ୍ରକାର ମୂର୍ତ୍ତି ଓଡ଼ିଶାରେ କରାଇପାରିଲେ କଲିକତାରେ ଏବଂ ଅନ୍ୟାନ୍ୟ ସ୍ଥାନରେ ଗଭର୍ଣ୍ଣମେଣ୍ଟ ଯେ ବହୁମୂଲ୍ୟ ଅଟ୍ଟାଳିକାମାନ ନିର୍ମାଣ କରୁଅଛନ୍ତି ତହିଁରେ ସେହିସବୁ ମୂର୍ତ୍ତି ଅଟ୍ଟାଳିକାର ଶୋଭା ନିମନ୍ତେ ବ୍ୟବହାର କରାଯାଇପାରେ। କିନ୍ତୁ ତାହା ହେବା ବର୍ତ୍ତମାନ ଅସମ୍ଭବ। କି କାରଣରୁ ଅସମ୍ଭବ? ଓଡ଼ିଶାରେ ପଥର ଅଛି, ଯେଉଁମାନେ ମୂର୍ତ୍ତି ତୟାର କରୁଥିଲେ ସେମାନଙ୍କର ବଂଶୋଦ୍ଭବ

ବ୍ୟକ୍ତିମାନେ ଅଛନ୍ତି। ସେମାନଙ୍କର ହାତ ଅଛି। ମାତ୍ର ସେ ହାତ କାର୍ଯ୍ୟ କରିପାରୁନାହିଁ। ଯେଉଁ ହାତ ଅଛି ତାହା ପଥୁରିଆର ହାତ-ପଥୁରିୟା ଜାତିର ଅବନତ ଅବସ୍ଥାର ହାତ। ଉନ୍ନତ ଅବସ୍ଥାରେ ପଥୁରିୟା ଜାତିର ଯେଉଁ ହାତ ଥିଲା ସେ ହାତ ବର୍ତ୍ତମାନ ନାହିଁ; ସେ ହାତ ପୁନର୍ବାର ଉନ୍ନତ କରିବାକୁ ହେଲେ ଶିକ୍ଷା ଓ ଅଭ୍ୟାସର ଆବଶ୍ୟକ। ଉନ୍ନତ ଅବସ୍ଥାର ହାତ ଯେଉଁ କାର୍ଯ୍ୟ ସହଜରେ କରୁଥିଲା ବର୍ତ୍ତମାନ ଅବନତ ହାତ କଷ୍ଟରେ ସେ କାର୍ଯ୍ୟ କରିପାରିବ ନାହିଁ ଏହି ଉଦାହରଣରୁ ଆପଣମାନେ ବୁଝିବେ ଜାତିର ହାତର ମୂଲ୍ୟ କିପରି ବଢ଼ିପାରେ ଓ କମିପାରେ।

ଇଂରେଜ ଜାତି ବାଣିଜ୍ୟ କରିବାକୁ ଯେତେବେଳେ ଭାରତବର୍ଷକୁ ପ୍ରଥମେ ଆସିଥିଲେ, ବଙ୍ଗ ଓ ଓଡ଼ିଆ ପ୍ରଦେଶରେ ସେମାନଙ୍କର ବାଣିଜ୍ୟ ସ୍ଥାନ ପ୍ରଥମେ ପିପିଲି ଓ ବାଲେଶ୍ୱର ଥିଲା। ତେତେବେଳେ ସେମାନେ ଓଡ଼ିଶାରୁ ଓ ଭାରତବର୍ଷରୁ ଏ ଦେଶୀୟ ଶିଳ୍ପୀମାନଙ୍କ ତିଆରି ପ୍ରସ୍ତୁତ ପଦାର୍ଥମାନ ତାଙ୍କ ଦେଶକୁ ନେଇଯାଉଥିଲେ। ତଦ୍ଦ୍ୱାରା ବିଲାତର ଟଙ୍କା ଏଦେଶକୁ ପ୍ରଚୁର ପରିମାଣରେ ଆସୁଥିଲା। ବର୍ତ୍ତମାନ ଅବସ୍ଥା ସମ୍ପୂର୍ଣ୍ଣରୂପେ ତତ ବିପରୀତ। କୌଣସି ସୁଶିକ୍ଷିତ ବ୍ୟକ୍ତିର ବୈଠକଖାନାରେ ପ୍ରବେଶ କରି ତହିଁସ୍ଥିତ ଦ୍ରବ୍ୟମାନଙ୍କର ଯଦି ତାଲିକା କର ତାହାହେଲେ ଦେଖିବ ପ୍ରାୟ ସମସ୍ତ ପଦାର୍ଥ ବିଦେଶୀ। ଶଏ ବର୍ଷ ପୂର୍ବେ ଯଦି ଏହି ସଭା ହୋଇଥାନ୍ତା ତାହାହେଲେ ସଭାପତି ଚୌକି ମେଜ ନେଇ ବସି ନଥାନ୍ତେ; କିମ୍ବା ଆପଣମାନେ ଯେ ପ୍ରକାର ଆସନରେ ବସିଅଛନ୍ତି ତହିଁରେ ବସି ନଥାନ୍ତେ। ଏ ପରିବର୍ତ୍ତନ ଇଂରେଜ ଜାତି କୌଣସି ଆଇନଦ୍ୱାରା କି ପରାମର୍ଶ ଦ୍ୱାରା କି ଅନୁରୋଧ ଦ୍ୱାରା କରାଇନାହାନ୍ତି। ଦୁଇଜାତିର ସମ୍ମିଳନ ହେଲେ ଅପେକ୍ଷାକୃତ ଅନୁନ୍ନତ ଜାତି ଉନ୍ନତ ଜାତିର ଅନୁକରଣ କରିବ, ଏହା ହେଉଛି ମାନବ ପ୍ରକୃତିର ଅନିବାର୍ଯ୍ୟ ନିୟମ। ଆମ୍ଭେମାନେ ଇଂରେଜ ଜାତିର ଅନୁକରଣ କରି ପରିଧେୟବସ୍ତ୍ର, ବସିବାର ଆସନ, ଚଳାଚଳ ହେବାର ଯାନବାହନ ଏବଂ ଜୀବନର ଆବଶ୍ୟକୀୟ ସମସ୍ତ ପଦାର୍ଥର ପରିବର୍ତ୍ତନ କରିଅଛୁ। ଆପଣମାନେ ଜାଣନ୍ତି ପୁରୀରେ ସୁରୁବଲି ନାମେ ଏକପ୍ରକାର ଘାସ ଜନ୍ମେ। ତହିଁରୁ ଲାଲରଙ୍ଗ ପ୍ରସ୍ତୁତ ହେଉଥିଲା। ସେହି ରଙ୍ଗରେ ସୂତା ରଙ୍ଗେଇ ଯେଉଁ ବସ୍ତ୍ର ପ୍ରସ୍ତୁତ ହେଉଥିଲା ତାହାର ନାମ ସୁରୁବୁଲି ଶାଢ଼ି ଥିଲା। ଇଂରେଜମାନେ ଲାଲରଙ୍ଗ ପସନ୍ଦ କରନ୍ତି ନାହିଁ। ସେମାନଙ୍କର ଅନୁକରଣ କରି ଆମ୍ଭେମାନେ ଲାଲରଙ୍ଗ ପରିତ୍ୟାଗ କରିଅଛୁ। ମୁଁ ବାଲ୍ୟକାଳରେ ଘୋର ଲାଲ ରଙ୍ଗର ବନାସର ଶାଲ ବ୍ୟବହାର କରିଅଛି। କିନ୍ତୁ ବର୍ତ୍ତମାନ ତଦ୍ରୂପ ଶାଲ ବ୍ୟବହାର କଲେ ସୁଶିକ୍ଷିତ ସମ୍ପ୍ରଦାୟଙ୍କର ହାସ୍ୟାସ୍ପଦ ହେବି। ଏକ ପ୍ରକାର ଉଦାହରଣ ମୁଁ ଏଠାରେ ଦେବାର ଉଦ୍ଦେଶ୍ୟ ଏହିକି ଆମ୍ଭମାନଙ୍କୁ ବର୍ତ୍ତମାନ ଶିଳ୍ପ ଉନ୍ନତ କରିବାକୁ ହେଲେ ବିଦେଶୀୟ ପଦାର୍ଥ ପ୍ରସ୍ତୁତ କରିବାକୁ ହୁଏ।

ବର୍ତ୍ତମାନ ଶିଳ୍ପୋନ୍ନତି କ୍ଷେତ୍ରରେ ଇଉରୋପ ସହିତ ପ୍ରତିଯୋଗିତା ଅନିବାର୍ଯ୍ୟ। ଇଉରୋପରେ ତିନୋଟି ଶକ୍ତି ଏକତ୍ର ହେବାଦ୍ୱାରା ଶିଳ୍ପର ଉନ୍ନତି ହୋଇଛି। ସେ ତିନୋଟି ଶକ୍ତି ଧନ, ଜନ, ମନ ଅର୍ଥାତ୍ ଅର୍ଥ, କାୟିକ ପରିଶ୍ରମ ଓ ବୁଦ୍ଧି। ଏହି ତିନି ଶକ୍ତି ଏକତ୍ର ହେବା ଦ୍ୱାରା ଇଉରୋପରେ ଶିଳ୍ପର ଉନ୍ନତି ହୋଇଛି। କୌଣସି ଏକ ବ୍ୟକ୍ତିଠାରେ ଏ ତିନିଶକ୍ତି ଯଥେଷ୍ଟ ପରିମାଣରେ ମିଳିବା ଅସମ୍ଭବ। ଏହି ହେତୁର ତିନି ଶ୍ରେଣୀର ଲୋକ ଏକତ୍ର ହୋଇ ଇଉରୋପରେ ଶିଳ୍ପର ଉନ୍ନତି କରିଅଛନ୍ତି। ଇଉରୋପରେ ଯେଉଁ ସୁବୃହତ୍ କାରଖାନାମାନ ଅଛି ତାହା କୌଣସି ଏକ ବ୍ୟକ୍ତିର ସତ୍ତ୍ୱ ନୁହେଁ। ପ୍ରଥମତଃ, ଉକ୍ତ ପ୍ରକାର କାରଖାନାରେ ଯେ ବହୁଧନର ଆବଶ୍ୟକ ତାହା ଜଣେ ଦେବା ଅସମ୍ଭବ। ଦ୍ୱିତୀୟତଃ, ଶିଳ୍ପୋନ୍ନତିର ପ୍ରଥମ ଅବସ୍ଥାରେ ବିଶେଷତଃ ଯେତେବେଳେ ଏକଜାତିକୁ ଅନ୍ୟଜାତିର ଶିଳ୍ପ ଅନୁକରଣ କରିବାକୁ ହୁଏ ତେତେବେଳେ କ୍ଷତିହେବାର ଖୁବ୍ ସମ୍ଭବ। ଏହି ଉଭୟ ବିପଦ ନିବାରଣ ଇଚ୍ଛାରୁ, ଯୌଥ କାରବାରର ଉତ୍ପତ୍ତି। ଯେଉଁମାନେ ଧନୀ ଯୌଥ-କାରବାରରେ ସେମାନେ ଟଙ୍କା ଦିଅନ୍ତି। ଯେ ବାଣିଜ୍ୟର ସୂତ୍ରପାତ ଶିକ୍ଷା କରିଅଛି ସେ ବୁଦ୍ଧି ଦ୍ୱାରା କାରବାର ଚଳାଏ। ଏବଂ ଯେଉଁମାନଙ୍କର ହାତ ଓ ଆଖି ସୁଶିକ୍ଷିତ ସେମାନେ କାରିଗର ସ୍ୱରୂପ କାର୍ଯ୍ୟ କରନ୍ତି। କିନ୍ତୁ ଯେଉଁମାନେ ଧନ ଦିଅନ୍ତି ସେମାନେ କେବଳ ଲାଭ ଇଚ୍ଛାରେ ଦିଅନ୍ତି ନାହିଁ। ପ୍ରଥମ ଉଦ୍ଦେଶ୍ୟ ଶିଳ୍ପିମାନଙ୍କ ଅବସ୍ଥାର ଉନ୍ନତିକରଣ ତଦ୍ଦ୍ୱାରା ଜାତିର ଉନ୍ନତି ହୁଏ। ଏ ଉଦ୍ଦେଶ୍ୟ ସାଧନରେ ଲୋକମାନେ ହେଲେ ମଧ୍ୟ ଶିଳ୍ପୀ ଶ୍ରେଣୀର ଶିକ୍ଷାହେବ ଏବଂ ସମୟରେ ସେହି ବାଣିଜ୍ୟର ଲାଭ ହେବ। ଆପଣମାନେ ଜାଣିଥିବେ ଯେ ଇଉରୋପରେ ଗୋଟିଏ କମ୍ପାନୀ 'ଫେଲ' ହେଲେ ସେହି କମ୍ପାନୀର କଳ ଓ ଦ୍ରବ୍ୟମାନ ଅନ୍ୟ କେତେକ ଲୋକ କିଣି ନେଇ ତହିଁରେ ଆହୁରି ଧନ ସଂଯୋଗ ଦ୍ୱାରା ପୁନର୍ବାର ସେହିକାର୍ଯ୍ୟ ଚଳାଇବାକୁ ଚେଷ୍ଟା କରନ୍ତି। ଆମେରିକାର ଯୁକ୍ତ ରାଜ୍ୟରେ ପ୍ରତିଦିନ ଶତଶତ କମ୍ପାନୀ 'ଫେଲ' ହେଲା ବୋଲି ଲୋକଙ୍କର ଭ୍ରୂକ୍ଷେପ ନାହିଁ କାରଣ ସେମାନେ ବୁଝନ୍ତି ଯେ ତଦ୍ଦ୍ୱାରା ଜାତିର ଶିକ୍ଷା ହେଉଅଛି ଓ ଜାତିର ଅଭିଜ୍ଞତା ବୃଦ୍ଧି ପାଉଅଛି। ତେଣୁ କମ୍ପାନୀ 'ଫେଲ' ହେବାରେ ଯେଉଁ ଧନ ଲୋକସାନ ହେଲା ତାହାକୁ ସେମାନେ ଲୋକସାନ ତଳେ ଦିଅନ୍ତି ନାହିଁ, ଜାତିର ଶିକ୍ଷାରେ ବ୍ୟୟ କରାଗଲା ବୋଲି ମନେ କରିଥାନ୍ତି।

ଏ ପ୍ରକାର ଭାବ ଏ ଦେଶର ବର୍ତ୍ତମାନ ଅବସ୍ଥାରେ ହେବା ଅସମ୍ଭବ। ତହିଁର କାରଣ ଏହିକି ଇଉରୋପରେ ବ୍ୟକ୍ତିଗତ ଲାଭେଚ୍ଛା ସଙ୍ଗରେ ଜାତୀୟ ଉନ୍ନତିର ଇଚ୍ଛା ରହିଅଛି। ଏହି ହେତୁରୁ ଯେଉଁ ଅର୍ଥ କ୍ଷତିହୁଏ ତାକୁ ସେମାନେ ଜାତୀୟ ଶିକ୍ଷାର ବ୍ୟୟ ସ୍ୱରୂପ ଜ୍ଞାତ କରନ୍ତି। କାରଣ ତଦ୍ଦ୍ୱାରା ଅନେକ ଶିଳ୍ପିଙ୍କର ଶିକ୍ଷାଲାଭ ହୁଏ; ଏବଂ ଜାତିର

କାରିଗରମାନଙ୍କର ସଂଖ୍ୟା ଓ ନିପୁଣତା ବୃଦ୍ଧି ହୁଏ ଓ ଆର୍ଥିକ ଅବସ୍ଥାର ଉନ୍ନତି ହୁଏ। ଏ ଦେଶରେ ଗୋଟାଏ କାରଖାନାରେ କ୍ଷତିହେଲେ ସେ କାରଖାନାରେ ଯେଉଁ ଶିଳ୍ପ କାର୍ଯ୍ୟ ହେଉଥିଲା ସେ କାର୍ଯ୍ୟ କରିବାକୁ ଆଉ କେହି ସମ୍ମତ ହେବେନାହିଁ। ଏରୂପ ଭାବ ଯେତେଦେିନ ଥିବ ତେତେକଦିନ ଏ ଦେଶରେ ଶିଳ୍ପର ଉନ୍ନତି ହେବା ଅସମ୍ଭବ। ଆମ୍ଭମାନଙ୍କର ସ୍ମରଣରଖିବା ଉଚିତ ଯେ ଶିଳ୍ପ କ୍ଷେତ୍ରରେ ଆମ୍ଭମାନଙ୍କୁ ଇଉରୋପ ସହିତ ପ୍ରତିଯୋଗିତା କରିବାକୁ ହେବ ଏବଂ ଇଉରୋପ ନିର୍ମିତ ପଦାର୍ଥ ଅନୁକରଣରେ ଏଠାରେ ପଦାର୍ଥମାନ ପ୍ରସ୍ତୁତ କରିବାକୁ ହେବ। ଇଉରୋପରେ ଶିଳ୍ପ ବର୍ତ୍ତମାନ ଯେ ଉନ୍ନତି ଲାଭ କରିଅଛି ତାହା ପ୍ରାୟ ଏକଶତ ବର୍ଷ ଚେଷ୍ଟାରେ ହୋଇଅଛି। ସେହି ଉନ୍ନତି ଅବସ୍ଥାରେ ସେଠାରେ ଯେ ପ୍ରକାର ପଦାର୍ଥ ପ୍ରସ୍ତୁତ ହେଉଅଛି ସେ ପ୍ରକାର ପଦାର୍ଥ ପ୍ରସ୍ତୁତ କରିବା ବଡ଼ ଗୁରୁତର କାର୍ଯ୍ୟ।

ଓଡ଼ିଶାରେ ଅର୍ଥ ନାହିଁ ଏହା କୁହାଯାଇ ନପାରେ। କିନ୍ତୁ ବର୍ତ୍ତମାନ ଭୂସମ୍ପତ୍ତିରେ ଲୋକେ ଅର୍ଥ ନ୍ୟସ୍ତ କରିବାକୁ ପ୍ରସ୍ତୁତ। ମନୁଷ୍ୟର ଆଦିମ ଅବସ୍ଥାରେ ଯେତେବେଳେ ସମାଜର ସୃଷ୍ଟି ହୋଇଥିଲା ତେତେବେଳେ ମନୁଷ୍ୟ ଜାତି ଭୂମିକୁ ସର୍ବାପେକ୍ଷା ମୂଲ୍ୟବାନ ମନେ କରୁଥିଲେ। ଇତିହାସ ପାଠରେ ଜଣାଯାଏ ମନୁଷ୍ୟ ଜାତିର ଆଦିମ ଅବସ୍ଥାରେ ଜମିଘେନି ସବୁପ୍ରକାର ବିବାଦ ଓ ଦ୍ୱନ୍ଦ୍ୱ ହେଉଥିଲା। କ୍ରମେ ଆଇନ ଓ ନିୟମ ଦ୍ୱାରା ସେ ପ୍ରକାର ଦ୍ୱନ୍ଦ୍ୱ ଓ ବିବାଦର ହ୍ରାସ ହେଉଅଛି। ଓଡ଼ିଶାରେ ବର୍ତ୍ତମାନ ପର୍ଯ୍ୟନ୍ତ ମନୁଷ୍ୟର ବୁଦ୍ଧିରେ ଓ କାର୍ଯ୍ୟକାରୀ ଶକ୍ତିରେ ଧନିମାନଙ୍କର ବିଶ୍ୱାସ ନାହିଁ। ଭୂମିର ଉତ୍ପାଦିକା ଶକ୍ତିରେ ସମ୍ପୂର୍ଣ୍ଣ ବିଶ୍ୱାସ ଅଛି। ଅନାବୃଷ୍ଟି ଓ ନଦୀବଢ଼ିରେ ଭୂମିର ଉତ୍ପାଦିକା ଶକ୍ତି ନଷ୍ଟ ହେବାକୁ ସମୟ ସମୟରେ ଭୂମିରୁ ଆୟ ନ ହୋଇ କ୍ଷତିହୁଏ, ଏକଥା ସମସ୍ତେ ଜାଣନ୍ତି। ତଥାପି ଭୂମିକ୍ରୟରେ ସମସ୍ତେ ତତ୍ପର। ଯେଉଁ ବ୍ୟକ୍ତି କାରଖାନା ଚଳାଇବ ତାହାର ବିବେଚନା ଓ ବୁଦ୍ଧିର ତ୍ରୁଟିରେ କ୍ଷତିହେବାର ଆଶଙ୍କା କରି ଶିଳ୍ପକାର୍ଯ୍ୟରେ ଅର୍ଥ ନ୍ୟସ୍ତ କରିବାକୁ ଲୋକେ ଅନିଚ୍ଛୁକ। ଅଥଚ ଦେଖାଯାଏ ଶିଳ୍ପକାର୍ଯ୍ୟରେ ଯେ ପ୍ରକାର କ୍ଷତିର ଆଶଙ୍କା ଅଛି ଭୂମିରେ ମଧ୍ୟ ସେପ୍ରକାର କ୍ଷତିର ଆଶଙ୍କା ଅଛି। ପ୍ରକୃତରେ ବୁଝିବାକୁ ଗଲେ ଶିଳ୍ପକାର୍ଯ୍ୟରେ ଯେ ପରିମାଣରେ କ୍ଷତିର ଆଶଙ୍କା ଅଛି, ଭୂମିନ୍ୟସ୍ତ ଅର୍ଥରେ ତାହା ଅପେକ୍ଷା ଅଧିକ ପରିମାଣରେ କ୍ଷତି ହେବାର ଆଶଙ୍କା ଅଛି। କାରଣ ମନୁଷ୍ୟର ବିଚାର ଦୋଷରେ ଯେଉଁ କ୍ଷତିହୁଏ ତାହା ଦୁଇଥର ହେବନାହିଁ। ତାହା ସଂଶୋଧନ କରିବା ମନୁଷ୍ୟର ଆୟତ୍ତ। କିନ୍ତୁ ନଦୀବଢ଼ି ଓ ଅନାବୃଷ୍ଟି ମନୁଷ୍ୟର ଆୟତ୍ତ ନୁହେଁ। ପୁନଶ୍ଚ ଲୋକେ ମନୁଷ୍ୟର ବୁଦ୍ଧି କୌଶଳ ଉପରେ ନିର୍ଭର କରି ଶିଳ୍ପକାର୍ଯ୍ୟରେ ଅର୍ଥ ନ୍ୟସ୍ତ କରିବାକୁ ଅନିଚ୍ଛୁକ। ମାତ୍ର ସେହିମାନେ ଓକିଲ, ବାରିଷ୍ଟରଙ୍କର ବୁଦ୍ଧି ଉପରେ ନିର୍ଭର କରି ଭୂସମ୍ପତ୍ତି କ୍ରୟ କରୁଅଛନ୍ତି। ଆହୁରି

ମଧ୍ୟ ମାଲିମୋକଦ୍ଦମାକୁ ବଳି ଅଧିକ ଅନିଶ୍ଚିତ କଥା ଖୁବ୍ ଅଳ୍ପ ଅଛି। ମାତ୍ର ଭାବିଲେ ବିସ୍ମିତ ହେବାକୁ ହୁଏ - ଲୋକେ ତହିଁରେ ଅକାତରେ ଅର୍ଥବ୍ୟୟ କରିଥାନ୍ତି। ସେହି ଅର୍ଥବ୍ୟୟର ଫଳ ଜଣେ ଲୋକର ବିଚାର ଉପରେ ନିର୍ଭର କରେ, ତହିଁରେ ସର୍ବସ୍ୱାନ୍ତ ହେବାକୁ ହେଲେ ମଧ୍ୟ ଲୋକେ ତହିଁରୁ ବିରତ ହୁଅନ୍ତି ନାହିଁ। ଲୋକେ ଯେବେ ମାଲିମୋକଦ୍ଦମାର ଅନିଶ୍ଚିତ ଫଳଲାଭ ଆଶାରେ ଏତେଦୂରର କ୍ଷତିଗ୍ରସ୍ତ ହେବାକୁ ପ୍ରସ୍ତୁତ, ତାହାହେଲେ ଶିଳ୍ପକାର୍ଯ୍ୟ କରିବାକୁ ଯାଇ କିଛି କ୍ଷତିଗ୍ରସ୍ତ ହେବାକୁ ଡରୁଛନ୍ତି କାହିଁକି? ଏହାର କାରଣ ଆଉ କିଛି ନୁହେଁ। ଲୋକେ କେବଳ ଏ ବିଷୟ ବୁଝିନାହାନ୍ତି। ବିଲାତରେ ଗୋଟିଏ କମ୍ପାନୀ ହେବାମାତ୍ରେ ବହୁକଷ୍ଟ ସଞ୍ଚିତ ଅର୍ଥକୁ ମଧ୍ୟ ଜଣେ ସହାୟଶୂନ୍ୟା ବିଧବା କମ୍ପାନୀରେ ଦେବାକୁ ପ୍ରସ୍ତୁତ। ସେ କ୍ଷଣକାଳ ପାଇଁ ଭାବେ ନାହିଁ ଯେ କମ୍ପାନୀ ଦ୍ୱାରା ଲାଭ ହେବ କି କ୍ଷତି ହେବ। ଆମ୍ଭ ଦେଶର ଲୋକେ ନାନାପ୍ରକାର ଅନିଶ୍ଚିତ ବିଷୟରେ ଅର୍ଥ ଦେବାକୁ ପ୍ରସ୍ତୁତ। କିନ୍ତୁ ଶିଳ୍ପ କିମ୍ୱା ବ୍ୟବସାୟ ସକାଶେ ଟଙ୍କାଟିଏ ବ୍ୟୟ କରିବାକୁ କୁଣ୍ଠିତ, କାଳେ ତାହା ବୁଡ଼ିଯିବ।

କେହି କେହି କହିପାରନ୍ତି କି ଶିଳ୍ପରେ ସମସ୍ତ ମୂଳଧନ ବୁଡ଼ିଯାଇ ପାରେ ମାତ୍ର ଭୂମିରେ ଲାଭ ହୋଇ ନପାରିଲେ ମୂଳଧନ ବୁଡ଼ିବାର ଆଶଙ୍କା ନାହିଁ। ଆପଣମାନେ ଜାଣିଥିବେ ଯେ ନଦୀବଢ଼ିରେ ବାଲି ଚରିଯିବା ଦ୍ୱାରା ଅନେକ ସମୟରେ ବହୁ ପରିମାଣର ଭୂମି ସମ୍ପୂର୍ଣ୍ଣରୂପେ ନଷ୍ଟ ହୋଇଅଛି। ବର୍ତ୍ତମାନ ବିଲାତରେ ଅନେକ ଜମି ପଡ଼ିଆ ରହି ତହିଁରେ କେବଳ ଘାସ ହେଉଅଛି। ବିଲାତରେ ରେଳରେ ଯିବାବେଳେ ଦେଖାଯାଏ ରେଳର ଦୁଇପାର୍ଶ୍ୱସ୍ଥ ଜମି ପଡ଼ିଆ ପଡ଼ି ରହିଅଛି। ଗତ ଷାଠିଏ ବର୍ଷ ପୂର୍ବେ ଯେତେ ଜମିରେ କୃଷି ହେଉଥିଲା ତହିଁରୁ ଚାରିଭାଗରୁ ଭାଗେ ବର୍ତ୍ତମାନ କୃଷିକାର୍ଯ୍ୟରେ ବ୍ୟବହୃତ ହେଉଅଛି। ତାହାର କାରଣ ହେଉଛି ଏହି କି ସେ ସ୍ଥାନର ଲୋକେ ଅନୁଭବ ଦ୍ୱାରା ଜାଣିଅଛନ୍ତି ଯେ କୃଷିକାର୍ଯ୍ୟରେ ଯେ ପ୍ରକାର ଲାଭ ହେଉଥିଲା ଶିଳ୍ପରେ ତାହା ଅପେକ୍ଷା ଅନେକ ଅଧିକ ଲାଭ ହେଉଅଛି ଏବଂ ଷାଠିଏ ବର୍ଷ ପୂର୍ବେ ବିଲାତର ଧନ ଯେପରିମାଣରେ ଥିଲା ତାହା ଅନେକ ଗୁଣରେ ବୃଦ୍ଧି ପାଇଅଛି।

ଓଡ଼ିଶାରେ ସମୟ ସମୟରେ ଦୁର୍ଭିକ୍ଷ ହେବାର ଦେଖାଯାଏ। ଦୁଇ କାରଣରୁ ଦୁର୍ଭିକ୍ଷ ହୁଏ - ଅନାବୃଷ୍ଟି ଏବଂ ନଦୀବଢ଼ି। ଲୋକସଂଖ୍ୟା ଓଡ଼ିଶାରେ ବଢୁଅଛି, ଜମିର ପରିମାଣ ବଢୁନାହିଁ କିମ୍ୱା ବଢ଼ିବାର ସମ୍ଭାବନା ନାହିଁ। ଚଷାର ପରିବାରସ୍ଥ ସମସ୍ତେ ଚାଷ କର୍ମରେ ବର୍ଷଯାକ ପରିଶ୍ରମକରି, ବର୍ଷ ଶେଷରେ ପରିଶ୍ରମରେ ଫଳ ପାଇବାକୁ ଆଶା କରିଥାନ୍ତି। ଅନାବୃଷ୍ଟି କିମ୍ୱା ନଦୀବଢ଼ିରେ କୃଷି ନଷ୍ଟ ହେଲେ ପରିବାରର ସମସ୍ତେ ଅନାହାରରେ କଷ୍ଟପାନ୍ତି। କିନ୍ତୁ ସେହି ପରିବାରସ୍ଥ କେତେକ ବ୍ୟକ୍ତି ଯଦି ଶିଳ୍ପୀ ହୋଇଥାନ୍ତି

ତାହାହେଲେ ସମସ୍ତ ପରିବାର ଅନାହାରରେ କଷ୍ଟଭୋଗ କରନ୍ତି ନାହିଁ। କାରଣ ଶିଳ୍ପୀ ତାହାର ହସ୍ତ ଦ୍ୱାରା ପ୍ରତ୍ୟହ କିଛି ଉପାର୍ଜନ କରିବ।

ମୁଁ ଆଶା କରୁନାହିଁ ଯେ ଏ ଦେଶର ବର୍ତ୍ତମାନ ଅବସ୍ଥାରେ ମୋହର କହିବା ଦ୍ୱାରା ଓଡ଼ିଶାର ଲୋକମାନେ ଶିଳ୍ପୋନ୍ନତିର ଆବଶ୍ୟକତା ବୁଝିବେ। କୌଣସି ଜାତିକୁ ବକ୍ତୃତା ଦ୍ୱାରା ଅନଭ୍ୟସ୍ତ କାର୍ଯ୍ୟରେ ପ୍ରବୃତ୍ତ କରାଯାଇ ନ ପାରେ। ଏହାର ଏକମାତ୍ର ଉପାୟ ବ୍ୟକ୍ତିଗତ ତ୍ୟାଗ ସ୍ୱୀକାର ଦ୍ୱାରା ବାଟ ଦେଖାଇବା। ବର୍ତ୍ତମାନ ଯେ ବ୍ୟକ୍ତି ବିଶ୍ୱାସ କରେ କି ଶିଳ୍ପୋନ୍ନତି ଦ୍ୱାରା ଓଡ଼ିଶାର ଉନ୍ନତି ହେବ; ସେ ଆପଣାର ପରିଶ୍ରମ, ବୁଦ୍ଧି ଓ ଧନକୁ ବଳିଦାନ ସ୍ୱରୂପ ସେ କାର୍ଯ୍ୟରେ ଅର୍ପଣ କରୁ, ଲାଭର ଆଶା ତ୍ୟାଗ କରୁ। ହୋଇପାରେ ସେ ଦରିଦ୍ରାବସ୍ଥାରେ ପ୍ରାଣତ୍ୟାଗ କରିବ। କିନ୍ତୁ ଯେଉଁ ଉନ୍ନତିର ବୀଜ ସେ ବପନ କରିଯିବ ତହିଁର ଫଳ ଉତ୍କଳ ସନ୍ତାନମାନେ ପଶ୍ଚାତ୍ ଆସ୍ୱାଦନ କରିବେ। ଯେଉଁ ଶିଳ୍ପୀର ହାତର ମୂଲ୍ୟ ଥରେ ବୃଦ୍ଧି ହେଲା ସେ ହ୍ରାସ ପାଇବ ନାହିଁ; ବରଂ ସେ ପ୍ରକାର ହାତର ସଂଖ୍ୟା କ୍ରମଶଃ ବୃଦ୍ଧି ହେବ। ଜଣକର ମୃତ୍ୟୁରେ ଜାତିର ଜୀବନ ବୃଦ୍ଧି ହୁଏ ଏହା ପ୍ରକୃତିର ନିୟମ ଅଟେ। ବୃକ୍ଷର ଫଳଟି ମାଟିରେ ପଡ଼ି ନଷ୍ଟ ହେଲେ ତହିଁରୁ ଅନ୍ୟ ଏକବୃକ୍ଷ ଉତ୍ପନ୍ନ ହୁଏ ଏବଂ ତଦ୍ଦ୍ୱାରା ସେହି ଜାତୀୟ ବୃକ୍ଷର ସଂଖ୍ୟା ପୃଥିବୀରେ ବୃଦ୍ଧି ପାଏ। ଯେଉଁମାନଙ୍କ ଦ୍ୱାରା ଜାତିର ଉନ୍ନତି ହୋଇଅଛି ସେମାନେ ଜାତିର ସନ୍ତାନ ବୋଲି ଖ୍ୟାତିଲାଭ କରିଅଛନ୍ତି। ତାଙ୍କର ପିତାମାତାଙ୍କର ସନ୍ତାନ ବୋଲି ପରିଚିତ ନୁହନ୍ତି। କାଳିଦାସ ଜାତିର ସନ୍ତାନ; ଜାତିର ଗୌରବ ସ୍ଥାନ। ତାଙ୍କର ପିତାମାତା ତାଙ୍କର ଲାଳନପାଳନ ଭାର ଗ୍ରହଣ କରିଥିଲେ। ଜାତି ଚାନ୍ଦା କରି ସେଥିର ବ୍ୟୟ ବହନ କରି ନ ଥିଲେ। ବିଲାତର ସୁବିଖ୍ୟାତ କବି ସେକ୍ସପିୟର ଓ ମିଲ୍ଟନ୍ ଜୀବଦଶାରେ ଅର୍ଥାଭାବ ବହୁ କଷ୍ଟ ଭୋଗ କରିଥିଲେ। ଇଂରେଜ ଜାତି ତାଙ୍କୁ ସେ ବିଷୟରେ କୌଣସି ସାହାଯ୍ୟ ପ୍ରଦାନ କରି ନ ଥିଲେ। କେବଳ ତାଙ୍କର ପିତାମାତାମାନେ ଲାଳନପାଳନ ଭାର ବହନ କରିଥିଲେ। ବର୍ତ୍ତମାନ ସେମାନେ ଇଂରେଜ ଜାତିର ବରପୁତ୍ର। ତାଙ୍କର ପିତାମାତାଙ୍କର ନାମ କେହି ଜାଣେ ନାହିଁ। ଓଡ଼ିଶାର ବର୍ତ୍ତମାନ ଅବସ୍ଥାରେ ଯଦି କେହି ବିଶ୍ୱାସ କରେ ଯେ ଶିଳ୍ପଦ୍ୱାରା ଜାତିର ଉନ୍ନତି ହେବ, (ତେବେ) ସେ ଶିଳ୍ପକୁ ଆପଣାର ସନ୍ତାନ ସ୍ୱରୂପ ଜ୍ଞାନ କରି ଶୈଶବାବସ୍ଥାରେ ତାହାର ଲାଳନ ପାଳନ ଭାର ଗ୍ରହଣ କରୁ; ପଶ୍ଚାତ୍ ଓଡ଼ିଶାର ତଦ୍ଦ୍ୱାରା ମଙ୍ଗଳ ହେଲେ ସେ ଶିଳ୍ପକାର୍ଯ୍ୟ ଓଡ଼ିଶାର ଶିଳ୍ପକାର୍ଯ୍ୟ ବୋଲି ଜଗତରେ ବିଖ୍ୟାତ ହେବ। ଓଡ଼ିଶାର ଶିଳ୍ପିମାନଙ୍କ ଅବସ୍ଥା ଉନ୍ନତ ହେବ। ଯେପରି କାଳିଦାସଙ୍କର ପିତାମାତାଙ୍କ ନାମ ଲୋପ ହୋଇଅଛି ସେହିପରି ଯେ ଶିଳ୍ପକୁ ପିତାସ୍ୱରୂପ ପାଳନ କରିଥିବେ ତାଙ୍କର ନାମ ଲୋପ ହୋଇ ଓଡ଼ିଶାର ନାମ ଖ୍ୟାତ ହେବ ଏବଂ ଶିଳ୍ପ ଉତ୍କଳ ସନ୍ତାନସ୍ୱରୂପ

ବିଖ୍ୟାତ ହେବ। ମୋ କ୍ଷୁଦ୍ର ବିବେଚନାରେ ବର୍ତ୍ତମାନ ଅବସ୍ଥାରେ ଏହି ହେଉଛି ଏକମାତ୍ର ଉପାୟ। ଏପରି କାର୍ଯ୍ୟରେ ନିଃସ୍ୱାର୍ଥଭାବେ ପ୍ରବୃତ୍ତ ହେବା ଲୋକଙ୍କର ସଂଖ୍ୟା କେତେହେବ ତାହା ମୁଁ କହି ପାରିବି ନାହିଁ। କିନ୍ତୁ ଯେଉଁ ଦେଶରେ କୋଟି କୋଟି ଅର୍ଥବ୍ୟୟ କରି ରାଜାମାନେ ସମସ୍ତ ଭାରତବର୍ଷର ଉପକାରାର୍ଥେ ଜଗନ୍ନାଥଙ୍କର ମନ୍ଦିର ପ୍ରସ୍ତୁତ କରିଥିଲେ; ଆଶା କରାଯାଏ ସେହି ଉତ୍କଳ ଭୂମିରେ ସେ ପ୍ରକାର ପରୋପକାରୀ ବ୍ୟକ୍ତିମାନେ ବର୍ତ୍ତମାନ ଅଛନ୍ତି ଓ ସେମାନେ ତାଙ୍କର ଜନ୍ମଭୂମି ପ୍ରତି କର୍ତ୍ତବ୍ୟ ସାଧନରେ ତ୍ରୁଟି କରିବେ ନାହିଁ।

ସ୍ତ୍ରୀ ଶିକ୍ଷା ବିଷୟରେ ଅନେକ ବକ୍ତୃତା ଓ ଅନେକ ପ୍ରକାର ମତ ସମ୍ବାଦପତ୍ର ଓ ପୁସ୍ତକମାନଙ୍କରେ ବାହାରିଅଛି। ତଥାପି ତହିଁର ଆବଶ୍ୟକତା ସମ୍ବନ୍ଧେ କିଛି କହିବା ବାଞ୍ଛନୀୟ। କାରଣ ମୋ ଅପେକ୍ଷା ଜ୍ଞାନୀ ଓ ମାନ୍ୟବାନ୍ ବ୍ୟକ୍ତିମାନେ ତହିଁର ଆବଶ୍ୟକତା ଦର୍ଶାଇଥିଲେ ସୁଦ୍ଧା ସ୍ତ୍ରୀ ଶିକ୍ଷା ସମ୍ବନ୍ଧେ ଉତ୍କଳରେ ଉପଯୁକ୍ତ ପରିମାଣରେ ଯତ୍ନ, ଉଦ୍‌ଯୋଗ ଓ ଉତ୍ସାହ ଦେଖାଯାଏ ନାହିଁ। ମୁଁ ସେ ସମ୍ବନ୍ଧେ ଏତିକି ମାତ୍ର କହିବାକୁ ଇଚ୍ଛା କରେ ଯେ ସ୍ତ୍ରୀଜାତିର ଶିକ୍ଷା ଭିନ୍ନ ଜାତିର ଉନ୍ନତି ସମ୍ଭବ ନୁହେଁ । ଇତିହାସ ଲିଖିତ ପୁରାକାଳରେ ଆମ୍ଭମାନଙ୍କର ଗୌରାବାନ୍ୱିତ ଅବସ୍ଥା ସ୍ମରଣ କରି ଆମ୍ଭେମାନେ ଆସ୍ଫାଳନ କରିଥାଉ। କିନ୍ତୁ ତେତେବେଳେ ଜାତି ବୋଇଲେ ସ୍ତ୍ରୀ ଓ ପୁରୁଷ ତହିଁର ଅନ୍ତର୍ଗତ ବୋଲି ବୁଝାଯାଉଥିଲା। ବର୍ତ୍ତମାନ ଜାତି ବୋଇଲେ କେବଳ ପୁରୁଷମାନଙ୍କୁ ବୁଝାଏ। ଜାତିର କୌଣସି କାର୍ଯ୍ୟରେ ସ୍ତ୍ରୀମାନେ ଯୋଗ ଦିଅନ୍ତି ନାହିଁ କିମ୍ବା ସେ ରୂପ କାର୍ଯ୍ୟରେ ସେମାନେ ଆମ୍ଭଙ୍କୁ ସାହାଯ୍ୟ କରିବା ଆମ୍ଭେମାନେ ଇଚ୍ଛା କରୁନାହୁଁ। ଓଡ଼ିଶାର ବର୍ତ୍ତମାନ ସୁଶିକ୍ଷିତ ଲୋକମାନଙ୍କ ମଧ୍ୟରେ ପୁସ୍ତକ ଲେଖିବାର ଇଚ୍ଛା ଅତିଶୟ ବଳବତୀ ହେବାର ଦେଖାଯାଏ। ଅନେକ କବିତା ରଚିତ ହେଉଅଛି। ନାଟକ ଲେଖିବାର ଇଚ୍ଛା ମଧ ପ୍ରବଳ ହୋଇଥିବାର ବୋଧହୁଏ। ମୁଁ ଗ୍ରନ୍ଥକର୍ତ୍ତାମାନଙ୍କ ଅନୁଗ୍ରହରୁ ପୁସ୍ତକ ସବୁ ପାଇଥାଏ। ସେ ସବୁ ପୁସ୍ତକ ମଧ୍ୟରୁ ଅଧିକାଂଶରେ ଦେଖାଯାଏ ଯେ ଲେଖକ ମାନସିକ ଚିତ୍ରପଟରେ ସ୍ତ୍ରୀଜାତିର ମାଧୁର୍ଯ୍ୟ ପ୍ରକୃତି ସ୍ଥାପନ କରିବ ଲେଖନୀ ପରିଚାଳନା କରିଅଛନ୍ତି। ଅଥଚ ଅନୁସନ୍ଧାନ କଲେ ଦେଖାଯାଏ ଯେ ଅନେକ ସ୍ଥଳରେ ଲେଖକ କାର୍ଯ୍ୟରେ ସ୍ତ୍ରୀଶିକ୍ଷାର ବିରୋଧୀ। ଧନ ଓ ବିଦ୍ୟା ମନୁଷ୍ୟର ଜୀବନଯାତ୍ରାରେ ବହୁମୂଲ୍ୟ ଅସ୍ତ୍ର ସ୍ୱରୂପ। ଏହି ଦୁଇ ଅସ୍ତ୍ରଦ୍ୱାରା ମନୁଷ୍ୟ ତାହାର ଉନ୍ନତି ପଥରେ ସମସ୍ତ ବାଧାବିଘ୍ନ ବିନାଶ କରି ଅଗ୍ରସର ହେଉଅଛି। ଯେଉଁ ଜାତି ଏ ପ୍ରକାର ଦୁଇ ଅସ୍ତ୍ରକୁ ସ୍ତ୍ରୀରୂପିଣୀ ଲକ୍ଷ୍ମୀ ସରସ୍ୱତୀ ରୂପରେ ପୂଜା କରୁଅଛନ୍ତି ସେମାନେ ଯେ ସ୍ତ୍ରୀ ଶିକ୍ଷାର ବିରୋଧୀ ହେବେ ଏହା ବଡ଼ ଆଶ୍ଚର୍ଯ୍ୟର ବିଷୟ। ବାଲ୍ମିକୀ ଓ ବେଦବ୍ୟାସଙ୍କର କଳ୍ପନା ଶକ୍ତିକୁ ଦୁଇ ଗୋଟି ସ୍ତ୍ରୀଚରିତ୍ର ଜାଗତ୍ର ଓ ଚାଳିତ କରିଥିଲା। ସୀତା ନ ଥିଲେ ରାମାୟଣ ହୋଇ ନଥାନ୍ତା। ଇଂଲଣ୍ଡ ବର୍ତ୍ତମାନ ଯୁଗରେ ଯେଉଁ ଖ୍ୟାତି

ଲାଭ କରିଅଛି ଓ ଯେ ପ୍ରକାର ଇଂଲଣ୍ଡର ରାଜ୍ୟ ବିସ୍ତାର ହୋଇଅଛି ତାହା ସେ ଦେଶର ଦୁଇଜଣ ରାଜ୍ଞୀ ଏଲିଜାବେଥ ଓ ଭିକ୍ଟୋରିୟାଙ୍କ ଦ୍ୱାରା ହୋଇଅଛି। ଏଲିଜାବେଥ୍‌ଙ୍କର ରାଜତ୍ୱ ସମୟରେ ଇଂଲଣ୍ଡର ପ୍ରତାପ, ଐଶ୍ୱର୍ଯ୍ୟ ଓ ଜ୍ଞାନର ଆରମ୍ଭ ହେଲା। ସେହି ସମୟରୁ ଇଂଲଣ୍ଡର ଉନ୍ନତି ରବି ଉଦୟ ହୋଇ ଭିକ୍ଟୋରିୟାଙ୍କ ରାଜତ୍ୱ ସମୟରେ ତାହାର ମଧ୍ୟାହ୍ନ ଜ୍ୟୋତି ପୃଥିବୀର ଚତୁର୍ଦ୍ଦିଗରେ ବିକୀରଣ କଲା। କି ବୃଦ୍ଧା, କି ଯୁବତୀ, କି ବାଳିକା, ସମସ୍ତ ନାରୀଜାତି ମାନବ ଜାତିର ମାତା। ଯେ ବୃଦ୍ଧା ତାହାର ସନ୍ତାନମାନେ ଜାତୀୟ କର୍ମ କ୍ଷେତ୍ରରେ ବର୍ତ୍ତମାନ ଠିଆ ହୋଇଅଛନ୍ତି। ଯେ ଯୁବତୀ ତାହାର ଶିଶୁ ସନ୍ତାନମାନେ ସେହି କ୍ଷେତ୍ରରେ ଉପସ୍ଥିତ ହେବା ପାଇଁ ପ୍ରସ୍ତୁତ ହେଉଅଛନ୍ତି। ଯେ ବାଳିକା ସେ ଭବିଷ୍ୟତରେ ସନ୍ତାନର ମାତା ହେବା ସକାଶେ ପ୍ରସ୍ତୁତ ହେଉଅଛି। ଅତଏବ ସମସ୍ତ ନାରୀଜାତି ଜାତିର ମାତା। ଜାତିର ଗତି ନଦୀସ୍ରୋତ ସ୍ୱରୂପ। ଯେ ପ୍ରକାର କୋଟି କୋଟି ଜଳବିନ୍ଦୁ ଏକତ୍ରିତ ହୋଇ ନଦୀର ଆକାର ଧାରଣ କରି ସମୁଦ୍ରାଭିମୁଖେ ଧାବମାନ ହେଉଅଛି, ତଦ୍ରୂପ କୋଟି କୋଟି ମନୁଷ୍ୟ ସେମାନଙ୍କର ବଳ ପରାକ୍ରମ ଏକତ୍ର କରି ଜାତି ରୂପରେ ଉନ୍ନତି ମାର୍ଗରେ ଧାବମାନ ହେଉଅଛନ୍ତି। କିନ୍ତୁ ନଦୀସ୍ରୋତ ଯେ ପ୍ରକାର ନଦୀର ଉତ୍ପତ୍ତି ସ୍ଥାନରୁ ଅଧିକ ଉଚ୍ଚ ସ୍ଥାନକୁ ଉଠି ନ ପାରେ ସେହି ପ୍ରକାର କୌଣସି ଜାତି ସେ ଜାତିର ମାତାମାନଙ୍କୁ ଅର୍ଥାତ୍ ନାରୀଜାତିକୁ ନୀଚ ଅବସ୍ଥାରେ ରଖି ଆପେ ଉନ୍ନତ ଅବସ୍ଥାକୁ ଉଠି ନ ପାରେ।

ଆମ୍ଭ ଦେଶରେ ଅନେକେ ସଞ୍ଚିତ ଧନକୁ ରକ୍ଷା କରିବା ନିମନ୍ତେ ସ୍ତ୍ରୀମାନଙ୍କ ହସ୍ତରେ ଅର୍ପଣ କରନ୍ତି। ସେ ସଞ୍ଚିତ ଧନ ସ୍ତ୍ରୀମାନଙ୍କ ହସ୍ତରେ ଅର୍ପଣ କରିବାର ଉଦ୍ଦେଶ୍ୟ ହେଉଅଛି ଏହି ଯେ ସେମାନଙ୍କ ହାତରେ ଥିଲେ ସନ୍ତାନମାନେ ନିର୍ବିଘ୍ନରେ ତାହା ପାଇପାରିବେ। ଆମ୍ଭମାନଙ୍କ ମଧ୍ୟରେ ସମସ୍ତେ ବର୍ତ୍ତମାନ ବିଦେଶୀ ବିଦ୍ୟା ଉପାର୍ଜନ କରିବାରେ ବ୍ୟସ୍ତ। ଏଥିରେ ଯୁବକମାନେ ବିଶେଷ ପରିଶ୍ରମ ଓ ଅର୍ଥ ବ୍ୟୟ କରୁଅଛନ୍ତି। ଏସବୁ ପରିଶ୍ରମର ଫଳ ହେଉଛି ବିଦେଶୀ ସାହିତ୍ୟ, ବିଦେଶୀ ବିଜ୍ଞାନ, ବିଦେଶୀ ଇତିହାସ ପ୍ରଭୃତିର ଜ୍ଞାନଲାଭ। ଏ ଜ୍ଞାନ ଉପାର୍ଜନରେ ଜୀବନର ପ୍ରାୟ ପ୍ରଥମ ଅର୍ଦ୍ଧାଂଶ ବ୍ୟୟିତ ହେଉଅଛି। ଏ ଉପାର୍ଜନ ସର୍ବାପେକ୍ଷା ବହୁମୂଲ୍ୟ ଉପାର୍ଜନ। କାରଣ କି ଏହାଦ୍ୱାରା ଜୀବନର ଶେଷ ଅର୍ଦ୍ଧାଂଶରେ ଅର୍ଥୋପାର୍ଜନ ହୁଏ। ଯାହା ଦ୍ୱାରା ଅର୍ଥୋପାର୍ଜନ ହୁଏ ତାହା ଉପାର୍ଜିତ ଅର୍ଥ ଅପେକ୍ଷା ଅଧିକତର ମୂଲ୍ୟବାନ୍, ଏଥିରେ ସନ୍ଦେହ ନାହିଁ । ଯେଉଁ ବିଦ୍ୱାନ ଲୋକ ଅର୍ଥୋପାର୍ଜନରେ ତାଙ୍କର ବିଦ୍ୟା ପରିଚାଳନା ନକରି ବିନା ମୂଲ୍ୟରେ ସେହି ବିଦ୍ୟା ଅନ୍ୟକୁ ଦାନ କରି ବୈରାଗ୍ୟଭାବରେ ଜୀବନ ଧାରଣ କରେ ସେ ପ୍ରକାର ବ୍ୟକ୍ତିଙ୍କୁ ଆମ୍ଭେମାନେ ଅର୍ଥ ଉପାର୍ଜନ ବିଦ୍ୟା ଅପେକ୍ଷା ଅଧିକ ମାନ୍ୟକରୁଁ। ଏଥିରୁ ସ୍ପଷ୍ଟ ଦେଖାଯାଏ

ଯେ ବିଦ୍ୟାର ମୂଲ୍ୟ ଅର୍ଥ ଅପେକ୍ଷା ଅଧିକ। କିନ୍ତୁ ଆଶ୍ଚର୍ଯ୍ୟର ବିଷୟ ଏହି ଯେ ବିଦ୍ୟା ଦ୍ୱାରା ଉପାର୍ଜିତ ଧନକୁ ସନ୍ତାନମାନଙ୍କର ପ୍ରାପ୍ତି ଆଶାରେ ସ୍ତ୍ରୀଜାତିଙ୍କର ହସ୍ତରେ ଅର୍ପଣ କରୁଥିବା ସ୍ଥଳେ ଯେ ବିଦ୍ୟା ଦ୍ୱାରା ସେ ଅର୍ଥ ଉପାର୍ଜିତ ହେଲା ତାହା ଆମ୍ଭର ସନ୍ତାନମାନେ କି ପ୍ରକାର ପାଇପାରିବେ, ତହିଁର କୌଣସି ବ୍ୟବସ୍ଥା ଆମ୍ଭେମାନେ କରୁନାହୁଁ। ଉପାର୍ଜିତ ଧନକୁ ସ୍ତ୍ରୀମାନେ ରକ୍ଷା କରୁଅଛନ୍ତି; ଏବଂ ସେମାନଙ୍କଠାରୁ ଆମ୍ଭର ସନ୍ତାନମାନେ ପାଇବେ ଏହା ଆମ୍ଭେମାନେ ଆଶାକରୁଁ। କିନ୍ତୁ ଆଶା ବିଫଳ ହେବାର ମଧ୍ୟ ଆଶଙ୍କା ଅଛି। କାରଣ ଉକ୍ତ ଧନ ଚୋର ଦ୍ୱାରା ଅପହୃତ ହୋଇପାରେ। କିନ୍ତୁ ଆମ୍ଭେମାନେ ଯେଉଁ ଜ୍ଞାନ ଉପାର୍ଜନ କରୁଅଛୁଁ ସେହି ଜ୍ଞାନ ଆମ୍ଭମାନଙ୍କର ଗୃହସ୍ଥିତା ସ୍ତ୍ରୀଲୋକମାନେ ଲାଭ କରିଥିଲେ ତାହା କେହି ଅପହରଣ କରିପାରିବେ ନାହିଁ ଏବଂ ସେମାନଙ୍କଠାରୁ ତାଙ୍କର ସନ୍ତାନମାନେ ନିଶ୍ଚୟ ପାଇପାରିବେ।

ପ୍ରତ୍ୟେକ ପିତାର ଏକାନ୍ତ ବାସନା ଯେ ତାଙ୍କର ସଞ୍ଚିତ ଧନ ତାହାର ସନ୍ତାନସନ୍ତତିମାନେ ପାଇବେ। ସେ ଧନ ସନ୍ତାନର ପୈତୃକ ମୂଳଧନ ହୁଏ ଓ ସନ୍ତାନର ଉପାର୍ଜିତ ଧନ ସେ ଧନରେ ଯୋଗକଲେ ସନ୍ତାନ ପିତା ଅପେକ୍ଷା ଅଧିକ ଧନୀ ହୁଏ। ଏହା ହେଉଛି ବ୍ୟକ୍ତିଗତ ଆର୍ଥିକ ଉନ୍ନତିର ନିୟମ। ଏହି ନିୟମ ଜାତୀୟ ଜ୍ଞାନ ସମ୍ବନ୍ଧେ ପ୍ରୟୋଗ କରିବା ଉଚିତ। ତାହା ନ କରିଲେ ଜାତିର ଉନ୍ନତି ହୋଇପାରିବ ନାହିଁ। ଆମ୍ଭେମାନେ ଯେଉଁ ବିଦେଶୀୟ ଜ୍ଞାନ ଲାଭ କରିଅଛୁଁ ସେ ବିଷୟରେ ଆମ୍ଭମାନଙ୍କର ସହଧର୍ମିଣୀମାନେ ଅଜ୍ଞ ଥିବାରୁ ସେ ଜ୍ଞାନ ସନ୍ତାନମାନଙ୍କର ମୂଳଧନ ହୋଇପାରୁନାହିଁ। ଆମ୍ଭମାନଙ୍କୁ ଯେପରି କଷ୍ଟ ସହିବାକୁ ହୋଇଥିଲା ସେହିପରି କଷ୍ଟ ସହି ଓ ସେହି ପରିମାଣରେ ସମୟ ବ୍ୟୟ କରି ଆମ୍ଭମାନଙ୍କର ସନ୍ତାନମାନଙ୍କୁ ସେହି ଜ୍ଞାନଲାଭ କରିବାକୁ ହେବ, ଏଥିରୁ ଜାତିର ଉନ୍ନତି ହେବା ପକ୍ଷେ ବିଶେଷ ବାଧା ଜନ୍ମେ। ଶିଶୁ ମାତା ନିକଟରୁ ଅନେକ ବିଷୟ ଶିକ୍ଷା କରେ। ଏବଂ ସେ ଅବସ୍ଥାରେ ଯାହା ଶିକ୍ଷାକରେ ତାହା ଜାତିର ମୂଳଧନ ସ୍ୱରୂପ ଜ୍ଞାନ କରାଯାଏ। ଇଉରୋପର ସଭ୍ୟ ଜାତିମାନଙ୍କ ମଧ୍ୟରେ ବାଳକ ବାଳିକାମାନେ ୭/୮ ବର୍ଷରେ ଯେ ସବୁ କଥା ଜାଣନ୍ତି ତାହା ଆମ୍ଭର ଏ ଦେଶରେ ବି.ଏ.କ୍ଲାସରେ ପଢୁଥିବା ଯୁବକମାନେ ଜାଣନ୍ତି ନାହିଁ। ତହିଁର କାରଣ ଏହି ଯେ ତାଙ୍କର ମାତାମାନେ ସୁଶିକ୍ଷିତା ଏବଂ ଶିଶୁକାଳରେ ସେ ସବୁ ବିଷୟ ମାତାଙ୍କର ଦୈନିକ କାର୍ଯ୍ୟକଳାପରୁ ସେମାନେ ଶିକ୍ଷା କରିଅଛନ୍ତି। କ୍ରମେ ଏ ପ୍ରକାର ସୁଶିକ୍ଷିତା ମାତାର ସଂଖ୍ୟା ବୃଦ୍ଧି ହେବାରୁ ଜାତିର ସମସ୍ତ ଲୋକମାନେ ଏ ବିଷୟ ଜାଣନ୍ତି। ଏହି ହେତୁରୁ ଜାତିର ଜ୍ଞାନ ବୃଦ୍ଧି ହୋଇଅଛି। ସ୍ତ୍ରୀମାନଙ୍କର ଶିକ୍ଷା ନ ହେଲେ ଏହା କଦାପି ସମ୍ଭବ ନୁହେଁ। ଇଉରୋପରେ ଓଲାଉଠା କିମ୍ବା ବସନ୍ତ ରୋଗ ସଂକ୍ରାମକ ଭାବରେ ପ୍ରବଳ

ହେବା ସମ୍ଭବ ନୁହେଁ। କାରଣ ସମସ୍ତେ ଗତିରୋଧ କରିବାର ଉପାୟ ଜାଣନ୍ତି। ଏହି ଜ୍ଞାନ ବ୍ୟକ୍ତିଗତ ଜ୍ଞାନ ନୁହେଁ, ଜାତିର ଜ୍ଞାନ ଅତଏବ ଜାତିର ଉନ୍ନତି କରିବାକୁ ହେଲେ ମୋ କ୍ଷୁଦ୍ର ବିବେଚନାରେ ସ୍ତ୍ରୀ ଶିକ୍ଷାରେ ସର୍ବାନ୍ତଃକରଣ ସହିତ ଉଦ୍‌ଯୋଗୀ ହେବା ଉଚିତ। ଆଜିକାଲି ସମସ୍ତେ ସ୍ୱୀକାର କରୁଅଛନ୍ତି କି ଆମ୍ଭ ଦେଶରେ ଯେଉଁ ଶିକ୍ଷା ହେଉଅଛି ତାହା ବିଲାତରେ ହେଉଥିବା ଶିକ୍ଷା ଅପେକ୍ଷା ନିକୃଷ୍ଟ ଅଟେ। ଏହି କାରଣରୁ ଅନେକ ଲୋକ ବର୍ତ୍ତମାନ ବିଲାତକୁ ଶିକ୍ଷା ନିମନ୍ତେ ଯାଉଅଛନ୍ତି। ଆହୁରି ବର୍ତ୍ତମାନ ଶିକ୍ଷାରେ ଚରିତ୍ରଗଠନ ହେଉନାହିଁ ଏହା ମଧ୍ୟ ଅନେକ ସ୍ୱୀକାର କରନ୍ତି। ଏଥିର କାରଣ ସ୍ତ୍ରୀଶିକ୍ଷାର ଅଭାବ। ଏ ପ୍ରକାର ଦେଖାଯାଏ ଯେ ଜଣେ ପୀଡିତ ଶିଶୁର ପିତା ସୁଶିକ୍ଷିତ, ସେ ଡାକ୍ତର ଆଣି ଚିକିତ୍ସା କରିବାକୁ ଚାହେଁ। ମାତା ଅଶିକ୍ଷିତା, ସେ ଗୁଣିଆ ଆଣି ଝାଡ଼ିବାକୁ ଚାହେଁ। ଏପରି ବିପଦ ଅବସ୍ଥାରେ ମାତା ପିତାଙ୍କର ମତଭେଦ ହେତୁରୁ ହତଭାଗ୍ୟ ଶିଶୁ ଉପଯୁକ୍ତ ଚିକିତ୍ସା ଅଭାବରେ ପ୍ରାଣତ୍ୟାଗ କରେ। ଏହା ଅପେକ୍ଷା ଅଧିକ ଶୋଚନୀୟ ଅବସ୍ଥା କଳ୍ପନା କରିବା ଅସମ୍ଭବ ।

ଆପଣମାନେ ବୋଧହୁଏ ଆଶା କରନ୍ତି ପୂର୍ବ ପ୍ରଥାନୁସାରେ ମୁଁ ଆପଣଙ୍କଠାରେ ଓଡ଼ିଶାର ନାନା ବିଷୟକ ଉନ୍ନତି ସମ୍ବନ୍ଧେ କି ଉପାୟ ଅବଲମ୍ବନ କରିବା ଉଚିତ ତାହା ବ୍ୟକ୍ତ କରିବି। ସମାଜ ସଂସ୍କାର, ଦେଶମିଶ୍ରଣ, ଉଚ୍ଚଶିକ୍ଷା ପ୍ରଭୃତି ବିଷୟରେ ଏଥିପୂର୍ବେ ପ୍ରତ୍ୟେକ ଅଧିବେଶନରେ ସଭାପତିମାନେ ଯଥେଷ୍ଟ ଉପଦେଶ ଦେଇଅଛନ୍ତି। ସେ ସବୁ ଉପଦେଶ ଦ୍ୱାରା କାର୍ଯ୍ୟ ହୋଇଅଛି କି ନା ତାହା ଆପଣମାନେ ନିଜ ନିଜ ବିବେକ ଶକ୍ତିକୁ ପଚାରି ଆପଣା ମନକୁ ଉତ୍ତର ଦେଉଛୁ। ଯଦି ଆପଣମାନଙ୍କର ବିବେକ ଶକ୍ତି କହେ ସେହି ଅନୁସାରେ ଓଡ଼ିଶାରେ କାର୍ଯ୍ୟ ହୋଇଅଛି ତାହାହେଲେ ମୋହର ଅଧିକ କିଛି କହିବାର ନାହିଁ, ତାହାହେଲେ ବୁଝିବାକୁ ହେବ ଯେ ଓଡ଼ିଶା ଏ ସବୁ ବିଷୟରେ ଯାହା କରିଅଛି ତାହା ଯଥେଷ୍ଟ। କିନ୍ତୁ ଯଦି ଆପଣମାନେ ବିବେକଶକ୍ତି ଦ୍ୱାରା ବୁଝିପାରନ୍ତି ଯେ ପୂର୍ବ ସଭାପତିମାନଙ୍କର ଉପଦେଶ ଅନୁସାରେ କାର୍ଯ୍ୟ ହୋଇନାହିଁ ତାହା ହେଲେ ମଧ୍ୟ ମୋହର କିଛି କହିବା ଅନୁଚିତ, କାରଣ ଏଥିପୂର୍ବେ ଯେଉଁମାନେ ସଭାପତିର ଆସନ ଗ୍ରହଣ କରିଥିଲେ ସେମାନେ ସମସ୍ତେ ରାଜକୁଳୋଦ୍ଭବ। ବୁଝିବାକୁ ହେବ ଯେ ସେମାନଙ୍କ ଉପଦେଶ ଅନୁସାରେ କାର୍ଯ୍ୟ ହେବା ସେମାନଙ୍କର ଆନ୍ତରିକ କାମନା ଥିଲା; ଏବଂ ସେମାନଙ୍କର ଉପଦେଶ କାର୍ଯ୍ୟରେ ପରିଣତ ହେବା ସକାଶେ ସେମାନେ ଆଶାନୁରୂପ ସାହାଯ୍ୟ ପ୍ରଦାନ କରିଅଛନ୍ତି। ତାହାସବୁ ହୋଇ ଯେବେ ସେମାନଙ୍କର ଉପଦେଶ କାର୍ଯ୍ୟରେ ପରିଣତ ହୋଇପାରିନାହିଁ ତାହାହେଲେ ମୋ ପରି ସାମାନ୍ୟ ଦରିଦ୍ର ବ୍ୟକ୍ତିର ଉପଦେଶ ଯେ କାର୍ଯ୍ୟରେ ପରିଣତ ହେବ ଏହାର ଆଶା କରାଯାଏ ନାହିଁ। ଅତଏବ ସେସବୁ

ବିଷୟରେ ଉପଦେଶ ଦେବା ମୋ ପକ୍ଷରେ ଧୃଷ୍ଟତା ହେବ। ଏବଂ ଜାତୀୟ ସଭାରେ ମୁଁ ଏ ପ୍ରକାର ଅପରାଧରେ ଅପରାଧୀ ହେବାକୁ ଇଚ୍ଛାକରେ ନାହିଁ। ଆପଣମାନଙ୍କଠାରେ ମୋହର ଅନୁରୋଧ ଓ ବିନୟ ବାକ୍ୟ ଶେଷ କରିବା ପୂର୍ବରୁ ମୁଁ ଗୋଟିଏ କଥା କହିବାକୁ ଇଚ୍ଛା କରେ।

ସମ୍ମଳନୀ ଜାତିର ସମ୍ମିଳନ ନିମନ୍ତେ ସମସ୍ତ ଉତ୍କଳବାସୀଙ୍କ ହୃଦୟରେ ଜାତୀୟ ଜୀବନ ସଞ୍ଚାର କରିବା ନିମନ୍ତେ ସ୍ଥାପିତ ହୋଇଅଛି। ଏ ସମ୍ମିଳନୀ କୌଣସି ଏକ ସମ୍ପ୍ରଦାୟସ୍ଥ ବ୍ୟକ୍ତିମାନଙ୍କର ଉନ୍ନତି ସାଧନ ନିମନ୍ତେ ହୋଇନାହିଁ। ଯାହାଦ୍ୱାରା ସମସ୍ତ ଉତ୍କଳବାସୀଙ୍କର ଉନ୍ନତି ହେବ ସେହିପ୍ରକାର ବିଷୟ ସବୁ ଆଲୋଚନା କରିବା ନିମନ୍ତେ ସମ୍ମିଳନୀର ସୃଷ୍ଟି। ଏରୂପ କାର୍ଯ୍ୟ ଆରମ୍ଭ କରିବା ପୂର୍ବରୁ ଜାତୀୟ ଜୀବନର ସଞ୍ଚାର ହୃଦୟରେ ଜାଗ୍ରତ ହେବା ଉଚିତ। ମୁଁ ଉତ୍କଳମାତାର ସନ୍ତାନ ଏବଂ ଉତ୍କଳ ଭୂମିରେ ଯେଉଁମାନେ ଜନ୍ମଗ୍ରହଣ କରିଅଛନ୍ତି ଓ ଯେଉଁମାନେ ମରଣାନ୍ତେ ତାଙ୍କର ମୃତଦେହକୁ ଉତ୍କଳମାତାର କ୍ରୋଡ଼ରେ ଅର୍ପଣ କିରବାକୁ ଇଚ୍ଛା କରନ୍ତି, ସେମାନେ ଯେଉଁ ଜାତି ହୁଅନ୍ତୁ, କି ବଙ୍ଗାଳି, କି ମୁସଲମାନ, କି ବ୍ରାହ୍ମଣ, କି କରଣ, କି କଣ୍ଡରା, କି ପାଣ, କି ପଞ୍ଜାବି, କି ମାନ୍ଦ୍ରାଜି, ଏ ସମସ୍ତେ ଉତ୍କଳ ସନ୍ତାନ; ଯେ ଉତ୍କଳମାତାର କ୍ରୋଡ଼ରେ ଜନ୍ମ ଗ୍ରହଣ କରଅଛି ଓ ଯେ ବିଶ୍ୱାସକରେ କି ମୃତ୍ୟୁପରେ ଦୁର୍ଗନ୍ଧ ହେତୁ ତାହାର ମୃତଦେହକୁ ଜନ୍ମ ଦେଇଥିବା ମାତା ଘରୁ ବାହାର କରିଦେଲେ ସେହି ଦୁର୍ଗନ୍ଧ ଶରୀରକୁ ଉତ୍କଳମାତା ଆପଣାର କ୍ରୋଡ଼ରେ ଗ୍ରହଣ କରିବେ ସେହି ହେଉଛି ଉତ୍କଳ ସନ୍ତାନ। ଉଚ୍ଚ ଶିକ୍ଷାଦ୍ୱାରା ଓକିଲ ଡେପୁଟି କଲେକ୍ଟରଙ୍କ ସଂଖ୍ୟା ବଢ଼ାଇବା ଏ ସମ୍ମିଳନୀର ଉଦ୍ଦେଶ୍ୟ ନୁହେଁ। ଏ ଶ୍ରେଣୀର ଲୋକମାନଙ୍କ ଦ୍ୱାରା ବ୍ୟକ୍ତିଗତ ଉନ୍ନତି ହୁଏ, ଜାତୀୟ ଉନ୍ନତି ହୁଏ ନାହିଁ। ଅବଶ୍ୟ ଏ ପ୍ରକାର ହୋଇପାରେ ଯଦି ଏ ଶ୍ରେଣୀସ୍ଥ ଲୋକମାନଙ୍କ ମଧ୍ୟରେ ଜାତୀୟଜୀବନ ସଞ୍ଚାରିତ ହୁଏ ଏବଂ ଜାତିର ଉନ୍ନତି କରିବା ଲାଗି ଏ ଶ୍ରେଣୀର ଲୋକମାନେ କୃତସଂକଳ୍ପ ହୁଅନ୍ତି ତାହାହେଲେ ସେ ଉଦ୍ଦେଶ୍ୟ ସମ୍ପାଦନ କରିବା ନିମନ୍ତେ ଏଶ୍ରେଣୀର ଲୋକମାନଙ୍କର ବିଶେଷ ଯେ ସୁବିଧା ଅଛି ଏହା ସ୍ୱୀକାର କରିବାକୁ ହେବ। କିନ୍ତୁ ଉଚ୍ଚ ଶିକ୍ଷିତ ହେଲେ କିମ୍ବା ଗଭର୍ଣ୍ଣମେଣ୍ଟଙ୍କ ଅଧୀନରେ ଉଚ୍ଚପଦ ପ୍ରାପ୍ତ ହେଲେ ଯେ ଜାତୀୟ ବୃଦ୍ଧି ହେବ ଏହା କୁହାଯାଇ ନପାରେ। ଜାତୀୟ ଜୀବନର ସଞ୍ଚାର ଓ ବୃଦ୍ଧି ପ୍ରତ୍ୟେକ ବ୍ୟକ୍ତିଙ୍କର ଜୀବନର ଉଦ୍ଦେଶ୍ୟ ଉପରେ ନିର୍ଭର କରେ। ମୁଁ ବିଶ୍ୱାସ କରେ ଯେ ଜଗଦୀଶ୍ୱର ପ୍ରତ୍ୟେକ ବ୍ୟକ୍ତିଙ୍କୁ ତାଙ୍କର ଉଦ୍ଦେଶ୍ୟ ପାଳନ କରିବା ନିମନ୍ତେ ଜନ୍ମ ଦେଇଅଛନ୍ତି। ମନୁଷ୍ୟ ଜନ୍ମର ଉଦ୍ଦେଶ୍ୟ ଆତ୍ମସୁଖ ଉପାର୍ଜନ ନୁହେଁ। ମନୁଷ୍ୟ ନିଜ ସୁଖ ସମ୍ପାଦନରେ ଜୀବନ ଯାପନ କରିବ ଏହା ଜଗତପିତାଙ୍କର ଉଦ୍ଦେଶ୍ୟ ନୁହେଁ। ମୋ ଜୀବନ କେବଳ ମୋ ସକାଶେ ଈଶ୍ୱର

ଦେଇନାହାନ୍ତି। ପରର ଉପକାର ନିମନ୍ତେ ମନୁଷ୍ୟର ଜୀବନ ହୋଇଅଛି। ସଂସାରର ମାୟା ବୋଲି ଯାହା ଲୋକେ ସଚରାଚର କହନ୍ତି ତାହାର ଅର୍ଥ ଏହିକି ଯେଉଁମାନଙ୍କୁ ଆମ୍ଭେମାନେ ଆପଣାର ବୋଲି ଜ୍ଞାନ କରୁଅଛୁଁ ସେମାନେ ବାସ୍ତବରେ ପର ଅଟନ୍ତି। ପରଙ୍କ ସକାଶେ ମନୁଷ୍ୟ ଜୀବନ ଧାରଣ କରୁଅଛି। ପ୍ରକୃତି ପ୍ରତି ଦୃଷ୍ଟି କର, ଦେଖିବ ପ୍ରକୃତିର ଜୀବନ ପରୋପକାର ପାଇଁ। ସଂସାରକୁ ତାପ ଦାନ କରି ସୁଖୀ କରିବା ନିମନ୍ତେ ସୂର୍ଯ୍ୟ ନିତ୍ୟ ଉଦୟ ହେଉଅଛି। ଆମ୍ବଗଛ ଗୋଟିଏ ସମସ୍ତ ବର୍ଷ ମାଟିରୁ, ସୂର୍ଯ୍ୟତାପରୁ, ଜଳରୁ ଏବଂ ପବନରୁ ନିଜର ଆହାର ଟାଣିନେଇ ଶରୀର ପୁଷ୍ଟ କରୁଅଛି। ଏହାର ଉଦ୍ଦେଶ୍ୟ କ'ଣ ? ଫଳ ମନୁଷ୍ୟ ଭୋଗ କରିବ। ଈଶ୍ୱରଙ୍କ ନିୟମରେ ସ୍ୱାର୍ଥପର ହେବା ଅସମ୍ଭବ। ମୁଁ ଯେତେବେଳେ ମାତୃଗର୍ଭରେ ଥିଲି ତେତେବେଳେ ମୋହର ମାତା ତାହାଙ୍କର ରକ୍ତଦ୍ୱାରା ମୋହର ଶରୀରକୁ ପୋଷଣ କରୁଥିଲା ସେତେବେଳେ ଭୂମିଷ୍ଠ ହେଲି, ସେତେବେଳେ କଥା କହିବାର ଶକ୍ତି ନ ଥିଲା, ତେବେଲେ ମୋହର ମାତା ସର୍ବପ୍ରଥମେ ତାଙ୍କର କାର୍ଯ୍ୟଦ୍ୱାରା ମୋହର ଜୀବନର କର୍ତ୍ତବ୍ୟ କର୍ମ ଶିଖାଇଥିଲେ। ତାଙ୍କର ବକ୍ଷସ୍ଥଳରେ ରକ୍ତଦେଇ- ଯେଉଁ ରକ୍ତ ଅସୀମ ସ୍ନେହ ସଂଯୋଗରେ ଶୁଭ୍ର ବର୍ଣ୍ଣ ଧାରଣ କରିଥିଲା, ସେହି ରକ୍ତଦ୍ୱାରା ମୋତେ ପ୍ରତିପୋଷଣ କରିଥିଲେ। ଏ ଶିକ୍ଷାର ଅର୍ଥ କଣ ? "ତୋ ଜୀବନର ପର ସକାଶେ, ତାହା ମୋହର ସ୍ତନ୍ୟପାନରୁ ଶିକ୍ଷାକର"। ଭାଇମାନେ, ଯଦ୍ୟପି ସମ୍ମିଳନୀକୁ ଜୀବିତ କରିବାକୁ ଇଚ୍ଛା କର, ପ୍ରଥମ ମାତୃଶିକ୍ଷା ଭୁଲ ନାହିଁ। ପର ସକାଶେ ବଞ୍ଚିବାକୁ ଶିକ୍ଷାକର। ମୋହର ଜୀବନ ଏକା ମୋହର ନୁହେଁ- ଏ ଜୀବନରେ ସମସ୍ତ ଉତ୍କଳ ଜାତିର ଅଧିକାର ଅଛି; ସତ୍ ଅଛି। ଏହି ମନ୍ତ୍ର ଜପିବା ଆରମ୍ଭ କର- "ମୁଁ ଜଣେ ଉତ୍କଳ ସନ୍ତାନ, ମୋହର ଲକ୍ଷ ଲକ୍ଷ ଭାଇଭଉଣୀ ଅଛନ୍ତି, ସେମାନଙ୍କର ଜୀବନରେ ମୋହର ଜୀବନ ମିଶିଯାଇ ଲୀନ ହୋଇଯାଉ, ଏକ ଜୀବନ ହୋଇ ଜାତୀୟଜୀବନ ରୂପେ ପ୍ରବଳ ବେଗରେ ପ୍ରବାହିତ ହେଉ।" ସମୁଦ୍ରର ଜଳରାଶି ଏକବର୍ଣ୍ଣ ଧାରଣ କରିଅଛି। ଶତ ଶତ ନଦନଦୀର ଜଳରାଶି ନାନାରଙ୍ଗ ଧାରଣ କରି ସମୁଦ୍ର ନିକଟରେ ପହୁଞ୍ଚିଲେ ସମୁଦ୍ର କହେ "ତୁମ୍ଭର ନିଜ ନିଜ ରଙ୍ଗ ଛାଡ, ଏହି ଏକ ରଙ୍ଗ ଧାରଣ କର, ତାହା ହେଲେ ମୋ ସଙ୍ଗରେ ମିଶିପାରିବ; ଏବଂ ମୋ ସଙ୍ଗରେ ମିଶିଲେ ମୋହର ବଳ ପରାକ୍ରମ ଲାଭ କରିବ।" ସମ୍ମିଳନୀ ହେଉଛି ଜାତିର ସମୁଦ୍ର। ଯଦି କେହି ଉଚ୍ଚପଦର ଅଭିମାନ ନେଇ ଏଠାରେ ଉପସ୍ଥିତ ହୋଇଥାଏ, ସମ୍ମିଳନୀ କହୁଛି "ତୁମ୍ଭର ଅଭିମାନ ଛାଡ଼, ନୋହିଲେ ମୋ ସଙ୍ଗରେ ତୁମ୍ଭେ ମିଶି ପାରିବ ନାହିଁ।" ଯଦି ବ୍ରାହ୍ମଣ କି କରଣ ବୋଲି ଜାତ୍ୟଭିମାନ ନେଇ ଏଠାରେ କେହି ଉପସ୍ଥିତ ହୋଇଥାଅ, ଏ ଉତ୍କଳଜାତିର ସମୁଦ୍ର ତୁମ୍ଭମାନଙ୍କୁ କହୁଛି, "ଏକ ରଙ୍ଗ ନହେଲେ ମୋ ସଙ୍ଗରେ ମିଶିପାରିବ ନାହିଁ ଏବଂ

ମୋହର ପ୍ରକୃତ ପ୍ରତାପ ଓ କ୍ଷମତାର ପରିଚୟ ପାଇବ ନାହିଁ।" ଏହି ଉତ୍କଳ ଭୂମିରେ ଉତ୍କଳ ସନ୍ତାନମାନେ ବହୁକାଳ ପୂର୍ବେ ଏକତାର ମୂଲ୍ୟ ଓ ଆବଶ୍ୟକତା ଯେ ବଝିଥିଲେ ତହିଁର ପ୍ରମାଣ ଜଗନ୍ନାଥଙ୍କ ମନ୍ଦିର। ଏଠାରେ ଜାତିର ମାନ ନାହିଁ। ରାଜାକୁ ମଧ୍ୟ ଏ ପ୍ରକାର କାର୍ଯ୍ୟ କରିବାକୁ ହୁଏ ଯାହା ସ୍ଥାନାନ୍ତରେ ନିକୃଷ୍ଟ ବ୍ୟକ୍ତି କରିଥାଏ। ଜଗନ୍ନାଥଙ୍କର ମନ୍ଦିର ପ୍ରତି ଦୃଷ୍ଟି କର, ସେଠାରେ ଏକତାର ଜ୍ୱଳନ୍ତ ଶିକ୍ଷା ପାଇବ। ସମୁଦ୍ର ପ୍ରତି ଦୃଷ୍ଟିକର, ସେଠାରେ ଏକତାର ଉଦାହରଣ ପାଇବ। ଏହିଠାରେ ସ୍ୱର୍ଗଦ୍ୱାର ଅଛି। ମନୁଷ୍ୟ ଏହି ସ୍ୱର୍ଗଦ୍ୱାର ବାଟେ ଉନ୍ନତି ଓ ସୁଖର ସ୍ଥାନକୁ ଲାଭ କରିପାରେ। ଏ ପ୍ରକାର ସ୍ଥାନରେ ଏ ସମ୍ମିଳନୀର ଅଧିବେଶନ। ମୋହର ବକ୍ତୃତା ଦେବାର ଆବଶ୍ୟକତା ନାହିଁ। ଶତଶତ ବର୍ଷ ପୂର୍ବେ ଆମ୍ଭମାନଙ୍କର ପୂଜନୀୟ ପୂର୍ବପୁରୁଷମାନେ ଉନ୍ନତିର ଯେଉଁ ଶିକ୍ଷା ଦେଇଥିଲେ ତାହା ସ୍ୱଷ୍ଟାକ୍ଷରରେ ଜଗନ୍ନାଥଙ୍କ ମନ୍ଦିରରେ ଲେଖାଅଛି। ପ୍ରକୃତ ସ୍ଥାନେ ସ୍ଥାନେ ନିଃଶବ୍ଦ ଭାବରେ ଯେଉଁ ଶିକ୍ଷା ଦେଉଅଛି, ତାହା ସମୁଦ୍ର କ୍ରୋଧରେ ଗର୍ଜନ କରି ଶିକ୍ଷା ଦେଉଅଛି। କ୍ରୋଧର କାରଣ ଏହି କି ଏତେକାଳଯାଏ ଏ ଶିକ୍ଷା ଆମ୍ଭେମାନେ ଗ୍ରହଣ କଲୁନାହିଁ। ଜାତିର ଉନ୍ନତି, ଜାତିର ଗୌରବ ବିଷୟ, ଯେତେବେଳେ ଅବକାଶ ପାଅ, ଚିନ୍ତାକର। ରୋଜ ୧୦ ମିନିଟ୍ ମାତ୍ର ଚିନ୍ତାକଲେ ଦେଖିବ ଯେ ଚିନ୍ତାରୁ ମନରେ ସୁଖଲାଭ ହେବ ଏବଂ ସେ ସୁଖ ଲାଭହେତୁ ୧୦ ମିନିଟକୁ ୨୦ ମିନିଟ୍ କରିବାକୁ ଇଚ୍ଛା ହେବ। ଜାତୀୟ ବିଷୟ ଚିନ୍ତା କରିବା ଦ୍ୱାରା କ୍ରମେ ଜାତୀୟ ଜୀବନ ହୃଦୟରେ ଜାଗ୍ରତ ହେବ, ଶେଷରେ ସେହି ଜୀବନ ତୁମ୍ଭର ହୃଦୟସ୍ଥଳରୁ ଆରମ୍ଭ କରି ସମୟରେ ରକ୍ତମାଂସ ଏବଂ ସମସ୍ତ ଶରୀରକୁ ଜାତୀୟ ଜୀବନରେ ଉତ୍ତେଜିତ କରିବ। ଏହି ଭାବ ସମସ୍ତ ଉତ୍କଳବାସୀଙ୍କ ମନରେ ଜନ୍ମାଇବାର ପ୍ରଥମେ ଚେଷ୍ଟାକର। ସହସ୍ର ସହସ୍ର ଉତ୍କଳ ସନ୍ତାନଙ୍କର କର୍ଣ୍ଣଗହ୍ୱରରେ ଜାତୀୟ ଜୀବନର ମନ୍ତ୍ର ପ୍ରବେଶକରୁ ଏବଂ ସହସ୍ର ସହସ୍ର ହୃଦୟ ସେହି ମନ୍ତ୍ରଦ୍ୱାରା ଉତ୍ତେଜିତ ହେଉ। ଅଳ୍ପ ଦିନ ମଧ୍ୟରେ ଦେଖିବ ସମ୍ମିଳନୀ ଜାତୀୟ ମହାସମୁଦ୍ର ରୂପ ଧାରଣ କରି ତାହାର ଉନ୍ନତି ପଥରେ ଯେଉଁ ବାଧାବିଘ୍ନ ପଡିବ ତତ୍‌ସମସ୍ତ ଅବଲୀଳା କ୍ରମେ ଅତିକ୍ରମ କରି ଉତ୍କଳ ଜାତିକୁ ସୁଖମୟ ସ୍ଥାନରେ ପହଞ୍ଚାଇବ। ଆମ୍ଭମାନଙ୍କର ଯେ ବର୍ତ୍ତମାନ ଆକାଂକ୍ଷା, ଦେଶମିଶ୍ରଣ ସମ୍ବନ୍ଧେ କୁହ, ସମାଜ ସଂସ୍କାର ସମ୍ବନ୍ଧେ କୁହ, ସମସ୍ତ ପୂର୍ଣ୍ଣ ହେବ। ଉତ୍କଳମାତାଙ୍କର ଶରୀର ବର୍ତ୍ତମାନ ଛିନ୍ନ, ଅବସ୍ଥା ଅତିଶୟ ଶୋଚନୀୟ। ଯେଉଁ ପ୍ରଦେଶରୁ ଉପେନ୍ଦ୍ର ଭଞ୍ଜଙ୍କର କଣ୍ଠଧ୍ୱନିଉଠି ଏକ ସମୟରେ ଉତ୍କଳଜାତିର ହୃଦୟକୁ ଆହ୍ଲାଦରେ ନଚାଉଥିଲା ସେ ପ୍ରଦେଶ ବର୍ତ୍ତମାନ ଉତ୍କଳ ଜନନୀଙ୍କର ଶରୀରରୁ ବିଚ୍ଛିନ୍ନ। କିଏ ଏପରି ଉତ୍କଳ ସନ୍ତାନ ଅଛି ଯେ ଏହାର ମିଳନ ଆକାଂକ୍ଷା ନକରେ ? କିନ୍ତୁ ଦୁଃଖର ସହିତ ସ୍ୱୀକାର କରିବାକୁ ହେବ ଯେ ଆମ୍ଭମାନଙ୍କ ନିଜ ଦୋଷରୁ

କିୟଂଦଶରେ ଆମ୍ଭେମାନେ ବର୍ତ୍ତମାନ ହୀନାବସ୍ଥା ଲାଭ କରିଅଛୁଁ। ଗତ ଦୋଷମାନ ବ୍ୟାଖ୍ୟା କରିବାର ବର୍ତ୍ତମାନ ଆବଶ୍ୟକ ନାହିଁ। ଜାତୀୟ ଜୀବନର ସଞ୍ଚାର ହେଲେ ଦେଶମିଶ୍ରଣ ନିମନ୍ତେ ପ୍ରସ୍ତାବ କରିବା, ମେମୋରିଏଲ୍ କରିବା ଆବଶ୍ୟକ ହେବ ନାହିଁ। ଜାତୀୟ ଜୀବନ ଦ୍ୱାରା କି ଆଶ୍ଚର୍ଯ୍ୟ କାର୍ଯ୍ୟମାନ ହୋଇପାରେ ତାହା ଜାପାନ ଦେଶର ଇତିହାସରୁ ଶିକ୍ଷାକର। ଜାତୀୟ - ଜୀବନକୁ ପ୍ରବଳ କରିବାକୁ ସର୍ବଦା ଚେଷ୍ଟାକର। କେହି ସେ ଜୀବନର ଗତିକୁ ରୋଧ କରିପାରିବ ନାହିଁ। ଈଶ୍ୱର କରନ୍ତୁ ଆଗାମୀ ବର୍ଷ ସମ୍ମିଳନୀ ଅଧିବେଶନ ସମୟରେ ଜାତୀୟ ଜୀବନର ସ୍ପଷ୍ଟ ପ୍ରମାଣ ଦୃଶ୍ୟ ହେଉ। କେହି କେହି ପଚାରି ପାରନ୍ତି ଜାତୀୟ ଜୀବନର ଲକ୍ଷଣ କ'ଣ? କି କି ଲକ୍ଷଣ ଦ୍ୱାରା ଜାତୀୟଜୀବନର ପରିଚୟ ମିଳିବ? ଜାତୀୟଜୀବନ ଏ ପ୍ରକାର ଯେ ପ୍ରତି ମନୁଷ୍ୟଠାରେ ତାହା ରହିଅଛି। ମନୁଷ୍ୟ ଜୀବନର ପ୍ରଥମ ଓ ଶେଷ ସୀମା ସମାନ ଭାବ ଧାରଣ କରେ। ଏ ସାଦୃଶ୍ୟ କି ରାଜା, କି ଭିକ୍ଷୁକ, କି ବ୍ରାହ୍ମଣ, କି ନୀଚଜାତି ସମସ୍ତଙ୍କ ଜୀବନରେ ଦେଖାଯାଏ। ମାତୃଗର୍ଭରେ ଜୀବନର ଆରମ୍ଭ ସମୟେ ସମାଜ ସହିତ କିମ୍ବା ବହିର୍ଜଗତ ସହିତ କୌଣସି ସଂସ୍ରବ ନ ଥାଏ। ଶରୀରରେ ଯେଉଁସବୁ ଦୈନିକ କ୍ରିୟାଦ୍ୱାରା ମନୁଷ୍ୟ ଜୀବିତ ଅଛି ମାତୃଗର୍ଭରେ ସେସବୁ କ୍ରିୟା ମଧ୍ୟ ଶରୀରର ନଥାଏ। ଚକ୍ଷୁ କର୍ଣ୍ଣ ଆଦି ଇନ୍ଦ୍ରିୟମାନଙ୍କର ପରିଚାଳନା ଦ୍ୱାରା ବହିର୍ଜଗତ ସହିତ ମନୁଷ୍ୟର ସମ୍ପର୍କ ସଂସ୍ଥାପିତ ହୁଏ। ଏହି ସବୁ ଇନ୍ଦ୍ରିୟମାନଙ୍କର ଚାଳନା ନ ହେଲେ ମନୁଷ୍ୟ କୌଣସି କାର୍ଯ୍ୟ କରିପାରେ ନାହିଁ। ମୃତ୍ୟୁଶଯ୍ୟାରେ ମନୁଷ୍ୟର ଅବସ୍ଥା ଠିକ୍ ଏହି ପ୍ରକାର। ମୃତ୍ୟୁଶଯ୍ୟାରେ ଆଖି ଦେଖିବ ନାହିଁ; କାନ ଶୁଣିବ ନାହିଁ; ମୁହଁ କଥା କହିବ ନାହିଁ; କିମ୍ବା ଖାଇବ ନାହିଁ; ଗୋଡ଼ ହାତ କିଛି କାମ କରିବ ନାହିଁ। ଏପରି ଅବସ୍ଥାରେ ମନୁଷ୍ୟର ଆତ୍ମା ଶରୀର ମଧ୍ୟରେ ଥାଏ। ବହିର୍ଜଗତ କିମ୍ବା ସଂସାର ସହିତ କୌଣସି ସମ୍ପର୍କ ନଥାଏ। ଏଥିରୁ ସ୍ପଷ୍ଟ ପ୍ରମାଣିତ ହେଉଛି ଏହି ମନୁଷ୍ୟ ମଧ୍ୟରେ ଯେଉଁ ଆତ୍ମା ଅଛି ସେହି ହେଉଛି ମନୁଷ୍ୟର ଜୀବନ। ସେହି ଆତ୍ମାର ଉନ୍ନତି ଓ ଅବନତି ଅନୁସାରେ ପ୍ରତ୍ୟେକ ମନୁଷ୍ୟର ଉନ୍ନତି ଓ ଅବନତି ହେବ। ସମସ୍ତ ମନୁଷ୍ୟଙ୍କର ଜୀବନ ଆରମ୍ଭ ଓ ଶେଷଏହି ଦୁଇ ସୀମାର ମଧ୍ୟବର୍ତ୍ତୀ ସମୟରେ ପାର୍ଥକ୍ୟ ଦେଖାଯାଏ। ସେହି ପାର୍ଥକ୍ୟ ହେଉଛି ବ୍ୟକ୍ତିଗତ ଜୀବନ। ସମାଜ ଓ ସଂସାର ସେହି ପାର୍ଥକ୍ୟ ଘଟାଏ। ମନୁଷ୍ୟ ଭୂମିଷ୍ଠ ହେଲାଦିନଠାରୁ ଜୀବନର ଶେଷ ସୀମା ମୃତ୍ୟୁଶଯ୍ୟାରେ ପହୁଞ୍ଚିବା ନିମନ୍ତେ ଧାବମାନ ହେଉଅଛି। ଯଦି କୌଣସି ମନୁଷ୍ୟକୁ ପଚାର ଭାଇ କେଉଁଠାକୁ ଯାଉଅଛ? ବିବେଚକ ବ୍ୟକ୍ତିମାତ୍ରେ କହିବେ ମୃତ୍ୟୁଶଯ୍ୟାକୁ ଯାଉଅଛି। ଏହି ସୀମାରେ ଉପସ୍ଥିତ ହେବାକୁ କେହି ରାଜସିଂହାସନ ଉପରେ ବସି ଯାଉଅଛି; କେହି ଅଶ୍ୱ, ହସ୍ତୀ ଉପରେ ଆସୀନ ହୋଇ ଯାଉଅଛି; କେହି ବା ଭିକ୍ଷୁକ

ଭାବରେ ଯାଉଅଛି। କିନ୍ତୁ ସମସ୍ତେ ସେହି ଶେଷ ପରୀକ୍ଷାର ସ୍ଥାନ ମୃତ୍ୟୁଶଯ୍ୟା ଆଡକୁ ଯାଉଅଛନ୍ତି। ଏହି ଦୁଇ ସୀମାରେ ବିଷୟ ଧୀର ଭାବରେ ଚିନ୍ତା କଲେ ଜାତୀୟ ଜୀବନ ଲକ୍ଷଣ ଅନାୟାସରେ ପାଇବେ।

ଜାତୀୟ ଜୀବନ ସଂସାରର କିମ୍ବା ସମାଜର ପୁରସ୍କାର ପ୍ରତ୍ୟାଶାରେ କାର୍ଯ୍ୟ କରେ ନାହିଁ। ସାଂସାରିକ ମାନ୍ୟ, ସାଂସାରିକ ପୁରସ୍କାର, ମାନ୍ୟସୂଚକ ପଦ କି ଖେତାବ୍ ଏସବୁ ତାହାର ଉଦ୍ଦେଶ୍ୟ ନୁହେଁ। ଏସବୁ ଆତ୍ମାର ଅଳଙ୍କର ସ୍ୱରୂପ ବ୍ୟବହୃତ ହୋଇପାରେ ନାହିଁ। ଆତ୍ମା ଈଶ୍ୱରଙ୍କ ତୁଲ୍ୟ ଜ୍ୟୋତିର୍ମୟ। ଈଶ୍ୱରଙ୍କୁ କୌଣସି ଜାତି ମାନ୍ୟସୂଚକ ପଦ ସହିତ ସମ୍ବୋଧନ କରନ୍ତିନାହିଁ। ଏହାର କାରଣ କ'ଣ ? ଏହାର କାରଣ ଏତିକି ମନୁଷ୍ୟ ଜାତି ଯାହାକୁ ପ୍ରକୃତ ଏବଂ ପ୍ରଗାଢ଼ଭକ୍ତି ଓ ଶ୍ରଦ୍ଧା ଭାବରେ ଦେଖନ୍ତି ତାଙ୍କ ପ୍ରତି ସମ୍ମାନସୂଚକ ବାକ୍ୟ ବ୍ୟବହାର କରନ୍ତି ନାହିଁ। ଆମ୍ଭମାନଙ୍କ ମଧରେ କେହି ଗର୍ଭଧାରିଣୀ ମାତାଙ୍କୁ ଆପଣ ବୋଲି ସମ୍ବୋଧନ କରେ ନାହିଁ। ଅଯୋଧାରେ ଅନେକ ମହାରାଜା ରାଜତ୍ୱ କରିଥିଲେ। ତାଙ୍କର ନାମ କେହି ଜାଣନ୍ତିନାହିଁ। କେବଳ ଜଣଙ୍କର ନାମ ଜଗତବିଖ୍ୟାତ। ସେ ନାମ 'ରାମ' ନାମ। ମହାରାଜାଧିରାଜ ଅତିଶବ୍ଦ ସେ ନାମ ସହିତ କେହି ସଂକ୍ଷେପ କରେନାହିଁ। ସୀତା କିମ୍ବା ସାବିତ୍ରୀ ରାଣୀକି ମହାରାଣୀ ବୋଲି ବିଖ୍ୟାତ ନୁହନ୍ତି। ପୃଥିବୀରେ ଅନେକ ମୁସଲମାନ ବାଦ୍‌ଶା ନାନା ଖେତାବ ଓ ପଦ ଧାରଣ କରି ରାଜତ୍ୱ କରିଅଛନ୍ତି। ଇଉରୋପରେ ମଧ ଅନେକ ଖ୍ରୀଷ୍ଟଧର୍ମାବଲମ୍ବୀ ରାଜାମାନେ ଲକ୍ଷ ଲକ୍ଷ ଖେତାବ ଘେନି ବର୍ତ୍ତମାନ ରାଜତ୍ୱ କରିଅଛନ୍ତି । କିନ୍ତୁ ମହମ୍ମଦ ଓ ଯୀଶୁଖ୍ରୀଷ୍ଟଙ୍କର କୌଣସି ଖେତାବ ନାହିଁ। ପୁରାତନ କଥା ଛାଡ଼ିଦେଲେ ଅଧୁନାତନ ଇତିହାସରେ ମଧ ଏ ପ୍ରକାର ଦେଖାଯାଏ। ରାମମୋହନ ରାୟ ଜୀବିତ ଥିବା ସମୟରେ 'ରାଜା' ବୋଲି ପରିଚିତ ଥିଲେ। ବର୍ତ୍ତମାନ ରାମମୋହନ ରାୟ ବୋଲି ପରିଚିତ। ସମାଜ ଓ ସଂସାର ବ୍ୟକ୍ତିଗତ ଜୀବନର ଯେ ପ୍ରକାର ପୁରସ୍କାର ଦିଅନ୍ତି ଜାତୀୟ ଜୀବନର ପୁରସ୍କାର ତଦ୍ ବିପରୀତ। ଯଦି ଜାତୀୟ ଉନ୍ନତି କାର୍ଯ୍ୟରେ ପ୍ରବୃତ୍ତ ହେବାକୁ ଇଚ୍ଛା କର(ତେବେ) ସଂସାରିକ ପୁରସ୍କାର ଆଶା ପରିତ୍ୟାଗ କର – 'ନାମ ରଖିବି' ଏ ପ୍ରକାର ଅଭିଳାଷକୁ ମନରେ ସ୍ଥାନ ଦିଅନାହିଁ। ଯେଉଁମାନେ ନାମ ରଖିଯିବାର ଆଶା କରନ୍ତି ମୋ କ୍ଷୁଦ୍ର ବିବେଚନାରେ ସେମାନେ ଅବୋଧ। ଯେଉଁ ବ୍ୟକ୍ତି ନାମ ରଖିଯିବାର ଆଶା କରେ ସେ ଧୀର ଭାବରେ ବିବେଚନା କଲେ ଦେଖିବେ ଭାବରେ ବିବେଚନା କଲେ ସେ ଯେଉଁ ନାମ ଧାରଣ କରିଛଅଛି ତାହାର ଜନ୍ମ ପୂର୍ବରୁ ସହସ୍ର ସହସ୍ରେ ଲୋକ ସେହି ନାମ ଧାରଣ କରିଥିଲେ ଏବଂ ତାହାର ମୃତ୍ୟୁର ପର ସହସ୍ର ସହସ୍ର ଲୋକ ସେହି ନାମ ଧାରଣ କରିବେ। କିନ୍ତୁ ସେ ତାହାର ନାମ ନୁହେଁ। ଅନ୍ୟ ବ୍ୟକ୍ତିଙ୍କର ନାମ। ଆତ୍ମାର ନାମ ନାହିଁ। ତାକୁ ନାମଧରି ଡାକିବା

ଅସମ୍ଭବ। ଯଦି ଏ ଜଗତରେ ମୁଁ ଜନ୍ମ ଗ୍ରହଣ କରିଥିଲି, ଏବଂ ମୋହର ଅନ୍ତେ ଯଦି ମୋହର ଅସ୍ତିତ୍ୱର କୌଣସି ଚିହ୍ନ ରହେ, ସେହି ଚିହ୍ନ ଅଟ୍ଟାଳିକାରେ କିମ୍ବା କୀର୍ତ୍ତିସ୍ତମ୍ଭରେ ରହିବା ଅସମ୍ଭବ। ଆତ୍ମାର କାର୍ଯ୍ୟ ଚିହ୍ନ ଆତ୍ମାରେ ଦର୍ଶିତ ହେବ। "ମୋର ଆତ୍ମାର କର୍ତ୍ତବ୍ୟଜ୍ଞାନ ଓ ଜାତୀୟ ଉନ୍ନତିର ଆଶାକୁ ଅନ୍ୟ ଲୋକଙ୍କର ଆତ୍ମା ଗ୍ରହଣ କଲେ ସେହି ପ୍ରକୃତରେ ମୋ ଆତ୍ମାର କୀର୍ତ୍ତିସ୍ତମ୍ଭ ହେବ।" ମୁଁ ଏଠାରେ ମୁଁ ଶବ୍ଦ ବ୍ୟବହାର କରିବାର ଉଦ୍ଦେଶ୍ୟ ଏହି। ମୁଁ ଆପଣମାନଙ୍କୁ ଅନୁରୋଧ କରୁଅଛି କି ପ୍ରତ୍ୟେକ ଭାଇ ନିଜ ନିଜ ମନରେ ଆପଣାକୁ ଆପେ ଏହି ଭାବରେ ସମ୍ବୋଧନ କରି ଏ ଗୁରୁତର ବିଷୟ ଚିନ୍ତା କରନ୍ତୁ। ଭାଇମାନେ, ଆପଣମାନଙ୍କ ଅନୁଗ୍ରହରୁ ମୁଁ ଏଠାରେ ବର୍ତ୍ତମାନ ସଭାପତି ସ୍ୱରୂପ ଆପଣମାନଙ୍କ ସମ୍ମୁଖରେ ଦଣ୍ଡାୟମାନ। କିନ୍ତୁ ବର୍ତ୍ତମାନ ମୋହର ବୃଦ୍ଧାବସ୍ଥା। ଗୋଟିଏ ଗୋଡ଼ ଶ୍ମଶାନରେ ଏବଂ ଅନ୍ୟ ଗୋଡ଼ ଜନ ସମାଜରେ। ଏ ବୟସରେ ମୃତ୍ୟୁଶଯ୍ୟା ମାନସିକ ଚିତ୍ରପଟରେ, ଆତ୍ମାର ଚକ୍ଷୁର ସମ୍ମୁଖରେ ସର୍ବଦା ଦୃଶ୍ୟମାନ। ମୁଁ ଓଡ଼ିଶାରେ ଜନ୍ମ ଗ୍ରହଣ କରିଅଛି ଏବଂ ଜାତିପ୍ରତି ମୋହର କର୍ତ୍ତବ୍ୟ କର୍ମ ଈଶ୍ୱରଙ୍କ ଦ୍ୱାରା ନିର୍ଦ୍ଦିଷ୍ଟ ହୋଇଅଛି। ଯେତେବେଳେ ମୃତ୍ୟୁଶଯ୍ୟାରେ ସଂସାର ସହିତ ମୋହର ସମ୍ପର୍କ ଛିନ୍ନ ହେବ ଏବଂ ମୋହର ଆତ୍ମାକୁ ଈଶ୍ୱର ପଚାରିବେ "ତୁ ତୋହର ଜାତିପ୍ରତି କର୍ତ୍ତବ୍ୟକର୍ମ କି ପ୍ରକାର କରିଅଛୁ" ତେତେବେଳେ ମୋହର ଆତ୍ମା ଯଦି କହିପାରେ, ଯଥାସାଧ୍ୟ ମୁଁ ମୋହର ଜାତିର ସେବା କରିବାକୁ ଚେଷ୍ଟା କରିଅଛି, ତାହାହେଲେ ଦୀନଦରିଦ୍ର ଅବସ୍ଥାରେ ଏବଂ ଜନଶୂନ୍ୟ ସ୍ଥାନରେ ମୋହର ଶଯ୍ୟା ଥିଲେ ମଧ୍ୟ ମୁଁ ଆପଣାକୁ ସୁଖୀଜ୍ଞାନ କରିବି। ଜଣେ ପାରସ୍ୟ କବି କହିଅଛନ୍ତି କି ଯେତେବେଳେ କର୍ତ୍ତବ୍ୟପରାୟଣ ଆତ୍ମା ଏ ସଂସାର ତ୍ୟାଗ କରିବାକୁ ପ୍ରସ୍ତୁତ ହୁଏ ତେତେବେଳେ ତାହା ପକ୍ଷରେ ମୃତ୍ୟୁଶଯ୍ୟା ରାଜସିଂହାସନ ହେଉ ଅବା ପାଉଁଶଗଦା ହେଉ ଏ ଦୁଇରେ କିଛି ପ୍ରଭେଦ ନାହିଁ।

୧. ଉତ୍କଳ ସଭାରେ ପ୍ରଦତ୍ତ ସଭାପତି ଅଭିଭାଷଣ:

ସ୍ୱଦେଶ ପ୍ରେମକୁ ଧର୍ମ ବୋଲି ନ ମଣିବା ପର୍ଯ୍ୟନ୍ତ ଆମ୍ଭମାନଙ୍କର ମନୁଷ୍ୟତା ନ ହେବା ବିଷୟ ଦେଶୀୟ ଲୋକଙ୍କୁ ଯାହା ଶିଖାଇବାକୁ ହେଲା ଏହାହିଁ ପରିତାପର ବିଷୟ ଏବଂ ଏଥୁଁ ବଳି ଅମନୁଷ୍ୟତା ଆଉ ହୋଇ ନପାରେ। ଆମ୍ଭମାନଙ୍କ ଦେଶରେ ବିଦେଶୀ ଲୁଣ ଓ ବିଦେଶୀ ଦ୍ରବ୍ୟର ବ୍ୟବହାର କଲେ ଧର୍ମ ନଷ୍ଟ ହେବାର ଚିରଦିନ ଶିକ୍ଷା ଅଛି। ଏ ଶିକ୍ଷା ଆମ୍ଭମାନେ ଭୁଲି ଯାଇଅଛୁଁ। ପ୍ରତ୍ୟେକ ବିଦେଶୀୟ ଦ୍ରବ୍ୟ ବ୍ୟବହାର କରିବା ଦ୍ୱାରା ଆମ୍ଭେମାନେ ଦେଶୀୟ କାରିଗରଙ୍କ ଅନ୍ନ (ଅନ୍ନ) ଗ୍ରାସ କାଢ଼ି ନେଉଅଛୁଁ ଏବଂ ସେମାନେ ଅନାହାରରେ ମଲେ ସେଥି ନିମିତ୍ତ ଦାୟୀ ଅଛୁଁ। ମାତ୍ର ଏ ବିଷୟକ ଚିନ୍ତା କେତେ ଜଣ କରିଥାନ୍ତି ? ଆତ୍ମା ଅମର ଅଟେ ଏବଂ ଉନ୍ନତି ହିଁ ତହିଁର ଧର୍ମ। ଆମ୍ଭେମାନେ ସ୍ୱଦେଶର

ଚିନ୍ତା କରୁଥିଲେ କ୍ରମଶଃ ଉନ୍ନତିମାର୍ଗରେ ଯାଉଥିବୁଁ । ସ୍ୱାର୍ଥ ତ୍ୟାଗ ଏକାନ୍ତ ପ୍ରୟୋଜନୀୟ ଅଟେ । ଯେଉଁ ବତୀ ଆଲୋକ ପ୍ରଦାନ କରୁଅଛି ସେ ନିଜେ ପୋଡ଼ି ଯାଉଅଛି । ଆପଣାକୁ ସଂସାରରେ ନଗଣ୍ୟ ମଣି ସ୍ୱତେଜ ଏବଂ ଉତ୍ସାହରେ ପ୍ରଣୋଦିତ ହୋଇ କାର୍ଯ୍ୟ ନକଲେ ନିଜର କିମ୍ବା ଦେଶର ଉନ୍ନତି ହେବ ନାହିଁ । ଗଛରେ ଫଳଟିଏ ହେଲେ ଗଛର ଲାଭ ନାହିଁ । ତାହା ଗୋରୁ ମନୁଷ୍ୟ ଖାଇ ପ୍ରାଣ ଧାରଣ କରନ୍ତି । ଗଛର ପତ୍ର ଶୋଭା ନିମିତ୍ତ ନୁହେଁ । ତାହା ଜଳରେ ପଡ଼ି ସାର ହୋଇ ଅନ୍ୟ ଗଛର ସୃଷ୍ଟିର କାରଣ ହୁଏ । ଆମ୍ଭେମାନେ ଏହି ଦୃଷ୍ଟାନ୍ତମାନ ଘେନି ସ୍ୱାର୍ଥତ୍ୟାଗ କରିବାକୁ ଶିକ୍ଷା ନ କଲେ ମନୁଷ୍ୟ ହେବୁ ନାହିଁ । ଦେଶଲୋକେ ମିଲ୍‌ଟନ, ସେକ୍ସପିୟର ଅଥବା କାଳୀଦାସଙ୍କୁ ଖାଇବାକୁ ନ ଦେଇ ମାରି ପକାଇଥିଲେ ଅଥଚ ସେମାନେ ଗୁଣର ପରାକାଷ୍ଠା ଦେଖାଇଥିବାରୁ ଦେଶ ସେମାନଙ୍କୁ ଆପଣାର ବୋଲି କହୁଅଛି । ସେହିପରି ସମସ୍ତେ ଉତ୍ସାହାନ୍ୱିତ ହୋଇ ସତ କାର୍ଯ୍ୟରେ ବ୍ରତୀ ହେଉନ୍ତୁ । ଆମ୍ଭମାନଙ୍କୁ ନେଇ ଦେଶ । ଦେହର ଏକ ସ୍ଥାନରେ ସୂଚିବିଦ୍ଧ ହେଲେ ସମସ୍ତ ଅଙ୍ଗ ପୀଡ଼ିତ ହୁଏ । ସୁତରାଂ ସମସ୍ତଙ୍କୁ ସଦ୍‌ଗୁଣର ଆଶ୍ରୟ କରି ଆତ୍ମୋନ୍ନତିରେ ବ୍ରତୀ ହେବା ବିଧେୟ ।

୨. କଟକର ଅଭ୍ୟର୍ଥନା ସଭାରେ ପ୍ରଦତ୍ତ ବକ୍ତୃତା

ଦେଶ ଲୋକଙ୍କୁ ଘେନି ସମ୍ମିଳନୀ । ରାଜା ମହାରାଜାଙ୍କ ଦାନ କଥା କେହି ଭୁଲି ପାରନ୍ତି ମାତ୍ର ବିଦୁରର ଖୁଦ କଣିକାକୁ କେହି ଭୁଲି ପାରିବେ ନାହିଁ । ସର୍ବସାଧାରଣ ଯଥାଶକ୍ତି ସମ୍ମିଳନୀର (ସମ୍ମିଳନୀକୁ) ସାହାଯ୍ୟ କରି କାର୍ଯ୍ୟ କଲେ ଅବଶ୍ୟ ପରମ ସୁଖର ବିଷୟ ହେବ । ମାତ୍ର ଆଉ କିଛି ଦେବାର ତେଣିକି ଥାଉ, କେତେଜଣ ଲୋକ ଦେଶର କଥା ଚିନ୍ତା କରନ୍ତି ? ଯଦି ଆମ୍ଭମାନଙ୍କ ମଧ୍ୟରେ ନିୟମ ହୁଏ ଯେ ପ୍ରତିଦିନ ଅନ୍ତତଃ ୧୦ ମିନିଟ୍ ଦେଶର କଥା ଚିନ୍ତା କରିବା, ତାହାହେଲେ ଦେଶର ଦୁର୍ଦ୍ଦଶା ଅଚିରେ ମୋଚନ ହେବ । ପ୍ରତିଦିନ ଦେଶର ଏବଂ ସମ୍ମିଳନୀର କଥା ନିୟମିତ ରୂପେ ଜଣକ ସଙ୍ଗରେ ହେଲେ କରନ୍ତି ଏବଂ ନିତାନ୍ତ କେହି ନମିଳିଲେ ଯେଉଁ ଚାକର ବାକର ତାଙ୍କର (ସମ୍ମିଳନୀ କଥା ଚିନ୍ତା କରିବା ବ୍ୟକ୍ତିଙ୍କର) ଗୋଡ଼ ଘଷି ଦିଏ ତାହା ସଙ୍ଗରେ ହେଲେ ସେହି କଥାର ଚର୍ଚ୍ଚା କରନ୍ତି । ନିୟମ ରକ୍ଷା ଗୋଟିଏ ପ୍ରଧାନ କଥା । ଅନେକ ଲୋକ କେରିଏ ଘାସ ନେଇ ଗୋରୁକୁ ନ ଦେଲେ ଖାଆନ୍ତି ନାହିଁ ଏବଂ ସେ (ସେହିଭଳି ଲୋକମାନେ) ଖରାବେଳେ ମଧ୍ୟ କେରିଏ ଘାସ ନେଇ ଗୋରୁ ଖୋଜି ବୁଲିବାର ଲୋକ ଦେଖିଅଛନ୍ତି । ମୋର ମାତା ଅନାହାରିକୁ ଖାଇବାକୁ ନ ଦେଇ ନିଜେ ଖାଉ ନଥିଲେ । ଯଦି ଦେଶଲୋକ ଏବଂ (ଏହି) ଦେଶର ଚିନ୍ତା କରିବାର ନିୟମ କରନ୍ତି ତାହା ହେଲେ ଅଚିରେ ଆମ୍ଭମାନଙ୍କର ଭାଗ୍ୟର ପରିବର୍ତ୍ତନ ହେବ ।

୩. ରେଭେନ୍‌ସା କଲେଜିଏଟ୍ ସ୍କୁଲ ପୁରସ୍କାର ବିତରଣୀ ସଭାରେ ପ୍ରଦତ୍ତ ସଭାପତି ଅଭିଭାଷଣ:

ସଭାପତି ଭାବରେ ଛାତ୍ରମାନଙ୍କୁ କିଛି କହିବାର କଥା। ଏ ସ୍କୁଲର ଯେତେ ପୁରାତନ ଛାତ୍ର ବଞ୍ଚିଛନ୍ତି ମୁଁ ସେମାନଙ୍କ ମଧ୍ୟରେ ସବୁଠାରୁ ବୟୋଧିକ ଭାବି ନାରାୟଣ ବାବୁ (ନାରାୟଣ ପ୍ରସାଦ ମହାନ୍ତି – ରେଭେନ୍‌ସା କଲେଜିଏଟ ସ୍କୁଲର ତତ୍କାଳୀନ ପ୍ରଧାନ ଶିକ୍ଷକ) ମୋତେ ସଭାପତି ହେବା ପାଇଁ ଅନୁରୋଧ କରିଛନ୍ତି। ଏ ସ୍କୁଲରେ ସବୁବର୍ଷ କମିଶନର ସାହେବ ସଭାପତି ହୁଅନ୍ତି। କିନ୍ତୁ ନାରଣବାବୁ ପ୍ରଥମ ଓଡ଼ିଆ ହେଡ୍‌ମାଷ୍ଟର ଥିବାରୁ ଜଣେ ବେସରକାରୀ ଓଡ଼ିଆ ବ୍ୟକ୍ତିଙ୍କୁ ଏ ସମ୍ମାନ ଦେଖାଇଛନ୍ତି। ମୁଁ ଏଠାରେ ବସିବାବେଳେ ଗଲା ପଚାଶ ବର୍ଷ ତଳର କଥା ମନେ ପଡିଯାଉଛି। ଏହି ସ୍କୁଲ, ଯାହାର ନାମ ସେତେବେଳେ କଟକ ଗଭର୍ଣ୍ଣମେଣ୍ଟ ସ୍କୁଲ ଥିଲା, ତହିଁର ମୁଁ ଛାତ୍ର ଥିଲି। ସେତେବେଳେ ଏହା ଓଡ଼ିଶାର ଏକମାତ୍ର ହାଇସ୍କୁଲ ଥିଲା ଓ ସଂଗେ ସଂଗେ ବାଲେଶ୍ୱରରେ ଏକ ସ୍କୁଲ ହେଲା। ଗଭର୍ଣ୍ଣମେଣ୍ଟ ହାଇସ୍କୁଲରେ ଅଳ୍ପ ପିଲା ପଢୁଥାନ୍ତି। ବର୍ଷକେ ତିନି ଚାରି ଜଣ ଏଣ୍ଟ୍ରାନ୍ସ ପାସ କରୁଥାନ୍ତି, ସେମାନଙ୍କ ମଧ୍ୟରୁ ଅଧିକାଂଶ ବଙ୍ଗାଳୀ, ବଙ୍ଗଦେଶରୁ ଯେଉଁ ବଙ୍ଗାଳୀ କର୍ମଚାରୀମାନେ ଓଡ଼ିଶା ଶାସନ କରିବାକୁ ଆସିଥାନ୍ତି, ସେହିମାନଙ୍କ ପିଲାମାନେ ଏଠାରେ ପଢୁଥାନ୍ତି। ମୋ ଆଗରୁ ଖାଣ୍ଟି ତିନିଗୋଟି ଓଡ଼ିଆ, ଯଥା-ବନମାଳୀ ସିଂହ, ବିଚ୍ଛନ୍ଦ ପଟ୍ଟନାୟକ, ନନ୍ଦକିଶୋର ଦାସ ଏବଂ ଦୁଇଜଣ ଉତ୍କଳବାସୀ ବଙ୍ଗାଳୀ- ଜଗନ୍ମୋହନ ରାୟ ଓ ପ୍ୟାରୀମୋହନ ସେନ ଏଣ୍ଟ୍ରାନ୍ସ ପାସ୍ କରିଥିଲେ ଓ ସେ ବର୍ଷ ମୁଁ, ମଧୁସୂଦନ ମହାପାତ୍ର ଓ ଆଉ ଦୁଇଜଣ ବଙ୍ଗାଳୀ ଓ ଜଣେ ସାହେବ ଏଣ୍ଟ୍ରାନ୍ସ ପାସ୍ କଲେ। ବନମାଳୀ, ନନ୍ଦକିଶୋର, ଜଗନ୍ମୋହନ ସଂଗେ ସଂଗେ ଡେପୁଟି କଲେକ୍ଟର ହେଲେ ଓ ନନ୍ଦକିଶୋର ଶେଷରେ ଗଡଜାତର ଆସିଷ୍ଟାଣ୍ଟ ସୁପରିଣ୍ଟେଣ୍ଡେଣ୍ଟ ହେଲେ। ପରେ ବନମାଳୀ, ଜଗନ୍ମୋହନ (ଏଠାରେ ସୂଚନାଯୋଗ୍ୟ ଯେ ମଧୁସୂଦନ, ଜଗମୋହନ ରାୟ ଓ ଜଗନ୍ମୋହନ ଲାଲ, ଉଭୟଙ୍କୁ ଏକ କରି କହିଛନ୍ତି। ଡେପୁଟୀ ମାଜିଷ୍ଟ୍ରେଟ ଜଗନ୍ମୋହନ ରାୟ ଲେଖକ ନ ଥିଲେ। - ସଂ) ଅନେକ ସାହିତ୍ୟିକ ଲେଖା ଓଡ଼ିଆ ଭାଷାରେ ଲେଖିଲେ। ବିଚ୍ଛନ୍ଦ ବାବୁ ଏଫ୍.ଏ.ପଢ଼ିବାକୁ ଯାଇଥିଲେ କିନ୍ତୁ ପଢ଼ା ଛାଡ଼ି ସ୍କୁଲ ଇନ୍ସପେକ୍ଟର ହେଲେ ଓ ସେ ସମୟରେ ଅନେକ ଓଡ଼ିଆ ବହି ଲେଖିଥିଲେ। ପରେ ସେ ଡେପୁଟି କଲେକ୍ଟର ହୋଇ ଅଳ୍ପ ବୟସରେ ମରିଗଲେ। ପ୍ୟାରିମୋହନ (ସେନ) ସ୍କୁଲ ଇନ୍ସପେକ୍ଟର ହୋଇ ଅନେକ ପାଠ୍ୟପୁସ୍ତକ ଲେଖିଥିଲେ ଓ ମଧୁସୂଦନ ମହାପାତ୍ର ସରକାରୀ ଚାକିରି କରି ବିଭାଗୀୟ କମିସନର ଅଫିସରେ ସିରସ୍ତାଦାର ହୋଇଥିଲେ।

ମୁଁ ଏହି ସ୍କୁଲରେ ପଢୁଥିଲାବେଳେ ମୋ ମୁଣ୍ଡରେ ଲମ୍ବା ଚୁଟି ବନ୍ଧା ହୋଇଥାଏ।

ସେ କାଳରେ ଓଡ଼ିଶାରେ ବଡ଼ ସାନ ସବୁ ଶ୍ରେଣୀର ଲୋକ ଲମ୍ବା ବାଳ ରଖୁଥିଲେ । ନଣ୍ଡା ହୋଇଗଲେ ଲୋକଙ୍କୁ ପଠାଣ ବୋଲି ଥଟ୍ଟା କରାଯାଉଥିଲା । ବଙ୍ଗଦେଶରେ ତାର ପୂର୍ବରୁ ଚୁଟି କଟା ଆରମ୍ଭ ହୋଇ ସାରିଥିଲା । ମୁଁ ପଢ଼ିବାବେଳେ ଆମ୍ଭ ସ୍କୁଲର ବଙ୍ଗାଳୀ ପିଲାଏ ମୋର ଲମ୍ବା ଚୁଟି ଦେଖି ମାଇକିନା ଝିଅ ବୋଲି ଥଟ୍ଟା କରୁଥିଲେ ଓ ଥରେ ଗୋଟିଏ ପିଲା ମୋ ଲମ୍ବାବାଳକୁ କତୁରିରେ କାଟିଦେଲା । ମୋ ମନରେ କଷ୍ଟ ହେଲା । ବଙ୍ଗାଳୀ ପିଲାଏ ଓଡ଼ିଆ ପିଲାଙ୍କୁ ମଧ୍ୟ ଥଟ୍ଟା ପରିହାସ କରୁଥାନ୍ତି । ମୁଁ କହିଥିଲି ମୁଁ ବଡ଼ ହେଲେ ବେଶି ପାଠ ପଢ଼ିବି । ବଙ୍ଗାଳୀଙ୍କ ଦେଶରେ ବଙ୍ଗାଳୀଙ୍କୁ ପାଠ ଶିଖାଇବି ଓ ବଙ୍ଗାଳୁଣୀ ମାଇକିନା ବାହା ହେବି । ଆମେ ପଢ଼ିଲାବେଳେ ଇଂରାଜୀ ବଙ୍ଗଳା ବହି ପଢୁଥିଲୁ କାରଣ ସବୁତକ ମାଷ୍ଟର ବଙ୍ଗାଳୀ । ସେମାନେ ଓଡ଼ିଆରେ କଥା କହୁ ନ ଥିଲେ ଓ ଓଡ଼ିଆ ପାଠ୍ୟପୁସ୍ତକ ମଧ୍ୟ ନ ଥିଲା । ସେତେବେଳେ ଆମେ କେତେଜଣ ଓଡ଼ିଆ ପିଲାଙ୍କ ମନରେ ଭାବ ଆସିଲା ଯେ ଓଡ଼ିଆ ପାଠ୍ୟପୁସ୍ତକ ଆନ୍ତା ଓ ଓଡ଼ିଆ ମାଷ୍ଟର ଥାନ୍ତେ କି ! ଯାହାହେଉ ମୁଁ ପାସ୍ କରି ଉଚ୍ଚଶିକ୍ଷା ପାଇଁ କଲିକତା ଯିବା ପାଇଁ ଇଚ୍ଛା ପ୍ରକାଶ କରି ବାପାଙ୍କୁ କହିଲି । ସେ ମନା କରି କହିଲେ ଡେପୁଟି ହୁଅ । ସେତ ପୁରୁଣାକାଳିଆ ପାରସୀ ପଢ଼ା ଓକିଲ, ଇଂରାଜୀ ଜାଣି ନଥିଲେ । ସେ ମନା କଲେ କିନ୍ତୁ ତାଙ୍କ ମନା ନ ମାନି ଚାଲିଚାଲି ବାଲେଶ୍ୱର ଗଲି । ସେଠାରେ ବାଲେଶ୍ୱର ଜିଲ୍ଲା ସ୍କୁଲରେ ମାଷ୍ଟର ହେଲି । ସେଠା ହେଡ୍ ପଣ୍ଡିତ କାନ୍ତିଚନ୍ଦ୍ର ବନ୍ଦୋପାଧ୍ୟାୟ (ଭଟ୍ଟାଚାର୍ଯ୍ୟ) ଓଡ଼ିଆ ବିଦ୍ୱେଷୀ ଥିଲେ । ସେ କହୁଥିଲେ ଓଡ଼ିଆ ସ୍ୱତନ୍ତ୍ର ଭାଷା ନୁହେଁ; ଏହା ଏକ ବଙ୍ଗଳାର ଉପଭାଷା । ସେତେବେଳେ ୧୮୬୬ ସାଲରେ ଓଡ଼ିଶାରେ ଘୋର ନଅଙ୍କ ପଡ଼ିଥିଲା । କଟକରେ ଗୌରୀଶଙ୍କର ରାୟ ମାଷ୍ଟର ଚାକିରି ଛାଡ଼ି 'ଉତ୍କଳ ଦୀପିକା' ଖବରକାଗଜ ଚଳଉଥିଲେ । ସେ, ବିଚିତ୍ରାନନ୍ଦ ଦାସ ଓ ବିଚ୍ଛନ୍ଦ ପଟ୍ଟନାୟକ ମିଶି ଓଡ଼ିଆ ସପକ୍ଷ ଆନ୍ଦୋଳନ ଚଳାଇଥିଲେ । ବାଲେଶ୍ୱରରେ ଫକୀରମୋହନ ସେନାପତି ଭର୍ଣ୍ଣାକୁଲାର ପଢ଼ି ଗୋଟିଏ ପ୍ରାଇମେରୀ ସ୍କୁଲ ଶିକ୍ଷକ ଥିଲେ । ସେ ଓଡ଼ିଆ ଭାଷାପ୍ରେମୀ ଥାଇ ବାଲେଶ୍ୱରରେ ଏକ ଆନ୍ଦୋଳନ ଚଳାଇଲେ । ସେ ମୋଠାରୁ ବୟସରେ ପାଞ୍ଚବର୍ଷ ବଡ଼ ଥିଲେ ଓ ମୁଁ ତାଙ୍କ ସଙ୍ଗେ ଯୋଗଦେବାରୁ କାନ୍ତିଚନ୍ଦ୍ର ମୋ ଉପରେ ବିରକ୍ତ ହେଲେ । ତା'ପରେ ମୁଁ ସବରେଜେଷ୍ଟ୍ରି ଅଫିସରେ ଚାକିରି କଲି । କାନ୍ତିଚନ୍ଦ୍ରଙ୍କ ବନ୍ଧୁ ସେଠି ହେଡ୍ କିରାନି ଥାଇ ମୋତେ ବଦନାମରେ ପକାଇବାକୁ ଚେଷ୍ଟା କଲେ । ମୁଁ ତାଙ୍କ ଦୌରାତ୍ମ୍ୟ ଓ ଷଡଯନ୍ତ୍ର ସହି ନ ପାରି ମୁକୁନ୍ଦବଲ୍ଲଭ ମିତ୍ରଙ୍କ ପରାମର୍ଶରେ ଚାକିରି ଛାଡ଼ି କଲିକତା ଗଲି । କଲେଜିଏଟ୍ ସ୍କୁଲରେ ମୁଁ ପଢୁଥିଲାବେଳେ ଆମେ ଓଡ଼ିଆ ଛାତ୍ରମାନେ କଥାବାର୍ତ୍ତା ହେଉଁ କିପରି ବଙ୍ଗଳାଠାରୁ ଓଡ଼ିଶା ଅଲଗା ପ୍ରଦେଶ ହୁଅନ୍ତା ଓ ସବୁ ଓଡ଼ିଆ ଅଞ୍ଚଳ ଏକାଠି ମିଶନ୍ତା । ଆଜି ଯେ 'ଉତ୍କଳ ସମ୍ମିଳନୀ' ଗଢ଼ା ହେଲା ତାର

ମୂଳଦୁଆ ପଡ଼ିଥିଲା କଲେଜିଏଟ ସ୍କୁଲରେ। ଡିଉକ୍ ଅଫ ଉଇଲିଂଗଟନ ଯାହାଙ୍କ ଭାଇ ଲର୍ଡ ଉଇଲିୟମ ଓଏଲସଲି ଭାରତର ବଡଲାଟ ଥିଲେ, ସେ କହିଥିଲେ ୱାଟର୍ଲୁ ଯୁଦ୍ଧ ଇଟନରେ ଶୁଭ ଦିଆଯାଇଥିଲା। ତାର ଅର୍ଥ ସେ ପିଲାଦିନେ ଇଟନ ସ୍କୁଲରେ ପଢ଼ିବାବେଳେ ଇଂଲଣ୍ଡର ଭବିଷ୍ୟତ ଓ ଫ୍ରାନ୍ସକୁ ଦମନ କରିବା ସେଠି ଭାବିଥିଲେ ଓ ସେହି ପୁଣି ସମ୍ରାଟ ନେପୋଲିୟନଙ୍କୁ ୱାଟର୍ଲୁ ଯୁଦ୍ଧରେ ପରାଜୟ କଲେ। ସେହିପରି ମୁଁ କହେ ଆମେ କେତେଜଣ ଛାତ୍ର 'ଉତ୍କଳ ସମ୍ମିଳନୀ'ର ମଞ୍ଜି ଏହି ସ୍କୁଲରେ ପୋତିଥିଲୁ।

ହେ ଛାତ୍ରଗଣ! ଏହିଐତିହାସିକ କଥାଟିକୁ ସ୍ମରଣ କରି ଏ ସ୍କୁଲର ଛାତ୍ର ବୋଲି ଗର୍ବପ୍ରକାଶ କର।

୪. 'ଆଲୋଚନା ସଭା'ର ପଞ୍ଚମ ବାର୍ଷିକ ଅଧିବେଶନରେ ପ୍ରଦତ୍ତ ଅଭିଭାଷଣ:

ଭାଇମାନେ, ଆଉ ପିଲାମାନେ,

ମୁଁ ଦେଖୁଛି ଅନେକ କ୍ଷୁଦ୍ରବାଳକ ଏଠାରେ ଉପସ୍ଥିତ। ମୁଁ ବୁଝୁଛି ଯେ ପ୍ରଥମ ଚାରିଶ୍ରେଣୀର ଛାତ୍ରମାନେ ଏ ସଭାର ସଭ୍ୟ। ଆଜି ଅନୁଗ୍ରହ କରି ଅନେକ ମାନ୍ୟଗଣ୍ୟ ବ୍ୟକ୍ତି ଏଠାରେ ଉପସ୍ଥିତ ହୋଇଅଛନ୍ତି ଏବଂ ବିଶେଷ ଅନୁଗ୍ରହ କରି ମଧ କହିଅଛନ୍ତି।

ମୁଁ ଆସନରେ ବସିଲାବେଳେ ସଂଗୀତରୁ ସମିତିର ନାମ 'ଓଡ଼ିଆ ଆଲୋଚନା ସଭା' ଦେଖି ଭୟ ହେଲା। ଭାଷାର ଆଲୋଚନାରେ ମୋହର ଅଧିକାର ନାହିଁ। ମୁଁ ପିଲାଦିନରୁ ଭାଷାଶିକ୍ଷାର ମର୍ମ ଏହା ବୁଝିଛି ଓ ବୁଝୁଛି 'ଭାଷା ଶିକ୍ଷାର ଉଦ୍ଦେଶ୍ୟ ହେଉଛି ମନର ଚିନ୍ତାକୁ ଚିତ୍ରପଟରେ ଆଙ୍କିବା', ଯାହାଙ୍କ ସଙ୍ଗେ କଥା କହୁଛି ସେମାନଙ୍କ ମନ ଚିତ୍ରପଟ ଏବଂ ଭାଷା ତୂଳୀସ୍ୱରୂପ। ମୋହ ମନରେ ଯେଉଁ ଛବି ଅଛି, ସେ ଛବିକୁ ଅନ୍ୟ ମନରେ ଯେଉଁ ତୂଳୀଦ୍ୱାରା ଆଙ୍କିପାରେ ତାହାର ନାମ ଭାଷା। ଇଂରାଜୀ ଭାଷାର ଏକ ସମୟ ଥିଲା, ଯେଉଁ ସମୟରେ ଲୋକମାନେ ଭାବୁଥିଲେ, ଯେ ବଡ଼ ବଡ଼ କଥାରେ ବକ୍ତୃତା କରେ ସେହି ଯଥେଷ୍ଟ ଭାଷା ଆଲୋଚନା କରିଛି। ଏକଥା ଠିକ୍ କି ନା ତାହା କହିବାର ମୋର ଅଧିକାର ନାହିଁ। ମୁଁ ଭାଷା ଆଲୋଚନାର ଅର୍ଥ ଏହା ବୁଝେ ଯେ, ଏ ପ୍ରକାର ଭାଷା କହିବାକୁ ହେବ ଯାହାକୁ ପାଞ୍ଚବର୍ଷର ଶିଶୁ ବୁଝିପାରିବ। ଜଣେ ଶିକ୍ଷକ ବକ୍ତୃତା କରୁଛି, ଛାତ୍ରମାନେ ଶୁଣୁଛନ୍ତି। ଯଦି ଏପରି କୌଣସି ଯନ୍ତ୍ର ଥାନ୍ତା, ଯଦ୍ଦ୍ୱାରା ଉଭୟଙ୍କ ମନର ଫଟୋଗ୍ରାଫ ଉଠାଯାନ୍ତା, ତାହାହେଲେ ଶିକ୍ଷକର ମନ ଓ ଛାତ୍ରମାନଙ୍କ ମନର ଚିତ୍ର ଠିକ୍ ଗୋଟିଏ ଶିବ ଏବଂ ବାନ୍ଦର ହୁଅନ୍ତା। ଅନେକ ଦେଶହିତୈଷୀ ବକ୍ତୃତା କଲାବେଳେ ଘନ ଘନ କରତାଳି ଉଠୁଥାଏ, ମାତ୍ର ଫଳରେ କିଛି ହୁଏ ନାହିଁ। ତାହାର କାରଣ କଣ? କେହି କାହାରିକି ତାହାର ମନର ଛବି ଆଜି ପର୍ଯ୍ୟନ୍ତ ଦେଇନାହିଁ। ତାହା ଯଦି ଦେଇପାରୁ ଥାନ୍ତା ତାହାହେଲେ ନିଶ୍ଚୟ ଉନ୍ନତି ହୁଅନ୍ତା। ତେବେ ହାତତାଳି କାହିଁକି

ଉଠେ ? କାରଣ ମୁଁ ଯେବେ ଶିବ ଭାବିଲି, ତାହା ଅନ୍ୟ ମନରେ ବାନ୍ଦର ଉଠିଲା । ଶିଶୁ କିଛି ନକହି ପାରିଲେ ମଧ୍ୟ ସେ ଚିନ୍ତାକରେ । ଆଉ ସେ ମା ସାଙ୍ଗେ ମଧ୍ୟ ଇଙ୍ଗିତଦ୍ୱାରା କଥା କହେ । କ୍ରମେ କ୍ରମେ ଭାଷାର ବ୍ୟବହାର ହୁଏ । ଯଦି ଏ ସଭାର ଉଦ୍ଦେଶ୍ୟ ପରସ୍ପର ମନର ଭାବ ପ୍ରକାଶ ହୁଏ, ତେବେ ତାହା ବଡ଼ ଭଲ କାର୍ଯ୍ୟ । କିନ୍ତୁ ପିଲାମାନଙ୍କୁ ମୁଁ ବିଶେଷ ଅନୁରୋଧ କରେଁ ମନର ଭାବ ପ୍ରକାଶ କରିବାକୁ ଚେଷ୍ଟା କର, ଭାଷା ପ୍ରତି ସେତେ ଦୃଷ୍ଟିଦେବ ନାହିଁ । ଭାଷା କେବଳ ଭାବର ପୋଷାକସ୍ୱରୂପ । ଯାହାକୁ କେହି ଚିହ୍ନନ୍ତି ନାହିଁ ସେ ଜରି ଟୋପି ମୁଣ୍ଡରେ ଦିଏ । ଯାହାକୁ ସମସ୍ତେ ଚିହ୍ନନ୍ତି ତାହାର ବହୁମୂଲ୍ୟ ପୋଷାକରେ ମନ ନଥାଏ । ହୁଏତ ତାହା ସହିତ କଥାଭାଷା ହେବାର ଦୁଇ ଘଣ୍ଟା ପରେ ଯଦି ପଚାର ସେ କି ପୋଷାକ ପିନ୍ଧିଥିଲେ, ତାହା କହିପାରିବ ନାହିଁ । ଅତଏବ ଯାହାର ବହୁମୂଲ୍ୟ ଉଚ୍ଚ ଚିନ୍ତା ଅଛି, ତାହାର ଭାଷା ଅନାବଶ୍ୟକ । ମନୁଷ୍ୟର ଯଦି ଉଚ୍ଚଦରର ଚିନ୍ତାଥାଏ, ତେବେ ସେ ଚିନ୍ତାରେ ସମସ୍ତେ ମୋହିତ ହୁଅନ୍ତି । ଭାଷା ବ୍ୟବହାର କେତେବେଳେ କେହି ଦେଖେ ନାହିଁ । ମନ କଦାପି ଭାଷା ଜାଣିବାକୁ ଚାହେଁ ନାହିଁ । ମୃତ୍ୟୁଶଯ୍ୟାରେ ଚିନ୍ତା ଥିବ, କିନ୍ତୁ ଭାଷା ନ ଥିବ । ମୂକ ହେଲେ ମଧ୍ୟ ଇଙ୍ଗିତ ଦ୍ୱାରା ଭାବ ପ୍ରକାଶ କରିପାରିବ । ମନର ଚିନ୍ତା ଭଲ ଥିଲେ କେହି ଭାଷା ଦେଖିବେ ନାହିଁ । ଅତଏବ ତୁମ୍ଭେମାନେ ଅଳ୍ପବୟସରୁ ମନକୁ ମଜଭୁତ କରି ଶିଖ । ଶରୀର ମଜଭୁତ ହେବା ସଙ୍ଗେ ସଙ୍ଗେ ମନ ମଜଭୁତ ହେଲେ ପୋଷାକ ଭାଷା ଆପେ ଆସିବ । ସାନପିଲା ଯେ କୌଣସି ମତେ ଆପଣାରଭାବ ମାଆକୁ ଜଣାଏ । ତୁମ୍ଭେମାନେ ଏହି ଆଦର୍ଶକୁ ସର୍ବଦା ମନେ ରଖିବ ।

ଆଜି ରେଭେନ୍ସା ସାହେବଙ୍କ ସମ୍ବନ୍ଧରେ ଏ ସଭାରେ କିଛି କହିବାକୁ ହେବ । ୧୮୯୭ ମସିହାରେ ବିଲାତରେ ତାଙ୍କ ସହିତ ମୋର ପ୍ରଥମ ସାକ୍ଷାତ ହୁଏ । ସେତେବେଳେ ମୁଁ ବଙ୍ଗଳା ବ୍ୟବସ୍ଥାପକ ସଭାର ସଭ୍ୟ ଥିଲି । ତାଙ୍କର ଗୋଟିଏ କଥା ମୁଁ ଏଠାରେ କହିବି, ଯାହା ଉତ୍କଳଦୀପିକା ପ୍ରଭୃତି ସମ୍ବାଦପତ୍ରରେ କେବେ ପ୍ରକାଶ କରିନାହିଁ । ତାହା ଏହି –କିଛି କ୍ଷଣ ଆଳାପରୁ ମୋର ପରିଚୟ ପାଇବା ପରେ ଦେଖିଲି ସାହେବଙ୍କର ଚକ୍ଷୁ ଲୋତକପୂର୍ଣ୍ଣ, କ୍ଷଣକ ପରେ ସେ ଗଦଗଦ ସ୍ୱରରେ କହିଲେ – "ମଧୁବାବୁ, ମୁଁ ଓଡ଼ିଶାରେ ବହୁତ ଦିନ ରହିଲି, ତୁମ୍ଭପରି ଜଣେ ଶିକ୍ଷିତ ଯୋଗ୍ୟ ଓଡ଼ିଆ ଦେଖିବା ପାଇଁ ମୁଁ କେତେ ଅପେକ୍ଷା କରିଥିଲି, କିନ୍ତୁ ଦେଖିପାରି ନଥିଲି, ଆଜି ତୁମ୍ଭଙ୍କୁ (Honourable) ଦେଖି ମୋହ ମନରେ ଯଥେଷ୍ଟ ଆନନ୍ଦ ହୋଇଅଛି ।' ଏ ଦୃଷ୍ଟାନ୍ତରୁ ଆମ୍ଭେମାନେ କଣ ଦେଖୁଛୁ ? 'ପ୍ରକୃତରେ ଗୋଟିଏ ଜାତିର ଉନ୍ନତି ହେବ ମୁଁ ଦେଖିବି', ଏହା ତାଙ୍କର ଆନ୍ତରିକ ଇଚ୍ଛା ଥିଲା । ମଧୁବାବୁଙ୍କ ପାଇଁ ତାଙ୍କର ଆହ୍ଲାଦ ନୁହେଁ –ଓଡ଼ିଆ ଜଣେ ବୋଲି

ତାଙ୍କର ଆହ୍ଲାଦ । ଜାତୀୟ ଉନ୍ନତି ଦେଖି ଏ ଆହ୍ଲାଦ । ସେ ଯେ କେବଳ ଓଡ଼ିଆଙ୍କୁ ଭଲ ପାଉଥିଲେ, ଅନ୍ୟ ଜାତିକୁ ଘୃଣା କରୁଥିଲେ ତାହା ନୁହେଁ। ସେ ଏହି ଓଡ଼ିଶାର କମିଶନର ଥିବାରୁ ଓଡ଼ିଶାର ଉନ୍ନତିକୁ କର୍ତ୍ତବ୍ୟ ମନେ କରିଥିଲେ। ମନୁଷ୍ୟ ଜାତିର ଉନ୍ନତି କାମନା କର, କିନ୍ତୁ ତୁମ୍ଭ ଉପରେ ଯେଉଁ କର୍ତ୍ତବ୍ୟ ଅଛି, ସେହି କର୍ତ୍ତବ୍ୟ ପ୍ରଥମେ କର। ମନୁଷ୍ୟର ଆତ୍ମା ଯେତେବେଳେ ସ୍ୱର୍ଗରୁ ଆସେ, ସେତେବେଳେ ଜଳବିନ୍ଦୁ ପରି ନିର୍ମଳ ଥାଏ, ତେତେବେଳେ ଅବଶ୍ୟ ଓଡ଼ିଆ, ବଙ୍ଗାଳୀ କି ଇଂରେଜ ନଥାଏ। ବର୍ଷାପାଣିର ପ୍ରଥମେ କୌଣସି ରଙ୍ଗ ନଥାଏ। ମାଟିରେ ପଡିଲେ ସେ ପରେ ମାଟିର ରଙ୍ଗ ନିଏ। ସେ ପାଣି ସମୁଦ୍ରରେ ମିଶିଲାବେଳେ ପୁଣି ଏକ ରଙ୍ଗ ହୁଏ। ସେହି ନଦୀ ପ୍ରବାହିତ ହେଲାବେଳେ ବୃକ୍ଷଲତାଙ୍କୁ ଜୀବନ ଦେବା ତାହାର କାର୍ଯ୍ୟ ହୁଏ। କିନ୍ତୁ ସମୁଦ୍ର ସଙ୍ଗେ ମିଶିବା ତାର ମୁଖ୍ୟ ଉଦ୍ଦେଶ୍ୟ ଥାଏ। ମନୁଷ୍ୟ ସେହିପରି ଭୂମିଷ୍ଠ ହୋଇ ସ୍ୱ ଜୀବନକାଳ ମଧ୍ୟରେ ଏହିପରି କାର୍ଯ୍ୟ କରିଯାଏ। ଯେ ଯେଉଁଠାରେ ଜନ୍ମିବ, ସେ ସ୍ଥାନର ମଙ୍ଗଳ କାମନା କରିବା ତାହାର ବିଧେୟ ଏବଂ ଏହା ଈଶ୍ୱରଙ୍କର ଅଭିପ୍ରେତ। ପ୍ରତ୍ୟେକ ଲୋକର ଏହା ଭାବିବା ଉଚିତ ଯେ 'ମୋତେ ଯେତେବେଳେ ଈଶ୍ୱର ଏହିଠାରେ ଜନ୍ମ ଦେଇଛନ୍ତି, ସେତେବେଳେ ମୁଁ ଏହିଠାରେ ଉନ୍ନତି କାମନା ବିଶେଷ ଭାବରେ କରିବି, ତାହା ନ କଲେ ମୁଁ ଈଶ୍ୱରଙ୍କଠାରେ ଦ୍ରୋହୀ ହେବି।' ରେଭେନ୍ସା ସାହେବ ଓଡ଼ିଶାରେ ରହି ତାକୁ ଏହିପରି ଭାବରେ ଦେଖୁଥିଲେ। ଏହା ବୋଲି ଯେ ରେଭେନ୍ସା ସାହେବ ଅନ୍ୟ ଜାତିର ମଙ୍ଗଳ ଇଚ୍ଛା କରୁ ନ ଥିଲେ, ଏକଥା କହିଲେ ତାଙ୍କ ପ୍ରତି ଅବିଚାର ହେବ। ରେଭେନ୍ସା ସାହେବଙ୍କ ନାମରେ କୃତଜ୍ଞତା ପ୍ରକାଶ କରିଥିବାରୁ ଆଜି ମୁଁ ପିଲାମାନଙ୍କୁ କୃତଜ୍ଞତା ଜଣାଉଛି। ସାହେବ ଯେଉଁ ଶୁଖିଲା ଟାକୁଆ ପୋତିଥିଲେ, ଏ ଗଛକୁ ସେତେବେଳେ ସେ ଦେଖିଥିଲେ କି ? ସେତେବେଳେ ସେ ସମସ୍ତଙ୍କ ଦ୍ୱାରା ଅପଦସ୍ତ ହୋଇଥିଲେ। କିଏ କେତେ ତାଙ୍କ କାର୍ଯ୍ୟର ଉପହାସ କରିଥିଲା। ଏଥିରୁ ଆମ୍ଭେମାନେ ବର୍ତ୍ତମାନ କି ଶିକ୍ଷା ପାଉଥାଉଁ ? ସ୍ୱାର୍ଥକୁ ବଳି ଦେଇ ଯାହା କର୍ତ୍ତବ୍ୟ ମନେକର, କରି ଚାଲିଯାଅ। ସେ ଭବିଷ୍ୟତ ତୁମ୍ଭଙ୍କୁ ଯେପରି ଦିଶେ ଅନ୍ୟକୁ ସେପରି ଦିଶେ ନାହିଁ, ଅତଏବ ତାହା ବିରୁଦ୍ଧରେ ଯେତେ ଯାହା ଉଠୁ – ସମୁଦ୍ର ଗର୍ଜନ ହେଉ, ଅଥବା ମହାତୋଫାନ ହେଉ – ସେଥିପ୍ରତି ଦୃଷ୍ଟି ନଦେଇ ତୁମ୍ଭର କର୍ତ୍ତବ୍ୟ କର୍ମ କରିଯାଅ। ଭବିଷ୍ୟତରେ ତାହା ଇତିହାସରେ ରହିବ। ରେଭେନ୍ସା ସାହେବଙ୍କର ନାମ କ'ଣ ରହିବ ନାହିଁ ? ଅବଶ୍ୟ ରହିବ, କିନ୍ତୁ ସେ ନାମ ରଖିବାକୁ ଆଦୌ ଚେଷ୍ଟା କରିନାହାନ୍ତି। ଯାହାଙ୍କର ନାମ ରଖିବାର ଆଶା, ତାଙ୍କଠାରୁବଳି ମୂର୍ଖ ଏ ଜଗରେ ନାହିଁ। ନାମ ରଖିବାକୁ କଦାପି ଚେଷ୍ଟାକର ନାହିଁ – କାର୍ଯ୍ୟ ରଖିଯାଅ। ଗୋଟାଏ ଜାତିକୁ ରେଭେନ୍ସା ସାହେବ ରଖିଯାଇ ଅଛନ୍ତି। ଯେଉଁ ଜାତି ଇଂଗ୍ରାଳୀ ପଢ଼ିବାକୁ

ଯାଉ ନଥିଲେ ସେମାନଙ୍କୁ ବର୍ତ୍ତମାନ ସେ ଗୋଟାଏ ସ୍ରୋତରେ ପକାଇ ଦେଇଅଛନ୍ତି। ବିଶ୍ୱ ସ୍ରଷ୍ଟାଙ୍କର କାର୍ଯ୍ୟ କିଏ ଜାଣିପାରେ ? ସେ କୋଟି କୋଟି ଜୀବନ ଗଠନ କରୁଅଛନ୍ତି। ଯେ ନାମ ରଖୁଅଛି ସେ ପ୍ରକୃତ ଲୋକ ନୁହେଁ - ଯେ ଜାତିର ଉନ୍ନତି କରେ ସେ ପ୍ରକୃତ କାର୍ଯ୍ୟ କରେ। ସେହି ବାସ୍ତବରେ ମନୁଷ୍ୟ ଜୀବନରେ ସାର୍ଥକତା ଲାଭ କରେ। ରେଭେନ୍ସା ସାହେବ ତାହାହିଁ କରିଥିଲେ। କାର୍ଯ୍ୟ କ୍ଷେତ୍ରରେ ପଡି କିଛି ଆଶା କରନାହିଁ। କେବଳ କର୍ତ୍ତବ୍ୟ କର୍ମ କର। ଅନ୍ୟ ଆଡକୁ ଚାହିଁବା ଉଚିତ ନୁହେଁ। ଯୁବକମାନେ ବର୍ତ୍ତମାନ ଜୀବନର ଉଦ୍ଦେଶ୍ୟ ଜାଣିବାକୁ ଚେଷ୍ଟା କରନ୍ତୁ। ପ୍ରତ୍ୟେକଙ୍କର କର୍ତ୍ତବ୍ୟ କଣ ? ପ୍ରତ୍ୟେକଙ୍କୁ ସୃଷ୍ଟି କରିବାରେ ତାଙ୍କର ବିଶିଷ୍ଟ ଉଦ୍ଦେଶ୍ୟ ଅଛି। ସେହି କର୍ତ୍ତବ୍ୟ ପଥରେ ଚାଲ - ଜଗତ ଯାହା କହୁ। ମୃତ୍ୟୁ ଶଯ୍ୟାରେ ସଂସାର ସହିତ କୌଣସି ସମ୍ବନ୍ଧ ରହିବ ନାହିଁ, କେବଳ ନିଜ ଆତ୍ମା ସହିତ ସମ୍ବନ୍ଧ ରହିବ। ତେତେବେଳେ ବିବେକ ପ୍ରତ୍ୟେକଙ୍କୁ ପଚାରିବ ନିଜ ନିଜ କର୍ତ୍ତବ୍ୟ କରିଅଛ କି ନାହିଁ ?

ବର୍ତ୍ତମାନ ମୋହର ବକ୍ତବ୍ୟ ଏହିଠାରେ ଶେଷକରି ପ୍ରତିମୂର୍ତ୍ତିର ଆବରଣ ଉଠାଇବି । ପୂର୍ବରୁ ପିଲାମାନେ, ତୁମକୁ ଏତିକି କହୁଅଛି ଯେ, ତୁମ୍ଭେମାନେ ଗଙ୍ଗାଙ୍କ କଥା ଶୁଣିଥିବ । ଯେଉଁ ଗଙ୍ଗା କେତେଦୂର ଦେଶର ଭୂମିକୁ ଶସ୍ୟଶ୍ୟାମଳା କରିଅଛି, ଯାହା ଦେହରୁ କେତେକେତେ ନଦୀ ଜଳସ୍ରୋତ ଘେନି ବହିଯାଇଅଛି, ଯାହାର ଗର୍ଭରେ କେତେ ଜାହାଜ ନୌକାମାନ ଅନବରତ ପୂର୍ଣ୍ଣ ରହିଅଛି, ସେହି ଗଙ୍ଗା ପୁଣି ମହାଦେବଙ୍କ ଜଟା ଭିତରୁ ବାହାରିଥିଲେ । ସେହିପରି ଯେଉଁ ରେଭେନ୍ସା ସାହେବଙ୍କର ଏତେ ପ୍ରଶଂସା ସବୁ ଶୁଣିଗଲ, ଏହି ଉପର ଲୁଗାଖଣ୍ଡି କାଢ଼ିଦେଲେ ତାହାଙ୍କୁ ଏହିକ୍ଷଣି ଦେଖିପାରିବ । ଏହି ମୂର୍ତ୍ତିଟି ପୁଣି ତାଙ୍କର ପ୍ରତିଷ୍ଠିତ ସ୍କୁଲ୍‌ର ଜଣେ ଛାତ୍ରଦ୍ୱାରା ଅଙ୍କିତ, ଏହା ଅଧିକ ଆନନ୍ଦର ବିଷୟ । ଏଣୁ ଆମ୍ଭେମାନେ ସମସ୍ତେ ତାଙ୍କଠାରେ କୃତଜ୍ଞ ହେଉଅଛୁ ।

୫. 'ଆଲୋଚନା ସଭା'ର ସପ୍ତମ ବାର୍ଷିକ ଅଧିବେଶନରେ ପ୍ରଦତ୍ତ ସଭାପତି ଅଭିଭାଷଣ:

ମୋତେ ସଭାପତି ହେବା ନିମିତ୍ତ ତୁମ୍ଭେମାନେ ଅନୁରୋଧ କରିଥିବାରୁ ମୁଁ ତୁମ୍ଭମାନଙ୍କୁ ଧନ୍ୟବାଦ ଦେଉଛି। ପ୍ରଥମେ ମୁଁ ଭାବିଲି ମୋର ଏହି ସାହିତ୍ୟସଭାରେ ସଭାପତି ହେବା ନିମିତ୍ତ କି ଅଧିକାର ବା ଯୋଗ୍ୟତା ଅଛି ? ସାହିତ୍ୟିକ ଯୋଗ୍ୟତା ନ ଥାଉ ପଛକେ ମୋର ଅନ୍ୟ କିଛି ଅଧିକାର ଅଛି ବୋଲି ଭାବି ଏ ପଦ ଗ୍ରହଣ କଲି। ହେଡମାଷ୍ଟର ବାବୁ ନାରାୟଣ ପ୍ରସାଦ ମହାନ୍ତି ଜଣେ ବିଶିଷ୍ଟ ଶିକ୍ଷାବିତ୍, ବାବୁ ଜଗନ୍ନାଥ ତ୍ରିପାଠୀ ଜଣେ ବିଶିଷ୍ଟ ସାହିତ୍ୟିକ ଓ ପଣ୍ଡିତ ମୃତ୍ୟୁଞ୍ଜୟ ରଥ ବାଣୀଭୂଷଣ ଯେପରି ପଣ୍ଡିତ ଓ ଉତ୍ସାହୀ ଶିକ୍ଷକ, ସେହିପରି ପ୍ରବୀଣ ପ୍ରତ୍ନତତ୍ତ୍ୱବିତ୍। ବର୍ତ୍ତମାନ ଏହିମାନେ

ହେଉଛନ୍ତି ଏ ଅନୁଷ୍ଠାନର ଓଡ଼ିଆ ଶିକ୍ଷକ। ମୋର ମନେ ହେଉଛି ୧୮୬୦ରୁ ୧୮୬୪ ମସିହା ମଧ୍ୟରେ ଯେତେବେଳେ ଏ ସ୍କୁଲର ନାମ କଟକ ଗଭର୍ଣ୍ଣମେଣ୍ଟ ହାଇସ୍କୁଲ ଥିଲା ସେତେବେଳେ ମୁଁ ଏ ବିଦ୍ୟାଳୟରେ ଅଧ୍ୟୟନ କରୁଥିଲି। କେହି ଓଡ଼ିଆ ଶିକ୍ଷକ ସେତେବେଳେ ଏ ବିଦ୍ୟାଳୟରେ ନ ଥିଲେ କିମ୍ବା ଓଡ଼ିଆ ଭାଷାରେ ଶିକ୍ଷା ଦିଆ ହେଉ ନ ଥିଲା କି ଓଡ଼ିଆ ସାହିତ୍ୟ କୌଣସି ପାଠ୍ୟ ନ ଥିଲା। ଏ ସ୍କୁଲର ପୁରୁଣା ଛାତ୍ରଙ୍କ ମଧ୍ୟରେ ମୁଁ ସର୍ବଜ୍ୟେଷ୍ଠ ଓ ଏହିଠାରୁ ୧୮୬୪ରେ ସେକାଳର ଏଣ୍ଟ୍ରାନ୍ସ ପାସ କରି ଉଚ୍ଚ ଶିକ୍ଷା ପାଇଁ କଲିକତା ଯାଇ ସେଠାରେ ସର୍ବପ୍ରଥମ ଓଡ଼ିଆ ବି.ଏ., ଏମ.ଏ ଓ ବି.ଏଲ୍. ହୋଇଅଛି। ଏଣୁ ମୋର ସ୍କୁଲରେ ବାଲ୍ୟ ଶିକ୍ଷା ହୋଇଥିବା ହେତୁ ମୁଁ ସଭାପତି ପଦ ପାଇଁ ବଛା ଯାଇଅଛି। ଏ ସାହିତ୍ୟସଭାରେ ମୋଠାରୁ ସାହିତ୍ୟ ସମ୍ବନ୍ଧରେ କଣ ଶୁଣିବ ? ମୁଁ ସାହିତ୍ୟିକ ନୁହେଁ। ମୋର ଅଲଗା ବ୍ୟବସାୟ। ଓକିଲାତି, ରାଜନୀତି ଓ ଅର୍ଥନୈତିକ ପ୍ରଗତି ସାଧନରେ ମୁଁ ମୋର ଜୀବନ ଅତିବାହିତ କରିଛି। ତଥାପି ମୋର ଅନୁଭୂତିଗୁଡ଼ିକ ତୁମ୍ଭମାନଙ୍କ ଆଗରେ କହିବି।

ମୁଁ ଯେତେବେଳେ ଏଣ୍ଟ୍ରାନ୍ସ ପରୀକ୍ଷାରେ ଉତ୍ତୀର୍ଣ୍ଣ ହୁଏ ସେତେବେଳେ କେତେକ ବଙ୍ଗୀୟ ଭଦ୍ରବ୍ୟକ୍ତି ଓଡ଼ିଆ ଭାଷାର ସତ୍ତା ଲୋପ କରିବାକୁ ଚେଷ୍ଟା କରିଥିଲେ। ମୁଁ ଛାତ୍ରାବସ୍ଥାରେ ଏ ଅବସ୍ଥା ଦେଖି ବିକ୍ଷୁବ୍ଧ ହୋଇଥିଲି। ମୁଁ ଏଣ୍ଟ୍ରାନ୍ସ ପାସ କଲାପରେ କେତେ ମାସ ପାଇଁ ବାଲେଶ୍ୱର ଜିଲ୍ଲା ସ୍କୁଲରେ ଶିକ୍ଷକତା କଲି। ସେଠାକାର ହେଡପଣ୍ଡିତ ବାବୁ କାନ୍ତିଚନ୍ଦ୍ର ବନ୍ଦୋପାଧ୍ୟାୟ (ଭଟ୍ଟାଚାର୍ଯ୍ୟ) ଓଡ଼ିଆ ଭାଷା ଦୂରୀକରଣ ଏବଂ ବଙ୍ଗଭାଷା ପ୍ରଚଳନ ପାଇଁ ଏକ ଆନ୍ଦୋଳନର ସୂତ୍ରପାତ କଲେ। କଲିକତାର ବିଶିଷ୍ଟ ଐତିହାସିକ ରାଜେନ୍ଦ୍ରଲାଲ ମିତ୍ର ଏ ଆନ୍ଦୋଳନର ପୃଷ୍ଠପୋଷକ ଥିଲେ। ସେ କାଳରେ ତ ମୁଷ୍ଟିମେୟ ଓଡ଼ିଆ ଯୁବକ ଏଣ୍ଟ୍ରାନ୍ସ ପାଶ୍ କରିଥିଲେ। କି (କେହି) ଗ୍ରାଜୁଏଟ ନ ଥିଲେ କି ଓକିଲ ନ ଥିଲେ। ଶ୍ରୀଯୁକ୍ତ ଫକୀରମୋହନ ସେନାପତି ଭର୍ଣ୍ଣାକୁଲାର ପାସ୍ କରି ଏକ ପ୍ରାଇମେରୀ ସ୍କୁଲରେ ଶିକ୍ଷକତା କରୁଥିଲେ। ସେ ମୋଠାରୁ ପାଞ୍ଚବର୍ଷ ବଡ଼ ଥିଲେ। ସେ, ମୁଁ ଓ ଆଉ କେତେଜଣ ବାଲେଶ୍ୱରରେ ଓଡ଼ିଆ ଭାଷା ସପକ୍ଷରେ ଆନ୍ଦୋଳନ ଚଳାଇଲୁ। କଟକରେ ଯାଜପୁରୀ ବିଚିତ୍ରାନନ୍ଦ ଦାସ ଯେ କି କମିଶନର ସାହେବଙ୍କ ସରସ୍ତାଦାର ଥିଲେ ଓ ଗୌରୀଶଙ୍କର ରାୟ, ଯେ କି 'ଉତ୍କଳ ଦୀପିକା'ର ସମ୍ପାଦକ ଥିଲେ, ସେମାନେ ଆନ୍ଦୋଳନ ଚଳାଇଲେ। ଶ୍ରୀ ବିଚ୍ଛନ୍ଦ ପଟ୍ଟନାୟକ ନାମକ ଏକ ଶିକ୍ଷିତ ବ୍ୟକ୍ତି କଟକ ଓ ସମ୍ବଲପୁରରେ ଓ ଗୋବିନ୍ଦଚନ୍ଦ୍ର ପଟ୍ଟନାୟକ ନାମକ ଜଣେ ପଣ୍ଡିତ ବାଲେଶ୍ୱରରେ ରହି କେତେ ଓଡ଼ିଆ ପୁସ୍ତକ ପ୍ରଣୟନ କଲେ ଯାହାକି ପାଠ୍ୟ ବୋଲି ବିବେଚିତ ହେଲା। ଅନେକ ବାଧାବିଘ୍ନ ସତ୍ତ୍ୱେ ଓଡ଼ିଆ ଭାଷାକୁ ତତ୍କାଳୀନ ବଙ୍ଗଳାର ଲେଫ୍ଟନାଣ୍ଟ ଗଭର୍ଣ୍ଣର ଓଡ଼ିଶାର ସ୍କୁଲ

କଚେରୀରେ ପ୍ରଚଳନଯୋଗ୍ୟ ଭାଷା ବୋଲି ସ୍ୱୀକାର କରିବାରୁ ଓଡ଼ିୟା ଭାଷାର ଅସ୍ତିତ୍ୱ ରହିଲା। ନଚେତ୍ ବର୍ତ୍ତମାନ ମେଦିନୀପୁର ଓ ଧଳଭୂମବାସୀ ଓଡ଼ିଆମାନଙ୍କର ଯେଉଁ ଅବସ୍ଥା ତାହା ହିଁ କଟକ, ପୁରୀ, ବାଲେଶ୍ୱର, ସମ୍ବଲପୁର ଓ ଗଡଜାତରେ ହୋଇଥା'ନ୍ତା। ମୁଁ ଏ ଭାଷା ଆନ୍ଦୋଳନରେ ଯୋଗଦେଇ ବଙ୍ଗାଳୀଙ୍କ ଚକ୍ଷୁଶୂଳ ହେଲି। ମୋତେ ଅନେକ ବଙ୍ଗାଳୀ ବଦନାମ କରାଇଲେ। ତାହା ସତ୍ତ୍ୱେ ମଧ ଉଚ୍ଚଶିକ୍ଷା ପାଇଁ ମୁଁ କଲିକତା ଗଲି ଓ ସେଠାରେ ମୁଁ ଏକମାତ୍ର ବିଶ୍ୱବିଦ୍ୟାଳୟର ଛାତ୍ର ଥାଇ ସଂସ୍କୃତର ଉତ୍ତର ଓଡ଼ିଆ ଅକ୍ଷରରେ ଲେଖିବାର ଦାବିକରି ସେ ଦାବି ହାସଲ କଲି। କଲିକତାରେ ଓଡ଼ିଆ ଭାଷା ଶିକ୍ଷା ପାଇଁ ନୈଶ ବିଦ୍ୟାଳୟମାନ ସ୍ଥାପନ କରିଥିଲି।

ମୁଁ କଲିକତାରେ ଦୀର୍ଘକାଳ ରହି କଟକ ଫେରିଲି। ସେତେବେଳେ ଓଡ଼ିଶାର ଶିକ୍ଷା କ୍ଷେତ୍ରରେ ଧିମେଇ ଧିମେଇ ଉନ୍ନତି ଘଟୁଥିଲା। ଗୌରୀଶଙ୍କର ରାୟ, ରାଧାନାଥ ରାୟ ଓ ପ୍ୟାରୀମୋହନ ଆଚାର୍ଯ୍ୟ ପ୍ରଭୃତି ବଙ୍ଗୀୟ ଥାଇ ସୁଦ୍ଧା ନିଜକୁ ଉତ୍କଳୀୟ ମନେ କରି ଓଡ଼ିଆ ଭାଷାର ଉନ୍ନତି ସାଧନ କରିଥିଲେ।

ମୋର ଓଡ଼ିଆ ସାହିତ୍ୟରେ ଚର୍ଚ୍ଚା ନ ଥିଲା। ପିଲାଦିନେ କୋଇଲି, ଗୋପୀଭାଷା ପଢ଼ିଥିଲି। ମୋ ମାଆଙ୍କୁ ଖୁସି କରାଇବା ପାଇଁ ବଳରାମ ଦାସଙ୍କ ରାମାୟଣ, ସାରଳା ଦାସଙ୍କ ମହାଭାରତ, ଜଗନ୍ନାଥ ଦାସଙ୍କ ଭାଗବତ ପୋଥିରୁ ପଢ଼ି ଶୁଣାଇଥିଲି। ଉପେନ୍ଦ୍ର ଭଞ୍ଜଙ୍କ ବୈଦେହୀଶ ବିଳାସ, ଲାବଣ୍ୟବତୀ, ଅଭିମନ୍ୟୁ ସାମନ୍ତ ସିଂହାରଙ୍କ ବିଦଗ୍ଧ ଚିନ୍ତାମଣି, ଦୀନକୃଷ୍ଣ ଦାସଙ୍କ ରସକଲ୍ଲୋଳ ଉପର ଠାଉରିଆ କରି ପଢ଼ିଥିଲି। ମୁଁ କଲିକତାରେ ଦୀର୍ଘ ୧୬ ବର୍ଷ ରହି ଇଂରାଜୀ ଭାଷା ପଢ଼ି ସେ ସାହିତ୍ୟରେ ଦଖଲ ହାସଲ କଲି। ମିଲଟନ, ସେକସ୍‌ପିଅର, ବାଇରନ୍ ପ୍ରଭୃତି ପଢ଼ି ପାଶ୍ଚାତ୍ୟ ସାହିତ୍ୟ ସମ୍ପର୍କରେ ଆସିଲି। ସେ ସମୟରେ ମାଇକେଲ ମଧୁସୂଦନ ନୂଆ ଧରଣର କାବ୍ୟ ଓ ବଙ୍କିମଚନ୍ଦ୍ର ନୂଆ ଧରଣର ଉପନ୍ୟାସ ଲେଖିଲେ। ସେସବୁ ପଢ଼ିବାକୁ ମୋର ସମୟ ନଥିଲେ ସୁଦ୍ଧା ବଙ୍ଗ ସାହିତ୍ୟର ଗତିକୁ ମୁଁ ଲକ୍ଷ୍ୟ କରୁଥିଲି। ମୁଁ ଏଠାକୁ ଫେରିବା ପରେ ଓଡ଼ିଶାର ପ୍ରାଚୀନ ସାହିତ୍ୟ ଓ ନବୀନ ସାହିତ୍ୟ ମଧ୍ୟରେ ତୁମୁଳ ବାଦବିବାଦ ଲାଗିଲା। 'ବିଜୁଳି' ଓ 'ଇନ୍ଦ୍ରଧନୁ' ନାମରେ ଦୁଇଦଳ ବାହାରି ପଡ଼ିଲେ। ମୁଁ କୌଣସି ଦଳଭୁକ୍ତ ନ ଥାଇ ଉଭୟଙ୍କ ମଧ୍ୟରେ ଏକ ମେଳ ଆଣିବାକୁ ଚେଷ୍ଟା କଲି। ସେ ଯେଉଁ ଧରଣର ଚର୍ଚ୍ଚା ହେଉଥିଲା, ତାହା ବ୍ୟାଖ୍ୟା କଲେ ଏକ ପୋଥି ହେବ। ତଥାପି ମୋର ମତ ଥିଲା ଯେ ପ୍ରାଚୀନ ସାହିତ୍ୟର ଆଦର ବଢୁ, କାରଣ ତାହା ଦ୍ୱାରା ଜାତି ଓ ଭାଷା ବଞ୍ଚି ରହିଛି, ସମସାମୟିକ ଭାବଧାରା ପ୍ରକାଶିତ ହୋଇଛି। ନୂତନ ସାହିତ୍ୟିକମାନେ ନୂତନ ଭାବଧାରାର ପ୍ରଚାର କରନ୍ତୁ।

ମୁଁ ଖ୍ରୀଷ୍ଟଧର୍ମ ଗ୍ରହଣ କରିଅଛି ସତ୍ୟ, କିନ୍ତୁ ଓଡ଼ିଶାର ଜାତୀୟ କବି ଜଗନ୍ନାଥ ଦାସଙ୍କ ଭାଗବତ ପାଠ କରିଛି ଓ ତାହାକୁ ଧର୍ମଗ୍ରନ୍ଥ ହିସାବରେ ଯଥେଷ୍ଟ ମାନ୍ୟ କରେ। ଭାଗବତ ଯେଉଁ ପ୍ରଭାବ ପକାଇଛି ତାହା ଭାରତର ଅନ୍ୟ କୌଣସି ପ୍ରଦେଶରେ ଦେଖାଯାଏ ନାହିଁ। ଓଡ଼ିଶାର ପ୍ରତି ଗ୍ରାମରେ ଭାଗବତ ଟୁଙ୍ଗିରେ ପ୍ରତିଦିନ ସନ୍ଧ୍ୟାବେଳେ ଅଶିକ୍ଷିତ ଲୋକମାନେ ଆଧ୍ୟାତ୍ମିକ ଚିନ୍ତା କରନ୍ତି ଓ ଗ୍ରାମରେ ଏକତା ଆସେ। ଉପେନ୍ଦ୍ର ଭଞ୍ଜଙ୍କ ବୈଦେହୀଶ ବିଳାସ ଓ ଲାବଣ୍ୟବତୀ ଓଡ଼ିଶାର ଘରେ ଘରେ ପରିଚିତ। ଉପେନ୍ଦ୍ର ଭଞ୍ଜ ଗଞ୍ଜାମର ଘୁମୁସରବାସୀ। ସେ ଓଡ଼ିଆ ସାହିତ୍ୟରେ ଏକ କୋଣାର୍କ ତିଆରି କରି ଯାଇଛନ୍ତି ଓ ସେହି ଗଞ୍ଜାମ ଓଡ଼ିଶା ବାହାରେ ମାନ୍ଦ୍ରାଜ ଶାସନାଧୀନରେ ଅଛି। ଆମ ଜାତି ଓ ଭାଷାର ଗୌରବ ଯେଉଁ ଉପେନ୍ଦ୍ର ଭଞ୍ଜ, ତାଙ୍କ ବାସସ୍ଥାନ ଭିନ୍ନ ଶାସନାଧୀନରେ ରହି ନ ପାରେ। ଏହାହିଁ ଆମ୍ଭମାନଙ୍କୁ 'ଉତ୍କଳ ସମ୍ମିଳନୀ' ଗଢ଼ିବାକୁ ପ୍ରେରଣା ଦେଇଅଛି।

ଆଜିକାଲି ବିଜ୍ଞାନ କ୍ଷେତ୍ରରେ ଯେଉଁ ଉନ୍ନତି ହୋଇଅଛି ଓ ଯନ୍ତ୍ରଶିଳ୍ପ କ୍ଷେତ୍ରରେ ପ୍ରସାର ହୋଇଅଛି, ଭାରତର ବିଭିନ୍ନ ପ୍ରାନ୍ତରେ ଗମନାଗମନର ଯେଉଁ ସୁବିଧା ହୋଇଅଛି, ତାହା ଫଳରେ ଆମ୍ଭମାନଙ୍କର ସାମାଜିକ ଜୀବନରେ ଅନେକ ପରିବର୍ତ୍ତନ ହୋଇ ଆସୁଅଛି। ବିଶ୍ୱବିଦ୍ୟାଳୟମାନଙ୍କର ଅଧ୍ୟାପନା ପରିସର ବୃଦ୍ଧି ଓ ଶାସନତାନ୍ତ୍ରିକ ଦୃଷ୍ଟିରୁ ଯେଉଁ ପରିବର୍ତ୍ତନ ହୋଇଅଛି ଓଡ଼ିଆ ଯୁବକମାନେ ସେଥିରେ ପ୍ରଭାବିତ ହେଉଅଛନ୍ତି। ତେଣୁ ନୂତନ ସାହିତ୍ୟର ସୃଷ୍ଟି ହେଉଅଛି ଓ ଓଡ଼ିଆ ଭାଷା ସେ ସାହିତ୍ୟ ଦ୍ୱାରା ପରିପୁଷ୍ଟ ହେବ।

ଗୌରୀଶଙ୍କର ରାୟ 'ଉତ୍କଳ ଦୀପିକା'ରେ ଓଡ଼ିଆ ଗଦ୍ୟକୁ ଏକ ନୂତନ ରୂପ ଦେଲେ। ନୀଳମଣି ବିଦ୍ୟାରତ୍ନ ମଧ୍ୟ ଅନେକ ପତ୍ରିକା ସମ୍ପାଦନା କରି ଉନ୍ନତ ଗଦ୍ୟର ପ୍ରଚଳନ କରିଛନ୍ତି। ରାଧାନାଥ ରାୟ ଓ ମଧୁସୂଦନ ରାଓ ନୂତନ ଧରଣର ଗଦ୍ୟ ଓ ପଦ୍ୟ ଲେଖି ଓଡ଼ିଆ ସାହିତ୍ୟର କଳେବର ବୃଦ୍ଧି କରିଛନ୍ତି। ଗୋପାଳ ପ୍ରହରାଜ ଗାଉଁଲି ଭାଷାରେ 'ଦୁନିଆର ହାଲଚାଲ' 'ନନାଙ୍କ ବସ୍ତାନି' ଲେଖି ଜନସମାଜରେ ସାହିତ୍ୟର ପ୍ରସାର କରିଅଛନ୍ତି। ନନ୍ଦକିଶୋର ବଳ ପଲ୍ଲୀଜୀବନକୁ ଆମ୍ଭମାନଙ୍କ ଆଗରେ ଥୋଇ ଦେଇଛନ୍ତି। ଗଙ୍ଗାଧର ମେହେର ପୌରାଣିକ କାବ୍ୟମାନଙ୍କୁ ଦେଇ ଉନ୍ନତ ସାହିତ୍ୟ ସୃଷ୍ଟି କରୁଅଛନ୍ତି। ବିଶ୍ୱନାଥ କର ଓ ବ୍ରଜସୁନ୍ଦର ଦାସ 'ଉତ୍କଳ ସାହିତ୍ୟ' ଓ 'ମୁକୁର' ପତ୍ରିକାମାନ ପ୍ରକାଶ କରି ଏ ଦେଶର ସାହିତ୍ୟିକମାନଙ୍କୁ ଉତ୍ସାହ ଓ ପ୍ରେରଣା ଯୋଗାଇଛନ୍ତି। ରାମଶଙ୍କର ରାୟ, କାମପାଳ ମିଶ୍ର ଓ ଭିକାରୀ ପଟ୍ଟନାୟକ ପ୍ରଭୃତି ନୂଆ ଧରଣର ନାଟକମାନ ଲେଖୁଛନ୍ତି। ଏସବୁ ଦେଖିଲେ ମୋର ମନରେ ଗର୍ବ ଆନନ୍ଦ ଜାତ ହେଉଅଛି।

ଓଡ଼ିଆ ଭାଷା ରହିବାରୁ ସିନା ଓଡ଼ିଆ ସାହିତ୍ୟ ସୃଷ୍ଟି ହେଉଅଛି। ଏ ଅତି ପ୍ରାଚୀନ ଭାଷା। ଏହା ତ ଲୋପ ହେବ ନାହିଁ। ମୁଁ ତ ଆଗରୁ କହିଛି ଏହାକୁ ଲୋପ କରିବାର

ଚେଷ୍ଟା କିପରି ବ୍ୟର୍ଥ ହୋଇଛି। ଭାଷା ନେଇ ଜାତି। ଆମ୍ଭେମାନେ ଭାରତ ଜନନୀ ଓ ଉତ୍କଳ ଜନନୀର ପୂଜା କରୁଅଛୁ। ଆମ୍ଭର ଉତ୍କଳ ସମ୍ମିଳନୀରେ ଗୋଟିଏ ସୂକ୍ତି ଥିଲା -

'ମାତୃଭାଷା ମାତୃଭୂମି ଉଭୟେ ଜନନୀ
କର ତାଙ୍କ ପାଦ ପୂଜା ଦିବସ ରଜନୀ।'

ଏହି ଓଡ଼ିଆ ଭାଷାର ପରିସର କେତେଦୂର, ତାହାର ଅନୁସନ୍ଧାନ ପାଇଁ ଆମ୍ଭେମାନେ ଚେଷ୍ଟିତ ହେବା ଉଚିତ। ଯେଉଁ ଅଞ୍ଚଳମାନଙ୍କରେ ଏ ଭାଷାର ପ୍ରଚଳନ ଅଛି, ସେହି ସ୍ଥାନମାନ ସ୍ୱତନ୍ତ୍ର ଉତ୍କଳ ପ୍ରଦେଶରେ ମିଶି ତାହାର ଅଙ୍ଗୀଭୂତ ହେଲେ ନୂତନ ରାଜନୈତିକ ଜୀବନ ଦେଶରେ ଖେଳିବ। ତେଣୁ ଭାଷା ସୂତ୍ରେ ଦେଶମିଶ୍ରଣ 'ଉତ୍କଳ ସମ୍ମିଳନୀ'ର ମୂଳ ଲକ୍ଷ୍ୟ।

ଛାତ୍ରମାନଙ୍କର ସାହିତ୍ୟସଭାରେ ମୁଁ ତୁମ୍ଭମାନଙ୍କୁ ରାଜନୀତି ଆଡକୁ ଟାଣି ନେବି ନାହିଁ। କିନ୍ତୁ ଓଡ଼ିଆ ଭାଷାର ସୀମା କେଉଁଠି ତାହା ନ ସୂଚାଇ ରହିପାରୁନାହିଁ। ଗତ କେତେବର୍ଷ ତଳେ ସାର୍ ଜର୍ଜ ଗ୍ରିୟର୍ସନ ନାମରେ ସିବିଲିୟାନ ଓ ଅତି ବିଦ୍ୱାନ ଭାଷାତତ୍ତ୍ୱବିତଙ୍କୁ ଭାରତ ସରକାର ଏହି ଭାଷା ସର୍ଭେ କରିବାକୁ ନିଯୁକ୍ତ କରିଥିଲେ। ସେ Linguistic Survey of India ନାମକ ଏକ ବିରାଟ ଗ୍ରନ୍ଥ ରଚନା କରି ରିପୋର୍ଟ ଦେଇଅଛନ୍ତି। ତାଙ୍କରି ରିପୋର୍ଟରେ ଯେଉଁଠାରେ ଓଡ଼ିଆ ଭାଷା ପ୍ରଚଳନ ରହିଛି ବୋଲି ଲେଖାଅଛି, ସେହି ସ୍ଥାନମାନଙ୍କୁ ଆମ୍ଭେମାନେ ଓଡ଼ିଆ ଭାଷାର ପୀଠ ରୂପେ ଗ୍ରହଣ କରି ଦେଶମିଶ୍ରଣ ଦାବି ଉତ୍‌ଥାପନ କରି ଆସୁଅଛୁ। ଓଡ଼ିଆ ଭାଷାର ପ୍ରଚାର ପାଇଁ ଗଡଜାତର ରାଜାମାନେ ଯଥା - ବାମଣ୍ଡା, ମୟୂରଭଞ୍ଜ ଓ ତାଳଚେରର ରାଜାମାନେ ଯେଉଁ ଉତ୍ସାହ ଦେଇଅଛନ୍ତି, ଖ୍ରୀଷ୍ଟାନ - ପାଦ୍ରୀମାନେ ଯାହା କରିଅଛନ୍ତି, ସେଥିପାଇଁ ଓଡ଼ିଶା ସେମାନଙ୍କ ନିକଟରେ ଚିର ଋଣୀ ହୋଇ ରହିବ।

ମୁଁ ତୁମ୍ଭମାନଙ୍କୁ କଣ କହିଛି ସେ କଥା ଭାବୁଛି। ମୋର ସଂସ୍କୃତ ସାହିତ୍ୟରେ ଦଖଲ ନାହିଁ । କାଳିଦାସଙ୍କ ରଘୁବଂଶରୁ କେତେଟା ଶ୍ଳୋକ ପଢ଼ି ବୁଝିଛି। ମେଘଦୂତ କଥାଟା ରାଧାନାଥଙ୍କ ଓଡ଼ିଆ କବିତାରୁ ପଢ଼ିଛି। ସଂସ୍କୃତ ହେଲା ଓଡ଼ିଆ ଭାଷାର ଜନନୀ। ତେଣୁ ସେହି ସାହିତ୍ୟ ଚର୍ଚ୍ଚା କରିବା ଆବଶ୍ୟକ। ମୁଁ ତ କହିଛି, ମୁଁ ଇଂରାଜୀ ସାହିତ୍ୟର ସର୍ବଶ୍ରେଷ୍ଠ ସାହିତ୍ୟମାନ ପଢ଼ିଛି, ମୋର ଭାବଧାରା ତାହା ଦ୍ୱାରା ପ୍ରଭାବିତ ହୋଇଅଛି। ହୋମରଙ୍କ ଇଲିୟାଡ୍ ଓ ଅଡିସୀର ଆଖ୍ୟାୟିକାକୁ ମୂଳ କରି ପାଶ୍ଚାତ୍ୟ ସାହିତ୍ୟଗଢ଼ା ହୋଇଅଛି। ସେହିପରି ରାମାୟଣ ଓ ମହାଭାରତର ଆଖ୍ୟାୟିକାକୁ ମୂଳ କରି ଭାରତର ବିଭିନ୍ନ ପ୍ରଦେଶର ସାହିତ୍ୟ ଗଢ଼ା ହୋଇଛି। ଆଜିକାଲି ଦେଶ-କାଳ-ପାତ୍ରକୁ ଚାହିଁ ନାନାବିଧ କାବ୍ୟ ଉପନ୍ୟାସ ରଚିତ ହେଉଅଛି। ବିଶେଷତଃ ବଙ୍ଗ ସାହିତ୍ୟ ଅତି ପ୍ରବଳ ବେଗରେ

ଗତି କରୁଛି। ଆମ ଓଡ଼ିଆ ଛାତ୍ରମାନଙ୍କର ଏହି ସମସାମୟିକ ଇଂରାଜୀ ଓ ବଙ୍ଗଳା ସାହିତ୍ୟ ସମ୍ପର୍କରେ ଆସିବା ଉଚିତ। ସାହିତ୍ୟରେ ପ୍ରାଦେଶିକତାର ସଂକୀର୍ଣ୍ଣ ଭେଦଭାବ ରହିବା ଉଚିତ ନୁହେଁ। ଯେଉଁ ଭାଷା ହେଉ ପଛକେ ଯେଉଁଠି ଭଲ ଭାବ, ଉଚ୍ଚ ଚିନ୍ତା ଓ ଉନ୍ନତ ରୁଚିର ଉପାଦାନମାନ ଅଛି, ତାହା ଗ୍ରହଣ କରି ଆମ୍ଭମାନଙ୍କ ସାହିତ୍ୟ ଭିତରେ ପୂରାଇ ତାକୁ ଆମ୍ଭ ନିଜର କରିନେବାକୁ ହେବ ଓ ଲେଖକର ମାର୍ଗ ଓ ଧାରାକୁ ଆଧୁନିକ ରୁଚି ଅନୁଯାୟୀ ବଦଳାଇବାକୁ ହେବ।

ତୁମ୍ଭମାନଙ୍କ ଶିକ୍ଷକ ମୃତ୍ୟୁଞ୍ଜୟ ବାବୁ ଯେଉଁ ପ୍ରତ୍ନତତ୍ତ୍ୱ ଗବେଷଣା କରି ନୂତନ ଲେଖାମାନ ଓଡ଼ିଆ ସାହିତ୍ୟକୁ ଦାନ କରୁଅଛନ୍ତି, ତାହା ଅମୂଲ୍ୟ। ସେ ତାହା ଦ୍ୱାରା 'ଜାତି ଇତିହାସ' ଆମ ଆଗରେ ଠିଆ କରାଇ ଦେଇଛନ୍ତି। ଏହି ସମ୍ପର୍କରେ ମୁଁ ଥରେ ଲେଖିଥିଲି-

"ଜାତି ଇତିହାସ ଜାତିର ନିର୍ଝର
ତହୁଁ ବହେ ସଦା ଜାତି ପ୍ରାଣଧାର
ସେ ଧାରରୁ ନୀର ପିଉଛି ଯେ ନର
ନିଶ୍ଚୟ ହେବ ସେ ଜାତି କର୍ମବୀର।
କଳକଳ ନାଦେ ଧାଉଁଛି ସେ ଧାର
ଜାତୀୟ କୀରତି ଗାଇ ନିରନ୍ତର
ଭାବୀ କୀରତିର ଉଦୟେ ନାଚଇ
ଯେହ୍ନେ ଚନ୍ଦ୍ରୋଦୟେ ନାଚେ ରତ୍ନାକର।"

ମୋତେ ମୃତ୍ୟୁଞ୍ଜୟ ବାବୁ ତୁମ୍ଭମାନଙ୍କ ମାସିକ ପତ୍ରିକା 'ଛାତ୍ରବନ୍ଧୁ'ର କେତୋଟି ସଂଖ୍ୟା ପଢ଼ିବାକୁ ଦେଇଥିଲେ। ମୁଁ ସବୁ ପଢ଼ିପାରି ନାହିଁ। କେବଳ ସେ ସୂଚୀପତ୍ର ଦେଖି ମୋ ମନରେ ଗୋଟାଏ ଗର୍ବ ଆସିଲା ଯେ ଆଜିକାଲିର ଛାତ୍ରମାନଙ୍କୁ ନିଜର ଭାବ ଓ ମତପ୍ରକାଶ କରିବାକୁ କି ସୁଯୋଗ ମିଳିଛି ଓ କିପରି ଶିକ୍ଷକମାନେ ସେମାନଙ୍କୁ ଭଲ ବାଟରେ ଚଳାଉଅଛନ୍ତି।

ସାହିତ୍ୟ ସମ୍ବନ୍ଧରେ କେବଳ ପଦେ ଦୁଇପଦ ଉପଦେଶ ଛଳରେ କହିବି। ତୁମ୍ଭମାନଙ୍କର ଚିନ୍ତାରାଜ୍ୟକୁ ପ୍ରସାର କର, ବିଭିନ୍ନ ଭାଷାର ସାହିତ୍ୟ ପଢ଼। ଆଧ୍ୟାତ୍ମିକ ଭାବରେ ଅନୁପ୍ରାଣିତ ହୁଅ। ଯାହା ସତ୍ୟ ଓ ଚିରସ୍ଥାୟୀ, ତାର ପୂଜକ ହୁଅ। ଯାହା ଲେଖିବ ତାହା ଯେପରି ସମସ୍ତ ଦେଶ ଓ ସବୁ କାଳରେ ଗ୍ରହଣ ଯୋଗ୍ୟ ହେବ, ସେ ଦିଗରେ ମନ ଦିଅ। ଗଠନମୂଳକ ସାହିତ୍ୟ ଲେଖ, ଉନ୍ନତ ଧରଣର ଆଲୋଚନା କର। ଈର୍ଷା, କୁତ୍ସା, ନିନ୍ଦାକୁ ମନରୁ ଦୂରୀଭୂତ କର। ଆମ ଦେଶରେ ଯେଉଁ ଆଧ୍ୟାତ୍ମିକ ପରମ୍ପରା

ଗଢ଼ି ଆସୁଅଛି, ସେହି ପରମ୍ପରାରୁ ବିଚ୍ୟୁତ ହୁଅନାହିଁ। ଏ ବୈଜ୍ଞାନିକ ଯୁଗର ଗତି ଦେଖି ଜନସମାଜର ଆର୍ଥିକ ଓ ନୈତିକ ମଙ୍ଗଳ ନିମିତ୍ତ ଯେ ପ୍ରକାର ସାହିତ୍ୟ ଆବଶ୍ୟକ, ସେହିଭଳି ସାହିତ୍ୟ ଲେଖ। ଅଭିଳାଷକୁ ଉଚ୍ଚରେ ରଖି ଭବିଷ୍ୟତ ଜୀବନରେ ଯେ ଯେଉଁ କ୍ଷେତ୍ରରେ ପ୍ରବେଶ କଲେ ମଧ ନିଜର ଜାତି ଭାଷା ଓ ସାହିତ୍ୟ ପ୍ରତି ଦୃଷ୍ଟି ରଖ ଓ ସେଥିନିମିତ୍ତ ଯେଉଁ ତ୍ୟାଗ ଆବଶ୍ୟକ, ତାହା ଦେଶକୁ ଦିଅ। କରୁଣାମୟ ପରମେଶ୍ୱର ତୁମ୍ଭମାନଙ୍କୁ ଆଶୀର୍ବାଦ କରନ୍ତୁ। ତୁମ୍ଭେମାନେ ଜଣେ ଜଣେ ଆଦର୍ଶ ମାନବ ହୋଇ ଦେଶ ଜାତିର ସର୍ବବିଧ କଲ୍ୟାଣରେ ବ୍ରତୀ ହୁଅ।

୬. ତାଳଚେର ଗଡ଼ରେ ପ୍ରଦତ୍ତ ଭାଷଣ:

ଭାଇମାନେ ମୁଁ ଜଣେ ପ୍ରଜା। ଯେଉଁଠାରେ ଥାଏ ନା କାହିଁକି ମୋତେ ପ୍ରଜା ହେବାକୁ ହେବ। ସୁତରାଂ ମୁଁ ତୁମ୍ଭଙ୍କୁ 'ଭାଇ' ବୋଲି ସମ୍ବୋଧନ କରୁଛି। ଯେଉଁଠାରେ ସମସ୍ତେ ରାଜା ସେହି ଦେଶ ଅରାଜକତା ପୂର୍ଣ୍ଣ ଥାଏ। ମୁଁ ଅନେକ ସ୍ଥାନ ଦେଖିଛି, କିନ୍ତୁ ଆଜି ଏଠାରେ ଯେ ଦୃଶ୍ୟ ଦେଖିଲି ତାହା ସମ୍ପୂର୍ଣ୍ଣ ନୂତନ ଏବଂ ଜଗତରେ ବୋଧହୁଏ ପ୍ରଥମ। ସିଂହାସନ ସମସ୍ତ ରାଜାଙ୍କର ଥାଇପାରେ ମାତ୍ର ତାହା ସାଧାରଣ ଟଙ୍କା(public money)ରୁ ଖର୍ଚ୍ଚ ହେଇଥାଏ। କିନ୍ତୁ ଏଠାରେ ଏହା ପ୍ରଜାଙ୍କର ଉପଢ଼ୌକନ। ଏହା ହିଁ ଏଥିରେ ବିଶେଷତ୍ୱ।

ତୁମ୍ଭମାନଙ୍କଠାରୁ ଓ ତୁମ୍ଭମାନଙ୍କ କାର୍ଯ୍ୟକଳାପରୁ ମୁଁ ଅବଗତ ହୋଇଅଛି ଯେ ପ୍ରତି ଦଶବର୍ଷ ପରେ ରାଜା ପ୍ରଜା ଏକତ୍ର ହୋଇ ଗତ ସମୟରେ କାର୍ଯ୍ୟକଳାପର ଗୋଟିଏ ଆଲୋଚନା ହୁଏ। ରାଜାଙ୍କ କାର୍ଯ୍ୟରେ ପ୍ରଜାମାନେ କିପରି ସନ୍ତୋଷ ଲାଭ କରିଛନ୍ତି ଓ ରାଜକାର୍ଯ୍ୟ ଦ୍ୱାରା ରାଜା, ରାଜ୍ୟ ଓ ପ୍ରଜାର କି କି ସ୍ୱାର୍ଥ ସାଧିତ ହୋଇଅଛି ଏବଂ ଆଗାମୀ ଦଶବର୍ଷରେ ତାହାର କି ଉନ୍ନତି ସମ୍ଭବପର-ଆଲୋଚନା ହୋଇ କାର୍ଯ୍ୟ ହେବାକୁ ଦଶବର୍ଷ ଅନ୍ତେ ଯେ ଉତ୍ସବ ହେଉଛି, ଏହା ଅତି ସୁନ୍ଦର ବିଷୟ। ଏହା ଦ୍ୱାରା ରାଜା ନିଜ କାର୍ଯ୍ୟରେ ଭଲମନ୍ଦ ଉତ୍ତମ ରୂପେ ବୁଝିପାରନ୍ତି ଏବଂ ପ୍ରଜା ଆପଣାର ମନୋଭାବ ଜଣାଇବାରେ ସୁବିଧା ଥାଏ। ଗତ ତ୍ରିଂଶବର୍ଷ ମଧ୍ୟରେ ତୁମ୍ଭେମାନେ ଯେ ପ୍ରକାରେ ରାଜା-ସରକାରଙ୍କଠାରୁ ଉପକୃତ ହୋଇଅଛ, ତାହା ତୁମ୍ଭମାନଙ୍କର ଅଭିନନ୍ଦନ-ପତ୍ର ଜଣାଇ ଦେଉଅଛି ଓ ରାଜା ମଧ ତୁମ୍ଭମାନଙ୍କୁ ଆଗାମୀ ବର୍ଷମାନଙ୍କରେ କିପରି ଭାବେ ପାଳନ କରିବାକୁ ଅଭିପ୍ରାୟ କରନ୍ତି ତାହା ତାହାଙ୍କର ଘୋଷଣା ଜଣାଉଛି। ଏ ସମ୍ବନ୍ଧେ ମୋର ବିଶେଷ କିଛି କହିବାର ନାହିଁ।

ମୋର ବୟସ ବର୍ତ୍ତମାନ ୮୫ ବର୍ଷ। ମୁଁ ଓଡ଼ିଶାର ପ୍ରଥମ ଗ୍ରାଜୁଏଟ୍, ସୁତରାଂ ଆଧୁନିକ ଶିକ୍ଷିତ ବ୍ୟକ୍ତିମାନଙ୍କଠାରୁ ବହୁତ ଅନୁନ୍ନତ କାଳର ଶିକ୍ଷାପ୍ରାପ୍ତ ବ୍ୟକ୍ତି ମୁଁ। ମୁଁ

ମନେକରେ ସେମାନଙ୍କ ତୁଳନାରେ ମୁଁ ଦୁଃଖୀ, କାରଣ ମୋର ବିଶେଷ ଜ୍ଞାନ ନାହିଁ। କେବଳ ମୋର ବୟସ କେତେଗୋଟି ଅନୁଭୂତି ମାତ୍ର ସଂଗ୍ରହ କରିଅଛି। ମୁଁ ବହୁତ ପୁସ୍ତକ ପାଠ କରିନାହିଁ ବା ପାଠ କରିବାକୁ ସୁବିଧା ପାଇନାହିଁ।

ଲୋକେ ଯେତେବେଳେ ପରମସୁଖରେ ରାଜ୍ୟ ମଧ୍ୟରେ ଦିନାତିପାତ କରନ୍ତି, ସେତେବେଳେ କହନ୍ତି ଆମ୍ଭେମାନେ ରାମରାଜ୍ୟରେ ଅଛୁଁ। ରାମରାଜ୍ୟ କ'ଣ ? ସେହି ରାମରାଜ୍ୟ କ'ଣ ଆଉ ? ବୁଢ଼ା ବାଲ୍ମୀକି ରାମଚନ୍ଦ୍ର ସିଂହାସନ ପାଇବାର ଅଳ୍ପଦିନ ପରେ ରାମାୟଣ ଲେଖା ବନ୍ଦ କରିଦେଲେ। ସେଥିରେ ବର୍ଣ୍ଣନା କଲେ କେବଳ ବନବାସ, ଯୁଦ୍ଧ ଓ ନାନାପ୍ରକାର କଥା। କିନ୍ତୁ ତାଙ୍କର ଶାସନ ସମ୍ବନ୍ଧରେ ସେପରି କିଛି ବିସ୍ତାରିତ ବିବରଣୀ ରାମାୟଣ ଦେଇଛି କି ? କେବଳ ଦେଖାଇଛି, ରାମାୟଣ ଚରିତ୍ର। ଯାହା ଲୋକଙ୍କୁ ଚିର ସ୍ମରଣୀୟ କରି ରଖେ ଓ ସେହି ଚରିତ୍ରରେ ରାମଚନ୍ଦ୍ର ବଳୀୟାନ ହୋଇ ପ୍ରଜାରଂଜନରେ ସମର୍ଥ ହୋଇଥଲେ। ଏହା ହିଁ ରାମରାଜ୍ୟର ଲକ୍ଷଣ।

ତୁମ୍ଭେମାନେ ବହୁ ପୁସ୍ତକ ପାଠ କରିଥିବ, ମାତ୍ର ମୁଁ ପୁସ୍ତକ ସମ୍ବନ୍ଧରେ ନ କହି ମୋର ସମ୍ମୁଖରେ ଯେ ପୁସ୍ତକ ଅଛି ତାକୁ ଆଦର୍ଶ କରି ମୁଁ ତୁମ୍ଭମାନଙ୍କୁ ଏବଂ ରାଜା ସାହେବଙ୍କୁ ପଦେ ପଦେ କହିବି - ଦେଖ ମୋର ପୁସ୍ତକ (ନିଜର ଦକ୍ଷିଣ ହସ୍ତ ଦେଖାଇ)। ଏହା ଗୋଟିଏ ପ୍ରଧାନ ଶିକ୍ଷାର ସ୍ଥଳ। ତୁମ୍ଭର ଛୋଟ ପିଲା ତୁମେ ଖାଇଲାବେଳେ ଅଳି କରି ଖାଇବସିଲା ଏବଂ ତାର ପାଞ୍ଚ ଆଙ୍ଗୁଳିକୁ ପୃଥକ ରଖି - ସାଧାରଣତଃ ପିଲାମାନେ ଯେପରି କରିଥାନ୍ତି, ଭାତ ଧରିଲା, ହାତ ଆଙ୍ଗୁଳିରେ ଆସିଲା ନାହିଁ, ସେ ଖାଇ ପାରିଲା ନାହିଁ। ତେଣୁ ବାପା ଦେଖାଇଦେଲେ, ନାଁରେ ପୁଅ ଆଙ୍ଗୁଳି ଯୋଡ଼ିକରି ଭାତ ଆଣ, ଖାଇ ପାରିବୁ; ମୁଁ ସେଥିପାଇଁଏହି ହାତକୁ ପୁସ୍ତକ କରିଅଛି - ଏହି ହାତର ଛୋଟ ଆଙ୍ଗୁଠିରେ ଗୋଟିଏ ହୀରା ମୁଦି ଲାଗିବା ଦେଖି ଛୋଟ ଆଙ୍ଗୁଠିର ଧାରଣା, ମୁଁ ବଡ଼। ମୋଠାରେ ବହୁ ମୂଲ୍ୟ ପଦାର୍ଥ ଲାଗେ। ତା'ପର ଆଙ୍ଗୁଠି କହିଲା, ଆରେ ଯା -- ମୋ ଠାରେ କୁଶବଟୁ ନ ଲାଗିଲେ କ'ଣ ତୋର ବାପା ଜେଜେବାପା ପାଣି ପାଇବେ? ପ୍ରଧାନ୍ୟ -ପଟୁ ମଧ୍ୟମା କହିଲା, ମୋର ଆକାର ବଡ଼, ମୁଁ ମୋର ବଢ଼ାଇ କରଣି ଦେଖାଇବି, ମୋ ଫୁଟୁକିରେ ସବୁ ଉଡ଼ାଇଦେବି। ଏହା ଶୁଣି ତତ୍‌ପର ଆଙ୍ଗୁଠି କହିଲା, ଦେଖ ମୁଁ ଚିହ୍ନାଇ ନ ଦେଲେ ତୁମ୍ଭମାନଙ୍କର ସକଳ କରାମତି ଏକାବେଳକେ ଲୋପ ପାଇବ। ମୁଁ ବଡ଼ । ତା'ପରେ ବୁଢ଼ା କହିଲା -ସବୁ କର, ମୁଁ ନାହିଁ କଲେ (ବୁଢ଼ା ଆଙ୍ଗୁଡ଼ିକୁ ମଧୁସୂଦନ ଉକ୍ତ ଭଙ୍ଗିରେ ହଲାଇଥିଲେ) ସବୁ ଅକାରଣ।

କୁହତ ଭାଇମାନେ, ଏଥି ମଧ୍ୟରୁ କିଏ ବଡ଼, କିଏ ସାନ ? ଜଗତରେ ସାନ ବଡ଼ ସବୁଠାରେ ଅଛି। ଏହି କ୍ଷୁଦ୍ର ହସ୍ତରେ ଅଛି। କିନ୍ତୁ ସ୍ଥଳ ବିଶେଷରେ ବଡ଼ ସାନ ଓ ସାନ ବଡ଼ ଅଟେ। ସମସ୍ତେ ସମଭାବାପନ୍ନ ହେଲେ ଓ ଆପଣାର ମଧ୍ୟରେ ଅହମିକା ଘେନି

ବଡ଼ ସାନ ହୋଇ ତକରାଳ କଲେ, କିଛି କାର୍ଯ୍ୟ ହେବ ନାହିଁ। ଆଚ୍ଛା ଘୁସି ମାରିବ। ଯଦ୍ୟପି ମଧ୍ୟମା ଏକୁଟିଆ ଆଗକୁ ଯାଏ, ତେବେ ଫଳ କ'ଣ ହେବ ? ଘୁସି ମାରି ହେବ ନାହିଁ। କିଛି ଜିନିଷ ଧରିବ-ବୁଢ଼ା ସେଥିରେ ସହଯୋଗ କରିବ ନାହିଁ। ଜିନିଷଟିକୁ ବଜ୍ରମୁଷ୍ଟିରେ ଧରିପାରିବ ? ଧରିପାରିବ ନାହିଁ। କିନ୍ତୁ ସମସ୍ତ ଆଙ୍ଗୁଳି ଏକତ୍ର ହୋଇ ଚପେଟାଘାତ କରିବ- ଦେଖ ତାହାର ଫଳ !

ରାଜା କେହି ନିଜେ ହୁଏ ନାହିଁ। ଭଗବାନ ତାହାକୁ ନିଯୁକ୍ତ କରିଥାନ୍ତି। ସେଥିପାଇଁ ଆମ୍ଭେମାନେ ରାଜାଙ୍କୁ ଧର୍ମାବତାର ସମ୍ବୋଧନ କରିଥାଉ। ରାଜା ଧର୍ମ ଓ ଈଶ୍ୱରଙ୍କ ଦ୍ୱାରା ନିଯୁକ୍ତି, ସେ ଆମ୍ଭମାନଙ୍କ ଦ୍ୱାରା ଦଣ୍ଡ ପାଇବା ବ୍ୟକ୍ତି ନୁହନ୍ତି। ତାଙ୍କର ଭଲମନ୍ଦ କଥା ତାଙ୍କର ନିଯୁକ୍ତି -କର୍ତ୍ତା ଭଗବାନ ବୁଝିବେ। ଅତଏବ ରାଜା ଅନ୍ୟାୟ କଲେ ତୁମ୍ଭେମାନେ ଜଣାଅ, ସେ ବୁଝିବେ, ଭଗବାନଙ୍କୁ ଜଣାଇଲେ ଯୋଡ଼ହସ୍ତ ହେବାକୁ ହେବ। ଏଥିପାଇଁ ସମସ୍ତ ଅଙ୍ଗୁଳି ଏକତ୍ର ହେବା ଦରକାର। ଗୋଟିଏ ସହଯୋଗ ନ କଲେ ଯୋଡ଼ହସ୍ତ ହେଲା ନାହିଁ। ଏବଂ ଏହି ଯୋଡ଼ହସ୍ତ ମଧ୍ୟ ତୁମ୍ଭେ ଗ୍ରହଣ କରିବ ନାହିଁ - ଭଗବାନ ତ ଦୂରର କଥା।

ତାଙ୍କର ପ୍ରତିନିଧି, କର୍ମଚାରୀମାନେ ତୁମ୍ଭପ୍ରତି ଅତ୍ୟାଚାର କରୁଛନ୍ତି। ତେବେ ସେମାନଙ୍କୁ ଚାପୁଡ଼ା ମାର - ଅର୍ଥାତ ସମସ୍ତ ଆଙ୍ଗୁଳି ଏକତ୍ର କରି କାର୍ଯ୍ୟ କର - ଏହି ଏକତା କ'ଣ ? ତୁମ୍ଭେମାନେ ଏକାନ୍ତ ବସି ସମସ୍ତ ବିଷୟ ଉତ୍ତମ ରୂପେ ଆଲୋଚନା କର, ଦେଖିବ ଯେ ତୁମ୍ଭେମାନେ ସମସ୍ତେ ଏକମତ ହେଲ। ତା'ପରେ ଭଗବାନଙ୍କୁ ରାଜାଙ୍କ ସମ୍ବନ୍ଧେ, ରାଜାଙ୍କୁ ତାଙ୍କର କର୍ମଚାରୀଙ୍କ ସମ୍ବନ୍ଧେ ଜଣାଅ। ତାହାର ଫଳ ଅଚିରାତ ପାଇବ। ଏହି ଆଲୋଚନାରେ କେହି ଯଦ୍ୟପି ଅନ୍ୟମତ ହୁଅ, ତୁମ୍ଭେମାନେ ଭ୍ରମ ସଂଶୋଧନ କରି ପୁନରାଲୋଚନା କର। ଏପରି କଲେ ତୁମ ରାମରାଜ୍ୟ ତୁମ୍ଭେମାନେ ହାତେ ହାତେ ପାଇବ।

ଆଉ ରାଜା ସାହେବ, ଆପଣଙ୍କୁ ମୁଁ କ'ଣ ବେଶୀ କହିବି- ଆପଣ ରାଜା ପରିବାରରେ ଜନ୍ମ ହୋଇ ନ ଥିଲେ, ଆପଣଙ୍କୁ ଭଗବାନ ରାଜପ୍ରସାଦକୁ ଅଣାଇଛନ୍ତି। ରାଜ୍ୟର ଦାୟିତ୍ୱ ରାଜାଙ୍କର; ଆପଣ ସେହିପରି ପ୍ରଜାମାନଙ୍କ ପାଇଁ ଦାୟୀ। ପିତାର କର୍ତ୍ତବ୍ୟରେ ପିତା ଅବହେଳା କଲେ ପିଲାମାନେ ନାନା ପ୍ରକାର କ୍ଳେଶ ପାଆନ୍ତି ଓ ପରିବାର ସୁଖ ଓ ସ୍ୱାଚ୍ଛନ୍ଦ୍ୟରେ ରହେ ନାହିଁ। ସେହିପରି ଆପଣ ପ୍ରତି ପ୍ରଜା ବିଷୟରେ ତତ୍ତ୍ୱ ନିଅନ୍ତୁ। ଆପଣଙ୍କର 'ରାମରାଜ୍ୟ' ହେବ। ଯେଉଁ ଭଗବାନ ଆପଣଙ୍କୁ ସାଧାରଣ ଗୃହରୁ ଟାଣି ଆଣି ସିଂହାସନରେ ବସାଇଅଛନ୍ତି ତାଙ୍କର ଉଦ୍ଦେଶ୍ୟ ସାଧନ ପାଇଁ ଆପଣ ଉପଯୁକ୍ତ ବ୍ୟକ୍ତି; ଏହା ତାଙ୍କର ଅଭିଳାଷ, ଏହି ବିଷୟ ବିଶ୍ୱାସ କରନ୍ତୁ।

ମୋର ଆଉ ବେଶୀ କିଛି କହିବାକୁ ନାହିଁ। ମୁଁ ଏଥର ବିଦାୟ ନେଉଛି।

ମଧୁବାବୁଙ୍କ ଦ୍ୱାରା ଲିଖିତ 'ଜାତୀୟ ଜୀବନ' ପ୍ରବନ୍ଧର ମୂଳପାଠ

"ଆମ୍ଭମାନଙ୍କର ଜାତୀୟ ଜୀବନ ଅଛି କି ? ଜାତି ଜାତି ମଧ୍ୟରେ ଭାବ ହେବା ନିମନ୍ତେ ଜାତୀୟ ଜୀବନ ଆବଶ୍ୟକ। ଆମ୍ଭମାନଙ୍କ ମଧ୍ୟରେ ଯେଉଁ ଜୀବନ ପରିଲକ୍ଷିତ ହୁଏ, ତାହା ବ୍ୟକ୍ତିଗତ ଜୀବନ। ବ୍ୟକ୍ତିଗତ ଜୀବନ କ୍ଷଣସ୍ଥାୟୀ, ତାହା କାଲି ଶ୍ମଶାନରେ ଶେଷ ହେବ। ଶରୀରର ଅଭ୍ୟନ୍ତରରେ ଯେଉଁ ଆତ୍ମା ବିଦ୍ୟମାନ ତାହା ଈଶ୍ୱରଙ୍କ ନିକଟରେ ପହଞ୍ଚିବ। ତେବେ ପାର୍ଥିବ ଜୀବନର ଆକର୍ଷଣୀୟ ଶକ୍ତି, ଅର୍ଥାତ୍ ମୋର ସ୍ତ୍ରୀ, ମୋ ଅପତ୍ୟ, ମୋର ସମ୍ପତ୍ତି ଏବଂ ଭୂତ ପାର୍ଥିବ ଭାବଗୁଡ଼ିକ ମୋତେ ପ୍ରତିକ୍ଷଣ ତଳକୁ ଓଟାରୁ ଅଛି। ଉପରେ ସ୍ୱର୍ଗୀୟ ଜୀବନର ଆକର୍ଷଣ ଶକ୍ତି, ଅର୍ଥାତ୍ ମୋର ପ୍ରାଣ-ପରିତ୍ରାଣ ମୋର ଅନନ୍ତ ବିଶ୍ରାମ ସ୍ଥାନ ମୋତେ ସର୍ବଦା ଉପରକୁ ଟାଣୁଅଛି। ଚତୁଃପାର୍ଶ୍ୱରେ ଅନ୍ୟାନ୍ୟ ଜାତି ଓ ସମାଜ ବିଦ୍ୟମାନ। ସେହି ଜାତି ଓ ସମାଜମାନଙ୍କ ସଙ୍ଗେ ଜୀବନ ମିଳାଇ ଆଳାପ କରିବା ଆମ୍ଭମାନଙ୍କର ଗୋଟିଏ ପ୍ରଧାନ କର୍ମ। ଜାତୀୟ ଜୀବନ ପ୍ରତିଷ୍ଠିତ ହେଲେ, ଜାତି ଜାତି ମଧ୍ୟରେ ସଦ୍ଭାବ ହେବ। ଜାତି ଜାତି ମଧ୍ୟରେ ଯେଉଁ ସଦ୍ଭାବ ତହିଁର ଉଚ୍ଛେଦ ହେବ ନାହିଁ; କିନ୍ତୁ ବ୍ୟକ୍ତିଗତ ସଦ୍ଭାବ ଚିରସ୍ଥାୟୀ ନୁହେଁ, ତାହା କ୍ଷଣଭଙ୍ଗୁର। କେହି କେହି ଏପରି ବିଚାର କରନ୍ତି ଯେ, ଜାତୀୟ ସଦ୍ଭାବ ହେଲେ ବ୍ୟକ୍ତିଗତ ଅସଦ୍ଭାବ ରହିବ ନାହିଁ। ଏପରି ବିଚାର ଭ୍ରାନ୍ତିମୂଳକ। ଜାତୀୟ ଜୀବନ ପ୍ରତିଷ୍ଠିତ ହେଲେ ସୁଦ୍ଧା ଜାତି ଭିତରେ ବ୍ୟକ୍ତିଗତ ବିବାଦ ସମୂଳେ ଲୋପ ପାଇବା ଅସମ୍ଭବ। ଏପରି କେହି ମନେ କରିବେ ନାହିଁ ଯେ, ଉତ୍କଳରେ ଜାତୀୟ ଜୀବନ ପ୍ରତିଷ୍ଠିତ ହୋଇ ତହିଁର ମୂଳଦୁଆ ଦୃଢ଼ ହେଲେ ଆମ ଦେଶରେ ବ୍ୟକ୍ତିଗତ ବିବାଦ ଆଦୌ ରହିବ ନାହିଁ ଓ ଅଦାଲତଗୁଡ଼ିକ ଉଠିଯିବ। ବ୍ୟକ୍ତିଗତ ଜୀବନରେ ଅସଦ୍ଭାବ ହେଲେ ସୁଦ୍ଧା ଜାତୀୟ ସଦ୍ଭାବରେ କିଛି

ଅଭାବ ଘଟିବେ ନାହିଁ। ମୁଁ କୌଣସି ଶିକ୍ଷିତ ଓ ପଦସ୍ଥ ଉତ୍କଳୀୟଙ୍କଠାରୁ ତଳଲିଖିତ କର୍ମରେ ଚିଠି ପାଇଅଛି- "ମୋ ସଙ୍ଗେ ଆପଣଙ୍କ ମନ ମିଳିଲା ନାହିଁ, ଅତଏବ ମୁଁ ସମ୍ମିଳନୀରେ କାର୍ଯ୍ୟ କରିପାରିବି ନାହିଁ।" ଏଥିର କାରଣ ଆମ୍ଭମାନଙ୍କର ଜାତୀୟ ଜୀବନ ଅଭାବ। ଜାତୀୟ ଜୀବନ ଗଠିତ ହେଲେ ବ୍ୟକ୍ତିଗତ ଭାବରେ ଅସଦ୍ଭାବ ଥିଲେ ସୁଦ୍ଧା ଜାତୀୟ ଅନୁଷ୍ଠାନରେ ସମସ୍ତେ ମିଳିମିଶି କାର୍ଯ୍ୟପାରିବା, ଏଥିରେ ସନ୍ଦେହ ନାହିଁ। ଏଠାରେ ଆପଣମାନଙ୍କୁ ଗୋଟିଏ ଉଦହାରଣ ଦେବାକୁ ଇଚ୍ଛା ହେଉଛି।

ପ୍ରଥମେ ଆକାଶରୁ କ୍ଷୁଦ୍ର ଜଳବିନ୍ଦୁ ପୃଥିବୀ ଉପରେ ପଡ଼େ। ତତ୍‌ପରେ ଜଳବିନ୍ଦୁଗୁଡ଼ିକ ଏକତ୍ରିତ ହୋଇ ଗୋଟିଏ ଜଳାଧାର ହୋଇ ତଳକୁ ବହିଯାଏ। ଏହିପରି କେତେଗୁଡ଼ିଏ ଜଳାଧାର ମିଶି ଗୋଟିଏ ନାଳରେ ପରିଣତ ହୁଏ। ଏହିପରି କେତେଗୁଡ଼ିଏ ନାଳ ନଦୀରେ ପରିଣତ ହୋଇ ତଳକୁ ବହିଯାଏ ଓ ଶେଷରେ ସମୁଦ୍ରରେ ଯାଇ ପଡ଼େ। ଆପଣମାନେ ଦେଖନ୍ତୁ, ସବୁ ସ୍ଥଳରେ, ସବୁ ଅବସ୍ଥାରେ ଜଳ ନିଜର ଜାତୀୟ ଗୁଣକୁ ଧାରଣ କରି ଜାତୀୟ ଜୀବନର ଟେକ ରଖିଅଛି। ଜଳର ଜାତୀୟ ଗୁଣ ନିମ୍ନଗତି। ବିନ୍ଦୁଏ ଜଳରେ ସେହି ଗୁଣ ବିଦ୍ୟମାନ ଓ ମହାସମୁଦ୍ରରେ ମଧ୍ୟ ଜଳ ନିଜର ଜାତୀୟ ଗୁଣକୁ ହରାଇ ପାରିନାହିଁ। ଆମ୍ଭ ସମସ୍ତଙ୍କର ମନେ ରଖିବା ଉଚିତ ଯେ, ଆମ୍ଭମାନଙ୍କର ଜାତୀୟ ଜୀବନ ଅଛି। ସବୁ ଅବସ୍ଥାରେ, ସବୁ କାଳରେ, ସବୁ ସ୍ଥାନରେ ଆମ୍ଭେମାନେ ପ୍ରତ୍ୟେକ ଜାତୀୟ ଜୀବନର ଟେକ ରଖି କାର୍ଯ୍ୟ କରିବା ଏକାନ୍ତ ଆବଶ୍ୟକ। ଆମ୍ଭମାନଙ୍କ ମଧ୍ୟରୁ ଯେବେ କେହି ଭ୍ରମରେ ପଡ଼ିଥା'ନ୍ତି ସେ ଭ୍ରମ ଅତିଶୀଘ୍ର ସଂଶୋଧନ କରିବା ଏକାନ୍ତ ଆବଶ୍ୟକ। ଯେବେ କେହି ଜଣେ ଓଡ଼ିଆ ଜାତିକୁ ଗାଳିଦିଏ, ତାହାହେଲେ ତୁମ୍ଭ ମନରେ ରାଗହୁଏ କାହିଁକି ? ଏଥିର କାରଣ ନିରୂପଣ କରିବାକୁ ଗଲେ ସ୍ପଷ୍ଟ ଜଣାଯିବ ଯେ ଏହା ଜାତୀୟ ଜୀବନର ଚିହ୍ନ। ଯେବେ ଜାତୀୟ ଜୀବନର ଚିହ୍ନ ଆମ୍ଭମାନଙ୍କ ମଧ୍ୟରେ ଅଛି, ତେବେ ଆମ୍ଭେମାନେ ପ୍ରତ୍ୟେକ ଯେ କୌଣସି କାର୍ଯ୍ୟ କରୁଁ ସେତେବେଳେ ନିଜନିଜକୁ ସର୍ବପ୍ରଥମେ ଏହି ପ୍ରଶ୍ନଟି ପଚାରିବା ଆବଶ୍ୟକ। ମୋ କାର୍ଯ୍ୟ ଦ୍ୱାରା ମୋ ଜାତିର ନିନ୍ଦା ହେବ କି ନାହିଁ ? ମୁଁ ମିଥ୍ୟାବାଦୀ ହେଲେ କିମ୍ବା ଖୋସାମତ କଲେ ଏହି ନିନ୍ଦାରେ ମୋ ଜାତି ଭାଗୀ ହେବ, ଏହା ପ୍ରତ୍ୟେକ ବ୍ୟବସ୍ଥା ବୁଝିବା ଆବଶ୍ୟକ। ମୋତେ ଯେବେ ଜଣେ କୁବାକ୍ୟ କହେ, ତେବେ ତହିଁର ପ୍ରତିଉତ୍ତର କଲେ ତଦ୍ଦ୍ୱାରା ମୋ ଜାତିର ଗୌରବ ବୃଦ୍ଧି ହେବ ନାହିଁ ? ଜାତିର ମୂଲ୍ୟ ବଢ଼ିଲେ ଜାତୀୟ ଲୋକେ ତହିଁର ସୁଫଳ ଭୋଗକରିବେ, ଏଥିରେ ସନ୍ଦେହ ନାହିଁ। ଜାପାନୀ ଜାତିଙ୍କ ବିଷୟ ଆମ୍ଭମାନଙ୍କର ସଭାପତି ମହାଶୟ ତାଙ୍କ ବକ୍ତୃତାରେ କହିଛନ୍ତି - ଜାପାନୀ ଜାତିର ଉନ୍ନତିର ମୂଳମନ୍ତ୍ର କ'ଣ ? "ମୋର ପ୍ରାଣ ଯାଉ, ଲକ୍ଷେ ଜାପାନୀଙ୍କର ପ୍ରାଣ ଯାଉ; କିନ୍ତୁ ଜାପାନୀ ଜାତିର ମାନ

ବୃଦ୍ଧି ହେଉ", ଏହି ଭାବ ପ୍ରତ୍ୟେକ ଜାପାନୀଙ୍କ ହୃଦୟରେ ନୃତ୍ୟ କରୁଛି। ଏହି ଭାବ ଯୋଗୁଁ ଆଜି ଜାପାନୀ ଜାତି ପୃଥିବୀରେ ସର୍ବତ୍ର ପୂଜିତ ହେଉଅଛି। "ମୁଁ ଦିନେ ମରିବି, ମୁଁ ଆଜି ମଲେ ମୋ ଜାତିର ମାନ ବୃଦ୍ଧି ହେବ, ପୂର୍ବପୁରୁଷଙ୍କର ମାନ ବୃଦ୍ଧି ହେବ ଓ ମୋର ସନ୍ତାନ ସନ୍ତତିମାନଙ୍କର ମାନ ବଢ଼ିବ" ଏହି ଭାବାପନ୍ନ ଲୋକଙ୍କୁ ନେଇ ଜାପାନୀ ଜାତି ଗଠିତ। ଜାତିର ମାନ ବୃଦ୍ଧି ସଙ୍ଗେ ସଙ୍ଗେ ଜଗତରେ ଚକ୍ଷୁରେ ସେ ଜାତିର ମୂଲ୍ୟ ବଢୁଛି, ଏଥିରେ ସନ୍ଦେହ ନାହିଁ ।

ଉଦାହରଣ ସ୍ୱରୂପ ଦେଖନ୍ତୁ ଯେ ଜାପାନୀ ଜାତି ଟଙ୍କା କରଜ ଦେବାକୁ ବିଜ୍ଞାପନ ଦେଲା ମାତ୍ରେ ସମସ୍ତ ସଭ୍ୟଜାତି ତାଙ୍କୁ ଟଙ୍କା ଦେବା ପାଇଁ ପ୍ରସ୍ତୁତ। ଏଥିର କାରଣ ଜଗତର ଚକ୍ଷୁରେ ଜାପାନୀ ଜାତିର ମୂଲ୍ୟ ବଢୁଛି। ଯେତେବେଳ ପର୍ଯ୍ୟନ୍ତ ବ୍ୟକ୍ତିଗତ ଜୀବନକୁ ଜାତି ନିମନ୍ତେ ବଳି ଦେବାକୁ ଶିଖିନାହାନ୍ତି, ସେତେବେଳେ ପର୍ଯ୍ୟନ୍ତ ଜାତୀୟ ଜୀବନର ମୂଲ୍ୟ ଲୋକମାନେ ଜାଣିନାହାନ୍ତି ବୋଲି କହିବାକୁ ହେବ। ଗୋଟିଏ କୁକୁରକୁ ଆଦରର ସହିତ ହୃଷ୍ଟପୁଷ୍ଟ କରି ରଖନ୍ତୁ ଓ ତାକୁ ନେଇ ଗୋଟିଏ ବିଲୁଆ ଦେଖାଇ ଦିଅନ୍ତୁ, ଦେଖିବେ ସେ ବିଲୁଆଟି ଖିଙ୍କାରି ହେଲା ମାତ୍ରକେ ଦେଶୀ କୁକୁରଟି ଲାଙ୍ଗୁଡ଼ ଜାକି ଆପଣଙ୍କ ନିକଟକୁ ପଳାଇ ଆସିବ; କିନ୍ତୁ ଗୋଟିଏ ଡାହାଳ କୁକୁର ଛୁଆ ଆଣନ୍ତୁ, ତାକୁ ଗୋଟିଏ ବାଘ ଦେଖାଇ ଦିଅନ୍ତୁ, ଦେଖିବ ଯେ ଡାହାଳ ଛୁଆଟି ନିର୍ଭୟ ଭାବରେ ମହାବଳ ବାଘଆଡ଼କୁ ଝପଟିଯିବ। ଯେବେ ସେ ଡାହାଳ କୁକୁର ଛୁଆଟି କଥା କହିପାରୁ ଥାଆନ୍ତା, ତାହାର ଅସୀମ ସାହସିକତା କାର୍ଯ୍ୟର କାରଣ ଆପଣ ତାକୁ ପଚାରିଲେ ସେ ଏହିପରି ଜବାବ ଦିଅନ୍ତା।

"ମୁଁ ଜାଣେ ଯେ ମହାବଳ ବାଘକୁ ଆକ୍ରମଣ କରିବାକୁ ଯାଇ ମୁଁ ସେହି ବାଘ ହାତରେ ମରିବି, କିନ୍ତୁ ମୋ ଜାତିର ଗୁଣ ସାହସିକତା। ମୁଁ ମୋର ଜୀବନପ୍ରତି ମାୟା ରଖି ବାଘ ନିକଟକୁ ନ ଗଲେ ମୋ ଜାତିର ମାନ ଓ ମୂଲ୍ୟ କମିଯିବ। ମୁଁ ମରେ ପଛକେ କିନ୍ତୁ ଡାହାଳ କୁକୁରର ଦାମ୍ ମୋର ସାହସିକତା ଦ୍ୱାରା ବଢ଼ିବ, ଏଥିରେ ସନ୍ଦେହ ନାହିଁ। ଏହି ଉଦାହରଣ ଅର୍ଥ ଏହିକି ଆମ୍ଭେମାନେ ସମସ୍ତେ କାର୍ଯ୍ୟ କଲାବେଳେ ଥରେ ଆମ୍ଭମାନଙ୍କର ଭାବିବା ଉଚିତ ଯେ ମୋ କାର୍ଯ୍ୟଦ୍ୱାରା ମୋ ଜାତିର ମାନ ବଢୁଛି କି ନାହିଁ ? ଯେବେ ମୋତେ ଜଣେ କୁବାକ୍ୟ କହେ ଓ ମୁଁ ଯେବେ ଜାଣିପାରେ ଯେ, ମୁଁ ସେହି କୁବାକ୍ୟର ପ୍ରତ୍ୟୁତ୍ତର ନ ଦେଇ ଚୁପ୍ ରହିଲେ ମୋ ଜାତିର ମାନ ବଢ଼ିବ ଓ ମୋ ଜାତିର ଗମ୍ଭୀରତା ବଢ଼ିବ, ତାହାହେଲେ ଏପରି ସ୍ଥଳରେ ମୋର ନୀରବ ରହିବା ଏକାନ୍ତ କର୍ତ୍ତବ୍ୟ। ଦୋଷ ଗୁଣ ଦେଖିବା ସମ୍ବନ୍ଧରେ ମୋର ବକ୍ତବ୍ୟ ଏହି ଯେ, ଯୋଡ଼ିଏ ଆଖିରୁ ଗୋଟିଏ ଆଖି ବନ୍ଦ କର ଓ ଗୋଟିଏ ଆଖି ଖୋଲା ରଖ। ବନ୍ଦ ଆଖିରେ ଅନ୍ୟ ଜାତିଙ୍କର

ଦୋଷଗୁଡିକ ଦେଖ ଓ ଖୋଲା ଆଖିରେ ସେମାନଙ୍କର ଗୁଣଗୁଡିକ ନିରୀକ୍ଷଣ କର ଓ ସେହି ଗୁଣଗୁଡିକୁ ଶିକ୍ଷାକର। ସବୁ ବ୍ୟକ୍ତି ଓ ସବୁ ଜାତିଙ୍କଠାରେ ଅନୁକରଣ କରିବା ଯୋଗ୍ୟ ଅନେକଗୁଡିଏ ଗୁଣ ଅଛି। ମୋର ପୂର୍ବବର୍ତ୍ତୀ ବକ୍ତା ଭ୍ରମର ସାହେବ ମହୁମାଛି ଓ ପିମ୍ପୁଡ଼ିଙ୍କ ଉଦାହରଣ ଦେଇ ଯାହା କହିଛନ୍ତି, ସେଥିରୁ ଆପଣମାନେ ଦେଖିପାରିବେ ଯେ କ୍ଷୁଦ୍ର ପିପୀଲ୍ଲିକା ଓ ମଧୁମକ୍ଷିକାଙ୍କଠାରୁ ଆମ୍ଭମାନଙ୍କର ଅନେକ ଶିକ୍ଷା କରିବାର ବିଷୟ ଅଛି।

ସୂର୍ଯ୍ୟ ନିର୍ବିକାର ଭାବରେ ସମସ୍ତଙ୍କ ଠାରେ କିରଣ ବିତରଣ କରୁଛନ୍ତି। ସମୁଦ୍ରର ଲୁଣିପାଣିରେ, ମିଶ୍ରି ସରବତରେ, ନର୍ଦ୍ଦମାରେ, ସବୁଠାରେ ତାଙ୍କ କିରଣ ପଡୁଛି; କିନ୍ତୁ ଆପଣମାନେ ଦେଖନ୍ତୁ ଯେ, ସୂର୍ଯ୍ୟଙ୍କର କିରଣ ବିଶୁଦ୍ଧ ଜଳତଳ ଟାଣିନିଏ ଓ ସେଗୁଡ଼ିକ ପୁନର୍ବାର ପୃଥିବୀରେ ସେଚନ କରେ। ଏଥିରୁ ଆମ୍ଭେମାନେ ଏହି ମହତ୍ ଶିକ୍ଷା ପାଉଛୁ ଯେ, ସବୁଠାରେ ଦୋଷତକ ତ୍ୟାଗ କରି ଗୁଣଗୁଡ଼ିକୁ ଗ୍ରହଣ କର।

ପରିଶେଷରେ ଏ ସମ୍ବନ୍ଧରେ ମୋର ବକ୍ତବ୍ୟ ଏହିକି – ଉତ୍କଳ ଜନନୀ ଭାରତ ଜନନୀଙ୍କଠାରୁ ବିଚ୍ଛିନ୍ନ ନୁହନ୍ତି। ସେ ଭାରତ ଜନନୀଙ୍କର ସପତ୍ନୀ କିମ୍ବା ଶତ୍ରୁ ନୁହନ୍ତି। ଭାରତ ଜନନୀଙ୍କର ପାଞ୍ଚ ଛଅ ଗୋଟି ପୁତ୍ର। ଭିନ୍ନ ଭିନ୍ନ ଶିଶୁକୁ ବିଭିନ୍ନ ପ୍ରକାର ପରିଚର୍ଯ୍ୟା ଆବଶ୍ୟକ। ଜନନୀ କେଉଁ ଶିଶୁକୁ କ୍ରୋଡରେ ପୂରାଇ ମଧୁମୟ ସ୍ନେହ ଚକ୍ଷୁରେ ସ୍ତନ୍ୟପାନ କରାଉଛନ୍ତି, କେଉଁ ଶିଶୁଙ୍କ ଦୁଷ୍ଟଚରିତ୍ରକୁ ଦମନ କରିବା ପାଇଁ ବେତ୍ରାଘାତ କରୁଛନ୍ତି, କେଉଁ ଶିଶୁକୁ ନିକଟରେ ବସାଇ ତା'ଠାରୁ ପରାମର୍ଶ ଗ୍ରହଣ କରୁଛନ୍ତି। ଅର୍ଥାତ୍ ଶିଶୁର ବିଭିନ୍ନ ଅବସ୍ଥାରେ ଜନନୀ ବିଭିନ୍ନ ରୂପ ଧାରଣ କରି ଦଣ୍ଡାୟମାନ ହେଉଅଛନ୍ତି। ଯେଉଁ ମଧୁମୟୀ ମୂର୍ତ୍ତିରେ ଜନନୀ ଶିଶୁକୁ ସ୍ତନ୍ୟପାନ କରାନ୍ତି, ଉତ୍କଳ ଜନନୀ ଆଜି ସେହି ସ୍ନେହମୟୀ ମୂର୍ତ୍ତିରେ ଆମ୍ଭମାନଙ୍କ ସମ୍ମୁଖରେ ଏହି ସମ୍ମିଳନୀ ମଣ୍ଡପରେ ଉପସ୍ଥିତ ହୋଇଅଛନ୍ତି। ଏହି ମୂର୍ତ୍ତି ଭାରତମାତାଙ୍କର ଗୋଟିଏ ମୂର୍ତ୍ତି ବିଶେଷ। ଏହି ରୂପଟି ଭାରତମାତାଙ୍କର ଗୋଟିଏ ଅବତାର। ଏପରି ସ୍ଥଳରେ ଉତ୍କଳ ଭାରତମାତାଙ୍କର ସପତ୍ନୀ ନୁହନ୍ତି।"

ମଧୁବାବୁଙ୍କ ସମ୍ପର୍କରେ ବିଭିନ୍ନ ମନୀଷୀଙ୍କ ମତାମତ

- ମୁଁ ଆପଣଙ୍କୁ ଜଣେ ଓଡ଼ିଆ ଭାବରେ ଦେଖୁନାହିଁ, ଜଣେ ବିଶ୍ୱ ମାନବ ରୂପରେ ଦେଖୁଅଛି । ଭାରତ ପାଇଁ ଯାହା କରିବାର କଥା, ତାହା ସମୟକ୍ରମେ ସୁବିଧା ଅନୁସାରେ କରାଯିବ ।

- ଲର୍ଡ ମର୍ଲେ

- ଆସ Mr. M.S. କରେ shake hand
  ଉଜ୍ଜ୍ୱଳ ହୋଇଛି ତୁମ୍ଭଯୋଗେ Motherland.

- ଫକୀରମୋହନ ସେନାପତି

- କିନ୍ତୁ ମୋ ମନରେ ଗଭୀର ଦୁଃଖ ଯେ, ଓଡ଼ିଶାରେ ରହିବା ସମୟରେ ମୁଁ ଆପଣଙ୍କ ଭଳି ଯୋଗ୍ୟ ଓଡ଼ିଆ ଦେଖିପାରି ନଥିଲି ।

- ଟି.ଇ. ରେଭେନ୍‌ସା

- ଉତ୍କଳ ବରେଣ୍ୟ ସୁନ ହେ ମଧୁସୂଦନ
  ତୁମ୍ଭଲାଗି ଏକା ଆଜି ଏ ଉତ୍କଳ ଧନ୍ୟ

- ପଣ୍ଡିତ ଗୋଦାବରୀଶ ମିଶ୍ର

- ଉତ୍କଳଜନନୀ ଅମୂଲ୍ୟ ଧନ
  ଦେଶଗତ ପ୍ରାଣ ମଧୁସୂଦନ

- ଜଗନ୍ନାଥ ତ୍ରିପାଠୀ

- ଦୁଃଖିନୀ ଓଡ଼ିଶା ସୁଯୋଗ୍ୟ ସୁତ ମଧୁସୂଦନ
  ଦେଖ ତୁମ୍ଭଲାଗି ପ୍ରଫୁଲ୍ଲ ଜନ୍ମଭୂମି ବଦନ
  ମାତୃଭୂମି କୁଳପାବନ ସୁସନ୍ତାନ ରତନ
  କୋଟିସୁତ ଏଡ଼ି ଚାହାଁନ୍ତି ମାତା ତୁମ୍ଭ ବଦନ
  ନିର୍ଭୀକ ଚତୁର ପଣ୍ଡିତ ବକ୍ତା ଉଦ୍ୟମୀ ଦାତା
  ବିପନ୍ନ ଦରିଦ୍ର ସହାୟ ଜନ ଶୁଭାନୁଷ୍ଠାତା
  ତୁମ୍ଭପରି ପୁତ୍ର ପାଇଣ ଜନ୍ମଭୂମି ଜନନୀ
  ପୁତ୍ରବତୀ ବୋଲି ମଣଇ ଆପଣାକୁ ସେ ଧନୀ ।

- ନନ୍ଦକିଶୋର ବଳ

ପୃଷ୍ଠଟୀକା

୧। ନବକିଶୋର ଦାସ, ଉତ୍କଳଗୌରବ ମଧୁସୂଦନ, ୧୯୫୧, ପୃଷ୍ଠା-୫

୨। ସୁରେନ୍ଦ୍ର ମହାନ୍ତି, ଶତାବ୍ଦୀର ସୂର୍ଯ୍ୟ, ୨୦୧୦, ପୃଷ୍ଠା-୨୭

୩। ସୁରେନ୍ଦ୍ର ମହାନ୍ତି, ଶତାବ୍ଦୀର ସୂର୍ଯ୍ୟ, ୨୦୧୦, ପୃଷ୍ଠା୨୭

୪। ସୁରେନ୍ଦ୍ର ମହାନ୍ତି, ଶତାବ୍ଦୀର ସୂର୍ଯ୍ୟ, ୨୦୧୦, ପୃଷ୍ଠା-୨୭-୨୮

୫। ସୁରେନ୍ଦ୍ର ମହାନ୍ତି, ଶତାବ୍ଦୀର ସୂର୍ଯ୍ୟ, ୨୦୧୦, ପୃଷ୍ଠା-୩୦

୬। ମଧୁସୂଦନ ଦାସ- ଆତ୍ମଜୀବନୀ

୭। ସୁରେନ୍ଦ୍ର ମହାନ୍ତି -ଶତାବ୍ଦୀର ସୂର୍ଯ୍ୟ, ୨୦୧୦, ପୃଷ୍ଠା-୬୦

୮। ତତ୍ରୈବ, ପୃଷ୍ଠା-୬୧

୯। ତତ୍ରୈବ, ପୃଷ୍ଠା-୬୭

୧୦। ଫକୀରମୋହନ ସେନାପତି, ଆତ୍ମଚରିତ, ପୃଷ୍ଠା- ୪୫

୧୧। ତତ୍ରୈବ, ପୃଷ୍ଠା- ୩୦

୧୨। ମାୟାଧର ମାନସିଂହ, ମାନସିଂହ ଗ୍ରନ୍ଥାବଳୀ, ପ୍ରଥମଭାଗ, ପୃଷ୍ଠା-୧୫୭

୧୩। ତତ୍ରୈବ, ପୃଷ୍ଠା-୨୦

୧୪। ସୁରେନ୍ଦ୍ର ମହାନ୍ତି, ଶତାବ୍ଦୀର ସୂର୍ଯ୍ୟ, ୨୦୧୦, ପୃଷ୍ଠା- ୧୮୯

୧୫। ଜଗନ୍ନାଥ ପ୍ରସାଦ ଦାସ, ଦେଶକାଳ ପାତ୍ର, ୨୦୦୪, ପୃଷ୍ଠା-୩୦୮-୩୦୯

୧୬। ନବକିଶୋର ଦାସ, ଉତ୍କଳଗୌରବ ମଧୁସୂଦନ, ୧୯୫୧, ପୃଷ୍ଠା-୩୪

୧୭। ଜଗନ୍ନାଥ ପ୍ରସାଦ ଦାସ, ଦେଶକାଳ ପାତ୍ର, ୨୦୦୪, ପୃଷ୍ଠା-୪୫୯-୪୬୧

୧୮। ଗଙ୍ଗାଧର ମେହେର, ଗଙ୍ଗାଧର ଗ୍ରନ୍ଥାବଳୀ, ପୃଷ୍ଠା- ୪୯୫-୯୬

୧୯। ତତ୍ରୈବ, ପୃଷ୍ଠା- ୪୫୩

୨୦। ତତ୍ରୈବ, ପୃଷ୍ଠା - ୪୫୪

୨୧। ତତ୍ରୈବ, ପୃଷ୍ଠା- ୪୩୧

୨୨। P.K. Mishra, Struggle for a separate state of Orissa, Orissa Review, August, 1989, Page 76

୨୩। ତତ୍ରୈବ, ପୃଷ୍ଠା-୭୬

୨୪। ତତ୍ରୈବ, ପୃଷ୍ଠା- ୭୬

୨୫। ନୀଳକଣ୍ଠ ଦାସ, ନୀଳକଣ୍ଠ ଗ୍ରନ୍ଥାବଳୀ, ପୃଷ୍ଠା- ୨୪-୨୫

୨୬। ଉତ୍କଳ ଗୌରବ ମଧୁସୂଦନଙ୍କ ଓଡ଼ିଆ ରଚନାବଳୀ, ପୃଷ୍ଠା-୧୦୦
୨୭। ତତ୍ରୈବ, ପୃଷ୍ଠା- ୧୨୭
୨୮। ତତ୍ରୈବ, ପୃଷ୍ଠା- ୧୩୨
୨୯। ପଣ୍ଡିତ ସୂର୍ଯ୍ୟନାରାୟଣ ଦାସ, ଦେଶପ୍ରାଣ ମଧୁସୂଦନ, ୨୦୧୧, ପୃଷ୍ଠା-୩୦୨
୩୦। ତତ୍ରୈବ, ପୃଷ୍ଠା- ୩୦୩
୩୧। ତତ୍ରୈବ, ପୃଷ୍ଠା-୩୦୪
୩୨। Dr.P.K. Mishra, Struggle for a separate state of Orissa, Orissa Review, August, 1989, Page 77
୩୩। ନୀଳକଣ୍ଠ ଦାସ, ନୀଳକଣ୍ଠ ଗ୍ରନ୍ଥାବଳୀ, ୧୯୬୩, ପୃଷ୍ଠା-୪୧-୪୨
୩୪। ନବକିଶୋର ଦାସ, ଉତ୍କଳ ଗୌରବ ମଧୁସୂଦନ, ୧୯୫୧, ପୃଷ୍ଠା- ୧୪୩
୩୫। ତତ୍ରୈବ, ପୃଷ୍ଠା- ୧୫୬
୩୬। ତତ୍ରୈବ, ପୃଷ୍ଠା- ୧୫୮
୩୭। ତତ୍ରୈବ, ପୃଷ୍ଠା - ୧୫୯- ୧୬୦
୩୮। ପଣ୍ଡିତ ନୀଳକଣ୍ଠ ଦାସ, ନୀଳକଣ୍ଠ ଗ୍ରନ୍ଥାବଳୀ, ପୃଷ୍ଠା- ୭୮-୮୦
୩୯। P.K. Mishra, Struggle for a separate state of Orissa, Orissa Review, August, 1989, Page 82
୪୦। ମଧୁସୂଦନ ଦାସ, ଜାତୀୟ ଜୀବନ (ପ୍ରବନ୍ଧର କିୟଦଂଶ)
୪୧। ପଣ୍ଡିତ ନୀଳକଣ୍ଠ ଦାସ, ନୀଳକଣ୍ଠ ଗ୍ରନ୍ଥାବଳୀ, ପୃଷ୍ଠା- ୧୦୬ ରୁ ୧୦୭
୪୨। Nibedita Mohanty, Oriya Nationalism, 2005, Page - 93-95
୪୩। P.K. Mishra, Struggle for a separate state of Orissa, Orissa Review, August, 1989, Page 82

ସହାୟକ ଗ୍ରନ୍ଥସୂଚୀ

୧। ନବକିଶୋର ଦାସ, ଉତ୍କଳଗୌରବ ମଧୁସୂଦନ, ପ୍ରକାଶକ ଉତ୍କଳ ବିଶ୍ୱବିଦ୍ୟାଳୟ, ବାଣୀବିହାର, ୧୯୫୧

୨। ସୁରେନ୍ଦ୍ର ମହାନ୍ତି - ଶତାବ୍ଦୀର ସୂର୍ଯ୍ୟ

୩। ସୁରେନ୍ଦ୍ର ମହାନ୍ତି -କୁଳବୃଦ୍ଧ

୪। ସୂର୍ଯ୍ୟନାରାୟଣ ଦାସ - ଦେଶପ୍ରାଣ ମଧୁସୂଦନ

୫। ସୁରସିଂହ ପଟ୍ଟନାୟକ - ଆମ ମଧୁସୂଦନ

୬। ଦାଶ ବେନହୁର - ପଗଡ଼ି ପୁରୁଷ

୭। ଦେବେନ୍ଦ୍ର କୁମାର ଦାଶ ଏବଂ ଡ. ନଗେନ୍ ଦାସ - ଉତ୍କଳ ଗୌରବ ମଧୁସୂଦନଙ୍କ ଓଡ଼ିଆ ରଚନାବଳୀ (ସମ୍ପାଦିତ)

୮। ଫକୀରମୋହନ ସେନାପତି - ଆତ୍ମଚରିତ ।

୯। ଦୁର୍ଗାମାଧବ ମିଶ୍ର - ଉଗ୍ରସେନ ଉବାଚ, ୧୯୮୫

୧୦। ପଣ୍ଡିତ ନୀଳକଣ୍ଠ ଦାସ - ଆତ୍ମଜୀବନୀ

ENGLISH

1. Orissa Review, August 1989
2. Orissa Nationalism- Nibedita Mohanty.

BLACK EAGLE BOOKS

www.blackeaglebooks.org
info@blackeaglebooks.org

Black Eagle Books, an independent publisher, was founded as a nonprofit organization in April, 2019. It is our mission to connect and engage the Indian diaspora and the world at large with the best of works of world literature published on a collaborative platform, with special emphasis on foregrounding Contemporary Classics and New Writing.

www.ingramcontent.com/pod-product-compliance
Lightning Source LLC
Chambersburg PA
CBHW060552080526
44585CB00013B/538
9781645605485